陽明年譜定本手稿

束景南 著

下

浙江大學出版社·杭州

旦聞予言，而棄去其數十年之成業如敝屣，遂求北面而屈禮焉，豈獨今之時而未見若人，將古之記傳所載，亦未多數也。夫君子之學，求以變化其氣質焉爾。氣質之難變者，以客氣之為患，而不能以屈下於人，遂至自是自欺，飾非長敖，卒歸於兇頑鄙倍。故凡世之為子而不能孝，為弟而不能敬，為臣而不能忠者，其始皆起於不能屈下，而客氣之為患耳。苟惟理是從，而不難於屈下，則客氣消而天理行。非天下之大勇，不足以與於此。」則如蘿石，固吾之師也，而吾豈足以師蘿石乎？」蘿石曰：「甚哉，夫子之拒我也！吾不能以俟請矣。」入而强納拜焉。……」

黃綰集卷二十三蘿石翁傳：「董石翁者，不知何為人也。姓董氏，諱澐，字復宗，蘿石其別號也。其先汴人，始祖曰健，為宋武功大夫，扈從南渡，家於澉浦。其後曰仲真者，遷海寧之錡山。澉浦世肆戎籍，其兄源長當往戍，蘿石請代之，遂復家澉浦。初學為詩，不解隨俗營生業，獨好吟詠，遇時序之更，風物之變，古迹奇蹤、幽岑遠壑及夫人情世態之可歡可哀、可駭可愕、可慨可慶，一於詩以寓之。家徒四壁，一毫不入於心。時名能詩者，吳下沈周、關西孫一元、閩中鄭善夫，皆與遊，往來賡倡。遇佳晨，輒攜親知，蕩舟江湖，拖屐雲山，凌危履險，吟嘯忘返，放浪於形骸之外。凡所欲之，或衝風雪，或冒零雨，或乘夜月，雖虎豹交前，鬼魅伺途，衆不能從，亦獨行孤往不顧。吳越好事家，每懸榻俟之，乃紀為五館記。平居樂義好施，不計囊橐有無。兄貧，則捐己產，鬻以給之。海寧衛指揮某人，因貧不能赴京襲職，竭所有與之，以速其行。所知鄢魯若，以田易值，易畢，魯疾革，出券毀焉。卒，復經濟其葬。每聞當世之賢人君子所在，不計寒暑遠近，輒投贄納交。見後生工一辭，勵一行，亟稱屢嘆不能已。晚聞陽明夫子講良知之說，趨聽數日，乃悔曰：「不爾，可稱人乎？」遂憣然就弟子列，時年六十七矣。舊所與遊，皆聞笑之，但曰：「吾從吾所好而已。」遂更號從吾道人。且讀內典，遂究心釋老，忽若有悟，乃喟然曰：「今日客得歸矣。」於是援廬山故事，與海門僧法聚者，集諸緇俗，結社寺之丈室，又號白塔山人。澉浦凝寺，有鍾卧地，俗傳其靈異，乃募貲樹樓以登之。甫訖工而疾，不起，屬纊之日，視日早晚，曰：「吾其歸與？」又口占一詩曰：「我非污世中者儔，偶來七十七春秋。自知此去無污染，一道天泉月自流。」遂瞑目。

康熙雩都縣志卷九何廷仁：「……守仁在南浦，則左右於南浦；在越，則左右於越。時海寧董蘿石年六十八，以杖肩其瓢笠詩卷訪陽明子於會稽山中，與之語，如寐得醒，退謂廷仁曰：『吾非至王夫子之門，幾虛過此生。吾將北面夫子，得無老而有所不可乎？』廷仁起拜賀曰：『先生之年則老矣，先生之志何壯哉！』入以語於陽明子，而納拜焉。蘿石之能勇，廷仁之善誘，越中一時競誦云。嘗語同志曰：『學問之道，須從起端發念處察識，於此有得，思過半矣。』又曰：『知過，即是良知；改過，即是本體。』又曰：『學務無情，斷滅天性；學務有情，緣情起釁，不識本心。二者皆病。』又曰：『執有無而論，莫若兩忘，只聽良知。是非善惡，莫能自欺；有情無情，自無不知。知至至之，更無可知。』聞者咸以為確論也。」

諸暨宰朱廷立三月而政成（期年而民化），屢來會稽問學問政，書卷贈之。

王陽明全集卷八書朱子禮卷：「子禮為諸暨宰，問政，陽明子與之言學而不及政。子禮退而省其身，懲己之忿，而因以得民之所惡也；窒己之慾，而因以得民之所好也；舍己之利，而因以得民之所趨也；惕己之易，而因以得民之所忽也；去己之蠹，而因以得民之所患也；明己之性，而因以得民之所同也。三月而政舉，嘆曰：『吾乃

第 2005 頁

今知學之可以為政也已！』他日，又見而問學，陽明子與之言政而不及學。子禮退而修其職，平民之所惡，而因以懲己之忿也；從民之所好，而因以窒己之慾也；順民之所趨，而因以舍己之利也；警民之所忽，而因以惕己之易也；拯民之所患，而因以去己之蠹也；復民之所同，而因以明己之性也。期年而化行，嘆曰：『吾乃今知政之可以為學也已！』他日，又見而問政與學之要。陽明子曰：『明德、親民，一也。古之人明明德以親其民，親民所以明其明德也。是故明明德，體也；親民，用也。而止至善，其要矣。』子禮退而求至善之說，炯然見其良知焉，曰：『吾乃今知學所以為政，而政所以為學，皆不外乎良知焉。信乎，止至善其要也矣！』」

按：前考朱廷立嘉靖二年中進士，授諸暨宰，「三月政舉」則在嘉靖二年下半年，「期年而化」則在嘉靖三年春間。

朱廷立兩厓集卷十桐城和陽明先師韻：「客行日日傍峰巒，形勝東南盡入觀。歸去一琴隨倦翼，登臨雙屐濯飛湍。林間雨過還愁濕，鬢上霜來不覺寒。讀罷我師高逸調，江山如在越中看。」

得同門王龍溪書：「憶予昔並龍溪遊，溪上分携三十秋。師門羨子厠高第，楚客居身辭下流。道覺支離春雨化，語驚習俗夜珠投。書來白髮燈

第 2006-1 頁

前淚，好辯誰憐孟氏憂。」

按：由朱廷立此二詩，猶可見其當初向陽明問學之況。

第2006-2頁

國子生程烓來請為作程文楷墓碑。

王陽明全集卷二十五程守夫墓碑：「吾友程守夫以弘治丁巳之春卒於京，去今嘉靖甲申二十有八年矣。嗚呼！朋友之墓有宿草則勿哭，而吾於君，尚不能無潸然也。君之父味道公與家君為同年進士，相知深厚，故吾與君有通家之誼。弘治壬子，又同舉於鄉，已而又同卒業於北雍，密邇居者四年有餘。凡風雪之晨，花月之夕，山水郊園之遊，無不與共。蓋為時甚久而為迹甚密也，而未嘗見君有憤詞忤色，情日益篤，禮日以恭。其在家庭，雍雍于于，內外無間。文海內之士，無貴賤少長，咸敬而愛之。雖粗鄙暴悍，遇君未有不藹然而心醉者。當是時，予方馳騖於舉業詞章，以相矜高為事，雖知愛重君，而未嘗知其天資之難得也。其後君既歿，予亦入仕，往往以粗浮之氣得罪於人。稍知創艾，始思君為不可及。尋謫貴陽，獨居幽寂窮苦之鄉，困心衡慮，乃從事於性情之學。方自苦其勝心之難克，而客氣之易動；又見夫世之學者，率多娼嫉險隘，不能去其有我之私，以共明天下之學，成天下之務，皆起於勝心客氣之為患也。於是愈益思君之美質，蓋天然近道者，惜乎當時莫有以聖賢之學啟之；有啟之者，將如決水之赴壑矣。嗚呼惜哉！乃今稍見端緒，有足以啟君者，而君已不可作也已。君之子國子生烓致君臨沒之言，欲予與林君利瞻為之表誌。林君既為之表，而君之葬已久，誌已無所及，則為書其墓之碑，聊以識吾之哀思。夫君者，不徒嬉遊征逐之好而已。君諱文楷，世居嚴之淳安，其詳已具於墓表。」

第2007頁

按：程文楷卒於春間，可知陽明此程守夫墓碑約作於

嘉靖三年春間。

周衝有書來論為學工夫，陽明有答書。

陽明與周道通書二：「得書，知養病之圖，闔門母子兄弟之真誠，有足樂也。所論為學工夫，大略皆是，亦是道通平日用工得力處。但於良知二字，見得尚未透徹。今且只知所論工夫著實做去，時時於良知上理會，久之自當豁然有見，又與今日所論不同也。承令兄遠寄藥，人危處草冗中，不亟別作書，并致此意。陽明山人守仁拜手，道通郡博道契文侍。」（王陽明先生小像附尺牘，

第2008-1页

真迹藏日本天理圖書館）

按：書稱「道通郡博」，指周衝任邵武教授。「人危處草冗中」，指陽明仍在丁憂中。書又云「知養病之圖，闔門母子兄弟之真誠，有足樂也」，指周衝有歸居養病之打算。按周衝嘉靖元年任邵武教授，至嘉靖三年任將滿，遂有歸居之念，而嘉靖四年便又改進唐府紀善。陽明在嘉靖三年四月服闋，故可知陽明此書作在是年三月猶在丁憂時。書中所云「承令兄遠寄藥」，即第三書所云「欲慰吾生」者（見下）。「令兄」即仲兄周衝（醫生），字道明。其遣人送來慰生之藥，實即來慰憂居。

四月，服闋。十六日，都御史吴廷舉引薦陽明上大禮議，不報。

錢德洪陽明先生年譜：「四月，服闋，朝中屢疏引薦。」

明世宗實錄卷三十八：「嘉靖三年四月庚戌，總理糧儲都御史吴廷舉上言：「遵崇典禮，議之三年，而群臣各持一說，迄今未定。洪武中議之三年，而群臣各集衆稽古，著成孝慈錄，以為世法。今宜徧敕天下親王，各具一疏；敕兩京五府、六部、都察院、通政司、大理寺，諭屬

第2008-2页

建白各類奏；敕十三省撫臣，各諭屬類奏亦如之。兩京科道聽自為奏，而致仕在告家居大學士謝遷、梁儲、楊一清，尚書韓文、邵寶、王守仁、鄧庠、吴洪、林廷選、蔣昇，都御史陳金、王璟、李承勳、方良永，卿孫緒，少卿潘府、都穆，參政朱應登，副使李夢陽、洪範、魏校，僉事姜麟、盛端明，知府劉績、劉武臣，皆累朝舊臣，一時士望。當專使齎敕至其家，令各具奏，量地遠近，尅期上之。陛下留中覽觀，並下禮部、翰林院、國子監詳訂。是亦兼總條貫，既具以聞，因召二三大臣，日坐便殿，采擇施行，類編成書，上告天地、宗廟、

社稷，下詔中外華夷臣民，成我明一經，正前代之謬。時大禮已定，上報聞。既而給事中張原劾廷舉首鼠兩端，陰附邪說；而給事中劉琪入劾廷舉欺罔九罪，不報。」

王陽明《全集》卷二十五《祭吳東湖文》：「……某與公未獲傾蓋，而向慕滋切；未獲識公之面，而久已知公之心。公於某，其教愛勤惓，不特篇章之稠疊；而過情推引，亦復薦剡之頻煩。……」

按：吳廷舉字獻臣，號東湖，梧州人。湛甘泉《工部尚書吳公神道碑文》云：「登成化丁未進士第，來宰順德，公事暇即見白沙陳先生，往返數載，得聞理學梗概，為治根本。」（《泉翁大全集》卷六十五）可見吳廷舉亦為白沙弟子。陽明與吳廷舉關係極密，自謂「其教愛勤惓，不特篇章之稠疊」，兩人往返之篇章今皆佚。陽明又謂「過情推引，亦復薦剡之頻煩」，可見吳廷舉疏薦陽明多次，此蓋為首次也。按在大禮議紛爭不決之際，吳廷舉提出此廣泛征詢「民意」之法，頗聽多方意見，不失為是防止君主獨斷偏信、臣下投機鑽營之善法，却被朝廷斥為邪說、「首鼠兩端」，竟遭論劾。大禮議之無是非可言由此可見矣。

第2009頁

二十四日，南京兵部尚書李充嗣疏舉陽明自代，不允。

《明世宗實錄》卷三十八：「嘉靖三年四月戊午，南京兵部尚書李充嗣疏舉前尚書王守仁自代，引疾乞休。詔以充嗣練達老成，留鑰重務，方切委任，不允。」

按：李充嗣被朝廷認為是平宸濠亂中立功最大者，遂被楊廷和之流引作為沮抑陽明入朝、褫奪其南京兵部尚書職之「擋箭牌」，陽明丁憂歸居，即提拔李充嗣為南京兵部尚書。李松《李公充嗣行狀》：「嘉靖改元，以宸濠功加太子少保……癸未，陞南京兵部尚書，參贊機務……丁亥，以二品六載考績進階資德大夫……遂累乞骸骨。……」（《國朝獻徵錄》卷四十二）可見自嘉靖二年至嘉靖六年任南京兵部尚書者為李充嗣，陽明早已被借「丁憂」之名剝奪了南京兵部尚書之職，賦閑家居達六年之久，其名義上虛任南京兵部尚書不到三月。陽明賦閑家居，自然失却參預大禮議之資格，不得妄議，此即陽明何以對大禮議采取模棱兩可之態度，以及吳廷舉何以要引薦陽明上大禮議之原因也。

第2010頁

御史石金疏薦陽明，不報。

錢德洪《陽明先生年譜》：「先生服闋，例應起復，御史石金等交章論薦，皆不報。」

按：錢德洪將石金薦陽明含混敘在嘉靖四年六月下，不當。今按陽明服闋在嘉靖三年四月，既云「服闋，例應起復」，則石金疏薦陽明當在嘉靖三年四月，蓋與吳廷舉、李充嗣同時也。所謂「起復」，指起復為南京兵部尚書，疑先是李充嗣疏舉陽明自代，後遂有石金薦舉陽明起復為南京兵部尚書。石金，明清進士錄：「石金，正德六年三甲一百三十二名進士。湖廣黃梅人，字南仲。授侍御史，為人剛正不阿。嘉靖中，以論皇嗣得罪，下錦衣衛獄，謫戍宣府。後屢起用，不起。」按石金為正德六年進士，時陽明任會試同考試官，故兩人當早識。史不載石金是年薦陽明事，然卻載石金嘉靖十年再奏乞錄陽明功事。明史卷二百零七薛侃傳：「御史喻希禮、石金皆以言皇嗣得罪……金亦言：『……王守仁首平逆藩，繼靖巨寇，乃因疑謗，泯其前勞。大禮大獄諸臣，久膺流竄，困鬱既久，物故已多。望錄守仁功，寬諸臣罪，則太和之氣塞宇宙矣。』……下二人詔獄。……石金，黃梅人。巡按廣西，與姚謨不協。後與守仁共撫盧蘇、王受。還臺，值張、桂用事。御史儲良才輩爭附之，金獨倔倔不阿，以是有名。」

黃綰三上大禮疏，後將禮疏寄呈陽明，為陽明所首肯。

國榷卷五十三：「嘉靖三年四月戊戌，南京刑部主事黃宗明、都察院經歷黃綰同張璁、桂萼上言大禮，大率如前指，報聞。」

按：黃綰自離陽明歸南京，即踴躍投入大禮議，先後三上大禮疏，一在二月十二日，二在二月二十八日，三在三月二十九日（見知罪錄卷一上大禮疏、二上大禮疏、三上大禮疏），與席書、方獻夫、張璁、桂萼、霍韜、黃宗明在大議禮上聲息相通，被鄒守益斥為「一二奸人」。

王陽明全集卷二十一與黃誠甫書一：「近得宗賢寄示禮疏

第 2011 頁

，明甚。誠甫之議，當無不同矣。古之君子，恭敬撙節退讓以明禮，僕之所望於二兄者，則在此而不彼也。果若是，以為斯道之計，進於議禮矣。……」

二十六日，鄒守益上疏請罷興獻帝稱考入廟，下詔獄，謫廣德州判官。南歸來紹興見陽明，受教一月。陽明有「如保赤子」之教，並書孟子「居天下之廣居」以為座右銘贈之。

國榷卷五十三：「嘉靖三年四月庚申，翰林編修鄒守益議大禮云：『望陛下屈己從善，不吝改過。』上怒，下鎮撫司，謫廣德州判官。」

明史卷二百八十三鄒守益傳：「嘉靖三年二月，帝欲去興獻帝本生之稱。守益疏諫，忤旨，被責。逾月，復上疏曰：『陛下欲隆本生之恩，屢下群臣會議，群臣據禮正言，致蒙詰讓，道路相傳，有孝長子之稱。昔曾元以父寢疾，憚於易簀，蓋愛之至也，而曾子責之曰姑息。魯公受天子禮樂，以祀周公，蓋尊之至也，而孔子傷之曰周公其衰矣。臣願陛下勿以姑息事獻帝，而使後世有其衰之嘆。且群臣援今證古，欲陛下專意正統，此皆為陛下忠謀，乃不察而督過之，謂忤且慢。臣歷觀前史，如冷褒、段猶之徒，當時所謂忠愛，後世所斥以為邪媚也；師丹、司馬光之徒，當時所謂欺慢，後世所仰以為正直也。後之視今，猶今之視古。望陛下不吝改過，察群臣

第 2012 頁

之忠愛，信而用復召其去國者，無使奸人動搖國是，離間宮闈。昔先帝南巡，群臣交章諫阻，先帝赫然震怒，豈不謂欺慢可罪哉？陛下在藩邸聞之，必以是為盡忠於先帝。今入繼大統，獨不容群臣盡忠於陛下乎？」帝大怒，下詔獄拷掠，謫廣德州判官。」

鄒守益集卷一大禮疏：「伏蒙皇上欲隆本生之恩，屢下群臣會議，以求天下之公，而公卿至於臺諫百執事交章論奏，推大宗小宗之議，辯正統私親之等，惟恐誤蹈前代覆轍，此皇上舍己從人，務以禮尊親，而群臣獻可替否，思以義事君，甚盛節也！繼而一二奸人妄以強說欺君

第2013頁

，上激聖怒，陛下不察而誤信之。尊號之上，斷自宸衷，大小臣工，莫敢匡救。近日建室之議，復勞聖諭詰責，以為「欺朕沖年，甚失綱常，敗父子之情，傷君臣之義」，而公卿至於臺諫百執事，畏懼天威，不敢復陳一言以解陛下之疑，而所司以漸奉行，道路相傳，且謂有「孝長子」之稱。是陛下狥情以為孝，群臣順令以為忠，若長此而不已，則陛下獨斷於上，而不顧天下萬世之公論；群臣依阿於下，以苟一時之富貴，而忽宗社長久之計，棄禮害義，非國家之福也。……」（奉聖旨：「鄒守益這廝出位妄言，不修本業，既知忌憚，又來瀆慢，好生輕易！着錦衣衛拿送鎮撫司，打着問了來說。」）

按：鄒守益疏云「陛下獨斷於上」，「一二奸人妄以強說欺君」，「以苟一時富貴」，正點出大禮議根本症結，無怪世宗大怒，欲置之死地也。錢德洪陽明先生年譜云：「嘉靖五年三月，與鄒守益書。守益謫判廣德州……」其說尤誤。蓋鄒守益乃在嘉靖三年四月謫判廣德，其在六月南歸經紹興，來受教，至是年冬赴廣德任（均見下）。其廣德州志序云：「嘉靖丙戌，某判廣德二年矣。」（鄒守益集卷三），則鄒守益確在嘉靖三年來判廣德明矣。

羅洪先東廓鄒公墓志銘：「未幾，謫廣德判官。復入越，久而復行。」（羅洪先集卷二十）

第2014頁

耿定向東廓鄒先生傳：「甲申，復疏，上怒，下詔獄，謫廣德州判官。取道於越，省王公而後履任。先生未歷吏事，而蒞官臨民，務以誠心相感，發奸擿伏，人稱神明，而猶嘗自訟曰：『如保赤子，未能也。』」（耿天臺先生全書卷十一）

明儒學案卷十六文莊鄒東廓先生守益：「……又自廣德至越，文成嘆其不以遷謫為意，先生曰：『一官應迹優人，隨遇為故事耳。』文成默然良久，曰：『書稱「允恭克讓」，謙之信恭讓矣，自省允克何如？』先生欲然，始悟平日之恭讓，不免於玩世也。」

鄒守益集卷十一簡廬陵宋尹登：「往歲謫判廣德，請教於先師。先師誨之曰：『如保赤子，心誠求之。』退而思曰：赤子之無知，至難養也，而女子之不學猶能之。民之能言其情，視赤子易矣，而士大夫之學或不能焉，誠不誠之殊耳。故夙夜自檢，兢兢不敢放過，酌民同好同惡而施之，擇其俊髦從事於正學，三載陟主客，庶士庶民眷然不能釋，乃信三代直道，真無古今。彼秦漢之少恩，五伯之假名，宜其治之不逮古也。英資宏才，自上國而來，擴其素蘊，游刃有餘地。以通家之誼，敬誦所習師門者，致切磋之助。」

按：鄒守益所言，即宋儀望鄒東廓先生行狀所云「尋謫廣德州判官，復入會稽省王公，聞『如保赤子』之教」。

同上，卷十五九邑講話（「居天下之廣居」一條）：「這是孟子教人做大丈夫的方法。以人視禽獸，則人為貴；以丈夫視婦女，則丈夫為貴。丈夫而曰大，則出乎其類，拔乎其萃，人孰不順之？然欲做大丈夫，不在勢位，只在德性。良知良能，不假外求，這德性慈愛惻怛，渾然與天地萬物為一體，便是仁，命曰『廣居』；這惻怛中粲然條理，便是禮，命曰『正位』；這惻怛中毅然裁制，便是義，命曰『大道』。這廣居、正位、大道，聖人與凡人共之，只

在居與弗居，立與弗立、行與弗行耳。善學者能以天地萬物為一體，視八荒為庭闥，視萬古為朝夕，惻怛慈愛，貫通融液。始於親長，達於州閭族黨，以施於四海九州，舉天下皆在覆幬持載中，更無隔礙，更無堵當，方是居天下之廣居，正位是廣居中正位，大道是廣居中大道。能居廣居，則能由是路出入是門，非有二項塗轍。其在唐虞，克明峻德，以親九族，平章百姓，協和萬邦，其在洙泗，老者安之，朋友信之，少者懷之，老老長長，恤孤以絜上下前後左右之矩，這方是明明德於天下。學術正脉，得志者，樂則行之也，與民由之，是教人

人居廣居，行大道，立正位；不得志者，憂則違之也，獨行其道，依舊是居廣居，立正位，行大道。富貴不能淫，淫是淫個甚？貧賤不能移，移是移個甚？威武不能屈，屈是屈個甚？所謂素富貴，學行乎富貴；素貧賤，學行乎貧賤；素夷狄患難，學行乎夷狄患難。學術至此，方是頂天立地，不愧不怍的大丈夫。戰國之時，聖學不講，方騖於權謀術數，祿位聲勢，而以仁義為迂遠不合事宜。彼見公孫衍、張儀欺弄列國，張皇威福，慨然羨慕，遂有『誠大丈夫』之嘆，不知奸術巧慮，諛詞佞容，在聖門直比諸妾婦。廣居數語，若揭日月以照迷途，

其息邪距詖，當與闢楊、墨同功。今去孟子幾三千年，
其間棄仁蔑義，以淪禽獸，變妾婦，曾何足算？而從事
於丈夫之業者，復不知尊德性而道問學，訓詁者尚其專
，辭章者尚其華，著述者尚其博，其於廣居、正位、大
道，得其門而入者，屈指亦寡矣！某受學於先師，先師
大書此章，揭之座右，書院鼎建，嘉與諸師諸士共切磋
之。……」

按：鄒守益文中所言「書院」，乃指其在廣德所建復初書院，即其書
廣德復初諸友會約所云「廣德，予謫宦試政地也；復初，予締
構造士所也」。故此處所云「某受學於先師」，即指其嘉靖三年赴廣
德任前來紹興受學也。文論做大丈夫，實針對大禮議而發，以張儀、
公孫衍隱指張璁、桂萼之流也。

同上，卷二十五贈董蘿石用韻：「昔登天泉樓，獲讀從吾
篇。千里想高標，神氣已翛然。別此薰風舟，一月款幽
言。再拜沅灃惠，炎歊滌新愆。　海濱出片雲，飄飄
無染着。老至家益貧，浩歌有餘樂。太虛皆吾廬，何處
不可泊？世態如群蠅，腥羶爭前却。願溥從吾方，為世
贈大藥。」

董澐從吾道人詩稿卷上留別鄒東廓先生：「西水從東廓，
江干更若邪。春風雖一月，到處是吾家。却病黃蓮酒，
降魔紫筝茶。別離真不易，奈此夕陽斜。」

按：董澐三月來紹興問學（見前），約三月底歸，至六月又再來紹
興問學（見下）。由此可見鄒守益即在六月來紹興受學，「炎歊」
亦正是夏六月天氣。鄒守益云「一月款幽言」，董澐亦云「春風
雖一月」，蓋指在紹興受教一月也。

五月，徐愛祭日，作文往奠。

王陽明全集卷二十五又祭徐曰仁文。

席書上大禮考議，黃綰上大禮私議。

國榷卷五十三：「嘉靖三年五月癸未，席書上大禮考議」。

知罪錄卷二大禮私議。

黃省曾屢有書來，寄呈格物說、修道註。陽明有答書，討論舊
作古本大學序與修道說，並寄贈新定古本大學序。

王陽明全集卷五與黃勉之書一：「屢承書惠，兼示述作，
足知才識之邁，向道懇切之難得也，何幸何幸！然未由
一面，鄙心之所欲效者，尚爾鬱而未申，有負盛情多矣
！君子學以為己。成己成物，雖本一事，而先後之序有
不容紊。孟子云：『學問之道無他，求其放心而已矣。』誦
習經史，本亦學問之事，不可廢者；而忘本逐末，明道
尚有『玩物喪志』之戒；若立言垂訓，尤非學者所宜汲汲矣
。所示格物說、修道註，誠荷不鄙之盛，切深慚悚，然

非淺劣之所敢望於足下者也。且其為說，亦於鄙見微有未盡。何時合并，當悉其義，願且勿以示人。孔子云：『五十以學易，可以無大過矣。』充足下之才志，當一日千里，何所不可到，而不勝駿逸之氣，急於馳驟奔放，抵突若此，將恐自蹶其足，非任重致遠之道也。古本之釋，不得已也。然不敢多為辭說，正恐葛藤纏繞，則枝幹反為蒙翳耳。短序亦嘗三易稿，石刻其最後者，今各往一本，亦足以知初年之見，未可據以為定也。」

按：據陽明自得齋說（王陽明全集卷七）及與黃勉之書二（王陽明全集卷五），可知黃省曾在嘉靖三年五月來紹興問學（詳下），此前

黃省曾與陽明多有通信論學，即陽明此書所云「屢承書惠，兼示述作」，可知時間在四、五月中，陽明此答書當作在五月中。陽明此答書敘事隱微不明，卻意義重大，蓋是自論其作大學註與中庸註也。前考陽明於正德十三年定大學古本，為作序與傍釋；又定中庸古本，作修道說以發其意，此修道說實為定中庸古本所作序也。黃省曾所作格物說、修道註，格物說即發揮陽明正德十三年所作大學古本序中之格物說；修道註即為陽明修道說實（即中庸古本序）所作註說。陽明此答書所云「鄙見」、「初年之見」，即指其正德十三年所作之古本大學序與修道說（中庸古本序）。但因正德十三年所作大學古本序與修道說均未論及「良知」與「致良知」，故陽明以為「初年之見，未可據以為定」，而認為黃省曾所作註說「於鄙見微有未盡」。所謂「何時合并，當悉此意」，乃是指將大學古本與中庸古本合并為一書，要在深悉「致良知」思想後方可行。陽明特將新定大學古本序（按：加入「致良知」內容）寄贈黃省曾，蓋以此也。

六月一日，黃省曾來紹興問學，陽明為作自得齋說贈之。

王陽明全集卷七自得齋說：「孟子云：『君子深造之以道，欲其自得之也。自得之則居之安；居之安則資之深；資之深則取之左右逢其原。故君子欲其自得之也。』夫率性之謂道，道，吾性也；性，吾生也，而何事於外求？世

之學者，業辭章，習訓詁，工技藝，探賾而索隱，弊精極力，勤苦終身，非無所謂深造之者，然亦辭章而已耳，訓詁而已耳，技藝而已耳。非所以深造於道也，則亦外物而已耳，寧有所謂自得逢原者哉！古之君子，戒慎不睹，恐懼不聞，致其良知而不敢須臾或離者，斯所以深造乎是矣。是以大本立而達道行，天地以位，萬物以育，於左右逢原乎何有？黃勉之省曾氏，以『自得』名齋，蓋有志於道者。請學於予，而蘄為之說。予不能有出於孟氏之言也，為之書孟氏之言。嘉靖甲申六月朔。」

按：陽明此文作於六月一日，可見黃省曾約在五月下旬來紹興

問學。蓋因陽明在與黃勉之中云「未由一面，鄙心之所欲效者，尚爾鬱而未申」，故黃省曾遂在五月下旬來面見受教。今傳習錄卷下有黃省曾記語錄六十八條，即中多有嘉靖三年來紹興所記語錄。茲著錄二條，以見其時陽明講學之況與弟子來學之況：

傳習錄卷下：「王汝中、省曾侍坐。先生握扇命曰：『你們用扇。』省曾起對曰：『不敢。』先生曰：『聖人之學，不是這等綑縛苦楚的，不是妝做道學的模樣。』汝中曰：『觀「仲尼與曾點言志」一章略見。』先生曰：『然。以此章觀之，聖人何等寬洪包含氣象。且為師者問志於群弟子，三子皆整頓以對，至於曾點，飄飄然不看

第2021頁

那三子在眼，自去鼓起瑟來，何等狂態！及至言志，又不對師之問目，都是狂言。設在伊川，或斥罵起來了。聖人乃復稱許他，何等氣象！聖人教人，不是個束縛他通做一般，只如狂者便從狂處成就他，狷者便從狷處成就他。人之才氣如何同得？』」按：所謂「用扇」，正在五、六月中也。

同上：「何廷仁、黃正之、李侯璧、汝中、德洪侍坐。先生顧而言曰：『汝輩學問不得長進，只是未立志。』侯璧起而對曰：『珙亦願立志。』先生曰：『難說不立，未是必為聖人之志耳。』對曰：『願立必為聖人之志。』先生曰：『你真有聖人之志，良知上更無不盡。良知上留得些子別念掛帶，便非必為聖人之志矣。』洪初聞時，心若未服，聽說到此，不覺悚汗。」按：前考何秦、黃弘綱、李珙等正是在嘉靖三年來紹興受學。

周衝寄來鄉賢游酢先生祭田記，陽明有答書，并贈新續刻傳習錄。

陽明與周道通書三：「所示祭田記，意思甚好，只是太著急，要說許多道理，便覺有補綴支蔓處。此是近來吾黨作文之弊，亦不可不察也。欲慰吾生者，即日亦已告歸。渠以尊堂壽圖，索區區寫數語，甚堅。因腹疾大作，遂疏其意，幸亮之！記稿改除數字，奉還。新錄一冊，寄覽。六月朔日。」（王陽明先生小像附尺牘，真迹藏日

第2022-1頁

本天理圖書館）

按：書云「所示祭田記」，乃指周衝所作鄉賢游酢先生祭田記（游酢為邵武人）。湛甘泉周道通墓碑銘云：「改邵武教授，其教如萬安加密焉。創職屬會友約，以資進修。復鄉賢游先生祭，蒐集遺書，付厥裔孫景壽……」周衝創聯屬會友約在嘉靖三年，見湛甘泉會友約序（泉翁大全集卷二十），故其作祭田記亦在嘉靖三年可知。又書云「新錄一冊，寄覽」，乃指新續刻傳習錄。錢德洪陽明先生年譜：「嘉靖三年十月，門人南大吉續刻傳習錄。」是次續刻即特收錄進啟問道通書，錢德洪云：

「昔南元善刻傳習錄於越，凡二册。下册摘錄先師手書，凡八篇……」故陽明不俟續刻全就，先將下册新錄寄周衝觀覽（詳下）。

四日，孫安人卒，有文祭奠。

陽明祭孫安人文：「嘉靖年月日，新建伯兼兵部尚書忝眷王守仁，謹以牲醴之奠致祭於封安人胡親母孫氏之前：于維安人，孝慈貞良。克相夫子，閨儀孔章。蠢我豚兒，實忝子婿。昏媾伊始，安人捐逝。雖遣兒曹，歸奔從役，自以病阻，未由往哭。言念姻眷，意赫心惻。及茲永藏，必期執紼。事與願違，徒增慚跼。悵望鄉山，姚江一綫。欲濟靡因，遥將一奠。淑靈洋洋，鑒茲蘋薦。」

（餘姚柏山胡氏重修宗譜卷首）

按：譜稱孫安人為胡東皋元配，湖州掾孫勣之女，孫燧從女弟，嘉靖三年六月初四日卒。此祭文云「蠢我豚兒，實忝子婿。昏媾伊始，安人捐逝」，豚兒指王正憲。王正憲何時結婚向不知，今據此祭文，知王正憲結婚在嘉靖三年五月（陽明服闋以後）。其娶孫安人之女，故陽明稱「胡親母」。所謂「悵望鄉山，姚江一綫」，是云孫安人葬在餘姚，陽明在越遥奠。前考胡東皋字汝登，號方岡，與宋冕、胡鐸號「姚江三廉」。陽明與胡東皋關係極密，蓋以兩人皆餘姚人，而王正憲娶胡東皋之女故也。陽明禮記纂言序稱「姻友胡汝登忠信而好禮」。胡東皋傳云：「孫忠

烈公（燧）得公文而閱之，為之擊節，因請見公，以其族女弟妻之。」（國朝獻徵錄卷五十六）光緒餘姚縣志卷二十五列女傳：「胡東皋妻孫氏，燧從女弟也。東皋家寒，素業儒，苦不給。孫躬紡績，脱簪珥佐之。及東皋守寧國，孫不忘窶時，業至自調青藍為染，手常龜。東皋或勞苦之，孫曰：『勤劬吾性也。』東皋繼妻陳氏，定海人。性淑慎，不以貴顯忘厥素。卒年八十二，賢與孫氏埒，並贈恭人。」

張璁、桂萼受詔入京，進翰林院學士，大禮議激化。

國榷卷五十三：「嘉靖三年六月壬寅，張璁、桂萼再陳大禮，時入京，廷臣欲捽之，絕勿與通。數日始朝，亟出東華門，走武定侯郭勛。勛甚喜，約為內助。給事中張翀等、御史鄭本公等，交章沮之。……丙午，進張璁、桂萼翰林院學士，方獻夫侍讀學士。於是學士豐熙、修撰楊維聰、舒芬、編修王思羞與為伍，各乞罷。……乙卯，翰林修撰楊慎、張衍慶等三十六人奏：『臣等所執，程頤、朱熹之說也；璁等所言，冷褒、段猷之餘也。不能與之同列，乞罷。』奪慎俸兩月，餘皆一月。」

第2024頁

蘿石董澐再來會稽，正式拜為弟子。

王陽明全集卷七從吾道人記：「……辭歸兩月，棄其瓢笠，持一縑而來。……入而強納拜焉。陽明子固辭不獲，則許之以師友之間。與之探禹穴，登鑪峰，陟秦望，尋蘭亭之遺迹，徜徉於雲門、若耶、鑑湖、剡曲。蘿石日有所聞，益充然有得，欣然樂而忘歸也。其鄉黨之子弟親友與其平日之為社者，或笑而非，或為詩而招之返，且曰：『翁老矣，何乃自苦若是耶？』蘿石笑曰：『吾方幸逃於苦海，方知憫若之自苦也，顧以吾為苦耶？吾方揚鬐於渤澥，而振羽於雲霄之上，安能復投網罟而入樊籠乎？去矣，吾將從吾之所好！』遂自號曰『從吾道人』。陽明子聞之，嘆曰：『卓哉蘿石！「血氣既衰，戒之在得」矣，孰能挺特奮發，而復若少年英銳者之為乎？真可謂之能從吾所好矣。世之人從其名之好也，而競以相高；從其利之好也，而貪以相取；從其心意耳目之好也，而詐以相欺；亦皆自以為從吾所好矣，而豈知吾之所謂真吾者乎！夫吾之所謂真吾者，良知之謂也。父而慈焉，子而孝焉，吾良知所好也；不慈不孝焉，斯惡之矣。言而忠信焉，行而篤敬焉，吾良知所好也；不忠信焉，不篤敬焉，斯惡之矣。故夫名利物欲之好，私吾之好也，天下之所惡也；良知之好，真吾之好也，天下之所同好也。是故從私吾之好，則天下之人皆惡之矣，將心勞日拙而憂苦終身，是之謂物之役；從真吾之好，則天下之人皆好之矣，將家、國、天下無所處而不當，富貴、貧賤、患難、夷狄無入而不自得，斯之謂能從吾之所好也矣。夫子嘗曰：「吾十有五而志於學。」是從吾之始也。「七十而從心所欲，不踰矩」，則從吾而化矣。蘿石踰耳順而始知從吾之學，毋自以為既晚也。充蘿石之勇，其進於化也何有

第2025頁

哉！嗚呼！世之營營於物欲者，聞蘿石之風，亦可以知所適從也乎！」

按：董澐三月歸海寧，「兩月」又來，則在六月。

董澐從吾道人語錄日省錄：「從吾道人曰：吾昔侍先師陽明夫子於天泉樓，因觀白沙先生詩云：『夜半汲山井，山泉日日新。不將泉照面，白日多飛塵。飛塵亦何害，莫弄桔槔頻。』遂稍有悟千聖相傳之機，不外於末後一句，因又號『天泉鯁翁』云。余嘗以反求諸己為問。先師曰：『反求諸己者，先須掃去舊時許多謬妄、勞攘、圭角，守以謙虛，復其天之所以與我者。持此正念久之，自然定靜，遇事物之來，件件與他理會，無非是養心之功，蓋事外無心也。所以古人云：「若人識得心，大地無寸土。」此正是合內外之學。』」

在紹興，董澐每日受教反省，寫自省錄，陽明一一批示。董澐集為日省錄。

從吾道人語錄日省錄：「余日自省，懼其忘也，每錄之以請，先師一一批示。蓋余素性樂交平直守分之人，但遇盛氣者，不覺委靡退讓，不能自壯；又遇多能巧言者，自覺遲鈍，雖明知彼之非仁，而不能無自慚之意。此病何也？先師批曰：『此皆未免有外重內輕之患。若平日能集義，則浩然之氣至大至剛，充塞天地，自然富貴不能淫，貧賤不能移，威武不能屈；自然能知人之言，而凡詖淫邪遁之詞，皆無所施於前矣，況肯自以為慚乎？集義只是致其良知，心得其宜之謂義，致良知則心得其宜矣。』

● 余因家弟糧役，手足至情，未免與之委曲揑成，後竟謀露家敗，蓋緣不老實之所致也。先師批曰：『謂之老實，須是實致其良知始得，不然卻恐所謂老實者，正是老實不好也。昔人亦有為手足之情受污辱者，然不至如此等事。此等事於良知亦自有不安。』

● 余嘗訪友，坐中有一老生衛姓者，性質實，無機警。同輩每戲之，以為笑噱。余亦一時隨眾誑之，以取娛焉，心不能

牧，負數多矣。況此老嘗路拾遺金還人，亦可為余師者。謹識之。先師於下增註六字云：『以暴余之罪過。』

● 余素慕廉潔之士，聞海寧縣丞盧珂清貧之甚，在任三年，至無以禦寒也。適友人惠余襪，遂作詩，持以贈之。既歸，貼貼然自以為得。只此自以為得，恐亦不宜，如何？先師批曰：『知得自以為得為非宜，只此便是良知矣。民之秉彝也，故好是懿德。然多著一分意思不得。多著一分意思，便是私矣。』

● 余於鄉曲交游中，有一善可稱者，必謹識之，以為請。先師批曰：『錄善人以自勉，此亦多聞多見而識，乃是致良知之功。此等人只是欠學

問，恐不能到頭如此。若能到頭如此，吾輩中亦未易得也。』余嘗疑於先儒論性，無從質問，一日與男穀論之，遂有率意之對，嘗令繕寫以示月泉法聚，往復數四，意皆相反，並錄以呈先師。先師批曰：『二子異同之論，皆是說性，非見性也；見性者，無異同之可言矣。他日聚子不非董子，董子不非聚子，則於見性也，其庶已乎！』噫，知性者鮮矣，不賴先師，則夢中說夢，何時而覺乎！」

按：汪陽明全集卷五有答董澐蘿石一書，即據此日省錄所編，但不全。題下注「乙酉」作亦不當。

七月十五日，百餘名廷臣跪哭左順門，遂繫錦衣衛獄拷訊。

國榷卷五十三：「嘉靖三年七月戊寅，群臣朝罷，以前疏未下，相率詣左順門伏候，或呼『太祖高皇帝』，或呼『孝宗皇帝』，聲淚內徹。上齋居文華殿，再諭退，不從。上怒，命錄諸臣名氏。其首事豐熙、張翀、余翱、余寬、黃待顯、陶滋、相世芳、毋德純下獄，修撰楊慎、檢討王元正撼門大哭，群臣皆哭。上怒，逮五品以下員外郎馬理等百三十四人於獄，四品以上及司務等皆待罪。……癸未，錦衣衛以繫獄及待罪凡二百二十人，令再拷。學士豐熙、修撰楊慎、檢討王元正、給事中張翀、劉濟、御史余翱、郎中余寬、黃待顯、陶滋、相世芳、寺正毋德純皆謫戍，四品以上奪俸，五品以下各杖。編修王相、王思、給事中毛玉、裴紹中、張原、御史胡瓊、張曰韜、郎中胡璉、楊淮、户部員外郎高平、申良、主事俞禎、仵瑜、臧應奎、張澯、殷承叙、安璽、司務李可登卒杖下。……己丑，再杖翰林修撰楊慎，檢討王元正，給事中劉濟，永戍，給事中安磐、張漢卿、御史王時柯削籍。時有言朝罷群臣復上章者，故加杖。」

按：此即所謂「安順門事件」，明史紀事本末卷五十大禮議有更具體詳叙。按之此「反大禮議」派之二百二十人，中多是陽明門人如王時柯、夏良勝、應良、汪思、舒芬、應大猷、黨以平、鄭持平等；亦多有與陽明交好相知、其行事被陽明所稱頌者如何孟春、秦金、汪璜、劉玉、潘希曾、陳克宅等。從學術上說，此「反大禮議」派並非尊朱學派，而不過是尊王學派、尊朱學派與尊孔孟儒學派之混合體，僅在「大禮議」上觀點相同而結合到一起，正如「大禮議」派並非尊王學派，而亦不過是尊王學派、尊朱學派與尊孔孟儒學派之混合體而已。而高居兩派之上掌控「大禮議」者，則為獨尊程朱理學、定王學為「邪說」、大行「學禁」與「禮禁」之世宗。陽明居越，對參加兩派各方弟子采取不置可否、默許兩可之態度，其因蓋出於此也。

林應聰赴謫徐聞，道經錢塘，致書來告，並託南大吉轉呈夢槎奇遊詩卷，陽明為詩卷題詞以贊之。

王陽明全集卷二十四題夢槎奇遊詩卷：「君子之學，求盡吾心焉爾。故其事親也，求盡吾心之孝，而非以為孝也；事君也，求盡吾心之忠，而非以為忠也。是故夙興夜寐，非以為勤也；剸繁理劇，非以為能也；嫉邪祛蠹，非以為剛也；規切諫諍，非以為直也；臨難死義，非以為節也。吾心有不盡焉，是謂自欺其心；心盡，而後吾之心始自以為快也。惟夫求以自快吾心，故凡富貴貧賤、憂戚患難之來，莫非吾所以致知求快之地。苟富貴

第2030頁

貧賤、憂戚患難而莫非吾致知求快之地，則亦寧有所謂富貴貧賤、憂戚患難者足以動其中哉？世之人徒知君子之於富貴貧賤、憂戚患難無入而不自得也，而皆以為獨能人之所不可及，不知君子之求以自快其心而已矣。林君汝桓之名，吾聞之蓋久，然皆以為聰明特達者也，文章氣節者也。今年夏，聞君以直言被謫，果信其為文章氣節者矣。又踰月，君取道錢塘，則以書來道其相愛念之厚，病不能一往為恨，且惓惓以聞道為急，問學為事。嗚呼！君蓋知學者也，志於道德者也，寧可專以文章氣節稱之？已而郡守南君元善示予以夢槎奇遊卷，蓋京

師士友贈之南行者。予讀之終篇，嘆曰：君知學者也，志於道德者也，則將以求自快其心者也；則其奔走於郡縣之末也，猶其從容於部署之間也；則將地官郎之議國事，未嘗以為抗，而徐聞丞之親民務，未嘗以為瑣也；則夢槎未嘗以為異，而南遊未嘗以為奇也。君子樂道人之善，則張大而從諛之，是固贈行者之心乎？予亦以病不及與君一面，感君好學之篤，因論君子之所以為學者以為君贈。」

按：林應聰在二月因議禮被謫徐聞縣丞，所謂「今年夏，聞君以直言被謫」，指同時被謫之季本於夏中回山陰告知林應聰被謫之況。「踰月」，則在秋七月中。王陽明全集於此文題下注「乙酉」作，顯誤。

第2031頁

劉玉執齋先生文集卷三夢查仙遊歌為林汝桓賦：「滄溟大海如銀山，蛟鼉出沒於其間。自非龍驤萬斛輕，一羽誰能飛度扶桑灣？林君夜夢金門吏，泛泛仙槎無所繫。飄然直欲訪河源，笑指蒙衝等兒戲。覺來占夢心自疑，茫茫宦海將安之？古云直道必三黜，徐聞已有東坡詩。擊楫□材乖桴意，天下同舟誰共濟？不須風雨看潮生，雲帆穩掛安流地。」

鄭岳山齋文集卷四題林汝桓戶曹夢槎奇遊卷：「地盡南溟

杳，雲横北闕深。敢為浮海嘆，共識濟川心。渴飲萊公井，閑聽單父琴。扶桑看曉日，直上閬風岑。」

豐坊萬卷樓遺集卷四夢槎行贈林汝桓：「登高山，望遠海，丈夫壯志固常在。羡君夢寐神骨靈，飛涉滄溟不相待。俯看黃霧塞，白日長孤懸。鸞鳳在網罟，鴟梟號樹顛。百鳥無寧枝，飛繞何翩翩。直扣天閽叫紫皇，臣愚不識私自傷。願施成湯仁，縱鸞翔八荒。天閽引手推我下，忠誠莫致空旁皇。便乘張騫槎，泛海窮微茫。飄風颯颯吹扶桑，口口波濤揺日光。乾端坤倪開只尺，蛟龍起舞鶢鶋翔。眾得泧漷，呼聲若雷，四方上下，不知其極，

第2032页

但見青山一髮凌波來。蓬萊之仙人，招我金銀臺。青鳥雙飛九霄去，碧桃滿樹千年開。忽吾行兮河之渚，迢迢牽牛隔神女。欲將人世問君平，幾載洪波化桑土。靈椿不死，朝菌宵零。雖與學鳩，焉知鯤鵬？世間萬事同大夢，何用戚戚咨浮榮。誰云去住由人致，壯觀天遣成茲行。帝秦却表魯連節，宣室終推賈誼名。古來禍福相倚伏，郵將得喪傷高情。羡君茲遊邁風塵，回視盎中群蟻徒紛紛。」

林應聰再寄來二首別詩，陽明次韻贈答。

王陽明全集卷二十林汝桓以二詩寄次韻為別：「斷雲微日半晴陰，何處高梧有鳳鳴？星漢浮槎先入夢，海天波浪不須驚。魯郊已知非常典，膰肉寧為脱冕行。試向滄浪歌一曲，未云不是九韶聲。

堯舜人人學可齊，昔賢斯語豈無稽？君今一日真千里，我亦當年苦舊迷。萬里由來吾具足，六經原只是階梯。山中儘有閑風月，何日扁舟更越溪？」

按：時林應聰寓居錢塘，其當是在收到陽明題夢槎奇遇詩卷後，再寄來二首別詩；至得陽明此二首次韻詩後，即南下歸莆田。

第2033页

林俊見素續集卷四贈次峰次陽明韻：「假寐官齋作晚晴，雷陽何意動先鳴？眼聞世事祇如夢，海上風濤故未驚。沃壤不殊忘在客，好山無數重茲行。聖皇孝理崇堯舜，驛使傳來是吉聲。

如面人心豈盡齊？危微精一屬參稽。四儒殁後留遺響，七聖途窮待指迷。海邑言游今禮樂，越裳職貢舊航梯。桃源此去無多路，老愛相從是建溪。」

按：「次峰」即林應聰。時林俊居家莆田，林應聰自錢塘歸莆田後，即以陽明二詩呈林俊。林俊此二詩作在冬，聞林應聰赴徐聞時，故詩有「雷陽何意動先鳴」、「好山無數重茲行」之句，蓋送別詩也。

二十二日，國子助教薛俊卒，作文祭奠，由季本帶往揭陽，並有書同送薛侃、薛僑、薛宗鎧致哀。

王陽明全集卷二十五祭國子助教薛尚哲文：嗚呼！良知
之學不明於天下，幾百年矣。世之學者，蔽於見聞習
染，莫知天理之在吾心，而無假於外也。皆舍近求遠，
舍易求難，紛紜交鶩，以私智相高，客氣相競，日陷於
禽獸夷狄而不知。間有獨覺其非而略知反求其本源者，
則又群相詬笑，斥為異學。嗚呼，可哀也已！蓋自十餘
年來，而海內同志之士稍知講求於此，則亦如晨星之落
落，乍明乍滅，未見其能光大也。潮陽在南海之濱，
聞其間亦有特然知向之士，而未及與見。間有來相見者
，則又去來無常。自君之弟尚謙始從予於留都，朝夕相

第2034頁

與者三年。歸以所聞於予者語君，君欣然樂聽不厭，至
忘寢食，脫然棄其舊業如敝屣。君素篤學高行，為鄉
邦子弟所宗依，尚謙自幼受業焉。至是聞尚謙之言，遂
不知己之為兄，尚謙之為弟；己之嘗為尚謙師，而尚謙
之嘗師於己也。盡使其群子弟姪來學於予，而君亦躬
枉辱焉。非天下之大勇，能自勝其有我之私而果於從義
者，孰能與於此哉！自是其邑之士，若楊氏兄弟與諸後
進之來者，源源以十數。海內同志之盛，莫有先於潮陽
者，則實君之昆弟之為倡也。其有功於斯道，豈小小哉
！方將因藉昆賴，以共明此學，而君忽逝矣，其為同

志之痛，何可言哉！雖然，君於斯道亦既有聞，則夕死
無憾矣，其又奚悲乎？吾之所為長號涕洟而不能自已者
，為吾道之失助焉耳。天也，可如何哉！……」
黃綰集卷二十五薛助教墓志銘：「……君諱俊，字尚節，
號靜軒，世為揭陽龍溪之薛壟人。高祖艮，曾祖田，父
驥，號讓齋，俱有隱德。母曾氏。弟五人：曰傑、曰侃
、曰僎、曰偉、曰僑。侃即尚謙，行人司行人。僑，進
士。子三人：曰宗鎧、曰宗銓、曰宗鍠。宗鎧與僑同科
進士。……弘治甲子，領鄉薦，報至，讓齋卒。……正德戊
辰，領乙榜，授連江訓導，奉母以養，攜二弟一姪，延

第2035頁

師教之，祿薄不給，不以為歉……提學楊公子器知之，
以闔清、古田二邑僻陋鮮才，委君選其秀充學員，皆得
人。……己亥，陞玉山教諭，去之日，囊橐蕭然。玉山士
習尤弊，君至，人猶弗信，久而漸變。諸生有其豆相燃
者，恐君知而改之。學宇災廢，君白當道修治，凡工役
皆聽君自處。於是祀宮、經閣、業舍、門廡，煥然一新
而無甚費。丙子，陽明先生過玉山，君遂執弟子禮，問
行己之要。先生曰：自尚謙與予游，知子篤行久矣，試
自言之。君曰：俊未知學，但凡事依理而行，不敢出範
圍耳。先生曰：依理而行，是理與心猶二也。當求無私

行之，則一笑。」君乃有省，自是所學遂進。是歲，聘典湖南文衡。未幾，陞國子助教。時已病，聞母喪，葷漿不入口，奔至貴溪宗鎧官邸而卒。病且革，猶與宗鎧講學。實嘉靖甲申七月二十二日也，以明年二月二十六日葬於府治東厢九龍山之原。……侃、僑、宗鎧，皆陽明先生門人，世家其學云。……」（參國朝獻徵錄卷七十三薛助教俊墓志銘）

陽明先生文録卷二與尚謙尚遷子修書：「別去，即企望還朝之期，當有從容餘月之留也。不意遂聞尊堂之訃，又繼而遂聞令兄助教之訃，皆事變之出於意料之外者。且令兄助教之逝，乃海内善類之大不幸，又非特上宅一門之痛而已。不能走哭，傷割奈何？况在賢昆叔姪，當父子兄弟之痛，其為毒苦，又當奈何？李明德往，聊寄一慟。既病且冗，又兼妻疾，諸餘衷曲略未能悉。」

按：是札所與之人，「尚謙」即薛侃，「尚遷」即薛僑，「子修」即薛宗鎧。札中所云「尊堂之訃」，指薛侃母曾氏之卒。「令兄助教之訃」，指薛俊之卒。「李明德」即季本，前考季本因議禮謫揭陽縣主簿，其在二月下獄，以後出獄歸山陰來見陽明，已在夏中，陽明題夢槎奇遊詩卷中云「今年夏，聞君（林應驄）以直言被謫」，即是指季本在夏間回山陰告知林應驄被謫事。季本赴揭陽任已在七、八月間，可見陽明此祭文當是由季本帶往揭陽「一慟」哭祭，而陽明此札也必是季本帶往揭陽交薛侃。

棠陵方豪乞休歸開化，致書來告，陽明有答書。

陽明先生文録卷二答方思道僉憲：「祝生來，辱書惠，勤勤愛念之厚，何可當也。又推并過情，以為能倡明正學，則僕豈其人哉？顧自忘其愚不肖，而欲推人於賢聖之域，不顧己之未免於俗，而樂人之進於道，則此心耿耿，雖屢被詆笑非斥，終有所不能已。海内同志苟知趨向者，未嘗不往來於懷，况如思道之高明俊偉，可一日而千里也，其能已於情乎！子美、太白有造道之資，而不能入於賢聖者，詞章綺麗之尚有以羈縻之也。如吾思道之高明俊偉，而詞章綺麗之尚終能羈縻之乎？終能羈縻之乎？」

按：「方思道」即方豪，號棠陵，開化人。明史卷二百八十六有傳。明清進士録：「方豪，明正德三年三甲二百一十八名進士。浙江開化人，字思道。知昆山縣，奏請免除積欠田賦，有異政。遷刑部主事，以諫武宗南巡被杖。歷官湖廣副使，以平恕稱。致仕卒。有棠陵集、斷碑集、蓉溪書屋集。」札所稱「僉憲」，指其任刑部湖廣按察使司僉事，按棠陵文集卷一有乞休疏云：「湖廣等處提刑按察使司僉事方豪……臣年四十三歲……由正德三年進士，刑部四

川，辦事二年有奇。正德五年，除授直隸昆山縣知縣。正德七年，
丁憂。正德十二年，復除直隸沙河縣知縣。連前任三年，考滿稱
職。正德十三年七月，陞刑部湖廣司主事，奉欽依差往江南直
隸審録罪囚，事完回京復命。正德十六年五月，為公賞罰
以厲庶官事，陞俸一級。本年八月，三年考滿稱職，陞本部廣
西司署員外郎，奉勅往山東審録，事完回京復命，往至濟
寧地方。嘉靖二年二月十一日，實歷俸四年六個月有奇。陞授
前職，於本年七月十六日到任。官事外，乞念臣父綺年已六十有
三……特勅吏部容臣休致……」方豪生於成化十八年十一月，
以四十三歲計，方豪上此乞休疏在嘉靖三年，知其任僉憲

在嘉靖二年二月至嘉靖三年七月之間。大致方豪在嘉靖三年七月乞
休自京師歸開化，致書陽明，陽明乃作此札回覆。方豪為當時
著名文士（明史列入文苑傳），究心詞章綺麗之學，故陽明在此札
中有所微諷。

八月一日，給事中陳洸復秩，上禮疏攻費宏、金獻民、喬
宇、夏良勝、吴一鵬等人，目為「邪黨」。
國榷卷五十三：「嘉靖三年八月癸巳朔，外轉給事中于桂
、陳洸、史道、閻閎、御史曹嘉各復秩。洸嘗許潮陽知
縣宋元翰，元翰為録以辨冤，而潮陽男子林鈺、婁婦賴
氏，蜂起詣闕。吏部例轉湖廣僉事，不即赴，上疏用舊

第2038頁

銜，力稱張璁等，攻費宏、金獻民等；又吏部尚書喬宇
、文選郎中夏良勝用舍任意，擠于桂、閻閎、史道、曹
嘉。上是之。降宇南京太僕少卿，良勝茶陵知州。洸因
擊大學士費宏、尚書金獻民、趙鑑、侍郎吴一鵬、朱希
周、郎中劉天民、薛蕙、余才、給事中鄭一鵬，皆目為
邪黨。」
按：陳洸（字國傑）為陽明門人，其復秩給事中後，即追隨張
璁、桂萼遍攻反「大禮議」派，最為凶横，自是「大禮議」形勢急轉
矣。

四日，黄綰彙輯其大禮議奏疏為知罪録三卷刊刻，後寄呈

陽明。
知罪録知罪録引：「當今繼統之義不合於當路者，遂指目
為邪説，為希寵。予故知而猶犯之，此予之罪也，豈予
得已哉！故録之以著其罪，以俟天下後世之知予罪者。
嘉靖三年中秋四日，石龍山人黄綰識。」
按：知罪録三卷，卷一收三上大禮疏，卷二收大禮私議，卷三收止遷
獻帝山陵疏、諫止獻帝入太廟疏、論上下情隔之由及論私廟不
可近太廟疏、論聖學求良輔疏。黄綰於其刊刻知罪録，蓋
與陳洸遍劾反「大禮議」派相呼應也。
王陽明全集卷二十一與黄誠甫書一：「近得宗賢寄示禮疏

第2039頁

，明甚……古之君子，恭敬撙節退讓以明禮，僕之所望於二兄者，則在此而不彼也。果若是，以為斯道之計，進於議禮矣。……」

按：陽明是書作於嘉靖四年正月（題下注「甲申」作乃誤），書中所云「近得宗賢寄示禮疏」，顯即指黃綰所刻知罪錄，黃綰寄呈陽明當在嘉靖三年十二月中。

中秋，宴門人於天泉橋，設席於碧霞池上，有詩韵，再論狂者氣象。

王陽明全集卷二十月夜二首（與諸生歌於天泉橋）：「萬里中秋月正晴，四山雲靄忽然生。須臾濁霧隨風散

第2040頁

，依舊青天此月明。肯信良知原不昧，從他萬物豈能攖？老夫今夜狂歌發，化作鈞天滿太清。　處處中秋此月明，不知何處亦群英？須憐絕學經千載，莫負男兒過一生。影響尚疑朱仲晦，支離休作鄭康成。鏗然舍瑟春風裏，點也雖狂得我情。」

錢德洪陽明先生年譜：「八月，宴門人於天泉橋。中秋月白如晝，先生命侍者設席於碧霞池上，門人在侍者百餘人。酒半酣，歌聲漸動。久之，或投壺聚算，或擊鼓，或泛舟。先生見諸生興劇，退而作詩，有『鏗然舍瑟春風裏，點也雖狂得我情』之句。明日，諸生入謝。先生曰

：『昔者孔子在陳，思魯之狂士。世之學者，沒溺於富貴聲利之場，如拘如囚，而莫之省脫。及聞孔子之教，始知一切俗緣，皆非性體，乃豁然脫落。但得此意，不加實踐以入於精微，則漸有輕滅世故、闊略倫物之病。雖比世之庸庸瑣瑣者不同，其為未得於道一也。故孔子在陳思歸以裁之，使入於道耳。諸君講學，但患未得此意。今幸見此，正好精詣力造，以求至於道，無以一見自足而終止於狂也。』」

錢德洪刻文錄敘說：「甲申年，先生居越。中秋月白如洗，乃燕集群弟子於天泉橋上，時在侍者百十人。酒半

第2041頁

行，先生命歌詩。諸弟子比音而作，翕然如協金石。少間，能琴者理絲，善簫者吹竹，或投壺聚算，或鼓棹而歌，遠近相答。先生顧而樂之，遂即席賦詩，有曰『鏗然舍瑟春風裏，點也雖狂得我情』之句。既而曰：『昔孔門求中行之士不可得，苟求其次，其惟狂者乎？狂者志存古人，一切聲利紛華之染，無所累其衷，真有鳳凰翔於千仞氣象。得是人而裁之，使之克念，日就平易切實，則去道不遠矣。予自鴻臚以前，學者用功尚多拘局；自吾揭示良知頭腦，漸覺見得此意者多，可與裁矣。』」

空同李夢陽寄來中秋懷故人詩。

空同集卷十甲申中秋寄陽明子：「風林秋色靜，獨坐上清月。眷茲千里共，眇焉望吳越。窈窕陽明洞，律兀芙蓉闕。可望不可即，江濤滾山雪。」

錢德洪携二弟錢德周、錢仲實讀書城南，其父心漁翁錢蒙亦來問學，陽明為作心漁歌贈之。

王陽明全集卷二十心漁歌為錢翁希明別號題（錢翁，德洪父。三歲雙瞽，好古博學，能詩文）：「有漁者歌曰：『漁不以目惟以心，心不在魚漁更深。北溟之鯤殊小小，一舉六鼇未足歆。』敢問何如其為漁耶？曰：『吾將以斯道為網，良知為綱，太和為餌，天地為舫。絜之無意，散之無方。是謂得無所得，而忘無可忘者矣。』」

錢德洪陽明先生年譜：「（八月），德洪携二弟德周、仲實讀書城南。洪父心漁翁往視之。魏良政、魏良器輩與遊禹穴諸勝，十日忘返。問曰：『承諸君相携日久，得無妨課業乎？』答曰：『吾舉子業無時不習。』家君曰：『固知心學可以觸類而通，然朱說亦須理會否？』二子曰：『以吾良知求晦翁之說，譬之打蛇得七寸矣，又何憂不得耶？』家君疑未釋，進問先生。先生曰：『豈特無妨，乃大益耳！學聖賢者，譬之治家，其產業、第宅、服食、器物皆所自置，欲請客，出其所有以享之；客去，其物具在，還

以自享，終身用之無窮也。今之為舉業者，譬之治家不務居積，專以假貸為功，欲請客，自廳事以至供具，百物莫不遍借，客幸而來，則諸貸之物一時豐裕可觀；客去，則盡以還人，一物非所有也。若請客不至，則時過氣衰，借貸亦不備，終身奔勞，作一窶人而已。是求無益於得，求在外也。』明年乙酉大比，稽山書院錢楩與魏良政並發解江浙。家君聞之，笑曰：『打蛇得七寸矣。』」

按：心漁翁生三子，呂本緒山錢公墓志銘云：「家事悉屬於弟周甫，惟率季弟充甫專意績學，嘗曰：『使得顯親食祿，何憂於外侮之侵、貧乏之不贍乎！』心漁翁聞之而喜。」是錢德洪二弟一為錢德周（字周甫），一為錢仲實（字充甫），非謂錢德周字仲實也。

羅洪先集卷五錢心漁翁墓記：「錢心漁翁希明蒙者，越之餘姚人也。故吳越王二十六世孫。其幼也，三年而病喪其明。五年，聞呻吟，通章句。十年，喪父母，困窮矣，乃自力以進於博服。又幾年，而兼命數卜筮之理。長而旁通於聲律，善製簫，且以詩聞。既老，雅好遊賞，嘗欲肆意於洪波曠野之間以自適，遂號『心漁』。心漁者，言其有目眚而無心眚也。於是，翁有子三人，而三人者，學進士且有成。長子德洪，聞陽明先生明良知之學，

將從之遊，翁怒曰：「吾恃以養，而棄吾耶？」德洪曰：「固所以為養也。」翁不釋，從而入先生之庭，聽其言，躍然出曰：「幾誤矣！」放歌而歸。先生之喪，德洪輟廷試，往為服，翁且固許之。其後德洪第進士，官刑部，而仲子德周者與薦名，翁之意不侈也。已而刑部坐逮下獄，再歲奪職以歸，而薦名者亦以飛語削籍，翁之意不沮也。……

鄒守益集卷十九四然翁贊：「四然翁，錢姓，蒙名，希明字，浙之餘姚人。教其子寬，舉進士，未試於廷，歸，從陽明先生以學。三載，將上京師，聞先師南安之訃，遂趨廣信。所親謂翁曰：「家貧親老，不為祿仕，將無隆師而薄親乎？盍躬往紹興促之？」寬自途上書，寬譬翁，翁意少解。諸友復交勸，翁遂移舟以歸。歸語所親曰：「兒所行者，義也，奈何欲以利沮之？」寬既返，趨翁請命，語及知靜母事，翁慨然曰：「舉世皆婦人，伊母獨為男子。吾計決矣。」促往紹興，敦葬事。或問其故，翁答曰：「吾始而愠然，繼而强然，繼而釋然，終而樂然。」眾因稱之曰「四然翁」云。三歲失明，繼連失怙恃，寄食於星卜間。已而讀湯龍岡，遂神於蓍。好鼓瑟，按九徽為準，縱橫上下，曲中音節。嘗自製杖簫，杖長七尺，納簫於竅，興至輒取而吹之，聲振林谷。閑居自評詩文，或放古調為歌辭，號曰雲夜吟。晚慕嚴陵之操，別號心漁。馬子明衡為之傳，其事皆奇偉可誦。」

朱寬來問學，書卷贈之。

王陽明全集卷八書朱守諧卷：「守諧問為學，予曰：「立志而已。」問立志，予曰：「為學而已。」守諧未達。予曰：「人之學為聖人也，非有必為聖人之志，雖欲為學，誰為學？有其志矣，而不日用其力以為之，雖欲立志，亦烏在其為志乎！故立志者，為學之心也；為學者，立志之事也。譬之弈焉，弈者，其事也；「專心致志」者，其心一也；「以為鴻鵠將至」者，其心二也；「惟弈秋之為聽」，其事專也；「思援弓繳而射之」，其事分也。」守諧曰：「人之言曰：『知之未至，行之不力。』予未有知也，何以能行乎？」予曰：「是非之心，知也，人皆有之。子無患其無知，惟患不肯知耳；無患其知之未至，惟患不致其知耳。故曰：『知之非艱，行之惟艱。』今執途之人而告之以凡為仁義之事，彼皆能知其為善也；告之以凡為不仁不義之事，彼皆能知其為不善也。途之人皆能知之，而子有弗知乎？如知其為善也，致其知為善之知而必為之，則知至矣；如知其為不善也，致其知為不善之知而必不為之，則知至矣。知猶水也，人心之無不知，猶水之無不就下也；決而行之，無有不就下者。決而行之者，致知之謂也。此吾所謂知行合一者也。吾子疑吾言乎？夫道一而已矣。』」

按：朱箎字守諧，號思齋，山陰人。父朱導，兄簠。朱箎正德八年舉鄉試，朱簠正德十一年舉鄉試。嘉靖五年，朱箎、朱簠雙中進士，欽賜「雙鳳齊飛」扁。朱箎歷官泰興縣知縣，江西道監察御史，巡按湖廣。萬曆紹興府志卷四十五：「朱導，字顯文，山陰人。弘治己酉領鄉薦，仕終通江令。力敦孝友，以義方訓其子弟。二子簠、箎及猶子節、簦并取科第，為顯官。而雍雍和睦長幼，內外無間言。居鄉儉樸，非公事不入城府。山陰稱孝義之族者，必曰『白洋朱氏』云。」朱箎與白洋朱節為堂兄弟，故與陽明當早識。嘉靖三年朱箎居家山陰未仕，故可常來陽明處問學。錢德洪稱中秋陽明設席於碧霞池，門人在侍者百十餘人，中當有朱箎、朱簠也。

九月五日，朝廷定大禮，頒詔天下。陽明秋夜感懷國事，有「無端禮樂紛紛議」、「人間瓦缶正雷鳴」之嘆。

國榷卷五十三：「嘉靖三年八月庚戌，先是禮部右侍郎吴一鵬駁陳洸疏非是，久不下。已，得旨，以席書大禮考議、方獻夫大禮論、璁、萼前後三疏并南寧伯毛寬等疏下部集議。時書適至京，與璁、萼、獻夫等集議闕左門。書等上言：『伯父子姪，分不可易。世無二道，人無二本。孝宗皇帝本伯也，宜曰「皇伯考」；昭聖皇太后本伯母也，宜曰「伯母」。獻皇帝本父也，已去「本生」，宜曰「皇考」；章聖太后本母也，已去「本生」，宜曰「聖母」。武宗仍曰「皇兄」，莊肅皇后曰「皇嫂」。名義如此，大倫大統，兩有歸矣。奉神主而別為禰室，於至親不廢，隆尊號而不入太廟，於正統無嫌。』上善之。……甲寅，給事中陳洸偏劾爭大禮費宏、毛紀、吴一鵬、汪俊、金獻民、朱希周、汪偉、趙鑑、余才、劉天民、薛蕙、鄭一鵬。於是宏等乞歸，不許。……九月丙寅，定大禮，稱孝宗敬皇帝曰『皇伯考』，昭聖康惠慈壽皇太后曰『皇伯母』，恭穆獻皇帝曰『皇考』，章聖皇太后曰『聖母』。擇日祭告，頒詔天下。……丙子，詔曰：『朕本憲純皇帝之孫，恭穆獻皇帝之子。逮皇兄武宗毅皇帝上賓，仰尊祖訓，兄終弟及，遺詔命朕嗣皇帝位，昭聖康惠慈壽皇太后遣官迎朕入繼，受天明命，位於臣民之上三年矣。尊稱大禮，屢命廷議，輒引漢定陶共王、宋濮安懿王二事為據，再三未決，朕心靡定。蓋伯姪父子，乃天經地義，豈人所能為乎？……朕祇敬九廟，尊養二宮，正統大義，未嘗有間，惕然此心，夙夜不忘……已告天地、宗廟、社稷，稱孝宗敬皇帝曰「皇伯考」，昭聖皇太后曰「皇伯母」，恭穆獻皇帝曰「皇考」，章聖皇太后曰「聖母」。各正厥名，天倫無悖。朕方同心以和典禮之衷，敬事以建臣民之極，期以得萬國之歡心，致天人之祐助。布告中外，咸使聞知。」

王陽明全集卷二十碧霞池夜坐：「一雨秋涼入夜新，池邊孤月倍精神。潛魚水底傳心訣，棲鳥枝頭說道真。莫謂天機非嗜欲，須知萬物是吾身。無端禮樂紛紛議，誰與青天掃宿塵？」秋聲：「秋來萬木發天聲，點瑟回琴日夜清。絕調迴隨流水遠，餘音細入晚雲輕。洗心真已空千古，傾耳誰能辯九成？徒使清風傳律呂，人間瓦缶正雷鳴。」秋夜：「春園花木始菲菲，又是高秋落葉稀。天迴樓臺含氣象，月明星斗避光輝。閑來心地如空水，靜後天機見隱微。深院寂寥群動息，獨憐鳥鵲繞枝飛。」夜坐：「獨坐秋庭月色新，乾坤何處更閑人？高歌度與清風去，幽意自隨流水春。千聖本無心外訣，六經須拂鏡中塵。却憐擾擾周公夢，未及惺惺陋巷貧。」

按：三年大禮議紛爭，至是由世宗皇帝一手「欽定」。陽明此四詩，由其言「又是高秋落葉稀」、「一雨秋涼入夜新」，可見作在秋九月中，陽明慨嘆「無端禮樂紛紛議」、「人間瓦缶正雷鳴」，顯即針對世宗獨斷一手「欽定大禮議而發也。錢德洪引陽明諸詩，以為「蓋有時事，二詩已示其微矣」，「時事者」，實指世宗新君獨裁大禮議也。蓋陽明其時已看穿大禮議不過是一場「無端、無謂、無是非之禮爭」，而其幕後掌控黑手即獨裁皇帝世宗而已。故陽明對大禮議雙方均有微辭，認為上起世宗，下至大禮議各派朝臣，其共同弊病就在於均未能從「良知」之學上議禮，其在與顧惟賢書中明確指出：「秦漢以來，禮家之說往往如仇，皆為不聞致良知之學耳。」可謂一語中的。世宗禁王學，不信「良知之學」，其不過以一己「私天下之心」欽定大禮議，適足暴露其專斷獨裁君主之真面目。故陽明將大禮議無端紛爭與世宗以家天下之心一手欽定大禮斥之為「人間瓦缶正雷鳴」，而對其時霍韜、席書、黃綰、黃宗明有書來問來告大禮議均「不答矣」。

十五日，吳廷舉再薦陽明任兵部尚書，專管京營，世宗不允。

吳廷舉東湖集奏疏卷三欽承明詔薦用人才疏：「……臣切見新建伯兼南京兵部尚書王守仁文武全才，巖廊大器，犯顏冒險，既歷涉於夷方，討逆除凶，已成功於江右。後因守制，未曾赴官。今已服除，合當起用。又自逆濠削平之後，領兵官員如伍文定，已由知府擢至副都御史，楊銳亦由守備指揮超遷都督同知。而王守仁提督官兵，運籌決勝，雖蒙陞授崇階，一向未霑寸祿。臣以為本官堪以改任兵部尚書。請降手詔，促其赴京。到任之後，專管京營，操練軍馬。將見事權歸一，智力精專，元老在位，四夷向心，而陛下可以免宵旰之憂，享垂拱之樂矣。……」

按：吳廷舉後在薦用文武全才以掌督府疏中云：「故於嘉靖三年九月十五日欽奉明詔，舉用賢才，臣即備述王守仁之才之功，可授本兵團營之任。」（東湖集奏疏卷三）即指是次舉薦陽明。

第2049-2页

二十日，御史王木疏薦陽明。約同時御史潘壯亦疏薦陽明。均不報。

明世宗實錄卷三十八：「嘉靖三年九月辛巳，御史王木以大臣相繼罷去，乃疏薦大學士楊一清、尚書王守仁。言：『今欲興道致治，非二臣不可。』章下所司。」

按：王木字子昇，號晴溪，貴州清平衞人。正德八年舉鄉薦，授隨州學正，召為御史，陞雲南僉事。有東巡集、晴溪詩集、奏稿等。按王木正德三、四年中為貴陽諸生，疑其時已與陽明相識，或亦陽明貴州弟子。

嘉慶山陰縣志卷十四鄉賢：「潘壯，號梅峰。嘉靖癸未進士，授南京河南道監察御史，上章建白，耿耿不阿。薦楊邃庵、王陽明、蕭子雝於朝，皆一時大賢。武臣王邦奇誣織侍講葉桂章，上疏救之，詞甚剴切。丙戌秋，奉命按治江右……丁亥春，權貴有憚壯者，追論李福達大獄，事繫獄，朝論不平，交章赴救，罷職歸。」

按：潘壯字直卿，泉翁大全集卷十九有贈南京河南道監察御史潘直卿先生奉命之江右序。潘壯為山陰人，嘉靖二年舉進士，疑亦陽明弟子。

王艮父守庵王玒八十壽辰，命蔡世新繪呂仙圖，遣金克厚持圖往祝壽，并作歌以招之。王玒遂來會稽見陽明。

第2050页

董燧王心齋先生年譜：「嘉靖三年甲申……（初見），陽明公謝諸生不見，獨先生侍左右，或有論諸生，則令先生傳授。會守庵公壽日，先生告歸上壽，陽明公不聽，命蔡世新繪呂仙圖，王琥譔文，具上，因金克厚持往壽守庵公，并作歌以招之。於是守庵公至會稽，與陽明公相會。冬十二月方歸。」

按：守庵王玒生於正統九年，卒於嘉靖十五年，嘉靖三年為其八十壽辰。以其十二月自會稽歸泰州算，王玒生日約在八、九月中。陽明所作招歌今佚。

張體仁赴京任，過紹興來訪，有詩唱酬。

王陽明全集卷二十九次張體仁聯句韵：「眼底湖山自一方，晚林雲石坐高涼。閑心最覺身多繫，遊興還堪鬢未蒼。樹梢風泉長滴翠，霜前巖菊尚餘芳。秋江畫舫休輕發，忍負良宵鐙燭光。　山寺幽尋亦惜忙，長松落落水浪浪。深冬平野風煙淡，斜日滄江鷗鷺翔。海内交游唯酒伴，年來踪跡半僧房。相過未盡青雲話，無奈官程促去航。　青林人靜一燈歸，回首諸天隔翠微。千里月明京信遠，百年行樂故人稀。已知造物終難定，唯有煙霞或可依。總為迂疏多牴牾，此生何忍便脂韋」？

又次張體仁聯句韵：「問俗觀山兩劇匆，雨中高興諒誰同？輕雲薄靄千峰曉，老木蒼波萬里風。客散野昆從小艇，詩成巖桂發新叢。清詞寄我真消渴，絕勝金莖吸露筒。」（何福安寶晉齋碑帖集釋，陽明此詩書碑帖真迹由無為寶晉齋收藏）

按：寶晉齋收藏此陽明詩書碑帖真迹（三詩二書）原題作「蘇臺唐寅」作，乃大誤。按其中手書次張體仁聯句韵詩，昭昭載於王陽明全集卷二十九中，其為陽明詩而非唐寅詩一目瞭然（詳考見下答宋孔瞻書考）。陽明答宋孔瞻書一中云：「略書近作一二首，見千萬鄙懷」。是此次張體仁聯句韵四首乃是其「近作」。按陽明答宋孔瞻書作在嘉靖四年九月（見下考），則陽明此四首次張體仁聯句韵必作在嘉靖三年九、十月間。大抵詩一、詩四作在張體仁秋九月來紹興見訪時，詩二作在冬十月送張體仁赴京時，詩三則作在張體仁赴京去後，約已在冬十一月。

張體仁，無考，疑即張文淵。按張文淵字公本，號躍川，與陽明為同年，兩人多有交往，講論學問。疑張文淵一字體仁。明清進士錄：「張文淵，弘治十二年二甲七名進士。浙江上虞人。由編修累官至南京禮部郎中。書法宗朱熹」。張文淵與陽明當在弘治十二年已相識。萬曆上虞縣志卷十八文苑：「張文淵，弘治乙未進士。初任工部都水司主事，常引導東川以疏河流，有功漕運（勒載碑志）。遷兵部武選司，遭逆瑾用事，乞恩致仕。正德辛未起用，不就。甲戌，陞南京禮部郎中。未幾，丁内艱，遂不起。談經授徒，豪傑景附。所著有衛道録、諸圖便覽、八音東泉百詠，奏聞世廟。内衛道一編，與王文成傳習録不無參駁，然主於翼朱，亦自有見。又善真草，筆力遒勁，得朱文公書法」。按張文淵弘治十二年任工部都水司主事，陽明則觀政工部；正德九年張文淵任南京禮部郎中，陽明則任南京鴻臚寺卿，兩人必當多有交游講論。疑嘉靖三年張文淵或又起復赴京，遂自上虞經紹興來訪。

十月，門人南大吉續刻傳習錄於紹興。

南大吉傳習錄序：「天地之間，道而已矣。道也者，人情物之所由以生者也。是故人之生也，得其秀而最靈，以言乎性則中矣，以言乎情則和矣，以言乎萬物則備矣，由聖人至於途人，一也。故曰：『人者，天地之德，陰陽之交，鬼神之會，五行之秀氣也。』又曰：『致中和，天地位焉，萬物育焉。』是故古者大道之於天下也，天下之人相忘於道化之中，而無復所謂邪慝者焉。率性以由之，修道以誠之，皞皞乎而不知為之者，是故大順之所積也，以天則不愛其道也，以地則不愛其寶也，以人則不愛

其情也，以物則不愛其靈也。聖人於此，夫何言哉？恭己無為而已矣。至其後也，道不明於天下，天下之人相交於物化之中，而邪慝興焉。失其性而不知求，舍其道而不知修。斯人也，日入於禽獸之歸而莫之知也。是故萬物弗序而天地弗官矣。聖人，生而知道者也；賢人，學而知道者也。其視天地萬物，無一而非我。而斯人之不知道也，若己推而入之鳥獸之群也。理有所不可隱，心有所不容忍，惡能已於言哉？故孟子曰：『予豈好辯哉？予不得已也。』故夫聖賢之言，將以明斯道，示諸人，使天下之人曉然知道之在是，庶民興焉。庶民興，則邪慝息；邪慝息，則萬物序而天地官矣。夫然後聖賢之心始安，而其言始已也。是故其言也，求其是則已矣，非以為聞見之高也；求其明則已矣，非以為門户之高也。而後之為聖賢之學者，其初也，執聞見以自是，而不知聖人之所以是者，天下之公是也；立門户以自明，而不知聖人之所明者，天下之同明也。故其後也，言愈多而愈支，支則不可行矣；門愈高而愈小，小則不可通矣。皆意也，己也，勝心之為也。而世之號為豪傑者，方皆溺於其中而莫之知也，其亦可哀也矣！夫天之命於我而我之具於心者，自有真是真非，自不能逭吾心之真知也

。唯夫聞見己執於未觀之先，而門户又高於既玩之際，則己言雖是也，蔽於聞見之私，而不知其是；指雖明也，隔於門户之異，而不通其明。道之不明於天下，治之所以不能追復前古者，其所由來遠矣。是錄也，門弟子錄陽明先生問答之辭、討論之書，而刻以示諸天下者也。吉也從遊宮牆之下，其於是錄也，朝觀而夕玩，口誦而心求，蓋亦自信之篤，而竊見夫所謂道者，置之而塞乎天地，溥之而橫乎四海，施諸後世，無朝夕人心之所同然者也。故命逢吉弟校續而重刻之，以傳諸天下。天下之於是錄也，但勿以聞見梏之，而平心以觀其意；勿

以門戶隔之，而易氣以玩其辭。勿以錄求錄也，而以我求錄也，則吾心之本體自見，而凡斯之言，皆其心之所固有，而無復可疑者矣。則夫大道之明於天下，而天下之所以平者，將亦可竢也矣。嘉靖三年冬十月十有八日，賜進士出身、中順大夫、紹興府知府、門人渭北南大吉謹序。」（傳習錄欄外書）

錢德洪傳習錄序（卷中）：「德洪曰：昔南元善刻傳習錄於越，凡二冊。下冊摘錄先師手書，凡八篇。其答徐成之二書，吾師自謂：『天下是朱非陸，論定既久，一旦反之為難。二書姑為調停兩可之說，使人自思得之。』故元善錄為下

冊之首者，意亦以是歟？今朱、陸之辨明於天下久矣。洪刻先師文錄，置二書於外集者，示未全也，故今不錄。其餘指『知行之本體』，莫詳於答人論學與答周道通、陸清伯、歐陽崇一四書；而謂『格物為學者用力日可見之地』，莫詳於答羅整庵一書。平生冒天下之非詆摧陷，萬死一生，遑遑然不忘講學，惟恐吾人不聞斯道，流於功利機智，以日墮於夷狄禽獸而不覺，其一體同物之心，譊譊終身，至於斃而後已。此孔、孟已來賢聖苦心，雖門人子弟未足以慰其情也。是情也，莫詳於答聶文蔚之第一書，此皆仍元善所錄之舊。而揭『必有事焉，即致良知

功夫，明白簡切，使人言下即得入手』，此又莫詳於答文蔚之第二書，故增錄之。元善當時洶洶，乃能以身明斯道，卒至遭奸被斥，油油然惟以此生得聞斯學為慶，而絕無有纖芥憤鬱不平之氣。斯錄之刻，人見其有功於同志甚大，而不知其處時之甚艱也。今所去取，裁之時義則然，非忍有所加損於其間也。」（傳習錄卷中）

按：錢德洪陽明先生年譜云：「十月，門人南大吉續刻傳習錄。傳習錄薛侃首刻於虔，凡三卷。至是年，大吉取先生論學書，復增五卷，續刻於越。」其說皆誤。按錢德洪傳習錄序（卷中）明言南大吉所刻傳習錄為二冊，上冊一仍其舊不變（徐愛、陸澄、薛侃三

家所記）；下冊著錄陽明手書八篇，此八篇如下：

答徐成之二書（作於正德六年）

答周道通一書（作於嘉靖元年）

答陸原靜二書（作於正德十六年）

答羅整庵一書（作於正德十五年）

訓蒙大意一篇（作於正德十五年）

教約一篇（作於正德十五年）

蓋此八篇皆作於嘉靖三年以前，故得收入是刻而為一冊。可見南大吉只是增刻陽明八篇文章為續錄，斷無「復增五卷」之事。後至嘉靖三十六年，錢德洪乃刪去答徐成之二書（入陽明文錄），另加入答

顧東橋一書（作於嘉靖四年）、答歐陽崇一一書（作於嘉靖五年）、答聶文蔚二書（一作於嘉靖五年，一作於嘉靖七年），為第二卷（下卷）；另再採陳九川諸人所錄（二卷），附為續錄，遂為今傳傳習錄三卷也。尤值得注意者，此新錄（續錄）一冊八篇實為陽明所手定，並非南大吉所摘錄。南大吉傳習錄序分明云：「吉也從遊宮墻之下，其於是錄也，朝觀而夕玩，口誦而心求……故命逢吉弟校續而重刻之，以傳諸天下。」可見南大吉在續刻此新錄以前，就已得到陽明此手定新錄（八篇），朝觀夕玩，口誦心求，此新錄八篇非南大吉所定甚明。又前考陽明與周道通書三亦分明云：「新錄一冊，寄覽。六月朔日。」此新錄一冊即指陽明所手定之八篇文章，可見陽明至遲在嘉靖三年六月以前已手定此八篇新錄（陽明又稱後錄），並寄贈周道通、南大吉等門人。至十月乃由南大吉、南逢吉與舊錄（徐愛、陸澄、薛侃錄）一併刊刻為二冊也。由此傳習錄之編集、刊刻與流變可考明如下：

正德七年，徐愛始編集傳習錄一卷，是錄皆徐愛所記，未刊刻。

正德十三年，薛侃集徐愛、陸澄、薛侃三家所記錄為傳習錄三卷，刊刻於虔，後稱為舊錄（前錄）。

嘉靖三年，南大吉、南逢吉續刻新錄八篇（下卷），與舊錄（上卷）一併刊於紹興（二冊）。

嘉靖三十年，孫應奎、蔡汝楠刊刻傳習錄於衡州石鼓書院，此

第2057頁

本即南大吉、南逢吉刻本。孫應奎刻陽明先生傳習錄序：「及再見，又手授二書，其一傳習錄。……同志蔡子子木守衡，……應奎因樂與成之，乃出先生舊所手授傳習錄，俾刻置石鼓書院。……嘉靖三十年夏五月壬寅，同邑門人孫應奎謹序。」蔡汝楠敘傳習錄後：「先生曾以是錄手授今文宗蒙泉孫公，公按部至衡，令汝楠刻置石鼓書院。」

嘉靖三十三年，錢德洪、劉起宗、丘時庸刊刻傳習錄於水西精舍。是本乃是在南大吉、南逢吉刻本（舊錄、新錄）之外，又採陳九川、黃直、黃省曾諸門人所記語錄為續錄二卷。錢德洪續刻傳習錄序云：「洪在吳時，為先師裒刻文錄。傳習錄所載下卷，皆先師書也。既以次入文錄書類矣，乃摘錄中問答語，仍書南大吉所錄以補下卷。復採陳惟濬諸同志所錄，得二卷焉，附為續錄，以合成書。……去年秋，會同志於南畿，吉陽何子遷、初泉劉子起宗，相與商訂舊學，謂師門之教，使學者趨專歸一，莫善於傳習錄。於是劉子歸寧國，謀諸涇尹丘時庸，相與捐俸，刻諸水西精舍。……時嘉靖甲寅夏六月，門人錢德洪序。」蓋是本由舊錄（前錄）、新錄（後錄）、續錄三部組成，即上、中、下三卷也。

嘉靖三十六年，錢德洪、王畿、胡宗憲、唐堯臣刊刻陽明先生文錄（中有傳習錄）於天真精舍。胡宗憲重刊陽明先生文錄序：「天真書院為先生崇祀之所……錢子偕龍溪王子謀於予

第2058頁

曰：「古人有倚馬論道者，兵事雖倥偬，亦不可無此意。願以姑蘇本再加校正，梓藏於天真，以惠後學，如何？」予曰：「諾。」遂捐俸金若干兩，命同知唐堯臣董其事，以九月某日刻成。……嘉靖丁巳仲冬吉旦，後學新安梅林胡宗憲頓首拜撰。」按此陽明先生文錄中之傳習錄由錢德洪改定，即將中卷（新錄）中八篇文章作了改選，刪除答徐成之二書，而加入答顧東橋一書、答歐陽崇一一書、答聶文蔚二書。即錢德洪傳習錄卷中所云：「其答徐成之二書……故今不錄。其餘指「知行之本體」，莫詳於答人論學與答周道通、陸清伯、歐陽崇一四書。……是情也，莫詳於答聶文蔚之第一書……而揭「必有事焉」即致良知功夫，明白簡切，使人言下即得入手」，此又莫詳於答文蔚之第二書，故增錄之。」錢德洪此序即為是次刊刻陽明先生文錄中之傳習錄所作，故特置於傳習錄卷中之首也。自是刻之後，傳習錄三卷（上卷、中卷、下卷，即前錄、後錄、續錄）遂定型矣。

第2059頁

二十一日，與門人游秦望山，宿雲門寺，有詩韻。

王陽明全集卷二十嘉靖甲申冬二十一日再登秦望自弘治戊午登後二十七年矣將下適董蘿石與二三子來復坐久之暮歸同宿雲門僧舍：「初冬風日佳，杖策登崔嵬。自予羈宦迹，久與山谷違。屈指廿七載，今茲復一來。沿溪尋往路，歷歷皆所懷。躋險還屢息，興在知吾衰。薄午際峰頂，曠望未能回。良朋亦偶至，歸路相徘徊。夕陽飛鳥靜，群壑風泉哀。悠悠觀化意，點也可與偕。」

董澐從吾道人詩稿卷下游會稽次韻時同游者王心齋何善山黃洛村徐三溪王明谷：「朱簾畫舫出城來，尊俎冠裳曉日開。禹穴騰光南斗下，爐峰倒影大江隈。身邊禮樂東南盛，日極風雲西北回。笑把青藜臨絕頂，賀家湖西小如杯。」

按：董澐詩所云「游會稽次韻」，似即次陽明此詩韻；所云「同游者王心齋、何善山、黃洛村、徐三溪、王明谷」，即陽明詩所云「董蘿石與二三子來」。「王心齋」即王艮，「何善山」即何廷仁，「黃洛村」即黃弘綱，徐三溪即徐珊。「王明谷」，無考，董澐從吾道人詩稿中有宿韶光次王明谷等，可見董澐與王明谷關係甚密。

第2060頁

按從吾道人詩稿中多有與王惟中之詩，如懷王惟中：「一春假榻陽明洞，無數黃精與紫芝。夜來夢見樂陽子，借我青城一鶴騎。」疑「王明谷」即此王惟中。

十一月，巡撫河南右副都御史王藎改巡撫陝西，書來問學。陽明有答書，並寄贈新刻傳習錄二冊。

王陽明全集卷二十一答王亹庵中丞：「……使來，遠辱問惠，登拜感作。舍親宋孔瞻亦以書來，備道執事勤勤下問之盛，不肖奚以得此！近世士大夫之相與，類多虛文彌誑而實意衰薄，外和中妬，狥私敗公，是以風俗日惡而世道愈降。執事忠信高明，克勤小物，長才偉識，藹然海內之望。而自視欿然，遠念不遺，若古之君子，有而若無，以能問於不能者也。僕誠喜聞而樂道，自顧何德以承之？僕已無所可用於世，顧其心痛聖學之不明，是以人心陷溺至此，思守先聖之遺訓，與海內之同志者講求切劘之，庶亦少資於後學，不徒生於聖明之朝。然蔽惑既久，人是其非，其能虛心以相聽者鮮矣。若執事之德盛禮恭而與人為善，此誠僕所願效其愚者；然又邑里隔絕，無因握手一叙，其為傾渴又如何可言耶！雖然，目擊而道存，僕見執事之書，既已知執事之心，雖在千萬里外，當有不言而信者。謹以新刻小書二冊奉求教正。蓋鄙心之所欲效者，亦略具於其中矣。便間幸示。」

空同集卷五十三送都御史王公移鎮陝西序：「都御史王公巡撫河南之明年，是為嘉靖甲申，詔乃移公於陝西……於是冬十月初吉，諸邦侯餞公大梁之郊，觴三行，各稱詩諭志焉。藩使杭公歌曰：『有客宿宿，有客信信。』言公之莫留也。臬使張公歌曰：『周邦咸喜，戎有良翰。』言西

之人歡也。諸寮佐則賡之曰：『文武吉甫，萬邦為憲。』言河與陝均也。」

按：前者疊庵即王藎。明世宗實錄卷三十八：「嘉靖三年八月乙巳……改巡撫河南右副都御史王藎巡撫陝西。」是王藎在八月改巡撫陝西，其在十月赴陝西任，致書陽明已在十一月。陽明此書所謂「在千萬里外」，即指其遠在陝西。「新刻小書二冊」，蓋其時陽明新刻傳習錄三冊（舊錄、續錄）已成，故隨寄贈也。「舍親宋孔瞻」即宋冕，不久亦赴陝西左布政使任（詳下）。

黄省曾歸吳，書來問良知之學，陽明有答書詳論。

王陽明全集卷五與黄勉之書二：「勉之別去後，家人病益狼狽，賤軀亦咳逆泄瀉相仍，曾無間日，人事紛沓，未論也。用是大學古本曾無下筆處，有辜勤勤之意。然此亦自可徐徐圖之，但古本白文之在吾心者，未能時時發明，卻有可憂耳。來問數條，實亦無暇作答，細觀簡末懇懇之誠，又自不容已於言也。來書云：『以良知之教涵泳之，覺其徹動徹靜，徹晝徹夜，徹古徹今，徹生徹死，無非此物。不假纖毫思索，不得纖毫助長，亭亭當當，靈靈明明，觸而應，感而通，無所不照，無所不覺，無所不達，千聖同途，萬賢合轍。無他如神，此即為神；無他希天，此即為天；無他順帝，此即為帝。本無不中，本無不公。終日酬酢，不見其有動；終日閑居，不見

其有靜。真乾坤之靈體，吾人之妙用也。竊又以為中庸誠者之明，即此良知之明；誠之者之戒慎恐懼，即此良知為戒慎恐懼。當與惻隱羞惡一般，俱是良知條件。知戒慎恐懼，知惻隱，知羞惡，通是良知，亦即是明。」云云。此節論得已甚分曉。知此，則知致知之外無餘功矣；知此，則知所謂建諸天地而不悖，質諸鬼神而無疑，百世以俟聖人而不惑者，非虛語矣。誠明戒懼，效驗功夫，本非兩義。既知徹動徹靜，徹死徹生，無非此物，則誠明戒懼與惻隱羞惡，又安得別有一物為之歟？

來書云：「陰陽之氣，訢合和暢而生萬物。物之有生，皆得此和暢之氣。故人之生理，本自和暢，本無不樂。觀之鳶飛魚躍，鳥鳴獸舞，草木欣欣向榮，皆同此樂；但為客氣物欲攪此和暢之氣，始有間斷不樂。孔子曰『學而時習之』，便立個無間斷功夫，悅則樂之萌矣。朋來則學成，而吾性本體之樂復矣，故曰『不亦樂乎』。在人雖不我知，吾無一毫慍怒以間斷吾性之樂，聖人恐學者樂之有息也，故又言此。所謂『不怨』、『不尤』，與『夫樂在其中』、『不改其樂』，皆是樂無間斷否？」云云。樂是心之本體。仁人之心，以天地萬物為一體，訢合和暢，原無間隔。來書謂「人之生理，本自和暢，本無不樂，但為客氣物欲

第2063頁

攪此和暢之氣，始有間斷不樂」是也。時習者，求復此心之本體也，悅則本體漸復矣。朋來則本體之訢合和暢，充周無間。本體之訢合和暢，本來如是，初未嘗有所增也。就使無朋來而天下莫我知焉，亦未嘗有所減也。來書云「無間斷」，意思亦是。聖人亦只是至誠無息而已，其工夫只是時習。時習之要，只是謹獨。謹獨即是知良知。良知即是樂之本體。此節論得大意亦皆是，但不宜便有所執著。

來書云：「韓昌黎『博愛之謂仁』一句，看來大段不錯，不知宋儒何故非之？以為愛自是情，仁自是性，豈可以愛為仁？愚意則曰：性即未發之情，情即已發之性，仁即未發之愛，愛即已發之仁。如何喚愛作仁不得？言愛，則仁在其中矣。孟子曰：『惻隱之心，仁也。』周子曰：『愛曰仁。』昌黎此言，與孟、周之旨無甚差別。不可以其文人而忽之也。」云云。博愛之說，本與周子之旨無大相遠。樊遲問仁，子曰：「愛人。」愛字何嘗不可謂之仁歟？昔儒看古人言語，亦多因人重輕之病，正是此等處耳。然愛之本體固可謂之仁，但亦有愛得是與不是者，須愛得是，方是愛之本體，方可謂之仁。若只知博愛而不論是與不是，亦便有差處。吾嘗謂博字不若公字為盡。大抵訓釋字義，亦只是得其大概，若其精微奧

第2064頁

蘊，在人思而自得，非言語所能喻。後人多有泥文著相，專在字眼上穿求，却是心從法華轉也。……」

按：是年黃省曾上半年來問學，下半年歸吳。陽明此書云「勉之別去後，家人病益狼狽」，乃指夫人諸氏病重，至次年正月即卒。故可知陽明此書作在冬十一月前後。又書中云「用是大學古本曾無下筆處」，似指陽明欲作大學問。蓋大學問在嘉靖六年請錄成書，然此前早已寫成，並以此說授門人，故錢德洪大學問跋云：「大學問者，師門之教典也。學者初及門，必先以此意授，使人聞言之下，即得此心之知，無出於民彝物則之中，致知之功，不外乎修齊治平之內。」

第2065頁

諸偁來紹興問學，陽明書卷贈之。

王陽明全集卷八書諸陽伯卷：「妻姪諸陽伯復請學，既告之以格物致知之說矣。他日，復請曰：『致知者，致吾心之良知也，是既聞教矣。然天下事物之理無窮，果惟致吾之良知而可盡乎？抑尚有所求於其外也乎？』復告之曰：『心之體，性也，性即理也。天下寧有心外之性？寧有性外之理乎？寧有理外之心乎？外心以求理，此告子「義外」之說也。理也者，心之條理也。是理也，發之於親則為孝，發之於君則為忠，發之於朋友則為信。千變萬化，至不可窮竭，而莫非發於吾之一心。故以端莊靜一為養心，而以學問思辯為窮理者，析心與理為二矣。若吾之說，則端莊靜一亦所以窮理，而學問思辯亦所以養心，非謂養心之時無有所謂理，而窮理之時無有所謂心也。此古人之學所以知行並進而收合一之功，後世之學所以分知行為先後，而不免於支離之病者也。』曰：『然則朱子所謂如何而為溫凊之節，如何而為奉養之宜者，非致知之功乎？』曰：『是所謂知矣，而未可以為致知也。知其如何而為溫凊之節，則必實致其溫凊之功，而後吾之知始至；知其如何而為奉養之宜，則必實致其奉養之力，而後吾之知始至。如是乃可以為致知耳。若但空然知

第2066頁

之為如何溫凊奉養，而遂謂之致知，則孰非致知者耶？易曰：「知至，至之。」知至者，知也；至之者，致知也。此孔門不易之教，百世以俟聖人而不惑者也。』」

按：諸偁為陽明妻姪。陽明夫人諸氏自入冬以來日漸病重，陽明與黃勉之書云「家人病益狼狽」。疑諸偁即是於其時來紹興探望諸氏病情，遂得以問學受教。

致書宗弟王邦相，處置宗內弟侄嫁娶事宜。

陽明與王邦相書一：「南來事，向因在服制中，恐致遲悞伊家歲月，已令宗海回報，令伊改圖矣，不謂其事尚在也。只今道里遠隔，事勢亦甚不便。況者妻病臥在牀，

第2067頁

日甚一日，危不可測，有何心情而能為此？只好一意回報，不可更遲悞伊家也。況其生年、日、時遠不可知，無由推算相應與否。近日又在杭城門得庚子一人，日、時頗可，今若又為此舉，則事端愈多。平生心性只要安閑，不耐如此勞擾也。有負此人遠來之意，可多為我謝之。冬至後四日，陽明字拜邦相揮使宗契。欲做皂靴一雙，寄去銀九錢。又錢五分，買上好琴絃。望因便早寄。」（王世傑、那志良、張萬里編藝苑遺珍法書第二輯第十三册）

按：書云「向因在服制中」，乃指憂服，至嘉靖三年四月服闋。書云「老妻病卧在牀，日甚一日，危不可測」，陽明妻諸氏卒於嘉靖四年正月。由此可知此書作在嘉靖三年冬至後四日。書中所敘，乃是為弟侄婚娶事。時王邦相在杭州任指揮，故託其在杭買上好琴絃等。

十二月九日，洪鐘賜祭葬，陽明作文祭奠。

王陽明全集卷二十五祭洪襄惠公文：「……天子錫之祭葬，褒以美謚……先君子素與於公，守仁雖晚，亦辱公之知愛。公之子嘗以公之墓銘見屬，曾不能發揚盛美。茲

第2068頁

公之葬，又不能奔走執紼，，馳奠一觴，聊以寓其不盡之哀焉爾。……」

按：國榷卷五十三：「嘉靖三年十二月己亥……故太子太保、刑部尚書兼左都御史洪鐘，賜祭葬，謚襄惠。」陽明此祭文乃為祭葬而作。

十五日，楊一清書來請為同門科舉題名録作序，陽明作後跋贈之。

楊一清集督撫稿柬札類與王陽明司馬：「家僮回，蒙教翰，詞意諄懇，讀之藹然如見顏色。所奉大作，雄偉明暢，大家數文字也。顧非淺薄所敢當，悚愧，悚愧！但原求録序，今作題跋。卷中題跋已多，皆出門下，而序文必歸大手筆。然此序議論曲折，正得序體，僭易為序，而冠諸首簡，不及請命，負罪，負罪！令先公墓文，極知不稱，乃蒙獎與過當，益媿益媿！……」

王陽明全集卷二十八書同門科舉題名録後：「嘗讀文中子，見唐初諸名臣若房、杜、王、魏之流，大抵皆出其門，而論者猶以文中子之書乃其徒偽為之而託焉者，未必其實然也。今以邃庵先生之徒觀之，則文中子之門又奚足異乎？予嘗論文中子蓋後世之大儒也，自孔、孟既沒，而周、程未興，董、韓諸子未或有先焉者。先生自為

童子，即以神奇薦入翰林，未弱冠而已為人師。其穎悟之蚤，文學之懿，比自文中，實無所愧。而政事之敏卓，才識之超偉，文中未有見焉。文中之在當時，嘗以策干隋文，不及一試，而又蚤死。先生少發科第，入中書，督學政，典禮太常，經略邊陲，弭奸戡亂，陟司徒，登冢宰，晉位師相，威名震於夷狄，聲光被於海宇，功成身退，優游未老之年，以身繫天下安危，聖天子且將復起之，以恢中興之烈，而海內之士日翹首跂足焉。則天之厚於先生者，殆文中子所不能有也。文中之徒，雖顯於唐，然皆異代隔世。若先生之門，具體而微者，亦

且幾人，其餘或得其文學，或得其政事，或得其器識，亦各彬彬成章，足為名士，布列中外，不下數十，又皆同朝共事，並耀於時。其間喬、靳諸公，遂與先生同升相位，相繼為冢宰。若此者，文中子之門，蓋有所不敢忘矣。且文中子之門，其親經指受，若董常、程元之流，多不及顯而章明於世，往往或請益於片言，邂逅於一接，非若今之題名所載，皆出於先生之陶冶，其出於陶冶而不顯於世，若常、元之徒，殆未暇悉數也。先生之在吏部，守仁常為之屬，受知受教，蓋不止於片言一接者。然以未嘗親出陶冶，不敢憾於茲錄之不與。若其出

於陶冶而有若常、元者焉，或亦未可以其不顯於世而遂使之不與也。續茲錄者，且以為何如？嘉靖甲申季冬望。」

吏部薦王守仁提督三邊軍務，世宗不用。

明世宗實錄卷四十六：「嘉靖三年十二月戊午……上命陝西三邊設提督軍務大臣一員，該部議推才優望重者往。於是吏部言致仕少傅、大學士楊一清，兵部尚書彭澤，南京兵部尚書王守仁俱任。上命一清以原官改兵部尚書、兼都察院左都御史，提督陝西三邊軍務。」

國榷卷五十三：「嘉靖三年十二月丁巳……復陝西總督，起楊一清兵部尚書、兼左都御史，總督三邊軍務。」

楊一清集督府稿柬札類與王陽明司馬：「……近日忽兵部咨，知有提督陝西戎務之命，且與公名同上。在公實稱，如僕曩官京師，因病不能供職，辭章數十上，乃得俞旨休致。今年日老，病日多，精力日憊，豈能復供任使？已具疏懇辭，聖明必能憐察，而此任未免屬之公矣。」

同上，與內閣諸先生：「……新正二十四日，忽兵部差千戶陳璽齎咨文見示，知有提督陝西軍務之命。方患痰嗽，伏枕聞之，驚懼不知所出。伏念某曩官京師，因目疾、痰疾、足疾為患，瀝誠懇請，章數十上，乃奉俞休致

。今年七十二歲，精力日憊，耳目四肢，無非受病之地，豈能復供任使？、不然則聖天子登簡眷注之恩，賢宰相汲引扶持之德，至深至厚，人非木石，豈不知感知報，安敢崇飾虛讓，甘為名教之棄物哉！情具奏疏中。仰冀垂念斯文夙昔之愛，力為維持，使得苟安林下，以全餘年，則感荷之私，所謂生死而肉骨也。……」

按：楊一清云「賢宰相汲引扶持之德」，此「賢宰相」主要指費宏。可見是次提督陝西軍務選楊一清而不用陽明，概出於費宏一班宰執之意，而非世宗所選定。按，「三邊提督」之職不過一無味之「雞肋」而已，費宏之汲引楊一清為陝西提督，既沮抑陽明復起入朝，又屏阻楊一清起復入閣，可謂一箭雙雕矣。如明史本傳所云：「費宏故銜守仁，復沮之。屢推兵部尚書，三邊總督，提督團營，皆弗果用。」

第2071頁

一五二五　嘉靖四年　乙酉　五十四歲

春正月，心齋王艮奉父守庵王玒來會稽，王襞、諸子姪皆侍從來受學。

董燧王心齋先生年譜：「嘉靖四年乙酉……春正月，往會稽。先生奉守庵公如會稽，並諸子姪以從。」

焦竑王東崖先生襞墓志銘：「先生諱襞，字宗順，學者稱東崖先生。……生九齡，隨父至陽明公所。士大夫會者千人，公命童子歌，多囁嚅不能應，先生意氣恬如，歌聲若金石。公召視之，知為心齋子，詫曰：『吾固知越中無此兒也。』輒奇而授之學。是時龍溪、緒山、玉芝皆在公左右，先生以公命悉師事之。踰十年歸，娶已，之越，復留者八年。師友相陶汰，氣竦神涌，耳新目明，標樹山嶽之上，越軼風霆之外，繇枝葉而達其根，派流而遡其源，沛如也。」（國朝獻徵錄卷一百十四）

第2072頁

東厓先生行狀：「九歲時，隨先公讀書於文成公家。一日，大會縉紳士夫，不啻千人。公命童子歌，衆皆歉，獨先生高歌自如，文成公呼視之，知為先公子也，乃訝之曰：『吾說吾浙中無此子也。』甚奇之。又一日，入公府，值數十犬叢吠之，先生拱立不動，神色自如。公見益奇之，告於衆曰：『此子氣宇不凡，吾道當有寄矣。』居十年方歸娶耳。」（王襞新鐫東厓王先生遺集卷下）

按：王襞生於正德六年，九歲則在正德十四年，其時王艮亦尚未來南昌見陽明，王襞豈能來紹興受學？、九齡之說顯誤。今據董燧王心齋先生年譜（董燧為王艮門人），可以確知王襞乃在嘉靖四年來紹興受學，蓋十五歲時也。
有書致餘姚侄鄭官賢，商議鄭氏財産家事。
陽明與鄭邦瑞書一：「修理聖龜山廟時，我因外祖及二舅父分上，特捨梁木，聽社享將我名字寫在梁上。此廟既係社享香火所關，何不及早赴縣陳告？直待頃家承買了，然後來說，此是享人自失了事機。我自來不曾替人作書入府縣，此是人人所知，可多多上覆。二舅母切莫見怪，此廟既不係廢毀之數，社享自可據情告理，若享人肯備些價錢取贖，縣中想亦未必不聽也。汝大母病勢如舊，服藥全不效。承二舅母掛念，遣人來看，多謝多謝！陽明字寄寶一侄收看，社中享人亦可上覆也。」（中國書法全集第五十二册，手札真迹今藏美國普林斯頓大學美術館）

按：鄭邦瑞名官賢，號邦瑞，寶一或是其小名，當為陽明生母鄭氏兄（即書所云「二舅父」）之孫。陽明是三書真迹卷後有黄弘綱跋云：「先師字畫精妙，苟得幅紙，無不知寶。然則邦瑞之寶此也，其亦猶夫人也與？曰：不然。字之所得者與人同，義之所感者與人異；字之寶也輕，義之寶也重。金玉為寶，可以易之；以義為寶，可以托六尺之孤，可以寄百里之命，臨大節而不可奪也。然則邦瑞之寶之也，其異諸乎人之寶也與？嘉靖壬辰孟夏，門人黄弘綱敬跋。」三書均議餘姚鄭氏方面財産家事，時間先後相及。書一所云「聖龜山」，即勝歸山，在餘姚城北三里。「汝大母」，指陽明正妻諸氏。按諸氏因病卒於嘉靖四年正月，此前在嘉靖三年冬已病重（見前考）。此書云「汝大母病勢如舊，服藥全不效」，已在諸氏疾革前夕，二舅母（即鄭邦瑞祖母）亦已遣人來視，故可知此書作於嘉靖四年正月初。

陽明此書所云「修理聖龜山廟時，我因外祖及二舅父分上，特捨梁木」，乃指其時欲修復勝歸山廟，然在陽明生前未能行，直到嘉靖二十六年方始修成。聞人詮有光復勝歸山形勝記云：「勝歸山者，在治西北三里許，晉劉牢之擊孫恩取勝歸屯，因以立名……嘉靖丁未夏六月，梅林胡侯補任吾邑，興節初弭，禋祀孔修，衆喜山川能得所主，勝歸之毁，將必完焉……已而邑人郡守王子正思（按：陽明侄）以近北山宕六畝具書契以歸，而辭其值……數百年睨勢規利之場，一旦復為聖世無疆之業，重建勝歸山廟於山岬，而靈神得妥……」（光緒餘姚縣志卷十六金石下）王正思之捐地六畝，或亦出陽明生前之囑耶？

夫人諸氏卒。四月，祔葬於徐山。

錢德洪陽明先生年譜：「正月，夫人諸氏卒。四月，祔葬於徐山。」

按：萬曆紹興府志卷四山川志：「徐山，在府城西南十五里鏡湖中，財如岡阜，多桑竹。」徐山為鄭太夫人葬地，諸氏乃祔葬於鄭太夫人。

黃綰寄來大禮疏，馬明衡亦自南京來紹興見。陽明有書致黃宗明，勉勸南京諸公議禮講學。

王陽明全集卷二十一與黃誠甫書一：「近得宗賢寄示禮疏，明甚。誠甫之議，當無不同矣。古之君子，恭敬撙節，退讓以明禮，僕之所望於二兄者，則在此而不彼也。果若是，以為斯道之計，進於議禮矣。先妻不幸於前日奄逝，方在悲悼中。適陳子文往，草草存問闊。」

書二：「別久，極渴一語，子莘來，備道諸公進修，亦殊慰。大抵吾人習染已久，須得朋友相扶持。離群索居，即未免隳惰。諸公既同在留都，當時時講習為佳也。」

按：陽明此二書，王陽明全集題下注「甲申」作，乃誤。陽明所云「宗賢寄示禮疏」，即指黃綰所刊刻知罪錄。陳子文為麻城縣知縣。「留都諸公」，指黃綰（南京都察院經歷司經歷）、黃宗明（南京刑部郎中）、吳廷舉（應天巡撫都御史）、湛甘泉（南京國子監祭酒）以及呂調陽（南京刑部郎中）、鄭文川（南京大理寺副評事）之輩，蓋多大禮議中之中堅人物，稍後吳廷舉薦陽明掌南京都督府事，蓋出此輩之意也。

鄒守益遣使吊賻，並有書來論學。陽明有答書。

王陽明全集卷五與鄒謙之書二：「鄉人自廣德來，時常得聞動履，兼悉政教之善，殊慰傾想。遠使吊賻，尤感憂念之深。所喻『猝臨盤錯，蓋非獨以別利器，正以精吾格致之功耳』，又能以怠荒自懼，其進可知矣。近時四方來遊之士頗衆，其間雖甚魯鈍，但以『良知』之說略加點撥，無不即有開悟，以是益信得此二字真吾聖門正法眼藏。謙之近來所見，不審又如何矣。南元善益信此學，日覺有進，其見諸施設，亦大非其舊。便間更相獎掖之，固朋友切磋之心也。方治葬事，使還，草草疏謝不盡。」

按：前考鄒守益嘉靖三年六月來紹興問學一月，七月歸安福。其赴廣德任之時間，據鄒守益集卷二十五宿廣德公館：「齋沐臨新任，虛堂獨掩門。深慚疏吏事，何以報君恩？歎歲民情苦，殘編古道存。擁懷終夕坐，明月上前軒。」所謂「臨新任」，是說其到廣德任；所謂「歎歲民情苦」，是說年終歲歎。可見鄒守益乃在嘉靖三年冬赴廣德任，故在嘉靖四年正月乃自廣德寄來賻儀也。

南大吉來訪，問政有得，名其蒞政之堂為親民堂，陽明為作堂記。

王陽明全集卷七親民堂記：「南子元善之治越也，過陽明子而問政焉。陽明子曰：『政在親民。』曰：『親民何以乎？』曰：『在明明德。』曰：『明明德何以乎？』曰：『在親民。』曰：『明德、親民，一乎？』曰：『一也。明德者，天命之性，靈昭不昧，而萬理之所從出也。人之於其父也，而莫不知孝焉；於其兄也，而莫不知弟焉；於凡事物之感，莫不有事物之明焉，是其靈昭之在人心，亘萬古而無不同，無或昧者也，是故謂之明德。其或蔽焉，物欲也。明之者，去其物欲之蔽，以全其本體之明焉耳，非能有以增益之也。曰：何以在親民乎？曰：德不可以徒明也。人之欲明其孝之德也，則必親於其父，而後孝之德明矣；欲明其弟之德也，則必親於其兄，而後弟之德明矣。君臣也，夫婦也，朋友也，皆然也。故明明德必在於親民，而親民乃所以明其明德也，故曰一也。曰：親民以明其德，修身焉可矣，而何家、國、天下之有乎？曰：人者，天地之心也；民者，對己之稱也；曰民焉，則三才之道舉矣。是故親吾之父以及人之父，而天下之父子莫不親矣；親吾之兄以及人之兄，而天下之兄弟莫不親矣。君臣也，夫婦也，朋友也，推而至於鳥獸草木也，而皆有以親之，無非求盡吾心焉，以自明其明德也。是之謂明明德於天下，是之謂家齊國治而天下平。曰：然則烏在其為止至善者乎？昔之人固有欲明其明德矣，然或失之虛罔空寂，而無有乎家國天下之施者，是不知明明德之在於親民，而二氏之流是矣；固有欲親其民

第2077页

者矣，然或失之知謀權術，而無有乎仁愛惻怛之誠者，是不知親民之所以明其明德，而五伯功利之徒是矣。是皆不知止於至善之過也。是故至善也者，明德親民之極則也。天命之性，粹然至善。其昭靈不昧者，皆其至善之發見，是皆明德之本體，而所謂良知者也。至善之發見，是而是焉，非而非焉，固吾心天然自有之則，而不容有所擬議加損於其間也。有所擬議加損於其間，則是私意小智，而非至善之謂矣。人惟不知至善之在吾心，而用其私智以求之於外，是以昧其是非之則，至於橫騖決裂，人欲肆而天理亡，明德親民之學大亂於天下。故止至善之於明德親民也，猶之規矩之於方圓也，尺度之於長短也，權衡之於輕重也。方圓而不止於規矩，爽其度矣；長短而不止於尺度，乖其制矣；輕重而不止於權衡，失其準矣；明德親民而不至於至善，亡其則矣。夫是之謂大人之學。大人者，以天地萬物為一體也，夫然後能以天地萬物為一體。元善喟然而嘆曰：甚哉！大人之學若是其簡易也。吾乃今知天地萬物之一體矣！吾乃今知天下之為一家、中國之為一人矣！一夫不被其澤，若己推而內諸溝中，伊尹其先得我心之同乎！於是名其莅政之堂曰親民，而曰：吾以親民為職者也，吾務親吾之

第2078页

民以求明吾之明德也夫！爰書其言於壁而為之記。」

萬曆紹興府志卷三署廨志：「今府署仍唐宋之舊址，然廳事久且蠹敗矣。弘治十一年，知府游興新之。嘉靖元年二月，火，東廊黃册庫、儀仗庫俱毁。十月，又火，西廊毁。二年十月，知府南大吉乃修復之。已又易其廳室樓堂楹棟之朽腐者，修葺其瓴甍墻垣之頹壞者，髹飾其梁宇榱桷之剥落者，大新矣。堂舊額曰公正堂，於是改題為親民堂，是為府堂（王新建守仁有記。）……由前廳東出為書室，又北出而東折，西南上十數級，復折而東，為龍首書院，前曰大觀堂，後曰吏隱軒，周墻繚焉，知府南大吉因舊基建。南大吉龍首書院記……鎮東閣，在府治左，即舊子城鎮東門。宋元以來名鎮東閣，明嘉靖元年，毁於火。四年，知府南大吉復創，高七丈，輪奐甚偉麗。」

按：前引陽明與鄒謙之書二云：「南元善益信此學，日覺有進，其見諸施設，亦大非其舊。」即指南大吉一新府署，建親民堂、龍首書院等。故可知陽明此親民堂記作在嘉靖四年正月中。

魏良政、魏良器、黃弘綱、何秦皆來受學，王臣亦有書來論學，陽明有答書。

王陽明全集卷五與王公弼：「前王汝止家人去，因在妻喪中，草草未能作書。人來，遠承問惠，得聞動履，殊慰

殊慰！書中所云『斯道廣大，無處欠缺，動靜窮達，無往非學。自到任以來，錢穀獄訟，事上接下，皆不敢放過。但反觀於獨，猶未是夭壽不二根基，毁譽得喪之間未能脱然』。足知用功之密。只此自知之明，便是良知。致此良知以求自慊，便是致知矣。殊慰殊慰！師伊、師顔兄弟，久居於此。黃正之來此亦已兩月餘。何廷仁到亦數日。朋友聚此，頗覺有益。惟齊不得力而歸，此友性氣殊别，變化甚難，殊為可愛爾。間及之。」

南逢吉來問博文約禮之說，陽明作博約說贈之。

王陽明全集卷七博約說：「南元真之學於陽明子也，聞致知之說而恍若有見矣。既而疑於博約先後之訓，復來請曰：『致良知以格物，格物以致其良知也，則既聞教矣。敢問先博我以文，而後約我以禮也，則先儒之說，得無亦有所不同歟？』陽明子曰：『理，一而已矣；心，一而已矣。故聖人無二教，而學者無二學。博文以約禮，格物以致其良知，一也。故先後之說，後儒支繆之見也。夫禮也者，天理也。天命之性具於吾心，其渾然全體之中，而條理節目森然畢具，是故謂之天理。天理之條理謂之禮。是禮也，其發見於外，則有五常百行，酬酢變化，語默動靜，升降周旋，隆殺厚薄之屬。宣之於言而

成章，措之於為而成行，書之於册而成訓，炳然蔚然，其條理節目之繁，至於不可窮詰，是皆所謂文也。是文也者，禮之見於外者也；禮也者，文之存於中者也。文，顯而可見之禮也；禮，微而難見之文也。是所謂體用一源，而顯微無間者也。是故君子之學也，於酬酢變化、語默動靜之間而求盡其條理節目焉，非他也，求盡吾心之天理焉耳矣；於升降周旋、隆殺厚薄之間而求盡其條理節目焉，非他也，求盡吾心之天理焉耳矣。求盡其條理節目焉者，博文也；求盡吾心之天理焉者，約禮也。文散於事而萬殊者也，故曰博；禮根於心而一本者也，故曰約。博文而非約之以禮，則其文為虛文，而後世功利辭章之學矣；約禮而非博學於文，則其禮為虛禮，而佛老空寂之學矣。是故約禮必在於博文，而博文乃所以約禮。二之而分先後焉者，是聖學之不明，而功利異端之說亂之也。昔者顏子之始學於夫子也，蓋亦未知道之無方體形像也，而以為有方體形像也；未知道之無窮盡止極也，而以為有窮盡止極也。是猶後儒之見事事物物皆有定理者也，是以求之仰鑽瞻忽之間，而莫得其所謂。及聞夫子博約之訓，既竭吾才以求之，然後知天下之事雖千變萬化，而皆不出於此心之一理；然後知殊途

第2081页

而同歸，百慮而一致；然後知斯道之本無方體形像，而不可由方體形像求之也；本無窮盡止極，而不可以窮盡止極求之也。故曰：「雖欲從之，末由也已。」蓋顏子至是而始有真實之見矣。博文以約禮，格物以致其良知也，亦寧有二學乎哉？」

傳習錄欄外書：「南逢吉曰：」吉嘗以答徐成之書請問。先生曰：「此書於格致誠正及尊德性而道問學處，說得尚支離。蓋當時亦就二君所見者，將就調停說過。細詳文義，然猶未免分為兩事也。」嘗見一友問云：「朱子以存心致知為二事。今以道問學為尊德性之功，作一事如何？」先生曰：「天命於我謂之性，我得此性謂之德。今要尊我之德性，須是道問學。如要尊孝之德性，便須學問個孝；尊弟之德性，便須學問個弟。學問個孝，便是尊孝之德性；學問個弟，便是尊弟之德性。不是尊德性之外，別有道問學之功；道問學之外，別有尊德性之事也。心之明覺處謂之知，知之存主處謂之心，原非有二物。存心便是致知，致知便是存心，亦非有二事。」曰：「存心恐是靜養意，與道問學不同。」曰：「就是靜中存養，還謂之學否？若亦謂之學，亦即是道問學矣。觀者宜以此意求之。」」

第2082页

馬自强山西按察司副使南公逢吉志銘：「姜泉南公，渭南人也。諱逢吉，字元真，一字元命，別號以豐原之泉名，故學者稱姜泉先生。……渭陽公孝友篤信，其施用以文學，官不大究。配焦太宜人，生二子，即瑞泉公與公云。……公以總角同瑞泉公受常公學，而友其子，並有逸群之譽焉。後公舉於鄉第三人。時大復何公試公文，嘆曰：『奇才也！』計當魁禮，已果然。先瑞泉公先公八年成進士，為戶部郎，至是出知紹興府。公會試不第，同奉焦太宜人之紹興，並師事陽明王公。瑞泉公以直黜，陽明致書曰：『關中自横渠後，有所振發興起而進於道德聖

賢者，將必自吾元善昆季始。』故二公所化誨，至今渭南彬彬多文學有用之士焉。」（《國朝獻徵錄》卷九十七）

按：南逢吉嘉靖二年在紹興為王十朋會稽三賦作注，由南大吉作序刊刻。嘉靖三年南大吉又命南逢吉續刻傳習錄於越。可見南逢吉確在嘉靖二年隨其兄南大吉出知紹興府來越，同奉母焦太宜人，師事陽明。是次「復來」請問，則當是隨南大吉來問學，同陽明為南大吉作親民堂記，而為南逢吉作博約說也。

連城老儒童世堅千里來紹興問學，携八策見示，講論三月。陽明勸其焚棄八策，作「良知」詩贈歸，別後再致書論八策之非。

王陽明全集卷二十一復童克剛：「春初枉顧，時承以八策見示，鄙意甚不為然。既而思之，皆學術不明之故，姑且與克剛講學，未暇細論策之是非。旬日之後，學術漸明，克剛知見豁然，如白日之開雲霧，遂翻然悔其初志，即欲焚棄八策，以為自此以後誓不復萌此等好高務外之念矣。當時同志諸友，無不嘆服克剛，以為不憚改過而勇於從善若此，人人皆自以為莫及也。盛价遠來，忽尋長箋巨冊，諄諄懇懇，意求刪改前策，將復上，與臨別丁寧意大相矛盾。豈間闊之久，切磋無力，遂爾迷誤至此耶？易曰：『君子思不出其位。』若克剛斯舉，乃所謂

思出其位矣。又曰：『不易乎世，不成乎名，遯世無悶，』『憂則違之。』若克剛斯舉，是易乎世而成乎名，非遯世無悶，憂則違之之謂矣。克剛向處山林，未嘗知有朝廷事體。今日群司之中，縉紳士夫之列，其間高明剴切之論，經略康濟之謨，何所不有？如八策中所陳，蓋已不知幾十百人、幾十百上矣，寧復有俟於克剛耶？克剛此舉，雖亦仁人志士之心，然夜光之璧無因而投，人亦且按劍而怒，況此八策者，特克剛之敝箒耳，亦何保嗇之深而必以投人為哉？若此策遂上，亦非獨不見施行，且將有指摘非訾之者，其為克剛之累不小小也。克剛亦何

苦而汲汲於為是哉？八策之中，類皆老生常談，惟第五策於地方利害頗有相關，然亦不過訴狀之詞，一有司聽之足矣。而克剛乃以為致治垂統之一策，得無以身家之故，遂為利害所蔽，而未暇深思之耶？明者一覽，如見肺肝，但克剛不自知耳。昔者顏子在陋巷簞瓢，孔子賢之。夫陋巷簞瓢，豈遂至於人不堪憂？其間蓋亦必有患害屈抑，常情所不能當，如克剛今日之所遭際者矣。若其時遂以控之於時君世主，譾譾屑屑，求白於人，豈得復謂之賢乎？禹、稷昌言於朝，過門不入，以有大臣之責也。今克剛居顏子陋巷之地，而乃冒認禹、稷之憂，是宗祝而代庖人之割，希不傷手矣。冊末「授受之說，似未端的，此則姑留於此，俟後日再講。至於八箴，斷斷不宜復留，遂會同志諸友共付丙丁，為克剛焚此魔障。克剛自此但宜收斂精神，日以忠信進德為務，默而成之，不言而信，不見是而無悶，可也。」

傳習錄欄外書：「董克剛問：「傳習錄中以精金喻聖，極為明切。惟謂孔子分兩不同萬鎰之疑，雖有軀殼起念之說，終是不能釋然。」師不言。克剛請之不已。師曰：「看易經便知道了。」克剛必請明言。師乃嘆曰：「早知如此起辨生疑，當時便多說這一千也得。今不自煅煉金之程色，只是問他人金之輕重。奈何！」克剛曰：~~早知如此~~「堅若早得聞教，必求自見。今老而幸遊夫子之門，有疑不決。懷疑而死，終是一憾。」師乃曰：「伏羲作易，神農、黃帝、堯、舜用易，至於文王演卦於羑里，周公又演爻於居東。二聖人比之用易者似有間矣。孔子則又不同。其壯年之志，只是東周，故夢亦周公。嘗曰：「文王既沒，文不在茲乎？」自許自志，亦只二聖人而已。況孔子玩易，韋編乃至三絕，然後嘆易道之精。曰：「假我數年，五十以學易，可以無大過。」比之演卦演爻者更何如？更欲比之用易如堯、舜，則恐孔子亦不自安也。其曰：「我非生而知之者，好古以求之者。」又曰：「若聖與仁，則吾豈敢？抑之為不厭。」乃其所至之位。」」

王陽明全集卷二十詠良知四首示諸生：「個個人心有仲尼，自將聞見苦遮迷。而今指與真頭面，只是良知更莫疑。

問君何事日憧憧？煩惱場中錯用功。莫道聖門無口訣，良知兩字是參同。

人人自有定盤針，萬化根源總在心。却笑從前顛倒見，枝枝葉葉外頭尋。

無聲無臭獨知時，此是乾坤萬有基。拋却自家無盡藏，沿門持鉢效貧兒。」

董世堅和陽明先生示教：「年華六十苦憧憧，秪為支離枉用功。自聽陽明山上鼓，千槌萬擂此聲同。　子午元來有一針，周公定在指南心。越裳迷失如無此，沃日吞天何處尋？」（嘉靖汀州府志卷十七辭翰）

王畿集卷十八和良知四韵：「謾於感處問憧憧，虛寂從教證聖功。但得無心如尺蠖，羲文一派古今同。　古來學易有宣尼，讀罷韋編更不迷。兩畫乾坤無一字，紛紛著象轉增疑。　鴛鴦傳譜不傳針，萬古經綸只此心。聞道具茨迷聖解，空中鳥跡若為尋！　浮生役役了何時，坤復之間好立基。莫道仙家能抱一，儒門亦自有嬰兒。」

第2087頁

劉□侯送尋樂先生歸連城序：「閩之連城有克剛童先生，稽古好學，老而不倦，志在尋乎孔顏之樂，因以『尋樂』自號，而卒亦未有以見其真也。不遠數千里請學於陽明夫子之門，獲聞夫子致良知之教，欣然若有悟焉。既三月，以老而不能久旅也，告別歸，同門之士咸繹其尋樂之說以為贈。侯學也晚，未能有得於道，烏乎言？雖然，亦概聞之矣：孔顏之樂，吾心之真樂也；吾心之真樂，吾心之本體也。運元化而不勞，流太虛而不息者，吾心之本體也。以其無累然，真樂之所由名也。孔顏非有以樂，有以□全其心之本體而靡有加損焉已也。然則樂其可尋乎？曰：可。心之本體，一天人，合物我，貫古今，而無有或異者也。人之失之者，動於己私，而本體未嘗亡也。尋之者，去其己私之動，以復其本，吾夫子致良知之教是也。知也者，本體之明也。己私之動，而本體之明未嘗不知也，莫之察而莫之致焉耳。恐懼乎其不可聞，戒慎乎其不睹，知之精而去之決焉，本體於是乎可幾也。是故致知者，真樂之門也。精焉，明焉，久不息焉，肱枕瓢巷之天，斯不專於孔顏矣。昧是而外尋焉，偽也。」（連城童氏族譜卷五名公貽贈）

嘉靖汀州府志卷十四文學：「童世堅，字克剛，連城人。

第2088頁

東皋季子。遊邑庠，天性穎敏，以文知名。正德癸酉應貢，不肯就道，乃謀於仲兄，營葬祖宗父母墳墓。事既畢，因嘆世與道違，權奸柄用，時可隱矣。乃卜於畫錦橋東，結數椽之廬，蒔松竹，泓鑑池，扁曰『尋樂』。絕迹仕進，昕夕藏修於是者，十年矣。陽明先生倡道東南，遂不遠三千里，拜謁門墻，講求古人之學。歸而沉潛體認，充然有得，而問學大異人矣。方又出餘資買田，為學中生徒給，其好義又如此。提學邵公（鋭）以其賢，刻『賢行』二字表其門。若乎世堅，不直文學，庶幾於道者矣。」

按：湛世堅父湛昱，為吳與弼弟子。康熙連城縣志卷七：「湛公昱，字道彰，號東皋。……嘗念為學在明道，人性道之不明，故無以善身善世，遂遠從江右吳聘君與弼學，悟道在動靜語默間而歸。……公著有東皋集。……季子世堅，為陽明高弟。」前考劉佚字原道，號沖庵。嘉靖二年有書來問學，至嘉靖四年則來紹興受學，得作此序送湛世堅歸也。

二月二日，禮部尚書席書奏薦王守仁入閣，世宗不許。

明世宗實錄卷四十八：「嘉靖四年二月辛卯，禮部尚書席書奏薦致仕大學士楊一清、南京兵部尚書王守仁文武兼資，堪任將相。今一清已督三邊，守仁當處之內閣，秉樞機，無為忌者所抑。且云：『今諸大臣多中材，無足與計天下事者。定亂濟時，非守仁不可。』上不許，曰：『近日邊防多事，已命廷臣集議。席書身為大臣，果有謀略，宜即悉心敷奏，共濟時艱，何必自委中材者，負委任。』」

明史卷一百九十七席書傳：「時執政者費宏、石珤、賈詠，書心弗善也，乃力薦楊一清、王守仁入閣，且曰：『今諸大臣皆中材，無足與計天下事。定亂濟時，非守仁不可。』帝曰：『書為大臣，當抒猷略，共濟時艱，何以中材自諉。』守仁迄不獲柄用。」

山中桃花盛開，有詩感懷。

王陽明全集卷二十山中漫興：「清晨急雨度林扉，餘滴煙梢尚濕衣。雨水霞明桃亂吐，沿溪風暖藥初肥。物情到底能容懶，世事從前頓覺非。自擬春光還自領，好誰歌詠月中歸。」

鄒守益在廣德興建儒學尊經閣，書來請為范文正祠題扁，陽明有答書，批評甘泉「隨處體認天理」之說。

王陽明全集卷六寄鄒謙之書一：「比遭家多難，工夫極費力，因見得良知兩字比舊愈加親切。真所謂大本達道，舍此更無學問可講矣。『隨處體認天理』之說，大約未嘗不是，只要根究下落，即未免捕風捉影，縱令鞭辟向裏，亦與聖門致良知之功尚隔一塵。若復失之毫釐，便有千里之謬矣。四方同志之至此者，但以此意提掇之，無不即有省發，只是著實能透徹者，甚亦不易得也。世間無志之人，既已見驅於聲利詞章之習，間有知得自己性分當求者，又被一種似是而非之學兜絆羈縻，終身不得出頭。緣人未有真為聖人之志，未免挾有見小欲速之私，則此種學問，極足支吾眼前得過。是以雖在豪傑之士，而任重道遠，志稍不力，即且安頓其中者多矣。謙之之學，既以得其大原，近想涉歷彌久，則功夫當亦精明矣。無因接席一論，以資切劘，傾企如何！范祠之建，實亦有裨風教。僕於大字，本非所長，況已久不作，所須祠扁，必大筆自揮之，乃佳也。使還，值冗，不欲盡言。」

按：王陽明全集卷六中有寄鄒謙之書五通，均注作「丙戌」作，乃大誤，此蓋是將鄒守益建廣德州儒學尊經閣與建復初書院二事誤混為一所致。按鄒守益建儒學尊經閣在嘉靖四年正月（至六月完工），建復初書院則在嘉靖四年十月（至嘉靖五年七月完工）。陽明此寄鄒謙之書一與書五乃敘建尊經閣事，作在嘉靖四年；書二、三、四乃敘建復初書院事，作在嘉靖

第2091页

五年（均見下考）。以此寄鄒謙之書一考之，按前已確考鄒守益嘉靖三年四月貶廣德，六月來越問學，十月間赴廣德任，嘉靖四年正月已自廣德寄來賻儀。據湛甘泉廣德州儒學新建尊經閣記：「廣德州儒學尊經閣，前大成殿，後范文正祠……東郭子鄒子……以抗疏出翰林，來判廣德……鄒子乃構材鳩工，凡六月而閣成。」（泉翁大全集卷二十七）可見鄒守益一至廣德即興建尊經閣（包括范文正祠），六月而閣成，則在五、六月間。陽明此寄鄒謙之書一言及建范文正祠及題扁事，則約作在二、三月間可知。書言「比遭家多難，工夫極費力」，即指正月夫人諸氏卒及祔葬徐山也。

三月，董蘿石攜子董穀來紹興受學。

明儒學案卷十四浙中王門學案四：「董穀，字石甫。嘉靖辛丑進士。歷知安義、漢陽二縣，與大吏不合而歸。少游陽明之門，陽明謂之曰：『汝習於舊說，故於吾言不無抵牾，不妨多問，為汝解惑。』先生因筆其所聞者為疑存

第2092页

，然多失陽明之意。其言『性無善惡』。陽明『無善無惡心之體』，以之言心，不以之言性也。又言『性之體，虛而已，萬有出焉。故氣質之不美，性實為之。全體皆是性，無性則並無氣質矣』。夫性既無善無惡，賦於人則有善有惡，將善惡皆無根柢歟？抑人生而靜以上是一性，靜以後又是一性乎？又言：『復性之功，只要體會其影響俱無之意思而已。』信如斯言，則莫不墮於恍惚想象，所謂求見本體之失也。學者讀先生之書，以為盡出於陽明，亦何怪疑陽明之為禪學乎！」

董穀董漢陽碧里後集達存下跋許杞翁所藏陽明手墨卷：

「穀少日，先子從吾翁命游雲村先生之門，時聞教言，似
舉業之外，別有當講者，穀已莫逆於心。日見先生言動
異於他師，雖未有知識，然覺如是者之為是也。既長，
隨侍先子南游陽明夫子之門，得其書讀之，益知俗學了
無交涉，而孔、顏授受，雖儒先亦或未詳。然後知先生
與徐曰仁、朱白浦諸公，皆具豪傑之見，相與振起而羽
翼之，無惑乎其踐履之雅重云。」
按：董穀生於弘治五年，嘉靖四年已三十四歲，故黃宗羲稱其
少游陽明之門乃誤。又陽明對董穀云「不妨多問」，故董穀所記
語錄甚多，（對瞭解陽明晚年思想有重要意義，）黃宗羲以為「多失陽明之意」，恐未必然。茲將董穀

所記若干條語錄著錄於下，以見董穀在紹興問學之況：（重要）
凝存博學於文：「此所謂文，躬行實踐中無過不及，有天理之節
文，與『博我以文』相同；非則以『學文』之文與『文莫吾猶』之文也。於
五常百行，每事必求其無私心而合天理，謂之博文。禮者，理
也。文而可觀，總謂之禮。文雖不同，禮無二致，萬殊而一
本也。故事親可觀，事親中乎禮矣；從兄可觀，從兄中乎禮
矣。以至凡事皆然。雖詩書六藝，博學詳說，亦皆以資益
身心為主，而無務多鬪靡、為名為利之心，使之盡歸宿於此
禮，謂之約禮。如此，庶乎不背於理。故曰『亦可以弗畔矣夫』。
若夫記誦文詞之間，其亦異乎顏子之學矣。愚聞於先師陽
明者如此。」按：陽明此說，可與其同年所作之博約說相印證。
凝存默而識之：「陽明先生曰：『識當音志，謂心通也。心之精
微，口不能言。下學上達之妙，在當人自知。不言者，非不言也，雖
言也；存諸心者，不待存也，乃自得也，此之謂默識。』」
凝存溫故而知新：「竊嘗聞於陽明：『身體力行，謂之學。口耳聞
見，非學也。如思昨日事親如此，今日事親更覺妥貼；昨日
從兄如此，今日從兄更覺周詳。或交朋友，或傳於師，或施於事
，覺得向來私意猶有未盡，今者方快於心，義理無窮，愈精愈
密，只此是學。』」
凝存吾有知乎哉：「嘗聞之陽明先生曰：『無知，是聖人之本體，未接

物時，寂然不動。兩端，乃是非可否之兩端。叩者，審問也。設
有鄙夫來問，此時吾心空空如也。鄙夫所問，雖尋常之事，必
有兩端不定之疑，我則審問其詳，是則曰是，非則曰非，可則
曰可，否則曰否。一如吾心之良知以告之，此心復歸於空，無復
餘蘊，故謂之竭。』先師面授者如此。」
凝存蒙龍子：「余嘗與聚子（按：法聚）論性，以呈於陽明先
生。先生批曰：『二子異同之論，皆是說性，非見性也。見性者，
無異同之可言矣。他日聚子不非董子，董子不非聚子，則於見
性也，其庶幾乎！』」
達存下性論：「愚嘗親聞於陽明云：『要知前世因，今生受者

是；要知來世果，今生作者是。盡之矣。」二十三言，歷歷在耳，陽明豈欺我哉！」

達存下君子辯：「始，余嘗疑晦翁註『欲居九夷』，以為『君子所居則化，何陋之有』。夫聖人道不行於中國，而欲居夷，乃能遽化其陋，恐非聖人所能自必也。竊詳聖人之言，乃素夷狄，行乎夷狄，何陋云者，蓋安土樂天，不知其陋也。嘗以質於先師陽明，亦以為然。」

四月三日，再致書餘姚鄭官賢，商議鄭氏家事。

陽明與鄭邦瑞書二：「陽明字與鄭寶一官賢侄：汝祖母所投帳目，可將文書逐一查出，與同去人照數討完，封送祖母收貯，不得輕易使用。此汝祖母再三叮囑之言，斷不可違。汝祖母因此帳目必欲回家，是我苦苦强留在此，汝可體悉此意，勿使我有誤汝祖母之罪，乃可。家中事謹慎小心，不久還，差人來取，到此同住也，先說與知之。四月初三日，陽明字與列位賢弟侄同看。」（中國書法全集第五十二冊，手札真迹今藏美國普林斯頓大學美術館）

按：此書二所云「汝祖母」，即前書一所云陽明「二舅母」，時已由餘姚來住會稽陽明處，似是因諸氏病卒並在四月祔葬徐山，故來會稽。

第2095頁

南大吉建尊經閣成，陽明為作尊經閣記，論經學即心學，並寄呈湛甘泉。

王陽明全集卷七稽山書院尊經閣記：「經，常道也。其在於天謂之命，其賦於人謂之性，其主於身謂之心。心也，性也，命也，一也。通人物，達四海，塞天地，亘古今，無有乎弗具，無有乎弗同，無有乎或變者也。是常道也，其應乎感也，則為惻隱，為羞惡，為辭讓，為是非；其見於事也，則為父子之親，為君臣之義，為夫婦之別，為長幼之序，為朋友之信。是惻隱也，羞惡也，辭讓也，是非也；是親也，義也，序也，別也，信也；一也，皆所謂心也，性也，命也。通人物，達四海，塞天地，亘古今，無有乎弗具，無有乎弗同，無有乎或變者也，是常道也。是常道也，以言其陰陽消息之行焉，則謂之易；以言其紀綱政事之施焉，則謂之書；以言其歌詠性情之發焉，則謂之詩；以言其條理節文之著焉，則謂之禮；以言其欣喜和平之生焉，則謂之樂；以言其誠偽邪正之辯焉，則謂之春秋。是陰陽消息之行也，以至於誠偽邪正之辯也，一也，皆所謂心也，性也，命也。通人物，達四海，塞天地，亘古今，無有乎弗具，無有乎弗同，無有乎或變者也，夫是之謂六經。六經者非他，吾心之常道也。故易也者，志吾心之陰陽消息

第2096頁

者也；書也者，志吾心之紀綱政事者也；詩也者，志吾心之歌詠性情者也；禮也者，志吾心之條理節文者也；樂也者，志吾心之欣喜和平者也；春秋也者，志吾心之誠偽邪正者也。君子之於六經也，求之吾心之陰陽消息而時行焉，所以尊易也；求之吾心之紀綱政事而時施焉，所以尊書也；求之吾心之歌詠性情而時發焉，所以尊詩也；求之吾心之條理節文而時著焉，所以尊禮也；求之吾心之欣喜和平而時生焉，所以尊樂也；求之吾心之誠偽邪正而時辯焉，所以尊春秋也。蓋昔者聖人之扶人極，憂後世，而述六經也，猶之富家者父祖慮其產業庫藏之積，其子孫者或至於遺忘散失，卒困窮而無以自全也，而記籍其家之所有以貽之，使之世守其產業庫藏之積而享用焉，以免於困窮之患。故六經者，吾心之記籍也，而六經之實則居於吾心；猶之產業庫藏之實積，種種色色，具存於其家，其記籍者，特名狀數目而已。而世之學者，不知求六經之實於吾心，而徒考索於影響之間，牽制於文義之末，硜硜然以為是六經矣。是猶富家之子孫不務守視享用其產業庫藏之實積，日遺忘散失，至於窶人匄夫，而猶囂囂然指其記籍曰：「斯吾產業庫藏之積也。」何以異於是！嗚呼！六經之學，其不明於

世，非一朝一夕之故矣。……越城舊有稽山書院，在臥龍西岡，荒廢久矣。郡守渭南南君大吉既敷政於民，則慨然悼末學之支離，將進之以聖賢之道。於是使山陰令吳君瀛拓書院而一新之。又為尊經之閣於其後，曰：「經正，則庶民興；庶民興，斯無邪慝矣。」閣成，請予一言以諗多士。予既不獲辭，則為記之若是。嗚呼！世之學者既得吾說而求諸其心焉，其亦庶乎知所以為尊經也矣。」

按：錢德洪陽明先生年譜定陽明此記作在嘉靖四年四月。

山陰知縣吳瀛重修縣學成，陽明為作記，論聖學即心學。

王陽明全集卷七重修山陰縣學記：「山陰之學，歲久彌敝。教諭汪君瀚輩以謀於縣尹顧君鐸而一新之，請所以詔士之言於予。時予方在疚，辭，未有以告也。已而顧君入為秋官郎，洛陽吳君瀛來代，復增其所未備而申前之請。……夫聖人之學，心學也。學以求盡其心而已。堯、舜、禹之相授受曰：「人心惟危，道心惟微，惟精惟一，允執厥中。」道心者，率性之謂，而未雜於人，無聲無臭，至微而顯，誠之源也。人心，則雜於人而危矣，偽之端也。見孺子之入井而惻隱，率性之道也；從而內交於其父母焉，要譽於鄉黨焉，則人心矣。饑而食，渴而飲，率性之道也；從而極滋味之美焉，恣口腹之饕焉，

王陽明全集卷六寄鄒謙之書五：「寄示甘泉尊經閣記……其間大意亦與區區稽山書院之作相同。稽山之作，向嘗以寄甘泉，自謂於此學頗有分毫發明。……」

則人心矣。惟一者，一於道心也。惟精者，慮道心之不一，而或二之以人心也。道無不中，一於道心而不息，是謂允執厥中矣。一於道心，則存之無不中，而發之無不和。是故率是道心而發之於父子也無不親；發之於君臣也無不義；發之於夫婦、長幼、朋友也無不別、無不序、無不信。是謂中節之和，天下之達道也。放四海而皆準，亘古今而不窮，天下之人同此心，同此性，同此達道也。舜使契為司徒而教以人倫，教之以此達道也。當是之時，人皆君子而比屋可封，蓋教者惟以是為教，而學者惟以是為學也。聖人既沒，心學晦而人偽行，功利、訓詁、記誦、辭章之徒紛沓而起，支離決裂，歲盛月新，相沿相襲，各是其非，人心日熾而不復知有道心之微。間有覺其紕繆而略知反本求源者，則又鬨然指為禪學而群訾之。嗚呼！心學何由而復明乎！夫禪之學與人之學，皆求盡其心也，亦相去毫釐耳。聖人之求盡其心也，以天地萬物為一體也。吾之父子親矣，而天下有未親者焉，吾心未盡也；吾之君臣義矣，而天下有未義者焉，吾心未盡也；吾之夫婦別矣，長幼序矣，朋友信矣，而天下有未別、未序、未信者焉，吾心未盡也；吾之一家飽暖逸樂矣，而天下有未飽暖逸

第2099頁

樂者焉，其能以親乎？義乎？別、序、信乎？吾心未盡也。故於是有紀綱政事之設焉，有禮樂教化之施焉，凡以裁成輔相，成己成物，而求盡吾心焉耳。心盡而家以齊，國以治，天下以平。故聖人之學不出乎盡心。禪之學非不以心為說，然其意以為是達道也者，固吾之心也，吾惟不昧吾心於其中，則亦已矣，而亦豈必屑屑於其外；其外有未當也，則亦豈必屑屑於其中，斯亦其所謂盡心者矣，而不知已陷於自私自利之偏。是以外人倫，遺事物，以之獨善或能之，而要之不可以治家國天下。蓋聖人之學無人己，無內外，一天地萬物以為心；而禪之學起於自私自利，而未免於內外之分，斯其所以為異也。今之為心性之學者，而果外人倫，遺事物，則誠所謂禪矣；使其未嘗外人倫，遺事物，而專以存心養性為事，則固聖門精一之學也，而可謂之禪乎哉！世之學者，承沿其舉業詞章之習以荒穢戕伐其心，既與聖人盡心之學相背而馳，日騖日遠，莫知其所抵極矣。有以心性之說而招之來歸者，則顧駭以為禪，而反仇讎視之，不亦大可哀乎！……」

按：吳瀛在嘉靖四年初來任山陰知縣，以陽明此記與稽山書院尊經閣記相比照，可知南大吉建尊經閣與吳瀛重修山陰縣學

第2100頁

在同時，陽明此二記皆作在四月也。

五月，王正思來紹興問學。陽明為王正憲扇題辭，勉勸子侄輩謙恭毋傲。

王陽明全集卷八書正憲扇：「今人病痛，大段直是傲。千罪百惡，皆從傲上來。傲則自高自是，不肯屈下人。故為子而傲，必不能孝；為弟而傲，必不能弟；為臣而傲，必不能忠。象之不仁，丹朱之不肖，皆只是一『傲』字，便結果了一生，做個極惡大罪的人，更無解救得處。汝曹為學，先要除此病根，方纔有地步可進。『傲』之反為『謙』。『謙』字便是對症之藥，非但是外貌卑遜，須是中心恭敬，撙節退讓，常見自己不是，真能虛己受人。故為子而謙，斯能孝；為弟而謙，斯能弟；為臣而謙，斯能忠。堯舜之聖，只是謙到至誠處，便是允恭克讓，溫恭允塞也。汝曹勉之敬之，其毋若伯魯之簡哉！」

按：陽明是年六月十三日所作寄伯敬弟手札云「前正思輩回，此間事情想能口悉」（見下），可見王正思侄輩當是五月來紹興（或為諸氏喪葬事）。扇為夏五月所用之物，陽明題扇稱「汝曹為學」、「汝曹勉之敬之」，當是指在越受學之子侄輩，非獨指王正憲也。

六月十三日，致書餘姚堂弟王守禮，告秋中歸餘姚省墓。

陽明寄伯敬弟手札：「前正思輩回，此間事情想能口悉。我自月初到今腹瀉不止，昨晚始得稍息。然精神更是困頓，更須旬日，或可平復也。此間雨水太多，田禾多半損壞，不知餘姚卻如何耳。穴湖及竹山諸墳，雨晴後可一視。竹山攔土，此時必已完，俟楚知縣回日，當去說知。多差夫役拽置河下，俟秋間我自親回安放也。石山翁家事，不審近日已定帖否？子全所處未必盡是，子良所處未必盡非，然而遠近士夫乃皆歸子良。正如我家，但有小小得罪於鄉里，便皆咎於我也，此等冤屈亦何處分訴？此意可密與子良說知之，務須父子兄弟和好如常，庶可以息眼前謗者之言，而免日後忌者之口。山石於我有深愛，而子良又在道誼中。今渠家紛紛若此，我亦安忍坐視不一言之？吾弟須悉此意，亦勿多去人說也。八弟在家處世，凡百亦可時時規戒，俗語所謂『好語不出門，惡言傳千里』也。六月十三日，陽明山人書寄伯敬三弟收看。」（王陽明先生遺墨，手札真迹今藏中國歷史博物館）

按：伯敬三弟即王守禮，陽明叔父易直公王袞長子，王正思為石谷王濬之子（見前考），八弟為王袞幼子王守恭。今人或以此書言及穴湖與竹山祖墳，陽明秋間回餘姚，以為作於嘉靖二年，乃非。按此書言安放穴湖及竹山諸墳事，而嘉靖二年乃是陽明將母墳自穴湖遷於石泉山，後改葬龍山公於天柱峰、鄭太夫人於徐山，全是兩回事。且天柱峰、徐山皆在會稽，如何去餘姚安放？今考是書言及「俟楚知縣回日，當去說知」，按光緒餘姚縣志卷十八職官表：「知縣楚書，寧夏人。嘉靖四年任。」又卷二十二名宦：「楚書，字國寶，寧夏人，進士。知餘姚，廉能有執持。蒞縣一年，即以憂去，百姓久而思之。」謝遷歸田稿卷七有楚母太孺人挽詩序云：「吾邑宰西夏楚君國寶，自寶坻推調來，其母太孺人以道遠留京師久之。今年春始就迎養……居數月，太孺人疾作，遂不起……君今扶柩歸，行李蕭然。……」可見楚書母嘉靖四年春來餘姚，夏間即卒，楚書在夏秋間已扶柩回寧夏。由此可以確知陽明此書作於嘉靖四年六月十三日。是年九月陽明歸餘姚省墓，即此書所云「俟秋間我自親回安放也」。竹山在餘姚，萬曆紹興府志卷五山川志：「（餘姚縣）竹山，在縣東南五里。形如龜，其北趾踐於江，是為縣水口。」陽明是年歸餘姚即省穴湖、竹山祖墳，並處理竹山安放，以其事專與易直公王袞之子、孫商量看，當指易直公夫婦合葬事。陽明易直先生墓志云：「以十月甲子葬叔父於邑東穴湖山之陽，

南去竹軒府君之墓十武而近，去葉孺人之墓十武而遥。未合葬，蓋有所俟也。」至是年始即合葬於竹山也。石山翁，子全、子良，無考，當是鄉里友好。倪小野先生集卷三有賀石山翁，歸田稿卷七有和吳石山四首夏日偶成，知石山翁姓吳，多與謝遷、倪宗正唱酬，蓋亦餘姚一文士，而吳子全、吳子良或亦皆陽明弟子也。

劉肇袞書來問學，陽明有答書。

王陽明全集卷五答劉內重：「書來，警發良多，知感知感！腹疾，不欲作答，但內重為學工夫尚有可商量者，不可以虛來意之辱，輒復書此耳。程子云：『所見所期，不可不遠且大。然而為之亦須量力有漸，志大心勞，力小任重，恐終敗事。』夫學者既立有必為聖人之志，只消就自己良知明覺處樸實頭致了去，自然循循日有所至，原無許多門面摺數也。外面是非毀譽，亦好資之以為警切砥礪之地，卻不得以此稍動其心，便將流於心勞日拙而不自知矣。內重強剛篤實，自是任道之器，然於此等處尚須與謙之從容一商量，又當有見也。眼前路徑須放開闊，才好容人來往，若太拘窄，恐自己亦無展足之地矣。聖人之行，初不遠於人情。魯人獵較，孔子亦獵較。鄉人儺，朝服而立於阼階。難言之互鄉，亦與進其童

子，在當時固不能無惑之者矣。子見南子，子路且有不悅。夫子到此，如何更與子路說得是非？只好矢之而已。何也？若要說見南子是，得多少氣力來說？且若依着子路認個不是，則子路終身不識聖人之心，此學終將不明矣。此等苦心處，惟顏子便能識得，故曰「於吾言無所不悅」。此正是大頭腦處。區區舉以內重，亦欲內重謙虛其心，宏大其量，去人我之見，絕意必之私，則此大頭腦處，自將卓爾有見，當有「雖欲從之，末由也已」之嘆矣！大抵奇特斬絕之行，多後世希高慕大者之所喜，聖賢不以是為貴也。故索隱行怪，則後世有述焉，依乎中庸，固有遯世不見知者矣。學絕道喪之餘，苟有以講學來者，所謂空谷之足音，得似人者可矣。必如內重所云，則今之可講學者，止可如內重輩二三人而止矣。然如內重者，亦不能時時來講也，則法堂前草深一丈矣。內重有進道之資，而微失之於隘。吾固不敢避飾非自是之嫌，而叨叨至此，內重宜悉此意，弗徒求之言語之間可也。」

按：前考劉肇袞字內重，安福人。陽明此書所云「腹疾」，即其寄伯敬弟手札所云「我自月初到今腹瀉不止，昨晚始得稍息」，故可知此書當作在六月也。

第2105頁

禮部尚書席書再薦陽明入閣。

錢德洪陽明先生年譜：「六月，禮部尚書席書薦。先生服闋，例應起復，御史石金等交章論薦，皆不報。尚書席書為疏特薦曰：『生在臣前者見一人，曰楊一清；生在臣後者見一人，曰王守仁。且使親領誥卷，趨闕謝恩。』於是楊一清入閣辦事。明年有領卷謝恩之召，尋不果。」

按：陽明祭元山席尚書文云：「某之不肖，屢屢辱公過情之薦。」（王陽明全集卷二十五）是席書嘗多次薦舉陽明。六月以後，席書又嘗薦陽明（見下）。

黃綰、應良北歸南都，途經紹興再來問學。黃宗明亦書來問安，陽明有答書。

王陽明全集卷二十一與黃誠甫書三：「盛价來，領手札，知有貴恙，且喜漸平復矣。賤軀自六月暑病，然兩目蒙蒙，兩耳蓬蓬，幾成廢人，僅存微息。旬日前，元忠、宗賢過此，留數日北去。山廬臥病，期少謝人事，而應接亦多。今復歸臥小閣，省愆自訟而已。聞有鼓枻之興，果爾，良慰渴望。切磋砥礪之益，彼此誠不無也。」

按：陽明此書所云「賤軀自六月暑病」，即其六月十三日寄伯敬弟手札所云「我自月初到今腹瀉不止，昨晚始得稍息」，以黃綰六月十五日已在南京上諫止獻帝入太廟疏考之，可見黃綰約在

第2106頁

六月初來紹興見陽明，「留數日北去」，則在六月五日左右，陽明此書則作在六月十日前後，故稱「旬日前」也。蓋黃綰是次或因家事歸黃巖，其約於二、三月南歸，至五月下旬北返，六月初經紹興，見陽明，隱有問政問學之意，其旋於七月七日上論聖學求良輔疏，蓋非無因矣。

七月七日，黃綰上論聖學求良輔疏，蓋意在隱薦陽明入閣也。

知罪録卷三論聖學求良輔疏：「南京都察院經歷司經歷臣黃綰謹奏為贊聖學事：臣伏見七月初七日邸報，敕令內閣大臣纂經史有關君德治亂者，進呈便覽。且聖諭拳拳，以『祖宗肇造艱難，子孫當求學圖治』，至哉，皇言無可加矣！又云：『朕嘗觀書，儻或疑似，何以自强？』又知陛下有憤悱求道之心，擇賢匡弼之意。臣愚有以仰窺，不勝踴躍，竊謂有君如此，尚忍負之？不思輔助其德以成至治，此天下萬世罪人，又可立於朝哉！故臣敢以平日所聞為獻，冀裨萬一。夫帝王之學雖非一言所能盡，其要秖在於立志。其道雖非一日所能成，而志可頃刻以自立。志於堯、舜，則堯、舜矣；志於禹、湯、文、武，則禹、湯、文、武矣。若以智術為高，功利為務，非志也，非學也；文辭為好，聲名為炫，非志也，非學也；方務於此，又事於彼，非志也，非學也。必求堯、舜、禹、湯、文、武所志者以自志，所學者以自學，專心一意，方可以言志，方可以言學。堯、舜、禹之相授曰：『人心惟危，道心惟微，惟精惟一，允執厥中』。湯、文、武之相傳曰：『檢身若不及』，曰：『望道而未之見』，曰：『敬勝怠者吉，義勝欲者從』。言雖不同，其惟存心求道，則一而已。蓋人之一心，天理瑩然，惻隱、羞惡、辭讓、是非，隨感而見，粹然至善，所謂『良知』，非由外鑠，不以聖人而多，不以衆人而少。衆人志不求道，不知克己以存其心，惟私意是循，此所以為衆人；聖人志在求道長存，其心惟天理是由，此所以為聖人。陛下但試觀之：淵居靜默，此心收斂，不有湛然清明者乎？以之應事，必無差失；及試觀之：繁華雜擾，此心紛動，不有憒然昏塞者乎？以之應事，惡得無謬？即此，則聖愚理欲之判，操舍存亡之端可見矣。故篤志者不以廟朝廣衆而肅，幽獨無人而肆，造次顛沛而忽，安富尊榮而怠。是以堯視黎民時雍，不異於洪水滔天之日；舜居法宮朝萬國，不異於陶漁河濱之時。況今海內猶未至於時雍，朝廷猶未及乎法宮，治亂安危之機，秖在陛下一心毫髮之間，可不畏哉！聖聖心法所傳，可須臾而不力哉！陛下苟能於此翻然從事，毅然己任，若絕江河，沛然誰能御之？但陛下以一人之身，居崇高之地，操賞罰予奪之命，凡所自奉，皆足蠱心而奪志；凡在左右，皆能竊幸而賈權，撓遏窺伺，無所不至，若非得其人以輔導，則一齊衆楚，孰與陛下而不楚哉！然所謂其人者，非徒取其能鋪張文藝、粉飾事功而已，必求道德明備、誠心國家之人，置之密邇，與之朝夕居處，不少疏隔，必使上下之情洞無疑忌，從容講論，無異民間師友，於此以養陛下之真心，定陛下之真志。以此心而觀經史所載，是非了然，師其是以鑒其非，此志益篤，所謂精一執中之道，其不在茲乎，又固何有於疑似不可自強若乎？昔殷高宗恐德弗類，不足正四方，恭默思道，夢帝賚以良弼，以形旁求於天下，得傅說於傅巖。爰立坐相，置諸左右，命之朝夕納誨，啟心沃心，以成殷中興之業。我朝仁宗常召儒臣，陪宿御寢。宣宗每令侍游內苑，親自烹飪，與之宴。英宗嘗召處士吳與弼，於文華殿賜坐，詢其治道。皆一時之盛也。猶惜當時諸臣不足以成列祖之志，如與弼者又未得究其用也。臣願陛下近法祖宗之故事而必修其實，遠師高宗之精意而克慎厥終。朝廷之大，四海之廣，豈無一人如傅說之儔，足遂陛下之求，以

成陛下不世之業者？伏惟陛下留神無忽，實宗社生靈無疆之慶。臣不勝區區忠懇願望之至。」

按：南京都察院志卷三十九黄綰傳謂黄綰「疏論聖學，求良輔，致忤時相」。時相者，費宏之流也。本席書與費宏有隙，席書薦陽明入閣，先已忤時相費宏。黄綰與席書桴鼓響應，上此論聖學、求良輔疏，含蓄不露，意在薦陽明入閣，自必便忤時相費宏。黄綰所謂「聖學」，乃指陽明心學；所謂「良輔」，乃指陽明。陽明為當代「傅說」，疏中不言自明，無怪世宗裝聾作啞，不置一詞。

二十二日，南京工部尚書吳廷舉再薦陽明，宜暫掌南京都督府事，不用。

東湖集奏疏卷三薦用文武全才以掌督府疏：「臣於新建伯兼南京兵部尚書王守仁，榜非同年，面非舊識，官非同寮，絕無情好之私。然觀其敭歷中外，踐履之學，敷設之才，料事之智，施為之勇，每每出人意表，有非愚臣希望其萬一者……故於嘉靖三年九月十五日欽奉明詔，舉用賢才，臣即備述王守仁之才之功，可授本兵團營之任。事下吏部，未見施行。尚書席書亦以將相舉薦。本官奉聖旨：王守仁且罷。臣愚思金玉珠璣，物之至寶也；道德才智，人之大賢也。臣不忍櫃櫝尚虛，而至寶橫棄道側；職位多缺，而大臣淪隱山林，故敢冒死再用薦揚

……今王守仁既受伯爵之封，歲不關支祿米；原無丁憂之例，自執三年之喪。即此二事，其持廉秉禮，已度越昔之奪情起復、今之請乞田地者一頭地矣……臣不知王守仁固不自言，今日大臣中亦有為其請於上否也？……守仁既不在公，豈肯素餐厚祿？內外臣寮所以交章論薦者，非但欲其出而行道，亦欲使之得祿養賢也。席書薦入內閣，在於中古，不分將相，固嘗兼用；在於今日，或以侯伯為嫌，宜乎聖明不亟俞允。臣去年薦為兵部尚書，專管營伍……伏望陛下憲天出治，法祖用人……特敕兵部，亟起本官，或改施瓚去右府僉書，而令王守仁掌印；或缺官參贊守備，而王守仁代之。則南都軍民久弊，彼必有轉移之機；四方寇盜未平，彼必堪軍旅之任。則堂堂中國，有儒將殿焉，四海孰不傾心，百蠻孰敢梗化也！」

明世宗實錄卷五十三：「嘉靖四年七月乙卯，應天巡撫都御史吴廷舉薦新建伯王守仁文武全才，宜暫掌南京都督府事。兵部覆議，以文臣掌府事，未便，俟別缺推用之。」

按：國榷卷五十三：「嘉靖四年九月乙巳，罷南京工部尚書吴廷舉。廷舉乞休，疏引白居易詩：『月俸百千官二品，朝廷顧我作閑人。』張詠詩：『幸得太平無一事，

江南閑殺老尚書。』又云：『嗚呼！』上怒其怨望，勒致仕。幸上初年，寬之。若中歲，禍不知所底矣。」按吴廷舉之被勒令致仕，真實原因乃在其固執薦舉陽明任兵部尚書、掌南京都督府事以及薦舉陽明入京參預「大禮議」等，得罪世宗，禍從中來。

徐學謨世廟識餘錄卷一：「都御史吴廷舉嘗薦王守仁有文武全才，宜置暫掌南京都督府事，以其封新建伯也。公、侯、伯謂之勳臣，非武臣也。故文武官有功者，皆得封。若文臣為都督者，則無之矣。廷舉之疏，似失之輕舉，此兵部之所以覆罷之，有別缺推用之旨。」

按：吴廷舉在六月已陞南京工部尚書，國榷卷五十三：「嘉靖四

年六月甲辰，巡撫順天（應天？）右副都御史吳廷舉為南京工部尚書」。陽明祭吳東湖文稱「公於某，其教愛勤惓，不特篇章之稱疊，而過情推引，亦復薦剡之頻煩」（王陽明全集卷二十五）。可見其時兩人多有通信，而吳廷舉疏薦陽明亦非一次。按陽明於正德十二年即命授提督（總督），「提督即為武官」，可見朝廷一直是將陽明作為武官使用，而陽明亦是提督以平宸濠之武功「封新建伯、奉天翊衛推誠宣力守正文臣、特進光祿大夫、柱國」，「柱國」即武官。明史卷七十六職官五云：「公、侯、伯三等……武臣曰宣力武臣，文臣曰守正文臣」。而陽明封云「奉天翊衛推誠宣力守正」，顯是就文臣兼武臣而言。故吳廷舉薦陽明為都督並未

第2111頁

錯，徐學謨之說乃非。蓋兵部所以覆罷之，乃在世宗斥陽明心學為「邪說」，朝廷深忌陽明兵權過重，非是因文臣不得任都督也。

三原張元相來紹興請作墓銘，陽明書卷贈之。

王陽明全集卷八書張思欽卷：「三原張思欽元相將葬其親，卜有日矣，南走數千里而來請銘於予。予之不為文也久矣，辭之固，而請弗已，則與之坐而問曰：『子之乞銘於我也，將以圖不朽於其親也，則亦寧非孝子之心乎！雖然，子以為孝子之圖不朽於其親也，盡於是而已乎？將猶有進於是者也？夫圖之於人也，則曷若圖之於子乎？傳之於其人之口也，則曷若傳之於其子之身乎？故子為賢人也，則其父為賢人之父矣；子為聖人也，則其父為聖人之父矣。其與託之於人之言也，孰愈夫叔梁紇之名，至今為不朽矣。則亦以仲尼之為子耶？抑亦以他人為之銘耶？』思欽蹙然而起，稽顙而後拜曰：『元相非至於夫子之門，則幾失所以圖不朽於其親者矣。』明日，入而問聖人之學，則語以格致之說焉；求格致之要，則語之以良知之說焉。思欽躍然而起，拜而復稽曰：『元相苟非至於夫子之門，則尚未知有其心，又何以圖不朽於其親乎！請歸葬吾親，而來卒業於夫子之門，則庶幾其不朽之圖矣。』」

第2112頁

按：據張元相云「請歸葬吾親，而來卒業於夫子之門」，則張元相後來當又來紹興，卒業於稽山書院或陽明書院，蓋亦一陽明弟子也。

黃省曾書來，告欲刻王信伯遺言，陽明有答書，勸其刪去支蔓之說。

王陽明全集卷二十一與黃勉之：「承欲刻王信伯遺言，中間極有獨特之見，非餘儒所及。惜其零落既久，後學莫有傳之者。因勉之寄此，又知程門有此人也，幸甚幸甚！中間如論明道、伊川處，似未免尚有執著，然就其所到，已甚高明特遠，不在游、楊諸公之下矣。中間可省

略者，删去之為佳。凡刻古人文字，要在發明此學，惟簡明切實之為貴，若支辭蔓說，徒亂人耳目者，不傳可也。高明以為何如？」

按：黃省曾所言「王信伯遺言」，乃指王蘋語録，陽明從黃省曾處始得知王蘋有此書傳世。董澐題王著作先生語録後云：「余自嘉靖乙酉秋隨侍先師游廣孝寺，舟中聞先師云：『以道自樂，不知而不慍者，其王蘋乎！』……」（從吾道人語録後録）董澐侍陽明游廣孝寺在八月，可見黃省曾寄王蘋語録給陽明約在七月中。

八月，薛侃來紹興問學。

董澐從吾道人詩稿卷下乙酉中秋薛中離言旋適余病起詩

第2113頁

以留之：「臥病兼旬不出游，采薪剛值桂花秋。細聽玉漏三更夜，靜倚天泉一脉樓。月白爐峰瞻華嶽，斗高銀漢接滄洲。正須諧益中離子，未許春風屬去舟。」

按：錢德洪陽明先生年譜云：「闢稽山書院……於是……楊仕鳴、薛宗鎧、黃夢星等來自廣東……」是其時薛宗鎧亦方在稽山書院受教。疑是年薛侃乃偕薛宗鎧、楊仕鳴、黃夢星同來紹興。

監察御史潘仿重修浙江貢院成，來請陽明作記。

王陽明全集卷二十三重修浙江貢院記：「古之選士者，其才德行誼，皆論定於平日，而以時升之。故其時有司之待士，一惟忠信禮義，而無有乎防嫌逆詐之心也；士之應有司，一惟廉耻退讓，而無有乎奔競僥倖之圖也。迨世下衰，科舉之法興，而忠信廉耻之風薄。上之人不能無疑於其下，而防範日密；下之人不能無疑於其上，而鄙詐日生。於是乎至有搜檢巡綽之事，而待之不能以禮矣；有糊名易書之制，而信之不能以誠矣。有志之士，未嘗不嘆惜於古道，而千數百年卒無以改，殆亦風氣習染之所成，學術教化之所積，勢有不可得而諉焉者也。……若浙之諸君子之重修貢院，斯其有足以起予者矣。浙之貢院舊在城西，嘗以隘遷於藩治之東北，而苟簡尚仍其舊。乃嘉靖乙酉，復當大比，監察御史潘君仿實來

第2114頁

監臨，乃與諸司之長佐慎慮其事，而預圖之。既規制之弗備弗飾，相顧而言曰：『凡政之施，孰有大於舉賢才者，而可忽易之若是！夫與居靡所，而責以殫心厥事，人情有所不能矣。無亦休其啟處，憂其餼養，使人樂事勸忠，以各供其職，庶亦盡心求士之誠乎！慢令弛禁，使陷罔於非僻，而後摧辱之，其為狎侮士類，亦甚矣！無亦張其紀度，明其視聽，使人不戒而肅，以全其廉耻，庶亦待士以禮之意乎！』於是新選秀堂，而軒於其前，為三楹；新至公堂，而軒於其前，為五楹；庖湢器用，無不備具。又拓明遠樓，新為三楹，而上崇三層，

下疏三道。創石臺於四隅，而各亭其上，以為眺望之所，其諸防閑之道靡不恪修。夫然後入而觀焉，則森嚴洞達，供事者莫敢有輕忽慢易之心，而就試自消其回邪非僻之念。蓋不費力而事於旬月之間，不大聲色而政令行肅，觀向一新。若諸君者，誠可謂能求古人之意而默行之者矣，能匡後世之弊而善用之者矣。諸君之盡心，其可見者如此；至其妙運於心術之微，而務竭於得為之地，不可以盡見者，固將無所不用其極，可知也。……工訖，使來請記，辭不克，而遂為書之。……」

按：記所云「復當大比」，乃指鄉試，在八月。可知此記作於八月中。

監察御史潘仿、提學僉事萬潮重修萬松書院成，來請陽明作記。

王陽明全集卷七萬松書院記：「萬松書院在浙省南門外，當湖山之間。弘治初，參政周君近仁因廢寺之址而改為之，廟貌規制略如學宮，延孔氏之裔以奉祀事。近年以來，有司相繼緝理，地益以勝，然亦止為遊觀之所，而講誦之道未備也。嘉靖乙酉，侍御潘君景哲奉命來巡，憲度丕肅，文風聿新。既簡鄉闈，收一省之賢而上之南宮矣，又以遺才之不能盡取為憾，思有以大成之。乃增修書院，益廣樓居齋舍為三十六楹；具其器用，置贍田

若干頃；揭白鹿之規，掄彥選俊，肄習其間，以倡列郡之士，而以屬之提學僉事萬君汝信。汝信曰：「是固潮之責也。」藩臬諸君咸贊厥成，使知事嶷綱董其役，知府陳力、推官陳篪輩相協經理。閱月踰旬，工訖事舉，乃來請言以記其事。惟我皇明，自國都至於郡邑咸建廟學，群士之秀，專官列職而教育之。其於學校之制，可謂詳且備矣。而名區勝地，往往復有書院之設，何哉？所以匡翼夫學校之不逮也。夫三代之學，皆所以明人倫；今之學宮皆以「明倫」名堂，則其所以立學者，固未嘗非三代意也。……古聖賢之學，明倫而已。堯、舜之相授受

曰：「人心惟危，道心惟微，惟精惟一，允執厥中。」斯明倫之學矣。道心也者，率性之謂也，人心則偽矣。不雜於人偽，率是道心而發之於用也，以言其情則為喜怒哀樂；以言其事則為中節之和，為三千三百經曲之禮；以言其論則為父子之親，君臣之義，夫婦之別，長幼之序，朋友之信，而三才之道盡此矣。……是固所謂不慮而知，其良知也；不學而能，其良能也。孩提之童，無不知愛其親者也。孔子之聖，則曰所求乎子，以事父未能也。是明倫之學，孩提之童亦無不能；而及其至也，雖聖人有所不能盡也。人倫明於上，小民親於下，家齊國治

而天下平矣。是故明倫之外無學矣。外此而學者，謂之異端；非此而論者，謂之邪說；假此而行者，謂之伯術；飾此而言者，謂之文辭；背此而馳者，謂之功利之徒，亂世之政。雖今之舉業，必自此而精之，而謂不愧於敷奏明試；雖今之仕進，必由此而施之，而後無忝於行義達道。斯固國家建學之初意，諸君緝書院以興多士之盛心也，故為多士誦之。」

按：記所云「既簡鄉闈」，指是年八月鄉試。所云「遺才之不能盡取」，指鄉試落第者，萬松書院即為此輩落第「遺才」而設，掄彥選俊而肆習其間，以為郡士之倡。潘景哲即潘仿，萬潮為陽明門人。

三衢王璣鄉試落第，入萬松書院肆習，渡江來紹興問學。

王畿集卷二十中憲大夫都察院右僉都御史在庵王公墓表：「三衢西安在庵王君，名璣，字在叔……嘉靖乙酉，鄉舉業已中式，限數不及錄名。巡按洛陽潘公例行給賞，謁於督學五溪萬公，聚業萬松書院，以考其成。萬為陽明先師門人，與聞師說，即渡江稟學。先師一見，喜其悃質龐厚，無他腸，外樸內炯，心授記焉。時余始識君，遂定交，相與卒業。丁亥，先師赴兩廣，道衢，君與欒君惠、王君修易、林君文瓊、鄭君禮輩，候於江滸，復求印可。臨別，以詩示之，有云：『仗鉞非吾事，傳經愧爾師。』意蓋有在也。戊子，舉於鄉。北上，途遇廣西陳大綸，言自師門來，遂與計偕。己丑，舉進士。時都下同志大倡良知之學，若中離薛君、南野歐陽君既同年念菴羅君、松溪程君、雙華柯君及陳君輩，晨夕聚會，究明師旨……」

國朝獻徵錄卷五十九都察院右僉都御史王公璣家傳：「……十歲就小學，刻志向進。補郡邑弟子員，尋得廪。擇交多善士，聞有道陳白沙之學者，心亟仰之。渡江從學陽明王先生門，先生一見，亟稱篤實，因與心齋王先生處，同為此學，必欲見諸躬行。」

二十三日，偕董澐、王畿諸門人秋遊，探禹穴，登香爐峰，上天柱峰，過朱華嶺，遊廣孝寺，徜徉於雲門、若耶、鑑湖、剡溪之間，隨地講學，有詩詠懷。

王陽明全集卷七從吾道人記：「……與之探禹穴，登鑪峰，陟秦望，尋蘭亭之遺迹，徜徉於雲門、若耶、鑑湖、剡曲。蘿石日有所聞，益充然有得，欣然樂而忘歸也。其鄉黨之子弟親友與其平日之為社者，或笑而非，或為詩而招之返，且曰：『翁老矣，何乃自苦若是耶？』蘿石笑曰：『吾方幸逃於苦海，方知憫若之自苦也，顧以吾為苦耶？吾方揚鬐於渤澥，而振羽於雲霄之上，安能復投網罟而入樊籠乎？去矣，吾將從吾之所好！」遂自號曰『從吾道人』。陽明子聞之，嘆曰：『卓哉蘿石！』血氣既衰，戒之在得矣，孰能挺特奮發，而復若少年英銳者之為乎？真可謂之能『從吾所好』矣。世之人從其名之好也，而競以相高；從其利之好也，而貪以相取；從其心意耳目之好也，而詐以相欺；亦將自以為從吾所好矣，而豈知吾之所謂真吾者乎！夫吾之所謂真吾者，良知之謂也。父而慈焉，子而孝焉，吾良知所好也；不慈不孝焉，斯惡之矣。言而忠信焉，行而篤敬焉，吾良知所好也；不忠信焉，不篤敬焉，斯惡之矣。故夫名利物欲之好，私吾之

第2119頁

好也，天下之所惡也；良知之好，真吾之好也，天下之所同好也。是故從私吾之好，則天下之人皆惡之矣，將心勞日拙而憂苦終身，是之謂物之役。從真吾之好，則天下之人皆好之矣，將家、國、天下，無所處而不當；富貴、貧賤、患難、夷狄，無入而不自得，斯之謂能從吾之所好也矣。夫子嘗曰：『吾十有五而志於學』，是從吾之始也；『七十而從心所欲，不踰矩』，則從吾而化矣。蘿石踰耳順而始知從吾之學，毋自以為既晚也。充蘿石之勇，其進於化也何有哉？嗚呼！世之營營於物欲者，聞蘿石之風，亦可以知所適從也乎！』」

從吾道人語錄日省錄：「嘉靖乙酉八月二十三日，從先師往天柱峰，轉至朱華麓。麓有深隈，水木縈紆，石徑盤曲。更深邃處，寂無喧囂，人迹罕到。中有一人家，樓閣森聳，花竹清麗，其家曾央儈者出賣於先師，以其地遥，未即成券。是日睹之甚悅，既而憣然省曰：『我愛而彼亦愛之，有貪心而無恕心矣。』於是再四自克，屢起屢滅，行過朱華嶺四五里餘，始得淨盡。歸以語之門人，余時在座，不覺惕然。去欲之難如此，先師且然，況學者乎？」

從吾道人語錄後錄題王著作先生語錄後：「余自嘉靖乙酉

第2120頁

秋隨侍先師游廣孝寺，舟中聞先師云：『以道自樂，不知而不慍者，其王蘋乎！』余時懵然失問。及今病中，小兒自外獲其語錄歸，得而觀之，足以知先師之嘆之者信矣。」

王畿集卷十四報恩卧佛寺德性住持序：「昔嘗從陽明先師游，登香爐峰，至降仙臺絕頂，發浩歌，聲振林麓。衆方氣喘不能從，請問登山之法。師曰：『登山即是學。人之一身，魂與魄而已。神，魂也；體，魄也。學道之人，能以魂載魄，雖登千仞之山，面前止見一步，不作高山欲速之想，徐步輕舉耳。不聞履革之聲，是謂以魂

載魄。不知學之人，欲速躁進，疾趨重跨，履聲鏗然，如石委地，是謂以魄載魂。魂載魄，則神逸而體舒；魄載魂，則體墜而神滯。」予以登山之法登塔，故庶幾似之」。

王陽明全集卷二十登香爐峰次蘿石韻：「曾從爐鼎躡天風，下數天南百二峰。勝事縱為多病阻，幽懷還與故人同。旌旗影動星辰北，鼓角聲迴滄海東。世故茫茫渾未定，且乘溪月放歸蓬。」

觀從吾登爐峰絕頂戲贈：「道人不奈登山癖，日暮猶思絕棧雲。巖底獨行窩虎穴，峰頭清嘯亂猿群。清溪月出時尋寺，歸棹城隅夜款門。可笑中郎無好興，獨留松院坐黃昏。」

按：董澐哭陽明夫子云：「覽勝心猶在，從游心未央。雲門摩石刻，禹廟訪梅梁。蘿月朱華麓，松泉道士莊。東山同醼集，南鎮幾徜徉。」（從吾道人詩稿卷下）即主要指是次秋游。按香爐峰在會稽山，萬曆紹興府志卷四：「會稽山，在府城東南十二里……東北接觀嶺，上有磐石屹立，曰降仙臺，一曰苗龍升仙臺，臺下有香爐峰。」天柱峰即望秦山，萬曆紹興府志卷四：「望秦山，在府城東南三十二里，……一名天柱峰，一名卓筆峰。」廣孝寺在雲門山，萬曆紹興府志卷二十一：「雲門廣孝寺，在雲門山。晉義熙三年建……今去義熙千餘年，猶為勝剎。」

近齋朱得之自靖江來紹興問學，陽明與門人詳揭致良知心學宗旨。

康熙常州府志卷二十三人物：「朱得之，字本思，靖江人。幼學時，能於傳注外，時出意見。好說中庸，疑晦菴先生格致之學，而未知所從入。有傳陽明先生傳習錄至者，披閱連晝夜，走越贄焉。益究良知之旨。其歸也，陽明書修道說貽之。陽明歿於粵，得之走數千里哭之，盡哀。其孝友天至，群從諸弟多不相能，一一誨化，皆成善士。」

虛生子朱得之述稽山承語：「實夫問：『心即理，心外無理，不能無疑。』師曰：『道無形體，萬象皆其形體；道無顯晦，人所見有顯晦。以形體而言，天地一物也；以顯晦而言，人心其機也。所謂心即理也者，以其充實氤氳而言謂之氣，以其脉絡分明而言謂之理，以其流行賦畀而言謂之命，以其稟受一定而言謂之性，以其物無不由而言謂之道，以其妙用不測而言謂之神，以其凝聚而言謂之精，以其主宰而言謂之心，以其無妄而言謂之誠，以其無所倚著而言謂之中，以其無物可加而言謂之極，以其屈伸消息往來而言謂之易，其實則一而已。今夫茫茫堪輿，蒼然隤然，其氣之最麄者歟？稍精則為日月、星宿、風雨、山川；又稍精則為雷電、鬼怪、草木、花卉；又精而為鳥獸、魚鱉、昆蟲之屬；至精而為人，至靈至明而為心。故無萬象，則無天地；無吾心，則無萬象矣。故萬象者，吾心之所為也；天地者，萬象之所為也；天地萬象，吾心之糟粕也。要其極致，乃見天地無心，而人為之心。心失其正，則吾亦萬象而已；心得其正，乃謂之人。此所以為天地立心，為生民立命，惟在於吾心。此可見心外無理，心外無物。所謂心者，非今一團血肉之具也，乃指其至靈至明、能作能知者也，此所謂良知也。然而無聲無臭，無方無體，此所謂道心惟微也。以此驗之，則天地日用，四時鬼神，莫非一體之實理，不待有所彼此比擬者。古人之言合德合明、如天如神、至善至誠者，皆自下學而言，猶有二也；若其本體，惟吾而已，更何處有天地萬象？此大人之學所以與天地萬物一體也。一物有外，便是吾心未盡處，不足謂之學。』——此乙酉十月與宗範、正之、惟中聞於侍坐時者，丁亥七月追念而記之，已屬渺茫，不若當時之釋然，不見師友之形骸，堂宇之限隔也。」

按：朱得之稽山承語乃按年編排著錄語錄。此條語錄列在前面，當是朱得之來紹興後不久所記。此條語錄之前

又著錄一條語錄云：「董蘿石平生好善惡惡之意甚嚴，自舉以問。師曰：『好字原是好字，惡字即是惡字。』董於言下躍然。」按董澐是年三月來紹興，至九月即歸海鹽（見下），此條語錄當記在九月以前，由此可推斷朱得之約在八月來紹興見陽明。

朱得之字本思，號近齋，一號虛生子，靖江人。明儒學案卷二十五明經朱近齋先生得之：「朱得之，號近齋，直隸靖江人。貢為江西新城丞，邑人稱之。從學於陽明，所著有參玄三語。其學頗近於老氏，蓋學焉而得其性之所近者也。」朱得之至嘉靖六年春方歸靖江（見下），其稽山承語乃記錄嘉靖四年秋至嘉靖六年春之陽明語錄，尤可見陽明晚年思想之新動態。惜稽山承語所收語錄仍不全，按尤時熙尤西川先生擬學小記卷六紀聞中亦著錄甚多朱得之所記語錄，茲將其所記不見於傳習錄及稽山承語之語錄著錄於下，以備見朱得之來會稽問學與陽明講學之況：

「近齋朱先生說，陽明老師始教人存天理，去人欲，他日謂門人曰：『何謂天理？』門人請問，師曰：『心之良知是也。』他日

又曰：『何謂良知？』門人請問，師曰：『是非之心是也。』

「近齋自言得自親聞老師云：『諸友皆數千里外來，人當謂有益於朋友，我自覺我取朋友之益為多。』又云：『我自得朋友聚講，所以此中日覺精明，若一二日無朋友，氣便覺自滿，便覺怠惰之習復生。』

「近齋說，老師嘗云：『學者須有個嘉善而矜不能的心。』又云：『須是遯世無悶，不見是而無悶。』

「近齋說，老師逢人便與講學，□人疑之，老師嘆曰：『我如今譬如一個食館相似，有客過此，喫與不喫，都讓他一讓，當有喫者。』

「近齋說，老師尹盧陵時，盧陵舊俗健訟，老師作兩櫃，鎖封之，竅其蓋，合可受投書，題其上，一曰『願聞己過』，一曰『願聞民隱』。夜置衙前，旦則收視。其於己過，有則改之，無則加勉；其於民隱，詳察而慎圖之。數月，盧陵無訟。甘泉先生曰：『陽明子卧治盧陵。』

「近齋說，老師在南都時，有私怨老師者誣奏師，極其醜詆。老師始見其疏草，頗怒，即自省曰：『此不得放過。』即掩卷自反自抑，直待心平氣和如常時，視彼誣詆真如飄風浮靄，略無芥蒂怨尤。是後雖有大毀謗，大利害，皆不為動。老師嘗告學者曰：『君子之學，務求在己而已。

毀譽榮辱之來，非惟不以動其心，且資以為切磋砥礪之地，故君子無入而不自得，正以無入而非學也。』

「近齋說，老師每與門人遊山，童冠雲從。遇佳勝處，師盤坐，冠者列坐左右，或鳴琴，或歌詩，或質疑，童子在後，俯伏潛聽，真機活潑，藹然『吾與點也』之意。

「一日，因論『巧言令色鮮矣仁』，近齋曰：『昔侍坐先師，一友自言：「近覺自家工夫不濟，無奈人欲間斷天理何！」師曰：「若用汝言，工夫盡好了，如何說不濟？我只怕你是天理間斷人欲耳。」其友茫然自失。

「予昔官國學，一日，同鄉許號田者，函谷先生冢嗣也，謂

我曰：「聞君講陽明學。」予未有對，號田曰：「陽明與先人在同年中最厚，且同志。後相别數年，及再會，先人舉舊學相證，陽明不言，但微笑，良久曰：『吾輩此時只說自家話罷，還翻那舊本子作甚！』蓋先人之學本六經，陽明則否。」

「近齋說，陽明老師年逾五十未立家嗣，門人有為師推算，老師喻之曰：『子繼我形，諸友有得我心者，是真子也。慨自興兵以來，未論陣亡，只經我點名戮過者甚多，倘有一人冤枉，天須絕我後，我是不以子之有無為意。』」

九月，羅石董澐歸海鹽，陽明有詩送別，並作從吾道人記贈之。

王陽明全集卷二十書扇贈從吾：「君家只在海西隈，日日寒潮去復迴。莫遣扁舟成久別，爐峰秋月望君來。」

同上，卷七從吾道人記。

東橋顧璘書來質疑陽明致良知心學，陽明有答書詳辨。

傳習錄卷中答顧東橋書：「……來書云：『真知即所以為行，不行不足謂之知，此為學者喫緊立教，俾務躬行則可。若真謂行即是知，恐其專求本心，遂遺物理，必有闇而不達之處。抑豈聖門知行並進之成法哉？』知之真切篤實處，即是行；行之明覺精察處，即是知。知行工夫本不可離，只為後世學者分作兩截用功，失卻知行本體，故有合一並進之說。『真知即所以為行，不行不足謂之知』，即如來書所云『知食乃食』等說可見，前已略言之矣。此雖喫緊救弊而發，然知行之體本來如是，非以己意抑揚其間，姑為是說以苟一時之效者也。『專求本心，遂遺物理』，此蓋失其本心者也。夫物理不外於吾心，外吾心而求物理，無物理矣；遺物理而求吾心，吾心又何物邪？心之體，性也；性即理也。故有孝親之心，即有孝之理；無孝親之心，即無孝之理矣。有忠君之心，即有忠之理；無忠君之心，即無忠之理矣。理豈外於吾心邪？晦庵謂：「人之所以為學者，心與理而已。」心雖主乎一身，而實管乎天下之理；理雖散在萬事，而實不外乎一人之心。是其一分一合之間，而未免已啟學者心理為二之弊。此後世所以有專求本心，遂遺物理之患，正由不知心即理耳。夫外心以求物理，是以有闇而不達之處。此告子「義外」之說，孟子所以謂之不知義也。心，一而已。以其全體惻怛而言，謂之仁；以其得宜而言，謂之義；以其條理而言，謂之理。不可外心以求仁，不可外心以求義，獨可外心以求理乎？外心以求理，此知行之所以

二也；求理於吾心，此聖門知行合一之教，吾子又何疑乎？

「來書云：所釋《大學》古本，謂致其本體之知，此固孟子盡心之旨。朱子亦以虛靈知覺為此心之量。然盡心由於知性，致知在於格物。」盡心由於知性，致知在於格物，此語然矣。然而推本吾子之意，則其所以為是語者，尚有未明也。朱子以盡心、知性、知天為物格知致，以存心、養性、事天為誠意、正心、修身，以殀壽不貳、修身以俟為知至仁盡，聖人之事。若鄙人之見，則與朱子正相反矣。夫盡心、知性、知天者，生知安行，聖人之事也；存心、養性、事天者，學知利行，賢人之事也；殀壽不貳，修身以俟者，困知勉行，學者之事也。豈可專以盡心知性為知，存心養性為行乎？……夫心之體，性也；性之原，天也。能盡其心，是能盡其性矣。《中庸》云：「惟天下至誠為能盡其性。」又云：「知天地之化育，質諸鬼神而無疑，知天也。」此惟聖人而後能然，故曰此生知安行，聖人之事也。存其心者，未能盡其心者也，故須加存之之功，必存之既久不待於存而自無不存，然後可以進而言盡……事天則如子之事父，臣之事君，猶與天為二也。天之所以命於我者，心也，性也，吾但存之而

不敢失，養之而不敢害，如父母全而生之，子全而歸之者也，故曰此學知利行，賢人之事也。至於殀壽不貳，則與存其心者又有間矣。存其心者雖未能盡其心，固已一心於為善，時有不存，則存之而已。今使之殀壽不貳，是猶以殀壽貳其心者也……今且使之不以殀壽貳其為善之心，若曰死生殀壽皆有定命，吾但一心於為善，修吾之身，以俟天命而已，是其平日尚未知有天命也。事天雖與天為二，然已真知天命之所在，但惟恭敬奉承之而已耳。若俟之云者，則尚未能真知天命之所在，猶有所俟者，故曰所以立命……孔子所謂不知命，無以為君

子者也，故曰此困知勉行，學者之事也」……
「來書云：『聞語學者，乃謂即物窮理之說，亦是玩物喪志；又取其厭繁就約、涵養本原數說，標示學者，指為晚年定論」，此亦恐非。朱子所謂「格物」云者，在即物而窮其理也。即物窮理，是就事事物物上求其所謂定理者也，是以吾心而求理於事事物物之中，析心與理而為二矣。……見孺子之入井，必有惻隱之理，是惻隱之理果在於孺子之身歟？抑在於吾心之良知歟？……以是例之，萬事萬物之理，莫不皆然，是可以知析心與理為二之非矣。夫析心與理而為二，此告子「義外」之說，孟子之所深闢也。務外遺內，博而寡要，吾子既已知之矣……若鄙人所謂致知格物者，致吾心之良知於事事物物也。吾心之良知，即所謂天理也。致吾心良知之天理於事事物物，則事事物物皆得其理矣。致吾心之良知者，致知也；事事物物皆得其理者，格物也。是合心與理而為一者也。合心與理而為一，則凡區區前之所云，與朱子晚年定論，皆可以不言而喻矣。……

「來書云：『教人以致知明德，而戒其即物窮理，誠使昏闇之士深居端坐，不聞教告，遂能至於知致而德明乎？縱令靜而有覺，稍悟本性，則亦定慧無用之見，果能知古今，達事變，而致用於天下國家之實否乎？其曰知者意之體，物者意之用，格物如格君心之非之格」，語雖超悟獨得，不踵成見，抑恐於道未相脗合。』區區論致知格物，正所以窮理，未嘗戒人窮理，使之深居端坐而一無所事也。……心者身之主也，而心之虛靈明覺，即所謂本然之良知也。其虛靈明覺之良知，應感而動者，謂之意；有知而後有意，無知則無意矣。知非意之體乎？意之所用，必有其物，物即事也。……凡意之所用，無有無物者，有是意即有是物，無是意即無是物矣。物非意之用乎？格字之義，有以至字訓者，如格於文祖，有苗來格，是以至訓者也。……有苗之頑，實以文德誕敷而後格，則亦兼有正字之義在其間，未可專以至字盡之也…………蓋大學格物之說，自與繫辭窮理大旨雖同，而微有分辨。窮理者，兼格致誠正而為功也。故言窮理，則格致誠正之功皆在其中；言格物，則必兼舉致知、誠心、正心，而後其功始備而密。今偏舉格物而遂謂之窮理，此所以專以窮理屬知，而謂格物未常有行，非惟不得格物之旨，並窮理之義而失之矣。……
「來書云：『道之大端易於明白，所謂良知良能，愚夫愚婦可與及者。至於節目時變之詳，毫釐千里之謬，必待學而後知。今語孝於溫凊定省，孰不知之？至於舜之不告而娶，武之不葬而興師，養志養口，小杖大杖，割股廬墓等事，處常處變，過與不及之間，必須討論是非，以為制事之本，然後心體無蔽，臨事無失。』「道之大端易於明白』，此語誠然……良知良能，愚夫愚婦與聖人同。但惟聖人能致其良知，而愚夫愚婦不能致，此聖愚之所由分也。……夫良知之於節目時變，猶規矩尺度之於方圓長短也。故規矩誠立，則不可欺以方圓，而天下之方圓不可勝用矣；尺度誠陳，則不可欺以長短，而天下之長短不可勝用矣；良知誠致，則不可欺以節目時變，而天下之節目時變不可勝應矣。……使舜之心而非誠於為無後，武之心而非誠於為救民，則其不告而娶與不葬而興師，乃不忠不孝之大者。而後之人不務致其良知，以精察義理於此心感應酬酢之間，顧欲懸空討論此等變常之事，執之以為制事之本，以求臨事之無失，其亦遠矣！……

：

「來書云：『謂大學格物之說專求本心，猶可牽合；至於六經、四書所載多聞多見，前言往行，好古敏求，博學審問，溫故知新，博學詳說，好問好察，是皆明白求於事為之際，資於論說之間者，用功節目固不容紊矣。』格物之義，前已詳悉……夫子嘗曰『蓋有不知而作之者，我無是也』，是猶孟子『是非之心，人皆有之』之義也。此言正所以明德性之良知，非由於聞見耳。若曰『多聞擇其善者而從之，多見而識之』，則是專求諸見聞之末，而已落在第二義矣……夫子謂子貢曰：『賜也，汝以予為多學而識之者歟？非也，予一以貫之。』使誠在於多學而識，則夫子胡乃謬為是說以欺子貢者邪？『一以貫之』，非致其良知而何？……『舜之好問好察』，惟以用中而致其精一於道心耳。道心者，良知之謂也。君子之學，何嘗離去事為而廢論說？但其從事於事為論說者，要皆知行合一之功，正所以致其本心之良知，而非若世之徒事口耳談說以為知者，分知行為兩事，而果有節目先後之可言也。……」

按：陽明此答顧東橋書，為陽明生平最長之一篇論學書信，亦是陽明全面論述其良知心學思想最長之一篇論文（分量遠遠超過其古本大學傍釋、大學問），不啻是陽明闡釋其良知心學思想體系具體而微之「哲學大綱」也。此書可視為陽明良知心學思想成熟之標志，是其自正德十四年以來建構良知心學體系之完成。該書選為傳習錄卷中首篇，有畫龍點睛之妙，答顧東橋書，可謂傳習錄之「靈魂」也。

顧璘顧華玉集憑几集卷二跋王陽明與路北村書卷：「陽明

嘗與余論學，力主行是知之說，其言具載其《傳習錄》，余以為偶出奇論耳。今觀《與比村書》，取子路「何必讀書，然後為學」之言，乃知其學亦不必專信孔氏也。此其獨往之勇，何必馳險寇虜降王類耶？」

按：顧璘在來書中云「所喻知行並進，不宜分別前後」，所謂「所喻」，由陽明此書中觀之，當是指陽明先嘗寄《大學古本傍釋》、《朱子晚年定論》給顧璘，顧璘乃讀此二書有感，遂作書來質疑其說。按其時顧璘居家上元，湛甘泉任南京國子監祭酒，兩人關係甚密，陽明着意精心結撰此《答顧東橋書》長文，中多有隱然旁攻湛甘泉之說者，或亦有意寫給湛甘泉看知耶？

第2135頁

九月，歸餘姚省竹山穴湖祖墓，合葬易直翁王袞夫婦於竹山。

錢德洪《陽明先生年譜》：「九月，歸姚省墓。」

按：錢德洪叙述不明。按陽明是次歸餘姚，主要在省竹山穴湖王氏祖墓。光緒《餘姚縣志》卷二《山川》：「伯山，在風山東南，初亦名竹山，後以新建伯祖墓所在，改名。」王氏祖墓（包括岑太夫人墓）在竹山穴湖一帶，此竹山或即陽明是次歸省祖墓後改名伯山。前引陽明《寄伯敬弟手札》云：「穴湖及竹山諸墳，雨晴後可往一視。竹山擱土，此時必已完，俟楚知縣回日，當去說知。多差夫役搬置河下，俟秋間我自親回安放也。」所謂「穴湖及竹山諸墳」，即指王氏祖墓。所謂「俟秋間我自親回安放」，即指陽明回餘姚合葬易直翁王袞夫婦於竹山。此外，陽明親屬亦有葬餘姚他處者，光緒《餘姚縣志》卷十五《冢墓》：「參議王綱墓，在禾山。」「參議牧相墓，在余山。」張壹民《王性常先生傳》：「賊憫其誠孝，容令綴羊革裹尸，負之而出，得歸葬禾山。」萬曆《紹興府志》卷五《山川志》：「禾山，在（餘姚）縣西北二十里。宋謝靈運云：『《山海經》有浮玉山，北望具區。』今餘姚烏道北禾山，與具區相望，即浮玉山。」陽明當一往禾山祭墓。

與餘姚諸生講會於龍泉寺中天閣，定每月以朔、望、初八、廿三為講會之期，書中天閣壁以勉諸生。

第2136頁

《王陽明全集》卷八《書中天閣勉諸生》：「雖有天下易生之物，一日暴之，十日寒之，未有能生者也。承諸君之不鄙，每予來歸，咸集於此，以問學為事，甚盛意也。然不能旬日之留，而旬日之間，又不過三四會。一別之後，輒復離群索居，不相見者動經年歲。然則豈惟十日之寒而已乎？若是而求萌蘗之暢茂條達，不可得矣。故予切望諸君勿以予之去留為聚散。或五六日、八九日，雖有俗事相妨，亦須破冗一會於此。務在誘掖獎勸，砥礪切磋，使道德仁義之習日親日近，則世利紛華之染亦日遠日疏，所謂『相勸而善，百工居肆以成其事』者也。相會之時，尤須虛心遜志，相親相敬。大抵朋友之交，以相下為益。或議論未合，要在從容涵育，相感以誠，不得動氣求勝，長傲遂非。務在默而成之，不言而信。其或矜己之長，攻人之短，粗心浮氣，矯以沽名，訐以為直，挾勝心而行憤嫉，以圮族敗群為志，則雖日講時習於此，亦無益矣。諸君念之，念之！」

按：文云「每予來歸，咸集於此，以問學為事」，可見陽明是次歸餘姚，亦於中天閣聚徒講學。萬曆紹興府志卷二十一：「餘姚龍泉寺，在龍泉山，晉咸康二年間……有彌陀閣、千佛閣、蟠龍閣、羅漢院、止方寺、中天院、東禪院、西禪院、鎮國院、

第2137頁

喚仙亭、更好亭、龍泉亭，自山麓至絕頂，殿閣儼然，背山面水，為一邑佳處。寺額三字，作歐陽率更體。」卷九：「中天閣，在龍泉山之半，取方干『中天氣爽星河近』之句。陽明王先生守仁嘗於此聚徒講學。嘉靖乙酉，公書中天閣勉諸生……白石灰壁上，公自書，筆法甚清勁，十年前猶及見之，可謂奇迹。山僧不能護，今已重堊，字無復存矣。」

在餘姚，訪問鄉里故人謝遷、馮蘭、倪宗正、嚴時泰、錢蒙，有詩唱酬。

倪小野先生全集卷七池閣次韻答陽明公：「昨宵池月賓榻虛，高賢在邇嘆離居。舉杯已慚孔北海，對弈空憶王南

渠。蟻行梨上亦成句，鵝浴波心翻悟書。拙作酬君方走動，嘉音報我復烹魚。」

池閣次韻答東溪公：「萬竹青圍金谷虛，小閑池閣□仙居。秋來春去不知老，雲影天光漫問渠。花墅閑眈安石弈，草亭懶著子雲書。歸來正值尊香候，雨細風微欲上魚。」

池閣次韻答雪湖公：「池閣嵯峨淩碧虛，月明疑是水仙居。携筐錯認青泥硐，抱硯翻思白石渠。丘壑不忘吾道意，滄浪久絕是天書。野音一曲聊消遣，恐負波心出聽魚。」

池閣次韻答汝湖公：「白雲飛去坐來虛，唯有南山伴靜居。草際微風搖細浪，竹梢片月墮深渠。蓮花影裏新開像，藜火明中

第2138頁

舊校書。自覺衰年存道氣，達人猶及辨熊魚。」

池閣次韻答心漁公：「舞絮飛花點綴虛，飄飄身住水雲居。桂坡竹塢翻成壑，野水江湖引入渠。拄笏有時裁秀句，下帷無復理殘書。宮袍尚憶臨流寵，把看金緋舊賜魚。」

池閣次韻答木山公：「野光面面送清虛，城裏山林似索居。花竹十年成勝地，雨風一夜是通渠。坐看汗漫逃塵事，夢入滄浪抱素書。江浦雷聲喧未寂，傍人指點化龍魚。」

池閣次韻答秋江公：「滿目蒼雲竹影虛，清陰池閣隱人居。芳洲地接蓬萊木，夏日香生菡萏渠。漢楚未分觀我弈，羲皇以上讀何書？年來懶踏風塵路，且

傍闌干學釣漁。」

按：陽明歸餘姚，鄉里故交如謝遷、馮蘭、倪宗正、邵蕡、錢蒙等人，必當往訪聚會。倪宗正此一組詩，即是次來訪聚會唱酬詩也。以池閣次韵答陽明公言，所謂「拙作酬君方走動」，似指陽明評點其突兀稿成，是次歸餘姚來送呈。其餘唱酬諸人，「東溪公」即于震，姚江逸詩卷九：「于震，震字孔安。正德丁卯鄉舉，知福安縣。倪宗正、楊撫皆執經其門，晚始為詩。」「雪湖公」即馮蘭。「汝湖公」即謝丕（謝遷子）。「心漁公」即錢蒙。「秋江公」即管浦，姚江逸詩卷十一：「管浦，浦字弘濟。正德丁卯鄉舉，任滦州府判。倪小野詩『秋江八句重當今』，秋江，其別號也。」今倪小野先生全集中有用韵答管秋江，云：「幾年皂帽挹風流，喜托比鄰地轉幽。」可見其與倪小野比鄰而居。「木山公」即嚴時泰，其作有木山集（見光緒餘姚縣志卷十七）。

往桐湖訪南皋邵蕡，賀其壽誕。胡纘宗亦來見。

胡纘宗鳥鼠山人小集嘉靖集卷六桐湖一曲贈邵方伯文實兼呈王公陽明：「桐湖一曲水連天，十里浮槎圖碧蓮。淡雲疏月臨釣石，飛鳧浴鷺下漁湍。長安回首忽如夢，彭澤歸來真若仙。方伯才高康節壽，王通相訪但談玄。」

按：嘉靖集乃收胡纘宗嘉靖三年至六年在蘇州知府任

第2139頁

上所作詩。胡纘宗此詩即其嘉靖四年九月由蘇州赴餘姚祝邵蕡壽所作。桐湖在餘姚（有以為在桐廬，乃誤），光緒餘姚縣志卷八：「桐下湖，在縣東一十一里。」萬曆紹興府志卷十六：「桐山湖、穴湖，在治山鄉。」桐湖與穴湖同在治山鄉，故陽明往穴湖省祖墓，必當往桐湖訪邵蕡。胡纘宗詩云「方伯才高康節壽」，是將邵蕡比為邵雍，「王通相訪但談玄」，是將陽明比為王通，祝其壽誕，與邵蕡講論學問。

謝遷歸田稿卷七桐湖逸墅為邵文實方伯作：「何事薇垣番乞身？崎嶇世路覺勞神。野花幽草新門徑，曲水崇山舊主賓。卧看閑雲歸洞口，步隨馴鶴遶湖濱。扁舟許我時來往，林下相望兩逸人。」

倪宗正倪小野先生全集卷五邵南皋桐湖逸墅二首：「一片桐湖水，歸雲迹正深。青山麋鹿伴，白日鳳凰吟。問柳諮詢意，栽花燮理心。勳名霄漢外，萬事總園林。

桐湖堪逸老，好似鑑湖春。乾坤留勝地，風雨是平津。浮雲看倚杖，落日坐收綸。分得瑶峰草，青山牧鳳麟。」

同上，卷七三題桐湖逸墅：「中外勤勞四十年，桐湖歸逸即神仙。坐來隨意流觴處，題罷無端漫筆篇。午夢穩時啼鳥避，秋霖過後嬾雲便。賭棋却笑東山墅，一片機心

第2140頁

未易損。」

同上，卷四南皋草堂行為邵方伯題：「姚江江上足容與，

草堂突兀江之漵。千丈光輝映斗牛，九重夢寐兆林雨。
經淵藝藪白虎通，文第武階黃鵠舉。閶闔門開棠樹陰，
珊瑚株長蕙花渚。憶昔先生就傅年，抱書提硯此周旋。
題橋磊落風雲筆，宰社公平雨露權。萬言策定先憂日，
八卦經探太極前。塵埃欲辨豬龍隊，霄壑俄驚雕鶚天。
先生始辭草堂出，草堂從此歸物色。駿步群空渥水涯，
鳳毛彩溢丹丘窟。王家寄托舊重煩，宦路馳驅轉超逸。
石田圖畫景依稀，越客吟哦意蕭瑟。中外翺翔二十秋，
拂衣歸問草堂幽。旋馬廳前書帶秀，浴鵝池西筆花浮。
山中宰相蒼虬珮，雪裏神仙白鶴裘。蓬島閬臺尋樂屐，

第2141頁

蘭洲芷浦採芳舟。草堂蘭蕊年年發，時弄秋鴻度佳夕。
五侯歌舞遣豪華，九老昆朋聚仙客。靜養菩提謝藥方，
笑吐芙蓉擬詩格。流波淨練長不妝，傍人指是玄暉宅。」

按：詩所云「九老昆朋聚仙客」，即指陽明、謝遷、馮蘭、倪宗正、于震諸人。

二十五日，致仕刑部尚書林俊疏薦陽明，不用。

明世宗實錄卷五十五：「嘉靖四年九月辛巳，致仕刑部尚書林俊疏言：……臣又觀去歲以來舊臣謝遷殆盡，朝著為空。伏乞聖明留念既去者禮致，未去者慰留，與二三大臣時加延接。又有碩德重望如羅欽順、王守仁、呂柟、魯鐸輩，乞列左右，以裨聖德，圖聖治。臣衰病待盡，無復他望，誠念受四朝恩厚，未曾為報，敢效古人遺表之意，敬布犬馬之心。……」

國榷卷五十三：「嘉靖四年九月辛巳，致仕太子太保、刑部尚書林俊，乞收用議禮諸臣，並寬廷杖。召用羅欽順、王守仁、呂柟、魯鐸等。章下所司。」

宋晃赴陝西布政使任，書來請草書書法作品，陽明草書三首次張體仁聯句韻寄贈，并贈新刻傳習錄等書。

陽明草書次張體仁聯句韻寄答宋孔瞻書一：「次張體仁聯句韻：眼底湖山自一方，晚林雲石坐而涼。閑心最覺身

第2142頁

多潔，游興還堪鬢未蒼。樹杪飛泉長滴翠，霜前巖菊尚餘芳。秋江畫舫休輕發，忍負良宵燈燭光。　山寺幽尋亦惜忙，長松落落水浪浪。深冬平野風煙淡，斜日滄江鷗鷺翔。海内交游惟酒伴，年來踪迹半僧房。相遇未盡清雲話，無奈官程促去航。　　問俗觀山雨劇匆，雨中高興諒誰同？輕雲薄靄千峰曉，老木滄波萬里風。客散野鳧從小艇，詩成巖桂發新叢。清詞寄我真消渴，絶勝金莖吸露筒。　　答宋孔瞻，九月廿七日：　別久，想念殊深。召公之政敷於陝右，其為鄉邦之光多矣。令郎歸，辱問惠，蓋深□感怍。承致敬品，卷中中丞之意，不肖何以能當之？所須草字，□□所不□□，亦已久不作此，然勤勤之意不忘，略書近作一二首，見千萬鄙懷，目第一笑，擲之可也。人回，匆匆不盡。欲請千萬心亮，孔瞻宋友人。」　書二：「慰此思守先聖之遺訓，與海内之同志講求切劘之，庶亦少資於後學，不徒生於聖明之朝。然蔽惑既久，人是其非，其能虚心以相聽者鮮矣。若執事之德盛禮恭而與人為善，此誠僕所欲效其愚者。然又道里隔絶無因，匪握手一致其所傾渴，又如何可言耶？雖然，目擊道存，而僕見執事之書，既已知執事之心，雖在千萬里之外，固當有不言而信者。謹以新

刻小書二册，奉以教正，蓋鄙心之所欲效者，亦略具於其中矣。便間幸示一二□□。使還劇病，筆潦草，千萬亮恕。」（此詩書碑帖石刻真迹由無為寶晉齋收藏，見何福安寶晉齋碑帖集釋）

按：寶晉齋藏此詩書碑刻真迹，因碑刻前赫然題「蘇臺唐寅」，并有「六如居士」一方大印，歷來以為是唐寅所作書，乃大誤。前考此次張體仁聯句韵為陽明所作詩，載於王陽明全集中，則此答宋孔瞻二書亦必為陽明所作，其草書亦分明是陽明字迹，絶不類唐寅筆法也。今按此次張體仁聯句韵詩刻題下明鈐「易明」一方印，「易明」即陽明，僅此已足證此詩書為陽明所作矣。不知今人何以將此印誤譯為「易明」，遂不知所云。兹再就二書考之：按「宋孔瞻」即宋冕，字孔瞻，號滸山，餘姚人，著名「姚江三廉」之一，與陽明同鄉早識。唐胄都察院右副都御史宋公冕墓志銘：「弘治壬戌，登進士第。乙丑，授刑部河南司主事。」（國朝獻徵録卷六十二）弘治十八年，宋冕任刑部河南司主事，陽明則由刑部雲南司主事轉兵部武選清吏司主事，兩人過從甚密，蓋宋冕亦一刑部「西翰林」人物也。書一所云「召公之政敷於陝右，其為鄉邦之光多矣」，乃指宋冕任陝西左布政，時在嘉靖四年，宋公冕墓志銘：「乙酉，陞

陝西左轄。以纖𢧵楊太監額外之需索過甚，欲手疏以聞。楊使人陰持公過，以中傷之，竟無所得。鎮守太監晏宏乃私謂之曰：『宋公剛正，吾屬羞見。』楊亦自愧，邀偕往謝過。凡省之應邊糧餉器械，無不周備。總制荊山王公倚以為重，薦其才行氣量，可大用。」按唐寅於嘉靖二年已卒，僅此可見此書非唐寅作。又所謂「其為鄉邦之光多矣」，乃稱贊宋冕為餘姚鄉邦爭光，唐寅乃蘇州人，如何能作斯語？、僅此亦足證此書為陽明作也。書二談與同志講明聖學，也明是陽明口氣，斷非唐寅所能道。所言「謹以新刻小書二冊，奉以教正」，即指陽明嘉靖三年新刻

之傳習錄與古本大學傍釋二書，陽明於同時所作書札中多有類似之言，如答王璽庵中丞云：「謹以新刻小書二冊，奉求教正。」（王陽明全集卷二十一）唐寅為畫家，何來「新刻小書二冊」？今按：前考璽庵王藎在嘉靖三年八月除巡撫陝西都御史，遣使來問，陽明有答書，答王璽庵中丞云：「使來，遠辱問惠，登拜感怍。舍親宋孔瞻亦以書來，備道執事勤勤下問之盛，不肖奚以得此！」原來宋冕乃是陽明親戚，而陽明答宋孔瞻書二中所云「卷中中丞之意，不肖何以能當之」，則必指璽庵王藎中丞也。蓋王藎與宋冕其時均在陝右，同僚共事，對陽明寄來新

刻之二書，王藎有所品評褒贊，故陽明書中云「卷中中丞之意，不肖何以能當之」。更奇者，答王璽庵中丞中亦云：「思守先聖之遺訓，與海內之同志者講求切劘之，庶亦少資於後學，不徒生於聖明之朝。然蔽惑既久，人是其非，其能虛心以相聽者鮮矣。若執事之德盛禮恭而與人為善，此誠僕所願效其愚者。然又邑里隔絕，無因握手一敘，其為傾渴又如何可言耶？雖然，目擊而道存，僕見執事之書，既已知執事之心，雖在千萬里外，當有不言而信者。謹以新刻小書二冊，奉求教正，蓋鄙心之所欲效者，亦略具於其中矣。」與答宋孔瞻書二所述字句全同，尤可見二書

出於一人之手。答宋孔瞻書二所云「僕見執事之書」，「思守先聖之訓」，似指宋冕所訂家訓一書，宋公冕墓志銘：「嘗訂家訓，分列修身、齊家等條，皆為格言。」綜上所考，可知先是宋冕在嘉靖四年初別陽明赴陝西布政使任，至八月政成，遣其子攜致陽明書歸餘姚，適逢陽明亦來餘姚，乃得見宋冕書而答覆之。

九月下旬，自餘姚歸，收到鄒守益來書與湛甘泉廣德州儒學新建尊經閣記，陽明有答書批評湛甘泉之說。

泉翁大全集卷二十七廣德州儒學新建尊經閣記：「廣德州儒學尊經閣，前大成殿，後范文正祠，左王太史廟，

右集賢館，而中居尊，尊經也。迸玄妙觀於東郊而闢其址，崇正也。東郭子鄒子三十五年篤志聖賢之學，以抗疏出翰林，來判廣德。于時遠近之士執經而考德者咸集焉，鄒子乃搆材鳩工，凡六月而閣成，居六經於其上，而息諸生於其下。凡為閣三間六楹，而列二翼於前為燕居，會之以門，為復初書院。諸生有進曰：敢問尊經之道何如？東郭子曰：吾無言焉。今有辟雍甘泉子者，知聖學也，諸生盍往問焉。遂俾方、施兩生以來問於甘泉子。甘泉子曰：夫經也，徑也，所由以入聖人之徑也。或曰：警也，以警覺乎我也。傅說曰：學于古訓。夫學，覺也，警覺之謂也。是故六經皆註我心者也，故能覺吾心。易以註吾心之時也，書以註吾心之中也，詩以註吾心之性情也，春秋以註吾心之是非也，禮、樂以註吾之和序也。曰：然則何以尊之？曰：其心乎！故學於易而心之時以覺，是能尊易矣；學於書而心之中以覺，是能尊書矣；學於詩而心之性情以覺，是能尊詩矣；學於春秋、禮、樂而心之是非和序以覺，是能尊春秋、禮、樂矣。覺斯存矣，是故能開聰明，擴良知。非六經能外益之聰明良知也，我自有之，彼但能開之、擴之而已也。如夢者、醉者，呼而覺之，非呼者外與

第2147頁

之覺也。知覺，彼固有之也，呼者但能覺之而已也。故曰「六經覺我者也」。今之謂聰明知覺不必外求諸經者，不必呼而能覺之類也；今之忘其本而徒誦六經者，展轉喪志於醉夢者之類也。不呼而覺之類也者，孔子不能也；喪志於醉夢之類也者，孔子不為也。是故中行者，鮮矣；是故天下能尊經者，鮮矣。兩生曰：何居？曰：弗或過焉，則或不及焉。過則助，不及則忘；忘則怨，助則悔。悔與怨，可謂之尊經也乎？曰：然則如之何？曰：「觀之於勿忘勿助之間焉，尊之至矣。」兩生遂拜而受之，歸以告東郭子，鑱諸石以詔多士」。

按：尊經閣在六月建成，湛甘泉此記約作在七月中。鄒守益書廣德復初諸友會約云：「……士儀及予舊遊施正夫、方德升……」（鄒守益集卷十五）此施正夫、方德升即湛甘泉記中所云「方、施兩生」。

王陽明全集卷六寄鄒謙之書五：「張、陳二生來，適歸餘姚祭掃，遂不及相見，殊負深情也。隨事體認天理，即戒慎恐懼功夫，以為尚隔一塵，為世之所謂事事物物皆有定理而求之於外者言之耳。若致良知之功明，則此語亦自無害，不然即猶未免於毫釐千里也。來喻以為恐主於事者，蓋已深燭其弊矣。寄示甘泉尊經閣記，甚善甚

第2148頁

善」。其間大意亦與區區稽山書院之作相同。稽山之作，向嘗以寄甘泉，自謂於此學頗有分毫發明。今甘泉乃謂「今之謂聰明知覺，不必外求諸經者，不必呼而能覺之類」，則似急於立言，而未暇細察鄙人之意矣。後世學術之不明，非為後人聰明識見之不及古人，大抵多由勝心為患，不能取善相下。明明其說之已是矣，而又務為一說以高之，是以其說愈多而惑人愈甚。凡今學術之不明，使後學無所適從，徒以致人之多言者，皆吾自相求勝之罪也。今良知之說，已將學問頭腦說得十分下落，只是各去勝心，務在共明此學，隨人分限，以此循循善誘

之，自當各有所至。若只要自立門户，外假衛道之名，而內行求勝之實，不顧正學之因此而益荒，人心之因此而愈惑，黨同伐異，覆短爭長，而惟以成其自私自利之謀，仁者之心有所不忍也！甘泉之意，未必由此，因事感觸，輒漫及之。蓋今時講學者，大抵多犯此症，在鄙人亦或有所未免，然不敢不痛自克治也。如何如何？

按：陽明此書五「隨事體認天理」，即戒慎恐懼功夫，以為尚隔一塵」云云，與寄鄒謙之書一所言全同，顯是陽明先作寄鄒謙之書一，鄒守益有答書來堅持原說，陽明再作此寄鄒謙之書五答之。~~鄒守益寄書亦如~~按尊經閣建成在六月，湛甘泉作廣德州儒學新建尊經閣記在七、八月間，鄒守益寄答書并湛甘泉尊經閣記來在九月，陽明作此寄鄒謙之書五則在九、十月間。王陽明全集於此書題下注「丙戌」作，顯誤。

十月十六日，再致書餘姚鄭官賢，商議王氏孫侄婚娶事。

陽明與鄭邦瑞書三：「向曾遣人接二舅母，因病體未平復，遂不敢強。今聞已盡安好，故特差人奉迎，書到，即望將帶孫女來此同住。其王處親事，須到此商議停當，然後可許。一應事務，我自有處，不必勞心也。不一一。陽明書致寶一侄收看，十月十六日。」（中國書法全集第五十二冊，手札真迹藏美國普林斯頓大學美術館）

按：此札三所云「孫女」，即札二所云「女孫」。所謂「王處親事，須到此商議停當，然後可許」，即是欲為王氏孫侄娶鄭氏孫女。此當是陽明在餘姚時已與二舅母及鄭官賢提及，故歸紹興後再有書來商議。

致書宗弟王邦相，處置餘姚家事，告祖墓掘毀案告破。

陽明與王邦相書二：「過往士夫及鄉里後生自杭城來，皆能備道東瀛老先生休休樂善好德之誠，侃侃秉正斥讒之議，不勝敬服，不勝心感！後生浮薄狂憒，毀賢妬能者

，聞東瀛之風，亦可以媿死矣；而尚略不知所懺沮，亦獨何以哉？家門不幸，區區之罪惡深重，近日祖墓復被掘毀，墓上天生瑞柏亦被斲伐，割心剜骨，痛何可言！近方歸此，修治園邑，論議紛紛，皆以為孫氏所為，區區亦未敢便以為信。孫氏父子素所親厚，三子又嘗從學，此等窮兇極惡之事，我何忍遂以加於孫氏？姑告行府縣緝捕，盜賊之徒七十餘人，蹤迹難掩，不久必能緝獲。幸而與孫氏無干，非惟我家得申不世之冤，而孫氏亦得以洗無實之惡。不然，則誠衣冠道誼之大不幸也！痛心，痛心！東瀛老先生坐是未能致謝，進見時，煩道懇苦。廬次，草草不盡。陽明病夫拜手邦相揮使。」（王世傑、那志良、張萬里編藝苑遺珍法書第二輯第十三册）

按：書云「近方歸此，修治園邑」，即指嘉靖四年九月歸餘姚，省祖墓，遂得知祖墓被掘毀事。「孫氏」，指孫燧家。「三子又嘗從學」，指孫燧三子孫堪、孫墀、孫陞（見前考），皆為陽明弟子。「東瀛老先生」，即東瀛王啟，時任刑部右侍郎。黃綰集卷二十七刑部右侍郎東瀛王公神道碑銘：「公諱啟，字景昭，初號學古，後更東瀛，姓王氏，黃巖人……所著有正蒙直解、周易傳疏、周禮疏義，及編古文類選、大學稽古衍義……辛巳，陞都察院右副都御

第2151頁

此條考誤，宜刪。此為余珊所上疏。二〇一八年一月記。

史……又著撫滇翊華録、赤城會通記、尊鄉續録、王氏族譜、義峰記等書。甲申，陞刑部右侍郎，詳慎刑辟。丁亥，以大獄免歸。……」按餘姚王氏祖墓掘毀案事牽孫燧家，盜賊七十餘人，可謂地方一不世大案。時陽明方處凶毀謗之中，其靠刑部侍郎王啟出面過問，方得申不世之冤。王啟為成化二十三年進士，王華成化二十三年任會試同考官，於王啟有「座主」之誼，陽明與王啟當早識。

以京師地震上疏薦楊一清，罷去首輔費宏，不報。

陽明京師地震上皇帝疏：「古之大臣不薦，士人皆責之。文侯之擇相，以繫夫人之去留，非他，宰輔小臣百執事可以出入進退其間者，求之古人如稷、契、伊、周，為天下萬世之第一流，始克當之，今不可得而見矣。就以一代之才供一代之用，亦必掄選難任，求如漢平、勃之重厚，唐房、杜之謀斷，宋韓、范之救時，庶克顛隮，不徒執簿呼名，彙生資級，備員數而已。然不知今日內閣為宰相之第一人者，果稷、契、伊、周之佐歟？亦平、勃、房、杜、韓、范之佐歟？臣見其直不如平，厚不如勃，謀斷不如房、杜，而救時又不如韓、范遠甚，徒以奸佞伴食怙寵，上激天變，下鼓民怨，中失物望，臣固以逆知其情非天下之第一流人矣。夫居天下第

第2152頁

一等之位，而非天下第一流之人，正古之所謂有聖君無賢佐，時不相值，功不可成，曾貞觀、慶曆之不若，則將焉用彼相矣。臣謹按陛下之師，得湯同人之屯，四持太師之權，而勢不能以自克；五隔強臣之拒，而情莫得以下同。又屯飛鼎伏，當經綸之任，無濟難之才，將有折鼎覆餗之凶，不可以不慎也。臣又按陛下之友，得湯姤之剝，一陰生於下，而君子之朋將以類去；一陽剝於上，而小人之朋將以類聚。若是者，王順長息，則我之使註、訓、惇、卞，則我之仇尚友之云。臣願陛下謹未然之防，而進將來之陽，若曰：士之處也，求其為斯世

也，而不知范升之詆誚；士之出也，求其順吾之志也，而不必如張楷之責望。人言相奸邪，而己不覺；人言外有變，而內不知，則是重陰抑陽，黨邪陷正，雖有金柅之固，不可止矣，豈不激成大變也哉！今地震京師，且在十月者，茲謂重陰，相臣妨政，天下不寧。仕三邊者，君相不能制夷狄，而夷虜侵中國。積陰為水，而水不時，則水潦為敗。夫水沒都城，則陰沴陽，小人在相位，兵起之兆。雹毀瓦甍，殺禽獸者，國任小人而弗疑也。雷電霹靂，大風伐屋折木者，小人在高位，賢人走遁也。人生有兩首四目，茲謂人禍，政出多門，宰相亂位

，四夷來侵之象。赤風主為災，賢奸不分，官人無序，故火失其性。夫災不妄作，變不虛生，人感天應，捷於桴鼓。然則今日之變，謂非相臣之積漸也耶？夫是臣者，歷事先朝，曾無寸補，以奸佞啗取寵榮，既覆前轍之車，莫及噬臍之悔，此陛下之所親見也。今又曲營虛譽，以欺陛下於再誤，若弗早辨，則後車弗戒，禍將焉極！臣以為此臣不去，則紀綱益頹，而風俗益壞；此臣不去，則國勢益輕，而夷狄益強；此臣不去，則邦本益搖，而人才益凋；此臣不去，則言路益塞，而邪正益淆；此臣不去，則君臣益暌，而災異益臻。臣請陛下亟去

之，更求才兼文武，應變幾神，可與共濟時艱，如昔大學士楊一清；惇德夙成，木強重厚，可與共臨患難，如今大學士石珤。若有其人，取置左右；如不兼得，寧虛位以俟，而不求備焉。斯弊政可除，人才可用，必有上帝若默賚良弼，起而協夢卜之求矣。臣遐荒疏逖，冀士之臣，平生未識宰相一面，去京師萬里，豈有深怨積怒於是臣，而固欲攻之以快己私也哉！其所以反復閱諭，不避斧鑕之誅者，區區之意以為宰相論道親臧化原，苟非其人，必基禍本，明詔所謂弊政未除，人才未用，正在於此。故為國長遠之慮，而不敢自為身謀，其愚

亦可見矣。」（張萱西園聞見録卷二十六，陽明文集失載）

按：陽明上此疏之時間，據該疏云：「更求才兼文武，應變幾神，可與共濟時艱，如昔大學士楊一清，惇德夙成，木強厚重，可與共臨患難，如今大學士石珤。」石珤除大學士入閣在嘉靖三年五月，明史宰輔年表：「嘉靖三年甲申，石珤，五月，吏部尚書兼文淵閣大學士入。……六年丁亥八月，致仕。」又楊一清除大學士入閣在正德十年閏四月，至正德十一年八月致仕，明史宰輔年表：「正德十年乙亥，楊一清，閏四月，吏部尚書兼武英殿大學士入。……十一年丙子八月，致仕。」楊一清在正德十一年已致仕而去，故陽明疏稱「昔大學士楊一清」。然嘉靖四年十一月楊一

清又赴召再度入閣，明史宰輔年表：「嘉靖四年乙酉，一清，十一月召。五年丙戌，一清復吏部尚書、武英殿大學士，加少師，仍兼太子太傅入。」陽明此疏仍稱「昔大學士楊一清」，可見此疏必上在嘉靖四年十月，意在假京師地震上疏舉薦楊一清，攻罷內閣首輔費宏也。按國榷卷五十三：「嘉靖四年十月乙未，上以災異，諭輔臣擬諭修省，費宏等言：『應天以實不以文。』乞暫停仁壽宮。工部尚書趙璜請停王德殿等，專事仁壽。上從之，並罷役。」陽明當是見世宗以災異諭輔臣擬諭修省而上是疏，蓋與席書、林俊上疏桴鼓相應也。陽明此疏所痛斥之「今日內閣為宰相之第一人者」，顯指時為內閣首輔之費

宏，蓋陽明與費宏早有宿怨，而陰沮陽明入朝入閣者，首為費宏。明史王守仁傳云：「諸同事有功者，惟吉安守伍文定至大官，當上賞。其他皆名示遷，而陰絀之，廢斥無存者……將召用，而費宏故銜守仁，復沮之。」弇州山人續稿碑傳卷八十六王守仁傳：「江西輔臣故銜守仁，不能特薦，猶持前論，而其鄉人之忌者，至詆之史，以故推兵部、若三邊、若團營，皆弗果用。」嘉靖四年起楊一清總督三邊軍務，實是費宏一箭雙鵰之計：既沮抑楊一清起用入閣，又沮抑陽明起用入朝。為打破費宏當軸此一朝廷僵局，嘉靖四年以來，由席書發難，朝中攻詆費宏之聲日起，國榷卷五十三：「嘉靖四年七月庚午，初，檢討席春、劉夔

以實錄恩進按察副使，上改僉事，春遂憾費宏，言自來實錄恩不外任。上特進春修撰，夔編修。已，學士張璁、桂萼求去，語亦侵宏。宏疏辨。……八月己丑，四川按察副使余珊上言：『時事漸不克終，紀綱漸頹，言路漸塞，風俗漸壞，國勢漸輕，夷狄漸強，邦本漸搖，人才漸凋，刑法漸淆，君臣漸睽，災異漸臻，俱由首相非人。願亟去之。』報聞。」陽明實是繼席書、余珊、吉棠、林俊之後上此疏，真意亦在假薦楊一清入閣，攻罷費宏也。陽明此疏雖不報，但從十一月遂召楊一清直內閣觀之，可見陽明此疏隱然起作用矣。

十一月，召楊一清直內閣，吏部會推彭澤、陽明、鄧璋提督陝西三邊軍務

，禮部尚書席書舉陽明為三邊提督，世宗均不用。

明世宗實錄卷五十七：「嘉靖四年十一月辛巳……初，御史吉棠以閣內閣大學士費宏與席書有隙，因薦提督三邊楊一清，宜召還內閣，以調護聖躬，消融朋比，詔許之。右給事中章僑上疏曰：『棠輕視三邊，危視朝廷，其言若有為而發。獨不聞一清先年自三邊而吏部、而內閣乎？即其所為，幾至狼狽，豈有今日克蓋前愆？況左右前後延頸抵掌，豈無誤一清以誤朝廷者，安在其護聖躬而消朋比也？臣謂今內閣可無一清，而三邊不可無一清，今留之於邊，所以愛朝廷，亦以愛一清也。』給事中鄭一鵬亦言：『一清初在三邊，雖稱其賢；其在吏部、內閣時，通賄賂，壞選法，交結廖鵬、錢寧，不可用也。』章僑下所司。已而兵部郎中楊儀言：『西陲方議調兵征剿西海虜（寇），及處置土魯番事未定，一清未可動。且三邊重任，茲會推彭澤、王守仁，皆不足以當上心，則三邊提督莫宜於一清者，茲召用內閣，殆非陛下用一清之意，亦非一清所以自用之意也。』疏入，上以儀妄言輕率，切責而貰之。後御史侯秩亦上疏諫止，且言：『欲廣求將相，必謝遷、彭澤其人乃可。』上曰：『朝廷召用輔臣，自有酌處。侯秩狂妄撓瀆，必有朋使之人，顛倒誣薦，故亂成名

。姑降二級，調遠方用。』尋補四川富順縣縣丞。」卷五十八：「十二月丁酉，起兵部致仕尚書王憲提督陝西三邊軍務。初，楊一清召還，廷臣首推原任兵部尚書彭澤、王守仁可代。上不允，乃更推原任戶部尚書鄧璋及憲……吏部尚書廖紀言：『頃者陛下召還楊一清於內閣，提督邊圉務員缺。臣等兩次會推如尚書等官彭澤、王守仁、鄧璋，皆未足以仰當聖心。臣惟提督之任，更無踰楊一清、彭澤等五人，因俱奏請從科道之言，仍留一清，或從臣等會推簡任一員，實為邊方得人計耳。』而禮部尚書席書謂臣內則柔順於相，臣外則牽制於科道，含糊展轉，曲為兩情之詞。書為此言，必有所主。臣思吏部以用人為職，舉人代任，亦臣職也。竊觀大臣中人不能言者，書能言之；人不敢為者，書能為之。遠過臣任。矧今屬當考察之期，乞罷臣用，書必能用舍得宜，黜陟精當。』上諭之曰：『卿老成持重，德望素隆，銓衡重地，委任方切。提督已有旨，不必深辨言，即出供職。』不允，辭。」

國榷卷五十三：「十二月丁酉，起王憲兵部尚書，總督陝西三邊軍務。吏部尚書廖紀以推總督不合，乞休。於是科道交論席書搆嫌箝制，上切責之。」

按：是次薦選三邊提督，大致分三派：科道官主張楊一清留為三邊提督，入閣人員另選；吏部（所謂「廷臣」）會推彭澤、王守仁、鄧璋為三邊提督人選（後又主張留楊一清）；禮部尚書席書則主楊一清入閣，王守仁任三邊提督。吏部尚書廖紀實為折衷派。世宗素不喜王守仁，遂獨斷其事，召還楊一清入閣，起王憲為三邊提督。席書抗辯，反遭切責矣。

十二月十七日，大禮集議成。席書疏救陽明門人陳洸。

國榷卷五十三：「嘉靖四年十二月辛丑，刊大禮集義成。……庚戌，刑部尚書葉應驄、錦衣衛千户李經往訊陳洸，罪死，特旨宥之，削籍。應驄、經同御史熊蘭、涂相、

參政李鋭、參議汪思、副使胡璉、僉事施儒、知府唐昇等雜治，具得洸事。問知縣宋元翰冤狀，曰：『洸，元翰父所録士也。元翰始至，雅善洸，後驗其譎，疏之。又洸窩盜事泄，議捕。洸言撫，不聽，竟剿之，得洸手札成隙，令子更訐元翰受盜金，當戍，副使汪鋐廉而釋之。去之日，民為樹碑。』應驄遂奏洸貪淫無厭，獵人婚姻，牟人田土，有爲獸行，又擅殺人，汚蔑群官，而横加以罪，陰蓄亡命肆掠，積案至一百七十二宗，除赦前及疑曖者，餘十三宗當論，連係三百餘人，凡二十年間，死徙數十餘人，洸當置重典。洸亡詣闕，誣問官皆議禮黨首。上方持洸獄，而巡按涂相奏適至，尚書趙鑑、右副都御史張潤、給事中解一貫、御史鄭本公等爭執奏，而郎中黃綰當洸死，席書數居間不得，奏救之，末引桂萼，與趙鑑詈於朝。鑑以聞，不問。張璁言：『洸，議禮臣也。嘗劾費宏，而法官朋黨，中於法。』上宥洸死，削籍。大理卿湯沐及鑑等各爭之，不聽。大禮集議成，加恩洸，並宥其家。」

按：當初陽明在書陳世傑卷中以謙恭告誡陳洸，謂「傲，凶德也」，勸其收斂狂簡乖傲之性。而陳洸不聽其勸，四年後不幸為陽明言中，身敗名裂，雖有席書、黃綰、桂萼、張璁援救，亦無濟於事矣。

十八日，致書宗弟王邦相，處置宗內孫侄婚娶事宜。

陽明與王邦相書三：「南京陳處親事，得在今冬送至杭城，就在邦相家裏住下，擇日取過江來，甚好。若今冬緩不及事，在明春正月半邊到杭，亦可。家下人多不停當，無可使者，須邦相處遣一的確人，到彼説知之。嫁裝之類，皆不必辦，到杭後自有處也。宗處人還，可多多上覆也。陽明字致王邦相揮使宗契。十二月十八日。」（王世傑、那志良、張萬里編藝苑遺珍法書第二輯第十三册）

按：是書仍談孫侄婚娶事，蓋陽明自餘姚歸後，一直忙於處理餘姚諸多家事，詳可見其同時所作與鄭邦瑞書、寄伯敬弟手札等。與鄭邦瑞書三中云「其王處親事，須商議停當，然後可許」，似即指此與王邦相書三中所云親事。

王邦相其人，陽明稱其為「宗契」。由前與王邦相三書，可知王邦相乃是受命負責處理餘姚王氏一應家事者。按陽明寄伯敬弟手札云：「八弟在家處事，凡百亦可時時規戒」。八弟即王袞幼子王守恭，疑王邦相即八弟王守恭，字邦相。

第2161頁

楊鸞北上赴春官試，途經紹興來問學，旋北赴南京見湛甘泉。

鄒守益集卷二十祭楊士鳴文：「……嗟嗟士鳴，卓有遠猷。既受學於大科，復講道於虔州。指江神以自誓，圖力追於前修。協朱鳥而和鳴，羌何恤群羽之啾啾。歲乙酉之嚴寒，探禹穴以東遊。歷桐川而上南雍，曰嚶鳴其可求。發微言以相規兮，指顏子以為的。恐吾才之不竭兮，將無愧於作聖之則。佩藥石以夕惕兮，遲秋風以翺翔。故夙疾之增劇兮，遽捐館於觀光。……」

按：薛侃楊復齋傳謂楊鸞嘉靖四年北上赴春官試，至南京，疾卒於湛甘泉之邸。茲以鄒守益此祭文考之：所謂「探禹穴以東遊」，即指北上來紹興見陽明問學；所謂「歷桐川而上南雍」，即指北上至南京見湛甘泉問學；所謂「遽捐館於觀光」，即指在南京病卒，未能再北上入京赴南宮春試，可見楊鸞當卒在嘉靖五年正月中。

南大吉考滿入覲，陽明作序送之。

王陽明全集卷二十二送南元善入覲序：「渭南南侯之守越也，越之敝數十年矣。巨奸元憝，窟據根盤，良牧相尋，未之能去；政積事隳，俗因隳靡。至是乃斬然剪剔而一新之，兇惡貪殘，禁不得行；而狡偽淫侈，游惰苟安之徒，亦皆拂戾失常，有所不便。相與斐斐緝緝，構讒騰誹；城狐社鼠之奸，又從而黨比翕張之，謗遂大行。士夫之為元善危者沮之曰：『謗甚矣，盍已諸？』元善如不聞也，而持之彌堅，行之彌決。且曰：『民亦非無是非之心，而蔽昧若是，固學之不講而教之不明也，吾寧無責而獨以咎歸於民？』則日至學宮，進諸生而作之以聖賢之志，啟之以身心之學。士亦蔽於習染，閧然疑怪以駭，曰：『是迂闊之談，將廢吾事！』則又相與斐斐緝緝，譬毀而詆議之。士夫之為元善危者沮之曰：『民之謗若火之始災，士又從而膏之，孰能以無燼乎？盍遂已諸？』元善

第2162頁

如不聞也，而持之彌堅，行之彌決。則及緝稽山書院，萃其秀穎，而日與之諄諄焉，亹亹焉，越月踰時，誠感而意孚。三學洎各邑之士亦漸以動，日有所覺而月有所悟矣。於是爭相奮曰：吾乃今知聖賢必可為矣！非侯之至，吾其已夫！侯真吾師也！於是民之謗者亦漸消沮。其始猶曰：侯之於我，利害半；我之於侯，恩愛半。至是惠洽澤流而政益便，相與悔曰：吾始不知侯之愛我也，而反以為殃我也；吾始不知侯之拯我也，而反以為勞我也，吾其無人之心乎！侯真吾之嚴父也，慈母也。於是侯且入覲，百姓惶惶請留，不得，相與謀之多士曰：吾去慈母，吾將安哺乎？吾去嚴父，吾將安恃乎？士曰：吁嗟！維父與母，則生爾身；維侯我師，實生我心。吾寧可以一日而無吾師之臨乎？則相與假重於陽明子而乞留焉。陽明子曰：三年之覲，大典也。侯焉可留乎？雖然，此在爾士爾民之心。夫承志而無違，子之善養也；離師友而不背，弟子之善學也。不然，雖居膝下而侍几杖，猶為不善養而操戈入室者也，奚必以留侯為哉！眾皆默然，良久，曰：公之言是也。相顧逡巡而退。明日，復師生相率而來請曰：無以輸吾之情，願以公言致之於侯。庶侯之遄其來旋，而有以速諸生之化，慰吾民之延頸也。」

按：南大吉赴京入覲之時間，錢德洪陽明先生年譜含混繫於嘉靖五年四月之下，云：「嘉靖五年四月，復南大吉書。大吉入覲，見黜於時。」其說乃誤。陽明此序文題下明注「乙酉」作，乃是。今以王陽明全集卷六中二首答南元善考之，可知南大吉於嘉靖五年三月已罷歸渭南，陽明於五月得南大吉書，並有答書復之（見下考）。以赴京來回路途算，可見南大吉最遲當在嘉靖四年十二月赴京入覲。南大吉被罷之原因，蓋從陽明此送南元善入覲序中可見端倪矣。

閏十二月，推大禮集議書成恩，方獻夫擢詹事府少詹事，疏薦陽明入閣，不報。

國榷卷五十三：「閏十二月戊午，禮部尚書席書進太子太保。……甲子，大禮書成，推恩上議諸臣，陞蔭有差。」

呂本方公獻夫神道碑：「甲申夏，擢翰林院侍講學士。乙酉冬，大禮書成，擢詹事府少詹事，仍兼經筵日講。」（國朝獻徵錄卷十六）

沈德符萬曆野獲編卷十二貴後拜師：「王文成自龍場起，所內擢為刑部郎，而南海方西樵獻夫為吏部副郎，遇文成與語，服其學識，立拜之為師。後以議禮驟貴，薦文成之章不一。及為禮書，又薦文成入內閣」。

按：國榷、方公獻夫神道碑所云「大禮書」，萬曆野獲編所云「禮書」，均指大禮集議。蓋方獻夫之薦陽明亦非止一次，所謂「薦文成之章不一」，史多不載也。

魏良貴來紹興問學，北上赴京會試，陽明書卷贈別。

王陽明全集卷八書魏師孟卷：「心之良知是謂聖。聖人之學，惟是致此良知而已。自然而致之者，聖人也；勉然而致之者，賢人也；自蔽自昧而不肯致之者，愚不肖者也。愚不肖者，雖其蔽昧之極，良知又未嘗不存也，苟能致之，即與聖人無異矣。此良知所以為聖愚之同具，而人皆可以為堯舜者，以此也。是故致良知之外無學矣。自孔孟既沒，此學失傳幾千百年。賴天之靈，偶復有見，誠千古之一快，百世以俟聖人而不惑者也。每以啟夫同志，無不躍然以喜者，此亦可以驗夫良知之同然矣。間有聽之而疑者，則是支離之習沒溺既久，先橫不信之心而然。使能姑置其舊見，而平氣以繹吾說，蓋亦未有不憣然而悔悟者也。南昌魏氏兄弟舊學於予，既皆有得於良知之說矣。其季良貴師孟，因其諸兄而來請。其資稟甚穎，而意向甚篤。然以偕計北上，不得久從於此。吾雖略以言之而未能悉也，故特書之以遺之」。

按：魏良貴早在陽明巡撫江西時即與兄魏良弼、魏良政、魏良器來受學。同治新建縣志卷四十：「魏良貴，字師孟，際幼子。嘉靖進士，由大理寺正出知寧波府，叩火反風，祈霖雨，立蘇枯槁，有古循良風。備兵太倉，值倭寇猖獗，良貴畫策，搗巢寇遁，安撫流離。敘功，累官副都御史，擢操江，威愛並著，克全令命焉」。按魏良貴至嘉靖十四年方舉進士，其嘉靖以來屢赴南宮試不第。陽明此文所云「偕計北上」，即指魏良貴北上赴京會試（次年會試不第），故可知魏良貴約在冬間來問學，至閏十二月北上赴京趕考。

魯江裘衍來紹興問學。

王畿集卷十六魯江草堂別言：「魯江兄自嘉靖丙戌聞學已來，深信良知靈明變化為千聖傳心正法，時時只從人情事變上理會，三十年來，未嘗轉念，只在一念上照察，煅煉銷融，以求復此靈明之體……余自丙戌都門與兄相別，始得留都一晤……回思燕山談笑周旋時，宛如昨夢。是時相與聚處者十餘人，所注念而相信者，惟余與洛村二人。兄每提單刀直入話頭見示，勇擔力荷，現於眉目。余與洛村之言頗直遂斬截，無委曲相，宜乎兄之相信而無逆也……」

按：裘衍在正德十五年即來南昌問學。王畿此文所謂「魯江兄自嘉靖丙戌聞學已來」，乃是指袁衍在嘉靖四年冬來紹興問學，至嘉靖五年（丙戌）正月初與王畿等一起赴京會試；所謂「余自丙戌都門與兄相別」，「都門」指京師，乃謂兩人在京師會試，袁衍下第，與王畿別歸。蓋嘉靖五年之南宮春試，陽明弟子赴考者甚多，如王畿、錢德洪、黃弘綱、張元沖、聞人詮、唐與賢、戚賢、孫應奎等等，他們多如魏良貴、袁衍一樣先提前在嘉靖四年冬順道來紹興問學，然後在嘉靖五年正月一起北上入京赴考。

黃州朱守乾請學歸，陽明書「致良知」卷贈別。

王陽明全集卷八書朱守乾卷：「黃州朱主守乾請學而歸，為書『致良知』三字。夫良知者，即所謂『是非之心，人皆有之』，不待學而有，不待慮而得者也。人孰無是良知乎？，獨有不能致之耳。自聖人以至於愚人，自一人之心，以達於四海之遠，自千古之前以至於萬代之後，無有不同。是良知也者，是所謂『天下之大本』也；致是良知而行，則所謂『天下之達道』也。天地以位，萬物以育，將富貴貧賤，患難夷狄，無所入而弗自得也矣。」

是歲，陽明審訂「九聲四氣歌法」，教書院諸生歌詩用。

陽明九聲四氣歌法

九聲半篇

(鼓)(鼓)(鼓)(鼓)(金)(金)(金)**箇**平**箇**舒〇**人**折**心**悠〇**有**平**仲**折**尼**悠，(玉)〇(金)**自**發**將**揚〇**聞**折**見**悠〇**苦**平**遮**折〇**迷**串。(玉)(金)**而**串**今**串〇**指**平**與**舒〇**真**折**頭**悠〇**面**嘆，(玉)〇(金)**只**平**是**舒〇**良**折**知**悠〇**更**振**莫**折**疑**悠。(玉)〇(金)**只**平**是**舒〇**良**折**知**悠〇**更**振**莫**折**疑**悠。(玉)(玉)(玉)。如連歌，止擊玉一聲，歌闋，方擊玉三聲。

四氣半篇

箇春之春，口略開。**箇**春之夏，口開。**人**春之秋，聲在喉。**心**春之冬，聲歸丹田。**有仲尼**亦分作春夏秋冬，而俱有春聲。**自**夏之春，口略開。**將**夏之夏，口開。**聞**夏之秋，聲在喉。**見**夏之冬，聲歸丹田。**苦遮迷**亦分作春夏秋冬，而俱有夏聲。**而今指與真頭面**首二字稍續前句，末三字平分，無疾遲輕重，但要有蕭條之意。聲在喉，秋也，亦宜春、宜夏、宜冬。**只**冬之春，聲歸丹田，口略開。**是**冬之夏，聲歸丹田，口開。**良**冬之秋，聲在喉。**知**冬之冬，聲歸丹田，口略開。**更莫疑**上四字，至冬之冬時，物閉藏剥落殆盡。此三字，一陽初動，剥而既復。故第五字聲要高，以振起坤中不絕之微陽。六字、七字稍低者，陽氣雖動，而發端於下，則甚微也。要得冬時不失冬聲，聲歸丹田，冬也，亦宜春、宜夏、宜秋。天有四時，而一不用，故冬聲歸於丹田，而口無閉焉。

九聲全篇

(鼓)(鼓)(鼓)(鼓)(鼓)(金)(金)(金)**何**平**者**舒〇**堪**折**名**悠**席**平**上**折**珍**悠？(玉)**都**發**緣**揚〇**當**折**日**悠**得**平**師**折〇**真**串。(玉)(金)**是**串**知**串〇**佚**平**我**舒〇**無**折**如**悠〇**老**嘆，(玉)〇(金)**惟**平**喜**舒〇**放**折**懷**悠〇**長**平**似**折**春**悠。(玉)〇(金)**得**平**志**舒〇**當**折**爲**悠〇**天**平**下**折**事**悠，(玉)〇(金)**退**發**居**揚〇**聊**折**作**悠〇**水**平**雲**折〇**身**串。(玉)(金)**胸**串**中**串〇**一**平**點**舒〇**分**折**明**悠**處**嘆，(玉)〇(金)**不**平**負**舒**高**折**天**悠〇**不**振**負**折**人**悠。(玉)〇(金)**胸**串**中**串〇**一**平**點**舒**分**折**明**悠**處**嘆，(玉)〇(金)**不**平**負**舒〇**高**折**天**悠〇**不**振**負**折**人**悠。(玉)(玉)(玉)。

四氣全篇

即前半篇法而疊用之。

九聲：曰平，曰舒，曰折，曰悠，曰發，曰揚，曰串，曰嘆，曰振。平者，機主於出聲，在舌之上齒之内，非大非小，無起無落，優柔涵蓄，氣不迫促。舒者，即聲在舌齒，而洋洋蕩蕩，流動軒豁，氣度廣遠。折者，機主於入，而聲延於喉，漸漸吸納，亦非有大小起落，其氣順利活潑。悠者，聲由喉以歸於丹田，和柔涓涓，其氣深長，幾至於盡，而復有餘韻反還。發者，聲之豪邁，其氣直遂而磊磊落落。揚者，聲之昌大，其氣敷張而襟懷暢達。串者，上句一字聯下句二字，聲僅成聽，其氣纍纍如貫珠然。嘆者，其聲淺短，氣若微妙剥落。振者，聲之平而稍寓精鋭，有消索振起之意。凡聲主於和順，妙在慷慨，發舒得盡，以開釋其鬱結；涵泳得到，以蕩滌其邪穢。如七言四句，其聲用平五出，無所出；用舒三出，而不輕於出；用折七入，無所入；用悠六入，而不輕於入；用發一揚一，漸於粗厲，弘而含也；用串三，而若一，而不至於間絶，微而縝也；用嘆一，以斂其氣；用振一，以鼓其機，抑而張也。慎其所出，節流滋原，重其所入，□歸復命，廣大精微，抽添補洩，闔闢宣天地之化機，屈伸昭鬼神之情狀，舒卷盡人事之變態。歌者陶情適性，聞者心曠神怡，一道同風，淪肌浹髓，此調燮之妙用，政教之根本，心學之樞要，而聲歌之極致也。

四氣：曰春，曰夏，曰秋，曰冬。每四句分作春夏秋冬；而春夏秋冬中，又自有春夏秋冬。如第一句春，第二句夏，第三句秋，第四句冬，每句上四字各分作春夏秋冬，第一字春，第二字夏，第三字秋，第四字冬；下三字稍仿上四字，亦分作春夏秋冬。第三句首二字稍續上句，末三字各平分，不甚疾遲輕重，以第三句少變前二句，不疊韵而足聽也。第四句第四字乃冬之冬，用藏已極，然陰不獨勝，陽不終絶，消而必息，虚而必盈，所謂既剥將復，而亥子之間，天地人之至妙至妙者是也。故末三字當有一陽來復之義。第五字聲要高，何也？閉藏已極，不有以振而起之，無以發其坤中不絶之微陽也。故以十月謂之陽月，每句每二字一斷，庶轉氣悠揚，不至急促。第一字口略開，聲要融和；第二字口開，聲要洪大；第三字聲返於喉，秋收也；第四字聲歸丹田，冬藏也。春而融和，夏而洪大者，達其氣而洩之，俾不閼也。秋而收之，冬而藏之，收天下春而藏之肺腑也。其不絶之餘聲，復自丹田而出之，以滌邪穢，以融渣滓，擴而清之也。春之聲稍遲，夏之聲又遲，秋之聲稍疾，冬之聲又疾，變而通之，則四時之氣備矣；闔而闢之，則乾坤之理備矣。幽而鬼神屈伸而執其機，明而日月往來而通其運，大而元會運世而統其全，此豈有所强而然哉？廣大之懷，自得之趣，真有如大塊噫氣，而風生於寥廓；洪鐘逸響，而聲出於自然者。融溢活潑，寫出太和真機；吞吐卷舒，妙成神明不測，故聞之者不覺心怡神醉，恍乎若登堯舜之堂，舞百獸而儀鳳凰矣。

（張鼐《虞山書院志》卷四）

按：《虞山書院志》卷四《會約》云：「歌咏以養性情，乃學之要務。夫詩不歌不得其益，子與人歌，而善取瑟而歌，聖人且然，况於學者？今後同志相會，須有歌咏，無論古樂，即陽明九聲四氣歌法，其意亦甚精深。」此所謂「陽明九聲四氣歌法」，即指志下面所載歌法，故志於歌法下特注云：「此陽明先生法。」又於《鄉約儀》中特説明云：「歌詩。歌生二人出班詣案前歌孝順父母、尊敬長上詩二章，會衆俱和歌，鍾鼓之節俱依陽明先生舊法。」此所謂「依陽明先生舊法」，亦即指志前面所載歌法。由此可以肯定志所載歌法即陽明所手定歌法。考陽明門人朱得之輯《稽山承語》載一條語録云：「歌詩之法，直而温，寬而栗，剛而無虐，簡而無傲。歌永言，聲依永而已。其節奏抑揚，自然與四時之叙相合。」此與四時之叙相合之「歌詩之法」，即指陽明之九聲四氣歌法也。故《稽山承語》接録一條語録云：「丙戌春末，師同諸友登香爐峰，各盡足力所至，惟師與董蘿石、王正之、王惟中數人至頂。時師命諸友歌詩，衆皆喘息不定。蘿石僅歌一句，惟中歌一章，師復自歌，婉如平時。」陽明與衆門人所用歌詩之法，即此九聲四氣歌法也。按王畿集卷七《華陽明倫堂會語》云：「宋子命諸生歌詩，因請問古人歌詩之意。先生曰：『……《禮記》所載「如抗如墜，如槁木貫珠」，即古歌法，後世不知所養，故歌法不傳。至陽明先師，始發其秘，以春夏秋冬、生長收藏四義，開發收閉為按歌之節，傳諸海内，學者始知古人命歌之意。先師嘗云：「學者悟得此意，直歌到堯舜羲皇，只此便是學脉，無待於外求也。……」又詹景鳳詹氏性理小辨卷四十四歌云：「近日王文成以己意教人歌，如四句詩，首句聲微重，象春；次重，以象夏；次稍輕，以象秋；次又輕，以象冬。第四句歌竟，則餘音聯續不斷，復將第四句賡歌微重，以象春起冬盡。恐古所謂聲歌，意不此也。」可見陽明確嘗定有九聲四氣歌法。又尤時熙尤西川擬學小記卷六紀聞云：「予一日訪何吉陽、王雲野及數友……吉陽因謂雲野云：『雲野歌詩。』雲野遂歌少陵、白沙七言律各一首章，為陽明先生調，予時忽覺身心洞然……」此所謂「陽明先生調」，亦即指陽明九聲四氣歌法，可見陽明九聲四氣歌法在當時甚流行，王畿謂「傳諸海内」並非虚言。按陽明訓蒙教童生學者尤重歌詩涵咏，其訓蒙大意示教讀劉伯頌等云：「其栽培涵養之方，則宜誘之歌詩以發其志意，導之習禮以肅其威儀……今人往往以歌詩習禮為不切時務，此皆末俗庸鄙之見……故凡誘之歌詩者，非但發其志意而已，亦以

洩其跳號呼嘯於詠歌，宣其幽抑結滯於音節也。」遂在教約中專設一章論歌詩云：「凡歌詩，須要整容定氣，清朗其聲音，均審其節調，毋躁而急，毋蕩而囂，毋餒而懾。久則精神宣暢，心氣和平矣。每學，量童生多寡，分為四班，每日輪一班歌詩，其餘皆就席，斂容肅聽。每五日則總四班遞歌於本學。每朔望，集各學會歌於書院。」其說與此歌法同。陽明此訓蒙大意及教約作在正德十五年在江西大興社學時（見前），陽明九聲四氣歌法當於其時已初步形成，並用之於社學，如鄒守益諭俗禮要序云：「予嘗受學於陽明先生，獲見虔州之教，聚童子數百，而習以詩、禮，洋洋乎雅頌威儀之隆也！」（鄒守益集卷二）其最後審訂九聲四氣歌法則在嘉靖中歸越主教陽明書院與稽山書院時。前引稽山承語語録即記在嘉靖四年。按陽明此歌法所引第一首詩：「箇箇人心有仲尼，自將聞見苦遮迷。而今指與真頭面，只是良知更莫疑。」見王陽明全集卷二十，為詠良知四首示諸生之一，前考陽明此詩乃為童世堅作（童世堅有和詩），作在嘉靖四年春間。由此可以確知陽明最後審訂作此九聲四氣歌法在嘉靖四年春夏間。

許璋卒，陽明為題墓，作文祭之。

白沙古詩歌法

(鼓)(鼓)(鼓)(鼓)(金)(金)(金)于平折以平悠〇采舒虆折悠(玉)〇(金)于发沼扬〇于折悠〇沚串于串(玉)(金)以串〇用平折〇之叹(玉)〇(金)公平侯折〇之平事悠(玉)〇(金)公平侯折〇之平事悠(玉)(玉)(玉)

(鼓)(鼓)(鼓)(鼓)(金)(金)(金)于平折以平悠〇采舒虆折悠(玉)〇(金)于发涧扬〇之折悠〇中串(玉)(金)于串以串〇用平折〇之叹(玉)〇(金)公平侯折〇之平宫悠(玉)〇(金)公平侯折〇之平宫悠(玉)(玉)(玉)

(鼓)(鼓)(鼓)(鼓)(金)(金)(金)被平折之平悠〇僮舒僮折悠(玉)〇(金)夙发夜扬〇在折悠〇公串(玉)(金)被串之串〇祁平折〇祁叹(玉)〇(金)薄平言折〇还平归悠(玉)〇(金)薄平言折〇还平归悠(玉)(玉)(玉)[①]

（《虞山書院志》卷四《射詩》）

光緒上虞縣志校續卷四十金石：「處士許璋墓題字，嘉靖四年。萬曆志：王守仁題……正中題『處士許璋之墓』六字，左『新建伯、南京兵部尚書王守仁題』十三字，右『大明嘉靖四年上虞縣知縣楊紹芳立』十五字。」卷八許璋傳：「……年七十餘卒，文成以文哭之，題其墓曰『處士許璋之墓』。邑令楊紹芳為立石，時嘉靖四年。」

第2173页

一五二六　嘉靖五年　丙戌　五十五歲

正月，命王畿、錢德洪諸門人赴京會試，覓大舟聚諸同志北行。

徐階龍溪王先生傳：「丙戌，士復當試禮部，文成命公往，不答。文成曰：『吾非欲以一第榮子，顧吾之學，疑信者猶半，而吾及門之士，樸厚者未盡通解，穎慧者未盡敦毅。觀試，仕士咸集，念非子莫能闡明之，故以屬子，非為一第也。』公曰：『諾。此行僅了試事，縱得與選，當不廷試，而歸卒業焉。』文成曰：『是惟爾意。』乃覓大舟

第2174页

，聚諸同志以行。其在途，自良知外，口無別談；自六經四書、傳習錄外，手無別檢。間有及時藝者，曰：『業已忘之矣。』有及試事者，曰：『業已任之矣。』及抵都，歐陽南野宗伯、魏水洲諫議、王瑶湖憲伯及郡縣入覲諸同志爭迎公，與相辨證。由是公名盛一時。」（王畿集附錄）

周汝登聖學宗傳卷十四王畿傳：「丙戌，復當會試，文成命龍溪往，不答。文成曰：『吾非欲以一第榮子。今當觀試，仕子咸集。今與顧吾之學，疑信者猶半，而吾及門之士，樸厚者未盡通解，穎慧者未盡敦毅，能闡明之者

，無逾子。今當觀試，仕士咸集，子其往焉。」龍溪曰：「諾。」乃備大舟，聚諸同志以行。其在途，自良知外，口無別談；自六經四書、傳習錄外，手無別檢。間有及時藝者，曰：「業已忘之矣。」抵都門，歐陽南野宗伯、魏水洲諫議、王瑤湖憲伯洎郡縣入覲諸同志爭迎龍溪，與相辨證，大為推服。」（另見趙錦龍溪王先生墓志銘）

按：所謂「聚諸同志以行」，即指錢德洪、聞人詮、黃弘綱、張元冲、曾忭、魏良貴、裘衍諸門人。王畿緒山錢君行狀云：「丙戌，予與君同舉南宮，不就廷試而歸。」蓋兩人來回皆同舟而行也。

有書致瑤湖王臣，再懇其為王艮救荒事妥善料理。

（先生文錄卷二）陽明與王公弼書二：「汝止去後，即不聞消息。邇惟政學日新，為慰。汝止頗為救荒一事所累，不能久居於此，不審此時回家如何料理，亦曾來想見了否？倘其事稍就緒，須促之早來為佳，此間朋友望渠至者，甚切，甚切！兼恐渠亦久累其間，不若且來此一洗滌耳。入覲在何時？相見尚未有定，臨紙怏悒。」

按：所謂「入覲在何時」，乃指王臣考滿入京。王臣嘉靖二年來知泰州，至嘉靖五年任滿，考績入京，後陞刑部員外郎。

按前引徐階龍溪王先生傳云：「丙戌（正月）……乃覓大舟，聚諸同志以行……及抵都，歐陽南野宗伯、魏水洲諫議、王瑤湖憲伯及郡縣入覲諸同志爭迎公。」可見王臣已在正月入覲至京，陽明此書當作在是年正月。所謂「汝止去後」、「此時回家」，乃指王艮嘉靖四年十二月歸泰州，董燧王心齋先生年譜：「嘉靖四年乙酉……冬十二月，歸省。」蓋去陽明作此書時不遠，故稱「此時回家」也。

楊鸞卒於南雍湛甘泉之邸，陽明與甘泉均有文祭之。

王陽明全集卷二十五祭楊士鳴文：「嗚呼士鳴！吾見其進也，而遽見其止耶！往年仕德之殁，吾已謂天道之無知矣；今而士鳴又相繼以逝，吾安所歸咎乎？嗚呼痛哉！忠信明睿之資，一郡一邑之中不能一二見，而顧萃於一家之兄弟，又皆與聞斯道，以承千載之絕學，此豈出於偶然者！固宜使之得志大行，發聖學之光輝，翼斯文於悠遠。而乃栽培長養，則若彼其艱；而傾覆摧折，又如此其易！其果出於偶然，倏聚倏散，而天亦略無主宰於其間耶？嗚呼痛哉！潮郡在南海之涯，一郡耳。一郡之中，有薛氏之兄弟子姪，既足盛矣；而又有士鳴之昆季；其餘聰明特達毅然任道之器，後先頡頏而起者以數十。其山川靈秀之氣，殆不能若是其淑且厚，則亦宜有盈虛消息於其間矣乎？士鳴兄弟雖皆中道而逝，然今海内善類，孰不知南海之濱有楊士德、楊士鳴者為成德之士？如祥麟瑞鳳，爭一睹之為快，因而向風興起者比比。則士鳴昆季之生，其潛啟默相以有績於斯道，豈其微哉！彼黃馘槁艷，與草木同腐者，又何可勝數！求如士鳴昆季一日之生以死，又安可得乎？嗚呼！道無生死，無去來，士鳴則既聞道矣，其生也奚以喜？其死亦奚以悲？獨吾黨之失助而未及見斯道之大行也，則吾亦安能以無一慟乎！嗚呼痛哉！」

泉翁大全集卷五十七奠楊仕鳴文：「維嘉靖五年，歲次丙戌，六月壬子朔，越六日丁巳，南京國子監祭酒湛若水以牲醴之奠，告於近故鄉薦士楊仕鳴之靈曰：於乎仕鳴，而至於是耶！孰主張於是耶？今之學者，患無受道之器；有其器矣，患無必為之志；有其志矣，有其器、有其志矣，所貴遵道而不貳；有器有志而不貳矣，彼任重道遠者，必天假之遐齡而遠乃可致。若夫不遵道而貳，致遠恐泥；不假之遐齡，彼蒼蒼者將何意耶？於乎！昔者子也與仲麟也，承命伯氏，千里而來，同負笈笥。及再見於荷塘之廬，聯舉秋試，慨然聖學之並詣，豈非後生可畏耶！仕德北遊，予居樵之屺，講合一之學於勿忘勿助之際。仕德乃來，予有砭劑。予顧謂子：爾轍勿異，是以有支離之說，易途之誡也。於乎！昔在夫子之門，稱好學者，顏氏之子，終日如愚，獨以默識，故曰：『萬言萬中，不如一默。』於乎！爾舊字少默，宜默不默，而乃以鳴易爾字耶？多言傷氣，氣以動志，往往以談以歌，徹夜不寐。不寐固勵志也，不能養其身以有為，人將指學為禍生之戒。夫然後知勿忘勿助者，絕無絲毫人力，乃為學之至也。於乎！海內同志者無幾，得爾兄弟，又五六年相逐而逝，此夫子所以慟『喪予』之慨，豈天果無意於斯文也耶？於乎！子來觀光，死於師友，命也，義也。魂無不之，返爾故里。哀哉，尚饗！」

按：據薛侃楊復齋傳，楊鸞卒於南雍湛甘泉之邸，後十二月十四日歸葬於海陽雙溪山左（三賢墓誌）。陽明此祭文或與湛甘泉祭文作在同時。

二月，季本遷弋陽令，歸紹興來見陽明。南京工部員外郎黃綰托疾歸養，亦途經紹興來問學，侍陽明遊鑑湖。季本說理會編卷三：「予嘗載酒從陽明先師遊於鑑湖之濱，時黃石龍亦預焉。因論戒慎不睹、恐懼不聞之義，先師舉手中筋示予曰：『見否？』則對曰：『見。』既而以筋隱之桌下，又問曰：『見否？』則對曰：『不見。』先生微哂。予私問之石龍，石龍曰：『此謂常睹常聞也。』初亦不解，後思而得之。蓋不睹中有常睹，故能戒慎不睹；不聞中有常聞，故能恐懼不聞。此天命之于於穆不已也。故當應而應，不因聲色而後起念；不當應而不應，雖遇聲色而能忘情。此心體所以為得正，而不為聞見所牽也。』石龍名綰，後號久庵。」

按：黄綰病歸黄巖之時間，據其讀鄭少谷詩云：「……予被命之日，少谷寄書，拳拳以此為言，故於白浦之歿即念及予也。豈意亦絕筆於此。予竟遯去，讀之悵然泣下，故書以志之。丙戌二月晦日，石龍山人綰識。」（黄綰集卷二十二）所謂「予竟遯去」，即指黄綰托疾歸隱，可見黄綰乃在二月自南京歸。又據黄綰四月三日在黄巖致楊一清書（黄綰集卷十九寄邃庵先生書），可見黄綰在四月初歸至黄巖，則其途經紹興來見陽明在二、三月間。其時季本亦方改授弋陽令歸家紹興，來見陽明問學。張元忭長沙守季彭山先生本傳：「……自侍御史謫揭陽簿，稍遷弋陽令……其令弋陽也，安仁桂公復召入相，道經弋，雅重先生，一見握手求教。時方忌新建功，將奪其爵，先生為言：『國家於人臣錫典，固不宜過越，然顧其人何如耳。爵上公，加九錫，分茅胙土，誠不可施；於温懿操介，其可靳於周公乎？』桂公為之憮然。」（國朝獻徵録卷八十九）季本

在嘉靖三年二月謫揭陽簿，至嘉靖五年遷弋陽令歸紹興，故得與黄綰一起侍陽明遊鑑湖也。

與門人朱得之、楊文澄講論良知心學，首揭「王門四句教」。

朱得之輯稽山承語：「楊文澄問：『意有善惡，誠之將何稽？』師曰：『無善無惡者心也，有善有惡者意也，知善知惡者良知也，為善去惡者格物也。』曰：『意固有善惡乎？』曰：『意者心之發，本自有善而無惡，惟動於私欲而後有惡也。惟良知自知之，故學問之要曰致良知。』　「或問三教同異。師曰：『道大無外，若曰各道其道，是小其道矣。……其初只是一家，去其藩籬，仍舊是一家。三教之分，亦只似此。』　「丙戌春末，師同諸友登香爐峰，各盡足力所至，惟師與董蘿石、王正之、王惟中數人至頂。時師命諸友歌詩，衆皆喘息不定。蘿石僅歌一句，惟中歌一章，師復自歌，婉如平時。蘿石問故。師曰：『我登山，不論幾許高，只登一步。諸君何如？』惟中曰：『弟子輩足到山麓時，意已在山頂上了。』師曰：『病是如此。』」

按：稽山承語所記語録乃按年編排著録，此「楊文澄問」條語録編在「丙戌春末」條語録之前，可以推斷此條記在嘉靖五年一、二月中。陽明於此首次提出「四句教」，意義重大，但尚不圓滿完善，說有矛盾。如一則說心無善無惡，一則又說

心為「至善」，「心之本體原是善的」（陽明先生遺言錄下）；一則說意有善有惡，一則又說意「本自有善而無惡」；一則良知知善知惡，一則又說良知只「自知」，良知「無知」（陽明先生遺言錄下）；一則說格物是為善去惡，一則又說格物是格去其惡，并非格正其善，格物無所謂善惡（按：此四句教中「為善去惡者格物也」一句，明儒學案卷二十五明經朱近齋先生得之語錄作「無善無惡者格物也」，當是後來所改，已是「四無教」中之第四句矣）。正是此一矛盾最終推動陽明由「王門四句教」向「王門八句教」（四有教與四無教）演進矣。

（見下）

第2181頁

三月，蘿石董澐來紹興問學，遊香爐峰，多有詩唱酬。

王陽明全集卷二十和董蘿石菜花韵：「油菜花開滿地金，鵓鳩聲裏又春深。閭閻正苦饑民色，畎畝長懷老圃心。自有牡丹堪富貴，也從蜂蝶謾追尋。年年開落渾閑事，來賞何人共此襟？」

同上，天泉樓夜坐和蘿石韵：「莫厭西樓坐夜深，幾人今夕此登臨？白頭未是形容老，赤子依然渾沌心。隔水鳴榔閑過棹，映窗殘月見疎林。看君已得忘言意，不是當年只苦吟。」

從吾道人詩稿卷下宿天泉樓：「高閣凝香夜色深，四簷星斗喜登臨。雪垂鬚髮今何幸，春滿乾坤見道心。冉冉光風回病草，瀼瀼灝氣足青林。浴沂明日南山去，擬向爐峰試一吟。」

王陽明全集卷二十示諸生三首之一：「爾身各各自天真，不用求人更問人。但致良知成德業，謾從故紙費精神。乾坤是易原非畫，心性何形得有塵？莫道先生學禪語，此言端的為君陳。」

第2182頁

從吾道人語錄求心錄：「敬次先師韵求教：為學當從一念真，莫將聞見駭時人。要知靜默無為處，自有圓虛不測神。穀種滋培須有事，鏡光拂拭反生塵。藏而後發無方體，聽取江門碧玉陳。」

按：「江門陳」者，陳白沙也。

資聖寺僧法聚亦隨董澐贊偈來謁，論道說禪，陽明有詩答之。

補續高僧傳卷二十六玉芝聚公傳：「法聚，字月泉，嘉禾富氏子。始去俗從師於海鹽資聖寺，矢志參學。初見吉庵、法舟二宿，未甚啟發。聞王陽明倡良知之旨於稽山，同董從吾往謁之，言相契，陽明答以詩，然猶未脫然也。後於夢居禪師一掌下，洞徹源底，即入武康天池山搆精舍，顔曰『玉芝』。」

續燈存稿大鑒下第三十世：「湖州天池月泉玉芝法聚禪師……年十四，從資聖堅法師受業，薙染受具。矢志參學，夙夜匪懈。一日，閲壇經有省，往謁吉庵祚，不契。復見法舟濟，多所啟發。偶會陽明王公於多士中。王拈袖中鎖匙，問：『見麽？』師曰：『見。』王復納入袖中，曰：『見麽？』師曰：『見。』王曰：『未在。』師疑不決。一日，聞僧舉『僧問大顛和尚：「如何是見性？」』不覺釋然一笑，述偈曰：『湖光倚杖三千頃，山色開門五六峰。觸目本來成現事，蒲團今不煉頑空。』……」

蔡汝楠玉芝大師塔銘：「年方髫齔，肆儒業，淹通經籍，因從師於海鹽之資聖寺。後數年，陽明王先生開講於稽山，聞良知之指，若契機緣，遂以偈為贄，謁王先生。先生答以詩，今載集中，有答人問良知詩，云『人』即此僧也。……從居武康天池，構玉芝精舍，禪坐其間，四方遊衲集者頗衆。浙之東、西著名耆宿，聽所誦説，莫不欣快。主事一庵唐公、郎中龍溪王公，往往訪師山中，證儒釋大同之秘。……余嘗荊子山，悦其負峰面原，構廓然堂，師適至，援筆銘曰：『儒曰大公，釋曰無聖。不二不一，水月空鏡。非心物住，物不我競。海印森羅，寂

感斯應。妙圓致止，曰惟正定。』余歸自青原，師見訪，扣云：『公至青原，鄒祭酒如何論個事韵？』青原講語，為師誦之，師和曰：『曾參作聖功，探頤罔師法。紛紛千古下，與論多執著。昨見碧霞翁（按：即王陽明），披榛闢蕪説。良知衆妙門，洞然啟真訣。指我視聽機，不為聲色轗。玄珠出罔象，走盤恒自活。靜於動弗踰，明與暗相徹。物來斯順應，未應名未發。在迷本不虧，悟亦無所得。穢伏江水澄，影現秋空月。溢目煙寒輝，掬手不可掇。萬有鏡中象，歷歷布森列。擬心纔有無，寶器成決裂。見忘道自真，智私乃多惑。一念微與危，慎之在甄別。』……余故曰：師於儒釋，非混東方之詞，西方之旨；師非工詩，觸之成聲，拈來是道爾。其於禪也，殆庶幾乎？……」（國朝獻徵録卷一百十八）

按：玉芝詩云「昨見碧霞翁，披榛闢蕪説。良知衆妙門，洞然啟真訣」，道出玉芝謁見陽明時兩人説道論禪之真況，陽明後來提出「八句教」（四有教與四無教），蓋淵源於此矣（見下）。

徐渭玉芝大師法聚傳：「……從師海鹽之資聖寺。與董從吾翁謁陽明先生於會稽山中，問『獨知』旨，持詩為贄，先生器之，答以詩。……其弟子名祖玉者，與渭為方外交

，結廬於山陰鏡湖之濱。師往來吴越間，數至其地。渭數往候之，或連晝夜不去，并得略觀其平生所著論，多出入聖經，混儒與釋為一……渭嘗令師代濟法師答白居易問未了佛法書，又令作首楞嚴『味晦為空』一章解，合千有餘言……居天池山二十餘年，登坐説法者凡幾，每説衆至若千人……」（國朝獻徵録卷一百十八）

光緒海鹽縣志卷十五人物傳：「法聚，資聖寺僧。嘗結庵澉湖荊山，芝産座下，人號『玉芝和尚』。後移錫武康天池示寂。聚初投偈於王陽明先生，陽明有答人問良知詩，即聚也。詩云：『良知即是獨知時，此知之外更無知。誰人不有良知在，知得良知却是誰？』晚參夢居禪師於金陵，問：『如何不落人圈繢？』居與一掌，聚即大悟。開講天池，應機接物，與王畿、蔡汝南、唐樞、董澐父子共證儒釋大同之旨。」

王陽明全集卷二十答人問良知二首：「良知即是獨知時，此知之外更無知。誰人不有良知在，知得良知却是誰？

知得良知却是誰？自家痛癢自家知。若將痛癢從人問，痛癢何須更問為？」

按：王陽明全集中此二詩祇云「答人」，有意隱去法聚其人。王畿以為此二詩為答袁貴，王畿集附録三袁參坡小傳：「參坡

袁公名仁，字良貴，浙江嘉善人也……公與關中孫一元、海寧董澐、同邑沈棨、譚稷輩為詩社。心齋王艮見之蘿石所，與語，奇之曰：『王佐之才也。』引見陽明先師。初聞良知之旨，先師以詩答之曰：『良知只是獨知時，自家痛癢自家知。若將痛癢從人問，痛癢何須更問為？』瞿然有省，然終不拜。弟子有謗則告，有過則規，先師以益友待之。嘉靖戊子，聞先師之變，公不遠千里迎喪於途，哭甚哀，與余輩同反會稽……著內經疑義、本草正訛、痘診家傳等書百餘卷……自裒其詩文為一螺集八十卷，今梓行者僅八卷。讀易，著周易心法；讀詩，著毛詩或問；讀書，著砭蔡編；讀春秋，著鉞胡編；讀禮，著三禮家法。他所著述尚多。」（原載庭幃雜録卷首）疑是年法聚、袁貴與董澐同來紹興謁陽明論學論道，陽明作二詩答之，一贈法聚，一贈袁貴，錢德洪編陽明文集，皆隱去其名。按董澐日省録記云：「余嘗疑於先儒論性，無從質問。一日與男穀論之，遂有率意之對，嘗令繕寫以示月泉法聚，往復數四，意皆相反，並録以呈先師。先師批曰：『二子異同之論，皆是説性，非見性也。見性者，無異同之可言矣。他日聚子不非董子，董子不非聚子，則於見性也，其庶已乎！』噫，知性者鮮矣，不賴先師，則夢中說夢，何時而覺乎！」陽明之作答人問良知詩二首，蓋以此也。

監察御史聶豹巡按應天，渡錢塘江來見，講論旬日。別後聶豹書來論學，陽明有答書詳論。

傳習錄卷中答聶文蔚：「春間遠勞迂途枉顧問證，惓惓此情，何可當也！已期二三同志，更處靜地，扳留旬日，少效其鄙見，以求切劘之益。而公期俗絆，勢有不能，別去極快快，如有所失。忽承箋惠，反覆千餘言，讀之無甚浣慰。中間推許太過，蓋亦獎掖之盛心，而規礪真切，思欲納之於賢聖之域；又託諸崇一以致其勤勤懇懇之懷，此非深交篤愛，何以及是！知感知愧，且懼其無以堪之也。雖然，僕亦何敢不自鞭勉，而徒以感愧辭讓

為乎哉！其謂思、孟、周、程無意相遭於千載之下，與其盡信於天下，不若真信於一人。道固自在，學亦自在，天下信之不為多，一人信之不為少者，斯固君子不見是而無悶之心，豈世之謭謭屑屑者知足以及之乎？乃僕之情則有大不得已者存乎其間，而非以計人之信與不信也。夫人者，天地之心。天地萬物，本吾一體者也。生民之困苦荼毒，孰非疾痛之切於吾身乎？不知吾身之疾痛，無是非之心者也。是非之心，不慮而知，不學而能，所謂良知也。良知之在人心，無間於聖愚，天下古今之所同也。世之君子惟務致其良知，則自能公是非，同

好惡，視人猶己，視國猶家，而以天地萬物為一體，求天下無治，不可得矣。古之人所以能見善不啻若己出，見惡不啻若己入，視民之饑溺猶己之饑溺，而一夫不獲，若己推而納諸溝中者，非故為是而以蘄天下之信己也，務致其良知，求自慊而已矣。堯、舜、三王之聖，言而民莫不信者，致其良知而言之也；行而民莫不說者，致其良知而行之也。是以其民熙熙皞皞，殺之不怨，利之不庸，施及蠻貊，而凡有血氣者莫不尊親，為其良知之同也。嗚呼！聖人之治天下，何其簡且易哉！後世良知之學不明，天下之人用其私智以相比軋，是以人

各有心，而偏瑣僻陋之見，狡偽陰邪之術，至於不可勝說。外假仁義之名，而內以行其自私自利之實，詭辭以阿俗，矯行以干譽，揜人之善而襲以為己長，訐人之私而竊以為直，忿以相勝而猶謂之徇義，險以相傾而猶謂之疾惡，妒賢忌能而猶自以為公是非，恣情縱欲而猶自以為同好惡，相陵相賊，自其一家骨肉之親，已不能無爾我勝負之意，彼此藩籬之形，而況於天下之大，民物之衆，又何能一體而視之？則無怪於紛紛籍籍，而禍亂相尋於無窮矣。僕誠賴天之靈，偶有見於良知之學，以為必由此而後天下可得而治。是以每念斯民之陷溺，則

浙江大學古籍研究所

為之戚然痛心，忘其身之不肖，而思以此救之，亦不自知其量者。天下之人見其若是，遂相與非笑而詆斥之，以為是病狂喪心之人耳。嗚呼！是奚足恤哉？……天下之人心皆吾之心也，天下之人猶有病狂者矣，吾安得而非病狂者乎？猶有喪心者矣，吾安得而非喪心乎？昔者孔子之在當時，有議其為諂者，有譏其為佞者，有毀其未賢，詆其為不知禮，而侮之以為東家丘者，有嫉而沮之者，有惡而欲殺之者……則當時之不信夫子者，豈特十之二三而已乎？然而夫子汲汲遑遑，若求亡子於道路，而不暇於煖席者，寧以蘄人之知我信我而已哉？蓋其天地萬物一體之仁，疾痛迫切，雖欲已之，而自有所不容已。故其言曰：吾非斯人之徒與而誰與？欲潔其身而亂大倫，果哉，末之難矣！嗚呼！此非誠以天地萬物為一體者，孰能以知夫子之心乎？若其遯世無悶，樂天知命者，則固無入而不自得，道並行而不相悖也。僕之不肖，何敢以夫子之道為己任？顧其心亦已稍知疾痛之在身，是以傍徨四顧，將求其有助於我者，相與講去其病耳。今誠得豪傑同志之士扶持匡翼，共明良知之學於天下，使天下之人皆知自致其良知，以相安相養，去其自私自利之蔽，一洗讒妒勝忿之習，以濟於大同，則僕之狂病固將脫然以愈，而終免於喪心之患矣，豈不快哉！……會稽素號山水之區，深林長谷，信步皆是，寒暑晦明，無時不宜，安居飽食，塵囂無擾，良朋四集，道義日新，優哉游哉，天地之間寧復有樂於是者！孔子云：不怨天，不尤人，下學而上達。僕與二三同志，方將請事斯語，奚暇外慕？獨其切膚之痛，乃有未能恝然者，輒復云云爾。咳疾暑毒，書札絕懶。盛使遠來，遲留經月，臨歧執筆，又不覺累紙。蓋於相知之深，雖已縷縷至此，殊覺有所未能盡也。

宋儀望華陽館文集卷十一明榮祿大夫太子太保兵部尚書贈少保謚貞襄雙江聶公行狀：己酉，始召入為福建道監察御史……入臺數月，疏凡三上，皆人所畏忌不敢言，於是直聲振於時。是年，以華亭績，如例贈封其親，夫人宋氏同封孺人。尋差往應天等處稽察馬政。明年春，按應天，乃上疏條陳馬政積弊大要，欲將江南拋荒田畝、逃亡丁口從實稽查，免其俵養，將原額種馬變價入官，候其復業成熟，別議召買……是歲，乃往謁陽明王公於越，相與講良知之學，先生於是銳然以聖人為必可至。其後以書問學於王公，公深嘆先生任道之勇，乃為書復之。

按：陽明此書稱聶豹「春間」枉顧，聶豹啟陽明先生則謂「丙戌之夏，迄今兩易寒暑矣」（聶豹集卷八）。此當是聶豹在春三月底來訪陽明，講論旬日，至夏四月初別去，故云「丙戌之夏」。陽明此書云「咳疾暑毒」，則作在夏五月可知。蓋聶豹一離紹興，即有書致陽明（此書已佚），陽明作此答書必在五月也。錢德洪陽明先生年譜乃謂：「八月，答聶豹書。是年夏，豹以御史巡按福建，渡錢塘江來見先生」，其說皆誤。陽明乃五月答聶豹書，而非八月；聶豹乃以御史巡按應天，而非巡按福建；聶豹乃春間來見陽明，而非夏間。

錢德洪陽明先生年譜：「豹初見稱晚生，後六年出守蘇州，先生已違世四年矣。見德洪、王畿曰：『吾學誠得諸先生，尚冀再見稱贄，今不及矣。茲以二君為證，具香案拜見先生。』遂稱門人。」

南大吉罷歸渭南，途中書來，陽明有答書，贊其氣節大義，許為「關學」中人。

王陽明全集卷六答南元善書一：「別去忽踰三月，居常思念，輒與諸生私相慨嘆。計歸程之所及，此時當到家久矣。太夫人康强，貴眷無恙。渭南風景，當與柴桑無異，而元善之識見興趣，則又有出於元亮之上者矣。近得中途寄來書，讀之恍然如接顏色。勤勤懇懇，惟以得聞道為喜，急問學為事，恐卒不得為聖人為憂，亹亹千數百言，略無一字及於得喪榮辱之間，此非真有朝聞夕死之志者，未易以涉斯境也。浣慰何如！諸生遞觀傳誦，相與嘆仰歆服，因而興起者多矣。世之高抗通脱之士，捐富貴，輕利害，棄爵禄，决然長往而不顧者，亦皆有之。彼其或從好於外道詭異之説，投情於詩酒山水技藝之樂，又或奮發於意氣，感激於憤悱，牽溺於嗜好，有待於物以相勝，是以去彼取此而後能。及其所之既倦，意衡心鬱，情隨事移，則憂愁悲苦隨之而作，果能捐富貴，輕利害，棄爵禄，快然終身，無入而不自得已乎？夫惟有道之士，真有以見其良知之昭明靈覺，圓融洞澈，廓然與太虛而同體。太虛之中，何物不有？而無一物能為太虛之障礙。蓋吾良知之體，本自聰明睿知，本自寬裕温柔，本自發强剛毅，本自齋莊中正文理密察，本自溥博淵泉而時出之，本無富貴之可慕，本無貧賤之可憂，本無得喪之可欣戚，愛憎之可取舍。蓋吾之耳而非良知，則不能以聽矣，又何有於聰？目而非良知，則不能以視矣，又何有於明？心而非良知，則不能以思與覺矣，又何有於睿知？然則又何有於寬裕温柔乎？又何有於發强剛毅乎？又何有於齋莊中正文理密察乎？

第2193頁

又何有於溥博淵泉而時出之乎？故凡慕富貴，憂貧賤，欣戚得喪，愛憎取舍之類，皆足以蔽吾聰明睿知之體，而窒吾淵泉時出之用。若此者，如明目之中而翳之以塵沙，聰耳之中而塞之以木楔也。其疾痛鬱逆，將必速去之為快，而何能忍於時刻乎？故凡有道之士，其於慕富貴，憂貧賤，欣戚得喪而取舍愛憎也，若洗目中之塵而拔耳中之楔。其於富貴、貧賤、得喪、愛憎之相，值若飄風浮靄之往來變化於太虛，而太虛之體固常廓然其無礙也。元善之今日之所造，其殆庶幾於是矣乎！是豈有待於物以相勝而去彼取此？激昂於一時之意氣者所能強，而聲音笑貌以為之乎？元善自愛！元善自愛！關中自古多豪傑，其忠信沈毅之質，明達英偉之器，四方之士，吾見亦多矣，未有如關中之盛者也。然自橫渠之後，此學不講，或亦與四方無異矣。自此關中之士有所振發興起，進其文藝於道德之歸，變其氣節為聖賢之學，將必自吾元善昆季始也。今日之歸，謂天為無意乎？謂天為無意乎？元貞以病，不及別簡，蓋心同道同而學同，吾所以告之亦不能有他說也。亮之亮之！」

按：陽明此書云「別去忽踰三月……近得中途寄來書」，據其答南元善書二云：「五月初得蘇州書，後月，遇王驛丞，草草曾附

第2194頁

短啟」。可見陽明此答南元善書一即由王驛丞所遞送之「短啟」，作在六月也。陽明在五月初收到南大吉由蘇州寄來書，由五月上推三月，則南大吉別陽明歸渭南在三月。錢德洪陽明先生年譜謂「四月，復南大吉書。大吉入覲，見黜於時」，乃誤。

大泌山房集卷六十五南郡守家傳：「……擢紹興，郡丞靳塘者，歷年多習郡事，徼公以所不知，公佯不省。既三月，一日，召諸吏集庭下，數之曰：『若曹何而謾人乃爾？某事可，若以為不；某事不，若以為可。』取故案剖決數十事如流，悉中情理，丞乃大服，吏震讋汗下。已飭條教行邑，曰：『糧莠不除，則嘉禾不生，古未有養奸而可為治者也。今與諸長吏約，如農夫之去草，芟夷蘊崇，無使能殖焉。』石天祿、戴顯八者，戲盧劇盜所窟穴，吏倚大姓為庇，有司莫敢問，公立捕論殺之。每臨重囚，朱衣象簡，秉燭焚香，開重門，坐堂上，令衆見之，望者以為神，然稍傷苛急矣……乃葺稽山書院，創尊經閣，簡八邑才儁弟子肄業其中，為新建刻傳習錄，風示遠近，四方從新建者麕集，公為都養焉。又濬郡河，開上竈溪……復謝太傅、王右軍祠，奪所侵祠壤地，皆不便其部中顯者。會大計，遂以考功令中之罷。妻孥尚在郡，買舟東下，挈與俱歸，士民涕泣送者，不絕於道……

……余聞嘉靖初，當國者忌新建，禁偽學，嗛公行其傳習錄，讒口因是得入。……」

闡學編三瑞泉南先生：「嘉靖癸未如紹興……又同諸同門錄王公語為傳習錄，序刻以傳越。丙戌，先生入覲，以考察罷官。先生治郡，以循良重一時，當事者以抑王公故，故斥之。……先生既歸，益以道自任，尋溫舊學不輟。以書抵其倡馬西玄諸君，闡明致良知之學……故至今稱王公高弟子，必稱『渭南元善』云。所著有紹興志、渭南志、瑞泉集若干卷，行於世。」

按：觀此，南大吉入覲遭罷之真相大白於天下：原來南大吉之所以被罷，非唯因其施政得罪地方豪强巨室及「部中顯者」，而且更因其刊刻傳習錄、葺稽山書院、簡八邑士子來從陽明學，觸犯禁網。所謂「當國者忌新建，禁偽學，嗛公行其傳習錄」、「當事者以抑王公故，故斥之」，即指南大吉從學陽明，推廣風傳王學，觸犯「學禁」，卒被進讒遭罷。所謂「當國者」、「當事者」，非費宏之流莫屬也。

是春大水，南大吉開浚河渠見效，百姓免於水患，陽明作濬河記以頌之，為南大吉辯謗。

王陽明全集卷二十三濬河記：「越人以舟楫為輿馬。濱河而廛者，皆巨室也。日規月築，水道淤隘，蓄洩既亡，

第2195頁

旱潦頻仍。商旅日爭於途，至有鬥而死者矣。南子乃決沮障，復舊防，去豪商之壅，削勢家之侵。失利之徒，胥怨交謗，從而謠之曰：『南守瞿瞿，實破我廬；瞿瞿南守，使我奔走。』人曰：『吾守其厲民歟！何其謗者之多也？』陽明子曰：『遲之！吾未聞以佚道使民，而或有怨之者也。』既而舟楫通利，行旅歡呼絡繹。是秋大旱，江河龜坼，越之人收獲輸載如常。明年大水，居民免於墊溺。遠近稱忭，又從而歌之曰：『相彼舟人矣，昔揭以曳矣，今歌以楫矣。旱之熇也，微南侯兮，吾其燋矣；霪其彌月矣，微南侯兮，吾其魚鼈矣。我輸我獲矣，我遊我息矣，長渠之活矣，維南侯之流澤矣。』人曰：『信哉！陽明子之言：「未聞以佚道使民，而或有怨之者也。」』紀其事於石，以詔來者。」

按：此記題下原注「乙酉」作，乃誤。此記分明云「明年大水」，則作在嘉靖五年明矣。蓋南大吉嘉靖四年開濬河渠，當年七月大旱（入夏後又大旱），已初見效；至嘉靖五年春大水，又使民免於墊溺，故陽明乃作是記表彰之，亦為罷歸之南大吉辯誣也。

浙江參政朱鳴陽歸居莆田壺公山下，書來請記，陽明為作南岡說。

王陽明全集卷二十四南岡說：「浙大參朱君應周居莆之壺

第2196頁

公山下。應周之名曰「鳴陽」，蓋取《詩》所謂「鳳皇鳴矣，于彼朝陽」之意也。莆人之言曰：「應周則誠吾莆之鳳矣。其居青瑣，進讜言，而天下仰望其風采，則誠若鳳之鳴於朝陽者矣。夫鳳之棲，必有高岡，則壺公者，固其所從而棲鳴也。」於是號壺公曰「南岡」，蓋亦取《詩》所謂「鳳皇鳴矣，于彼高岡」之義也。應周聞之，曰：「嘻！因予名而擬之以鳳焉，其名也，人固非鳳也；因壺公而號之以『南岡』焉，其實也，固亦岡也。吾方愧其名之虛，而思以求其號之實也。」因以「南岡」而自號。大夫鄉士為之詩歌序記以詠嘆揄揚其美者，既已連篇累牘，而應周猶若未足，勤勤焉以蘄於予，必欲更為之一言。是其心殆不以贊譽稱頌之為喜，而以樂聞規切砥礪之為益也。吾何以答應周之意乎？姑請就「南岡」而與之論學。夫天地之道，誠焉而已耳；聖人之學，誠焉而已耳。誠故不息，故久，故徵，故悠遠，故博厚。是故天惟誠也，故常清；地惟誠也，故常寧；日月惟誠也，故常明。今夫南岡，亦拳石之積耳，而其廣大悠久，至與天地而無疆焉，非誠而能若是乎？故觀夫南岡之巨石，則誠巨石爾矣；觀夫南岡之溪谷，則誠溪谷爾矣；觀夫南岡之峰巒巖壑，則誠峰巒巖壑爾矣。是皆實理之誠然，而非有所虛假文飾，以偽為於其間。是故草木生焉，禽獸居焉，寶藏興焉。四時之推敓，寒暑晦明，煙嵐霜雪之變態，而南岡若無所與焉。鳳皇鳴矣，而南岡不自以為瑞也；虎豹藏焉，而南岡不自以為威也；養生送死者資焉，而南岡不自以為德；雲霧興焉，而見光怪，而南岡不自以為靈。是何也？誠之無所與也，誠之不容已也，誠之不可掩也。君子之學亦何以異於是！是故以事其親，則誠孝爾矣；以事其兄，則誠弟爾矣；以事其君，則誠忠爾矣；以交其友，則誠信爾矣。是故蘊之為德行矣，措之為事業矣，發之為文章矣。是故言而民莫不信矣，行而民莫不悅矣，動而民莫不化矣。是何也？一誠之所發，而非可以聲音笑貌幸而致之也。故曰：「誠者，天之道也；思誠者，人之道也。」應周之有取於南岡而將以求其實者，殆亦無出於斯道也矣！若是，則知應周豈非思誠之功歟？夫思誠之功，精矣微矣，應周蓋嘗從事於斯乎？異時來過稽山之麓，尚能為我一言其詳。」

按：朱鳴陽字應周，號南岡，莆田人。《掖垣人鑑》卷十二：「朱鳴陽，字應周，號□□，福建莆田縣人。正德六年進士。本年八月，除户科給事中。十年，陞兵科右。十一年，陞吏科左。十二年，陞禮科都，以憂歸。十六年，復除。嘉靖二年，陞浙江右參，政，致仕。」掖垣人鑑敘事含混不確，按光緒莆田縣志卷十九人物：「朱鳴陽，字應周，正德辛未進士……世宗即位，大禮議興。鳴陽祖司馬光濮議，與張孚敬不合，交疏攻其短，孚敬銜之，出為浙江參政。已復摭他事，降雲南參議。會孚敬罷，復故官，徙廣西。未幾，轉浙江右布政使。左都御史汪鋐，孚敬黨也，以前過劾鳴陽致仕歸。」據此，可知朱鳴陽在嘉靖二年出為浙江參政，至嘉靖四年被摭他事罷歸莆田，乃有書來請陽明作南岡說。陽明此南岡說約作在嘉靖五年春間，其後朱鳴陽即赴雲南參議任去。按朱鳴陽舉正德六年進士，陽明於是年任會試同考試官，兩人相識即在是年，或朱鳴陽亦為陽明所錄取耶？

四月一日，董澐出示舊作詩卷湖海集，陽明為作序。

陽明湖海集序：「蘿石董兄自海鹽來越，年已六十有八矣。出其舊日詩卷，屬予為之敘。予不工詩，安敢序？第蘿石之心有亟亟者。詩自三百篇，均寫忠君愛國，纏綿悱惻之忱，而次及於山川鳥獸，君子所謂多識者。今觀蘿石詩，其於山川景物、草木鳥獸則多矣，言情之任則亦眾矣，當於忠君愛國間求之，則更上層樓矣。爰為敘之以歸之。時在丙戌孟夏朔日，陽明王守仁序。」（湖海集卷首，陽明文集失載）

錢德洪與王畿並舉南宮，俱不廷試，偕黃弘綱、張元沖同舟歸越，陽明乃命二人分教諸生。

王畿緒山錢君行狀：「丙戌，予與君同舉南宮，不就廷試而歸。夫子迎會，笑曰：『吾設教以待四方英賢，譬之店主開行以集四方之貨。奇貨既歸，百貨將日積，主人可無乏行之嘆矣。』自是四方來學者益眾，或默究，或行歌，或群居誦讀，或列坐講解。予二人往來參究，提醒師門宗教，歸之自得，翕然有風動之機。」

徐階龍溪王先生傳：「在場屋所為文，直為己見，不數數顧程式。賴有識者，此非可以文士伎倆較也，拔諸高等，而同門緒山錢公亦在選，士咸舉手以慶。然枋國大吏多不喜學，公語錢公曰：『此非吾君仕時也，且始進而疑信於師，何以自立？』乃不就廷試而還。其後，文成之門來學者日益眾，文成不能遍指授，則屬公與錢公等高弟子分教之。」

傳習録卷下：「洪與黃正之、張叔謙、汝中丙戌會試歸，為先生道途中講學，有信有不信。先生曰：『你們拿一個聖人去與人講學，人見聖人來，都怕走了，如何講得行？須做得個愚夫愚婦，方可與人講學。』洪又言：『今日要見人品高下最宜。』先生曰：『何以見之？』對曰：『先生譬如泰山在前，有不知仰者，須是無目人。』先生曰：『泰山不如平地大，平地有何可見？』先生一言剪裁，剖破終年為外好高之病，在坐莫不悚懼。」

錢德洪陽明先生年譜：「德洪與王畿並舉南宮，俱不廷對，偕黃弘綱、張元沖同舟歸越。先生喜，凡初及門者，必令引導。俟志定有入，方請見。每臨坐，默對焚香，無語。」

歐陽德書來論學，陽明有答書，稱贊聶豹信良知說之篤。陽明先生文録卷三與歐陽崇一書一：「正之諸友下第歸，備談在京相與之詳。近雖仕途紛擾中，而功力略無退轉，甚難，甚難！得來書，自咎真切。論學數條，卓有定見，非獨無退轉，且大有所進矣。文蔚所疑，良不為過。孟子謂『有諸己之謂信』，今吾未能有諸己，是未能自信也，宜乎文蔚之未能信我矣。乃勞崇一逐一為我解嘲，然又不敢盡謂崇一解嘲之言為口給，但在區區，則亦未能一一盡如崇一之所解者，為不能無愧耳，固不敢不勉力也！文蔚天資甚厚，其平日學問功夫，未敢謂其盡是，然却是樸實頭，有志學古者。比之近時徒尚口說，色取行違，而居之不疑者，相去遠矣。前者承渠過訪，惜以公務，不能久留，只就文義間，草草一說，鄙心之所願致者，略未能少效，去後殊為怏怏。良知之說，近世朋友多有相講一二年，尚眩惑未定者，文蔚則開口便能相信，此其資質誠有度越於人；只是見得尚淺，未能洞徹到得，如有所立卓爾，是以未免尚為書見舊聞所障。然其胸中渣累絕少，而又已識此頭腦，加之篤信好學如是，終不慮其不洞徹也。因咳嗽正作，兼以人事紛沓，不暇寫書，故遲孫倉官久候。」

按：王陽明全集卷六有與歐陽崇一，即陽明先生文録中此與歐陽崇一書一，但缺後面大半，隱去陽明對聶豹之評價，或是編者有意刪之耶？按其時歐陽德已由赴京入覲回六安，而聶豹別陽明後即往六安見歐陽德，乃有歐陽德「逐一為我解嘲」之面論。陽明此書寄往六安，蓋亦冀聶豹一見也。其後歐陽德有便書來問良知之學矣。

歐陽德書來問良知之學，陽明有答書詳論。

傳習録卷中答歐陽崇一：「崇一來書云：『師云：「德性之良

知，非由於聞見。若曰多聞擇其善者而從之，多見而識之，則是專求見聞之末，而已落在第二義。」竊意良知雖不由見聞而有，然學者之知未嘗不由見聞而發，滯於見聞固非，而見聞亦良知之用也。今曰落在第二義，恐為專以見聞為學者而言。若致其良知而求之見聞，似亦知行合一之功矣，如何？」良知不由見聞而有，而見聞莫非良知之用，故良知不滯於見聞，而亦不離於見聞。孔子云：「吾有知乎哉？無知也。」良知之外，別無知矣。故致良知是學問大頭腦，是聖人教人第一義。今云專求之見聞之末，則是失卻頭腦，而已落在第二義矣。……大抵學問功夫只要主意頭腦是當，若主意頭腦專以致良知為事，則凡多聞多見，莫非致良知之功。蓋日用之間，見聞酬酢，雖千頭萬緒，莫非良知之發用流行，除卻見聞酬酢，亦無良知可致矣，故只是一事。若曰致其良知而求之見聞，則語意之間未免為二，此與專求之見聞之末者雖稍不同，其為未得精一之旨，則一而已。……

「來書云：「師云：「繫言何思何慮，是言所思所慮只是天理，更無別思別慮耳，非謂無思無慮也。心之本體即是天理，有何可思慮得？學者用功，雖千思萬慮，只是要復他本體，不是以私意去安排思索出來。若安排思索，便

是自私用智矣。學者之敝，大率非沈空守寂，則安排思索。」德辛、壬之歲著前一病，近又著後一病。但思索亦是良知發用，其與私意安排者何所取別？恐認賊作子，惑而不知也。」……思其可少乎？沈空守寂與安思索，正是自私用智，其為喪失良知，一也。良知是天理之昭明靈覺處，故良知即是天理。思是良知之發用，若是良知發用之思，則所思莫非天理矣。良知發用之思自然明白簡易，良知亦自能知得。若是私意安排之思，自是紛紜勞擾，良知亦自會分別得。蓋思之是非邪正，良知無有不自知者。所以認賊作子，正為致知之學不明，不知在良知上體認之耳。

「來書又云：「師云：「為學終身只是一事，不論有事無事，只是這一件。若說寧不了事，不可不加培養，卻是分為兩事也。」竊意覺精力衰弱，不足以終事者，良知也；寧不了事，且加修養，致知也。如何卻為兩事？若事變之來，有事勢不容不了，而精力雖衰，稍鼓舞亦能支持，則持志以帥氣可矣。然言動終無氣力，畢事則困憊已甚，不幾於暴其已乎？此其輕重緩急，良知固未嘗不知，然或迫於事勢，安能顧精力？或困於精力，安能顧事勢？如之何則可？」孟子言必有事焉，則君子之學終身只

是集義一事。義者，宜也。心得其宜之謂義。能致良知，則心得其宜矣，故集義亦只是致良知。君子之酬酢萬變，當行則行，當止則止，當生則生，當死則死，斟酌調停，無非是致其良知，以求自慊而已。故君子素其位而行，思不出其位，凡謀其力之所不及而強其知之所不能者，皆不得謂致良知；而凡勞其筋骨，餓其體膚，空乏其身，行拂亂其所為，動心忍性以增益其所不能者，皆所以致其良知也。……凡學問之功，一則誠，二則偽，凡此皆是致良知之意欠誠一真切之故。……

「來書又有云：『人情機詐百出，御之以不疑，往往為所欺，覺則自入於逆億。夫逆詐即詐也，億不信即非信也，為人欺又非不覺也。不逆不億而常先覺，其惟良知瑩徹乎？然而出入毫忽之間，背覺合詐者多矣。』……不逆不億而為人所欺者，尚亦不失為善，但不如能致其良知而自然先覺者之尤為賢耳。崇一謂其惟良知瑩徹者，蓋已得其旨矣。然亦穎悟所及，恐未實際也。蓋良知之在人心，亘萬古，塞宇宙，而無不同。不慮而知，恒易以知險；不學而能，恒簡以知阻。先天而天不違，天且不違，而況於人乎？況於鬼神乎？……君子學以為己，未嘗虞人之欺己也，恒不自欺其良知而已；未嘗虞人之

第2205頁

不信己也，恒自信其良知而已；未嘗求先覺人之詐與不信也，恒務自覺其良知而已。是故不欺，則良知無所偽而誠，誠則明矣；自信，則良知無所惑而明，明則誠矣。明誠相生，是故良知常覺常照。常覺常照，則如明鏡之懸，而物之來者自不能遁其妍媸矣。……」

按：錢德洪陽明先生年譜定陽明是書作在嘉靖五年四月，云：「四月……答歐陽德書……又嘗與書曰……」下面所引，即陽明此書。

按前引與歐陽崇一（王陽明全集卷六）作在嘉靖五年四月，陽明此答歐陽崇一緊接即在此與歐陽崇一之後所寄。

季本赴弋陽縣令任，書來問學，請作學記，陽明有答書。

王陽明全集卷六答季明德：「書惠遠及，以咳恙未平，憂念備至，感愧良深。食薑太多，非東南所宜，誠然。此亦不過暫時劫劑耳。近有一友為易貝母丸服之，頗有效，乃終不若來諭『用養生之法拔去病根』者，為得本源之論。然此又不但治病為然，學問之功亦當如是矣。承示立志益堅，謂：『聖人必可以學而至。兢兢焉，常磨鍊於事為朋友之間，而厭煩之心比前遠少。』喜幸殊極！又謂：『聖人之學，不能無積累之漸。』意亦切實。中間以堯、舜、文王、孔、老諸說，發明『志學』一章之意，足知近來進修不懈。居有司之煩，而能精思力究若此，非朋輩所

第2206頁

及。然此在吾明德自以此意奮起其精神，砥切其志意，則可矣；必欲如此節節分疏引證，以為聖人進道一定之階級，又連掇數聖人紙上之陳迹，而入之以此一款條例之中，如以堯之試鯀為未能不惑，子夏之「啟予」為未能耳順之類，則是尚有比擬牽滯之累。以此論聖人之亦必由學而至，則雖有所發明，然其階級懸難，反覺高遠深奧，而未見其為人皆可學。乃不如末後一節謂：「至其極而矩之不踰，亦不過自此志之不已所積。而「不踰」之上，亦必有學可進，聖人豈絕然與人異哉！」又云：「善者，聖之體也。害此善者，人欲而已。人欲，吾之所本無。

去其本無之人欲，則善在我而聖體全。聖無有餘，我無不足，此以知聖人之必可學也。然非有求為聖人之志，則亦不能以有成。」只如此論，自是親切簡易。以此開喻來學，足以興起之矣。……聖賢垂訓，固有書不盡言，言不盡意者。凡看經書，要在致吾之良知，取其有益於學而已。則千經萬典，顛倒縱橫，皆為我之所用。一涉拘執比擬，則反為所縛。雖或特見妙詣，開發之益一時不無，而意必之見流注潛伏，蓋有反為良知之障蔽而不自覺者矣。其云「善者聖之體」，意固已好，善即良知，言良知則使人尤為易曉。故區區近有「心之良知是謂聖」之說。

其間又云：「人之為學，求盡乎天而已。」此明德之意，本欲合天人而為一，而未免反離而二之也。人者，天地萬物之心也；心者，天地萬物之主也。心即天，言心則天地萬物皆舉之矣，而又親切簡易，故不若言「人之為學，求盡乎心而已。」知行之答，大段切實明白，詞氣亦平和，有足啟發人者。惟賢一書，識見甚進，間有語疵，則前所謂「意必之見流注潛伏」者之為病。今既照破，久當自融釋矣。……率性而行，則性謂之道；修道而學，則道謂之教。謂修道之為教，可也；謂修道之為學，亦可也。自其道之示人無隱者而言，則道謂之教；自其功夫

之修習無違者而言，則道謂之學。教也，學也，皆道也，非人之所能為也。知此，則又何訓釋之有？所須學記，因病未能著筆，俟後便為之。」

按：陽明答南元善書二云「賤軀入夏咳作」，其咳恙疾作在夏四月。陽明此書云「咳恙未平」，「近有一友為易貝母丸服之，頗亦有效」，可見是書亦作在夏四月中。

顧應祥量移陝西苑馬寺卿北行，有書來告，並寄慈湖文集，陽明有答書。

王陽明全集卷二十七與顧惟賢書九：「北行不及一面，甚闕久別之懷。承寄慈湖文集，客冗未能遍觀。來喻欲摘

其尤粹者再圖翻刻,甚喜。但古人言論,自各有見,語脉牽連,互有發越。今欲就其中以己意删節之,似亦甚有不易。莫若盡存,以俟巨眼者自加分别。所云超捷,良如高見。今亦但當論其言之是與不是,不當逆覩者之致疑,反使吾心昭明洞達之見,有所揜覆而不盡也。尊意以為何如?」

按:徐中行箬溪顧公應祥行狀云:「乃擢公江西副使,分巡南昌道……然坐是不調者六載。丙戌,始量移陝西苑馬寺卿。」陽明此書所云「北行」,即指顧應祥北赴陝西苑馬寺卿任。按前引陽明答季明德云「惟賢一書,識見甚進」,即指顧應祥其時所寄陽明一書(並慈湖文集),可見陽明此書作在四月。

五月十八日,楊一清復吏部尚書、武英殿大學士,直閣,書來垂詢。陽明有答書,論操權之專與「相權」之用,並觸帝忌相忌。

國榷卷五十二:「嘉靖五年五月庚子,太子太傅、提督陝西、兵部尚書兼左都御史楊一清,復吏部尚書、武英殿大學士,進少師,直閣。已,席書言:『一清既少師,則殿名當遞轉。』指費宏欺斬。上以手定,不之改。」

王陽明全集卷二十一寄楊邃庵閣老書二:「前日嘗奉啟,計已上達。自明公進秉機密,天下士夫忻忻然動顏相慶,皆為太平可立致矣。門下鄙生獨切生憂,以為猶甚難也。亨屯傾否,當今之時,舍明公無可以望者,則明公雖欲逃避乎此,將亦有所不能。然而萬斛之舵,操之非一手,則緩急折旋,豈能盡如己意?臨事不得專操舟之權,而債事乃與同覆舟之罪,此鄙生之所謂難也。夫不專其權而漫同其罪,則莫若預逃其任;然在明公亦既不能逃矣。逃之不能,專又不得,則莫若求避其罪;然在明公亦終不得避矣。天下之事,果遂卒無所為歟?夫惟身任天下之禍,然後能操天下之權;操天下之權,然後能濟天下之患。當其權之未得也,其致之甚難;而其歸之也,則操之甚易。萬斛之舵,平時從而爭操之者,以利存焉。一旦風濤顛沛,變起不測,衆方皇惑震喪,救死不遑,而誰復與爭操乎?於是起而專之,衆將恃以無恐,而事因以濟。苟亦從而委靡焉,固淪胥以溺矣。故曰『其歸之也,則操之甚易』者,此也。古之君子,洞物情之向背而握其機,察陰陽之消長以乘其運,是以動必有成而吉無不利,伊、旦之於商、周是矣。其在漢、唐,蓋亦庶幾乎。此者雖其學術有所不逮,然亦足以定國本而安社稷,則亦斷非後世偷生苟免者之所能也。夫權者,天下之大利大害也,小人竊之以成其惡,君子用之以濟其善,固君子不可一日去,小人之不可一日有者也。欲濟天下之難,而不操之以權,是猶倒持太阿而授人以柄,希不割矣。故君子之致權也有道,本之至誠以立其德，植之善類以多其輔。示之以無不容之量，以安其情；擴之以無所競之心，以平其氣；昭之以不可奪之節，以端其向；神之以不可測之機，以攝其奸；形之以必可賴之智，以收其望。坦然為之，下以上之；退然為之，後以先之。是以功蓋天下而莫之嫉，善利萬物而莫與之爭。此皆明公之能事，素所蓄而有者，惟在倉卒之際，身任天下之禍，決起而操之耳。夫身任天下之禍，豈君子之得已哉？既當其任，知天下之禍將終不能免也，則身任之而已。身任之而後可以免於天下之禍。小人不知禍之不可以倖免，而百詭以求脫，遂致釀成大禍，而己亦卒不能免。故任禍者，惟忠誠憂國之君子能之，而小人不能也。某受知門下，不能效一得之愚以為報，獻其芹曝，伏惟鑒其忱悃，而憫其所不逮，幸甚！」

按：陽明此書，實為陽明論嘉靖朝政之一篇大文，尤有重要意義。然王陽明全集於此書題下注「癸未」作，乃大誤；而錢德洪又有意刪去其中論「相權」之一段最重要文字，遂掩蓋陽明作此書論政事之真實背景與真實意圖。按陽明此書云「明公進秉機密」，指楊一清入閣，在嘉靖五年五月，明史宰輔年表：「嘉靖四年乙酉十一月，召（一清）。五年丙戌五月，復武英殿大學士，加少師，仍兼太子太傅入。七月，加兼太子太師、謹身殿大學士」。可見陽明此書當作在嘉靖五年五、六月間。書中反覆所言「臨事不得專操舟之權」，「不專其權而漫同其罪」，即指其時楊一清雖入閣，但上有費宏任首輔，楊一清不得專操舟之權，將有「同覆舟」之危。故陽明此書所斥「小人」、「近世之選者，惟曰淳厚寬詳，守故習常，是特婦女之狎躬，鄉氓之寡尤」（見下），顯指費宏之流也。最可注意者，張萱西園聞見錄卷二十六著錄陽明此書，尚有如下一大段箭拔弩張之文字：「……君，臣雖劉基之智，宋濂之博，通俛伏受成。嗣主蒞政，咨詢是急。六部分隸，各勝厥掌。故皇祖廢左右相，設六部，成祖建內閣，參機務，豈非相時通變之道乎？永樂初，以翰林史官直閣，後必俟其尊顯而方登簡平章之寄，儼若周宰國卿。是故削相之號，收相之益，任於前用，慎於今養，望於素堅，操於誠表，能於誠顯，拔於萃特，崇於禮流，品非可限，歷考不足稽矣。英皇復辟，親擢三賢薛瑄、岳正、李賢。正德中，逆瑾竊國，囚戌元老，奴僕端揆，猶尊內閣。劉文靖、謝文正之怨，止於褫秩。顧近世之選者，惟曰淳厚寬詳，守故習常，是特婦女之狎躬，鄉氓之寡尤，豈勝大受者哉！是故約己讓善如唐懷慎，是之謂德；忘死殉國如宋君實，是之謂忠；防細圖大如漢張良，是之謂才。不然，鄙於人主，賤於六曹，隳國綱，靡士風。昔文帝故寵鄧通，必展申屠之直；錢若水感昌言之見薄，即辟位而去。夫有君之篤託，有臣之自重，胡患於不治耶！」是段文字專論相權，斥庸相，最為世宗所忌，費宏所恨，必是錢德洪對此有所顧忌，將此段文字盡行删去。

有友人書來質疑知行合一之說與致良知之說，陽明有答書詳辨。

王陽明全集卷六答友人：「……往年駕在留都，左右交讒某於武廟。當時禍且不測，僚屬咸危懼，謂群疑若此，宜圖所以自解者。某曰：『君子不求天下之信己也，自信而已。吾方求以自信之不暇，而暇求人之信己乎？』某

與執事為世交，執事之心，某素能信之，而顧以相訊若此，豈亦猶有未能自信也乎？雖然，執事之心，又焉有所不自信者？至於防範之外，意料所不及，若校人之於子產者，亦安能保其必無？則執事之懇懇以詢於僕，固君子之嚴於自治，宜如此也。……今執事之見疑於人，其有其無，某皆不得而知。縱或有之，亦何傷於執事之自信乎？不俟逾年，吾見有踵執事之門而悔謝之矣。……」

同上，答友人問：「問：『自來先儒皆以學問思辯屬知，而以篤行屬行，分明是兩截事。今先生獨謂知行合一，不能無疑。』曰：『此事吾已言之屢屢。凡謂之行者，只是著實去做這件事。若著實做學問思辯的工夫，則學問思辯亦便是行矣。學是學做這件事，問是問做這件事，思辯是思辯做這件事，則行亦便是學問思辯矣。若謂學問思辯之，然後去行，卻如何懸空先去學問思辯得？行時又如何去得做學問思辯的事？行之明覺精察處，便是知；知之真切篤實處，便是行。若行而不能精察明覺，便是冥行，便是「學而不思則罔」，所以必須說個知；知而不能真切篤實，便是妄想，便是「思而不學則殆」，所以必須說個行。元來只是一個工夫。凡古人說知行，皆是就一個工夫上補偏救弊說，不似今人截然分作兩件事做。某

今說知行合一，雖亦是就今時補偏救弊說，然知行體段亦本來如是。……』」

「問：『象山論學與晦庵大有異同。先生嘗稱象山「於學問頭腦處見得直截分明」，今觀象山之論，卻有謂學有講明，有踐履，及以致知格物為講明之事，乃與晦庵之說無異，而與先生知行合一說，反有不同。何如？』曰：『君子之學，豈有心於同異？惟其是而已。吾於象山之學有同者，非是苟同；其異者，自不掩其為異也。吾於晦庵之論有異者，非是求異；其同者，自不害其為同也。……』」

「又問：『知行合一之說，是先生論學最要緊處。今既與象

山之說異矣，敢問其所以同。」曰：知行原是兩個字說一個工夫，這一個工夫須著此兩個字，方說得完全無弊病。若頭腦處見得分明，見得原是一個頭腦，則雖把知行分作兩個說，畢竟將來做那一個工夫，則始或未便融會，終所謂百慮而一致矣。若頭腦見得不分明，原看做兩個了，則雖把知行合作一個說，亦恐終未有湊泊處，況又分作兩截去做，則是從頭至尾更沒討下落處也。

「又問」：「致良知之說，真是百世以俟聖人而不惑者。象山已於頭腦上見得分明，如何於此尚有不同？」曰：致知格物，自來儒者皆相沿如此說，故象山亦遂相沿得來，不復致疑耳。然此畢竟亦是象山見得未精一處，不可掩也。又曰：知之真切篤實處，便是行；行之明覺精察處，便是知。若知時，其心不能真切篤實，則其知便不能明覺精察，不是知之時只要明覺精察，更不要真切篤實也；行之時，其心不能明覺精察，則其行便不能真切篤實，不是行之時只要真切篤實，更不要明覺精察也。知天地之化育，心體原是如此；乾知大始，心體亦原是如此。」

按：陽明此二書，論知行合一最為明晰簡要。惜其隱去真實人名，作答「友人」書，其間當有難言隱情，向莫可考。今據

此二書所言，疑此「友人」為青湖汪應軫。按汪應軫為山陰人，其祖林齋汪谿由翰林院庶吉士累陞兵部車駕司郎中；父雲莊汪似穀封戶科給事中，與王華同鄉相識，即陽明此書所云「某與執事為世交」。汪應軫在嘉靖元年以不避同鄉之嫌奏劾程啟充，為陽明辨誣，招致謗議而不顧，即陽明此書所云「執事之心，某素能信之」。汪應軫後改官南都，與張璁、桂萼論大禮不合，其上抑私親、正大體之奏，又招致疑謗，幾獲不測之禍。自嘉靖四年改任江西按察司僉事至今，又以執法峻嚴，不善逢迎，與巡撫牴牾不合，見疑於人（均見季本汪公墓志銘、諸大綬汪公應軫墓志銘）。此即陽明此書所云「今執事之見疑於人……縱或有之，亦何傷於執事之自信乎？不俟逾年，吾見有踵執事之門而悔謝者矣」。然汪應軫在學術上尊信朱子，不喜陸學，於陽明學疑而不信，自來江西任僉事後，確嘗與陽明多有通信往來，論學不合。季本奉政大夫江西按察司提學僉事汪公墓志銘云：「平生學問，一以朱子為宗。每讀朱子書，見其析理精詳，考文博洽，則嘆以為非人所及，不敢妄有所訾。人或論學有與朱子不合者，輒忿然作色，如聞毀其父母故。陽明公講道東南，天下皆尊信，公獨以其言戾於朱子，不能相下。然觀其立朝論救之言，夫豈不相知若哉？蓋公質善文，下筆千餘言可立就，不待起稿，頗與陽明公相似。而鄉邦之譽反或過之，謂能自立於

世，以成一家，與古人相頡頏，而與陽明公之學信有不及，不欲屈隨耳。余與汝中新授業於陽明公門下，士美則晚而私淑者也，每以陽明公之說啟公，公但以其功業為高，而不以其學術為是，其篤於自信，不輕狥人，亦豈人所易能哉！」按汪應軫青湖文集卷七有與季彭山年兄云：「近蒙陽明先生屢賜啟迪，豈不知感？但此心疑猶未釋……僕今已病乞歸，築室南園……」汪應軫以病乞歸在嘉靖五年十一月（見下），此所云「近蒙陽明先生屢賜啟迪」，必即是指陽明此答「友人」二書，蓋汪應軫當年嘗以同鄉人奏劾程啟充，與張璁、桂萼大禮議不合，又終於陽明學疑而不信，故陽明此二書乃隱其名，以「友人」代之也。以汪

應軫十一月病歸算之，可知陽明此二書約作在五月至十月間。

日日與門人諸生講學吟唱，多有「咏良知」詩，直指「心之本體」。

王陽明全集卷二詠良知四首示諸生：「個個人心有仲尼，自將聞見苦遮迷。而今指與真頭面，只是良知更莫疑。

問君何事日憧憧？煩惱場中錯用功。莫道聖門無口訣，良知兩字是參同。

人人自有定盤針，萬化根源總在心。却笑從前顛倒見，枝枝葉葉外頭尋。

無聲無臭獨知時，此是乾坤萬有基。抛却自家無盡藏，沿門持鉢效貧兒。」

按：前考此第一首詩示童世堅。

王陽明全集卷二十示諸生三首：「爾身各各自天真，不用求人更問人。但致良知成德業，謾從故紙費精神。乾坤是易原非畫，心性何形得有塵？莫道先生學禪語，此言

端的為君陳。

人人有路透長安，坦坦平平一直看。盡道聖賢須有秘，翻嫌易簡却求難。只從孝弟為堯舜，莫把辭章學柳韓。不信自家原具足，請君隨事反身觀。

長安有路極分明，何事幽人曠不行？遂使蓁茅成間塞，儘教麋鹿自縱橫。徒聞絕境勞懸想，指與迷途却浪驚。冒險甘投蛇虺窟，顛崖墮壑竟亡生」。

按：前考此第一首詩示董澐。「先生」者，陳白沙也。

同上，答人問良知二首：「良知即是獨知時，此知之外更無知。誰人不有良知在，知得良知却是誰？

知得良知却是誰？自家痛癢自家知。若將痛癢從人問，痛癢何

第 2219 頁

須更問為？」

按：前考此第一首詩示法聚。按王畿集卷十八有此二詩和韵，云：「辛亥秋，予偕周順之、江叔源訪月泉天池山中，出陽明先生手書答良知二偈卷。撫今懷昔，相對黯然。」月泉即法聚，王畿稱此二詩為「二偈」，寫為一卷，尤可證陽明此二詩所「答人」為法聚矣。

同上，答人問道：「饑來喫飯倦來眠，只此修行玄更玄。說與世人渾不信，却從身外覓神仙。」

瑤湖王臣入覲歸泰州，書來論學，陽明有答書。

王陽明全集卷六與王公弼書一：「來書，比舊所見益進，可喜可喜！中間謂『棄置富貴與輕於方父兄之命，只是一

事』。當棄富貴即棄富貴，只是致良知；當從父兄之命即從父兄之命，亦只是致良知。其間權量輕重，稍有私意於良知，便自不安。凡認賊作子者，緣不知在良知上用功，是以有此。若只在良知上體認，所謂『雖不中，不遠矣』。」

按：前考王臣在正月赴京入覲，其歸泰州約在三月，其致書陽明論學約在五、六月。董燧王心齋先生年譜：「嘉靖五年丙戌……秋八月，會講安定書院。時王瑤湖臣守泰州，會諸生安定書院，禮先生主教事……冬十月，作明哲保身論……時同志在宦途，或以諫死，或譴逐遠方。先生以為

第 2220 頁

身且不保，何能為天地萬物主？因瑤湖北上，作此贈之。」

是王臣在八月以前已回泰州，至十月又轉官北上入京。蓋王臣是次考滿進京不順利，乃有「棄置富貴」之嘆，王艮為作明哲保身論，與陽明此書大旨相同。

六月二十二日，南山潘府卒，陽明有詩挽之。

國朝獻徵錄卷七十太常寺少卿潘府傳：「……乞終養，遂不起。終以薦陞太僕寺少卿，改太常寺少卿，致仕。嘉靖五年六月癸酉，卒。府性至孝，嘗疏請行三年之喪，又上聖學淵源、中興治要諸疏。居家有篤行，好著述，鄉評重之。巡按御史潘倣為請乞祭葬，禮部復言：『四品文

臣，例有祭無葬』。上以府孝行可嘉，特令有司量與營葬
』。（實錄）
王陽明全集卷二十挽潘南山：「塈學宮墻亦久荒，如公精
力可升堂。若為千古經綸手，只作終年著述忙。末俗澆
漓風益下，平生辛苦意難忘。西風一夜山陽笛，吹盡南
岡落木霜」。
法聚別歸，入武康天池山，構玉芝庵說法談禪。陽明有詩
寄題玉芝庵。
補續高僧傳卷二十六玉芝聚公傳：「……即入武康天池山
，搆精舍，顏曰『玉芝』。二十餘年說法其中，繇是諸方稱

『玉芝和尚』。唐一庵、王龍溪諸公嘗往來山中，證會儒釋
大同之秘。其為人也，峻結圓轉，舉止瀟然，王公貴人
見其人，至不敢屈。庸夫豎子一聞其教，興起自愧，反
其所為。曲儒小士多詆釋，遇師與立談，顧趨而事之，
舍所學而從」。
王陽明全集卷二十寄題玉芝庵：「塵土駿馬勞千里，月樹
鷦鷯足一枝。身既了時心亦了，不須多羨碧霞池」。
從吾道人詩稿卷下玉芝頌：「荊山居士，傳業於資聖有年
矣。茲避喧漱水，而營龕悟空，後麓爰有玉芝，產
於林中，大徑五寸，色若薝蔔，一夕忽失去，從吾道

人過而問焉，為作頌曰：有煒者芝茁祇園，偃若如意色
自溫。□泉自育皆幽藻。雲蒸月澤瑤暈繁，居士微笑以
□□。□出乞食忍不吞。歸來白石空苔痕，道人□□□
師論。誰敢取供兩足尊？寶香聖水玻黎盆。□□菩薩菩
歸根，新羅行金致其元。意則善矣何□恩。玄冬獵火與
草燔，理實均耳芝何言？有無□相未窮源，煩師已與甘
露門。居士合爪是□□，騰騰兀兀忘風藩」。
王畿集卷十八八山居士閉關雲門之麓玉芝上人往扣以偈
相酬答時龍溪道人偕浮峰子叔學生訪上人於龍南山居語
次出以相示即席口占數語呈八山與玉芝共參之：「魔佛

相爭不在多，起心作佛即成魔。若於見處能忘見，三界
縱橫奈爾何？　禪家但願空諸有，孔氏單傳只屢空。
儒佛同歸較些子，翠屏山色自穹窿。　謾把玄關著意
尋，五情苦樂古猶今。百年一日非延促，須信真金不博
金。　因成社會結蓮臺，不著塵空不惹埃。水竹巖花
都見在，係渠溪上放舟來。　此非不足彼非多，水即
成波佛即魔。却笑山僧亦饒舌，强從丈室問如何。
從來萬法由心造，人若空時法亦空。解取高山作平地，
却於何處認穹窿？　自己家珍不用尋，法門非古亦非
今。不於了處知分別，管取全收大地金。　杖頭點到

降仙臺，臺上風光絕點埃。一自仙翁賦歸去，至今猿鶴笑空來。」

湛甘泉弟子龔生來訪，陽明有書致湛甘泉。

王陽明全集卷六答甘泉：「音問雖疏，道德之聲無日不聞於耳，所以啟瞶消鄙者多矣。向承狂生之諭，初聞極駭，彼雖愚悖之甚，不應遽至於爾。既而細詢其故，良亦有因。近復來此，始得其實。蓋此生素有老佛之溺，為朋輩所攻激，遂高自矜大，以誇愚泄憤。蓋亦不過怪誕妖妄，如近世方士呼雷斬蛟之說之類，而聞者不察，又從而增飾之耳。近已與之痛絕，而此生深自悔責，若無所

措其躬。賴其資性頗可，或自此遂能改創，未可知也。學絕道喪之餘，苟以是心至，斯受之矣。忠信明敏之資，絕不可得。如生者，良亦千百中之一二，而又復不免於陷溺若此，可如何哉！可如何哉！龔生來訪，自言素沐教極深，其資性甚純謹，惜無可以進之者。今復遠求陶鑄，自此當見其有成也。」

按：泉翁大全集卷九答歐陽崇一秋官云：「……往往見陽明門弟尊佛而卑聖，至謂『孔子為纏頭佛』，『佛乃是上聖人』。亦嘗痛之，愧不盡心於知己者。今來諭所述陽明云云，則吾不憂矣，而門弟子傳云者何耶？……」甘泉此書作於嘉靖六年五月，其所云謂「孔子為纏頭佛」之陽明弟子，即陽明此書所云「狂生」者。蓋其時甘泉與陽明久無書札通信往來，兩人均從弟子處側面得知對方情況。陽明此書云「音問雖疏，道德之聲無日不聞於耳」，即指陽明從弟子處了解到甘泉情況，如甘泉作廣德州儒學新建尊經閣記、奠楊仕鳴文等。按湛甘泉奠楊仕鳴文作在六月六日，自其間必有一番人事往返奔波，「龔生」或即因此往返奔走於陽明、甘泉之間，可知陽明此書約作於六月間。

表弟聞人言赴福建蒼峽縣任，陽明作序送之。

王陽明全集卷二十二送聞人邦允序：「聞人言邦允者，陽明子之表弟也。將之官閩之蒼峽，而請言，陽明子謂之曰：『重矣，勿以進非科第而自輕；榮矣，勿以官卑而自慢。夫進非科第，則人之待之也易以輕，從而自輕者有矣；高位以行道，而遽以媒利，是盜資也，於吾何有哉？吾所謂重，吾有良貴焉耳，非矜與鼓之謂也；吾所謂榮，吾職易舉焉耳，非顯與耀之謂也。夫以良貴為重，舉職為榮，則夫人之輕與慢之也，亦於吾何有哉？行矣，吾何言！』」

按：陽明此序作年無考。今按聞人詮（邦正）於嘉靖五年赴南宮春試中進士，明清進士錄：「聞人詮，嘉靖五年三甲三十九名進

士。浙江餘姚人，字邦正。從學外兄王守仁。知寶應縣。」疑是年聞人言與聞人詮一起赴南宮春試，聞人詮中舉，聞人言落第，遂決意出仕，時或在六、七月間。因進非科第，陽明乃作此序勸慰之也。

老儒林司訓走千里來會稽問學，陽明書卷贈之，約在其時。

王陽明全集卷八書林司訓卷：「林司訓年七十九矣，走數千里，謁予於越。予憫其既老且貧，愧無以為濟也。嗟乎！昔王道之大行也，分田制祿，四民皆有定制。壯者修其孝弟忠信；老者衣帛食肉，不負戴於道路；死徙無出鄉，出入相友，疾病相扶持。烏有耄耋之年而猶走衣

食於道路者乎！……逮其後世，功利之說日浸以盛，不復知有明德親民之實。士皆巧文博詞以飾詐，相規以偽，相軋以利，外冠裳而內禽獸，而猶或自以為從事於聖賢之學。如是而欲挽而復之三代，嗚呼其難哉！吾為此懼，揭知行合一之說，訂致知格物之謬，思有以正人心，息邪說，以求明先聖之學，庶幾君子聞大道之要，小人蒙至治之澤。而嘵嘵者皆視以為狂惑喪心，詆笑訾怒。予亦不自知其力之不足，日擠於顛危，莫之救，以死而不顧也。不亦悲夫！予過彭澤時，嘗憫林之窮，使邑令延為社學師。至是又失其業。於歸也，不能有所資給，聊書此以遺之。」

按：所謂「予過彭澤時」，乃指正德十五年九月陽明獻俘發南昌道經彭澤。「司訓」為縣學教諭，林由社學師升為縣學教諭，至是又失職老貧。陽明蓋借林司訓老貧失職以發「良知」聖學不行之嘆也。

七月，南大吉有書來，告歸途之況，陽明有答書。

王陽明全集卷六答南元善書二：「五月初，得蘇州書。後

月，適遇王驛丞去，草草曾附短啟。其時私計行旆，到家必已久矣。是月三日，余門子回復，領手教，始知六月尚留汴城。世途之險澀難料，每每若此也。賤軀入夏咳作，兼以毒暑大旱，舟楫無所往，日與二三子講息池傍小閣中。每及賢昆玉，則喟然興嘆而已。郡中今歲之旱，比往年尤甚。河渠曾蒙開浚者，百姓皆資灌溉之利，相與嘖嘖追頌功德，然已控籲無及矣。彼奸妬險人號稱士類者，乃獨讒疾排構無所不至，曾細民之不若，亦獨何哉？亦獨何哉？色養之暇，塤篪協奏，切磋講習，當日益深造矣。里中英俊相從論學者幾人？學絕道喪且幾

百年，居今之時，而苟知趨向於是，正所謂空谷之足音，皆今之豪傑矣。便中示知之。竊嘗喜晦翁涵育薰陶之說，以為今時朋友相與必有此意，而後彼此交益。近來一二同志與人講學，乃有規礪太刻，遂相憤戾而去者，大抵皆不免於以善服人之病耳。楚國寶又爾憂去，子京諸友亦不能亟相會，一齊衆楚，道之不明也，我知之矣。雖然，風雨如晦，雞鳴不已，至誠而不動者，未之有也，非賢昆玉，疇足以語於斯乎！其餘世情，真若浮虛之變態，亮非元善之所屑聞者也，遂不一一及。」

鄒守益建復初書院成，寄來諭俗禮要，請為書院擇師，陽明有答書，詳告祠堂位次祔祭之制。

王陽明全集卷六寄鄒謙之書二：「承示諭俗禮要，大抵一宗文公家禮而簡約之，切近人情，甚善甚善！非吾謙之誠有意於化民成俗，未肯汲汲為此也。古禮之存於世者，老師宿儒當年不能窮其說，世之人苦其煩且難，遂皆廢置而不行。故今之為人上而欲導民於禮者，非詳且備之為難，惟簡切明白而使人易行之為貴耳。中間如四代位次及祔祭之類，固區區向時欲稍改以從俗者，今皆斟酌為之，於人情甚協。蓋天下古今之人，其情一而已矣。先王制禮，皆因人情而為之節文，是以行之萬世而皆

準。其或反之吾心而有所未安者，非其傳記之訛闕，則必古今風氣習俗之異宜者矣。此雖先王未之有，亦可以義起，三王之所以不相襲禮也。若徒拘泥於古，不得於心，而冥行焉，是乃非禮之禮，行不著而習不察者矣。後世心學不講，人失其情，難乎與之言禮。然良知之在人心，則萬古如一日。苟順吾心之良知以致之，則所謂不知足而為屨，我知其不為蕢矣。非天子不議禮制度，今之為此，非以議禮為也，徒以末世廢禮之極，聊為之兆以興起之。故特為此簡易之說，欲使之易知易從焉耳。冠、婚、喪、祭之外，附以鄉約，其於民俗亦甚有補。至於射禮，似宜別為一書，以教學者，而非求諭於俗。今以附於其間，却恐民間以非所常行，視為不切，又見其說之難曉，遂并其冠、婚、喪、祭之易曉者而棄之也。文公家禮所以不及於射，或亦此意也歟？幸更裁之。令先公墓表，決不負約，但向在紛冗憂病中，近復咳患盛作，更求假以日月耳。施、濮兩生知解甚利，但已經爐鞴，則煅煉為易，自此益淬礪之，吾見其成之速也。書院新成，欲為諸生擇師，此誠盛德之事。但劉伯光以家事促歸；魏師伊乃兄適有官務，倉卒往視；何廷仁近亦歸；惟黃正之尚留彼。意以登壇說法，非吾

浙江大学古籍研究所

謙之身自任之不可。須事定之後，却與二三同志造訪，因而留連旬月，相與砥礪開發，效匡翼之勞，亦所不辭也。祠堂位次祔祭之義，往年曾與徐曰仁備論。曰仁嘗記略，今使錄一通奉覽，以備採擇。

「或問：文公家禮，高、曾、祖、禰之位皆西上，以次而東。於心竊有未安。」陽明子曰：「古者廟門皆南向，主皆東向。合祭之時，昭之遷主列於北牖，穆之遷主列於南牖，皆統於太祖東向之尊。是故西上，以次而東。今祠堂之制既異於古，而又無太祖東向之統，則西上之說誠有所未安。」曰：「然則今當何如？」曰：「禮以時為大。若事

第 2229 頁

死如事生，則宜以高祖南向，而曾、祖、禰東西分列，席皆稍降而弗正對，似於人心為安。曾見浦江鄭氏之祭，四代考妣皆異席。高考妣南向，曾、祖、禰考皆西向；妣皆東向，名依世次，稍退半席。其於男女之列，尊卑之等，兩得其宜。今吾家亦如此行。但恐民間廳事多淺隘，而器物亦有所不備，則不能以通行耳。」又問：「無後者之祔於己之子姪，固可下列矣。若在祖宗之行，宜何如祔？」陽明子曰：「古者大夫三廟，不及其高矣；適士二廟，不及其曾矣。今民間得祀高、曾，蓋亦禮順人情之至，例以古制，則既為僭，況在其行之無後者乎！古

者士大夫無子，則為之置後，無後者鮮矣。後世人情偷薄，始有棄貧賤而不問者。古所為無後，皆殤子之類耳。祭法：『王下祭殤五：適子、適孫、適曾孫、適玄孫、適來孫。諸侯下祭三，大夫二，適士及庶人祭子而止。』則無後之祔，皆子孫屬也。今民間既得假四代之祀，以義起之，雖及弟姪可矣。往年湖湘一士人家，有曾伯祖與堂叔祖皆賢而無後者，欲為立嗣，則族衆不可；欲弗祀，則思其賢，有所不忍也。以問於某，某曰：不祀二三十年矣，而追為之嗣，勢有所不行矣。若在士大夫家，自可依古族屬之義，於春、秋二社之次，特設一祭：

第 2230 頁

凡族之無後而親者，各以昭穆之次配祔之，於義亦可也。」

按：錢德洪陽明先生年譜定陽明此書作在三月，云：「三月，與鄒守益書。守益謫判廣德州，築復古書院以集生徒，刻諭俗禮要以風民俗。書至，先生復書贊之。」乃非，謂「復古書院」亦誤。按鄒守益廣德州新修復初書院記云：「嘉靖丙戌秋七月，新作復初書院成……經始於乙酉冬十月，越十月而工成。」（鄒守益集卷六）復初書院七月成，陽明此書當作在七月。

鄒守益集卷二諭俗禮要序：「……予嘗受學於陽明先生，獲見虔州之教，聚童子數百而習以詩禮，洋洋乎雅頌威

儀之隆也！竊嘆人性之善，無不可教，患上之人未有以倡之耳。比官廣德，躬率諸生及童子習禮於學，雖毀齒之童，周旋規矩，雍容可觀，因益以自信。復懼夫不能以家喻也，屬劉友肇袞、王生仰，酌四禮而刻之，名曰諭俗禮要，以頒於士民。刻成，讀而嘆曰：是固貌人之形也！畫師之貌人也，耳目鼻口，四肢百體，毛髮爪甲，儼然成人矣，而精神命脉則非畫之所能載者。仁也者，人之精神命脉也。古之君子無終日間違仁，造次於是，顛沛於是，舉富貴貧賤無所摇奪，故所履中正，而禮行焉；所樂和平，而樂生焉。禮樂之文，非自外至也，由中出者也。猶人之精神命脉，完固而凝定，則粹然（睟）見面盎背，以施於四體，無弗順正而充盈者矣。故冠笄之禮，所以重男女之始也；婚娶之禮，所以謹夫婦之文也；喪祭之禮，所以愛親敬長也；雜儀，所以正家也；鄉約，所以睦鄉也。皆仁之推也。若徒以崇其儀節，肆其聲容，而無忠信惻怛以主之，是精脉枯竭而支體爪髮徒存，終亦必亡而已。凡我士民，相與反而誠於身，篤其實以充其華，盡其人道以自别於禽獸，匪直為觀美而已，聖朝禮樂之化，其庶有小補乎！」

王畿集卷十六書東廓達師門手書：「此吾友東廓文判廣德時所達先師手筆也。文建復初書院，以貞教事，書中所云：『諸友實用力者，正覺難得。只是未有天下萬世之志，不免為一身一時利害所摇奪。』此其儆策之言，所當共勉而戒焉者也。……」

按：鄒守益在廣德所致陽明書，今均佚。

張璁進兵部右侍郎，上論邊務疏，薦陽明任西北總制之官。

明世宗實録卷六十五：「嘉靖五年七月戊子，以詹事府詹事兼翰林院學士張璁為兵部右侍郎。時璁請告省墓，月朔已陛辭，上復命鴻臚寺卿魏璋諭留之。已而吏部會推堪任兵部二人以聞，上命别簡，以璁名上，遂用之。」

張璁集卷三論邊務：「……臣謂人臣之事君也，惟當取善以輔主，不當因人而廢言。故今之事，若不懲於既往，無以警於將來。漢晁錯曰：『君不擇將，以其國與敵也；將不知兵，以其卒與敵也。』臣愚以西有甘肅，北有宣、大，實皆為要害之地，宜俱設總制之官，然必謀略出群，如新建伯王守仁乃足以當之也。又必慎擇巡撫之官，責之久任，吏部但得循資加職，不得易地更遷可也。夫總制得人，則足馭巡撫；巡撫得人，則足馭邊將，鼓士氣矣。」

按：論邊務云「臣待罪本兵」，指其任兵部右侍郎。按張璁七月

第2231頁

第2232頁

七日除兵部右侍郎，七月十三日到任，其上論邊務疏約在七月下旬中。

八月，鄒守益寄來廣德州新修復初書院記與論語講章，陽明有答書，並遣黃弘綱往助其教。

王陽明全集卷六寄鄒謙之書三：「教札時及，足慰離索。兼示論語講章，明白痛快，足以發朱注之所未及。諸生聽之，當有油然而興者矣。後世人心陷溺，禍亂相尋，皆由此不明之故。只將此學字頭腦處指撥得透徹，使人洞然知得是自己生身立命之原，不假外求，如木之有根，暢茂條達，自有所不容已，則所謂悅樂不慍者，皆不待言而喻。書院記文，整嚴精確，迥爾不群，皆是直寫胸中實見，一洗近儒影響雕飾之習，不徒作矣。某近來卻見得良知日益真切簡易。朝夕與朋輩講習，只是發揮此兩字不出。緣此兩字，人人所自有，故雖愚下品，一提便省覺。若致其極，雖聖人天地不能無憾，故說此兩字窮劫不能盡。世儒尚有致疑於此，謂未足以盡道者，只是未嘗實見得耳。近有鄉大夫請某講學者，云：『除卻良知，還有甚麼說得！』某答云：『除卻良知，還有甚麼說得？』不審邇來謙之於此兩字，見得比舊又如何矣。無因一面扣之，以快傾渴。正之去，當能略盡鄙懷，不能一一。後世大患，全是士夫以虛文相誑，略不知有誠心實意。流積成風，雖有忠信之質，亦且迷溺其間，不自知覺。是故以之為子，則非孝；以之為臣，則非忠。流毒扇禍，生民之亂，尚未知所抵極。今欲救之，惟有返樸還淳是對症之劑。故吾儕今日用工，務在鞭辟近裏，刪削繁文始得。然鞭辟近裏，刪削繁文，亦非草率可能，必須講明致良知之學。每以言同志，不識謙之亦以為何如也？講學之後，望時及之。」

按：書所云「書院記文」，即指鄒守益廣德州新修復初書院記，作在七月復初書院建成之後。「論語講章」即指鄒守益復初書院講章（「學而時習之」一章），乃復初書院開學時鄒守益所作之開講。由此可知陽明此書當作在八月。前寄鄒謙之書二云「書院新成，欲為諸生擇師……惟黃正之尚留彼（按：指黃弘綱尚留在紹興）」，至此寄鄒謙之書三則云「正之去，當能略盡鄙懷」，乃是遣黃弘綱往廣德助書院之教也。

鄒守益集卷六廣德州新修復初書院記：「嘉靖丙戌秋七月，新作復初書院成。先是，書院為老子宮，直大成殿之後，守益請於巡按桂林楊公、督學光山盧公，以東郊淫祀，徙道士居之，而虛其址，屬諸學宮，二公報可。乃相方定位，以宏新規。召諸生而議之，僉曰：明明六經，維聖之模，反求諸身，覺我迷途，其中為尊經閣；桓桓希文，參我軍事，先憂後樂，師於百世，其後為范文正公祠；耿耿原采，重義輕死，樹曰銀杏，忠魂攸止，其東為懷忠祠；楚楚青衿，居肆成藝，相觀而善，罔有不至，其西為儲英館。而前兩翼為齋房，名宦，吏之率也，在門之左；鄉賢，士民之望也，在門之右；合而門之，曰復初書院，於義始備。於是遴能鳩工，市木畚

第2235頁

石，財出於贖金，或毀淫祀以佐之。經始於乙酉冬十月，越十月而工成。會步氏有田訟，守益以義諭之，願入田三百餘畝於書院。乃請於巡撫靜齋陳公，公欣然允之，而書院之規可以長久矣。守益乃合諸生而申告之曰：若知復初之義乎？天地之中，而民實受之。其絪緼化醇，若父母之於子也。子受父母之遺全而無虧者，聖之所以合德也；失而思復者，賢之所以無忝也。顛覆荒墜，若罔聞知，則為悖德，為不才，父母且怒而絕之矣。二三子其念之乎！今夫人有十金之產，一命之位，一旦而失之，其夙夜營營，恒思所以復也。至於仁義之良心

，所以別禽獸而參天地，其富奚止十金？貴奚止一命哉！而往往不思復之，惑亦甚矣！六經之言，聖人醫世之方也。善醫者審聲察色，鍼焫湯丸不同，而所以損有餘補不足，無伐天和，以求復其元氣，則一而已；聖人之言，淺深詳略不同，而所以抑太過引不及，使人易惡歸善，以復其天地之中，則一而已。元氣復而人人充膚革，順四體，以同升於壽，醫之功也；元性復而人人親父子，正君臣，肅長幼，別夫婦，以同升於善，其聖人醫世之大成乎！昔者孔顏之授受，千聖心法之要也，而其言曰克己復禮為仁，其目曰非禮勿視聽言動。己者，

第2236頁

習氣之偏也；禮者，天然自有之中也。去其習氣之偏，無或過焉，無或不及焉，以適於中行，而希聖希天之功全矣。故復之繫曰：顏氏之子，其殆庶幾乎！有善未嘗不知，知之未嘗復行。蓋許其庶於中行也。二三子之朝夕於斯也，若止以追時好、覬人爵而已，則吾不敢知；知以易惡至中復天爵之初，則吾其知免於戾矣。鄉賢、名宦者，鄉國之善士也；范公、王公，天下之善士也。瞻止大成，孔顏巍然，而循於廡下。古之人也，以天下之善士為未足，而慨然尚友於千古，誦詩讀書，以論其世，期以克肖於天地，無為千金之產、一命之位所搖奪焉

，則復初之義，其庶有以藥世之痼而瘳之乎！後之君子，孰無是志？尚日省而時緝之，以無荒前功，其亦永有賴哉！」

同上，卷十五復初書院講章（「學而時習之」一章）：「這是論語第一章，聖人論學大綱領處。聖人之時，道學著明，祇說一個『學』字，便知是學以致其道……聖人之學，何學也？朱子所謂『人性皆善，效先覺之為，以明善而復其初』是已。元亨利貞，天道之常；仁義禮智，人性之綱。凡此厥初，曷嘗有不善哉？衆人蚩蚩，物欲交蔽，自暴自棄，始流於惡矣。先覺者，能明善以復初者也。效先覺之為，亦以明善而復其初耳。何謂明善以復其初？曰：當其惻隱之發，而不使殘忍蔽之，則明仁之善而復元之初矣；當其羞惡之發，而不使貪冒蔽之，則明義之善而復利之初矣；當其辭讓是非之發，而不使無恥昏昧蔽之，則明禮智之善而復亨貞之初矣。此所謂『克己復禮』，所謂『明明德』，所謂『致曲』，所謂擴充四端，推而至於堯舜之精一、湯之執中、文之敬止，先聖後聖，其源流一也。……聞諸父師曰：人之目無不說色，有不說者，盲病之也；人之耳說聲，有不說者，聾病之也；人之鼻無不說臭，有不說者，塞病之也；人之口無不說味，有不說者，惡寒發熱病之也；人之心無不說理義，有不說者，私欲病之也。故目去其盲，則無不說色矣；耳去其聾，則無不說聲矣；鼻去其塞，則無不說臭矣；口去其惡寒發熱，則無不說味矣；心去其私欲，則無不說理義矣。故曰：『理義之悅我心，猶芻豢之悅我口。』此欲罷不能，樂以忘憂之旨也。孔之希天，顏之希聖，豈更有一途轍乎？……書院告成，以復初為第一義，故於鼓篋之始，特舉作聖之蘊，以為二三子告。二三子其反諸身而實行之，務以去外誘之私而充其本然之善，勿為舊習所拘，勿為浮議所惑，日積月累，會有得力處。庶幾真才輩出，淳風復興，使書院不為虛語，則吾夙夜之望也……」

九月一日，門人黃驥父黃肅卒，陽明書墓以表之，並致書鄒守益，命其為作墓志銘。

鄒守益集卷二十二靜庵黃公墓志銘：「餘姚黃德良，奉其父靜庵大夫以老於家，左右就養，弗能違。比歿，年八十有六矣，其諸弟哀慕若孺子。既小祥，告於几筵，請於陽明王先生，求以為千百年托者。先生為大書『皇明湖廣等處按察副使軍功累階二品通奉大夫致仕靜庵黃公之墓』以表之，而以書來命曰：『驥相游甚久，學行兼優，其為志諸幽堂，以洩其無窮之哀。』守益受命……」

按：墓志銘稱黄(綰)「辛以丙戌九月一日，葬以丁亥十二月某日」。陽明致書鄒謙之在小祥以後，則在嘉靖六年九月間。

施儒歸歸安，陸澄服闋將出，均有書來告。陽明有答書。

王陽明全集卷六寄陸原靜：「原靜雖在憂苦中，其學問功夫所謂『顛沛必於是』者，不言可知矣，奚必論述講究而後可以為學乎？南元善曾將原靜後來論學數條刊入後錄中，初心甚不欲渠如此，近日朋輩見之，却因此多有省悟，始知古人相與辯論窮詰，亦不獨要自己明白，直欲共明此學於天下耳。蓋此數條，同志中肯用功者，亦時有疑及之，然非原靜，則亦莫肯如此披豁吐露，~~亦不能~~就欲如此披豁吐露，亦不能如此曲折詳盡。故此原靜一問，其有益於同志，良不淺淺也。自後但有可相啟發者，不惜時寄及之，幸甚幸甚！近得施聘之書，意向卓然，出於流輩。往年嘗竊異其人，今果與俗不同也。閑中曾相往復否？大事今冬能舉得，便可無他絆繫，如聘之者，不妨時時一會。窮居獨處，無朋友相砥切，最是一大患也。貴鄉有韋友名商臣者，聞其用工篤實，尤為難得，亦曾一相講否？」

按：陽明此書所云「在憂苦中」，指陸澄丁憂家居，「大事今冬能舉得」，指陸澄至冬間服闋。按國榷卷五十二：「嘉靖二年四年辛巳，刑部主事陸澄以駙馬都尉崔元黨獄，上其書，有旨，刑官執法自其分，何必封奏名帖沾直。置之。」以後不久陸澄歸歸安，向以為病歸，今據陽明此書，知陸澄實乃以丁憂歸。施聘之即施儒，號西亭，歸安人。陽明云「往年嘗竊異其人，今果與俗不同」，乃指施儒在廣東按察司僉事任上平寇功著，張元廣東按察司副使施公儒墓志銘：「起公廣東按察司僉事，兵備潮惠間。潮惠故藪盜，擁衆多至數千人，沿山峒結巢穴，互為聲勢，官府不能禁……公至，會劇賊龔梁鳳、鍾大總者，復相嘯聚，公乃捕勒狼目漢達，官軍及效順新民各密授方略，分道進，直抵賊所劇山曰龍川山者，旬日間剿平之。並諭他賊首吳大王等，詣營歸命。捷聞，賜白金文綺。潮人士請於學士倫公以訓，伐石頌功焉。明年，平新田寇。又明年，平桃子園寇。皆斬獲二千人以上。遂請設惠來、大埔二縣，賊於是無所逃遁。」蓋施儒悉用陽明平寇之法也。按國榷卷五十三：「嘉靖四年十二月壬寅，廣東惠潮兵備僉事施儒，以士民保留，進副使。」施公儒墓志銘：「乙酉年，擢福建布政司參議，業行矣，總制尚書姚公謨、巡按御史涂公相會請量加公憲職，畢事於潮惠間，而公亦曰：『我思用廣人。』比命下，得授廣東按察司副使，整飭兵備如故。」（國朝獻徵錄卷九十九）施儒授廣東按察司副使事有曲折，其間當曾歸居

第2239頁
第2240頁

第2241頁

歸安，可與陸澄相見，故陽明書中云「聞中曾相往復否」、「亦曾一相講否」。以云「大事今冬能舉得」考之，陽明此書約作在秋八、九月間。章商臣，字希尹，長興人，嘉靖二年進士。湛若水弟子，見張時徹四川布政使司左參議章公商臣墓志銘（國朝獻徵錄卷九十八）。

東隱岑鼎涉江來訪，信宿而歸，陽明有詩贈別。

陽明先生文錄卷四贈岑東隱先生：「岑東隱老先生，余祖母族弟也。今年九十有四矣。雙瞳炯然，飲食談笑如少壯，所謂聖世之人瑞者非耶？涉江來訪，信宿而別。感嘆之餘，贈之以詩。　東隱先生白髮垂，猶能持竹釣江湄。身當百歲康強日，眼見九朝全盛時。寂寂群芳搖落後，蒼蒼松柏歲寒枝。結廬聞說臨瀛海，欲問桑田幾變移？　聖學工夫在致知，良知知處即吾師。勿忘勿助能無間，春到園林鳥自啼。」

按：岑東隱，即陽明祖母岑氏之族弟。據光緒餘姚岑氏章慶堂宗譜載，岑東隱名鼎，字懋實，號東隱，廪膳生，生於宣德九年二月初七日丑時，卒於嘉靖五年九月廿一日寅時（見王孫榮王陽明散佚詩文九種考釋）。按岑鼎卒於嘉靖五年九月，乃九十三歲，陽明云「今年九十有四」，恐筆誤。大致岑鼎在嘉靖五年九月來訪，歸後不久即卒。陽明此二詩，亦可謂是其晚年歸越「日與宗族親友宴遊，隨地指示良知」之代表作也。

第2242頁

十月十一日，吏部尚書楊一清、試監察御史熊爵薦陽明任兵部尚書，不用。

明世宗實錄卷六十九：「嘉靖五年十月辛酉，陞兵部左侍郎王時中為本部尚書。先是兵部缺尚書，吏部會推者再，俱未允。試監察御史熊爵乃言：『本兵重地，貴在得人。新建伯王守仁、尚書彭澤皆壯猷元老，可當是任。』章下所司。至是吏部復以時中請，遂用之。」

按：時楊一清以吏部尚書直閣，故所謂「吏部會推者再」，乃楊一清意也。世宗則以陽明「竊負儒名」，「王學」「非方正之學」，時方自作敬一箴，頒行天下，實以程朱理學對抗陸王心學，國榷卷五十三：「嘉靖五年十月庚午，上作敬一箴，及注范浚心箴、程頤四箴。費宏請刻於天下學校，從之。」可見世宗一無用陽明之心也。

黃弘綱自廣德歸，詳告鄒守益政教之成，陽明有答書贊之。

王陽明全集卷六寄鄒謙之書四：「正之歸，備談政教之善，勤勤懇懇，開誘來學，毅然以斯道為己任，其為喜幸，如何可言！前書『虛文相誑』之說，獨以慨夫後儒之沒溺詞章，雕鏤文字，以希世盜名，雖賢知有所不免，而其流毒之深，非得根器力量如吾謙之者，莫能挽而回之也。而謙之顧猶歉然，欲以猛省寡過，此正吾謙之之所以為不可及也。欣嘆欣嘆！學絕道喪之餘，苟有興起向慕於是學者，皆可以為同志，不必銖稱寸度而求其盡合於此，以之待人可也。若在我之所以為造端立命者，則不容有毫髮之或爽矣。道一而已，仁者見之謂之仁，知者見之謂之知。釋氏之所以為釋，老氏之所以為老，百姓日用而不知，皆是道也，寧有二乎？今古學術之誠偽邪正，何啻碔砆美玉！然有眩惑終身而不能辯者，正以此道之無二，而其變動不拘，充塞無間，縱橫顛倒，皆可推之而通。世之儒者，各就其一偏之見，而又飾之以比擬仿像之功，文之以章句假借之訓，其為習熟既足以自信，而條目又足以自安，此其所以誑己誑人，終身沒溺而不悟焉耳。然其毫釐之差，而乃致千里之謬。非誠有求為聖人之志而從事於惟精惟一之學者，莫能得其受病之源而發其神奸之所由伏也。若某之不肖，蓋亦嘗陷溺於其間者幾年，倀倀然既自以為是矣。賴天之靈，偶有悟於良知之學，然後悔其向之所為者，固包藏禍機，作偽於外，而心勞日拙者也。十餘年來，雖痛自洗剔創艾，而病根深痼，萌蘗時生。所幸良知在我，操得其要，譬猶舟之得舵，雖驚風巨浪顛沛不無，尚猶得免於傾覆者也。夫舊習之溺人，雖已覺悔悟，而其克治之功，尚且其難若此，又況溺而不悟，日益以深者，亦

將何所抵極乎！以謙之精神力量，又以有覺於良知，自當如江河之注海，沛然無復能有為之障礙者矣！默成深造之餘，必有日新之得，可以警發昏惰者，便間不惜款款示及之。」

按：前寄鄒謙之書三云「正之去，當能略盡鄙懷」，是謂黃弘綱赴廣德觀政教，作在八月；此寄鄒謙之書四云「正之歸，備談政教之善」，是謂黃弘綱自廣德歸，詳告政教之善，作在十月間可知矣。

十一月十四日，江西按察僉事汪應軫以疾解職歸山陰。

明世宗實錄卷七十：「嘉靖五年十一月癸巳，江西僉事汪應軫以疾解職，不候命而歸。撫按官論其擅離職守，詔下所司逮問。已應軫自陳親老無人侍養，願乞休。吏部覆言，其情可憫。詔免逮問，特准致仕。」

按：國榷卷五十三：「嘉靖五年十一月戊子，江西按察僉事汪應軫引疾遽去。命逮訊，吏部為請，特令致仕。」以為事在戊子。

(八月)，似指汪應軫始以疾解職時。

青湖先生文集卷七與季彭山年兄：「洪都別後，連承手札，指以心學之妙……近蒙陽明先生厚賜啟迪，豈不知感？但此心疑猶未釋，又敢不以待執事者待陽明哉？若陽明之文章功業，洎執事之才氣風節，則固僕之師友也，

又何必同而嫌於異哉！僕今已病乞歸，築室南園，為讀書之所，方圖寸進，以資教益。……」

按：據汪應軫此書，可見汪應軫在引疾解職前後與陽明有通信往來，故其歸山陰後必當往見陽明。青湖先生文集卷十四有登浮峰寺用王陽明韻：「人事謾隨黃葉改，塵心已共白雲還。山高鷄犬聲不到，自有晨昏非世間。」即汪應軫是次歸山陰經蕭山時所作，「塵心已共白雲還」，即言其引疾歸居山陰，汪應軫已以此次韻詩表明其歸山陰往見陽明之意。

十二月十一日，張璁、桂萼再修大禮全書，席書奏薦召起陽明諮議大禮，不用。

國榷卷五十三：「嘉靖五年十二月己未……張璁、桂萼及霍韜、方獻夫再修議禮全書。」

明世宗實録卷七十一：「嘉靖五年十二月己未，先是上林苑監右監丞何淵復請，以世廟議行禮議，如修正尊號，集議凡例，續編刊布，以成大禮全書……時書方病，因奏：『頃議禮初已有另廟之説，且前廟卷内所載略具，惟問神道以衆論不一，及遷主謁廟之議稍未編入。宜即勅原議禮官如方獻夫、霍韜、黃宗明、熊浹、黃綰，同本部官增修續之。或召起尚書王守仁，可與諮議。若今内閣及諸翰林官，皆昔日跪門呼號者，無煩使之事事以啟紛更……』已復詔罷監修總裁官，取原議禮霍韜等五人至館供事，以張璁、桂萼充副總裁，翰林院修撰等官，曩未預修者五人，禮部司屬二人，并韜等五人，為纂修官。」

十二日，繼室張氏生子正聰，鄉先達以詩來賀，陽明次韻答謝。

王陽明全集卷二十嘉靖丙戌十二月庚申始得子年已五十有五矣六有靜齋二丈昔與先公同舉於鄉聞之而喜各以詩來賀藹然世交之誼也次韻為謝二首：「海鶴精神老益强，晚途詩價重珪璋。洗兒惠兆金錢貴，爛目光呈奎井祥。何物敢云繩祖武，他年只好共爺長。偶逢燈事開湯餅，庭樹春風轉歲陽。

自分秋禾後吐芒，敢云琢玉晚

珪璋？漫憑先德餘家慶，豈是生申降嶽祥。携抱且堪娱老況，長成或可望書香。不辭歲歲臨湯餅，還見吾家第幾郎？」

陽明先生文録卷三與歐陽崇一書二：「去冬十二月十二日未時，得一子，今已逾百日，或可望長成也。」

黃綰陽明先生行狀：「諸氏卒，繼張氏，舉一子正億（按：即正聰）。適予女僅二週而公卒，遂鞠於余。以恩廕授國子生。」

錢德洪陽明先生年譜：「十一月庚申，子正億生。繼室張氏出。先生初得子，鄉先達有靜齋、六有者，皆踰九十，聞而喜，以二詩為賀。先生次韻謝答之，有曰『何物敢云繩祖武，他年只好共爺長』之句，蓋是月十有七日也。先生初命名正聰，後七年壬辰，外舅黃綰因時相避諱，更今名。」

按：錢德洪謂正聰生於十一月十二日，乃誤。以正聰十二月出生推之，陽明之娶繼室張氏或即在嘉靖五年正月，蓋去諸氏之卒一周年也。按陽明娶繼室張氏同時，又納妾多名，生子多人，非獨正聰一子。今考王艮重刻心齋王先生語錄卷下載有王艮與薛中離書云：

「……別後，先師家事變更不常，其間細微曲折，雖令弟竹□

先生耳聞目擊，於此猶未知其所以然也，蓋德不可泄故耳。向嘗請先師立夫人以為衆婦之主，師曰：『德性未定，未可輕立。』請至再三，先師不以為然者，其微意有所在也。正恐諸母生子壓於主母，而不安耶？！其子之不安可知矣。我輩不究先師淵微之意，遠慮之□，□立吴夫人以為諸母之主，其□剛無容，使正憶（正聰）之母處於危險之地，無由自安。□固如此，億弟又何以安哉！遂使億弟陷於醜婦人之手。當時大夫伯顯（按：王守文）因汪白録懲戒之後，暫不入先師家內，其危險至此。□以歐南野至越，與欒村、約齋商量，拯救至南都，自與黃久庵、何善山、召弟商議。人謀鬼謀已定，又得王瑶湖贊決，李約齋之力，遂收正億□危離險，遂得翁婿相處，吾輩之心始安矣。後陳、吴二夫人送歸，各得其所矣。其後吴夫人只□還歸原職，蓋三從之道，姑叔門人不與焉。我輩正當認錯改之，使吾億弟後無魔障可也。」

又著録與歐南野書云：

「貴鄉里曾雙溪至，知久庵公丁憂，正億弟隨歸。初□言以死保孤，於今日事勢不知果能終其所願否也。過越，恐伯顯老夫人相留，未知如何處之，望兄與龍溪兄扶持，豫謀萬全之策，以保先師一脈之孤。」

又著録歐陽德回札云：

「久庵老先生取正聰育之宦邸，亦嘗反復籌量，不能自已。我非但慮正聰保抱鞠育之跡，亦恐其長於婦人之手，□養弗□，或浸淫以入於邪辟，重遺先人之□也。非但為正聰求成立之道，抑亦以同志諸友往來處事，輒有違言，恐謗誹日甚，或啟無窮之衅也；非但於正聰有翁婿之義，老師有骨肉之恩，抑亦於伯顯及四方士友有道義同志之雅，善為調護，使各不失其一體之愛也。伯顯有書欲留正聰，自是大義至精。然觀之日前，雖若割恩舍愛，徐觀其後，伯顯亦將而安之矣。」

又陽明先生年譜附録一云：

「嘉靖十年辛卯五月，同門黃弘綱會黃綰於金陵，以先生胤子王正億請婚。先是師殯在堂，有忌者行譖於朝，革錫典世爵。有司默承風旨，媒孽其家，鄉之惡少遂相煽，欲以魚肉其子弟。胤子正億方四齡，與繼子正憲離仳竄逐，蕩析厥居。明年夏，門人大學士方獻夫署吏部，擢刑部員外王臣陞浙江僉事，分巡浙東，經紀其家，奸黨稍阻。弘綱以洪、畿擬是冬赴京殿試，恐失所托。適綰陞南京禮部侍郎，弘綱問計，綰曰：『吾室遠莫計，有弱息，願妻之。情關至戚，庶得處耳。』是月，洪、畿趨金陵為正億問名。綰曰：『老母家居，未得命，不敢專。』洪、畿復走台，得太夫人命，於是同門王艮遂行聘禮焉。十一年……九月，正億趨金陵。正億外侮稍息，内釁漸萌。於是深居家局，同門居守者，或經月不得見，相懷憂逼。同門僉事王臣、推官李逢，與歐陽德、王艮、薛僑、李珙、管州議以正億趨金陵，將依舅氏居焉。至錢塘，惡少有躡其後載者。迹既露，諸子疑其行。請卜，得鼎二之上吉，乃佯言共分胤子金以歸。惡黨信為實，弛謀。有不便者，遂以分金騰謗，流入京師。臣以是被中黜職。」

又黃綰《石龍集》卷二十《寄甘泉宗伯書》云：

「……春自京歸，至維揚，崇一諸友以書邀於路，云：『陽明先生家事甚狼狽，有難處者。』欲綰至越一處。綰初聞，不以為然；至金陵細詢，方知果有掣肘難言之情。又躊躇數日，方托王汝止携取孤子至此教養。將陽明先生囊橐所遺賬目，煩諸友及親經其事者，與王伯顯、王仲肅并管事家人，逐一查對明白，立一樣合同簿三本：一付越中，一付孤子之母，綰亦收執一本。俟孤子成人之日查對，毫髮不許輕動。目前只令家人以田租所入供給。」

按：王艮所云「眾婦」、「諸母」，即指陽明所納眾側室，「吳夫人」、「陳夫人」，皆陽明側室夫人。王艮等人之所以請立吳夫人為諸母之主，當是吳夫人生子故也，而諸母中也有生子者，故王艮謂「正恐諸母生子壓於主母，而不安」。錢德洪謂「諸子疑其行」，此「諸子」即指諸母之子。蓋是次家事乃由「内釁」引起，即諸母諸子爭家產名分，使胤子正聰及其母陷於危險境地，由「内釁」而引發「外侮」，卒致騰謗四起而不堪收拾。衆家之說，唯王艮之言最得其實，點破内情，其餘諸人皆言「外侮」而掩飾「内釁」，或欲為師諱耶？

按：陽明詩中稱餘姚有「六有」、「靜齋」二丈以詩來賀，向不知何人。陽明稱此二丈與王華同舉於鄉，且有世交之誼。今考成化十六年浙江鄉試録中是年舉鄉試之餘姚士子有七名：

第九名，蔡鍊，餘姚縣學增廣生，禮記；
第二十六名，王恩，餘姚縣學增廣生，禮記；
第三十二名，魏澄，餘姚縣儒士，春秋；
第三十六名，傅錦，餘姚縣學增廣生，禮記；
第六十七名，嚴謹，餘姚縣學增廣生，禮記；
第七十七名，俞鐔，餘姚縣學生，禮記；
第八十四名，高遷，餘姚縣儒士，禮記。

按此七人，蔡鍊字懋成，號太白樓；王恩字克成，成化二十三年進士，官御史；傅錦成化二十年進士，官刑部員外，均出仕，可信此三人非為「六有」、「靜齋」者。

餘下四人，按王華、陽明在餘姚有世交之誼者為魏氏（如魏瀚）、嚴氏（如嚴時泰），由此可知「六有」、「靜齋」當為嚴謹、魏澄矣。

古庵毛憲書來問學，陽明有答書，論「致良知」與「體認天理」之異。

古庵毛先生文集卷二奉王陽明書一：「某曩嘗於周道亨所拜領手教，啟益良多。三四年來，不德招殃，妻子繼沒，弗克時候動止，罪甚罪甚！頃屈致高弟胡正人為兒輩師，恭審道德日尊，高士群集，且有弄璋之喜，無任欣慰！某衰病荒落，恨弗得走依門下，以漸道化，惟獨持此心，勉保晚節而已。不揣鄙陋，敢以所聞請正於下執事。私念幼嘗有志此學，長而無聞，惟以不欺為主，以恕為要，以克己為工夫，而敬畏貫乎其間。日久未有所得，時或間斷，覺克己尤難。愚性偏於暴怒，克制二十年，尚或乖間竊發，深自悔訟。歸休來，承甘泉先生示以隨處體認天理，更覺親切，循是用功，頗有效驗。五十以前，此心尚雜；今則義利分明，雖怒而不留，但稍費力耳。不審後日何如，伏望鐫誨，幸甚！」

王陽明全集卷六與毛古庵憲：「亟承書惠，既荷不遺，中

間歎然下問之意，尤足以仰見賢者進修之功，勤勤不懈，喜幸何可言也！無因促膝一陳鄙見，以求是正，可勝瞻馳！凡鄙人所謂「致良知」之說，與今之所謂「體認天理」之說，本亦無大相遠，但微有直截迂曲之差耳。譬之種植，致良知者，是培其根本之生意，而達之枝葉者也；體認天理者，是茂其枝葉之生意，而求以復之根本者也。然培其根本之生意，固自有以達之枝葉矣；欲茂其枝葉之生意，亦安能舍根本而別有生意可以茂之枝葉之間者乎？吾兄忠信近道之資，既自出於儕輩之上，近見胡正人，備談吾兄平日工夫又皆篤實懇切，非若世之徇名遠迹

而徒以支離於其外者。只如此用力不已，自當循循有至，所謂殊途而同歸者也。亦奚必改途易業，而別求所謂為學之方乎？惟吾兄益就平日用工得力處進步不息，譬之適京都者，始在偏州僻壤，未免經歷於傍蹊曲徑之中，苟志往不懈，未有不達於通衢大路也。病軀咳作，不能多及，寄去鄙錄，末後論學一書，亦頗發明鄙見，暇中幸示及之。」

按：毛憲書所云「弄璋之喜」，即指生正聰，知此書作於嘉靖五年十二月間。周道亨即周衢（周衡道通之兄），毛憲於嘉靖元年以耳疾謝歸武進，時陽明有書托周衢轉呈毛憲，即毛憲此書所云「曩嘗於周道亨所拜領手教」，蓋周衢亦與周衡同為陽明弟子也。「胡正人」疑即胡純（字惟一，或一字正人），萬曆紹興府志卷四十三儒林：「胡純，字惟一，會稽人。少從新建學。天性孝友，家貧無書，每假抄以誦。自弱冠即為塾師，賴其資以奉親終其身。其為人終日齋坐，不妄言笑，不苟交，動止必飭。其教人必率以規矩，歌詩習禮，不徒事章句。」儼然一「正人」塾師純儒者。所謂「自弱冠即為塾師」，似即指毛憲屈致其為兒輩塾師。陽明此書原題作「與毛古庵憲副」，誤，茲改。又陽明此書題下注「丁亥」作，蓋是毛憲書來在嘉靖五年十二月，陽明答書則作在嘉靖六年正月也。

第 2252 頁

陽明此書，大旨在論「致良知」與「隨事體認天理」之異。蓋毛憲雖為陽明所取士，然其却尊朱學。呂柟禮科右給事中毛公憲墓表：「嘉靖初年，以耳疾謝歸。講求性理之學，學者翕然尊師……惟時郡守陳君實建道南書院，延公為師，表進後學。公之教以不欺為主，以喜怒為用，以克己為功，以敬義為存心制事之本。其言曰：『君子之學，須是擺脱習氣，著實踐履，方是實學。』」（國朝獻徵錄卷八十）故其思想接近湛甘泉，而於陽明學猶未達一間也。

柴太安人卒，陽明有文祭之。

陽明祭柴太安人文：「嘉靖年月日，新建伯兼兵部尚書忝眷王守仁，謹以牲醴之奠致祭於封太安人胡太親母柴氏之柩：維太安人，生於閒宗，歸於名族。母儀婦道，鄉邦所式。憲憲令子，外臺司直。匪榮膴秩，允榮顯德。溯澤於源，有封有錫。鬱鬱芝蘭，燁燁桑梓。耄壽考祥，哀榮終始，復何恨哉，復何恨哉！守仁忝在姻末，當始訃聞，病莫奔哭。期茲歸藏，必往執紼。先遣兒曹，匍匐歸役。經旬雨雪，水澤腹堅。加以咳疾，觸寒莫前。梗出意外，再發復旋。天時人事，成此咎衍。百里江關，目極心摧。薄奠申祖，臨風愴愧。豈足將誠，祗以告罪。」（餘姚柏山胡氏重修宗譜卷首）

第 2253 頁

按：宗譜稱柴太安人為埋馬胡東皋母，胡東皋女適陽明嗣子王正憲（見前），故陽明稱孫安人為「胡親母」，而稱柴太安人為「胡太親母」。此祭柴太安人文與祭孫安人文在格式上與句式都相似，蓋柴氏之卒與孫氏之卒相去未遠，似為同時祔葬。祭文云「經旬雨雪」，「觸寒莫前」，時當在冬末之際。又祭文云「梗出意外，舟發復旋」，是謂陽明本已發舟往餘姚祭奠，因忽觸寒生疾，梗出意外，又旋舟復回。按顏鯨胡東皋傳云：「公諱東皋，字汝登，別號方岡，世為餘姚梅川里人。……母柴氏……辛未夏，三載考績書最，封父懌庵公如其官，母柴為太安人。……嘉靖改元，入覲，考治行，為天下第一，詔優獎之。二年，陞按察司副使，整飭建昌兵備……丙戌，奔母喪，建昌軍民思公德愛，相與圖像立祠。」（國朝獻徵錄卷五十六）可見柴氏卒在嘉靖五年，至其歸藏，陽明欲往執紼而作此祭文，已在嘉靖五年年底，故有「經旬雨雪」之句。祭文中云「外臺司直」，即指胡東皋任按察司副使；「忝在姻末」，指王正憲娶胡東皋之女；「兒曹」，即指王正憲。是年十二月庚申，張氏生正聰，所謂「梗出意外」，或即指子正聰生耶？

劉邦采、劉曉合安福同志為會，名曰「惜陰會」，陽明為作惜陰說。

王陽明全集卷七惜陰說：「同志之在安成者，閱月為會五

第 2254 頁

日，謂之『惜陰』，其志篤矣。然五日之外，孰非惜陰時乎？離群而索居，志不能無少懈，故五日之會，所以相稽切焉耳。嗚呼！天道之運，無一息之或停者，則知惜陰矣；知惜陰者，則知致其良知矣。子在川上曰：『逝者如斯夫！不舍晝夜。』此其所以學如不及，至於發憤忘食也。堯舜兢兢業業，成湯日新又新，文王純亦不已，周公坐以待旦，惜陰之功，寧獨大禹為然？子思曰：『戒慎乎其所不睹，恐懼乎其所不聞，知微之顯，可以入德矣。』或曰：『雞鳴而起，孳孳為利。凶人為不善，亦惟日不足，然則小人亦可謂之惜陰乎？』

劉曉惜陰會約引：「曉之事夫子也最早，愧無為諸君子倡。因念生也異方，不能往受教；在鄉也，又勢各有便，不能聚一。懼夫離群索居，固有因而怠焉者矣。乃與諸同志立為惜陰會，期以各雙月望日，輪有志者若干人，主供應擇地之雅，勝居焉。互相切磋，各殫厥心，盡五日而散。與會者非有大故，不得輒免。」（轉引自李才棟江西古代書院史）

鄒守益集卷十七書書屋斂義卷：「往歲丙戌、丁亥，同志舉惜陰之會，先師陽明公寔有訓言，所以揭聖學，昭天德，使人人遷善改過，同歸皇極之化，甚盛舉也！顧間

第 2255 頁

月而會，五日而散，往來無常所，暴寒無常時，僉議須斂衆財以立書屋。凡我同志，不分已仕未仕，量家多寡而協出之，庶幾居肆成藝之規。賴天之福，松谿公惠撫吾邑，慨然以身任之，仁於舊學，用宏新制。其風氣凝固，規模壯宏，皆可以垂永久。……」

按：安福惜陰會，錢德洪以為劉邦采立，陽明先生年譜：「嘉靖五年十二月，作惜陰說。劉邦采合安福同志為會，名曰『惜陰』，請先生書會籍。」年譜附録一：「師在越時，劉邦采首創惜陰會於安福，間月為會五日。」然黄宗羲以為劉曉立惜陰會，明儒學案卷十九縣令劉梅源先生曉：「……見陽明於南京，遂稟受焉……歸集同志為惜陰會，吉安之多學者，先生為之五丁也。」又康熙安福縣志卷三：「劉曉，字伯光，南鄉三舍人……：曉合諸同志歲時講談，而題其端曰『惜陰』。安成惜陰自曉始。」三舍劉氏七續族譜卷三十四家傳第八劉曉傳：「曉字伯光，號梅源，諭德戩之孫……結屋梅花之源，合諸同志，歲時講業，而題其端曰『惜陰』。陽明先生為著惜陰說。安成惜陰之會自曉始。」今據劉曉惜陰會約引，謂劉曉立惜陰會當屬可信。蓋安福惜陰會乃是劉邦采、劉曉叔侄二人所共立也。「松溪公」即程文德，陽明弟子。

除夕，羅石董澐自海寧渡江來訪，因共守歲，有守歲唱酬詩。

陽明守歲詩（并序）：「嘉靖丙戌之除，從吾道人自海寧渡江來訪，因共守歲。人過中年，四方之志益倦。客途歲暮，戀戀兒女室家，將舍所事走千里而歸矣。道人今年已七十，終歲往來湖山之間，去住蕭然，曾不知有其家室。其子穀又賢而孝，謂道人老矣，出輒長跪請留。道人笑曰：『爾之愛我也以姑息。吾方友天下之善士，以與古之賢聖者遊，正情養性，固無入而不自得。天地且逆旅，奚必一畝之宮而後為吾舍耶？』嗚呼！若道人者，要當求之於古，在今時則吾所罕睹也。是夜風雪，道人有作，予因次韻為謝。　多情風雪屬三餘，滿目青山是舊廬。況有故人千里至，不知今夜一年除。天心終古原無改，歲時明朝又一初。白首如君真灑脫，恥隨兒子戀分裾。　陽明山人守仁書。」（從吾道人語録後附）

從吾道人詩稿卷下丙戌除夕：「南渡江來樂有餘，廣堂守歲即吾廬。二三千個同門聚，六十九年今夜除。文運河圖呈象日，寒梅禹穴見花初。陽明甲第春風轉，老我明朝口曳裾。　越子城頭雪尺餘，梅花作伴臥僧廬。真常口口歲更改，舊染若隨塵掃除。到處是家安便口，口心即聖擬還初。白頭未信年華去，正要口口口翠裾」。

王襞明儒王東厓先生遺集卷二次董蘿石翁餘字韵：「堯夫擊壤浩歌餘，正似江門坐小廬。千古窮通憑感遇，百年謀計起乘除。即憐蘭蕙生涯轉，剛是春風鼓動初。待看風流三月我，萬香叢裏找青裾。喚醒從前春夢餘，回頭便識自家廬。莊嚴寶相皆成僞，幻妄空花早破除。一物不存非窈渺，纖毫落見先元初。夜來閑傍梅花立，月滿枝頭影滿裾」。

按：董澐先在三月來會稽見陽明，陽明為作湖海集序，其在約秋中回海寧。至歲暮董澐又來會稽，詩云「陽明甲第春風轉」，

隱指陽明得子正聰，董澐蓋有來賀之意。其詩云「二三千個同門聚」，尤值得注意。其時在會稽同門猶有二三千之多，如董穀、王襞皆在會稽，歲終未歸。王東崖先生襞墓志銘亦云「是時龍溪、緒山、玉芝皆在公左右。先生以公命悉師事之，踰十年歸」。故王襞得與唱酬也。

一五二七 嘉靖六年 丁亥 五十六歲

正月二十二日，世宗下詔開館纂修大禮全書，命黃綰、黃宗明等為纂修官，應詔入京。黃綰書來問出處，陽明有答書，以為「義不容辭」，「若纂修未為盡非，則北赴未為不可」。

國榷卷五十三：「嘉靖六年正月庚子，敕纂修大禮全書。大學士費宏、楊一清、石珤、賈詠、禮部尚書席書總裁，兵部侍郎張璁、詹事桂萼副總裁，少詹事方獻夫、霍韜、前河南右參議熊浹、福建鹽運使黃宗明、修撰席春、編修孫承恩、廖道南、王用賓、張治、南京工部營

繕員外郎黃綰、禮部儀制主事潘潢、祠祭主事曾存仁纂修」。

黃綰集卷十九寄胡秀夫諸兄書：「僕歸，只謂終焉而已，在家方得安樂。不意元山論薦，朝廷遂差千戶來取纂修禮書。初聞亦欲堅謝，既而鎮巡藩郡各差官及縣官，日夕到家敦逼，不惟勢不容辭，一時度義，亦無可為辭者。又令人持書質諸陽明，亦云『義不容辭』。且元山後題本內，又反復說破衆人欲辭之意，不容終已，遂勉强出門。既不獲辭，今已就道。……」

陽明先生文録卷三與黃宗賢書：「所委文字，以通家之情

，重以吾兄道義骨肉之愛，更復何辭？向日之約，誠有不得已者。近來人事日益紛擾，每每自晨發至更餘，無須臾稍閑，精神鑠衰，往往終日自不得食。吾兄若見之，將亦自有不忍以此相責者矣。北來消息，昨晚始聞。承喻信然，所謂甚難行止者，恐亦毀譽之心猶在。今且只論纂修一事，為可耶？為不可耶？若纂修未為盡非，則北赴未為不可。陞官之與差委事體，亦自不同。況議禮本是請君始終其事，中間萬一猶有未盡者，正可因此潤色調停。以今事勢觀之，元山既以目疾，未能躬事；方、霍恐未即出。二君若復不往，則朝廷之意益孤，而元山之志荒矣。務潔其身者，「楊氏為我」之義，君子之心，未肯踁踁若此也。凡人出處，如人飲水，冷暖自知，非他人所能與，高明自裁度之。北行過越，尚須一面，不一一。」

按：其時黃綰已引疾歸居黃巖，陽明此書乃勉勸黃綰一出赴京纂修大禮全書（即明倫大典）。「元山」為席書，「方」為方獻夫，「霍」為霍韜。按國榷卷五十三：「嘉靖五年六月壬子，禮部尚書席書目眚，賜酒饌，作詩慰之。……嘉靖六年二月壬子，禮部尚書席書疾甚，許致仕，進武英殿大學士，賜第京師。……三月戊子，前少保兼太子太保、禮部尚書、武英殿大學士席書

第2260頁

卒。」席書二月致仕，三月即卒，由此可確知陽明此書作在嘉靖六年二月。以「北來消息，昨晚始聞」考之，則在二月上旬中也。書云「所委文字，以通家之情，重以吾兄道義骨肉之愛，更復何辭」，疑指為王鏊作傳。按王陽明全集卷二十五有太傅王文恪公傳，題下注作於嘉靖六年丁亥，或即出於黃綰所請。

二月十日，巡按應天御史聶豹回京復命，次真州，有書來告，陽明有答書。

陽明與聶雙江先生書：「遠承手教，推許過情，悚怍何可當！兼承懇懇衛道之誠，向學之篤，其為相愛豈有既耶？感幸，感幸！道之不明，幾百年矣，賴天之靈，偶有所見，不自量力，冒非其任，誠不忍此學昧昧於世，苟可盡其心焉，雖輕身舍生，亦所不避，況於非笑詆毀之微乎！夫非笑詆毀，君子非獨不之避，因人之非笑詆毀而益以自省自勵焉，則固莫非進德之資也。承愛念之深，莫可為報，輒以是為謝。聞北上有日，無因一晤語，可勝懸懸。足下行有耳目之寄矣，千萬為此道此學珍攝，以慰交游之望。二月十日，守仁頓首。」（同治永豐縣志卷三十五，陽明文集失載）

按：前考聶豹嘉靖五年春以巡按應天來見陽明。至嘉靖六年

第2261頁

春回京復命，又有書致陽明。宋儀望輯江聶公行狀：「明年（嘉靖五年）春，按應天……丁亥，復命。未幾，遂差巡按福建。」聶豹啟陽明先生云：「丁亥春，北上，次真州，曾具狀託王巡按轉致，竟不知達否，如何？」（聶豹集卷八）陽明有答書，即此書也。觀聶豹書云「丁亥春，北上」，陽明此書則云「聞北上有日」，尤可見陽明此書乃答聶豹在真州一書，所謂「北上」，即行狀所云嘉靖六年春回京復命也。又觀聶豹啟陽明先生所言，可見聶豹未收到陽明此書，陽明此書或在中途亡失，聶豹次真州致陽明書遂亦未收入文集。

古庵毛憲再有書來問學。

古庵毛先生文集卷二奉王陽明書二：「某衰病侵尋，哀苦相繼，義理疏闊，學問荒蕪，有愧指教多矣。然亦不敢自棄，暇則溫習舊聞，講求家禮、鄉約諸儀，措諸躬行，以冀寡過。深恨病縛，道遠弗獲親炙門下，以聆至教，愧悚，愧悚！間讀朱子大全，見得此老於天下事無不格，而理無不窮，真天挺豪傑，足以繼往而開來也。近同士大夫私議門下欲改大學『格』字，訓為『正』，又病『敬』之一字為綴，豈其然乎？因風望示喻，以釋此疑，萬幸，萬幸！」

按：前考毛憲嘉靖五年十二月書來問學，陽明在嘉靖六年正月

有答書。毛憲此書云「有愧指教多矣」，即指收到陽明答書，可見毛憲此書作在二月中。按古庵毛先生文集卷六祭新建伯王陽明云：「顧某庸陋，愧未能心融而鑑照。然竊聞『根本枝葉』之諭，沉潛砥礪，亦既深培而力造。」所謂『「根本枝葉」之諭』即指陽明首次答書；不及陽明第二次答書，可見陽明於毛憲此第二書未有覆。

朱得之歸靖江，陽明書修道說贈別，董澐有書致慰。

朱得之輯稽山承語：「嘉靖丁亥，得之將告歸，請益。師曰：『四方學者來此相從，吾無所畀益也，特與指點良知而已。良知者，是非之心，吾之神明也。人皆有之，但終身由之而不知者衆耳。各人須是信得及，儘著自己力量，真切用功，日當有見。六經四子，亦惟指點此而已。近來學者與人論學，不肯虛心易氣，商量個是當否，只是求伸其說，不知此已失卻為學之本，雖論何益？又或在此聽些說話，不去切實體驗，以求自得，只管逢人便講；及講時又多參以己見，影響比擬，輕議先儒得失。若此者，正是立志未真，工夫未精，不自覺其粗心浮氣之發，使聽者虛謙問學之意反為蔽塞，所謂輕自大而反失之者也。往時有幾個樸實頭的，到能反己自修；及人問時，不肯多說，只說我聞得學問頭腦只是致良知，不

論食息語默，有事無事，此心常自炯然不昧，不令一毫私欲干涉，便是必有事焉，便是慎獨，便是集義，便是致中和。又有一等淵默躬行，不言而信，與人并立，而人自化，此方是善學者，方是為己之學。』」

康熙常州府志卷二十三人物：「朱得之……其歸也，陽明書修道說貽之。」

從吾道人詩稿卷上寄朱近齋：「我憶如愚子，遥天首獨搔。鯉魚南海少，北斗靖江高。花落鶯猶語，春寒夢亦勞。一緘千里去，聊以慰同胞。」

按：明儒學案卷二十五明經朱近齋先生得之引朱得之記一條語録：「董蘿石平生好善惡惡甚嚴，自舉以問。陽明先生曰：『好字原是好字，惡字原是惡字。』董於言下躍然。」可見董、朱兩人甚相知。董澐嘉靖五年除夕方來紹興，此詩作於嘉靖六年春三月，則朱得之别陽明歸靖江約在二月中。

三月十一日，席書卒，陽明有文祭奠。

國榷卷五十三：「嘉靖六年三月戊子，前少保兼太子太保、禮部尚書、武英殿大學士席書卒……上自作文祭曰：『學得真傳，德惟一致。忠誠端慎，簡在朕心。欲共圖政化之淳，而遽奪忠良之速。後雖同事之臣，日或接見；獨於謀議之善，不復可聞。』其悼念如此。書有才用，多讀書。晚以桂萼薦，蒙知恃寵，負氣而忮。」

王陽明全集卷二十五祭元山席尚書文：「嗚呼元山！真可謂豪傑之士，社稷之臣矣。世方没溺於功利辭章，不復知有身心之學，而公獨超然遠覽，知求絶學於千載之上；世方黨同伐異，狥俗苟容，以鈎聲避毁，而公獨卓然定見，惟是之從，蓋有舉世非之而不顧；世方植私好利，依違反覆，以壟斷相與，而公獨世道是憂。義之所存，冒孤危而必吐；心之所宜，經百折而不回。蓋其所論雖或亦有動於氣、激於忿，而其心事磊磊，則如青天白日，洞然可以信其無他。世方媢嫉讒險，排勝己以嫉高明，而公獨誠心樂善。求以伸人之才，而不自知其身之為屈；求以進賢於國，而不自知其怨謗之集於其身。蓋所謂「斷斷休休，人之有技，若己有之」者。此大臣之盛德，自古以為難，非獨近世之所未見也。嗚呼！世固有有君而無臣，亦有有臣而無君者矣。以公之賢，而又遭逢主上之神聖，知公之深而信公之篤，不啻金石之固，膠漆之投，非所謂明良相逢，千載一時者歟？是何天意之不可測，其行之也，方若巨艦之遇順風，而其傾之也，忽中流而折檣舵；其植之也，方爾枝葉之敷榮，而摧之

也，遂根株而蹶拔。其果無意於斯人也乎？嗚呼痛哉！嗚呼痛哉！某之不肖，屢屢辱公過情之薦，自度終不能有濟於時，而徒以為公知人之累，每切私懷慚愧。又憶往年與公論學於貴州，受公之知實深。近年以來，覺少有所進，思得與公一面，少叙其愚以來質正，斯亦千古之一快，而公今復已矣，嗚呼痛哉！聞公之訃，不能奔哭，千里設位，一慟割心。自今以往，進吾不能有益於君國，退將益修吾學，期終不負知己之報而已矣。嗚呼痛哉！言有盡而意無窮，嗚呼痛哉！」

黃綰集卷二十八奠席元山先生文：「於乎！先生豪傑之心

，經濟之才。欲行其志，雖泰山莫壓，雷霆不摧。竟賴明道，群蒙欲開。遂得究宋議之不稽，辨訛籍以無猜；誅奸心於異代，息丹黨之諠豗。因大孝之昭彰，轉堯基而乾回；啟明堂以敷治，欣海岳之咸來。奈何先生，既栽不培，以致聖主當寧而浩嘆，志士抱心而莫栽。遺此至恨，千古傷哉！」

按：王陽明全集卷二十一與黃宗賢書一云：「懇辭疏下，望相扶持……席元山喪已還蜀否？前者奠辭想已轉達」。此書作於六月（見下），知陽明祭文乃由黃綰携往京師轉達。

林大輅陞江西按察副使，經紹興來訪。別後兩人有通信往來論學。

王陽明全集卷六答林乘憲副：「此學不明於世，久矣。而舊聞舊習障蔽纏繞，一旦驟聞吾說，未有不非詆疑議者。然此心之良知，昭然不昧，萬古一日。但肯平心易氣，而以吾說反之於心，亦未有不洞然明白者。然不能即此奮志進步，勇脫窠臼，而猶依違觀望於其間，則舊聞舊習又從而牽滯蔽塞之矣。此近世同志中往往皆有是病，不識以乘別後，意思却如何耳。昔有十家之村，皆荒其百畝，而日惟糴於市，取其贏餘以贍朝夕者。鄰村之農勸之曰：『爾朝夕轉糴，勞費無期，曷若三年耕則餘

一年之食，數年耕可積而富矣。」其二人聽之，舍糴而田。八家之人競相非沮遏，室人老幼亦交遍歸謫曰：「我朝不糴，則無以為饔；暮不糴，則無以為餐。朝夕不保，安能待秋而食乎？」其一人力田不顧，卒成富家；其一人不得已，復棄田而糴，竟貧餒終身焉。今天下之人，方皆轉糴於市，忽有轉糴而田者，寧能免於非謫乎！要在深信弗疑，力田而不顧，乃克有成耳。兩承書來，皆有邁往直進、相信不疑之志，殊為浣慰！人還，附知少致切劘之誠，當不以為迂也。」

按：「以乘」即林大輅，字以乘，號二山，莆田人。正德九年進士，因諫武宗南巡下詔獄，廷杖謫外。「憲副」，指林大輅任江西按察司副使。柯維騏通議大夫都察院右副都御史二山林公行狀：「肅皇帝登極，徵為刑部副郎，父老攀援遮送；……抵京，擢江西僉事，持憲嚴明有體。久而擢副使，攝南贛兵備。會思恩、田州聚黨亂，總制姚公謨、王公守仁，後先檄公夾兵討之，寇用以平。」（愧瘖集前附）可見林大輅在嘉靖六年陞江西副使，嘗途經紹興訪陽明問學，別後兩人多有通信往返，時在是年春間（五月陽明已詔起兼都察院左都御史，征思、田）。

魏良政來紹興問學，並攜魏良弼書至，陽明有答書。聞陽明將有入都之行，魏良弼再有書來問學。

王陽明全集卷六答魏師說：「師伊至，備聞日新之功。兼得來書，志意懇切，喜慰無盡。所云『任情任意，認作良知；及作意為之，不依本來良知，而自謂良知者，既已察識其病矣』，意與良知當分別明白。凡應物起念處，皆謂之意。意則有是有非，能知得意之是與非者，則謂之良知。依得良知，即無有不是矣。所疑拘於體面，格於事勢等患，皆是致良知之心未能誠切專一。若能誠切專一，自無此也。凡作事不能謀始與有輕忽苟且之弊者，亦皆致知之心未能誠一，亦是見得良知未透徹。若見得透徹，即體面事勢中，莫非良知之妙用。除卻體面事勢之外，亦別無良知矣。豈得又為體面所局，事勢所格？即已動於私意，非復良知之本然矣。今時同志中，雖皆知得良知無所不在，一涉酬應，便又將人情物理與良知看作兩事，此誠不可以不察也。」

太常少卿魏水洲先生文集卷三奉陽明王先生：「小价來，備聞老師譽處益隆，朝廷向用之意益篤。公子發祥，大德必受命，仁者必有後，天道人道，同符合轍，吾道亨泰，指日而待也。既蒙手教，下臨誨諭諄復，捧讀皆如老師耳提面命，心志益覺有進，於此益知向之所問學未精，而工夫疏略，於此知作事不能謀始，苟且輕忽之弊，深中生之病，敢不拜命佩服！於此益知夢晝知晝之說，通乎晝夜之道，而知川上之嘆，水哉之稱，造次必於是，顛沛必於是，而無一毫間斷，方才是心無一刻不牧，而所致者皆良知也。不肖居此，自慚無補於生民，局於體面、事勢，蓋聞老師至教，欲得盡去昔日之陋，而時有不可為，殊不知過，於前者不可追，於後而改之者，謂不復蹈前日之病云耳，非謂追前而改正之也。顏子之不貳過，只是知得透徹，致得周遍，無一毫罅隙可投，只是個誠切專一，即老師所謂「誠切專一」，上蔡謂「仁者，心無內外、遠近、精粗，君子無入不自得也」，只是一個誠切專一」。又蒙示「今時同志中雖知得良知無所不在，一涉應酬，又將人情物理與良知看作兩事」，靜言思之，深坐此病，豈老師經歷愚生腹中查刷一遍過來，何無一毫遁情如此！近得邸報，費、石二老先生去位，繼之者必遂庵也，後此必吳、賈二先生也。老師此行，朝廷必有以處，老師無可無不可也。愚謂繼諸公之後，亦可補府部之缺，亦可弟欲得此道之行，回古風於唐虞，非得位得君，轉移終覺難也。不才叨此下邑，德薄才疏，不能上順天心，下副民望，遭此荒旱，饑口嗷嗷，撫字賑恤，頗覺疲困。幸賴二麥穰穰，生民有濟。而平陽又報有

警，師旅又興，坑兵不調於松陽矣。思古人「師旅饑饉，比及三年，有勇知方」之說，展轉再三，莫究其所旨歸也。惟老師終教之，不勝大願！」

按：陽明書中所云得魏良弼來書，今佚。魏良弼此奉陽明王先生，乃是在收得陽明此答魏師說後所作答書。書中所云「公子發祥」，指陽明得子正聰。所云「老師此行，朝廷必有以處」，「朝廷向用之意益篤」，指陽明將北上赴京親領誥券謝恩（詳下），時在三月。又此書云「費、石二老先生去位，繼之者必遂庵也」，費宏、石珤均在二月致仕，國榷卷五十三：「二月癸亥，大學士費宏、石珤致仕……蓋張璁、桂萼攻宏甚，又新中王

邦奇之間也」。由此可確知魏良弼此書作於三月間。按魏良弼嘉靖三月夏赴松陽知縣任，見魏水洲行略（太常少卿魏水洲先生文集卷六）。明清進士録：「魏良弼，嘉靖二年三甲一百六十七名進士，江西新建人，字師說，號水洲。由松陽知縣歷刑部給事中，巡視京營，劾罷保定侯梁永福、太僕卿曾直等，直聲大著。吏部尚書王瓊被逮，良弼請釋之，帝怒，下詔獄。贖還職，遷吏科給事中。彗星見，劾罷大學士張璁。逾月，復劾吏部尚書汪鋐，忤旨奪俸。及璁再起柄政，與鋐有前隙，遂以考察削籍。隆慶初，即家拜太常卿，卒」。魏良弼乃從松陽發書至，書云「不才叨此下邑」，即指松陽。蓋其時兩人書札往返甚多，今皆亡佚矣。如此陽明答書尤引人注目，蓋陽明稍後「天泉證道」所言「有善有惡是意之動」、「知善知惡是良知」，已由此書發之矣。

召命北上赴京親領誥券謝恩，受沮不行。陽明有書致歐陽德告之。

太常少卿魏水洲先生文集卷三奉陽明王先生：「……老師此行，朝廷必有以處，老師無可無不可也。愚謂繼諸公之後，亦可補府部之缺，亦可第欲得此道之行，回古風於唐虞……」

陽明先生文錄卷三與歐陽崇一書二：「去冬十二月十二日未時，得一子，今已逾百日，或可望長成也。北上之說，信有之。聖主天高地厚之恩，粉身無以為報。今即位六年矣，徒以干進之嫌，不得一稽首，門廷臣子之心，誠跼蹐不安。近日又有召命，豈有謝恩之禮待君父促之而後行者？但賤軀咳患方甚，揆之人情，恐病勢稍間，終當一行。來書所謂『如此人情，如此世道，何處着脚』，凡在吾黨，所見略同，千里拳拳之念，何敢忘也！道之不行，已知之矣。區區之心，固不敢先有意必，然亦自有不容已者耳。」

按：陽明此書言及去冬得子，以「今已逾百日」算，則此書作在三月中，與魏良弼奉陽明王先生所述合。所謂「北上之說」、「老師此行」、「豈有謝恩之禮待君父促之而後行」、「終當一行」，乃指其北上赴京親領誥券謝恩之行。蓋陽明雖封為伯爵，却一直不給誥券歲祿。錢德洪陽明先生年譜：「嘉靖四年六月……尚書席書為首特薦……於是楊一清入閣辦事。明年，有領券謝恩之召，尋不果。」所謂「北上」即指此領券謝恩之行，錢德洪定在嘉靖五年則誤。陽明此書云「近日又有召命」，則可知召命下在二月，其時陽明入朝、入閣之呼聲日高，費宏將罷，楊一清赴京，陽明於其時入朝謝恩，朝野皆以為陽明將有大用，故最為費、楊所忌憚。陽明卒未能北行入朝，蓋以此也。（按：至八月黃綰上疏後，朝廷方給陽明鐵券祿米）

戚賢赴歸安知縣任，途經紹興來問學。

王畿集卷十九祭戚南玄文：「……追惟丙戌之歲，忝兄同榜，予以陽明先生在越，圖告南還。次年，兄出宰歸安，與越鄰壤。余嘗與玉溪扁舟過苕溪，期兄出會。兄泥於時忌，意向雖切，而行跡稍存。余以『脚跨兩家船』戲之，兄即幡然愧悔，出頭擔當，興學育才，能聲大起。每公事過越，必謀數日之會，而情益親。……兄未第時，嘗見先師於南都。及官歸安，復拜於越。先師嘗有『良知如白日』之訓，兄平生學問以此為的。……」

按：戚賢與王畿同於嘉靖五年舉進士。明清進士錄：「戚賢，嘉靖五年三甲五十三名進士。安徽全椒人，字秀夫，號南玄。授歸安知縣，師事王守仁，政治精明，政績卓著，擢吏科給事中。前給事中葉洪劾汪鋐被謫，賢以鋐恣横，實輔臣張璁曲庇，并劾之。太廟災，復劾郭勳及張瓚等，謫山東布政司都事。尋以父老自劾，免歸，卒於家。」以臧賢六月己在歸安寄書與陽明（見下）考之，可見其當在春間赴歸安任，其經紹興來見陽明問學約在二、三月間。

黃直獲釋被貶歸金溪，再來紹興問學。

傳習録卷下：「此後黃以方録。黃以方問：『博學於文，為隨事學存此天理。然則謂行有餘力，則以學文，其說似不相合。』先生曰：『詩、書、六藝皆是天理之發見，文字都包在其中。考之詩、書、六藝，皆所以學存此天理也。不特發見於事為者方為文耳。餘力學文，亦只博學於文中事。』……」

按：傳習録卷下後半部皆為黃直所記，均屬反映陽明晚年思想之重要語録。以其中記有「先生起征思、田，德洪與汝中追送嚴灘」等條，可見是黃直嘉靖六年來紹興所記。按明史卷二百零七黃直傳：「黃直，字以方，金溪人。受業於王守仁。嘉靖二年會試，主事發策極詆守仁之學。直與同門歐陽德不阿主司意，編修馬汝驥奇之，兩人遂中式。直既成進士，即疏陳隆聖治，保聖躬、敦聖孝、明聖鑒、勤聖學、務聖道六事。除漳州推官。以漳俗尚鬼，盡廢境內淫祠，易其材以葺橋梁、公廨。御史誣以罪，送吏部降用。行至中途，疏請早定儲貳。帝怒，遣緹騎逮問。無何，得釋。貶沔陽判官。」據此，可知黃直當

第2274頁

是在得釋後歸居金溪，故遂來紹興問學。以陽明九月己赴兩廣，而黃直所記語録又甚多推之，黃直約在春、夏間（朱得之去後）來紹興問學。至九月，黃直陪侍陽明赴兩廣，故有嚴灘之記；至江西，陽明南下赴兩廣，黃直則歸金溪。

與門人講論良知心學，修正詮釋「王門四句教」。

傳習録卷下：「先生曰：『先儒解「格」為格天下之物，天下之物如何格得？且謂一草一木亦皆有理，今如何去格？縱格得草木來，如何反來誠得自家意？我解格作「正」字義，大學之所謂身，即耳目口鼻四肢是也。欲修身，便是要目非禮勿視，耳非禮勿聽，口非禮勿言，四肢非禮勿動。要修這個身，身上如何用得工夫？心者，身之主宰。目雖視，而所以視者心也；耳雖聽，而所以聽者心也；口與四肢雖言、動，而所以言、動者心也。故欲修身，在於體當自家心體，常令廓然大公，無有些子不正處。主宰一正，則發竅于目，自無非禮之視；發竅於耳，自無非禮之聽；發竅于口與四肢，自無非禮之言、動。此便是修身在正其心。然至善者，心之本體也。心之本體，那有不善？如今要正心，本體上何處用得功？必就心之發動處纔可著力也。心之發動不能無不善，故須就此

第2275頁

處著力，便是在誠意。如一念發在好善上，便實實落落去好善；一念發在惡惡上，便實實落落去惡惡。意之所發，既無不誠，則其本體如何有不正的？故欲正其心在誠意。工夫到誠意，始有着落處。然誠意之本，又在於致知也。所謂「人雖不知，而己所獨知」者，此正是吾心良知處。然知得善，却不依這個良知便做去；知得不善，却不依這個良知便不去做，則這個良知便遮蔽了，是不能致知也。吾心良知既不能擴充到底，則善雖知好，不能著實好了；惡雖知惡，不能著實惡了，如何得意誠？故致知者，意誠之本也。然亦不是懸空的致知，致知在實事上格。如意在於為善，便就這件事上去為；意在於去惡，便就這件事上去不為。去惡固是格不正以歸於正，為善則不善正了，亦是格不正以歸於正也。如此，則吾心良知無私欲蔽了，得以致其極，而意之所發，好善去惡，無有不誠矣！誠意工夫，實下手處在格物也。若如此格物，人人便做得，「人皆可以為堯、舜」，正在此也。」（黃直錄）

按：黃直所記此條語錄，是陽明生平唯一一篇解說其「王門四句教」之文字，尤有重要意義。陽明從「四無」上解說「心」、「意」、「知」（良知）、「格」（正），修正了「四句教」。亦即是說，陽明從「本體」上講「無善無惡」（四無），從「工夫」上講「有善有惡」（四有）。陽明後來提出之「王門八句教」（四有教與四無教），於此幾呼之欲出矣。疑錢德洪與王畿即是聽了陽明是次講論而於「王門四句教」理解產生歧義。

四月，鄒守益書來請刻先生文錄，陽明乃取近稿，命錢德洪編次，由鄒守益刊刻於廣德。

錢德洪刻文錄敘說：「嘉靖丁亥四月，時鄒謙之謫廣德，以所錄先生文稿請刻。先生止曰：『不可。吾黨學問，幸得頭腦，須鞭辟近裏，務求實得，一切繁文靡好，傳之恐眩人耳目，不錄可也。』謙之復請不已。先生乃取近稿三分之一，標揭年月，命德洪編次；復遺書曰：『所錄以年月為次，不復分別體類者，蓋專以講學明道為事，不在文辭體製間也。』明日，德洪掇拾所遺，復請刻。先生曰：『此愛惜文辭之心也。昔者孔子刪述六經，若以文辭為心，如唐、虞、三代，自典、謨而下，豈止數篇？正惟一以明道為志，故所述可以垂教萬世。吾黨志在明道，復以愛惜文字為心，便不可入堯、舜之道矣。』德洪復請不已。乃許數篇，次為附錄，以遺謙之，今之廣德板是也。先生讀文錄，謂學者曰：『此編以年月為次，使後世學者，知吾所學前後進詣不同。』又曰：『某此意思賴諸賢信而不疑，須口口相傳，廣布同志，庶幾不墜。若筆之於書，乃是異日事，必不得已，然後為此耳。」又曰：「講學須得與人人面授，然後得其所疑，時其淺深而語之。纔涉紙筆，便十不能盡一二。」……

按：錢德洪此則文錄敘說署「乙未年正月」，當是「己未年」之誤。

門人黃夢星因父黃保卒歸潮，陽明書卷贈別。

王陽明全集卷八書黃夢星卷：「潮有處士黃翁保號坦夫者，其子夢星來越從予學。越去潮數千里，夢星居數月，輒一告歸省其父；去二三月輒復來。如是者屢屢。夢星性質溫然，善人也，而甚孝。然稟氣差弱，若不任於勞者。竊怪其乃不憚道途之阻遠，而勤苦無已也，因謂之曰：『生既聞吾說，可以家居養親而從事矣，奚必往來跋涉若是乎？』夢星跽而言曰：『吾父生長海濱，知慕聖賢之道，而無所從求入。既乃獲見吾鄉之薛、楊諸子者，得夫子之學，與聞其學而樂之。乃以責夢星曰：吾衰矣，吾不希汝業舉以干祿。汝但能若數子者，一聞夫子之道焉，吾雖啜粥飲水，死填溝壑，無不足也。夢星是以不遠數千里而來從。每歸省，求為三月之留以奉菽水，不許；求為踰月之留，亦不許。居未旬日，即已具資糧，戒童僕，促之啟行。夢星涕泣以請，則責之曰：唉！兒

女子欲以是為孝我乎？不能黃鵠千里，而思為翼下之雛，徒使吾心益自苦。故亟遊夫子之門者，固夢星之本心；然不能久留於親側，而倏往倏來，吾父之命，不敢違也。』予曰：賢哉，處士之為父！孝哉，夢星之為子也！卒成乃父之志，斯可矣。今年四月上旬，其家忽使人來訃云，處士沒矣。嗚呼惜哉！聖賢之學，其久見棄於世也，不啻如土苴。苟有言論及之，則衆共非笑詆斥，以為怪物。惟世之號稱賢士大夫者，乃始或有以之而相講究，然至考其立身行己之實，與其平日家庭之間所以訓督期望其子孫者，則又未嘗不汲汲焉惟功利之為務；而所謂聖賢之學者，則徒以資其談論，粉飾文具於其外，如是者常十而八九矣。求其誠心一志，實以聖賢之學督教其子，如處士者，可多得乎！……」

莆田馬明衡書來論學，陽明有答書。

王陽明全集卷六與馬子莘：「連得所寄書，誠慰傾渴！締觀來書，其間字畫文彩皆有加於疇昔，根本盛而枝葉茂，理固宜然。然草木之花，千葉者無實，其花繁者，其實鮮矣。邇來子莘之志，得無微有所溺乎？是亦不可以不省也。良知之說，往時亦嘗備講，不審邇來能益瑩徹否？明道云：『吾學雖有所受，然天理二字，却是自家體

認出來。良知即是天理。體認者，實有諸己之謂耳。非若世之想像講說者之為也。近時同志，莫不知以良知為說，然亦未見有能實體認之者，是以尚未免於疑惑。蓋有謂良知不足以盡天下之理，而必假於窮索以增益之者；又以為徒致良知未必能合於天理，須以良知講求其所謂天理者，而執之以為一定之則，然後可以率由而無弊。是其為說，非實加體認之功而真有以見夫良知者，則亦莫能辯其言之似是而非也。莆中故多賢，國英及志道二三同志外，相與切磋砥礪者，亦復幾人？良知之外，更無知；致知之外，更無學。外良知以求知者，邪妄之知矣；外致知以為學者，異端之學矣。道喪千載，良知之學久為贅疣，今之友朋知以此事日相講求者，殆空谷之足音歟？想念雖切，無因面會，一罄此懷，臨書惘惘，不盡。」

按：時馬明衡家居莆田，其屢有書來及陽明作答書，當在五月陽明命除兼都察院左都御史征思、田以前，故陽明此答書論「根本盛而枝葉茂」與其與毛古庵憲中論「根本枝葉」意同（按：二書并列在一起）。

書扇詩贈子正憲，再發「根本枝葉」之教。

王陽明全集卷二十書扇示正憲：「汝自冬春來，頗解學文

義，吾心豈不喜？顧此枝葉事，如樹不植根，暫榮終必瘁。植根可如何？願汝且立志！」

按：所謂「汝自冬春來」，指嘉靖五年冬至嘉靖六年春。其論根本枝葉之說，正與其與馬子莘所言相同。

監察御史鄭洛書疏薦陽明，並為陽明憤爭力辯。

陸深監察御史鄭公墓志：「……丙子舉於鄉，丁丑舉進士，嘗過江門，拜白沙先生祠，因登甘泉湛先生之門，折衷理學，甘泉器之。……乙酉春，召為河南道監察御史，巡視京倉。九月，實授巡按通州。丁亥九月，選推提督南直隸學校。計立臺之日僅三十三月，而章凡四十七上。其論治心修身之道者五事，勸上廣仁恩以惠京師者十事，救災求言復上十事，皆剴切，語多不載……其薦達臣工也，如大學士楊公一清、兵部尚書王公守仁、彭公澤、吏部尚書羅公欽順、吏部尚書楊公旦、户部侍郎邵公寶、國子祭酒魯公鐸、大學士謝公遷、尚書林公俊、孫公交，纚纚非一。……」（國朝獻徵録卷六十五）

徐觀瀾鄭御史傳：「……召入為河南道御史，立臺僅三十三月，而章凡四十七上。費內閣與張詹事交惡也，洛書疏論之。……先嘉靖戊子，按史聶豹持斧負威稜，行部抵郡，適洛書以宅憂在里……豹與洛書同年進士，又令華

亭齊名，並從王守仁論學，最稱莫逆。第洛書以高才口辯，不能浮沉自晦，卒時年纔三十九；而豹以善仕遇合，位至大司馬，多壽考。……」（國朝獻徵錄卷六十五）

王陽明全集卷二十一與鄭啟範侍御：「……每得封事讀之，其間乃有齒及不肖者……近者復聞二三君子以不肖之故，相與憤爭力辯於鑠金銷骨之地，至於衝鋒冒刃而弗顧……」

按：鄭洛書，字啟範，號思齋，莆田人。明清進士錄：「鄭洛書，正德十二年三甲一百五十五名進士。福建莆田人，字啟範，號思齋。官知上海縣，有善政。嘉靖間，詔拜御史，以直言忤旨，出視南畿學政，後被劾歸。有鄭思齋文集。」陽明此書作在六月（見下），故書所謂「近者」，當指五月陽明起用兩廣之前不久，鄭洛書疏薦陽明并為之抗辯，蓋在三、四月間也（按：五月陽明起用兩廣後再薦抗辯已無意義）。朝廷旋在五月十一日起用陽明，可見鄭洛書之疏薦抗辯起直接促成作用矣。

五月，鄒守益陞南京主客郎中，途經紹興見陽明，面論大學問之著錄成文與刊刻事。

王陽明全集卷二十七與德洪：「大學或問……且願諸公與海內同志口相授受，俟其有風機之動，然刻之非晚也。此意嘗與謙之面論，當能相悉也。……」

按：陽明此書作在是年八月（見下），所謂「大學或問」，即指陽明大學問。所謂「面論」，即指鄒守益來紹興見陽明面談。考鄒守益於嘉靖六年陞南京主客郎中，耿定向東廓鄒先生傳：「丁亥，先生年三十七，陞南京主客郎中。」其赴任時間，按董燧王心齋先生年譜：「嘉靖六年丁亥，先生……至金陵，會湛甘泉若水、呂涇野柟、鄒東廓……」王艮於是年下半年往會稽（見下），可見上半年鄒守益已在南京。以鄒守益四月尚在廣德刻陽明文錄考之，則其赴南京主客郎中任當在五月。蓋鄒守益四月在廣德刊文錄未竟，故五月過紹興，再面問大學問之選錄刊刻也。

五月十一日，以廣西岑猛餘黨盧蘇、王受復叛，詔起陽明兼左都御史，總制兩廣、江西、湖廣軍務，征思、田，蓋出兵部侍郎張璁之薦也。

明世宗實錄卷七十六：「嘉靖六年五月丁亥，以廣西岑猛餘黨盧蘇、王受等復熾，詔起原任南京兵部尚書、新建伯王守仁兼左都御史，總制兩廣及江西、湖廣鄰近地方軍務，督同巡撫都御史姚謨等討之。仍令巡按御史石金紀功。」

按：國榷卷五十三亦云：「丁亥，起新建伯王守仁兵部尚書兼左都御史，總制兩廣、江西、湖廣軍務，討盧蘇、王受。」均不言薦者。按是次盧蘇、王受叛亂再起，乃由兵部會推總制軍務、往征思、田人選，時兵部尚書為王時中，兵部侍郎為張璁，而此前張璁方上疏薦起陽明為西北總制未成，故是次必當再薦陽明總制兩廣軍務也。黃綰陽明先生行狀：「丁亥，田州土知府岑猛之亂，提督都御史姚謨不克成功。張公孚敬拉桂公萼同薦。桂公不得已，勉從薦公。」明史卷一百九十五王守仁傳：

「……久之，所善席書及門人方獻夫、黃綰言於張璁、桂萼，將召用，費宏故銜守仁，復沮之……守仁之起由璁、萼薦。萼故不善守仁，以璁强之」。此所言張璁薦陽明，即指五月張璁推薦陽明總制兩廣軍務，但謂其拉桂萼同薦則非。按桂萼薦陽明乃在六月十七日（見下），非在五月，其時陽明兼左都御史、總制兩廣軍務早定，桂萼再薦陽明已無實際意義。後陽明在致張璁書中云「過承繆愛」，即謝張璁五月之薦；而在致桂萼書中卻無謝其薦舉之語，亦足證決無張璁拉桂萼同薦之事。錢德洪陽明先生年譜云「五月……朝議用侍郎張璁、桂萼薦，特起先生總督兩廣及江西、湖廣軍務」，亦誤。

世宗召楊一清問「王守仁為人」，楊一清奏對，有將來進陽明為兵部尚書之請。

楊一清集密論録卷五論王守仁為人如何奏對：「欽承聖諭：『欲知王守仁為人何如』。臣切惟守仁學問最博，文才最富。正德初年，為刑部主事，首上疏劾劉瑾過惡，午門前打三十，幾死。降貴州龍場驛驛丞，在煙瘴地面三年，幸而不死。劉瑾誅後，敘遷廬陵知縣，入為吏部主事，歷員外郎、郎中。遷南京太僕少卿、鴻臚卿，再遷都御史、提督江西南贛等處軍務。領兵征剿洞賊，積年巨寇，悉皆殄平。宸濠之變，與吉安知府伍文定首創大義與討賊，遂破南昌而入，據守其城。宸濠在江上，聞義兵起，急還江西。守仁命伍文定等領義兵迎拒，連戰於鄱陽湖，大破之，遂執宸濠，地方大定，遠近人心始安。是時，朝命未下，獨先勤王，武宗親征至保定，而捷報已至矣。論功行賞，封拜實宜。楊廷和忌其功高名高，不令入朝，乃陞南京兵部尚書。丁憂服闋，誥券已降，猶未謝恩。但其學術近偏，好行古道，服古衣冠，門人弟子高自稱許，故人亦多毀之者。其精忠大節，終不可泯也。近日，皇上起用兩廣，最愜公論。但人望未滿，以為如此人者，不宜置之遠方。若待田州夷患寧息，地方稍安，遇有兵部尚書員闕，召而用之，則威望足以服人，謀略可以濟險，陛下可以無三邊之慮矣。伏乞聖鑒」。

按：世宗向以陽明為「憸人」，斥為「竊負儒名」，「尤非聖門之士」，終不肯用。然是次盧蘇、王受復叛，攻破田州，事出倉卒危急，環視朝野，竟無其人，故冥頑如世宗者亦惟有聽張璁之薦，忍惡起用陽明，置之遠方，處之危地，亦昏君用懲諍臣之一法也。然猶用人有疑，心存大忌，依違兩間，故再密召輔臣，宣室問對也。

三十日，蕭鳴鳳調湖廣兵備副使赴任，陽明有詩送之。

陽明送蕭子雝憲副之任：「衰疾悟止足，閑居便靜修。採芝深谷底，考槃南澗頭。之子亦罕見，枉帆經舊丘。幽居意始結，公期已先遒。星途觸來暑，拯焚能自由。黃鵠一高舉，剛風翼難收。懷燕戀丘隴，回顧未忘憂。往志屬千里，豈伊枋榆投？哲士營四海，細人聊自謀。堅作正思治，吾衰竟何酬！所望登才俊，濟濟揚鴻休。隱者嘉肥遁，仕者當誰儔？寧無寥寂念，且急瘡痍瘳。舍藏會有時，行矣毋淹留。

子邕懷抱弘濟，而當道趨駕甚勤。戀戀庭闈，孝情雖至，顧恐事君之義□未為得也。詩以餞之，亦見老懷耳。陽明山人守仁識，時嘉靖丁亥五月晦。」（詩真迹藏故宮博物院，王陽明全集卷二十有送蕭子雝憲副之任，即此詩，但無後題）

按：蕭子雝即蕭鳴鳳，號靜庵，山陰人。薛應旂廣東提學副使蕭公鳴鳳墓表：「……尋陞河南按察使，仍董學政……臨穎有大臣在內閣，以故怨搆誣其鄉人谷生者，欲假手甘心，先生廉知其故，不為處；乃復為其子弟甥婿請記，又弗許。由是憾甚，嗾言事者劾先生及廣東提學副使魏先生校。二先生皆當世名儒，疏下，吏部恐拂臨穎意，乃量移先生於湖廣，魏於江西，皆兵備副使。」據此，陽明詩所云「憲副之任」，乃是指蕭鳴鳳授湖廣兵備副使。明史卷二百零八蕭鳴鳳傳：「嘉靖初，遷河南

副使，仍督學政……吏部惜其學行，調為湖廣兵備副使。明年，復改督廣東學政。」國榷卷五十三：「嘉靖六年閏十月壬戌，選提學官……河南魏校……廣東蕭鳴鳳。」可見蕭鳴鳳在嘉靖五年除湖廣兵備副使，但其在會稽家居到嘉靖六年五月方赴湖廣兵備副使任，至十月又改除廣東提學副使，時陽明亦命總督兩廣、江西、湖廣軍務入廣。

六月一日，巡按御史石金劾罷提督兩廣軍務都御史姚鏌，廷臣會推王守仁代姚鏌。

明世宗實錄卷七十七：「嘉靖六年六月丙午朔，提督兩廣軍務都御史姚鏌乞致仕，許之，賜馳驛歸。廷臣會推王守仁代鏌，上報允。尋諭輔臣楊一清等曰：姚鏌朝廷特不言其罪，只就伊辭章準之。卿等之意，乃為還有鄭潤與朱麒耳，以他每三人同事，何止罷鏌一個？今時雖曰鎮巡總兵同任一方之事，照事致吉與凶，皆在一巡撫。果若事事同心相處，彼此不異，豈得不成，斯朕謂之吉也；如彼此相抗，事出一偏，至於有失，則推讓他人，斯朕謂之凶也。且田州未能平息，輒來奏捷邀功，以致餘孽復亂，豈不為生民之害？雖蠻夷猾詐，然在我處之未盡，卿等又以王守仁不知何日可到。守仁見今取用，若鏌既在，守仁亦不知來與不來。果如斯任缺人，着所在

有司催促上緊赴任，勿得負朕委朕，託守仁自當兼程趨事可也。卿等還再口耳。」一清等言：「鏌事已前決，守仁才名素著。」「委之經略安計議，如朕所言，不可只隨卿等如何行。但要地方早安，必有成功。」「乞如聖諭，令兵部亟趨之赴任。」從之。」

按：所謂「廷臣」，即指楊一清、張璁諸人。

六日，兵部差官齎任命文書下到紹興，陽明疏辭，不允。

王陽明全集卷十四辭免重任乞恩養病疏：「……今年六月初六日，兵部差官齎文前到臣家，內開奏奉欽依，以兩廣未靖，命臣總制軍務，督同都御史姚鏌等勘處者。臣聞命驚惶，莫知攸措。伏自思惟，臣於君命之召，當不俟駕而行，矧茲軍旅，何敢言辭？顧臣病患久積，潮熱痰嗽，日甚月深，每一發咳，必至頓絶，久始漸甦。乃者謝恩之行，輕舟安卧，尚未敢强，又況兵甲驅勞，豈復堪任？夫委身以圖報，臣之本心也。若冒病輕出，至於僨事，死無及矣。臣又伏思兩廣之役，起於土官讎殺，比之寇賊之攻劫郡縣，荼毒生靈者，勢尚差緩。若處置得宜，事亦可集。姚鏌平日素稱老成慎重，一時利鈍前却，斯亦兵家之常，要在責成，難拘速效。御史石金據事論奏，是蓋忠於陛下，將為國家宏仁覆久遠之圖，

第2288页

所以激勵鏌等，使之集謀決策，收之桑榆也。臣本書生，不習軍旅，往歲江西之役，皆偶會機宜，幸而成事。臣之才識，自視未及姚鏌，且近年以來，又已多病。況茲用兵舉事，鏌等必嘗深思熟慮，得其始末條貫，中事少沮，輒以臣之庸劣參與其間，行事之際，所見或有同異，鏌等益難展布。夫軍旅之任，在號令嚴一，賞罰信果而已。慎擇主帥，授鉞分閫，當聽其所為。臣以為兩廣今日之事，宜專責鏌等，隆其委任，重其威權，略其小過，假以歲月，而要其成功。至於終無底績，然別選才能，兼於民情土俗素相諳悉，如南京工部尚書胡世寧、刑部尚書李承勳者往代其任。夫朝廷用人，不貴其有過人之才，而貴其有事君之忠；苟無事君之忠，而徒有過人之才，則其所謂才者，僅足以濟其一己之功利，全軀保妻子而已耳。如臣之迂疏多病，徒持文墨議論，未必能濟實用者，誠宜哀其不逮，容令養疾田野。俟病痊之後，不終棄廢，或可量置閑散之地，使自得效其涓埃。……」

並有札致楊一清、張璁、桂萼，懇乞辭免。

王陽明全集卷二十一寄楊邃庵閣老書三：「某素辱愛下，然久不敢奉狀者，非敢自外於門牆，實以地位懸絶，不

第2289页

欲以寒暄無益之談塵瀆左右。蓋避嫌之事，賢者不為，然自嘆其非賢也。非才多病，待罪閑散，猶懼不堪，乃今復蒙顯擢，此固明公不遺下體之盛，某亦寧不知感激？但量能度分，自計已審，貪冒苟得，異時僨事，將為明公知人之累。此所以聞命驚惶而不敢當耳。謹具奏辭免，祈以原職致仕。伏惟明公因材而篤，於所不能，特賜曲成，俾得歸延病喘於林下，則未死餘年皆明公之賜，其為感激，寧窮已乎！懇切至情，不覺瀆冒，伏冀宥恕。不具。」

陽明先生文録卷四與張羅峰書一：「兩承手教，深荷不遺。僕迂疏之才，口耳講説之學耳。簿書案牘，已非其能，而況軍旅之重乎？往歲江西之役，蓋僥幸偶集。近年以來，益病益衰，惟養痾丘園，為鄉里子弟考正句讀，使移向方，庶於保身及物亦稍效其心力，不致為天地間一蠹物。若必責之使出，自擇其宜，惟留都之散部，或南北太常國學，猶可勉效其穖綫，外是，舉非所能矣。近日之舉，雖過承繆愛，然投之以所不能，則亦適所以壞之也。懇辭之請，疏内亦有所不敢盡言者，奏下，望相與扶持曲成之。時事方亟，惟竭誠盡道，以膺天眷。不具。」

第 2290 页

王陽明文集卷二十一答見山冢宰：「向齎本人去，曾奉短札，計已達左右矣。朽才病廢，寧堪重託？懇辭之疏，必須朝廷憐准。與其他日蒙顛覆之戮，孰若今日以是獲罪乎？東南小夷，何足以動煩朝廷若此，致有今日，皆由憤激所成。以主上聖明，德威所被，指日自將平定。但廟堂之上，至今未有同寅協泰之風，此則殊為可愛者耳。不知諸公竟何以感化而斡旋之？大抵讒邪不遠，則賢士君子斷不能安其位，以有為於時。自昔當事諸公，亦豈盡不知進賢而去不肖之為美？顧其平日本無忠君愛國之誠，不免阿時附俗，以苟目前之譽，卒之悦諛信讒，終於蔽賢病國而已矣。來官守催，力遣數四，始肯還。病筆草草，未盡傾企。」

按：此三札，當是隨同陽明辭免重任乞恩養病疏一起由齎本人送往京師。寄楊邃庵閣老云「此固明公不遺下體之盛」，可見陽明是次任命亦出楊一清推挽舉薦。與張羅峰云「兩承手教」，尤可注意，原來此前張璁已兩次寄札來告，以時間推算，張璁第一札當作在其五月十一日舉薦陽明之前，可見張璁在舉薦之前先已有書來與陽明聯係相告，足證張璁確為是次陽明任命之主要舉薦者也。答見山冢宰云「向齎本人去，曾奉短札」，可見此前陽明亦有一札，由齎本人送往京師（陽明是札今佚）。陽

第 2291 页

明此答見山冢宰未言及桂萼舉薦，蓋桂萼舉薦陽明在六月十七日（見下），故陽明是札不言之及也。

七日，南京工部員外郎黃綰陞光禄寺卿，北上赴京，途經紹興來見陽明，垂詢修纂明倫大典事。別後陽明屢有書致黃綰。

國榷卷五十三：「嘉靖六年壬子，南京太常寺卿何瑭為南京工部右侍郎；南京工部員外郎黃綰為光禄寺少卿，直史館。」

王陽明全集卷二十一與黃宗賢書一：「僕多病積衰，潮熱痰嗽，日甚一日，皆吾兄所自知，豈復能堪戎馬之役者？況讒搆未息，而往年江西從義將士，至今查勘未已，往往廢業傾家，身死牢獄，言之實為痛心，又何面目見之？今若不量可否，冒昧輕出，非獨精力決不能支，極其事勢，正如無舵之舟，乘飄風而泛海，終將何所止泊乎？在諸公亦不得不為多病之人一慮此也。懇辭疏下，望相扶持，終得養痾林下是幸。席元山喪已還蜀否？前者奠辭想已轉達。天不慭遺，此痛何極！數日間唐生自黃巖歸，知宅上安好。世恭書來，備道佳子弟悉知向方。可喜聞，附之知。」

按：此書云「懇辭疏下，望相扶持」，知其時黃綰已別離陽明到京師，陽明去書託其在京為辭免事相扶斡旋。席書卒於三月，陽明祭文即託黃綰帶往京師傳達（見前），故此書云「前者奠辭想已轉達」。由此可見黃綰在受新命後，即北上入京，其經紹興見陽明則在六月中旬，其攜陽明祭席書文北上入京約在六月下旬，陽明此書即作在六月下旬中。

同上，與黃宗賢書二：「得書，知別後動定，且知世事之難為，人情之難測，有若此者，徒增慨嘆而已。朽才病廢，百念俱息，忽承重寄，豈復能堪？若懇辭不獲，自此將為知己之憂矣，奈何奈何！江西功次固不足道，但已八年餘矣，尚爾勘未息，致使效忠赴義之士廢產失業，身死道途。縱使江西之功盡出冒濫，獨不可比於留都、湖、浙之賞乎？此事終須一白。但今日言之，又若有挾而要者，奈何奈何！木翁旬日間亦且啟行矣。此老慎默簡重，當出流輩，但精力則向衰。若知兀崖之論，欲使之破長格以用財，不顧天下之毀譽榮辱，以力主國議，則恐勢有所未能盡行耳。因論偶及，幸自知之。東南小蠢，特瘡疥之疾；群僚百司各懷讒嫉黨比之心，此則腹心之禍，大為可憂者。近見二三士夫之論，始知前此諸公之心尚未平貼，姑待釁耳。一二當事之老，亦未見有同寅協恭之誠，間聞有口從面諛者，退省其私，多若

浙江大学古籍研究所

讎仇。病廢之人，愛莫為助，竊為諸公危之，不知若何而可以善其後，此亦不可不早慮也。兵部差官還，病筆草草附此。西樵、兀崖皆不及別簡，望同致意。近聞諸公似有德色傲容者，果爾，將重失天下善類之心矣。相見間，可隱言及之。」

按：陽明在二月與黃綰書中已提出「北行過越，尚須一面」（見前），故黃綰北上入京必當經紹興往見一面。今據陽明此書云「得書，知別後動定」，可見黃綰確嘗來紹興見陽明矣。是次相見自然主要論明倫大典修纂事，陽明當「面授機宜」可知。兩人別後，先是黃綰到京寄書來，陽明乃作此書答之。書中提及

「木翁旬日間亦且啟行矣」，木翁即謝遷，按國榷卷五十三：「嘉靖六年二月庚午，楊一清薦前大學士謝遷，詔内召。」又費宏謝遷神道碑：「丁亥二月，遣行人陳侃齎敕起公於家，且命鎮巡藩臬敦請上道。十月，抵京，勅進户部尚書、謹身殿大學士。」（國朝獻徵録卷十四）謝遷十月抵京，則其當是八月啟程，由此可以確知陽明此書作在七月底。按此書云「兵部差官還」，當是指七月朝廷差官來趣赴兩廣，明世宗實録卷七十七：「嘉靖六年七月癸巳（十八日）……仍令遣官馳傳趣之。」（詳下）朝廷七月十八日遣官馳傳趣之，則其到紹興約在七月底，此亦可見陽明是書作在七月底也。

同上，卷六與黃宗賢：「人在仕途，比之退處山林時，其工夫之難十倍，非得良友時時警發砥礪，則其平日之所志向，鮮有不潛移默奪，弛然日就於頹靡者。近與誠甫言，在京相與者少，二君必須預先相約定，彼此但見微有動氣處，即須提起致良知話頭，互相規切。凡人言語正到快意時，便截然能忍默得；意氣正到發揚時，便翕然能收斂得；憤怒嗜欲正到騰沸時，便廓然能消化得。此非天下之大勇者不能也。然見得良知親切時，其工夫又自不難。緣此數病，良知之所本無，只因良知昏昧蔽塞而後有，若良知一提醒時，即如白日一出，而魍魎自消矣。中庸謂『知恥近乎勇』，所謂知恥，只是恥其不能致得自己良知耳。今人多以言語不能屈服得人為恥，意氣不能陵軋得人為恥，憤怒嗜欲不能直意任情得為恥，殊不知此數病者，皆是蔽塞自己良知之事，正君子之所宜深恥者。今乃反以不能蔽塞自己良知為恥，正是恥非其所當恥，而不知恥其所當恥也，可不大哀乎！諸君皆平日所知厚者，區區之心，愛莫為助，只緣諸君都做個古之大臣。古之所謂大臣者，更不稱他有甚知謀才略，只是一個斷斷無他技，休休如有容而已。諸君知謀才略，自是超然出於衆人之上，所未能自信者，只是未能致得

自己良知，未全得斷斷休休體段耳。今天下事勢，如沈痾積痿，所望以起死回生者，實有在於諸君子。若自己病痛未能除得，何以能療得天下之病？此區區一念之誠，所以不能不為諸君一竭盡者也。諸君每相見時，幸默以意相規切之，須是克去己私，真能以天地萬物為一體，實康濟得天下，挽回三代之治，方是不負如此聖明之君，方能報得如此知遇，不枉了因此一大事來出世一遭也。病臥山林，只好修藥餌苟延喘息。但於諸君出處，亦有痛癢相關者，不覺縷縷至此，幸亮此情也。」

按：陽明此書，錢德洪陽明先生年譜定在嘉靖六年正月，云：「正月，先生與宗賢書……」乃誤。今觀陽明此書所述，分明可見黃綰已在京師，陽明勉勸其與在京諸君「每相見時，幸默以意相規切之，須是克去己私」，此「諸君」即指霍韜、方獻夫、黃宗明、黃綰諸大禮議輩，而所謂「須是克去己私，真能以天地萬物為一體」、「諸君都做個古之大臣」、「此一大事」等，實隱指大禮議及修纂明倫大典事也。黃綰六月底方入京師，故可見陽明此書當作在七月中。正月黃綰尚家居黃巖，未入京師。又陽明此書云「近與誠甫言」，按黃宗明其時任福建鹽運使，亦應召入都修纂明倫大典，其自鄞縣北上入京，自必過紹興見陽明，垂詢修纂明倫大典事，所謂「近與誠甫言」，即指是次見面所言，時亦在七月中也。

第2296頁

十七日，禮部侍郎桂萼上疏請起用舊臣王瓊、王守仁。

明世宗實錄卷七十七：「嘉靖六年六月壬戌……禮部侍郎桂萼言：『邊事方急，請用王瓊、王守仁，以濟時艱。』上以守仁已起用兩廣，趣令赴任。……」

國榷卷五十三：「壬戌……禮部右侍郎桂萼薦王守仁、王瓊。」

按：陽明在五月十一日已起用兩廣，桂萼在六月十七日猶上疏薦陽明，已無意義，似桂萼對朝中政事全然無知，匪夷所思。

桂萼文襄公奏議卷二請起用舊臣通壅蔽以安天下疏：「……臣以為今東南如岑猛之亂，但當申令各郡撫輯其民人，保固其封守，彼土之民，居則被虐於所轄之酋長，出則不能為寇於中州。不出數年，不爭先奔命，必前徒倒文，何用輒調不戢之兵，枉殘赤子之命乎！此則某啟釁貪功，廣之撫按等官承其風旨而為之也。今聞巡按御史某發其誤事之端，此正當責令承誤踵訛之人如姚鏌者，解官迴避，更令舊有譽望如王守仁者，深入其地以勘問之，則情不壅蔽，而東南之地不足憂也。西北戎夷之患，則勢頗猖獗……臣以為此直宜起用王瓊，以總制三邊，則三邊壅蔽盡辟，而西北之患亦不足憂也。但王瓊才

第2297頁

高意廣，速謗招尤；王守仁矜飭軍功，喜談新學，士論所以多沮之者。然方聖明銳志中興，天下正在多事，豈可置此具經濟大略之人於無用之地乎？伏乞聖明申勅兵部，盡發所藏，以權救一時邊事之急，使民情安堵，即特遣使臣起取王瓊、王守仁而任用之。臣知命下之日，天下臣民識與不識，莫不歡呼者矣。……」

按：此即桂萼遲上之薦陽明疏。後楊一清論剿廣西八寨奏對云：「前日發下兵部所覆王守仁剿廣西八寨賊本，已經擬票……恩、田新附，盧蘇、王受能改過出力，不可全失其心，及少保桂萼奏薦王守仁，果能成功。古云：『薦賢受上賞。』故臣等從兵部所擬，將桂萼亦行賞勞，以旌其忠。」（楊一清集閣論録卷三）後世遂皆以為陽明是次起用兩廣乃出桂萼薦舉，實誤甚。

十九日，命王守仁以便宜從事，視緩急以為調兵進止。

明世宗實録卷七十七：「嘉靖六年六月甲子，巡撫湖廣都御史黃衷言：『盧蘇等乃岑猛餘黨，賊衆不多，廣西、南贛之兵，自足剿除。永順、保靖土兵，素無紀律，所過騷擾，恐生他釁，請毋調遣。』便疏下兵部，覆言：『臣等初議調兵，正欲相為犄角，以亟平蠻賊。而衷等自分彼此，為推託之說。宜令王守仁視賊勢緩急以為調兵進止

。』上從之，命王守仁以便宜從事，飭湖廣鎮巡官協心體國，不得自分彼此。」

兵部主事霍韜、少詹事方獻夫以修纂明倫大典赴召入都，陽明有書致霍韜、方獻夫，懇為辭免扶持斡旋。

王陽明全集卷二十一答方叔賢書一：「久不奉狀，非敢自外，實以憂疾頻仍，平生故舊不敢通問。在吾兄誠不當以此例視，然廣士之來遊者相踵，山中啟處，時時聞之。簡札虛文，似有不必然者，吾兄當能亮之也。聖主聰明不世出，諸公既蒙知遇若此，安可不一出圖報？今日所急，惟在培養君德，端其志向。於此有立，政不足間，人不足謫，是謂『一正君而國定』。然此非有忠君報國之誠，其心斷斷休休者，亦只好議論粉飾於其外而已矣。僕積衰之餘，病廢日甚，豈復更堪兵甲驅馳之勞？況讒構未息，又可復出而冒為之乎？懇辭疏下，望與扶持，得具養痾林下。稍俟痊復，出而圖報，非晚也。」

同上，與霍兀崖宮端：「往歲曾辱大禮議見示，時方在哀疚，心善其說而不敢奉復。既而元山亦有示，使者必求復書，草草作答。意以所論良是，而典禮已成，當事者未必能改，言之徒益紛爭，不若姑相與講明於下，俟信從者衆，然後圖之。其後議論既興，身居有言不信之地

，不敢公言於朝。然士夫之間及者，亦時時為之辯析，期在委曲調停，漸求挽復，卒亦不能有益也。後來賴諸公明目張膽，已申其義。然如倒倉滌胃，積於宿痰，雖亦快然一去，而病勢亦甚危矣。今日急務，惟在扶養元氣，諸公必有回陽奪化之妙矣。僕衰病陋劣，何足以與於斯耶！數年來頻罹疾構，痰嗽潮熱，日益尪羸，僅存喘息，無復人間意矣。乃者忽承兩廣之推，豈獨任非其才，是蓋責以其力之所必不能支，將以用之而實以斃之也。懇辭疏下，望相與扶持曲成，使得就醫林下，幸而痊復，量力圖報，尚有時也。」

按：明世宗實錄卷七十六：「嘉靖六年五月壬辰……少詹事兼侍講學士方獻夫，各以考察自陳，乞休，皆不允，仍促獻夫赴任。……五月丙申……少詹事方獻夫、兵部主事霍韜以纂修赴召，在道上書……詔下其書於史館。」是方、霍五月赴召，六月下旬已在京，陽明此二書即作在六月下旬間。

歐陽德有書來問賀論學，陽明有答書。

陽明先生文録卷三與歐陽崇一書三：「遠勞問惠，甚愧。兩廣之任，豈病廢所堪？但世事又若難避，俟懇辭疏下，更圖進止耳。喻及持志養氣，甚善。暴其氣，亦只是不能持其志耳。釋氏輪回變現之論，亦不必求之窈冥。今人不能常見自己良知，一日之間，此心倏焉而夷狄，倏焉而禽獸，倏焉而趨入悖逆之途，倏焉而流浪貪淫之海，不知幾番輪回，多少發現，但人不自覺耳。釋氏言語，多有簸弄精神者，大概當求之游方之外，得其意而已矣。淫聲美色之喻，亦是吾儒作好作惡處，正須勘破此等病痛，方見廓然大公之本體也。」

南玄戚賢有書來致賀，陽明有答書。

王陽明全集卷六與戚秀夫：「德洪諸友時時談及盛德深情，追憶留都之會，恍若夢寐中矣。盛使遠辱，兼以書儀，感怍何既！此道之在人心，皎如白日，雖陰晴晦明，

千態萬狀，而白日之光未嘗增減變動。足下以邁特之資而能篤志問學，勤勤若是，其於此道真如掃雲霧而覩白日耳，奚假於區區之為問乎？病廢既久，偶承兩廣之命，方具辭疏。使還，正當紛沓，草草不盡鄙懷。」

監察御史潘壯書來問賀，陽明有答書。

王陽明全集卷二十一答潘直卿：「遠承遣問，情意藹切，兼復獎與過分，僕何以得此哉！僕何以當此哉！愧悚愧悚！病廢日久，習成懶放，雖問水尋山，漸亦倦興，況茲軍旅之役，豈其精力所復能堪？已具疏懇辭，必須得請，始可免於後悔。不然，將不免為知己之憂矣，奈何

奈何！寧藩之役，湖、浙及留都之有功者皆已陞賞，獨江西功次，今已六七年矣，尚爾查勘未息。今復欲使之荷戈從役，僕將何辭以出號令？亦何面目見之？賞罰，國之大典，今乃用之以快恩仇若此，僕一人不足惜，其如國事何？連年久分廢棄，此等事不復掛之齒牙，今疼痛切身，不覺呻吟之發，不知畢竟何如而可耳！知子文道長尚未至，且不作書，見時望致意。」

按：前考潘壯字直卿，號梅峰，山陰人，嘗薦陽明。嘉慶山陰縣志卷十四：「潘壯，號梅峰……丙申秋，奉命按治江右……丁亥春，權貴有憚壯者，追論李福達大獄事，繫獄。朝論不平，交章赴救，罷職歸。」是其時潘壯方以監察御史按治江右，謂其嘉靖六年春繫獄乃誤，按潘壯因論李福達案下獄在八月（見國榷卷五十三嘉靖六年八月條），六月潘壯猶在江西按治，勘明當年陽明在江西平宸濠亂事，故書來盛贊陽明，並賀其起用也。

閩監察御史鄭洛書嘗上疏舉薦陽明，並為陽明憤爭力辯於朝，陽明有書致謝。

王陽明全集卷二十一與鄭啟範侍御：「某愚不自量，痛此學之不講，而竊有志於發明之。自以力弱，思得天下之豪傑相與扶持砥礪，庶幾其能有成。故每聞海內之高明

特達，忠信而剛毅者，即欣慕愛樂，不啻骨肉之親。以是於吾啟範雖未及一面之識，而心孚神契，已如白首之交者，亦數年矣。每得封事讀之，其間乃有齒及不肖者，則又為之赧顏汗背，促踖不安。古之君子，恥有其名而無其實。吾於啟範，惟切磋之是望，乃不考其實，而過情以譽於朝，異時苟有不稱，將使啟範為失言矣，如之何而可！不肖志雖切於求學，而質本迂狂疏謬，招尤速謗，自其所宜。近者復聞二三君子以不肖之故，相與憤爭力辯於鑠金銷骨之地，至於衝鋒冒刃而弗顧，僕何以當此哉！二三君子之心，豈不如青天白日，誰得而瑕滓之者！顧僕自反，亦何敢自謂無愧？則不肖之軀，將不免為輕雲薄霧於二三君子矣，如之何而可！病軀懶放日久，已成廢人，尚可勉强者，惟宜山林之下讀書講學而已。兩廣之任斷非所堪，已具疏懇辭，必不得請，恐異日終為知己之憂也。言不能謝，惟自鞭策，以期無負相知，庶以為報耳。」

按：此「二三君子」，似即指楊一清、張璁、桂萼、潘壯諸人。

薛侃有書來，勉陽明赴任，並告講學近況。

薛侃集卷九奉尊師陽明先生書二：「聞有召命，未審出得成否。據此為天下，共人人所深願也。侃鈍根小識，平

曰莽莽而修，忽忽而言，未嘗於極冷落處蓄聚，極峻絕處鍛鍊，正圖懇切探求，冀堪告語沙邊竹下，罄我秘密。乃今多事，恐不能以得此矣。舊歲山齋初就，聚者皆新學之士。又為兒婚草創一居，不免為累。乃今痛自鞭勉，良友多集，為久聚計。有頗見大意如李承、陳璵、李鵬、賴曰道，皆卓然有負荷意。朝夕相磨，歌遊於巖谷水石之間，使真意自長，妄意自消，似覺簡易。第恐離索既久，儀型既遠，差失毫釐，有不自覺者。向慮左右乏人任接引之勞，每懷走侍。今有德洪、汝中、師伊諸友在側，佩可以緩咎矣。」

第2304页

七月十日，辭免不允，命下即速赴任。十八日，朝廷遣官馳傳趨促赴兩廣。

王陽明全集卷十八欽奉敕諭通行：「嘉靖六年七月初十日，節該欽奉敕諭：『先該廣西田州地方逆賊岑猛為亂，已令提督兩廣等官都御史姚鏌等督兵進剿。隨該各官奏稱，岑猛父子悉已擒斬，巢穴蕩平，捷音上聞，已經降敕獎勵，論功行賞，及將該設流官添設參將等事修陳，又經該部議擬覆奏施行去後。續該官復奏，惡目盧蘇倡亂復叛，王受攻陷思恩，又經切責各官計處不審，行令將失事官員戴罪督兵剿捕，及調江西峯兵，湖廣永、保二司土兵，并力剿殺，務收全功；并敕巡按御史石金紀功外，但節據石金所奏前項地方，盧蘇、王受結為死黨，互相依倚，禍孽日深，將來不可收拾；又參稱先後撫臣

第2305页

舉措失當，姚鏌等攘夷無策，輕信寡謀，圖田州已不可得，并思恩胥復失之，要得通行查究追奪。朕以事難遙度，姚鏌等前功難泯，後有疏虞，得旨切責之後，能自奮勵，平寇有功，亦未可知，難遽別議。乃下兵部議奏，以各官先後所論事宜，意見不同；且兵連兩廣，調遣事干鄰境地方，必得重臣前去，總制督同議處，方得停當。今特命爾提督兩廣及江西、湖廣等處地方軍務，星馳前去彼處，即查前項夷情，田州因何復叛，思恩因何失守，督同姚鏌等斟酌事勢，將各夷叛亂未形者，可撫則撫；反形已露者，當剿則剿。一應主客官軍，從宜調遣

，主副將官及三司等官，悉聽節制，治以軍法，明示威信，務要計處合宜。仍令御史石金隨軍紀驗功次，從實開報，以憑陞賞。賊平之後，公同計處，應設土官流官，何者經久利便；并先今撫鎮等官，有功有過，分別大小輕重，明白奏聞區處。凡用兵進止機宜，及一應合行之事，敕內該載未盡者，悉聽便宜從長處置；事體十分重大者，具奏定奪。朕以爾勳績久著，才望素隆，特茲簡任。爾務以體國為心，聞命就道，竭忠盡力，大展謀猷，俾夷患殄除，地方安靖，以紓朕西南之憂。仍須深慮却顧，事出萬全，一勞永逸，以為廣人久遠之休，毋得循例辭避，以孤眾望。……」

明世宗實錄卷七十七：「嘉靖六年七月癸巳，新建伯、南京兵部尚書王守仁言：臣自江西事平之後，身罹讒搆，危疑洶洶。幸皇上俯鑒微忠，進官封爵。繼遭父喪，又頻年卧病，喘息奄奄……別選賢能，如胡世寧、李承勛者，往代其任。惟臣庸駑多病，難勝重任，惟陛下幸憐而釋之。上曰：『卿識敏才高，忠誠體國。兩廣多事，方藉卿撫定，紓朕南顧之懷。鏜已致仕，卿宜亟往節制諸司，調度軍馬，剿賊安民。其毋再諉，以負朕望。』仍令遣官馳傳趣之。」

第2306页

黃綰陽明先生行狀：「得俞旨，兵部奉欽依，差官持檄，授公總制軍務，督同都御史姚鏌勘處彼中事情。上疏辭免，舉尚書胡世寧、李承勳自代，不允。上與楊一清曰：『若姚鏌不去，王守仁決不肯來。』遂令鏌致仕。又降旨督趣赴任。旨云：『卿識敏才高，忠誠體國。今兩廣多事，方藉卿威望，撫定地方，用紓朕南顧之懷。姚鏌已致仕了，卿宜星夜前去，節制諸司，調度軍馬，撫剿賊寇，安戢兵民。勿再遲疑推諉，以負朕望。還差官鋪馬裹齎文，前去敦取赴任行事，該部知道。』」

第2307页

泰州守王臣有書來問學，並寄來厚儀，陽明有答書。王艮來紹興見陽明，約在其時。

王陽明全集卷六與王公弼書二：「去年得子，實出望外。承相知愛念，勤惓若此，又重之以厚儀，感愧何可當也！兩廣之役，積衰久病之餘，何能堪此！已具本辭免，但未知遂能得允否耳。來書『提醒良知』之說，甚善甚善！所云『困勉之功』，亦只是提醒工夫未能純熟，須加人一己百之力，然後能無間斷，非是提醒之外，別有一段困勉之事也。」

按：王艮嘉靖五年在泰州主安定書院教事，未來會稽。

至嘉靖六年，王艮上半年往金陵會湛甘泉，下半年則來會稽見陽明。董燧王心齋先生年譜：「嘉靖六年丁亥……至金陵，會湛甘泉若水、呂涇野柟、鄒東廓、歐陽南野，聚講新泉書院。……時甘泉湛公有揭『隨處體認天理』六字，以教學者，意與陽明稍異，先生乃作是說（天理良知說）。……秋九月，在會稽，送陽明公節制兩廣。冬十一月，歸省。」可見王艮當是聞陽明起用兩廣，遂來會稽見陽明，王臣書或即是王艮攜至也。

八月，有札致張璁、楊一清，再懇辭免。

陽明先生文録卷四與張羅峰書二：「奏本人去，曾附小札。腐劣多病，已成廢人，豈能堪此重任？若懇辭不獲，終不免為相知愛者之累矣。柰何，柰何！東南小蠹，特皮膚瘡疥之疾。若朝廷之上，人各有心，無忠君愛國之誠，讒嫉險伺，黨比不已，此則心腹之病，大為可憂者耳。諸公方有湯藥之任，蓋天下莫不聞，不及今圖所以療治之，異時能辭其責乎？不旬日間，木齋翁且啟行。此老重望，其慎默鎮定，終當與流輩不同，惜其精力則益衰矣。差來官守催甚懇迫，力遣許時，始肯還。病筆草草，未盡欲言，千萬心亮。」

按：木齋翁即謝遷，前考謝遷在八月啟程入京，可見陽明此書作在八月。所謂「差來官守催甚懇迫」，即指朝廷遣官馳傳來趣促其赴兩廣。按朝廷七月十八日遣官馳傳趣之，其到紹興則在八月上旬。陽明遂作此致張璁書再懇辭免，由遣差來官齎回京師也。

王陽明全集卷二十一寄楊邃庵閣老書四：「竊惟大臣報國之忠，莫大於進賢去讒，故前者兩奉起居，皆嘗僭及此意；亦其自信山林之志已堅，而素受知己之愛，不當復避嫌疑，故率意言之若此。乃者忽蒙兩廣之命，則是前日之言適以為己地也，悚懼何以自容乎！某以迂疏之才，口耳講說之學耳，簿書案牘，已非其能，而況軍旅之重乎？往歲江西之役，實亦僥倖偶成。近年以來，憂病積集，尪羸日盛，惟養疴丘園，為鄉里子弟考訂句讀，使知向方，庶於保身及物亦稍得效其心力，不致為天地間一蠹。此其自處亦既審矣。聖天子方勵精求治，而又有老先生主張國是於上，苟有纖綫之長者，不於此時出而自效，則亦無其所矣。老先生往歲方秉銓軸時，有以邊警薦用彭司馬者，老先生不可，曰：『彭始成功，今或少挫，非所以完之矣。』老先生之愛惜人才而欲成就之也如此，至今相傳，以為美談，今獨不能以此意而推之某乎？懇辭疏上，望賜曲成，使得苟延喘息。俟病痊之後，老先生不忍終廢，必欲強使一出，則如留都之散部，或南北太常、國子之任，量其力之可能者，使之自效，則圖報當有日也。不勝恃愛懇瀆，幸賜矜察。」

中秋對月，有詩感懷。

王陽明全集卷二十中秋：「去年中秋陰復晴，今年中秋陰復陰。百年好景不多遇，況乃白髮相侵尋。吾心自有光明月，千古團圓永無缺。山河大地擁清輝，賞心何必中秋節？」

十九日，黃綰上明軍功以勵忠勤疏，訟王守仁等平宸濠功，薦陽明入閣輔政，不從，為張璁、桂萼所陰沮。

黃綰明軍功以勵忠勤疏：「臣聞賞罰者，人主御天下之操柄也。得其操柄，死命可致，天下可運之掌；不得其操柄，百事具廢，欲治得乎？故明主慎之，至親不可移，至讎不可奪，有功必賞，有罪必誅；然必稱天以命之，示非私也。臣下視之，不飾虛語，不結援黨，不思賄託，惟勉忠勤，死不敢易，欲不治得乎？今或不然，凡飾譽、援黨、賄託，讒譏不及，必獲顯擢，無不如意；凡盡忠勤職，即讒譏蝟集，黜辱隨至，無不失意。以此操柄失御，人皆以姦結巧避為賢，孰肯身仕國家事哉？臣不能枚舉，姑以先朝末年陛下初政一事論之：如宸濠構逆，虐燄吞天，藩郡震動，宗親懾憂，陛下嘗身見之矣。腹心應援布滿中外，鼎卿近倖，賄賂交馳；賣國姦臣，待時發動。兩京乏備，四路無人；方鎮遠近，莫之如何。擁兵觀望，滔滔皆是。惟鎮守南贛都御史王守仁領敕福建勘事，道經南昌，中途聞變，指心籲天，誓不與賊俱生。赤身孤走，設奇運謀，乃遣優人齎謀，假與天兵約征，方鎮會戰，俾其邀獲，以示有備，牽疑賊謀，以俟四路設備。中執叛臣家屬，繆託腹心，又示無為，以安其心。然後激衆以義，糾集烏合。待兵成慮審，發書罵賊，使覺悔。既出攝兵收復南昌，按甲待之。賊至安慶，攻城方銳，譬開使還，算其歸途，水陸邀擊，大潰賊衆，遂擒宸濠於樵舍。兵法有先勝而後求戰者，非此謂也？成功之後，江右瘡痍未復，武宗皇帝南巡，姦權攘功，嫉譖百端，危疑莫測。守仁恭勤曲致，方請地方，僅獲身免。守仁為忠，可謂艱貞竭盡者矣。使時無守仁倡義統衆，謀獲機宜，戰取有方，安慶卒破，金陵不保，長驅北上，應援蜂起，腹心陰助，京師存亡未可知也。雖畢竟天命有在，終必殲夷，曠日持久，士夫戮辱，蒼生荼毒，可勝言也！守仁南贛鎮守地方之責，初無所與。今受責地方者，遇事不敢擔當，不過告變待命而已。守仁家於浙之山陰，浙乃江右通衢，兵力素弱，長驅或下，父兄宗族，有噍類乎？此時守仁夫豈不思？但忘私奉公，以為社稷不幸或敗，夷滅何悔。守仁之志，可謂精貫白日者矣。幸而成功，宇內太平，所謂徙薪曲突，人不為功，亦不致思其忠。又守仁於武宗初年，劉瑾為姦，人莫敢言，守仁斥之觸恨，選杖毒決，碎尻折脾，死而復甦。流竄瘴裔，久方赦還，始獲錄用。乃者南贛之鎮，谿谷兇民聚黨為盜，視效虐劫，肆無忌憚。凡在浸、楚、閩、廣接壤山澤，無非賊巢。大小有司，束手無策，皆謂終不可理。守仁鎮守三年，兵威武略，

第2312頁

奇變如神，以故茶寮、桶岡諸寨，大冒、浰頭諸寨，次第擒滅，增縣置邏，立明約，遂為治境。視古名將，何以過此？江右之民，為立生祠，歲時祝祭，民心不忘，亦可見矣。曩者陛下登極，命取來京宴賞，封之新建伯，而陞南京兵部尚書。言者又謂不當來京宴賞，以致奢費。夫陛下大官之廚，日用無紀，較諸一飧之宴，所費幾何，猶煩論之；北京豈無一職，必欲置之南京，此乃邪比蔽賢嫉功之所為也。守仁後丁父憂，服滿遂不起用，反時造言排論。然雖蒙拜爵陞官，鐵券未給，祿米未頒，朝事無與，跡比樵漁。縱使有過，何庸論之，況有功無過哉！其意尤可知矣。不獨守仁，凡共勤王大小臣工，亦廢黜殆盡，臣不能枚舉，姑以一二論之：彼時領兵知府，惟伍文定得陞副都御史，得廕一子千户。邢珣、徐璉但陞布政，即令閑住，彼亦何過，縱使有過，八議惡在？戴德孺雖陞布政，即死於水，皆無廕子。副使陳槐因勸宰臣進賢，致怒雠人，希意誣之，獨黜為民。御史伍希儒、謝源輒以考察去官。且陳槐、邢珣等皆抱用世之才，秉捐軀之義，因功廢黜，深可太息。然在今日，陛下操柄之失，莫此為甚。他日無事則可，萬一有事，將誰效用哉？況守仁學原性命，德由忠恕，才優經

第2313頁

濟，使之事君處物，必能曲盡其誠，尤足以當薰陶，備顧問。以陛下不世出明賢之資，與之浹洽講明，天下之治，生民之福，豈易言哉！前者言官屢薦，故尚書席書、吳廷舉，今侍郎張璁、桂萼，皆薦之，曾蒙簡命，用為兩廣總制。臣謂總制寄止一方，何若用之廟堂，可以贊襄謀議，轉人心，所濟天下矣。伏惟陛下念明良遭遇之難，亟召守仁，令與大學士楊一清等共圖至治，另推才能為兩廣總制。仍敕該部給與守仁應得鐵券祿米。將陳槐、邢珣、徐璉等起用，伍希儒、謝源等查酌軍功事例議錄，戴德孺量與廕襲。此實陛下奉天所操之大柄，不可毫髮移奪者，宜早收之，以為使人宣忠效力之勸。臣不勝懇悃之至！」（王陽明全集世德紀附錄）

明世宗實錄卷七十九：「嘉靖六年八月甲子，光祿寺少卿黃綰訟王守仁等平宸濠功，言：……疏下兵部，議從其請。上命給守仁券祿，俟廣西事寧，別有委任。江西有功諸臣下御史覈實。其致仕罷黜有才識可用者，清議無干者，吏部議請舉用。以德孺未任死，廕一子，為國子監。」

國榷卷五十三：「嘉靖六年八月甲子，光祿寺少卿黃綰訟王守仁等平宸濠功，命給鐵券。故布政戴德孺，廕子入

太學。」

黃綰陽明先生行狀：「予時為光祿寺少卿，具疏論江西軍功，及薦公才德，堪任輔弼。上喜，親書御劄，並疏付內閣議。楊公一清忌公入閣，與之同列，乃與張公孚敬具揭帖對曰：『王守仁才固可用，但好服古衣冠，喜談新學，人頗以此異之。不宜入閣，但可用為兵部尚書。』桂公知，遂大怒詈予，潛進揭帖毀公，上意遂止。」

明史卷一百九十七黃綰傳：「王守仁中忌者，雖封伯，不給誥券歲祿；諸有功若知府邢珣、徐璉、陳槐，御史伍希儒、謝源，多以考察黜。綰訟之於朝，且請召守仁輔政。守仁得給賜如制，珣等亦敘錄。綰尋遷大理左少卿。」

按：黃綰此疏名「明軍功以勵忠勤疏」，表面上是訟王守仁等人平宸濠功，真意實際在薦陽明入閣輔政。世宗、楊一清、張璁、桂萼皆心知肚明，諸人各懷鬼胎，其間關鍵人物還在世宗，而非張璁、桂萼。世宗內心對陽明之真實看法，暴露於其對楊一清所下「聖諭」中：「王守仁竊負儒名，實無方正之學。至於江西之事，彼甚不忠，觀其勝負以為背向。彼見我皇兄親征，知宸濠必為所擒，故乃同文定舉事，實文定當功之首，但守仁其時官在上耳。且如擒宸濠於南直隸地方，卻去原地殺人，至今孰不知其縱恣？」前日

兩廣之處，見彼蠻寇固防，却屈為招撫，損我威武甚矣。至於八寨而縱戮之……況崇事禪學，好尚鬼異，尤非聖門之士。」而楊一清亦附和對曰：「伏承諭及王守仁事。所其放言自肆，詆毀先儒，號召門生傳習，附和學術，可惡！及兵無節制，奏捷誇張，掩襲寨夷，恩威倒置，數語盡之矣……欲出榜禁約伊之邪說，其罪狀固已昭然於天下。」（楊一清集密諭録卷六論方獻夫代任吏部如何奏對）無怪世宗是次「王顧左右而言他」，於黄綰薦陽明入閣不置一詞，而虚以「俟廣西事寧，別有委任」敷衍了事。觀次日世宗便命下催陽明會同守臣亟督兵剿撫（見下），可見世宗向無喜陽明入閣之「上意」，黄綰「上喜」云云，顯為帝諱掩飾之辭也。（按：黄綰陽明先生行狀作於嘉靖十三年，時世宗猶在位。）

第2316頁

二十日，命下再催陽明會同守臣督兵剿撫。

明世宗實録卷七十九：「嘉靖六年八月乙丑，初，廣西田州賊黨王受、盧蘇、刑相等為亂。受入思恩，執知府吴期英、千户魏瓚等，封其庫藏，以賊兵守之，而自攻逼武緣。守巡官鄒輗等方調兵，議招撫思恩，於是千長韋貴、徐伍等，遣壯士由間道入城為内應，夜引兵奪門，殺守臣二十餘人，牧獲府印及庫物，護送期英等於賓州，因招撫城中未下者。時受攻武緣甚急，參將張經等堅壁拒守，鎮守頭目許用與戰，斬其渠帥一人，衆皆披靡。賊見援兵大集，乃遁去。都御史姚鏌以捷聞。上以田州、思恩賊鋒雖挫，首惡未擒，仍命王守仁會同守臣亟督兵剿撫，以請地方。韋貴、徐伍、許用及土官土民有功者，皆先給賞，仍戒雲南鎮巡官等，勿逸賊以貽後患……」

許相卿遣子送來書儀，陽明有答書。

雲村集卷四上王陽明先生書五：「某稔惡死不塞禍，家君奄棄，諸孤摧割萬狀，偷爾苟活。伏承尊慈遠須賻慰，曷任感泣！仄聞仗鉞南紀，茂建殊勳，斯道妙用格天，震天甚盛。某罪殃餘息，祇恐溘先朝露，弗及快覩凱還。謹遣兒子某代申謝私。遥瞻旄纛，曷勝隕絶，荒遠失次。」

第2317頁

陽明與許杞山書：「吾子纍然憂服之中，顧勞垂念至勤。賢郎書幣遠及，其何以當！道不可須臾而離，故學不可須臾而間，居喪亦學也。而喪者以荒迷自居，言不能無荒迷耳，學則不至於荒迷也。故曰：『喪事不敢不過。』『寧戚』之說，為流俗忘本者言。喜怒哀樂發皆中節之謂和，故哀亦有和焉，發於至誠而無所乖戾之謂也。夫過情，非和也；動氣，非和也；有意必於其間，非和也。孺子終日啼而不嗌，和之至也。知此，則知居喪之學，固無所異於平居之學矣。聞吾子有過毀之憂，輒敢以是奉告，幸圖其所謂大孝者可也。賢郎氣質甚美，適當冗結，不及與之一言，殊負遠來。不久便還林麓，後會尚有可期。草草布謝，不盡。」（康熙海寧縣志卷十三藝文。按：王陽明全集卷二十七有與許台仲書二，即此書，但不全，有誤）。

按：許杞山即許相卿，字台仲，號杞山、雲邨老人，海寧縣人。康熙海寧縣志卷十二：「許黃門讀書臺，在九杞山之陽。九杞山，即黃山。年譜云：公壯歲讀書黃山，直大雪，見籬落間花杞樹著子如紅雨，移植中庭，旬日發修九杞，遂自號『九杞山人』，因以名山。」陽明此書所言「累然憂服之中」，「吾子有過毀之憂」，乃指許相卿丁父及繼母憂，許氏貽謀四則中序祠則云：「吾許氏世家海寧之袁花。先府君初命相卿舉進士，官諫垣。亡何，府君棄養，予不幸遭家之變，而求自全吾常，遂去袁花，適茶磨家焉。茶磨，嘉興海鹽山也。」許聞造禮科給事中許公相卿行述：「嘉靖元年壬午，諫議抗疏，論政令不當者數事……居歲餘，章亡慮數十上，語抗直多類此。明年秋八月，自免歸。又明年，居孺人、封諫議相繼卒，諫議冢廬茹饘，衰哀朱殷，鬚髮盡白。王文成、湛甘泉各貽

書慰諭。」（國朝獻徵錄卷八十）據此，知許相卿父、繼母卒在嘉靖四年，其服喪哀毀時間甚長，故陽明致此書勸慰。以陽明此書言「適當冗結」、「不久便還林麓，後會尚有可期」，必是指嘉靖六年陽明征思、田將入廣之時。蓋是許相卿先在六月聞陽明起用，遂遣子來賀，即此書所云「賢郎書幣遠及」；至八月陽明將赴兩廣，諸事冗結，相卿子遂告別陽明歸海寧，陽明乃作此書，由相卿子攜歸。此「賢郎」者，按許相卿史漢方駕前有史漢方駕凡例引云：「許聞造曰：家大人以為不便疾讀，撰為此書……」又周春海昌勝覽卷十三：「相卿所著……史漢方駕三十五卷，子聞造、壻徐禾校刻。」知此「賢郎」即許聞造，亦為陽明弟子矣。

妻弟諸經來訪，陽明為作為善最樂文。

王陽明全集卷二十四為善最樂文：「君子樂得其道，小人樂得其欲。然小人之得其欲也，吾亦但見其苦而已耳。『五色令人目盲，五聲令人耳聾，五味令人口爽，馳騁田獵令人心發狂。』營營戚戚，憂患終身，心勞而日拙，欲縱惡積，以亡其生，烏在其為樂也乎？若夫君子之為善，則仰不愧，俯不怍，明無人非，幽無鬼責，優優蕩蕩，心逸日休，宗族稱其孝，鄉黨稱其弟，言而人莫不信，行而人莫不悅。所謂無入而不自得也，亦何樂如之！

妻弟諸用明積德勵善，有可用之才而不求仕。人曰：「子獨不樂仕乎？」用明曰：「為善最樂也。」因以四字扁其退居之軒，率二子階、陽，日與鄉之俊彥讀書講學於其中。已而二子學日有成，登賢薦秀。鄉人嘖嘖，皆曰：「此亦為善最樂之效矣！」用明笑曰：「為善之樂，大行不加，窮居不損，豈顧於得榮辱之間而論之？」聞者心服。僕夫治圃，得一鏡，以獻於用明。刮土而視之，背亦適有「為善最樂」四字。坐客嘆異，皆曰：「此用明為善之符，誠若亦不偶然者也。」相與詠其事，而來請於予以書之，用以訓其子孫，遂以勗夫鄉之後進。」

按：其時多有親朋戚友來紹興賀陽明起用兩廣並送其行，諸經當亦在其時自餘姚來紹興見陽明並送其行。陽明此文作在八月中，觀集中此文與客坐私祝并放一起，亦可證此文作在八月中。

時將赴兩廣，陽明特作客坐私祝，以戒子弟與來學士子。

王陽明全集卷二十四客坐私祝：「但願溫恭直諒之友來此講學論道，示以孝友謙和之行，德業相勸，過失相規，以教訓我子弟，使毋陷於非僻；不願狂懆惰慢之徒來此博弈飲酒，長傲飾非，導以驕奢淫蕩之事，誘以貪財黷貨之謀，冥頑無恥，扇惑鼓動，以益我子弟之不肖。嗚

呼！由前之說，是謂良士；由後之說，是謂凶人。我子弟苟遠良士而近凶人，是謂逆子，戒之戒之！嘉靖丁亥八月，將有兩廣之行，書此以戒我子弟，并以告夫士友之辱臨於斯者，請一覽教之。」

將大學問著錄成書，首次正式傳授門人弟子。大學問是陽明對「王門四句教」之經典闡釋，至是著錄成書，成為陽明對自己「王門四句教」心學之總結。

王陽明全集卷二十六大學問：「……蓋身、心、意、知、物者，是其工夫所用之條理，雖亦各有其所，而其實只是一物；格、致、誠、正、修者，是其條理所用之工夫，雖亦皆有其名，而其實只是一事。何謂身心之形體？運用之謂也；何謂心身之靈明？主宰之謂也；何謂修身？為善而去惡之謂也。吾身自能為善而去惡乎？必其靈明主宰者欲為善而去惡，然後其形體運用者始能為善而去惡也。故欲修其身者，必在於先正其心也。然心之本體則性也，性無不善，則心之本體本無不正也。何從而用其正之之功乎？蓋心之本體本無不正，自其意念發動，而後有不正。故欲正其心者，必就其意念之所發而正之，凡其發一念而善也，好之真如好好色；發一念而惡

也，惡之真如惡惡臭。則意無不誠，而心可正矣。然意之所發，有善有惡，不有以明其善惡之分，亦將真妄錯雜，雖欲誠之，不可得而誠矣。故欲誠其意者，必在於致知焉。致者，至也，如云喪致乎哀之致。《易》言知至至之，知至者，知也；至之者，致也。致知云者，非若後儒所謂充廣其知識之謂也，致吾心之良知焉耳。良知者，孟子所謂是非之心，人皆有之者也。是非之心，不待慮而知，不待學而能，是故謂之良知。是乃天命之性，吾心之本體，自然靈昭明覺者也。凡意念之發，吾心之良知無有不自知者。其善歟，惟吾心之良知自知之；其不善歟，亦惟吾心之良知自知之。是皆無所與於他人者也。故雖小人之為不善，既已無所不至，然其見君子，則必厭然揜其不善，而著其善者，是亦可以見其良知之有不容於自昧者也。今欲別善惡以誠其意，惟在致其良知之所知焉爾。何則？意念之所發，吾心之良知既知其為善矣，使其不能誠有以好之，而復背而去之，則是以善為惡，而自昧其知善之良知矣；意念之所發，吾之良知既知其為不善矣，使其不能誠有以惡之，而復蹈而為之，則是以惡為善，而自昧其知惡之良知矣。若是，則雖曰知之，猶不知也，意其可得而誠乎！今於良知之

善惡者，無不誠好而誠惡之，則不自欺其良知而意可誠也已。然欲致其良知，亦豈影響恍惚而懸空無實之謂乎？是必實有其事矣。故致知必在於格物。物者，事也，凡意之所發必有其事，意所在之事謂之物。格者，正也，正其不正以歸於正之謂也。正其不正者，去惡之謂也；歸於正者，為善之謂也。夫是之謂格。《書》言格於上下，格於文祖，格其非心，格物之格實兼其義也。良知所知之善，雖誠欲好之矣，苟不即其意之所在之物而實有以為之，則是物有未格，而好之之意猶未為誠也；良知所知之惡，雖誠欲惡之矣，苟不即其意之所在之物而實有以去之，則是物有未格，而惡之之意猶為未誠也。今焉於其良知所知之善者，即其意之所在之物而實為之，無有乎不盡；於其良知所知之惡者，即其意之所在之物而實去之，無有乎不盡。然後物無不格，而吾良知之所知者無有虧缺障蔽，而得以極其至矣。夫然後吾心快然，無復餘憾而自慊矣；夫然後意之所發者，始無自欺而可謂之誠矣。故曰：物格而後知至，知至而後意誠，意誠而後心正，心正而後身修。蓋其功夫條理雖有先後次序之可言，而其體之惟一，實無先後次序之可分；其條理功夫雖無先後次序之可分，而其用之惟精，固有纖毫不可

得而缺焉者。此格致誠正之說，所以闡堯舜之正傳而為孔氏之心印也。」錢德洪大學問序：「吾師接初見之士，必借學、庸首章以指示聖學之全功，使知從入之路。師征思、田將發，先授大學問，德洪受而錄之。」（王陽明全集卷二十六）錢德洪大學問跋：「德洪曰：大學問者，師門之教典也。學者初及門，必先此意授，使人聞言之下，即得此心之知，無出於民彝物則之中，致知之功，不外乎修齊治平之內。學者果能實地用功，一番聽受，一番親切。師常曰：『吾此意思有能直下承當，只此修為，直造聖域。參之經典，無不吻合，不必求之多聞多識之中也。』門人有請錄成書者，曰：『此須諸君口口相傳，若筆之於書，使人作一文字看過，無益矣。』嘉靖丁亥八月，師起征思、田，將發，門人復請，師許之。錄既就，以書貽洪曰：『大學或問數條，非不願共學之士盡聞斯義，顧恐藉寇兵而齎盜糧，是以未欲輕出。』蓋當時尚有持異說以混正學者，師故云然。師既沒，音容日遠，吾黨各以己見立說。學者稍見本體，即好為徑超頓悟之說，無復有省身克己之功。謂『一見本體，超聖可以跂足』，視師門誠意格物、為善去惡之旨，皆相鄙以為第二義。……是篇鄒子謙

之嘗附刻於大學古本，茲收錄續編之首。使學者開卷讀之，思吾師之教平易切實，而聖智神化之機固已躍然，不必更為別說，匪徒惑人，祇以自誤，無益也。」（王陽明全集卷二十六）

王陽明全集卷二十七與德洪：「大學或問數條，非不願共學之士盡聞斯義，顧恐藉寇兵而齎盜糧，是以未欲輕出。且願諸公與海內同志口口相授受，俟其有風機之動，然後刻之，非晚也。此意嘗與謙之面論，當能相悉也。江、廣兩途，須至杭城始決。若從西道，又得謙之一話於金、焦之間。冗甚，不及寫書，幸轉致其略。」

按：大學問乃陽明晚年歸越後多年心學思考之結晶與產物，亦是陽明對「王門四句教」最全面之闡釋。與早年古本大學傍釋相比較，可見陽明心學由以「誠意」為主轉向以「致知」（致良知）為主（所謂「第一義」），故大學問乃撰「王門四句教」秘蘊之寶鑰也。然因其時陽明「王門八句教」（四無教與四有教）新說已在醞釀中（詳下），故陽明於其時忽將大學問著錄成書，或隱然有終結舊說之意耶？

三十一日，唐府紀善周衝以母老歸省宜興，携書經紹興來問學，陽明有批書詳答。

陽明與周道通答問書：「問：為今日之學者，須務變化氣習，而達之夫婦、父子、兄弟之間，以修身、齊家為極

則，庶有巴攬以驗其進，且為實學。不然，則恐存心稍寬，茫無涯岸，未易成立。況聖賢體用之學，不由齊家，雖於治國、平天下或有得力處，畢竟於天德王道未盡。但齊家一關，盤詰甚大，苟非内有至健之志，而外有至順之容，恐未可以一二言也。如何，如何？

此段亦是好說話，只是乞下落。

「問：先生嘗答問性云：『氣即是性，性即是氣。』則聞命矣。

此言是解說『生之謂性』一句。

「然其間亦有難言者焉。佛氏明心見性之說，謂佛氏之所

謂心性，非心性也，恐亦不可，然而所見疑有犯於程子論氣不論性之戒；為吾儒之言者，往往又若專泥夫意之動為心，而以知覺運動屬氣，必欲於心氣之外，別求見夫所謂理與性者，不又犯於程子論性不論氣之戒乎？二者疑皆失之，不能無問。

此段不消如此說得。

「竊以為受天地之中以生，而是中之屬於人生言乎？其初稟此口口性言乎？其主於身，則謂之心；就心之條理而言，則謂之理。忘理與心，忘心與性，忘性與身，渾淪而言之，則通謂之氣；抑就氣而論其根源之地，靈明

知覺吾其體，神妙不測吾其用。先民以其本來如是，此性之所由命名也；以一身之動，萬感之應，必樞機於是，此心之所由命名也。又就其心性自然明覺，無所不知者，名之為智；就其本然自有權度，無所不宜者，名之圖圖；就其凡皆有節有文，粲然條理者，名之為禮；就其口口生生不息，無物不體，無息不存者，名之為仁，此又理之所由命名也，而其實均是一氣而已爾。佛氏但窺見吾心吾性靈明知覺之旁燭者，而先究於本原之地，則不知有生生不息之體矣。故其為道，樞機不屬於己，又安知有應變無窮，神妙不測之用乎？正如日月有明，

佛氏止認夫容光之照無微不口，口以謂是日月也，而其墮於空寂之境也，又何疑口口口，知足以周萬物，而道實不足以濟天下，豈知者過之之徒與？故吾聖人之學，曰執中，曰建極，曰不逾矩，皆指是樞機而言也。其所以恒是道者，曰思，曰兢兢業業，曰小心翼翼；而其示人求之之地，則曰獨，曰良知，曰不睹不聞；其工夫則曰誠，曰敬，曰戒慎恐懼，曰不愧於屋漏，皆就今本原體認，以求自得口，無所容私於其間。然則在今日正不必論性，亦不囫圇心，口須得樞機在手，而不失其中正焉，自可弗畔於道矣。圖否，然否？

只消說此兩句，即前面許多話說皆囗囗說。

致良知便是。

此段所論，大略多有是處，只因致知工夫未得精明，是以多有夾雜。

「儒者有言：『聖人之學，乾道也；賢人之學，坤道也。』衝疑之。《易》曰：『乾知大始，坤作成物。』又曰：『知至至之，知終終之。』乾道坤道，恐不可析。但聖人工夫用得熟，便覺自然，無所容心。若賢人工夫，尚須强勉，有類坤作成物耳。然非知為之主，則囗囗囗囗事，故乾道坤道，雖就賢人之學看，亦不可缺一，是否？

此說亦正是，不必如此分疏。

「閑居中靜觀，時物生息流行之意，以融會吾志趣，最有益於良知。昔今康節、白沙二先生，故皆留情於此。但二先生又似耽著，有不欲舍之意，故卒成隱逸，恐於孔子用行舍藏之道有未盡合。

靜觀物理，莫非良知發見流行處，不可又作兩事看。

「白沙先生云：『學以自然為宗。』又云：『為學須從靜中養囗囗囗囗有商量處。』此蓋就涵養說，固有是理，但恐初學未從囗囗用工來，輒令如此涵養，譬諸行路之人，未嘗跋歷險阻，一旦遇險便怯，能保其不回道乎？竊記明道先生有言：『造詣得極，更說甚涵養。』云造詣，則克己在其中矣。須嘗克己造詣上用工過來，然後志堅忍，之而不變，此意如何？

知得致良知工夫，此等議論自然見得他有未盡處。

「古聖相傳心法之要，不過曰『執中』。然中無定體，難以囗囗囗囗，憑吾良知點檢日用工夫，頗亦覺得穩當處，多囗囗囗囗囗，非過即又不及，不能得常常恰好，誠欲擇乎中庸，而固執之，如之何則可？

致良知便是擇乎中庸的工夫，倏然之間有過不及，即是不致良知。

「世儒論學，纔見人說就心性上用功，輒拒而不聽，以其流為禪也。故其為學，必須尋幾句書來襯貼此心，庶有依靠，此殆不能自立而然耳。先儒言心中不可有一物，若依靠囗囗囗，囗有物矣，安得此心虛明而應物無滯耶？蓋能□□□□□書，一一憑我驅使。不能自立，雖讀聖人之書，終身只服事得書。

此等意思，只曉得便了。

「儒者論佛，往往不誅其立心之差，而反咎其用功之錯，以謂不宜專求本心，而遂遺棄物理也。不知遺棄物理，正由其初立心上生起此病，不干其專求於心也。夫吾孔子□□□□，為得其宗，傳之思、孟而止。然曾子之學，專用□□□□□□尾，只說得慎獨。至孟子云：學問之道無他，求其放心而已。故其論王道，一則曰心，二則曰義。佛氏之求心，夫何過哉？若吾儒之志於學，不於其初嚴審於善利之間，徒欲矯佛而重於求物，輕於信心，則恐得罪於聖人之門，與佛氏公案雖不同，而同歸於律，惡得以五十步笑百步也！佛氏不累於物，與吾儒同；但吾儒不離於物，而能不累於物。若使佛氏不離於物，則不能不累於物矣。吾儒知所容心，而又知無所容其心；佛氏則欲盡歸於無所容心而已矣。佛氏之明，如生銅開鏡，乃用私智鑿出；吾儒則如日月有明，一本其自然，故鏡怕物障，日月不怕物障。

曾作山陰縣學記，其間頗論儒釋之同異，□執其中細細□□□□□。

「嘗讀濂溪傳，至以名節自砥礪，妄疑其容心□□□□□□，所繫亦甚大，真吾□之藩籬也。衡自得五月十二日手教，遂自書慎行惜名為今日第一義數字，貼之坐處。自是志向漸覺專一，工夫漸覺勇猛，戒謹恐懼之意常若不離於心目之間，而胸中亦自灑落，則是向裏之學，亦有資於外界然也。只孤立無助，恐中道作輟靡常，不能進步，以達天德，更望老先生一接引之。

致良知是今日第一義，□□□□□□□，則所謂慎行惜名，□□□□□□。

「凡是有感斯應，其感自外者，不必論也。澄心靜慮之□無思無為，而有突然之感者，何歟？夫正感正應，邪感亦正應之，宜也。然有時乎正感而應之，忽入於邪者，豈其有所感而然耶？抑或涉於氣歟？必欲吾心之神，常為萬感之主，無動靜而能定焉，當有何道？其道只是致良知，感應皆起於無思，無有自外至者，心無思，□□□□□□。良知真無待於一字加添，已自信得及，衡非□□□□□□得如此，只如今一會客之間，惟盡吾心之誠，當揖而揖，當拜而拜，當言而言，當讓而讓，已是多少利便，多少自在，反會錯謬，失東忘西，安能動容周旋中禮？又如凡作文字，才起思議，便走筆不動，每事體驗得如此，信不容纖毫□□□□□□□□用智之病，尚未沙汰得盡，欲專留神於此沙汰，如何？

圓心一了了之，百圖之，有何疑？

「今日致知之學，更無可疑。但這件工夫，固宜自力，還須常親師友，講得圓活通遍，到那耳順處，方能觸處洞然，周流無滯。不然，則恐固執太早，未免有滯心。以有滯之心而欲應無窮之變，其能事皆當理乎？良知即是天理，致良知即是當理，親師友，講貫□□□□□□，可別作一事□□□□。衡近今日用工夫，大率要在滌磨心病，使□□□□□□□□江漢暴之以秋陽，乾乾淨淨，一似秋空明月，方始快樂。但恨體弱多病，精神不足，正好用功之候，而四體又覺疲倦思臥矣。雖事親從兄之事，亦竟不能盡如其願，奈何，奈何！今必不得已，只憑良知愛養精神，既養得精神，都只將來供應良知之用，是或處病之一道歟？

良知自能分別調停，只要□□□□。良知知得當愛養精神，即愛養精神便是致知；知得當滌磨心病，即滌磨心病便是致知。養儉養方，只是一道，不可分作兩事。

「問：古者宗子之法，有百世不遷之宗，是為大宗。其□□祖□祭也，不嫌於禘歟？大宗子死，族人雖已服盡，猶為服齊衰三月，其禮不已重歟？夫謂宗法宜若是重也，記何以孔子曰『宗子為殤而死，庶子弗為後也』？聽宗法之廢歟？若謂庶子弗後，小宗言也，大宗而在，猶之可也；使大宗有絕，□□□□□□，可繼以為後否歟？否則，疏遠之族，誰其為□□□□□□□□之法，後世士庶人亦有可以義比附而立歟？如或以為僭也，君子而有重本尊祖之心者，得無有未盡歟？

「問：古者立廟之制，天子七，諸侯五，大夫三，適士二，官師一。誠以廟宇之多寡為制歟？抑祖考之祭，視廟宇而殺歟？如祖考之祭，視廟而殺，說禮者何以謂官師得祭祖？□□□□□□□，是則適士亦得祭曾祖。同是二廟，大夫亦得□□□，同是三廟矣，然歟？說者又謂庶人祭禰於寢，然則漢以後庶人得祭三代，而今或祭及高祖者，僭而當事歟？昔人有祭先祖者，或以似祫而不敢祭，則古者大宗子之祭始祖似祫，亦在所廢歟？父母之喪，達於天子，無貴賤，一也。尊祖報本，亦□天理民彝之不可泯滅者，而獨於貴賤拘焉。無□□□□□□義，固有可推者歟？君子無意於尊祖報本則已，使其有尊祖報本之心，則是恐不可以不之講也。

宗法廟制，其說甚長，後世亦自有難行處。學者只是致其良知，以行其尊祖報本之誠，則所謂雖不中不遠矣。
忙中不及細講說，然雖細講說，亦空談無益。
「右衢病耳，艱於聽教。且承老先生遠別，恐路阻日修，
就正益難。來途謹述所口口事，錄口批斥是否，并求警
發之言，以辟升堂入室之口口，得以尋級而進，感恩何
慨！
大口道通所問良知信得及處，更自說得分曉，於良知信未
及口口口口得支離。良知一也，有信得及處、信未及處，皆由
致知之功未能精純之故。今請只於此處用力，不必多設方略
，別尋道路，枉費心力，終無益也。冗次，言不能盡。八月卅

一日，守仁上。」（日本天理圖書館藏王陽明先生小像
附尺牘一卷）
按：湛甘泉唐王府紀善周公衝墓碑銘：「……乙酉，進唐府紀善
，屢以正學啟王。尋上定志修學以防逸豫疏，又上修德裕後十
二事，而明聖學、近正人二條尤切，王敬重之。乞移半祿養母。
閱歲，念母老，假使事歸省。越庚寅，藩府以檄來徵命之，
曰：『唐藩恩不可忘也。』屢促行，黽勉致仕。舉會極約，作希
顏日抄，議酌行橫渠井田遺制，未遂而止。壬辰，王疏薦曰
：『周衝心志通明，操持端謹。』詔加五品俸級，儲長史缺。八
月，得疾……卒實二十二日也。享年四十有七。」（國朝獻徵錄卷

一百零五）陽明此答書封稱「道通相國」，應是指周衝嘉靖四年
以後任唐府紀善。又答書云「曾作山陰縣學記」，按山陰縣學
記作於嘉靖四年。由此可知周衝書中所言「老先生遠別，恐
路阻日修，就正益難」，必是指陽明嘉靖六年八月將遠赴兩廣
，往征思、田，陽明此書乃作在嘉靖六年八月三十一日。周衝書
云「右衢病耳，艱於聽教……來途謹述所口日事，錄口批斥是
否，并求警發之言」，所謂「來途」，即是指周衝嘉靖六年因念
老母，假使事歸省宜興，自唐府來經紹興見陽明，因周衝
有耳疾，艱於聽教，故先在來途擬定一若干條提問書（即周衝此
書），到紹興後呈示陽明，陽明乃就此書作批答也。

浙江大学古籍研究所

陽明與周道通書五：「今時同志中，往往多以仰事俯育為
進道之累，此亦只是進道之志不專一，不勇猛耳。若是
進道之志果能勇猛專一，則仰事俯育之事莫非進道之資
。顏子當時在陋巷，不改其樂，亦正是簞食瓢飲之時。
當時顏路尚在，安得無仰事俯育？固有人不堪其憂者矣
。近聞道通處事殊落莫，然愛莫為助，聊以此言相警發
耳。病筆不足。守仁拜手，道通長史道契文侍。」（日本
天理圖書館藏王陽明先生小像附尺牘一卷，陽明文集失
載）
按：陽明此書似即周衝書中所云「衝自得五月十二日手教」，其

時周衡將歸省，湛甘泉周道通墓碑銘：「閱歲，念母老，假使事歸省。」又奠唐府紀善周道通文亦云：「載遷藩紀，曳裾王門。……徐曰歸哉，母齡暮矣。豈無兄弟，曷以代己？通假使符，南望白雲。……」此所謂「假使事歸省」、「通假使符」，即是加周衡王府長史，假使歸省宜興，故陽明此書稱「道通長史」。

託家政及胤子王正聰於魏廷豹，託繼子王正憲於錢德洪、王畿。

錢德洪寄正憲男手墨二卷序：「正憲字仲肅，師繼子也。嘉靖丁亥，師起征思、田，正億方二齡。託家政於魏子廷豹，使飭家衆以字胤子；託正憲於洪與汝中，使切磨學問以飭內外。」（王陽明全集卷二十六）

按：陽明赴兩廣前夕託家政於魏廷豹，其於寄正憲書中多有言及。書一：「家中事，凡百與魏廷豹相計議而行。」書二：「魏廷豹此事想在家，家衆悉宜遵廷豹教訓。」書三：「凡百家事及大小童僕，皆須聽魏廷豹斷決而行……德洪、汝中輩，須時時親近，請教求益。聰兒已託魏廷豹，時常一看。廷豹忠信君子，當能不負所託。」魏廷豹，即魏直，字廷豹，蕭山人，精於醫術，故陽明以家政託之，亦一陽明弟子。民國蕭山縣志稿卷二十一：「魏直，字廷豹，能詩，以醫聞吳越間，治痘疹奇驗。所著有博愛心鑑一書。」汪應軫青湖先生文集卷二有稽山集序云：「稽山集者，蕭山魏廷豹甫寓稽山集也。廷豹何以寓稽山？從陽明先生遊也。廷豹年長於陽明，何以知從陽明遊？廷豹，文靖公之孫。文靖公為時名臣，世有述，家有考，宜其好學不倦，知所歸也……廷豹之詩，吾雖未敢曰陶曰杜，然而晚年從師，其進殆未可量。……」從「晚年從師」看，魏廷豹實為陽明弟子。因陽明體弱多病，魏廷豹之來稽山師從陽明遊，實亦是被請為陽明「家庭醫生」，卒成陽明伯府「管家」。稽山集當多載魏廷豹來稽山從遊陽明詩文，惜其亡佚不傳。

九月八日，啟程赴兩廣，有詩別諸生。是夕，錢德洪、王畿侍於天泉橋，陽明發「王門八句教」（「四有教」與「四無教」），揚棄「王門四句教」舊說，講論本體工夫，證道印心，是謂「天泉證道」，實是陽明仿佛教對己之心學所作之「判教」，是陽明對自己生平心學所作之最後總結。

王陽明全集卷二十別諸生：「綿綿聖學已千年，兩字「良知」是口傳。欲識渾淪無斧鑿，須從規矩出方圓。不離日用常行內，直造先天未畫前。握手臨歧更何語？殷勤莫愧別離筵。」

按：此詩咏嘆「良知」聖學，為陽明天泉證道發「王門八句教」之前奏曲也。

錢德洪陽明先生年譜：「九月壬午，發越中。是月初八日，德洪與畿訪張元沖舟中，因論為學宗旨。畿曰：『先生說「知善知惡是良知，為善去惡是格物」，此恐未是究竟話頭。』德洪曰：『何如？』畿曰：『心體既是無善無惡，意亦是無善無惡，知亦是無善無惡，物亦是無善無惡。若說意有善有惡，畢竟心亦未是無善無惡。』德洪曰：『心體原來無善無惡，今習染既久，覺心體上見有善惡在，為善去惡，正是復那本體功夫。若見得本體如此，只說無功夫可

第2338頁

用，恐只是見耳。』畿曰：『明日先生啟行，晚可同進請問。』是日夜分，客始散，先生將入內，聞洪與畿候立庭下，先生復出，使移席天泉橋上。德洪舉與畿論辯請問。先生喜曰：『正要二君有此一問。我今將行，朋友中更無有論證及此者，二君之見正好相取，不可相病。汝中須用德洪功夫，德洪須透汝中本體。二君相取為益，吾學更無遺念矣。』德洪請問。先生曰：『有只是你自有，良知本體原來無有，本體只是太虛。太虛之中，日月星辰，風雨露雷，陰霾饐氣，何物不有？而又何一物得為太虛之障？人心本體亦復是。太虛無形，一過而化，亦何費

第2339頁

纖毫氣力？德洪功夫須要如此，便是合得本體功夫。』畿請問。先生曰：『汝中見得此意，只好默默自修，不可執以接人。上根之人，世亦難遇。一悟本體，即見功夫，物我內外，一齊盡透，此顏子、明道不敢承當，豈可輕易望人？二君以後與學者言，務要依我四句宗旨：無善無惡是心之體，有善有惡是意之動，知善知惡是良知，為善去惡是格物。以此自修，直躋聖位；以此接人，更無差失。』畿曰：『本體透後，於此四句宗旨何如？』先生曰：『此是徹上徹下語，自初學以至聖人，只此功夫。初學用此，循循有入，雖至聖人，窮究無盡。堯、舜精一之

功，亦只如此。』先生又重囑付曰：『二君以後再不可更此四句宗旨。此四句中人上下無不接着。我年來立教，亦更幾番，今始立此四句。人心自有知識以來，已為習俗所染，今不教他在良知上實用為善去惡功夫，只去懸空想個本體，一切事為，俱不著實。此病痛不是小小，不可以不早說破。』是日洪、畿俱有省。

按：陽明赴任謝恩遂陳膚見疏云「已於九月初八日扶病起程」，今據王畿曰「明日先生啟行」，可知陽明實在九月九日啟行。

傳習録卷下：「丁亥年九月，先生起征思、田。將命行時，德洪與汝中論學。汝中舉先生教言曰：『無善無惡是心

第2340页

之體，有善有惡是意之動，知善知惡是良知，為善去惡是格物。』德洪曰：『此意如何？』汝中曰：『此恐未是究竟話頭。若說心體是無善無惡，意亦是無善無惡的意，知亦是無善無惡的知，物是無善無惡的物矣。若說意有善惡，畢竟心體還有善惡在。』德洪曰：『心體是天命之性，原是無善無惡的。但人有習心，意念上見有善惡在，格致誠正，修此正是復那性體功夫。若原無善惡，功夫亦不消說矣。』是夕，侍坐天泉橋，各舉請正。先生曰：『我今將行，正要你們來講破此意。二君之見正好相資為用，不可各執一邊。我這裏接人原有此二種。利根之人直從

本源上悟入，人心本體原是明瑩無滯的，原是個未發之中。利根之人一悟本體，即是功夫，人己內外，一齊俱透了。其次不免有習心在，本體受蔽，故且教在意念上實落為善去惡。功夫熟後，渣滓去得盡時，本體亦明盡了。汝中之見，是我這裏接利根人的；德洪之見，是我這裏為其次立法的。二君相取為用，則中人上下皆可引入於道。若各執一邊，眼前便有失人，便於道體各有未盡。』既而曰：『已後與朋友講學，切不可失了我的宗旨：無善無惡是心之體，有善有惡是意之動，知善知惡是良知，為善去惡是格物。只依我這話頭隨人指點，自沒病

第2341页

痛。此原是徹上徹下功夫。利根之人，世亦難遇，本體功夫，一悟盡透。此顏子、明道所不敢承當，豈可輕易望人？人有習心，不教他在良知上實用為善去惡功夫，只去懸空想個本體，一切事為俱不着實，不過養成一個虛寂。此個病痛不是小小，不可不早說破。』是日德洪、汝中俱有省。」

王畿集卷一天泉證道紀：「陽明夫子之學，以良知為宗，每與門人論學，提四句為教法：『無善無惡心之體，有善有惡意之動，知善知惡是良知，為善去惡是格物。』學者循此用功，各有所得。緒山錢子謂：『此是師門教人定本

，一毫不可更易。」先生謂：「夫子立教隨時，謂之權法，未可執定。體用顯微只是一機，心意知物只是一事，若悟得心是無善無惡之心，意即是無善無惡之意，知即是無善無惡之知，物即是無善無惡之物。蓋無心之心，則藏密；無意之意，則應圓；無知之知，則體寂；無物之物，則用神。天命之性，粹然至善，神感神應，其機自不容已，無善可名。惡固本無，善亦不可得而有也，是謂無善無惡。若有善有惡，則意動於物，非自然之流行，著於有矣。自性流行者，動而無動；著於有者，動而動也。意是心之所發，若是有善有惡之意，則知與物一齊皆有，心亦不可謂之無矣。」緒山子謂：「若是，是壞師門教法，非善學也。」先生謂：「學須自證自悟，不從人腳根轉。若執著師門權法，以為定本，未免滯於言詮，亦非善學也。」時夫子將有兩廣之行，錢子謂曰：「吾二人所見不同，何以同人？盍相與就正夫子？」晚坐天泉橋上，因各以所見請質。夫子曰：「正要二子有此一問。吾教法原有此兩種：四無之說，為上根人立教；四有之說，為中根以下人立教。上根之人，悟得無善無惡心體，便從無處立根基，意與知、物，皆從無生，一了百當，即本體便是工夫，易簡直截，更無剩欠，頓悟之學也；中根以下

之人，未嘗悟得本體，未免在有善有惡上立根基，心與知、物，皆從有生，須用為善去惡工夫，隨處對治，使之漸漸入悟，從有以歸於無，復還本體，及其成功一也。世間上根人不易得，只得就中根以下人立教，通此一路。汝中所見，是接上根人教法；德洪所見，是接中根以下人教法。汝中所見，我久欲發，恐人信不及，徒增躐等之病，故含蓄到今。此是傳心秘藏，顏子、明道所不敢言者。今既已說破，亦是天機該發泄時，豈容復秘？然此中不可執著。若執四無之見，不通得衆人之意，只好接上根人，中根以下人無從接授；若執四有之見，認定意是有善有惡的，只好接中根以下人，上根人亦無從接授。但吾人凡心未了，雖已得悟，不妨隨時用漸修工夫。不如此，不足以超凡入聖，所謂上乘兼修中下也。汝中此意，正好保任，不宜輕以示人，概而言之，反成漏泄。德洪却須進此一格，始為玄通。德洪資性沈毅，汝中資性明朗，故其所得，亦各因其所近。若能互相取益，使吾教法上下皆通，始為善學耳。」自此海內相傳天泉證悟之論，道脉始歸於一云。」

王畿集卷十二答程方峰：「……天泉證道大意，原是先師立教本旨，隨人根器上下，有悟有修。良知是徹上徹下真

種子，智雖頓悟，行則漸修。譬如善才在文殊會下得根本知，所謂頓也；在普賢行門參德云五十三善知識，盡差別智，以表所悟之實際，所謂漸也。此學全在悟，悟門不開，無以徵學。然悟不以言思期必而得。悟有頓漸，修亦有頓漸。著一漸字，固是放寬；著一頓字，亦是期必。放寬便近於忘，期必又近於助。要之，皆任神識作用，有作有止，有任有滅，未離生死窠臼。若真信良知，從一念入微承當，不落揀擇商量，一念萬年，方是變識為智，方是師門真血脉路。」

王畿集卷二十緒山錢君行狀：「……夫子之學以良知為宗

第2344页

，每與門人論學：「無善無惡心之體，有善有惡意之動，知善知惡是良知，為善去惡是格物。」以此四句為教法。君謂：「此是師門教人定本，一毫不可更易。」予謂：「夫子

立教隨時，未可執定。體用顯微，只是一路。若悟得心是無善無惡之心，意即是無善無惡之意，知即是無善無惡之知，物即是無善無惡之物。若是有善有惡之意，則知與物一齊皆有，而心亦不可謂之無矣。」君曰：「若是，是壞師門教法，非善學也。」丁亥秋，夫子將有兩廣之行。君謂予曰：「吾二人所見不同，何以同人？盍相與就正夫子？」晚坐天泉橋上，因各以所見請質。夫子曰：「正要二君有此一問，吾教法原有此兩端。四無之說，為上根立教；四有之說，為中根以下通此一路。汝中所見，我久欲發，恐人信不及，徒起躐等之病，故含蓄到今。今既

第2345页

已說破，豈容復秘？然此中不可執著，若執四無之見，中根以下人無從接授；若執四有之見，上根人亦無從接授。德洪資性沉毅，汝中資性明朗，故其悟入亦因其所近。若能各舍所見，互相取益，使吾教法上下皆通，始為善學耳。」自此海內相傳天泉辨正之論，始歸於一。」

趙錦龍溪王先生墓志銘：「……陽明以討思、田，將行。緒山舉陽明無善無惡心之體，有善有惡意之動，知善知惡是良知，為善去惡是格物四言，以為教人定本。先生以為：心意知物，只是一機，若悟得心體本無善惡，則意、知與物亦皆如是。蓋無心之心，其機密；無意之意，其

應圓；無知之知，其體寂；無物之物，其用神。若意有善惡，則知與物皆有，而心亦不可謂之無矣。此教人權法，未可守之以為定本也。」是夜，入請陽明於天泉橋，陽明曰：「吾教原有兩種：上根之人，悟得無善無惡心體，便從無處立基，意、知與物皆從無生，一了百當，即本體是工夫，頓悟之學也；中根以下，未悟本體，未免在有處立基，意、知與物皆從有生，隨處對治，使之漸入悟，從有歸無，還復本體。但上根之人，世不易得，只得就中根以下立教。汝中所見，我久欲發，恐人信不及，徒增躐等之病，故含蓄至今。此顏子、明道所未易言者。汝中天資明朗，德洪天資沈毅，故所悟入亦各不同，然亦正好相資為用。」……（王畿集附錄四）

耿定向新建侯文成王先生世家：「夏，命兼都察院左都御史，征思田。瀕行，王汝止以所契格物旨陳說，志遠矣。先生曰：「俟子他日自明之。」引而不發，有以也。先生居嘗揭教旨四語曰：「無善無惡者心之體，有善有惡者意之動，知善知惡是良知，為善去惡是格物。」學者遵循無異也。王汝中曰：「心無善惡，則意、知與物，一切如是。下二句非向上一機，若為剩語者。」時同錢洪甫質證之先生，先生曰：「悟此本體，人己內外一齊了徹，顏子、伯淳所不敢承。下二句，乃徹上徹下語。初學至聖人，究竟無盡。」……（耿天臺先生文集卷十三）

按：前考陽明在是年三月已用「四無教」說修正「王門四句教」，可見其時陽明「王門八句教」（「四無教」與「四有教」）已成竹在胸，引而不發也。至是在天泉證道會上陽明正式提出「王門八句教」，修正並揚棄了「王門四句教」。天泉證道者，乃證「王門八句教」之道，而非證「王門四句教」之道。此本昭然可見，祇因錢德洪與王畿兩人記敘有異，後人不察，皆據錢德洪所記，以為陽明在天泉證道上提出「王門四句教」，天泉證道乃是證「王門四句教」之道，可謂大誤，後人以訛傳訛，遂成陽明學研究一大千古錯案。其實所謂「天泉證道」事本很簡單：先是在天泉會之前錢德洪、王畿聽受陽明「四句教」後，理解各異。於是至天泉會上，兩人各以所見請質，陽明乃以王畿之見為是，修正原「四句教」之說，提出了「王門八句教」（「四無教」與「四有教」）：

浙江大学古籍研究所

王門八句教

- 上根之人「四無教」
  - 無善無惡心之體
  - 無善無惡意之動
  - 知無善惡是良知
  - 物無善惡是格物
- 中根以下人「四有教」
  - 有善有惡心之體
  - 有善有惡意之動
  - 知善知惡是良知
  - 為善去惡是格物

王門八句教

- 頓教（上根之人）（從本體入手）
  - 心體無善無惡
  - 意無善無惡
  - 知無善無惡
  - 物無善無惡
- 漸教（中根以下人）（從工夫入手）
  - 心體有善有惡
  - 意有善有惡
  - 知有善有惡
  - 物有善有惡

按所謂「四無」，指體、意、知、物皆無善惡，是針對悟得心體之人（上根之人）而言；所謂「四有」，指體、意、知、物皆有善惡，是針對未悟得心體之人（中根以下人）而言。可見所謂「四無教」與「四有教」乃是陽明仿佛教對自己「心學」所作之「判教」。佛教所謂「判教」，是謂佛陀一生所說經教頗多，皆在對機說法，因時、因地、因人而異，故須對佛陀一生所說經作一番系統整理與判釋，判為若干教。南北朝慧觀首開判教之先河，將全部佛經判分為「頓教」與「漸教」兩類，又按時判為五教，即所謂「二教五時」之判教。法華宗之「五時八教」之判教，頓教是對利根眾生所說教，

漸教是對淺根之人所說教等。陽明亦完全仿佛教如是判教，按「人」將自己心學判為二教：「四無教」是對上根之人所說，是頓教；「四有教」是對中根以下人所說，是漸教。可見「王門八句教」（「四無教」與「四有教」）乃是陽明對自己生平「心學」所作的一次判教式總結，不免深具「禪氣」。以「四無教」而言，

按朱得之稽山承語著錄云：「或問：『裴公休序圓覺經曰：「終日圓覺而未嘗圓覺者，凡夫也；欲證圓覺而未極圓覺者，菩薩也；具足圓覺而住持圓覺者，如來也。」何如？』曰：『我替他改一句：終日圓覺而未嘗圓覺者，凡夫也；欲證圓覺而未極圓覺者，菩薩也；具足圓覺而住持圓覺

者，羅漢也』；終日圓覺而未嘗圓覺者，如來也。』」又王畿集卷六答五臺陸子問云：「予舊曾以持話頭公案質於先師，謂：『此是古人不得已權法。釋迦主持世教無此法門，只教人在般若上留心。般若，所謂智慧也。嗣後，傳教者將此事作道理知解理會，漸成義學。及達磨入中國，不立文字，直指人心，見性成佛，從前義學，盡與刊下。傳至六祖以後，失其源流，復成義學。宗師復立持話頭公案，頓在八識田中，如嚼鐵酸餡，無義路可尋討，無知解可湊泊，使之認取本來面目，圓滿本覺真心。因病施藥，未嘗有實法與人，善學者可以自悟矣。』」圓覺者，圓滿覺悟如來藏清淨心也。陽明將心體比之為如來藏心，如來藏心乃是清淨本覺真心，無善無惡；意（念）、知（識）、物（色）皆一心所生，虛妄假有，無所謂善惡，唯悟得本體者（上根之人）方能識此，故「四無教」乃為上根人設教也。可見「四無教」與「四有教」作為陽明「心學」之判教理論，已然隱伏後來王學走向狂禪之內在契機，無怪勇捍師道之錢德洪出來竭力回護掩飾師說矣。

按：關於「天泉證道」，錢德洪與王畿兩人所記述本無差異，只是在最後錢德洪忽然莫名其妙插加了一段陽明說話：「已後與朋友講學，切不可失了我的宗旨：無善無惡

是心之體，有善有惡是意之動，知善知惡是良知，為善去惡是格物。只依我這話頭隨人指點。」這裏陽明明明是在談「四無教」與「四有教」新說，忽然插入要人嚴遵「四句教」舊說行事一段，明顯上下脫節，牛頭不對馬嘴，顯是錢德洪所私加。陽明在天泉會上提出「四無教」與「四有教」新說（不是提出「四句教」舊說），而無論「四無教」還是「四有教」都是對「四句教」舊說的否定，怎麼可能陽明還要人切實按「四句教」舊說宗旨行事？匪夷所思。在天泉證道後，陽明赴兩廣，一路在富陽、嚴灘、南浦，陽明都是向弟子大發「四無教」宗旨（詳見下），直至其卒，陽明絕無再以「四句教」教人者，僅此已足證陽明在天泉會上乃是立「王門八句教」（「四無教」與「四有教」）新說，斷非立「王門四句教」舊說，錢德洪竟謂陽明在天泉會上始立「四句教」宗旨（按：前考陽明在嘉靖五年正月始立「四句教」之說），告誡弟子「以後再不可更此四句宗旨」，「切不可失了我的（四句教）宗旨」，「只依我這話頭（四句教）隨人指點」，全屬子虛烏之虛構，分明乃錢德洪妄加之語，以回護掩飾陽明之判教新說也。六百年來紛爭不已之「天泉證道」之謎可以揭開矣。

按：天泉證道以後，錢德洪依舊守定「王門四句教」之說，而對「王門八句教」（「四無教」與「四有教」）則閃爍其辭，含

糊其言。王畿則自此後旗幟鮮明大闡「王門八句教」，以為陽明天泉傳道之不二法門，錢德洪均不敢道一字。後人（如黃宗羲）反多被錢德洪之說所蔽，而不察王畿之說。茲特將王畿闡釋發揮「王門八句教」之數則重要資料著錄於下，以灼見「天泉證道」乃證「王門八句教」之道為不虛也：

聶豹集卷十一答王龍溪：「……龍溪云：『大學全功，只在「止至善」一語……先師教人，嘗曰：「至善無惡是心之體，有善有惡是意之動，知善知惡是良知，為善去惡是格物。」蓋緣學者根器不同，故用功有難易。有從心體上立基者，有從意根上立基者。從心體上立基，心便是個至善無惡的心，意便是至善無惡的意，便是致了至善無惡的知，格了至善無惡的物；從意根上立基，意是個有善有惡的意，知便是有善有惡的知，物便是有善有惡的物，而心亦不能無不善之雜矣。故須格其心之不正，以歸於正，雖其用功有難易之殊，而要之復其至善之體，則一而已。……』」（參見王畿集附錄三致知議辯佚文）按：聶豹答王龍溪中引王畿書說有十二則之多，可見王畿皆是依「王門八句教」立說。

鄒守益集卷三青原贈處：「錢、王二子送於富陽。夫子曰：『予別矣，盍各言所學？』德洪對曰：『至善無惡者心，有善有惡者意，知善知惡是良知，為善去惡是格物。』畿對曰：『心無善而無惡，意無善而無惡，知無善而無惡，物無善而無惡。』夫子笑曰：『洪甫須識汝中本體，汝中須識洪甫工夫。二子打併為一，不失吾傳矣。』」

龍溪會語書同心冊後語：「問：『良知不分善惡……請質所疑。』『性無不善，故知無不良……不思善，不思惡，良知知是知非而善惡自辨，是謂本來面目，有何善惡可思得？……良知知是知非，良知無是無非。』（王畿集附錄二）按王畿集卷二十平洲劉公墓表亦云：「公頷之曰：『良知知是知非。』予激之曰：『良知無是無非。』未達，予曰：『是非者，善惡之機，分別之端。知是知非，所謂規矩也；忘規矩而得其巧，雖有分別而不起分別之想，所謂悟也。其機原於一念之微，此性命之根，無為之靈體，師門密旨也。』」

王畿集卷十七漸庵說：「或者又問昔賢有頓漸之說……予曰：『頓漸之別，亦概言之耳……理乘頓悟，事屬漸修。悟以啟修，修以徵悟。根有利鈍，故法有頓漸。要之，頓亦由漸而入，所謂上智兼修中下也。真修之人，乃有真悟，用功不密而遽云頓悟者，皆墮情識，非真修也。』」

按：從陽明生平「良知」學之形成發展看，實質從「王門四句教」到「王門八句教」（「四無教」與「四有教」），展現了陽明「良知」學之發展演變歷程：「王門四句教」為自江西歸越時提出之「良知」學，「王門八句教」為晚年天泉證道時提出之「良知學，反映了陽明自己不同時期對「良知」之認識。由此可見陽明在天泉證道會上對己之「良知」學乃作了「二時二教」之判教：從「時」上，將「良知」學判為二時：「江西歸越時」，為「王門四句教」，乃是自江西歸越時所說教；「天泉證道時」，為「王門八句教」，乃是天泉證道時所說教。從「人」上，將「良知」學判為頓漸二教：「四無教」為上根之人所說教，為頓教；「四有教」為中根以下人所說教，為漸教。一言以蔽之：「王門四句教」反映了陽明前期之「良知」學思想，「王門八句教」反映了陽明晚期之「良知」學思想。王畿論陽明生平學術五變，其論陽明學術最後一變云：「逮

第2353-2頁

居越以後，所操益熟，所得益化……時時知是知非，時時無是無非，開口即得本心，更無假借湊泊，如赤日麗

空而萬象自照，如元氣運於四時而萬化自行，亦莫知其所以然也……萬感萬應，皆從一生，兢業保任，不離於一。晚年造履益就融釋，即一為萬，即萬為一，無一無萬，而一亦忘矣。」（滁陽會語）此所謂最後一變，即指陽明由「王門四句教」一變而為「王門八句教」（「四無教」與「四有教」）也。錢德洪只論陽明前期學術三變，而對陽明晚期學術之變不置一詞，或是怕涉及「王門四句教」與「王門八句教」之糾纏耶？

渡錢塘，駐節武林，張翰偕諸生來訪問學。

張瀚松窗夢語卷四士人紀：「……五年，復起征思、田。

第2354頁

時駐節武林，余為諸生，心景慕之，約同儕數人廷謁公，得覿風儀。神骨清朗，步履蹻捷，翩翩如鶴。求其指示，但云：『隨事體認，皆可進步。為諸生，誦習孔、孟，身體力行，即舉子業，豈能累人哉！所患溺於口耳，無心領神會之益，視聖賢為糟粕耳。』余聆公言，至今猶一日也。」

焦竑吏部尚書張恭懿公瀚傳：「張恭懿公名瀚，字子文，浙之錢塘人……生七歲，從塾師受句讀，日誦累百言，數請益，塾師為遜席者再。陽明先生征思、田，道出武林，公生有六年耳，紹介上謁，陽明先生大奇之，曰：

「孺子可教也。」明年，補郡諸生。」（國朝獻徵錄卷二十五）

按：張瀚字子文，號元洲，仁和人，嘉靖十四年進士。馮夢禎張太宰恭懿公傳稱其「少擅丹青，晚盡棄之。詩律在建安、大曆間，文取經世，不經藻繢。書法大令、智永，最喜為人書。雅好山水，家居半湖上。」（松窗夢語前附）明清進士錄：「張瀚，嘉靖十四年二甲五十八名進士。浙江仁和人，字子文，號元洲。歷大名知府，俺答犯京師，征畿輔民兵入衛，瀚立簡八百人馳至真定。累擢右副都御史。萬曆初，擢吏部尚書。張居正謀奪情，中旨令瀚諭留，瀚持不可，居正怒，令言官劾罷之。」

遊吳山、月巖、御校場，訪巡按御史王璜新構，有詩咏。

王陽明全集卷二十秋日飲月巖新構別王侍御：「湖山久繫念，塊處限形迹。遙望一水間，十年靡由即。軍旅起衰廢，驅馳豈遑息。前旌道回岡，取捷上畸側。新構鬱層椒，石門轉深寂。是時霜始降，風淒群卉拆。壑靜響江聲，窗虛函海色。夕陰下西岑，涼月穿東壁。觀風此餘情，撫景見高臆。匪從群公餞，何因得良覿？南徼方如

第2355页

燬，救焚敢辭亟？來歸幸有期，終遂幽尋癖。」

按：此「王侍御」應即王璜。萬曆杭州府志卷六十名宦：「（浙江巡按御史）王璜，字廷實，直隸濬縣人。正德辛巳進士。嘉靖六年來按浙，嚴威儼恪，望之起畏。鎮臣奸胥有閩南張者，大為民蠹，璜首按致其罪，市里稱快。藩大吏口口名檢，璜惜其才，冀彼悛改，厲聲色窘挫之，大吏口悔過，乃已。由是上下震慴，奸貪吏至望風引去。時永嘉方柄國，家人暴橫。璜行部至，以法繩之。屬京察，竟以嚴苛奪職。璜去數十年，至今稱名御史者，必曰王公云。善曰：予幼時，自里閈間望見王公偉儀鐵面，目光炯炯射人，私竊計曰：此御史有威望，必且能伐奸。已而果然。彼於永嘉無畏，他何所計哉！」」按明世宗實錄卷八十：「嘉靖六年九月戊寅，……。署都察院事、兵部左侍郎張璁，考察各道不職御史共十二人，酷暴為民。浙江巡按王璜不謹，閑住。……」是陽明來訪王璜，正當王璜將罷之時。萬曆杭州府志卷四十四：「留月臺、玉虛臺，俱在萬松嶺，上為月巖，下為圭石。月榭，在月巖傍。王守仁飲月榭別王侍御赴廣……」知詩所云「新構」即指月榭。

陽明御校場詩：「絕頂秋深荒草平，昔人曾此駐傾城。干戈消盡名空在，日夜無窮潮自生。谷口巖雲揚殺氣，路邊疏樹列殘兵。山僧似與人同興，相趁攀蘿認舊營。」（

第2356页

（李衛西湖志卷十六）

按：沈德潛西湖志纂卷六宋御校場謂田汝成西湖遊覽志餘中載有陽明詩殘篇二句：「絕頂深秋草樹平，昔人曾此駐傾城。」即此詩，定為咏「宋御校場」詩。御校場即宋殿前司營，在鳳凰山中。西湖志卷十六：「宋殿前司營，夢粱錄：在鳳凰山八盤嶺中，置衙，有御書閣、凝香堂、整暇堂。山之上有亭，扁曰『延桂』。最高處曰介亭，崖石嶙峋。亭之後為衛天樓，極高，為江海湖山奇偉之觀。西湖遊覽志：殿前司，為新軍護衛之所，俗稱御校場者，此也。」陽明是次深秋發越中渡錢塘，遊吳山、月巖，正經過御校場，故有此詩咏。

錢德洪、王畿送至富陽，陽明再發「四無教」與「四有教」（「王門八句教」）。

鄒守益集卷三青原贈處：「陽明夫子之平兩廣也，錢、王二子送於富陽。夫子曰：『予別矣，盍各言所學？』德洪對曰：『至善無惡者心，有善有惡者意，知善知惡是良知，為善去惡是格物。』畿對曰：『心無善而無惡，意無善而無惡，知無善而無惡，物無善而無惡。』夫子笑曰：『洪甫須識汝中本體，汝中須識洪甫工夫。二子打併為一，不失吾傳矣！』……」

按：此可謂是陽明對「王門八句教」之「經典」總結。「四無教」是

從本體上說，「四有教」是從工夫上說。陽明將錢、王各人四句「打併為一」而為「王門八句教」，由此統一了本體與工夫，統一了「四無教」與「四有教」。

二十二日，過嚴灘釣臺，有詩咏，刻置亭壁。

王陽明全集卷二十復過釣臺：「憶昔過釣臺，驅馳正軍旅。十年今始來，復以兵戈起。空山煙霧深，往迹如夢裏。微雨林徑滑，肺病雙足胝。仰瞻臺上雲，俯濯臺下水。人生何碌碌？高尚當如此。瘡痍念同胞，至人匪為己。過門不遑入，憂老豈得已！滔滔良自傷，果哉末難矣！

右正德己卯獻俘行在，過釣臺而弗及登。今茲復來，又以兵革之役，兼肺病足瘡，徒顧瞻悵望而已。書此付桐廬尹沈元材，刻置亭壁，聊以紀經行歲月云耳。嘉靖丁亥九月廿二日書，時從行進士錢德洪、王汝中、

建德尹楊思臣及元材，凡四人。」

錢德洪、王畿追送至嚴灘，陽明發「有心無心，實相幻相」之說，再揭「王門八句教」之「吾宗」。

傳習録卷下：「先生起行征思、田，德洪與汝中追送至嚴灘，汝中舉佛家『實相幻相』之說。先生曰：『有心俱是實，無心俱是幻；無心俱是實，有心俱是幻。』汝中曰：『有心俱是實，無心俱是幻，是本體上說工夫；無心俱是實，有心俱是幻，是工夫上說本體。』先生然其言。洪於是時尚未了達，數年用功，始信本體工夫合一。但先生是時因問偶談，若吾儒指點人處，不必借此立言耳。」

按：所謂「本體上說工夫」，即「四無教」；所謂「工夫上說本體」，即「四有教」。

王畿集卷二緒山錢君行狀：「夫子赴兩廣，予與君送至嚴灘。夫子復申前說，二人正好互相為用，弗失吾宗。因舉『有心是實相，無心是幻相；有心是幻相，無心是實相』為問，君擬議未及答，予曰：『前所舉是即本體證功夫，後所舉是用工夫合本體。有無之間，不可以致詰。』夫子莞爾笑曰：『可哉！此是究極之說，汝輩既已見得，正好更相切劘，默默保任，弗輕漏洩也。』二人唯唯而別。」

徐階龍溪王先生傳：「……既而有叩玄理於文成者，文成以『有心無心，實相幻相』詔之。公從旁語曰：『心非有非無，相非實非幻。纔著有無實幻，便落斷常二見。譬之弄丸，不著一處，不離一處，是謂玄機。』文成亟俞之。」

王畿集卷十六書先師過釣臺遺墨：「……追憶嚴陵別時，申誨之言有曰：『我拈出「良知」兩字，是是非非自有天則，乃千聖秘藏。雖昏蔽之極，一念自反，即得本心，可以立躋聖地。只緣人看得太易，反成玩忽，如人不見眼睫毫，以其太近也。然中間尚有機竅，良知知是知非，其實無是無非。無者，萬有之基，冥權密運，與天同遊，人知神之神，不知不神之神也。若是非分別太過，純白受傷，非所以畜德也。』……」

按：所謂「夫子復申前說，二人正好互相為用，弗失吾宗」，

即指陽明「天泉證道」時所提「王門八句教」，以為「四無教」與「四有教」相互為用，合為吾宗大旨。

錢德洪訃告同門：「前年秋，夫子將有廣行，寬、畿各以所見未一，懼遠離之無正也，因夜侍天泉橋而請質焉。夫子兩是之，且進之相益之義。冬初，追送於嚴灘請益，夫子又為究極之說。由是退與四方同志更相切磨，一年之別，頗得所省……」（王陽明全集卷三十七世德紀）

按：所謂「夫子又為究極之說」，即指陽明再發「王門八句教」，亦即王畿所云「夫子復申前說，二人正好互相為用，弗失吾宗」也。蓋錢德洪不敢如王畿直言明說，皆含混言之

也。

二十三日，舟次嚴州，有書致子王正憲，訓戒家事。

陽明寄正憲男書一：「即日舟已過嚴灘。足瘡尚未愈，然亦漸輕減矣。家中事凡百與魏廷豹相計議而行，讀書敦行，是所至囑！內外之防，須嚴門禁；一應賓客來往，依所留告示，不得少有更改。四官尤要戒飲博，專心理家事。保一謹實可托，不得聽人哄誘，有所改動。我至前途，更有書報也。九月廿三日嚴州舟次，父字，付正憲收。老奶奶及二老奶奶處可多多拜上，說一路平安。」（顧麟士過雲樓續書畫記卷二寄正憲男手墨二卷）

至三衢，王畿與欒惠、王修易、林文瓊、鄭禮等數十諸生迎候江滸，陽明有詩贈別，并寄錢德洪、王畿。

王畿集卷二十中憲大夫都察院右僉都御史在庵王公墓表：「丁亥，先師赴兩廣，道衢，君與欒君惠、王君修易、林君文瓊、鄭君禮輩，候於江滸，復求印可。臨別，以詩示之，有云：『仗鉞非吾事，傳經愧爾師。』意蓋有在也。」

王陽明全集卷二十西安雨中諸生出候因寄德洪汝中并示書院諸生：「幾度西安道，江聲暮雨時。機關鷗鳥破，蹤跡水雲疑。仗鉞非吾事，傳經愧爾師。天真石泉秀，新有鹿門期。」

錢德洪陽明先生年譜附錄一：「先自師起征思、田，舟次西安，門人欒惠、王璣等數十人雨中出候。師出天真二詩慰之。明年師喪，還玉山，惠偕同門王修（按：當作王修易）、徐霈、林文瓊等迎櫬於草萍驛……是年（嘉靖十三年）遂為知府，從諸生請，築室於衢之麓……諸生柴惟道、徐天民、王之弼、徐惟緝、王之京、王念偉等，又分為龍游、水南會；徐用檢、唐汝禮、趙時崇、趙志皋等，為蘭西會，與天真遠近相應，往來講學不輟。」

按：錢德洪謂西安出候諸生有數十人之多，蓋此柴惟道、徐用檢十餘人當亦皆是西安出候諸生也。

時錢德洪、王畿方欲卜築書院於天真山，陽明并有詩寄錢德洪、王畿贊之。

王陽明全集卷二十德洪汝中方卜書院盛稱天真之奇并寄及之：「不踏天真路，依稀二十年。石門深竹徑，蒼峽瀉雲泉。泮壁環胥海，龜疇見宋田。文明原有象，卜築豈無緣？」

錢德洪陽明先生年譜附錄一：「天真距杭州城南十里，山多奇巖古洞，下瞰八卦田，左抱西湖，前臨胥海。師昔在越講學時，嘗欲擇地當湖、海之交，目前常見浩蕩，圖卜築以居，將終老焉。起征思、田，洪、畿隨師渡江，偶登玆山，若有會意者。臨發以告，師喜曰：『吾二十

第2363頁

年前遊此，久念不及，悔未一登而去。』至西安，遺以二詩，有『天真泉石秀，新有鹿門期』及『文明原有象，卜築豈無緣』之句。」

按：所謂「二十年前」，即指正德二年陽明嘗有隱遁天真山之意，後未果，乃遠遁武夷山。所謂「新有鹿門期」，即指陽明不久征思、田歸來，將隱居天真山以終。

二十八日，至常山，訪棠陵方豪，相別於西峰，有詩詠。

王陽明全集卷二十方思道送西峰：「西峰隱真境，微境臨通衢。行役空屢屢，過眼被塵迷。青林外延望，中閟何由窺？方子巖廊器，兼已雲霞姿。每逢泉石處，必刻棠

陵詩。玆山秀常玉，之子囊中錐。群峰灝秋氣，喬木含涼吹。此行非佳餞，誰為發幽奇？奈何眷清賞，局促牽至期。悠悠傷絕學，之子亦如斯。為君指周道，直往勿復疑！」

按：陽明寄正憲男書二云：「即日已抵常山兩日，明早過玉山矣。……九月卅日發。」（過雲樓續書畫記卷二寄正憲男手墨二卷）是陽明到常山在九月二十八日。錢德洪陽明先生年譜謂「戊戌（二十四日），過常山」，乃誤。二十四日陽明尚在嚴州。棠陵文集卷三孤樹堂記云：「嘉靖六年冬十月初六日，予蒙恩起廢復除廣東按察司僉事。」是方豪其時方家居常山，西峰乃其隱居之地。

同上，長生：「長生徒有慕，苦乏大藥資。名山遍探歷，

第2364頁

悠悠鬢生絲。微軀一繫念，去道日遠而。中歲忽有覺，九還乃在玆。非爐亦非鼎，何坎復何離？本無終始究，寧有死生期？彼哉遊方士，詭辭反增疑。紛然諸老翁，自傳困多歧。乾坤由我在，安用他求為？千聖皆過影，良知乃吾師。」

按：錢德洪陽明先生年譜定此詩為陽明過常山作，似即陽明與方豪講道論丹而作。蓋方豪亦一好佛道文士，故陽明專與論長生與良知也。

二十九日，以吏部左侍郎方獻夫奏請，命王守仁專事思恩、田州，召還鎮守太監鄭潤。

明世宗實録卷八十：「九月癸卯，吏部左侍郎方獻夫言：「思恩、田州比歲稱亂，皆由統御非人，制服無術所致。因乞事以屬之王守仁，而罷鎮守太監鄭潤、總兵朱麒。」且乞特薦珠池少監張賜可代潤，前副總兵張祐可代麒。上以其言設一都御史，與總兵共駐田州，悉聽守仁節制。上以其言關係地方大計，即令鄭潤回京，命兵部舉代麒者以聞。其所薦總鎮之臣，候朝廷自行簡用。都御史添設可否，屬守仁議之。」

國榷卷五十三：「嘉靖六年九月癸卯，命王守仁專事田州，召太監鄭潤還。」

兀崖霍韜有書來論學論政，告方獻夫欲薦陽明入閣輔政。

渭厓文集卷八復陽明先生：「過浙時，不得走候。揚州附啟，又出燈下，鹵潦殊甚，諒照察不訝。舟到臨清，得報，知道旌又照映我南隅，生喜曰：南荒自得寧息也，自今年始也。然收成效須滯，先生在南服坐鎮三年，方叔子曰：『廟堂尤急，必得先生入閣。』則默贊潛旋，自非時輩所可望。若居冢宰，則轉移士習，鼓動世風，決大有可觀。生謂：『我兩廣如倒懸，望老先生以解。』方叔子云：『寧不恤兩廣，且為廟堂憂。』方今在位君子，只隨日圖為自保，以幸無苟訾而已。大釁隱憂伏在不測，發則

不可禦，而人莫之思也。今有才望可此責者，乃退托不肯負荷，或為世俗掛繫，不肯猛勇斬截，只少持兩端，而流弊所極，遂不知其所終。此於世道泰否之機，亦所未敢望以托也。生輩智識淺迫，才器亦復偏滯，兼之物望素輕，言未出口，而訾先及矣。故徒負耿耿，不能有益。此方叔子之見，而生亦謂為然。先生到南隅，想不數月，而地方可定，又將望先生歸，佐聖天子矣。此今日輿論所屬望也。或謂先生張主學問，有流禪之弊，恐鼓天下後學逞浮談，不切實德，而庸俗無知者起而攻爭焉。是亦世道淳漓之會，前世敗轍，不可不知也。生

曰：王老先生學問誠有過高者，此賢知之過也。然老先生虛心無我，聞一善言，見一善行，恐改從不早也。所慮者，或及門之士面從心違，或張主門户，嘵嘵自異，啟流俗詆訾之隙，如宋程朱門人。然則遂關涉世道耳。然此皆老先生所熟計者，生亦徒見其贅，且淺視先生也。讀傳習録，多有未領者，曾標出一二，期而請教，未敢輕率。萬惟勉副聖天子眷命，早為南邦了此積痛，此我父母鄉士之望也。然後早歸朝寧，坐贊宥密天下，再沐唐虞之澤，又天下萬世之望也。兩廣積弊，有宜興革，後奉請教，茲草草未盡。」

按：所謂「舟到臨清，得報」，似即指霍韜在臨清收到陽明所寄與霍兀崖宮端（王陽明全集卷二十一，見前引），蓋是齎本人入京經臨清與霍韜相遇，霍韜乃得陽明書。觀霍韜此書，可見方獻夫、霍韜二人已有薦陽明入朝之心，故旋在十一月二人上疏薦陽明入閣輔政矣（見下）。

十月一日，過玉山，有書寄子王正憲。三日，至廣信，發布欽奉敕諭通行。

陽明寄正憲男書二：「即日已抵常山兩日，明早過玉山矣。……九月卅日發。」（過雲樓續書畫記卷二寄正憲男手墨二卷）

王陽明全集卷十八欽奉敕諭通行（嘉靖六年十月初三日）：「嘉靖六年七月初十日，節該欽奉敕諭：……照得當爵猥以菲才，濫膺重寄，多病之餘，精力既已減耗；久廢之後，事體又復闊疏。大懼弗堪，有負委託。及照兩廣之與江西、湖廣，雖云相去遼遠，而壤地相連，士夫軍民，往來絡繹，傳聞既多，議論有素；況在無嫌之地，是非反得其真，且處傍觀之時，區畫宜有其當，合行諮詢，以輔不逮。除委用職官，及調遣軍馬臨時相機另行外，擬合通行。為此仰抄捧回司，照依案驗備奉敕諭內事理，即行本司掌印佐貳及各道分巡兵備守備等官，并所屬大小衙門各該官吏，凡有所見，勿憚開陳，其間或撫或剿，孰為得宜；設土設流，孰為便利；與凡積弊宿蠹之宜改於目前，遠慮深謀之可行於久遠者，備寫揭帖，各令呈來，以憑採擇。各該官吏俱要守法奉公，長廉遠恥，祛患衛民，竭忠報國。毋以各省而分彼此，務在協力以濟艱難，果有忠勇清勤、績行顯著者，旌勸自有常典，當爵不敢蔽賢；其或奸貪畏縮、志行卑污者，黜罰亦有明條，當爵亦不敢同惡。深惟昧劣，庶賴匡襄，凡我有司，各宜知悉。仍行鎮守撫按等衙門知會，一體欽遵施行。」

至弋陽，訪石潭汪俊與閑齋汪偉，有詩詠。

王陽明全集卷二十寄石潭二絕：「僕茲行無所樂，樂二公一會耳。得見閑齋，固已如見石潭矣。留不盡之興於後期，豈謂樂不可極耶？聞恙已平復，必於不出見客，無乃太以界限自拘乎？奉次二絕，用發一笑，且以致不及請教之憾。見説新居止隔山，扉輿曉出暮堪還。知公久已藩籬撤，何事深林尚閉關？乘興相尋涉萬山，扁舟亦復及門還。莫將身病為心病，可是無關却有關？」

按：陽明詩所云「二公」，指石潭汪俊與閑齋汪偉兄弟，其時二人均因爭大禮議罷歸弋陽。國榷卷五十三：「嘉靖三年三月丙寅朔……禮部尚書汪俊言：『陛下入奉大宗，不得祭小宗，亦猶小宗之不得祭大宗也。今聖孝無窮，臣等竊效萬一，獻帝徽稱之，上仍宜曰興獻，於本生不失尊崇，於正統無嫌匹嫡。』上切責之……丙戌，禮部尚書汪俊罷。」「十月壬寅，吏科給事中陳洸劾

吏部尚書楊旦、侍郎汪偉、郎中劉勳，皆邪黨。旦、偉皆致仕。」後人皆據陽明此二詩，以為汪俊與陽明講學不合，拒絕出見陽明，楊慎至以為陽明作此二絕而與汪俊絕交（見明儒學案卷四十八文莊汪石潭先生俊），顯誤。今按汪俊祭陽明先生文明云：「……公茲東來，曰：『予無樂，樂見故人，來踐舊約。』旗旐央央，流水濔濔。公私皇皇，或卧或起。乃重訂約：『其待予歸，歸將從容，山遨水嬉。』公既奏凱，吾治吾館。忽聞訃音，乃以喪返。」（王陽明全集卷三十八祭文）是汪俊確嘗出見陽明，且兩人當面訂約將來陽明凱旋歸，兩人再共遊山玩水之樂。陽明詩序明云「奉次二絕」，乃是次汪俊韵詩，如何是

「絶交詩」？此蓋先是汪俊以病恙未出見，陽明乃作此二絶以進，責以「聞恙已平復，必以不出見客，無乃太以界限自拘乎」，汪俊遂乃出見，執手訂約也。

訪理齋江潮，有和江潮浩歌樓韵。

江潮浩歌樓：「太倉解帶食知休，動輒經旬懶下樓。金馬玉堂何處樂，雲山石室自忘憂。低頭莘野甘扶耒，橫足君王夢把鈎。斗酒春風和滿面，孔顔雖憾不逢周。」（同治弋陽縣志卷十三藝文）

陽明和理齋同年浩歌樓韵：「長歌浩浩忽思休，拂枕山阿結小樓。吾道磋砣中道止，蒼生困苦一生憂。蘇民曾作

商家雨，適志重持渭水鈎。歌罷一篇懷馬子，不思怒後佐成周。」（同治弋陽縣志卷十三藝文）

費宏和理齋浩歌樓韵：「才名如此豈宜休，閑卧山中百尺樓。高誼拳拳猶戀主，長歌浩浩本無憂。鳴皋老鶴能聞野，跋浪鯨魚不受鈎。共仰新朝方側席，遺賢真合佐虞周。」（同治弋陽縣志卷十三藝文）

按：前考江潮字天信，號鐘石（理齋似是其晚年歸居所號），弋陽人（一作貴溪人），弘治十二年進士，與陽明為同年，兩人關係甚密。江潮因李福達案革職罷歸，閑卧山中浩歌樓。吴國倫江公潮墓志銘云：「會有太原人李福達以妖書惑衆，聚黨至數

千人，改年為亂，震動三河。公勒兵解之，而獨福達操重資逋匿他所，已聞公圖其形，購捕益急，遂詭「張寅」名入京，夜持萬金為武定侯郭勛壽，因匿勛家。勛貽書山西部使者為關說，欲脫其急。公捕得其書，抗疏陳福達罪狀，併劾勛倚掖廷親，怙勢藏逆，敢為亂階，罪當誅。不誅勛，無以信法。疏三上，不報。勛因得流言宮闈，謬為「張寅」稱冤，上疑之。時永嘉張公新相，恐諸大臣不附己，又欲結勛自固，遂阿旨下公詔獄，且使人陰嘗公少易而言，中丞可復也。公正色謝曰：「人臣奉法無狀，不知死所，何以官為！」永嘉知公不能屈，卒從末減，議罷公官。公既罷歸，日侍太夫人養甚愉悅，間從鄉長老賓客雅歌酣飲，不復談往事。」（國朝獻徵錄卷六十二）永嘉張公即張璁，而「雅歌酣飲」即指其歸臥浩歌樓浩歌酣飲也。江潮之劾郭勛已關大禮議，故由張璁、桂萼一手釀成震驚朝野之大獄。國榷卷五十三：「九月壬午，釋妖人李福達……薛良論死，韓良等永戍，山西布政使李彰、按察使李鈺、僉事章綸、大理司少卿徐文華俱永戍邊，給事中劉琦、御史程啟充、盧瓊亦戍邊，給事王科、秦祐、沈漢、程輅及左都御史聶賢削籍，刑部尚書顏頤壽、左右侍郎劉玉、王啟、右副都御史江潮、劉文莊、大理寺卿湯沐、少卿顧佖、汪淵、太僕寺卿汪玄錫、光祿寺少卿余才、吏部右侍郎孟春、工部右侍郎閔楷、右僉都御史張仲賢，俱免官，馬錄永戍南丹衛，畢昭還任。時璁、萼、獻夫以議禮驟顯，朝臣嫉之如仇，璁等亦斷斷切齒，會大獄興，乃協比傾陷。」可見江潮在嘉靖六年九月八日罷歸弋陽，陽明十月上旬過弋陽，正可同江潮相見。詩中所言「馬子」，即馬錄，明清進士錄：「馬錄，正德三年三甲一百九十六名進士。河南信陽人，字君卿。授固安縣，居官廉明，徵為御史。嘉靖間，按山西，治妖賊李福達獄，武定侯郭勛移書為解，錄不從，劾勛庇奸亂法。勛與張璁、桂萼合謀為蜚語上聞，遂反前獄，謫戍廣西卒。」

過貴溪，桂洲夏言來見，有詩送行。

夏言桂洲詩集卷十三送大司馬王陽明總督兩廣：「聖主資文武，中軍得范韓。尚書初出閫，上將復登壇。日月迴龍節，風霜壓鷹冠。先聲諸路動，雄略萬夫看。珠虎懸金印，旌旗擁玉鞍。星營刁斗振，雲陣鳥蛇盤。海邑羊城闕，山形象郡寒。坐令歸壤地，行見滅凶殘。蠻僚祠諸葛，蒼生倚謝安。還朝畫麟閣，勛業炳如丹。」

按：王世貞大學士夏公言傳：「夏言，字公謹，廣信之貴溪人。性警敏，能屬文，尤長於筆札。自其在公車，則已奕奕有儁聲。舉進士，授行人司行人。擢兵科給事中，奉詔覈斥錦衣冒濫官屬三千二百，出按皇莊侵占農地二萬餘頃，糾中貴人趙彬、建昌侯張延齡，前後七疏，皆報可。轉右給事中，同考會試。疏請杜內臣傳乞，救知府郭九皋等緹逮，及請慎出入以嚴政體，及論邢福海等不當以傳奉陞，皆諤諤為人所傳誦。丁母憂，歸。……」（國朝獻徵錄卷十六）是夏言時方丁憂居貴溪，故來見陽明也。

過餘干，徐樾自貴溪追至，舟中問學。

錢德洪陽明先生年譜：「先生發舟廣信，沿途諸生徐樾、張士賢、桂軏等請見，先生俱謝以兵事未暇，許回途相見。徐樾自貴溪追至餘干，先生令登舟。樾方自白鹿洞打坐，有禪定意。先生目而得之，令舉似。曰：『不是。』已而稍變前語，又曰：『不是。』已而更端。先生曰：『近之矣。此體豈有方所？譬之此燭，光無不在，不可以燭上為光。』因指舟中曰：『此亦是光，此亦是光。』直指出舟外水面曰：『此亦是光。』樾領謝而別。」

抵南昌府南浦驛，有詩感懷。鄒守益、歐陽德、劉邦采、黃弘綱、何廷仁、諸同志三百人候於南浦請益，陽明再發「王門八句教」。魏良器、魏良弼、陳九川並要求江西學者裹糧往越中與浙中學者一起討論講究「王門八句教」。

王陽明全集卷二十南浦道中：「南浦重來夢裏行，當年鋒鏑尚心驚。旌旗不動山河影，鼓角猶傳草木聲。已喜閭閻多復業，獨憐饑饉未寬征。迂疏何有甘棠惠，慚愧香

第2373頁

燈父老迎。」

王畿集卷二緒山錢君行狀：「過江右，東廓、南野、獅泉、洛村、善山、藥湖諸同志二三百人候於南浦請益。夫子云：『軍旅匆匆，從何處說起？我此意蓄之已久，不欲輕言，以待諸君自悟。今被汝中拈出，亦是天機該發洩時。吾雖出山，德洪、汝中與四方同志相守洞中，究竟此件事。請君只裹糧往浙，相與聚處，當自有得。待予歸，未晚也。』」

徐階龍溪王先生傳：「文成至洪都，鄒司成東廓暨水洲、南野諸君，率同志百餘人出謁。文成曰：『吾有向上一機，久未敢發，近被王汝中拈出，亦是天機該發洩時。吾方有兵事，無暇為諸君言，但質之汝中，當有證也。』其為師門所重如此。」（王畿集附錄四）

趙錦龍溪王先生墓志銘：「無何，陽明過江右，鄒東廓、歐陽南野率同志百餘人出謁，陽明謂之曰：『吾有向上一機，久未敢發，今被汝中拈出，亦是天機該發洩時。吾方有兵事未暇，請君質之汝中，當必有證也。』其善發陽明之蘊，而為其所重如此。」（王畿集附錄四）

王陽明全集卷六與陳惟濬：「江西之會極草草，尚意得同舟旬日，從容一談，不謂既入省城，人事紛沓。及登舟

第2374頁

時，惟濬已行矣。沿途甚怏怏。抵梧之後，即赴南寧，日不暇給……」

按：陽明此書作在嘉靖七年七月（見下）。所謂「抵梧」，指陽明十一月二十日抵梧州。所謂「省城」，指南昌。可見此書所謂「江西之會」，必是指陽明入南昌府之前在南浦之會也。蓋陳九川為臨川人，陽明是行由貴溪轉往南昌，未在臨川逗留，故陳九川由臨川北上趕至南浦，與陽明、鄒守益、歐陽德諸人相見。陽明本欲與陳九川在舟中再作旬日談，不料陽明入南昌府後人事紛沓，陳九川在舟中相等不至，遂歸臨川矣。

入駐南昌府，謁文廟，為門人諸生講大學於明倫堂。

錢德洪陽明先生年譜：「明日，至南浦，父老軍民俱頂香林立，填途塞巷，至不能行。父老頂輿傳遞入都司。先生命父老軍民就謁，東入西出，有不舍者，出且復入，自辰至未而散，始舉有司常儀。明日，謁文廟，講大學於明倫堂，諸生屏擁，多不得聞。唐堯臣獻茶，得上堂旁聽。初堯臣不信學，聞先生至，自鄉出迎，心內已動。比見擁謁，驚曰：『三代後安得有此氣象耶！』及聞講，沛然無疑。同門有黃文明、魏良器輩笑曰：『逋逃主亦來投降乎？』堯臣曰：『須得如此大捕人，力能降我，爾輩安能

龍溪會語卷五南遊會紀：「元翁云：『嘉靖丁亥，陽明先師赴兩廣，至省，舊學陳良才約同學三十人拜謁於清戎公署，與聞良知之教。復命集於學宮，申訂教義，大都教人立有必為聖人之志，親師取善，讀書講學以輔之。何等明快切實！……』」（王畿集附錄二）

鄒永春皇明三儒言行要錄陽明先生要錄卷一：「先生有兩粵之命，過南昌，與諸生講明斯學，歷晝夜不輟。維時幕下文武士憂讒畏譏，促先生行，日以再四，先生微哂之。明日，未抵劍江，而粵西捷音至矣。夫然後信先生

武以不殺為神，用而示之不用。」

過豐城，登黃土腦，有詩感懷舊事。

王陽明全集卷二十重登黃土腦：「一上高原感慨重，千山落木正無窮。前途且與停西日，此地曾經拜北風。劍氣晚橫秋色淨，兵聲寒帶暮江雄。水南多少流亡屋，尚訴征求杼軸空。」

過臨江，有書寄子王正憲。

陽明寄正憲男書三：「舟已過臨江，五鼓與叔謙遇於途次，燈下草次報汝知之。沿途皆平安，咳嗽尚未已，然亦不大作。廣中事頗急，只得連夜速進，南贛亦不能久留矣。汝在家中，凡宜從戒諭而行。讀書執禮，日進高明，乃吾之望。魏廷豹此時想在家，家衆悉宜遵廷豹教訓，汝宜躬率身先之。書至，汝即可報祖母諸叔。況我沿途平安，凡百想能體悉我意，鈐束下人謹守禮法，皆不俟吾喋喋也。廷豹、德洪、汝中及諸同志親友，皆可致此意。」（過雲樓續書畫記卷二寄正憲男手墨二卷）

至吉安，會士友諸生彭簪、王釗、劉陽、歐陽瑜、劉瓊治等三百餘人於螺川驛，大揭「良知之教」，再發「王門八句教」之說。

錢德洪陽明先生年譜：「至吉安，大會士友螺川。諸生彭簪、王釗、劉陽、歐陽瑜等偕舊遊三百餘，迎入螺川驛。先生立談不倦，曰：『堯、舜生知安行的聖人，猶兢兢業業，用困勉的工夫。吾儕以困勉的資質，而悠悠蕩蕩，坐享生知安行的成功，豈不誤己誤人？』又曰：『良知之妙，真是周流六虛，變通不居。若假以文過飾非，為害大矣。』臨別，囑曰：『工夫只是簡易真切。愈真切，愈簡易；愈簡易，愈真切。』」

鄒守益王陽明先生圖譜：「過江西，軍民焚香來迎，街市不能行。至吉安，諸生彭簪、王釗、劉陽、歐陽瑜、劉瓊治等偕舊遊三百餘，迎螺川驛。」

按：陽明在吉安大會士友諸生，大揭「良知之教」，尤具重要意義。所謂大揭「良知之教」，實即大闡「王門八句教」之說也。蓋「王門八句教」乃是因人根基所立之修行教法體係，即將人之知之根基分為上根（生知安行）、中根（學知利行）、下根（困知勉行）三個等級，中根以下人修「四有教」，上根之人修「四無教」，不可躐等。故陽明云：「堯舜生知安行的聖人，猶兢兢業業，用困勉的工夫。」是謂上根之人也要從「四有教」入手修行。又云：「吾儕以困勉的資質，而悠悠蕩蕩，坐享生知安行的成功，豈不誤己誤人？」是謂中根以下之人要從「四有教」入手修行，不能超階躐等。此説正同陽明在天泉證道會上所發「王門八句教」（四有教與四無教）完全相合。

按：王時槐知州彭石屋簪傳：「彭簪，字世望，安福人。正德丁卯舉於鄉，為衡山令十年……移倅常州……善唐荊川順之。攝篆宜興……擢知靖州。一日，拂袖還石屋，稱「石屋山人」。……羅太史念庵數數乘笱輿訪山中，簪第……築玩易草堂及卧雲亭於石屋之上。東廓鄒先生特築行窩，聯就草堂，時時引入石屋中，劇談移日。……」（國朝獻徵錄卷八十九）是彭簪已棄官歸居石屋，錢德洪稱其為「諸生」，未當。

有書寄安福惜陰會諸同志。

王陽明全集卷六寄安福諸同志：「諸友始為惜陰之會，當時惟恐只成虛語。邇來乃聞遠近豪傑聞風而至者以百數，此可以見良知之同然，而斯道大明之幾，於此亦可以卜之矣，喜慰可勝言耶！得虞卿及諸同志寄來書，所見比舊又加親切，足驗工夫之進，可喜可喜！只如此用功去，當不能有他歧之惑矣。明道有云：『寧學聖人而不至，不以一善而成名』。此為有志聖人而未能真得聖人之學者，則可如此說。若今日所講良知之說，乃真是聖學之的傳，但從此學聖人，却無有不至者。惟恐吾儕尚有一善成名之意，未肯專心致志於此耳。在會諸同志，雖未及一一面見，固已神交於千里之外。相見時，幸出此共勉之。王子茂寄問數條，亦皆明切。中間所疑，在子茂亦是更須誠切用功。到融化時，并其所疑亦皆釋然沛然，不復有相阻礙，然後為真得也。凡工夫只是要簡易真切，愈真切，愈簡易；愈簡易，愈真切。病咳中不能多及，亦不能一一備列姓字，幸以意亮之而已。」

按：錢德洪陽明先生年譜謂「先生明年丁亥過吉安，寄安福諸同志書」。今按是次來會螺川驛之士友，中多是安福士子，陽明此書當即是由彭簪諸人帶回安福，故書云「相見時，幸出此共勉之」。又書云「要簡易真切」一段，與陽明臨時所囑全同，蓋即對安福士人所言也。書中「虞卿」即王學益，「王子茂」疑即王槐密。

檄吉水龍光以從。

羅洪先集卷二十一明故直隸滁州判官北山龍君墓志銘：「嘉靖初，論功賞，以翁嘗為大足丞，既致仕，遥授直隸滁州判官。閑住……後六年，先生有田州之役，復檄以從。是時，將撫盧蘇、王受，而二酋方疑先生紿己，陰持兩端，擁衆二萬人投降，實來觀釁。先生遣翁諭意，翁乃數騎往。蘇、受之衆露刃如雪，環之數十里，呼聲震天。翁坐胡牀，引二酋跪前，宣朝廷威德，與軍門寬厚不殺之意，辭懇聲厲，意態閑暇。二酋故嘗物色先生形貌，竊疑以為先生潛來，咸俯首獻疑，誓不敢負，議遂定。」

過泰和，有書致羅欽順，預訂文會。後羅欽順有答書，已不及見。

羅欽順又與王陽明書（戊子冬）：「側聞旌麾伊邇，計不日當臨敝邑。甚欲一瞻德範，以慰多年渴仰之懷。奈病骨支離，艱於遠出，咫尺千里，悵惘曷勝！伏惟亮察。去年嘗辱手書，預訂文會，殆有意乎左提右挈，相與偕之大道。為愛良厚，感戢無已，但無若區區之固滯何！夫固滯者，未免於循常；而高明者，恒妙於獨得。竊恐異同之論，有非一會晤間之所能決也。然病既有妨，盛意何可虛辱？輒以近來鄙説數段，奉塵尊覽，及嘗反覆高論有不能無疑者，亦條為一段，具如別幅。固知未能仰契尊旨，將不免為覆瓿之具，亦姑效其愚而已。雖然，愚者千慮，容有一得，先睽後合，尚不能無忘於高明。

第2380页

伏希裁擇，幸甚。

「物者，意之用也。格者，正也，正其不正以歸於正也」。此執事格物之訓也。向蒙惠教，有云：「格物者，格其心之物也，格其意之物也，格其知之物也；正心者，正其物之心也；誠意者，誠其物之意也；致知者，致其物之知也」。自有大學以來，無此議論，此高明獨得之妙，夫豈淺陋之所能窺也耶？然誨諭之勤，兩端既竭，固嘗反覆推尋，不敢忽也。夫謂「格其心之物，格其意之物，格其知之物」，凡其為物也三；謂「正其物之心，誠其物之意，致其物之知」，其為物也一而已矣。就三物而論，以程子格物之訓推之，猶可通也；以執事格物之訓推之，不可通也。就一物而論，則所謂物者果何物耶？如必以為「意之用」，雖極安排之巧，終無可通之日。此愚之所不能無疑者一也。又執事嘗謂：「意在於事親，即事親是一物；意在於事君，即事君是一物」。諸如此類，不妨説得行矣。有如論語「川上」之嘆，中庸「鳶飛魚躍」之旨，皆聖賢吃緊為人處，學者如未能深達其義，未可謂之知學也。試以吾意着於川之流，鳶之飛，魚之躍，若之何「正其不正以歸於正」耶？此愚之所不能無疑者二也。又執事答人論學書有云：「吾心之良知，即所謂天理也。致吾心良知之

第2381页

天理於事事物物，則事事物物皆得其理矣。致吾心之良知者，致知也；事事物物各得其理者，格物也」。審如所言，則大學當云「格物在致知」，不當云「致知在格物」；當云「知至而後物格」，不當云「物格而後知至」矣。且既言「精察此心之天理，以致其本然之良知」，又言「正惟致其良知，以精察此心之天理」，然則天理也，良知也，果一乎，果非一乎？察也，致也，果孰先乎，孰後乎？此愚之所不能無疑者三也。」（初作此書，將以復陽明往年講學之約，書未及寄，而陽明下世矣，惜哉！鄙説數段，皆記中語也，念非一家私議，因録之。）（困知記附録）

按：書所云「去年嘗辱手書，預訂文會」，應即是指嘉靖六年陽明過泰和，羅欽順因病未來見，故致書羅欽順，有將來會晤講學之約。陽明此書今佚。

過萬安，劉玉有詩來送行。

劉玉執齋先生文集卷五次韻李少參柬王伯安二首：「少年才譽已無雙，豪氣今隨萬里航。醉裏江山賓從減，閑中

第 2382 頁

風月簡編忙。祝融南去蠻煙裏，儋耳東連海色蒼。從此遐方添故事，新詩宜寫寓公堂。　半生岐路將斑白，千古功名幾汗青？薄宦漫隨勾漏令，可文休擬太玄經。江花的皪聊供玩，野鳥啁啾已慣聽。定有朔風隨爽氣，披襟一笑酒全醒」。

按：國朝獻徵錄卷四十六有刑部侍郎劉公玉傳云：「劉玉，字咸栗，江西萬安人。弘治丙辰進士……嘉靖改元，召入，以平濠功陞右副都御史，尋擢刑部侍郎。大獄事起，下詔獄，罷歸。卒於家。」所謂「大獄事」指李福達案，劉玉與江潮同在九月八日被罷免（見前引），歸居萬安，不久即卒。

第 2383 頁

抵贛州，發布湖兵進止事宜，行下兩廣調撥供應夫馬。

王陽明全集卷十八湖兵進止事宜（十月）。

黃景昉國史唯疑卷七：「王文成征思、田，道經贛縣。適南安司李周積署事，供應夫馬，製方、員牌數千，方牌給馬，員牌給夫，三軍肅然。文成喜，班下兩廣為式。後班師過南安，疾篤，賴積綱紀，以無憾於其終」。

右副都御史潘希曾來訪，有詩贈別。

潘希曾竹澗集卷四贈陽明王公督軍兩廣：「陽明先生大節出險，大功賜封，天下想望其風采，而其得之心無待於外者，則雖士大夫或莫知之也。先生家居數年，詔起視

師蒼梧，道贛江，幸奉顏誨，以慰闊別，敬呈鄙句。

一封書奏險夷輕，百戰功歸帶礪盟。世道更為今日起，心傳獨得古人精。稽山峻絕云難躋，贛水迢遥蓋偶傾。早定南荒報天子，太平調燮待阿衡。」

按：潘希曾字仲魯，號竹澗，金華人。程文德大司馬竹澗潘公希曾傳：「……乙酉，晉都察院右副都御史，提督南、贛、汀、漳等處軍務……上會召為工部右侍郎，追論功，竟弗及焉。」（國朝獻徵録卷四十）據國榷卷五十三：「九月辛卯……右副都御史潘希曾為工部右侍郎。」是潘希曾九月陞工部右侍郎，但至十月命尚未下到江西，故其在贛可與陽明相見。

十一月四日，過大庾，宿新城，有詩感懷。

陽明詩録宿新城：「猶記當年築此城，廣瑶湖寇正縱橫。人今樂業皆安堵，我亦經過一駐兵。香火沿門慚老稚，壺漿遠道及從行。峰山弩手疲老甚，且放歸農莫送迎。

嘉靖丁亥十一月四日，有事兩廣，駐兵新城。此城予巡撫時所築。峰山弩手，其始蓋優恤之，以俟調發；以後漸苦於送迎之役，故詩及之。」

按：王陽明全集卷二十有過新溪驛，即此詩，但無後題。新城在大庾縣，民國大庾縣志卷三：「峰山城，在小溪北十五里峰山里，民素善弩。明正德丙子（按：當作丁丑），巡撫王守仁選

第2384頁

為弩手，從征瑶寇。事平，民恐報復，懇築城自衛，許之。」

「小溪驛，明洪武四年立，舊在小溪城外，溪水衝嚙漸圮，改建山坡。正德十二年，以峯賊故，王都御史守仁遷於峰山新城。」詩所謂「猶記當年築此城，廣瑶湖寇正縱橫」，即指新城為正德十二年陽明來江西平寇時所築。

七日，過梅嶺。十五日，度三水。有書寄子王正憲。

王陽明全集卷二十六嶺南寄正憲男：「初到江西，因聞姚公已在賓州進兵，恐我到彼，則三司及各領兵官未免出來迎接，反致阻撓其事，是以遲遲其行。意欲俟彼成功，然後往彼，公同與之一處。十一月初七，始過梅嶺，乃聞姚公在彼以兵少之故，尚未敢發哨，以是只得晝夜

第2385頁

兼程而行。今日已度三水，去梧州已不遠，再四五日可到矣。途中皆平安，只是咳嗽尚未全愈，然亦不為大患。書到，可即告祖母汝諸叔知之，皆不必掛念。家中凡百皆只依我戒諭而行。魏廷豹、錢德洪、王汝中當不負所託，汝宜親近敬信，如就芝蘭可也。廿二叔忠信好學，攜汝讀書，必能切勵。汝不審近日亦有少進益否？聰兒邇來眠食如何？凡百只宜謹聽魏廷豹指教，不可輕信奶婆之類，至囑至囑！一應租稅帳目，自宜上緊，須不俟我丁寧。我今國事在身，豈復能記念家事？汝輩自宜體悉勉勵，方是佳子弟爾。十一月望」。

十八日，抵肇慶，有書致錢德洪、王畿。

王陽明全集卷六與錢德洪王汝中：「家事賴廷豹糾正，而德洪、汝中又相與薰陶切劘於其間，吾可以無内顧矣。紹興書院中同志，不審近來意向如何？德洪、汝中既任其責，當能振作接引，有所興起。會講之約但得不廢，其間縱有一二懈弛，亦可因此夾持，不致遂有傾倒。餘姚又得應元諸友作興鼓舞，想益日異而月不同。老夫雖出山林，亦每以自慰。諸賢皆一日千里之足，豈俟區區有所警策？聊亦以此示鞭影耳。即日已抵肇慶，去梧不三四日可到。方入冗場，未能多及，千萬心亮！紹興書院及餘姚各會同志諸賢，不能一一列名字，幸亮！」

二十日，至梧州。二十一日，開府於梧州，處置軍務。

王陽明全集卷十四赴任謝恩遂陳膚見疏：「……已於九月初八日扶病起程……至十一月二十日，始抵梧州……然臣沿途涉歷，訪諸士夫之論，詢諸行旅之口，頗有所聞……」

同上，奏報田州思恩平復疏：「……欽遵，當即啟行，至十一月二十一日抵梧州蒞任。」

按：錢德洪陽明先生年譜云：「乙未，至梧州，上謝恩疏。二十日，梧州開府」。其說有誤。「乙未」為二十一日。

同上，卷三十獎留僉事顧溱批呈（十一月二十三日），批嶺西道議處兵屯事宜呈（十一月二十三日），批廣州衛議處哨守官兵呈（十一月二十五日），批都指揮李翊操演哨守官兵呈（十一月二十七日）。

同上，卷十八批南康縣生員張雲霖復學詞，牌諭安仁縣舊從征義官葉芳等。

國子監丞王宏久自東莞來訪，陽明為其父王縝梧山集作序。

陽明梧山集序：「嶺南厚街王氏，吾宗也。今上嘉靖之二年，南京户部尚書梧山先生卒於官。越三年，其孤國子監監丞宏久，自東莞詣余，乞為其先生集序。時余正奉命總制兩廣府署，距東莞一葦杭之爾。讀先生集，恍然如疇昔晤對時，遂欲移舟仙里，覽公平日釣遊之舊，多事匆卒，未能也。憶弘治己未歲，余舉進士，居京師，公時以給諫充安南册封使，於時先君子承乏秩宗，與同朝，諸薦紳餞送都門，余始獲欽儀豐采，見其溫溫恪恪，岸然有道之容，倘所謂和順積中而英華發於外焉者耶？越十年，公累遷都憲，撫軍鄖陽，余亦撫南贛。洪都之變，公首設方略，為犬牙交控之勢，以扼其衝。不踰年，逆濠成擒，天子得紓南顧憂者，公為之備也。今上鑒公累勞，御極之初，特晉大司徒，將拜臺輔，而公轉盼墓草，時甚悼焉。是集皆公歷官以來，忠勤大節，形之章疏中，雖或允行，或未奉允行，甚或抵觸天怒，無所忌諱，要均可以前質古人，後示法於來者。間有閑吟别撰，非公經意為之，而其性真所發，筆興並酣，則卓犖紆徐，不可以一格拘，其素所蘊積者厚也。嗟呼！古人後世而不朽者三，立言其一焉，如公之盛德、豐功，赫赫在人耳目，立言其奚以為？雖然，余嘗式公之德矣，佩公之勳伐猷為矣，且十數年世講宗盟，得親公之謦欬風儀，非朝伊夕矣。今公往集存，每披尋展讀之，輒幸得所憑籍，以見公之生平，而況天下之大，四海之廣，

且疏及遥遥幾百載後，未識公之面貌，又不獲俎豆公之書，而竹帛有湮，史册無據，其何以美而傳，愛而慕，使夫聞風生感，懦夫立，貪夫廉，重為功於名教哉？故集存是公之存也，即公之立朝風烈文章及其匡居志趣，亦一一與之并存也。聞公之先大人淡軒先生守寶慶時，有楚遊草傳世，詩壇紙貴久矣，得公集廓而大之，於焉經世而行遠，後有作者，王氏其弁冕乎？余不才，不得政通人和之暇，相與造公堂，酹公墓而告焉，竊對公之遺集，幸公之盛德、豐功並立言而不朽之三俱矣，遂書之以為序。」（王鎮梧山先生集卷首，陽明文集失載）

按：前考王鎮字文哲，號梧山，東莞人，弘治六年進士。其卒年，據黄佐南京戶部尚書王公鎮傳：「陞南京戶部尚書，疏又以父年老辭，不允。時南畿大饑，鎮區處賑恤，請內帑銀五萬，給之。尋卒於官，年六十有一。」（國朝獻徵録卷三十二）國榷卷五十二：「嘉靖二年四月壬申，南京刑部右侍郎王鎮為南京戶部尚書……七月丁丑，南京大疫……八月辛丑，應天滁、和等大饑，截漕三十萬石賑之……九月乙未，南京禮部尚書顧頤壽改南京戶部。」據此，王鎮當卒於嘉靖二年九月中。其子王宏久來請序在嘉靖六年，陽明十一月至梧州開府，梧州距東莞甚近，即陽明序所云「距東莞一葦杭之爾」。陽明此序中所言「淡軒先生」，

即王頎父王恪，千頃堂書目卷二十八著錄王恪詠史詩一卷，或即原收在此楚遊草中。

作文祭東湖吳廷舉。

王陽明全集卷二十五祭吳東湖文：「嗚呼吳公！吾不可得而見之矣。公之才如干將、莫邪，隨其所試，皆迎刃而解；公之志如長川逝河，信其所趣，雖百折不回；公之節如堅松古柏，必歲寒而後見；公之學如深林邃谷，必窮探而始知。自其筮仕，迄於退休，敭歷中外，幾於四十年，而天下皆以為未能盡公之才；登陟崇顯，至於大司空，而天下皆以為未能行公之志。雖未嘗捐軀喪元，

而天下信其有成仁死義之勇；雖未嘗講學論道，而天下知其有闢邪衛正之心。嗚呼！若公者，真可謂一世豪傑，無所待而興者矣。某與公未獲傾蓋，而向慕滋切；未獲識公之面，而久已知公之心。公於某，其教愛勤惓，不特篇章之稠疊，而過情推引，亦復薦剡之頻煩。長愧菲薄，何以承公之教？而懼其終不免為知人之累也。今茲承乏是土而來，正可登堂請謝，論心求益，而公則避我長逝已一年矣！嗚呼傷哉！幸與公並生斯世，而復終身不及一面，茫茫天壤，竟成千古之神交，豈不痛哉！薄奠一觴，以哭我私，公神有知，尚來格斯！」

按：吳廷舉為梧州人，卒於嘉靖五年。所謂「今承乏是土而來」，即指陽明至梧州開府，可見陽明此祭文作在十一月，蓋吳廷舉周年祭也。嘉慶廣西通志卷二百三十九：「工部尚書吳廷舉墓，在（梧州）府城東十里界首山麓。」

吳繼喬來梧州問學。

乾隆揭陽縣正續志卷六賢達：「吳繼喬，字世達，號之溪，梅岡人。嘉靖戊子舉人。聞王守仁講學蒼梧，往從之遊。丁內艱。會稽季本，名御史也，謫邑簿，雅重之，賻以金，辭不受。服闋，授宜章令。時虔寇李文彪敗走，傳聞匿於桂陽，官軍追剿，將屠之，繼喬為營免。

旋以父憂歸。終制，起補江華令。民有僑居者，州守鄉人也，為仇家計殺，定罪與州守不合，因告歸。家居二十年，議保鄉善俗事宜，太守郭子章多所採納。代同年文昌張允弼償債數百金。張死，召其子以券還之。卒，年八十一。」

按：其時季本任揭陽主簿，吳繼喬來見陽明或出季本介紹。

浮峰周沛陪送陽明至梧州，受教而別。

二周詩集周沛山人集哭陽明先生二十韻：「箕尾乘冬夜，先生實隕身。朝廷亡柱石，霄漢失星辰。昔以梧州別，

相看越水濱。誨言猶在耳，灑淚或沾巾。社稷憂窮寇，安危仗老臣。十年瞻北闕，此日獨南巡。勝決蠻夷服，威行鳥獸馴。不階三尺鐵，坐籍四川民。蜀郡謳歌滿，諸蕃禮樂新。梯航來萬里，干羽格三旬。病轉炎荒劇，身殲軍務頻。孤忠懸白日，飛旐返青春。……未白生前志，羞稱門下人。宮墻空睇望，慟哭向蒼旻。」

二周詩集卷首：「定齋周君祚，字天保，浙江山陰人。正德辛巳進士。歷官諫議，以疾歸，隱居前梅山中，肆志為文辭。其平生古冲李公序之詳矣。……其子山人沛，字允大，號浮峰。雅能嗣響，并附以傳。」

按：國朝獻徵錄卷八十有李默作工科左給事中定齋周公祚墓志銘，稱其「生子沛，太學生……沛又能文章，以世其美，士嘉其胤」。明清進士錄：「周祚，正德十六年三甲一百六十二名進士。浙江山陰人，字天保。由直隸來安知縣，徵拜兵科給事中，以疾歸隱。善文辭，工詩。有周氏集、定齋集。」周祚、周沛為山陰人，當與陽明早識。周沛山人集中有懷秘圖山人楊汝鳴，其當是陽明自江西歸越後即來受學，故自稱為「門下人」。是次周沛即以門人身份陪侍陽明入廣，至梧州方灑淚而別。

有書致汪應軫論政事，汪應軫有答書。

汪應軫青湖先生文集卷七上陽明王先生：「正翹仰間，辱遠賜手書，不勝感慰！伏念軍務倥偬之際，不忘後輩如此，固盛德忠厚所臻，抑亦可見樽俎笑談之有餘矣。此又可見朝廷得人賀，不獨吾私幸也。雖然，軍旅之事，孔子以為未學；及至論王孫賈，則有取焉。豈聖人於武事真有所未聞耶？抑王孫賈果有長於孔子耶？愚以為兵者，不祥之器，聖人不得已而用之。王孫賈以軍旅治軍旅，不過足以守國而已。孔子之聖，蓋有在於軍旅之外，以為世不習俎豆，是以有軍旅；及至用軍旅，尚不知臨事而懼，好謀而成。故子路之勇，亦不之許。其所以取王孫賈者，為衛發也，非答靈公之本意也。昨見老先生已論及此矣，誠恐臨高之時，獻謀者不詳，而用命者不勇，萬一有違初議，軍門之紀律固在，然繩之於否臧之後，亦已晚矣。是以敢有此說，不識高明以為何如？如今日獨覺之進，更望示下，以啟愚昧，幸甚！」

梧山書院落成，陽明親往開講，風厲多士。

嘉靖廣西通志卷二十六：「（梧州府）梧山書院，在蒼梧縣學右，講堂三楹，後堂三楹，號舍左右各七間。嘉靖六年，巡按御史石金建。黃芳記：『嘉靖乙酉，桂林書院成，哀秀士讀書其中。梧士患府江之險，請別置以便居肄。督府東泉姚公、侍御黃梅石公，屬芳暨僉憲李公董其役，爰相地蒼梧縣學之西，鳩工營焉。丁亥冬，落成，姚公致政去。新建伯陽明王先生奉命總制四省軍務，來代，實倡正學，風厲多士，其言曰：「誠意為聖門第一義，今反落第二義；而其知行合一之說，於博文多識若有不屑，學者疑焉。」芳解之曰：知以利行，行以踐知，此學者之常談，不假言也。先生之說，啟扃鑰以救流弊，探本之論也。夫學也者，非以進德修業乎？乾之九三言「進德」，曰「忠信」，「居業」，曰「修辭立誠」，是固主於行矣。其曰「知至至之」，決其幾也，故曰「可與言幾」；「知終終之」，堅其守也，故曰「可以存義」。然皆忠信為主焉，而學聚問辨，程子亦以為進德之事，非行與知合，奚乎？聖門四教，學文為主，如非忠信，則馳騖泛濫而無所益。中庸知為達德，而誠以行之，□有明訓，故君子之學未嘗不博，其博也乃在於人倫日用之實，而益致夫精擇固守之功。蓋存誠者，大本之所以立；精義者，達道之所以行也。率是而進之，夫然後學者有定本，而日躋乎美大聖神之域。若如後世之所謂學，忘其本真，而務雜情以廣知，非惟不足以望游、夏；而沉溺文藝，無所發明，其所知者，固有君子之所不必知，適以濟夫驕吝之私，長其浮誕之習而已，亦將何所成乎？故言誠，則知在其中；言知，則誠猶有間。執德不一，學將焉用？此君子所以遺其本也。愚以是質諸先生，先生然之。』」

第2394頁

按：陽明十一月二十日至梧州，至十二月一日赴南寧，故可知此「丁亥冬」必指冬十一月。

十二月一日，上赴任謝恩遂陳膚見疏，陳兩廣用兵大計，力主招撫盧蘇、王受，思恩、田州仍設土官。同時有札致朝中薦舉人方獻夫、霍韜、黃綰，懇望關照指示，責其薦舉於朝。

王陽明全集卷十四赴任謝恩遂陳膚見疏：「……臣惟岑猛父子固有可誅之罪，然所以致彼若是者，則前此當事諸人亦宜分受其責……夫所可憤者，不過岑猛父子及其黨惡數人而已，其下萬餘之衆，固皆無罪之人也。今岑猛父子及其黨惡數人既云誅戮，已足暴揚，所遺二酋，原非有名惡目，自可寬宥者也。又不勝二酋之憤，遂不顧萬餘之命，竭兩省之財，動三省之兵，使民男不得耕，女不得織，數千里內騷然塗炭者兩年於茲。然而二酋之憤，至今尚未能雪也。徒兩兵連禍結，征發益多，財饋

第2395頁

益殫，民困益深，無罪之民死者十已六七。山瑶海賊乘
釁摇動，窮迫必死之寇既從而煽誘之，貧苦流亡之民又
從而逃歸之，其可憂危何啻十百於二酋者之為患。其事
已兆而變已形，顧猶不此之慮，而汲汲於二酋，則當事
者之過計矣。……夫二酋者之沮兵拒險，亦不過畏罪逃死
，苟為自全之計；非如四方流劫之賊攻城堡，掠鄉村，
虜財物，殺良民，日為百姓之患，人人欲得而誅之者。
今驅困憊之民，使裹糧荷戈，以征不為民患、素無讎怨
之虜，此人心之所以不奮，而事之所以難濟也。又今狼
達土漢官兵亦不下數萬，與萬餘畏罪逋誅之虜相持已三

月有餘，而未能一决者，蓋以我兵發機太早，而四面防
守太密，是乃投之無所往，而示之必不活，益使彼先慮
預備，并心協力，堅其必死之志以抗我師。就使我師將
勇卒奮，決能取勝，亦必多殺士衆，非全軍之道；又況
人無戰志，而徒欲合圍待斃，坐收成功，此我兵之所以
雖衆而勢日以懈，賊雖寡而志日以合，備日密而氣日以
鋭者也。……臣愚以為且宜釋此二酋之罪，開其自新之路
。而彼猶頑梗自如，然後從而殺之，我亦可以無憾。苟
可曲全，則且姑務息罷餉，以休養瘡痍之民，以絶覬覦
之姦，以弭不測之變。迨於區處既定，德威既洽，蠻夷

悦服之後，此二酋者遂能改惡自新，則我亦豈必固求其
罪？若其尚不知悛，執而殺之，不過一獄吏之事，何至
兵甲之煩哉？……臣又聞諸兩省士民之言，皆謂流官之
設，亦徒有虚名而反受實禍。詰其所以，皆云思恩未設
流官之前，土人歲出士兵三千以聽官府之調遣；既設流
官之後，官府歲發兵民數千以防土人之反覆。即此一事
，利害可知。且思恩自設流官以來，十八九年之間，反
者五六起，前後征剿，曾無休息。不知調集軍兵若干，
費用糧餉若干，殺傷良民若干，朝廷不能得其分寸之益
，而反為之憂勞征發，浚良民之膏血而塗諸無用之地，

此流官之無益，亦斷然可睹矣。……田州切鄰交阯，其間
深山絶谷，瑶、獞之所盤據，動以千百。必須仍存土
官，則可藉其兵力，以為中土屏蔽。若盡殺其人，改土
為流，則邊鄙之患，我自當之，自撤藩籬，非久安之計
，後必有悔。……」
明世宗實録卷八十六：「嘉靖七年三月乙未……新建伯、
南京兵部尚書兼都察院左都御史王守仁上疏曰：『臣惟岑
猛父子固有可誅之罪……』疏下，兵部覆議，言：『守仁之
疏是或一見。以臣等觀之，竊恐目前之效，片檄可收；
事後之機，他時難料。且申途詢訪，未經會議，亦非的

然處置方。臣等因發其語意所當審處者有五：田州既改土為流，因其叛亂而盡易之，朝令夕改，無以示信，須查照別府州事例土流兼置而後可，一也。岑猛父子職級因罪降革，不當仍復府制，宜降五品，衙門擇人分管，庶法紀不致陵夷，二也。盧、王二酋有名首惡，不應獨使幸免者，果能向順，執獻同惡，投赴軍門，乃可待以不死，聽候安置，三也。思恩府弘治末年建置，安定已久，非田州比，似未可一概改易，倘處流官增編里甲，妄肆科罰，豈無法制可禁防乎？四也。本部提準事例，生擒岑猛並斬首來獻者，賞銀有差，仍分給罪人財產，量授地方官職，今銀兩雖嘗賞給，而財產未見議撥，無以激勸有功，必照依功力輕重，分割地產給賞，一以殺雄據之勢，一以勵忠勇之心，散利輯衆，亦兵家所急，五也。宜令守仁會同總領太監張賜、總兵官李旻、新舊巡按紀功御史，據理審時，詳情度勢，不急近功，再加遠圖，應撫應剿，或剿撫並行，不宜偏執；應土應流，與土流兼設，尤在得人。并將臣等所陳五事，酌量採行，務使德威相濟，信義俱兼，庶邊務有益，國體無損」。上從部議，以守仁才略素優，論奏必有所見。但未經詢謀僉同，恐非定論。令與鎮巡等官熟計以聞。其應施行者，亦許以便宜從事。」

按：國榷卷五十四亦云：「嘉靖七年三月乙未，新建伯王守仁請宥盧蘇、王受，思恩、田州仍設土官。兵部議岑猛罪革，不宜復府。思恩自弘治末改流官，非田州比。盧蘇、王受，兇渠也，奈何幸免？果能效順，俟執醜赴降，或聽解網。上然之，下守仁熟計」。可見朝廷至嘉靖七年三月方命下否決陽明之議，然陽明已自行其是，平復思、田矣。

見自行其是矣

王陽明全集卷二十一答方叔賢書二：「昨見邸報，知西樵、兀崖皆有舉賢之疏，此誠士君子立朝之盛節，若千年無此事矣，深用嘆服！但與名其間，却有一二未曉者，此恐鄙人淺陋，未能知人之故。然此乃天下治亂盛衰所繫，君子小人進退存亡之機，不可以不慎也。此事譬之養蠶，但雜一爛蠶於其中，則一筐好蠶盡為所壞矣。凡薦賢於朝，與自己用人又自不同。自己用人，權度在我，故雖小人而有才者，亦可以器使；若以賢才薦之於朝，則評品一定，便如白黑，其間舍短錄長之意，若非明言，誰復知之？小人之才，豈無可用？如砒硫芒硝皆有攻毒破壅之功，但混於參苓耆朮之間，養生之人萬一用之不精，鮮有不誤者矣。僕非不樂二公有此盛舉，正恐異日或為此舉之累，故輒叨叨，當不以為罪也。思、田事，貴鄉往來人當能道其詳。俗謗所謂『生事事生』，此類是矣。今其事體既已壞，盡欲以無事處之，要已不能，只求減省一分，則地方亦可減省一分勞擾耳。鄙見略具奏內，深知大拂喜事者之心，然欲殺數千無罪之人以求成一己之功，仁者之所不忍也！齎奏人去，凡百望指示之。舟次草草，未盡鄙懷，千萬鑒恕！」

第2400頁

按：所謂「鄙見略具奏內」，乃指陽明所上赴任謝恩遂陳膚見疏，奏內力主招撫，反對征伐殺戮，故書云「然欲殺數千無罪之人以求成一己之功，仁者之所不忍也」。所謂「齎奏人去」，即指遣人齎此赴任謝恩遂陳膚見疏送往京師。所謂「舟次」，即指陽明又啟程赴南寧。由此可以確知陽明此書作在十二月二、三日中。所謂「知西樵、兀崖皆有舉賢之疏」，即指方獻夫、霍韜薦舉陽明入朝。按霍韜復陽明先生書中已云「方叔子曰：『廟堂尤急，必得先生入閣。』……方叔子云：『寧不恤兩廣，且為廟堂憂。』……」（見前引）可見是次方獻夫、霍韜必是薦舉陽明入閣輔政，時間在十一月中。其時薦舉陽明入閣觸犯世宗大忌，亦深為楊一清、張璁、桂萼所嫉，故皆諱言其事，史書不載，陽明亦祗從邸報中獲知消息也。

同上，與黃宗賢書三：「近得邸報及親友書，聞知石龍之於區區，乃無所不用其極若此；而西樵、兀崖諸公愛厚勤拳，亦復有加無已，深用悚懼。嗟乎！今求朝廷之上諸公者，信其有事君之忠、憂世之切、當事之勇、用心之公若諸公者，復何人哉！若之何而不足悲也！諸公既為此一大事出世，則其事亦不得不然。但於不肖則似猶有溺愛過情者，異日恐終不免為諸公知人之累耳。悚懼悚懼！思、田之事，本亦無大緊要，只為從前張皇太過，後來

第2401頁

遂不可輕易收拾。所謂天下本無事，在人自擾之耳。其略已具奏詞，今往一通，必得朝廷如奏中所請，則地方庶可以圖久安；不然，反覆未可知也。賤軀患咳，原自南、贛蒸暑中得來，今地益南，氣類感觸，咳發益甚，恐竟成痼疾，不復可藥。地方之事苟幸塞責，山林田野則惟其宜矣，他尚何説哉？西樵、兀崖家事，極為時輩所擠排，殊可駭嘆！此亦皆由學術不明，近來士夫專以客氣相尚，凡所毁譽，不惟其是，惟其多，且勝者是附是和，是以至此。近日來接見者，略已一講，已覺豁然有省發處，自後此等意思亦當漸消除。京師近來事體如

何？君子道長，則小人道消；疾病既除，則元氣亦當自復。但欲除疾病而攻治太厲，則亦足以耗其元氣，藥石之施，亦不可不以漸也。木翁、遂庵相與如何？能不孤海内之望否？亦在諸公相與調和。此如行舟，若把舵不定而東撑西曳，亦何以致遠涉險？今日之事，正須同舟共濟耳。齎本人去，凡百望指示。」

按：所謂「略已具奏詞」，即指上赴任謝恩遂陳膚見疏。所謂「齎本人去」，即指遣人齎赴任謝恩遂陳膚見疏送往京師。可見陽明此書與答方叔賢書二作在同時。所謂「石龍之於區區，乃無所不用其極若此」，即指黄綰上明軍功以勵忠勤疏，薦陽明入

閣輔政。

陽明先生文録卷四與霍兀厓宫端書：「每讀章奏，見磊落奇偉之志，挺持奮發之勇，卓然非儕輩可望，深用嘆服。果得盡如所志，天下之治誠可焕然一新。然其形勢自有不能盡如人意者，要在寬以居之，仁以行之而已。高明既有定見，顧無俟於鄙劣者之喋喋。西樵書中，亦致芹曝之獻，倘覽及之幸，有一言示其可否也。田州事實無緊要，徒勞師費財，紛紛兩年，重為地方之患。今於謝恩疏中，略陳愚見，須得朝廷俯從其議，庶可以圖久安；不然，起伏之變，未有已也。齎奏人去，草草附問

。地方之事，有可見教者，人還不惜示及。」

按：所謂「謝恩疏」，即指陽明所上赴任謝恩遂陳膚見疏。所謂「西樵書」，即指陽明答方叔賢書二。

二日，楊一清、桂萼薦陽明兼任巡撫，陽明疏辭，舉伍文定、梁材、汪鋐自代。

黄綰陽明先生行狀：「十二月，楊公一清與桂公萼謀，恐事完回京，復命見上，予與張公又薦之，上必留用，又題命公兼理巡撫。奉聖旨：『王守仁暫令兼理巡撫兩廣等處地方，寫敕與他。』咨到，又力疏辭免，舉致仕都御史伍文定、刑部左侍郎梁才自代。不允。」

王陽明全集卷十四辭巡撫兼任舉能自代疏（七年正月初二日）：「嘉靖六年十二月初二日，准本院咨節該吏部題奉

聖旨：『王守仁暫令兼理巡撫兩廣等處地方，寫敕與他，欽此。』欽遵外，臣聞命之餘，愈增惶懼……切見致仕副都御史伍文定質性勇果，識見明達，往歲寧藩之變，嘗從臣起兵討逆，臣倍知其能。今年力未衰，置之閑散，誠有可惜。若起而用之，以為巡撫，其於經略之方，撫綏之術，必能不負所委。及刑部左侍郎梁材，新陞南贛副都御史汪鋐，亦皆才能素著，抑且舊在兩廣，倍諳土俗民情，皆足以堪斯任。乞敕吏部於三人之中，選擇而使之。……」

三日，啟程赴南寧。五日，抵平南縣，有書寄子王正憲。

陽明寄正憲男書五：「近兩得汝書，知家中大小平安。且汝自言能守吾訓戒，不敢違越，果如所言，吾無憂矣。凡百家事及大小童僕，皆須聽魏廷豹斷決而行。近聞守度頗不遵信，致牴牾廷豹。未論其間是非曲直，只是牴牾廷豹，便已大不是矣。繼聞其遊蕩奢縱如故，想亦終難化導。試問他畢竟如何乃可？宜自思之。守悌叔書來，云汝欲出應試。但汝本領未備，恐成虛願。汝近來學業所進吾不知，汝自量度而行，吾不阻汝，亦不強汝也。德洪、汝中及諸直諒高明，凡肯勉汝以德義，規汝以過失者，汝宜時時親就。汝若能如魚之於水，不能須臾

而離，則不及人不為憂矣。吾平生講學，只是致良知三字。仁，人心也；良知之誠愛惻怛處，便是仁，無誠愛惻怛之心，亦無良知可致矣。汝於此處，宜加猛省。家中凡事不暇一一細及，汝果能敬守訓戒，吾亦不必一一細及也。餘姚諸叔父昆弟，皆以吾言告之。前月曾遣舍人任銳寄書，歷此時當已發回。若未發回，可將江西巡撫時奏報批行稿簿一冊，共計十四本，封固付本舍帶來。我今已至平南縣，此去田州漸近。田州之事，我承姚公之後，或者可以因人成事。但他處事務似此者尚多，恐一置身其間，一時未易解脱耳。汝在家凡百務宜守我

戒諭，學做好人。德洪、汝中輩須時時親近，請教求益。聰兒已託魏廷豹，時常一看。廷豹忠信君子，當能不負所託。但家衆或有桀驁不肯遵奉其約束者，汝須相與痛加懲治。我歸來日，斷不輕恕。汝可早晚常以此意戒飭之。廿二弟近來砥礪如何？守度近來修省如何？保一近來管事如何？保三近來改過如何？王祥等早晚照管如何？王禎不遠出否？此等事，我方有國事在身，安能分念及此？瑣瑣家務，汝等自宜體我之意，謹守禮法，不致累我懷抱乃可耳。十二月初五日發。」（顧麟士過雲樓續書畫記卷二寄正憲男手墨二卷）

按：陽明十二月一日猶在梧州上赴任謝恩遂陳膚見疏，以其五日到平南縣推算，其啟程赴南寧當在三日。

在平南，與都御史姚鏌交代，發布軍務行文。

王陽明全集卷十四奏報田州思恩平復疏：「……十二月內，續准兵部咨為地方大計緊急用人事，該禮部右侍郎方獻夫奏，節奉聖旨：『方獻夫所奏關係地方大計，鄭潤、朱麟與姚鏌事同一體，姚鏌已着致仕，鄭潤等因賊情未寧，暫且留用。今既這等說，鄭潤取回，代替的朕自簡用。朱麟應否去留，着兵部會議，并堪任更代的，推舉相應官兩員來看。田州應否設都御史在彼駐劄，還着王守仁議處，具奏定奪。欽此。』備咨前來知會，俱經欽遵外，本月初五日進至平南縣地方，與都御史姚鏌交代。二十二等日，太監鄭潤，總兵官朱麟陸續各回梧州、廣州等處，聽候新任。」

同上，卷三十行兩廣都布按三司選用武職官員（十二月初七日），行兩廣按察司稽查冒濫關文（十二月十二日），給思明州官孫黃永寧冠帶劄付牌，省發土官羅廷鳳等牌（十二月十七日）。

二十二日，在平南，召石金、林富、汪必東、鄒輗、祝品、林大輅等衆將官會議征思、田之役方略，以征伐有十患，

招撫有十善，最終議定招撫方略。

王陽明全集卷十四奏報田州思恩平復疏：「……二十二等日，太監鄭潤、總兵官朱麟陸續各回梧州、廣州等處，聽候新任。總兵、太監交代去訖，當臣公同巡按紀功御史石金、右布政林富、參政汪必東、鄒輗、副使祝品、林大輅、僉事汪溱、張邦信、申惠、吴天挺、參將李璋、沈希儀、張經及舊任副總兵今閑住都指揮同知張祐，并各見在軍前用事等官，會議得思恩、田州之役，兵連禍結兩省，荼毒已踰二年，兵力盡於哨守，民脂竭於轉輸，官吏罷於奔走。即今地方已如破壞之舟，漂泊於顛

風巨浪中，覆溺之患，洶洶在目，不待智者而知之矣。今若必欲窮兵雪憤，以收前功，未論其不克，縱復克之，亦有十患……故為今日之舉，莫善於罷兵而行撫，撫之有十善……夫進兵行勦之患既如彼，罷兵行撫之善復如此，然而當事之人乃猶往往利於進兵者，其間又有二幸四毀焉。下之人幸有數級之獲，以要將來之賞；上之人幸成一時之捷，以蓋日前之愆，是謂二幸。始謀請兵而終鮮成效，則有輕舉妄動之毀；頓兵竭餉而得不償失，則有浪費財力之毀；聚數萬之衆，而竟無一戰之克，則有退縮畏避之毀；循土夷之情，而拂士夫之議，則有形迹嫌疑之毀，是謂四毀。……夫人臣之事君也，殺其身而苟利於國，滅其族而有裨於上，皆甘心焉，豈以僥倖之私，毀譽之末，而足以撓亂其志者？今日之撫，利害較然，事在必行，斷無可疑者矣。於是衆皆以為然。」

提督團營張永卒，兵部會推王守仁提督團營軍務，世宗不允。

明世宗實錄卷八十三：「十二月丁卯……改太子少保、刑部尚書李承勛為兵部尚書，兼都察院左都御史，加太子太保，提督團營軍務；都察院左都御史胡世寧為刑部尚書；陞兵部左侍郎伍文定為都察院右都御史。時上方欲振新營務，命廷臣舉素有威望者，練達兵政者，專督營務。於是兵部尚書王時中等會舉提督兩廣新建伯、南京兵部尚書王守仁，提督陝西三邊軍務、太子太保、兵部尚書王憲及文定。上以兩廣、甘肅事未靖，守仁及憲未可輕動，特以承勛任之，由世寧代承勛，文定代世寧。」

楊一清集密諭録卷五論推用提督團營文臣奏對：「……昨日，閣兵部會推官推舉提督團營文臣，衆議舉王守仁、王憲、伍文定，皆合公論。皇上簡用，必有定見。但此事專官督理，乃克有濟。若以在部任事之臣兼之，終是委任不專，難責成效。如成化年間，王越以右都御史，後陞左都御史提督軍務，仍協管院事。蓋以協管院事為名，使其官有歸着，其實專督營務也……故衆議欲先命李承勛暫去整理，俟新任官至日交待，最為得宜，此蓋遵照皇上前命張璁暫署都察院之意也。合無將承勛量兼右都御史職銜，不妨部使，別授敕暫且提督團營軍務。……」

再論推舉提督團營文臣奏對：「……適聞伏蒙聖諭云：提督團營官，兵部所推王守仁，廣西事未平，王憲已有旨着去河西整理軍務，委難輕動。更一官必更一番事務，誠如聖慮。伍文定雖取，不知何日方到。莫若就用李承勛，不必待有官更代，聖明所處極當……查得成化年間，王越以太子太保、兵部尚書兼左都御史並掌管都察院事兼提督團營軍務。今宜照此例，將李承勛改兵部尚書兼左都御史本院掌印，不妨院事，兼提督團營軍務。如此，則委任專而事體重矣。……」

朱厚熜、張孚敬諭對錄卷三：「嘉靖六年十二月初九日，諭張尚書：『朕看兵部會推來提督團營官，其中守仁不可用，憲可用，但今有事，難又更換。更一人，必更一番事。文定不知如何？朕欲將承勛要任，不必又等官來。如此，不知可否？若可，將承勛陞兵部兼右都，世寧陞刑部，文定陞左都。可計議來聞。』」卷五：「嘉靖七年三月二十一日，諭張少保：『卿奏欲用伍文定為雲南提督軍務官，最為可托。……但文定見協管都察院事，亦須要人。朕又思兩廣之事，恐守仁不能了辦，今可將梁材用之，文定留作別項用。……』」

第2410页

二十六日，抵南寧，處置招撫事宜，盡撤調集防守之兵。

王陽明全集卷十四奏報田州思恩平復疏：「……二十六日，臣至南寧府，乃下令盡撤調集防守之兵，數日之内，解散而歸者數萬有餘。湖兵數千，道阻且遠，不易即歸，仍使分留南寧、賓州，解甲休養，待間而發。初，盧蘇、王受等聞臣奉命前來查勘，始知朝廷亦無必殺之意，皆有投生之念，日夜懸望，惟恐臣至之不遠。已而聞太監、總兵等官復皆相繼召還，至是又見防守之兵盡撤，其投生之念益堅……」

徐聞縣丞林應驄渡海來見，講學句餘。

光緒莆田縣志卷二十林應驄傳：「……同邑御史朱淛、馬明衡疏諫，逮訊。應驄抗疏論救，言：『陛下以宮闈之故，罪及言官；本生正統之義，又不能無所軒輕，忠臣義士將杜口結舌，不敢復議天下事。』上怒，並詔獄，謫徐聞縣丞。航海謁陽明王守仁，講學句餘……至徐聞，行事忤貴臣霍韜。丙戌入勤，韜傾之，遂罷歸。先其父卒

第2411页

。所著有夢槎奇遊集二卷。」
按：林應驄當在陽明到南寧後，自徐聞渡海來見。陽明有牌
行委官林應驄督諭土目云：「……為此牌仰原任户部郎中、今降徐
聞縣縣丞林應驄，齎執令旗令牌，會同總兵監軍等官，公同
署田州府事知州林寬，身督頭目盧蘇等，閱視各營……」（王
陽明全集卷十八）是林應驄亦為平思、田事來南寧見陽明，
非唯講學故也。柯維騏二山林公行狀：「……抵京，擢江西僉事
，持憲嚴明有體。久而擢副使，攝南贛兵備。會思恩、田州
聚亂，總制姚公謨、王公守仁，後先檄公夾兵討之，寇
用以平。」（愧瘖集卷首）按陽明田州立碑所錄紀功人員有

林應驄。
桂萼移書陽明，欲其偵查安南內亂真況復聞，陽明寢不與
偵。
范守己皇明肅皇外史卷九：「嘉靖八年春正月戊戌朔，風
霾晦如夕，集議王守仁事功學術。初，守仁之在廣西
也，安南適內亂，桂萼欲建議圖之，移書守仁，使偵其
要領以復。守仁恐其責之我也，寢不與偵，萼銜之。既
思、田平，萼忌其功。而峽盜又平，守仁奏捷，盛言諸
盜盤據流劫之禍，及己因湖兵激土酋陷陣斬馘之多。章
下兵部，覆請勞賞。帝降旨曰：『此捷音近於誇詐。』王守

仁姑賜獎諭，有功官役，令巡按御史勘覈奏聞。』已而守
仁乞歸去廣西，萼奏曰：『守仁撫制四藩，關係甚鉅，而
擅自離鎮，罪不可逃。今聞卒於南安，尚可原諒。』……」
國榷卷五十四：「予又聞員外吳鼎曰：『新建之起用思、田
也，蓋桂萼之力居多云。萼自以遭時際主，致位輔宰，
非立奇功，不足賈重後世。會安南有亂，冀可傳檄取之
，乃陰以意指授守仁，若事為思、田出者，使密探安南
要領。而守仁竟忤萼指，直於奏尾稍稍及之，萼遂恚憾
。會守仁物故，而以他事發怒詆其名。』嗚呼！使其然，
譎秘又何如也！」

黃景昉國史唯疑卷六：「霍渭厓云：『桂見山自諸生時，夢
他日當立功八桂之外，夙有安南志。既當路，特起王陽
明兩廣，思與共功。不謂陽明歸念切，遽移病去。桂恨
其負己，沒後，以學術為疵，劾從奪爵。』……」
昭代典則卷二十六戊子七年冬十一月條下：「新建伯病，
謂翁萬達曰：『田州事，非我本心，後世誰諒我者？』新建
伯初起用，皆萼之力。萼議禮，致位卿輔，欲立奇功。
會安南有亂，冀可傳檄取之，乃陰以意寓書授新建伯，
若事為思、田者，使密探安南要領。而新建伯不答，直
於奏尾稱及之，萼遂恚憾。會新建伯卒，竟中傷，革世

爵及卹典云」。

明史卷一百九十五王守仁傳：「守仁之起由璁、萼薦，萼故不善守仁，以璁强之。後萼長吏部，璁入內閣，積不相下。萼暴貴，喜功名，風守仁取交阯，守仁辭不應……萼遂顯詆守仁征撫交失，賞格不行」。

萬曆野獲編卷十七征安南：「嘉靖初年，安南久逾貢期，又侵奪廣東欽州四峒。朝議欲問其罪。時王文成新起征田州，威名甚重，桂文襄暴貴用事，諷王乘兵力取安南為己功，王不應，恚甚，嗾人論之，奪其世爵。時湛甘泉亦附桂，力主恢復之說，王禍遂不可解」。

按：安南內亂事在嘉靖六年。國榷卷五十二：「嘉靖六年三月戊寅朔。己卯，安南莫登庸篡位，稱大越皇帝，改元明德。先使范嘉謨假黎懬禪詔，于是立其孫福海為太子，實名方瀛。頃弒懬，并其母殺之，偽謚懬恭皇帝。時黎譓尚據清華、乂安、順化、廣南，餘舊臣分據聲援。登庸率兵拒譓，奪清華據之。譓走乂安，又走葵州，入老撾宣慰司」。按陽明平思、田在嘉靖七年二月，可知桂萼移書陽明約在嘉靖六年冬間。桂萼薦陽明在六月十七日，其時正當安南內亂動蕩之際，而桂萼亦方覬覦內閣之位，急不可耐，竟妄生奇想，欲以建「取交阯」之功取得入閣之最大資本。然則桂萼之忽薦陽明起用兩廣，其真意不在欲陽明平思、田，而在欲假陽明之手密探安南，「傳檄取之」，由此昭然若揭矣。

一五二八　嘉靖七年　戊子　五十七歲

正月二日，上辭巡撫兼任舉能自代疏，不允。

王陽明全集卷十四辭巡撫兼任舉能自代疏。

明世宗實錄卷八十六：「嘉靖七年三月己卯……提督兩廣軍務、新建伯、南京兵部尚書兼都察院左都御史王守仁疏辭兼理巡撫兩廣，因薦致仕副都御史伍文定、刑部左侍郎梁材、南贛副都御史汪鋐，皆堪選任。上優詔慰答，不允辭」。

七日，盧蘇、王受遣頭目黃富來告投順歸降之意。二十七

日，盧蘇、王受各率衆數萬自縛歸降。二月八日，督令降
民各歸復業，思、田平定。
「王陽明全集卷十四奏報田州思恩平復疏：……初，盧蘇
、王受等聞臣奉命前來查勘，始知朝廷亦無必殺之意，
皆有投生之念，日夜懸望，惟恐臣至之不速。已而聞太
監、總兵等官復皆相繼召還，至是又見防守之兵盡撤，
其投生之念益堅，乃遣其頭目黃富等十餘人，於正月初
七先付軍門訴苦，願得掃境投生，惟乞宥免一死。臣等
諭以朝廷之意正恐爾等有所虧枉，故特遣大臣前來查勘
，開爾等更生之路，爾等果能誠心投順，決當貸爾之死

第2416页

。因復開陳朝廷威德，備寫字牌，使各持歸省諭盧蘇、
王受等……蘇、受得牌，皆羅拜踴躍，歡聲雷動。當即
撤守備，具衣糧，盡率其衆掃境來歸。本月二十六日，
俱至南寧府城下，分屯為四營。明日，蘇、受等皆囚首
自縛，各與其頭目數百人赴軍投見。號哀控訴，各具投
狀，告稱前情，乞免一死，願得竭力報效……臣因諭以
朝廷意惟願生全爾等，今爾方來投生，豈忍又驅之兵刃
之下。爾等逃竄日久，家業破蕩，且宜速歸，完爾家室
，及時耕種，修復生理。至於各處盜賊，軍門自有區處
，不須爾等剿除，待爾家事稍定，徐當調發爾等。於是

又皆感激歡呼，皆謂朝廷如此再生之恩，我等誓以死報
。臣於是遂委右布政林富、舊任總兵官張祐分投省諭，
安插其衆，俱於二月初八日督令各歸復業去訖。地方之
事幸遂平定。」
按：錢德洪陽明先生年譜云：「在梧。二月，思、田平。」乃誤，在梧當作在南寧。
十三日，上奏報田州思恩平復疏。朝廷遣行人獎賞。
王陽明全集卷十四奏報田州思恩平復疏。
明世宗實錄卷八十八：「五月壬午，提督兩廣等處軍務、
新建伯、南京兵部尚書兼左都御史王守仁報思、田賊平
，其疏略曰：……上覽其疏，深嘉之，曰：『守仁受命提
督軍務，蒞事未久，乃能開誠宣恩，處置得宜。致令叛

第2417页

夷畏服，率衆歸降，罷兵息民，厥功可嘉。其賜勅差行
人齎去獎勵，仍賞銀五十兩，紵絲四表裏。太監張賜、
御史石金各賞銀二十兩，紵絲二表裏。其餘有功三司等
官，俱賜賚有差。其經略善後事宜，仍許守仁以便宜從
事。應請者，亟奏定奪。』」
十五日，上地方緊急用人疏，舉薦林富。十八日，上地方
急缺官員疏，舉薦林富、張祐、沈希儀。
王守仁全集卷十四地方緊急用人疏、地方急缺官員疏。
明世宗實錄卷八十八：「五月癸未……提督兩廣軍務、新
建伯王守仁奏：『比者侍郎方獻夫建議於田州暫設都御史

，同廣西副總兵專駐其地，撫綏諸夷……」兵部覆如守仁
議，得旨：張祐即准復充副總兵，協同鎮守思、南地方
，專在田州駐劄，往來提調官軍，撫安土人。巡撫不必
設，凡事專責成守巡兵備等官。沈希儀暫令柳、慶帶管
，待新任參將至日，從宜委任。
處置平思、田善後事宜，公同三司等官議設土官。參政鍾
芳上書，力主分置土官。
王陽明全集卷十四處置平復地方以圖久安疏：「臣於思恩
、田州平復之後，即已仰遵聖諭，公同總鎮、鎮巡、副
參、三司等官，太監張賜、御史石金等，議應設流官、
土官，何者經久利便，不得苟有嫌疑避忌，而心有不盡
，謀有不忠。乃皆以為宜仍土官以順其情，分土目以散
其黨，設流官以制其勢。蓋蠻夷之性，譬猶禽獸麋鹿，
必欲制以中土之郡縣，而繩之以流官之法，是群麋鹿於
堂室之中，而欲其馴擾帖服，終必觸樽俎，翻几席，狂
跳而駭擲矣。故必放之閒曠之區，以順適其獷野之性。
今所以仍土官之舊者，是順適其獷野之性也。……然分立
土目而終無連屬綱維於其間，是畜麋鹿於苑囿，而無守
視之人以時守其墻墉，禁其群觸，終將踰垣遠逝而不知
，踐禾稼，決藩籬，而莫之省者。今所以特設流官者，

是守視苑囿之人也。……」
鍾芳筠溪集卷十三上新建伯：「近惟本司咨該奉明案備行
各道，凡有所見，俱許開呈，以備採擇。是誠集衆思，
廣忠益，不自有其善者也。顧職庸譾，昧於時宜，何以
仰承德意，況田、思二州事勢，該道各官備諳熟練，朝
夕左右，必皆講之精透，而尊候明睿洞照，隨機應務，
萬變不窮，亦不假芻蕘之見，而應之有餘裕矣。然奉教
命，不敢不竭其愚。蓋夷狄之俗，不可以中國之法治之
，惟在布明威信，仍其本俗，寬其繩勒而已。先該軍門
奏奉欽依今次用兵，只誅岑猛父子及韋好、陸綬等數人
，此意甚好。既破田州，乃欲盡戮其酋及其族屬，俾無
噍類，以致失大信而不顧。大信既失，夷人倉惶無所依
仗，遂致今日之變，再動大衆，擾我邊鄙。今蒙節鉞鎮
臨其境，必皆靡然口順，如脫水火，而就衽席，生殺予
奪，惟所命之。至於善後之策，則不外乎因其勢而導之
耳。今之議者有三：曰分置土官，曰流官土俗，曰改土
為流。夫分置土官，得古人誅罪置君之意，帝王之師也
。流官土俗，立虛名以狥夷人不得已之情，弱其戎備，
而獎實用者也。若夫改土為流，則彼兵之聽調者悉歸於
農，而我兵之在內者，反勞遠戍，夷情怨激，必且屢叛

，是謂無事而生事，撤藩籬而啟外衅者也。此三說者，非惟利害瞭然，而是非得失亦甚明白。本職候謁侍側之頃，奉聆指教數言，率皆切中肯綮，退而忻忭，以為夷方裁定，只在一反掌間耳。雖知高明已有定筭，無所吝喙，然情實切於效愚，愛尤慚乎莫助，是以不避僭妄，謬塵清矚，以謂流官土俗之議，終不若分置土官之為得。庸腐不知大計，姑此塞責，伏惟矜恕，裁擇幸甚。」

按：鍾芳字仲實，號筠溪，崖州人。明清進士錄：「鍾芳，正德三年進士。廣東崖州人，籍瓊山，字仲實，號筠溪。官至户部右侍郎。有皇極經世圖贊、崖志略、續古今紀要、鍾筠溪家藏集等。」時任廣西右參政。黃佐户部右侍郎鍾公芳傳：「……陞廣西右參政，去貴縣虎患，諭降洛容賊，討田州叛酋岑猛，定平樂、藤峽，屢有軍功，捷聞，兩賜金幣，陞江西右布使。……」（國朝獻徵錄卷三十）

犒送湖廣永順、保靖二宣慰司土官目兵。

王陽明全集卷十八犒送湖兵：「照得先該軍門奏調湖廣永順、保靖二宣慰司土官目兵前來征剿田州等處。今照各夷自縛歸降，地方平靖。為照宣慰彭明輔、彭九霄雖未及衝冒矢石，摧堅破敵，然跋涉道途，間關山海，不但勞苦之備嘗，且其勤事之忠，赴義之勇，不戰而勝，全師以歸，隱然之功，亦不可掩。所據宴勞之禮，相應照舊舉行。其沿途該用廩給口糧等項，亦合計算總支，庶免阻滯及省偏州下邑之擾。為此牌仰本官行會左參政龍誥、僉事吳天挺、參議汪必東督行南寧府，於賞功綵段金銀花枝銀兩內照依開數支出，齎送各宣慰，并給賞各舍目收領，以慰其勞。……」

有書寄子王正憲。

王陽明全集卷二十六又寄正憲男書一：「去歲十二月廿六日始抵南寧，因見各夷皆有向化之誠，乃盡散甲兵，示以生路。至正月廿六日，各夷果皆投戈釋甲，自縛歸降，凡七萬餘衆。地方幸已平定，是皆朝廷好生之德威格上下，神武不殺之威潛孚默運，以能致此。在我一家，則亦祖宗德澤陰庇，得無殺戮之慘，以免覆敗之患。俟處置定，便當上疏乞歸，相見之期漸可卜矣。家中自老奶奶以下想皆平安，今聞此信，益可以免勞掛念。我有地方重寄，豈能復顧家事？弟輩與正憲，只照依我所留戒諭之言，時時與德洪、汝中輩切磋道義，吾復何慮？餘姚諸弟姪，書到咸報知之。」

聶豹差巡按福建，入閩，有書來問學。

聶豹集卷八啟陽明先生：「遜違道範，丙戌之夏，迄今兩易寒暑矣。泰北高寒，秉彝之好，無時無念不在公之左右也。恭惟道候迪吉，麟趾育祥，敬承有在，仁者之必有後也，斯言始信於天下矣，不勝慶慰，不勝慶慰！丁亥春，北上，次真州，曾具狀託王巡按轉致，竟不知達否何如？跡涉疏遠，負此歉罪。西粵之亂，先聲所至，莫不震疊，凱還當在日下。聖天子側席以待，而天下太平之望，跂足久矣。某承乏一方，百無能為。以春正入閩境，諸務叢委，茫無下手處。始知平生之學，斯未能信，患所以立聖人之言，近如地，遠如天。體即用，未有用非其體者，而仕優則學，學優則仕之說，竊疑其析之過矣。天下豈有仕外之學哉？仕即學也，學即仕也。自十五志學以至於從心，自乘田、委吏以至於司寇，是亦為政，無非仕也。有民人焉，有社稷焉，無非學也。是故喜怒哀樂之發，以至於視聽言動之著，感之而為惻隱、羞惡、辭讓、是非之情，應之而為君臣、父子、夫婦、長幼、朋友之道，變之而為富貴、貧賤、夷狄、患難、死生之來，曾有一時一處而非吾良知之所當致者哉？某四十無聞，蹉跎孤負，教言在耳，寤寐騰愧。所不至於詭經畔道之甚者，幸而知有痛癢之心，未盡死也。

第2422页

近來非僻諸念，稍稍裁抑，惟暴怒之氣時復妄發。當其怒時，自以為義，然已不覺其為怒所遷，而有所忿懥，何啻千里？始信集義之功，不忘則助，甚難為力，何如何如？瞻望伊邇，未緣鬣馳，以需神化，謹此專人奉候門下，解官有志，摳衣何期，歲月如流，儲此耿耿。伏惟為道珍嗇，厚自愛以慰天下，不備。外疑事數條，附錄以請。

「一、學至於求仁求心，易簡而天下之理得矣。自秦漢以降，周、程之外，知此義者，蓋寥寥焉。知行動靜之功既分，而支離汗漫之弊無已。旁求外襲，弊而至於今日科舉之學，極也。於是有不得已，約仁與心之靈明神化為良知之學，以援天下之溺者，是蓋獨苦之心，蹇蹇濡足之言也。學本良知，良知為學，吾道足矣。支離汗漫之弊，將不撲而自熄也。鬼神之為德，其盛矣乎！蓋上天之載，無聲無臭，至矣。是知也，天且不違，而況於人乎？況於鬼神乎？時執塗人而問之曰：汝有知乎？曰：有。時執童子而問之曰：汝有知乎？必曰：有。知饑知食，知寒知衣，莫非知也，推而至於知天知命，知化育，愚夫愚婦之與知，聖人亦有所不知焉，一也；其有不一者，致與不致之間矣。但致知之功，竊意其入頭下

第2423页

手，亦自不同，當隨其資之近者而致力焉。孟子曰：孩提之童，無不知愛其親；及其長也，無不知敬其兄。不待學習，本於天性，此真知也，則是良知之用，莫切於孝弟焉者。孝弟也者，其為仁之本歟？堯舜之道，孝弟而已。知皆擴而充之，不足以事父母，而仁義禮樂之實，要之以事親從長之間，是孟子有得於良知深矣。某嘗反求諸心，虛靈之用，固自燦然，出有入無，超忽茫蕩，若無輳泊。近來求之於事親從長之間，便覺有所持循。如一念之欲方萌，輒自訟曰：是非孝也。則固念自消；如一言一行之過也，輒自訟曰：為父母戮也。則汗

愧交迸。是非之心，人皆有之。時執塗人、童子而斥之曰：汝不孝不弟也，亦皆艴然不悅，如蒙污穢焉。始知西銘即中庸之理，而曾子啟手足得全歸之義。舜、武、周公之庸行，為中庸之極致，只為今人不識孝弟，往往求之於儀文之末，而不知一念非天，一事非理，一物失所，皆非孝也，而良知之功用，於是乎淺矣。孟子曰：大人者，不失其赤子之心。赤子何心也？愛親敬長之心也。天下何思何慮？天下同歸而殊途，一致而百慮。某服膺明教，蓋欲於事親從長之間而求所謂良知之學焉，何如？

一、御史以監察為事，故凡吏治之賢否，民病之隱幽，風俗之淳漓，皆御史之所當知。然知之為難，於今尤難也。巧詐者極彌縫之文，赴愬者多虛浮之說，若非清心下問，加志周爰，鮮有不為人所欺者也。某承乏以來，晝夜憂勤，故於簿書條格之外，亦頗廉得其一二，而臨之以不測也。於是貪墨之風，稍見斂戢。比會陳惟濬，則又以逆詐億信，惓惓為戒，蓋恐為此心本體之累。夫億逆先覺之說，先生之所以告崇一者，詳而至精矣。一言以蔽之，要不過復良知之本體。本體之知，實知實見，常覺常照，然其所以覺之者，一惟據理之有無為覺耳

。由也不得其死，盆成适至見殺，固先覺也；入宮之喜，放魚之嘆，亦先覺也。是故君子無意於逆億與先覺也，而惟以窮理之功，勿忘勿助。不能窮理以覺人，而為人所罔者，忘也；惟恐人之罔己，而馳志於億逆者，助也。忘則不明，助則不誠。不誠不明，離道遠矣，是故先生要之以誠也。誠則以羊易牛，其跡吝矣，適合乎行仁之巧法；不誠則攘夷尊周，如其仁也，乃不免為假仁之伯術。竊意億逆之用，則亦有然者。如其所以咨諏詢訪者，無非為上為民之實心，而無一毫私意夾帶於其中，則雖億逆，猶先覺也。何也？誠也。誠則旁行曲防，

皆良知之用也。萬一先有一毫自私自利之心攙於其內，即雖彰往察來，固先覺也，猶億逆也。何也？不誠也。不誠則周知旁燭，皆良知之累也。誠與不誠之間，億逆、先覺之由分也。若今必欲以億逆為戒，而一惟坐以待至以覺之，其流之弊，將至厭事惡外，守空悟寂，恐亦不得為覺也。不知何如？

一、告子盡心一章，造理履事之說，傳疑久矣。外事以造理者，必非理；外理履事者，必非事。不誠無物，理外無事也；有物有則，事外無理也。是故歧理與事而二之者，必非學也。學而至於內外合一，則所謂精義入神

以致用，利用安身以崇德者，其殆庶幾矣乎？然非本於良知之致，終難免乎襲義之病。蓋自聞夫生知、學知、困知之教，而百年支離破碎之說，至是始渙然釋，怡然順，不復向為牴牾之患也。比嘗反覆於體驗之餘，謬有見於管中之得，敢具以請。心也，性也，天也，命也，一也。心外無性，性外無天，天外無命。盡也，知也，存也，養也，修身也，其功一也，亦非二也。要之，只是盡吾心焉已耳。盡心云者，即中庸之盡性也。然已盡之心不存，則盡者有時而或塞；已知之性不養，則知者有時而或昏。存者，盡之繼；養者，知之篤。存心養性

，一陟一降，在帝左右，所以事天也。至於殀壽之來，一惟存心養性以俟之，無所恐懼疑惑，以貳其心焉，則是以義為命，命由此立也。盡心知性，日知其所無也；存心養性，月無忘其所能也。殀壽不貳，至死不變也。窮理盡性以至命也，一也。妄意如此，不知何如？

一、中庸尊德性而道問學一句，精一執中之傳，萬古聖學之原也。朱陸之辯相持而不決者，幾三百年。比今豪傑之士，稍稍覺悟，而致知存心，并作一項下手，莫非先生倡明之力也。德性者，良知也；道問學者，致知之功也。是故外德性而道問學者，必非學；外問學而尊德

性者，奚以尊？心外有知，存外有致，皆不得其說也。德性者，天德也，明德也，王道之本也。大學之道，在明明德，在親民，在止於至善者，尊德性而道問學也。克己以求仁，集義以養氣，慎獨以致中和，定之以仁義中正而主靜，聖賢之所謂問學者，言人人殊，然未聞有外德性以為道者也。廣大也，精微也，高明也，中庸也，故也，新也，厚也，禮也，皆吾之德性也。致也，盡也，極也，道也，溫而知也，敦而崇也，道問學之功也。綱舉目張，中庸立言，意義自明，若無待於辯矣。其有辯而不明者，習於聞見之舊耳。甚矣，習見之蔽人也

！
「近淮陰邂逅甘泉先生，深夜講論，偶因及此，亦微有不
同焉，併録以請」。
按：聶豹乞恩致仕以全病軀疏云：「嘉靖六年九月二十二日，欽蒙
差往福建巡按。臣以七年正月十七日，接管行事。」（聶豹集卷二
可見聶豹此書乃是正月到福建後不久所作。所謂「淮陰邂逅甘
泉先生」，乃是指湛甘泉嘉靖六年冬十月秩滿考績赴京，至嘉
靖七年正月歸南京，途經淮陰邂逅聶豹。
宋儀望雙江聶公行狀：「戊子春，入閩……是春，復以書
往陽明論學，亹亹數千言，復書俱悉所云。既又建養正

書院、射圃亭於會城，群八閩秀士教之，重刻傳習録、
道一編、二業合一論、大學古本，以訓迪諸生……先生
自丁亥以來，其論致知功夫，則以孩提知愛知敬為良知
本來面目，反而求之事親從兄，覺有所持循，致書陽明
、南野二公，蓋極言之。」
三月，刻田州立碑紀功；刻田州石銘，以鎮田州。
陽明田州立碑：「嘉靖丙戌夏，官兵伐田，隨與思恩，相
比復煽，集軍四省，洶洶連年。於時皇帝，憂憫元元，
容有無辜，而死者乎？乃命新建伯、臣王守仁：曷往視
師，其以德綏，勿以兵虔。班師撤旅，信義大宣。諸夷

感慕，旬日之間，自縛來歸者，七萬一千。悉放之還農
，兩省以安。昔有苗徂征，七旬來格；今未期月，而蠻
夷率服。綏之斯來，速於郵傳，舞干之化，何以加焉！
爰告思、田，毋忘帝德；爰勒山石，昭此赫赫。文武聖
神，率土之濱，凡有血氣，莫不尊親。嘉靖戊子季春，
臣守仁拜手稽首書，臣林富、張祐刻石。御史石金，布
政林富，參議汪必東、鄒輗，副使林大輅、祝品、翁素
，僉事張邦信、申惠，副總兵李璋、張祐，參將沈希儀
、張經，僉事吳天挺、汪溱，都指揮謝珮，知府蔣山卿
贊畫。胡松、李本、林應驄，同知史立成、桂鏊、舒柏

，通判陳志敬，知州李東、林寬，宣慰侯彭明輔、彭九
霄，官男彭宗舜，軍門□□隨禮部辦印生錢君澤，過朱
身丞杜洞、傅尚賢監刻。指揮趙璇、林節、劉鏜，百户
嚴述、郭經督工。」（雍正廣西通志卷一百零二。按：今
廣西平果縣右江岸陽明洞天巖洞前峭壁上，刻有陽明此
文手迹，題作「征撫思田功蹟文」。）
王陽明全集卷二十五田州石刻：「田石平，田州寧（民請
如此）；田水縈，田山迎（府治新向）。千萬世，鞏皇明。
嘉靖歲，戊子春，新建伯，王守仁，勒此石，告後人」。
費宏田石平記：「田江之濱有怪石焉，狀若一龜，臥於衍

石之上。長倍尋，厚廣可尋之半。境土寧靜則偃臥維平，有訾則傾欹，潛浮以離處。故俗傳有「平寧傾兵」之讖。歲乙酉，岑氏猛食采日毀，恣橫構兵。守臣方上疏議討，一夕石忽浮去數百武。猛懼，乃使力士復之，嚮夕毀祀之，以潛弭其變。明年，大兵至，猛竟失利以滅，人益異焉。猛黨盧、王二酋脅衆連兵據思、田，以重煩我師，朝議特起今新建伯陽明王公來平。比至，集衆告曰：「蠢茲二酋，豈憚一擒？維瘡痍未瘳，而重罹鋒刃，為可哀也。」即日下令解十萬之甲，掣四省之兵，推赤二酋，俾自善計。二酋憚公威德，且知大信不殺，遂率衆自

第2430頁

縛泣降。公如初令諭而遣之，單車詣田，經畫建制，以訓奠有衆。田父老望風觀德，如堵如墻，羅拜泣下曰：「大兵不加，明公再生之賜也。田魄何以為報！」維田始禍石實釁之，具以怪狀聞，且曰：「自王師未師未旋，石靡有寧，田人惴惴守之如嬰，今則亡是恐矣。願公毀此，以寧我田。」公曰：「其然，與若等往觀之。」既觀，曰：「汝能怪乎？吾不汝毀而與決。」取筆大書其上曰：「田石平，田州寧。千萬世，鞏皇明。」明年春，公使匠氏鐫之，遂以為田鎮。田人無遠近老稺，咸謳歌於道以相慶焉。嗟夫！維石在阿，賦性不邪，孰使之行，豈民之訛？維妖

維祥，肇是興亡。天實變幻，而莫知其方。維邪則淺，維正則滅，亦存乎其人而已矣。公忠誠純正，其靜一之學，浩然之氣，見於勤王靖難者，可以格神明而貫金石，天下已信之，有弗靈於是石乎？田人寶茲石文，蓋不啻交人之槩銅柱也已。公車將旋，田人趨泌東曰：「茲不可無述以告於世世。」作《田石平記》。（《王陽明全集》卷三十九）

按：費宏作此《田石平記》，乃出汪泌東之請，非陽明本意。其時費宏已致仕家居，（事過境遷之）或欲與陽明重修舊好，乃着意作是記以表白心迹。然此記卒不收入費宏集中，其因亦蓋出於此也。又據文中所叙，此記似是汪泌東所作，非費宏文（隆慶刻本《王文成公全書》中收錄此記，未署作者名）。

第2431頁

《王陽明全集》卷十四《處置平復地方以圖久安疏》：「初，岑猛之將變，忽然有石自田州江心浮出，傾臥岸側。其時民間有『田石傾，田州兵；田石平，田州寧』之謠。猛甚惡之，禁人勿言，密起百餘人夜平其石，旦且復傾。如是者屢屢，已而果有兵變。今年二月，盧蘇等既有投順，歸視其石，則已平矣。皆共喜異，傳以為祥。臣至田州，親視其石，聞士人之言如此。民間多取『田寧』二字私擬其名。臣等欲乞朝廷遂以此意命之，雖非大義所關，亦足以新耳目而定人心之一端也。」

許相卿有書來賀平復思、田。

《雲村集》卷四上《王陽明先生書一》：「某罪戾餘生，遠違矩正，憒禮負教，慚懼何言！伏惟道化德訖，坐殿南服，炎荒絕徼，久外天日之夷，一旦手挈之聖治輿圖中。竊覩

平復田州一疏，遠猷深識，夫豈近世功名之士所敢覬其藩墻？某跧伏壟堵，亦為吾道增氣。舊聞清恙，時切馳戀，伏惟倍萬崇攝，以致康豫，無任切禱。」

按：所謂「平復田州一疏」，即指陽明所上奏報田州思恩平復疏，許相卿得見此疏當在三月以後。

二十三日，命下進剿八寨、斷藤峽。

王陽明全集卷十五征剿稔惡猺賊疏：「據留撫田州、思恩等處地方，廣西布政司右布政林富、原任副總兵都指揮同知張祐等會呈前事，開稱：『田州、思恩平復，居民悉已各安生理，土夷亦皆各事農耕，地方實已萬幸。但惟八寨猺賊，積年千百成徒，流劫州縣鄉村，殺害良民，虜掠子女生口財物，歲無虛月，月無虛旬。民遭荼毒寃苦，屢經奏告，乞要分兵剿滅者，已不知幾百十番。為因地方多事，若要進兵，未免重為民困，是以官府隱忍撫諭，冀其悔罪改過。而彼乃悍然不顧，愈加兇橫，出劫益頻。蓋緣此賊有衆數萬，盤據山谷，憑恃險阻，南通交趾等夷，西接雲、貴諸蠻，東北與斷藤、牛腸、仙臺、花相、風門、佛子及柳、慶、府江、古田諸處猺賊回旋連絡，延袤周遭二千餘里，東掠西竄，南摽北突。近因思、田擾攘，各賊乘機出攻州縣鄉村，遠近相煽，

第2432頁

幾為地方大變。……乞要乘此軍威，速加征剿，庶不貽患地方。……』據此行間，隨據左江道守巡守備等官、左參議汪必東、僉事吳天挺、參將張經等會呈：……開稱：『斷藤、牛腸、六寺、磨刀等處猺賊，上連八寨諸蠻，下通白竹、古陶、羅鳳、仙臺、花相、風門、佛子等峒各賊，累年攻劫郡縣鄉村……延袤千里之內，皆已變為盜賊之區……近因思、田用兵，遂與八寨及白竹、古陶、羅鳳等賊乘勢朋比連結，殺虜搶劫，月無虛旬，扇惑搖動，將成大變……近幸思、田之諸夷感慕聖化，悉已自縛歸降……獨此斷藤各巢逆賊，自知罪在不赦，恃險如故，截路截村，略無忌憚。若不乘此軍威，進兵剿滅，將來禍患，焉有紀極。』緣由會案呈詳到臣。……」

同上，八寨斷藤峽捷音疏：「……照得各職於本年三月二十三等日，先奉本院鈞牌：『據左江道守巡守備等官呈，稱斷藤峽等處猺賊，上連八寨，下通仙臺、花相等峒，累年攻劫郡縣鄉村，殺害軍民，累奏請兵誅剿，乞要乘此兵威剿滅等因，行仰各職監統各該官兵進剿各賊。諭令未至信地三日之前，停軍中途，候約參將張經，與同守巡各官集議，先將進兵道路之險夷遠近，各巢賊徒之多寡强弱，及所過良民村分之經由往復，面同各鄉導

第2433頁

人等逐一備細講究明白，務要彼此習熟，若出一人；然後刻定日時，偃旗息鼓，寂若無人，密至信地，乘夜速發，務使迅雷不及掩耳，將各稔惡賊魁盡數擒剿，以除民害，以靖地方。除臨陣斬獲外，其餘脅從老弱，一切皆可宥免。……「奉此各職會同參議汪必東，僉事汪溱、吳天挺，參將張經，都指揮謝珮，遵照軍門成算，分布各哨官兵，申明紀律，嚴督依期進剿前項各賊巢穴。……」同上，卷三十行參將沈希儀守八寨牌（三月二十三日），行左江道剿撫仙臺白竹諸瑤牌（三月二十四日）。卷十八征剿八寨斷藤峽牌（三月）。

按：進剿八寨、斷藤峽自三月開始，至六月班師。錢德洪陽明先生年譜乃籠統於七月下云：「七月，襲八寨、斷藤峽，破之。」其說誤甚，後人皆踵其訛。大致陽明於三月二十三日命下進剿八寨、斷藤峽，四月二日出兵，四月十日破斷藤峽，四月二十三日破八寨；以後又連破古蓬、古鉢、都者峒、銅盆、黃田、鐵坑諸巢，直追至橫水江，於六月中旬班師回兵（陽明於破八寨斷藤峽捷音疏中叙述甚明）。其斷非七月破八寨、斷藤峽昭然可見（詳下）。茲將明世宗實録中一段叙述著録於下，以見其實：

明世宗實録卷九十二：「九月甲戌，新建伯王守仁督兵討廣西諸寨叛賊，悉平之。先是斷藤峽等處傜賊，上連八寨，下通仙臺、花相等峒，連絡數十餘巢，盤亘三百餘里，流劫郡縣，屢征不服，急則入萬山叢箐中。自潯、梧上下軍民，橫罹鋒鏑者數十年。至是守仁既招降思、田叛目盧蘇、王受，責之剿寨賊自效，罷還永順、保靖二土司。土兵應調至者，密授方略，使指揮唐宏等部護，乘歸途之便擊之。守仁止南寧，偃旗仆鼓，示不為備。度賊已懈，督官兵四面圍之，永順攻牛腸，保靖攻六寺諸巢，以四月三日合戰敗之。明日，破仙居山寨。又明日，破油榨、石壁、大陂等巢，斷藤峽平。乘勝進攻仙臺、花相、白竹、古陶、羅風等巢，悉破。布政使林富率盧蘇、王受等由別道抵八寨，突破

石門，賊遂奔潰。我兵分道□剿，於是古蓬、周安、古鉢、都者峒、黃田、鐵坑等寨相繼殄平。餘賊僅千餘人，且戰且走，趨渡橫水江，水大風，溺死大半，其脫身入山者，多□墜崖谷死。」

四月一日，有書致錢德洪、王畿。

陽明與德洪汝中書：「地方事幸遂平息，相見漸可期矣。近來不審同志叙會如何？得無法堂前今已草深一丈否？想卧龍之會，雖不能大有所益，亦不宜遂爾荒落，且存餼羊，後或興起，亦未可知。餘姚得應元諸友，相與為益不小。今有人自家中來，聞龍山之講至今不廢，亦殊

可喜。書到，望為寄聲，並與勉之。九、十弟與正憲輩，不審早晚能來親近否？彼或自絶，望且誘掖接引之，諒與人為善之心，當不俟多喋也。汝佩、良輔、蘇松之行如何？胡惟一今歲在舍弟處設帳如何？魏廷豹決能不負所托，兒輩或不能率教，亦望相與挾持之。人行匆匆，百不及一，諸同志均此致意。四月一日，陽明山人致德洪、汝中二道弟文侍。餘空。」（壯陶閣書畫録卷十明王陽明手札册）

按：所謂「卧龍之會」，指陽明門人在稽山書院講會，蓋稽山書院即在卧龍山下。所謂「龍山之講」，指其門人會期於餘姚龍山講會習。應元，即許應元，明清進士録：「許應元，嘉靖十一年二甲五十四名進士。錢塘人，字子春。以剛介忤執政，不得館職。出知泰安州，廉潔自持。擢工部員外郎，官至廣西布政使，所至有聲。工詩文，有許水部稿。」國朝獻徵録卷一百有侯一元作廣西右布政使許公應元墓志銘。胡惟一，即胡純，胡世寧子，號雙溪，會稽人。所謂「胡惟一今歲在舍弟處設帳」，乃指聘請胡純來設教授學。黄虞稷千頃堂書目著録胡純雙溪集、泗州志、忠鯁録、天慈見聞録等，可見其亦當時一著名文士。

第2436頁

二日，發兵進剿斷藤峽、八寨。

王陽明全集卷十五八寨斷藤峽捷音疏：「……據廣西領哨潯州衛指揮馬文瑞、王勳、唐宏、卞琚、張縉，千户劉宗本，永順統兵圖宣慰彭明輔，官男彭宗舜，保靖統兵宣慰彭九霄，及辰州等衛部押指揮彭飛、張恩等，各呈前事，職等遵奉統領各該軍兵，依期於本年四月初二日密到龍村埠登岸。當蒙統督參將張經，都指揮謝珮，督同宣慰彭明輔，分布官男彭宗舜，頭目彭明弼、彭傑，領土兵一千六百名；隨同領哨指揮馬文瑞，頭目向永壽、嚴謹，領土兵一千二百名；隨同領哨指揮王勳，又督同宣慰彭九霄等，分布官男彭蓋臣，報效頭目彭志明，領土兵六百名；隨同領哨指揮唐宏，頭目彭九皋，領土兵六百名；隨同領哨指揮卞琚，頭目彭輔，領土兵六百名；隨同領哨指揮張縉，頭目賈英，領土兵六百名；隨同領哨千户劉宗本，並各哨官員，領潯州等衛所及武靖州漢土官兵鄉導人等，共一千餘名；永順進剿牛腸，保靖進剿六寺等賊巢，刻定初三日寅時一齊抵巢。……」

六日，上處置平復地方以圖久安疏，奏請立土官知州，立岑邦相於田州，岑邦佐於武靖；分設土官巡檢；田州改名田寧；興田州學校，於附近府州縣學教官内選委一員，領田州學事。

王陽明全集卷十四處置平復地方以圖久安疏。

明世宗實録卷八十九：「六月丙寅……陞金華府知府張鉞

第2437頁

為廣西右參政，管田寧府事。吏部尚書桂萼言：「王守仁區畫田寧事宜，土目先試以巡檢，知州先試以吏目，知府先試以同知。試三年，而後實授。其薦林寬為同知，蓋試知府也。朝廷既假之便宜，宜遂從其議。」上以為然，命寬以同知，掌府學，俟三年有成，即陞知府。錢仍舊職。」

十日，破斷藤峽。陽明有詩咏。

王陽明全集卷十五八寨斷藤峽捷音疏：「……刻定初三日寅時一齊抵巢。各賊先防湖兵經過，各將家屬生畜驅入巢後大山潛伏，賊首胡緣二等各率徒黨團結防拒。然訪知本院住札南寧，寂無征剿消息，又不見調兵集糧，而湖兵之歸，又皆偃旗息鼓，略無警備，遂皆怠弛，不以為意。至是突遇官兵，四面攻圍，各賊倉惶失措，然猶恃其驍悍，蜂擁來敵。當有彭明輔、彭九霄、彭宗舜并頭目田大有、彭輔等督率目兵，奮不顧身，衝突矢石，敵殺數合，賊鋒摧敗，當陣生擒斬獲首賊并次從賊徒賊級六十九名顆，俘獲男婦及奪回被虜人口、牛隻、器械等項數多。餘賊退敗，復據仙女大山，憑險結寨。各兵追圍，攀木緣崖，設策仰攻。至初四日，復破賊寨，當陣生擒斬獲首賊并次從賊徒賊級六十二名顆。初五日，

復攻破油榨、石壁、大陂等巢，生擒斬獲首賊及次從賊徒賊級七十九名顆，俘獲男婦、牛隻、器械等項數多。餘賊奔至斷藤峽、橫石江邊，因追兵緊急，爭渡覆溺死者，約有六百餘徒。官兵復從後奮勇追殺，當陣生擒斬獲首賊及次從賊徒賊級六十五名顆，俘獲男婦、牛畜、器械等項數多。各賊間有一二漏網，亦皆奔竄他境。官兵追殺，至於本月初十日，遍搜山峒無遺。稟蒙收兵，回至潯州府住劄……」

王陽明全集卷二十破斷藤峽：「纔看干羽格苗夷，忽見風雷起戰旗。六月徂征非得已，一方流毒已多時。遷賓玉石分須早，聊慶雲霓怨莫遲。嗟爾有司懲既往，好將恩信撫遺黎。」

按：所謂「六月徂征」乃用徂征有苗典故，非謂破斷藤在六月也。

十五日，上征剿稔惡瑤賊疏。

王陽明全集卷十五征剿稔惡瑤賊疏：……為照思、田

亂之時，該前都御史等官姚鏌等奏調湖廣永、保二司土兵前來南寧等處聽用，近幸地方悉已平靖，各兵正在班師放回之際，歸途所經，正與各賊巢穴相去不遠；況思、恩二府新附，土目盧蘇、王受等感激朝廷生全之恩，屢乞殺賊報效。俱各遵奉敕諭事理，除一面量調官軍，協同前項各兵，行委左江道守巡參將等官監統永、保二司宣慰官男領各頭目士兵人等，分道進剿牛腸、六寺、仙臺、花相等賊，并行留撫思、田布政及右江分巡兵備守備等官監統思、田土目兵夫，分道進剿八寨等賊，所獲功次，俱仰該道分巡兵備官收解，紀功御史紀驗，造册奏

報，及行總鎮太監張賜密切公同行事，并密行鎮巡等官知會……」

二十三日，破八寨。陽明有詩詠。

王陽明全集卷十五八寨斷藤峽捷音疏：「……隨蒙本院密切牌諭，復令職等移兵進剿仙臺等賊。就於本月十一日夤夜，仍前分布各哨官兵，遵照牌内方略，永順於磐石、大黄江登岸，進剿仙臺、花相等處；保靖於烏江口、丹竹埠登岸，進剿白竹、古陶、羅鳳等處。刻定於十三日寅時一齊抵巢……又該督兵右布政林富，舊任副總兵張祐等，遵奉本院方略，分督田州府報效頭目盧蘇等目

兵及官軍人等三千名，思恩府報效頭目王受等目兵及官軍人等二千名，韋貴等目兵，及官軍鄉款人等一千一百名，照依分定哨道，進剿八寨稔惡瑤賊，刻期於本年四月二十三日卯時一齊抵巢。先於二十二日晚，於新墟地方集各土目人等，申布本院密授方略，乘夜啣枚速進，所過村寨，寂然不知有兵。黎明各抵賊寨，遂突破石門大險，我兵盡入。賊方驚覺，皆以為兵從天降，震駭潰竄，莫知所為。我兵乘勝追斬，各賊且奔且戰。薄午，四遠各寨驍賊聚衆二千餘徒，各執長標毒弩，并勢呼擁來拒，極其猛悍。我兵鼓噪奮擊而前，聲震巖谷，無不

一當十。賊既失險奪氣，而我兵愈戰愈奮，賊不能支，遂大奔潰。當陣生擒斬獲首賊及次從賊徒賊級二百九十一名顆，俘獲男婦、畜產、器械數多。賊皆分陣聚黨，奔入極高大山，據險立寨。……」

按：陽明所述，即襲破八寨之戰。後陽明五月九日所發行參將沈希儀計剿八寨牌云：「近因八寨瑤賊稔惡，已經發思、田目兵攻破賊巢，方在分投搜捕。」（王陽明全集卷三十）所謂「攻破賊巢」，即指四月二十三日襲破八寨。四月二十三日以後，則主要在分投搜捕，追剿八寨餘衆，詳見追捕通賊（王陽明全集卷十八）。

同上，卷二十平八寨：「見說韓公破此蠻，貔貅十萬騎連山。而今止用三千卒，遂爾收工一月間。豈是人謀能妙算？偶逢天助及師還。窮搜極討非長計，須有恩威化梗頑。」

行下廣西提學道興舉思、田學校。

王陽明全集卷十八案行廣西提學道興舉思田學校：「照得田州新服，用夏變夷，宜有學校。但瘡痍逃竄之餘，尚無受廛之民，即欲建學，亦為徒勞。然風化之原，終不可緩云云。除具題外，擬合就行。為此仰抄案回道，著落當該官吏備行所屬儒學遵照，但有生員，無拘廩增，願改田州府學，及各處儒生願附籍入學者，各赴告本道，經自查發，選委教官一員，暫領學事，相與講肄游息，或興起孝弟，或倡行鄉約，隨事開引，漸為之兆，俟休養生息一二年後，該府建有學校，然後將各生徒通發該學肄業，照例充補增廩，以次起貢，俱無違錯。」

按：思、田興學校乃陽明於處置平復地方以圖久安疏中提出，至是行下提學道處置推行。其時任廣西提學副使者正為李中，國榷卷五十三：「嘉靖六年十月壬戌，……選提學官：直隸御史張袞、鄭洛書，浙江副使萬潮，江西趙淵，河南魏校，山東余本，四川韓邦奇，廣西李中，雲南唐胄，福建張邦奇，湖廣許宗魯，廣東蕭鳴鳳，貴州僉事高賁亨。」羅洪先都察院右副都御史李公中行狀：「癸未春，陞廣西布政司左參議。其夏，陞廣西按察司副使，提督學校。先生憫俗學支離，喪失真性，凡教一本於身，不事言語……於是擇諸生，

聚處五經書院，五日登堂，講說數悉，自辰至暮不休，人多嚮之。甲申夏，以繼母某氏憂歸……丁亥，起復補前職，廣西人士聞者交賀。」（國朝獻徵錄卷五十九）按李中谷平先生文集卷四有釣臺用陽明王子韻：「明月照桐江，千秋一釣旅。肩輿上石臺，凜凜清風起。心游百世前，義在四時裏。巢由甘山林，大禹勞胼胝。版築作商霖，鷹揚在渭水。時哉復何思？大道無彼此。舊德天子師，諫議非知己。救世扶沮溺，是謂知時矣。」可見陽明在廣西與李中當有交游往來。

親往南寧府學、縣學及書院講學，發良知之教，開導諸生

王陽明全集卷十八牌行靈山縣延師設教：「看得理學不明，人心陷溺，是以士習日偷，風教不振。近該本院久駐南寧，該府及附近各學師生前來朝夕聽講，已覺漸漸有奮發之志……」

同上，牌行南寧府延師設教：「……近該本院久住南寧，與該府縣學師生朝夕開導訓告，頗覺漸有興起向上之志……」

季彭山先生文集卷一建敷文書院修德息兵記：「……乃度郡東北隙地，建敷文書院，日進諸生，與之從容講學，以示誕敷文德之意。」

門人季本推行鄉約於揭陽，呈告陽明，陽明批委潮州府通判張繼芳，督令各縣推行鄉約。

王陽明全集卷十八揭陽縣主簿季本鄉約呈：「據揭陽縣主簿季本呈為鄉約事，足見愛人之誠心，親民之實學，不卑小官，克勤細務，使為有司者，皆能以是實心修舉，下民焉有不被其澤，風俗焉有不歸於厚者乎！但本官見留軍門聽用，該縣若無委官相繼督理，未免一暴十寒。況本院近行十家牌諭，雖經各府縣編報，然訪詢其實，類是虛文搪塞；且編寫人丁，惟在查考善惡，乃間加以義勇之名，未免生事擾眾，已失本院息盜安民之意。訪得潮州府通判張繼芳持身端確，行事詳審，仰該府掌印官將發去牌式，再行曉諭所屬，就委張繼芳遍歷屬縣

，督令各該縣官勤加操演，務要不失本院立法初意。仍先將牌諭所開事理，再四紬繹，必須明白透徹，真如出自己心，庶幾運用皆有脈絡，而施為得其條理。該縣鄉約仰委縣丞曹森管理，毋令廢墮。」

五月一日，季本作田州事實記，詳論剿殺岑猛父子與招撫盧蘇王受之是非得失，為陽明抗辯。

季彭山先生文集卷二田州事實記：「土官岑氏，在田州世有功德，以為國家不侵不叛之臣，邊疆倚賴焉。其後岑猛之初襲為知府也，遇有家禍，時在外未得入，而思恩土官岑濬實納之，遂挾取猛丹梁慕義之地。既而濬以罪

敗，猛乃乘間告復其地，當道弗與，且欲因而抑之，擿猛罪，亦左遷建平千户，以其府與思恩例，改為流官。猛恐自此遂失田州，累乞貶秩，以為其府幕，不許，遂留不赴任，而流官知府始代猛者，不為土人所附，退居南寧，與猛終不相得。後知府高公友機至，待以坦懷，則猛亦禮意周盡矣。已而軍門調猛征馬平、程鄉及江西窑原洞諸盜有功，累陞南丹指揮僉事、指揮同知、權署府事，及征北流、前□，斬獲計已二萬八千餘，功而卒不復其知府。猛既失故物，又頗好文墨，耻與武臣頡頏。先是藉猛功而起身者，多為都司參將，而猛乃以指揮為

之屬，或至受其侮，供應其所需，少有不盡，則從而媒孽之。猛意頗不平，不欲以功名自競，於是傳其邦彥，而吟詩飲酒，彈雀捕魚，招延方外之士，講養生術，將自為其身矣。邦彥膂力絕人，智謀不在猛下，調征新寧，既親破劉思恩；劉紹之亂，復討平之。戰無不勝，功無不成，於是田州之兵雄兩廣，而邦彥因有驕豪之志矣。重以一二監守茲土者，有所誅求，搜剔其隱過，既不足以服其心，而反為所輕。猛亦時有譏詆上司之言，薦聞於遠，當道無不頷之，惟恐不得其隙。又田州地當數州衝要，軍門使者過之，或有所調發，卒倚勢取索，欲

渝其常。猛既以謝事避去，而邦彥亦不禮焉。使者歸，則造危言以謗猛。會泗城有亂，那地、東蘭諸州素為所侮，欲因而甘心焉，以田州、唐興等地亦舊為泗城所侵奪，積有深怨，約猛共報之。而泗城土官岑接實為那地兵所殺，以訴於當道。在猛自謂爭復故地，土俗之常耳；而殺接者又那地也，不以為意。當道因欲以罪誅猛，不為辨曲直，猛怨，且頗察知泗城有告猛者，自田州道出，輒邀致之，以為打點，出慢語，以挾當道。當道益深惡之，而謗猛者日深，遂加以叛逆之罪，請兵征討。朝廷亦未有必誅之意也。會有流言，以猛為行賄者，人

皆自避嫌疑，不復為猛深辨；而小人欲乘時以立功名者，又皆力贊之成。乃大合四省之兵於南寧，以伐田。邦彥聞之，欲出拒戰，猛曰：「我未嘗得罪朝廷，必無伐我理；萬一有之，豈可抗官兵，以自取戾？」止勿許。乃遣人進表，則不得達；遣人訴冤，則不得行；遣人求立功以贖罪，則不得請。於是邦彥率其所親陸壽、韋好等至，公要覘師。而官兵猝至，殺韋好等，邦奇遁走，尋病死。猛知事急，竄死歸順，其民乃潰。未幾，土目盧蘇以岑氏世有功德於田，不忍其嗣絕，欲求一撫定以繼之，懼不可得，乃揚言猛尚存，而衆畢集，誓以一心。復

遣人說思恩土目王受，使率衆來復土俗。初，思恩之改設流官也，併土俗亦去之，而為里中民皆不便，往往以其情鳴官，不得復，反覆未寧。故蘇因而啟受，蓋幸隣境之多事，以自遂其所圖。受至思恩，果率其衆，以里甲之不便，告於知府吴期英，而懼有患，每旦則叩頭聽命，而於上下之禮，倉庫之防，嚴不敢犯焉。期英未為施行，受乃出至武緣，將求質以自達於上，官兵以為受反而擊之。既於險不得已，則相格鬥，而受實非有反心也。及請質不得，官兵已趨思恩拒之矣。受遂乃至上林，求得所知指揮張輗、王鳳而去，以分質於思、田，惟以此勢求撫而已。當時執事者例以大義責之，而不復少原其情，必欲窮誅二目，以深絕其黨，思、田由是久不得靖，供億之區，人懷異慮。所幸聖天子憂憫元元，特命新建伯撫定之，察民之情，一從其俗，且為之圖久遠計，而於岑氏則不絕其後，全兩府七萬生靈之命，省國家鉅萬軍興之資，人心悅服，邊境帖然。否則絕人自新，堅其必死，用兵不息，他援薦至，不惟失思、田，且無兩廣矣。嗚呼！蠻夷之俗，大率淫佚無禮，殘暴不仁，不可以法度繩也。自猛襲位以來，砥礪名節，思自樹立，親賢友士，務本恤民，閨門有禮，國俗有條，民

有罪者，不忍見其箠楚，使人杖之門外。至於妄殺人，則尤所未有。以是民心悅服，累立戰功，而不得志，遂託於養生，以示無爭名意。比官兵以反叛加之，人且料猛兵事素練，號令素行，用其富強之力，而使邦彥將之，奮臂一呼，群蠻響應，足以基兩廣數年難拔之患，必非甘於受死者。然猛終守臣節，不敢有異謀，豈非土官中之最賢者乎！向使駕馭有道，以激勸其志，則猛之材志，濟以邦彥之驍勇，因其富強，足以盡平兩廣稔惡之蠻種，而於府庫財可無分毫費也。又猛自先世有功國家，苟罪有可戮，猶將十世宥之，況實無反心乎？雖其一時忿爭詆傲，若無忌憚，然亦在我者處之，未盡當自反者也。乃必欲加猛大惡，使其父子抱憤懣以死。嗚呼！邦彥且未足論，猛深可惜也！已無益於事，而失蠻夷之心，得非執事者之過計邪？或者謂猛為歸順所掩殺以邀賞，如此，則猛益完矣。然而尚幸其或死於病，乃於朝廷好生之體未為虧耳。若夫盧蘇之志，欲為其主存孤；王受之情，欲為其土復俗。雖不無阻兵拒敵之罪，要之，蠻夷小人不諳禮法，集黨自防，勢所必至，亦未可盡以大義責之，而處以必死也。今猛既嗣其後人，則九泉之下，庶得以瞑目，而蘇、受亦開其生路，則萬死之

餘，舉業於效勞矣。此非聖天子廣大無私，斷不降於成議；而新建伯纖微不忽，處留盡乎人情，則思、田之寃，豈特猛一人而已哉！余至南寧，搜訪土人，而得其顛末，悲猛之志，懼夫人之未盡知也，竊惟私識之，開幽君子庶幾有取焉。嘉靖七年夏五月朔，梧江逸史記。」

按：李本此記，旨在訟岑猛被誅之寃，贊陽明招撫盧蘇、王受之英明，其議論直言大膽，抨擊朝廷失誤，鑄成寃案，一無忌諱，在當時敢發如此翻案文字者，唯李本一人而已。李本此記實是代師立言，道出陽明心底真話。蓋朝廷以岑猛為奸惡大憝，而征剿之，誅殺岑猛已成定案，上下噤不敢言；而陽明反對

第2450頁

剿殺，招撫盧蘇、王受，設立土官，在當時已遭人非議，後世亦多以此詬陽明者，如國榷於陽明招降盧蘇、王受下即云：「田汝成曰：『嗚呼！予涉廣西，聞父老言田州事，未嘗不三嘆馭夷之失策也……岑猛倚強跋扈，罪誠有之，誅其君而弔其民，誰曰不可？……盧蘇倡亂，抗敗王師，雖八議不宥。新建受鉞專征，總制四省，撲殺此僚，直拉朽耳；而顧以姑息訖事，何哉？』……參將俞恩亦言：『田州乃陽明未竟之功，然岑猛實伏誅，而疏言病死；蘇、受大憝漏網，而盛稱其功，此何解也？』……」此等書生腐論，皆為朝廷好殺戮、制寃案張目辯解。李本作此記，揭明事件真相，意在為陽明

抗辯也。估計陽明在二月平思、田後，即將李本由揭陽調至南寧，李本遂得以採訪土人，三月而成此記。

許相卿再有書來論學。

雲村集卷四上王陽明先生書四：「溽暑，伏惟台候百福。頃奉勤誨，粗心憒識，未敢有見處，已如暗寶，漸覩隙光。由茲以往，或得與觀天日之大，拜賜之侈，殆於罔極矣。伏惟為道崇護鼎茵，以迓天休。某聞教以來日嚴，顧謂病耗疏劣，自策弗前，竊寐依依函丈之下也。執事方今為長城，坐殿南服，時平志遂，然後歸西州，表東海。某得後諸生，霑餘潤，以與聞斯道，日夕以冀也

第2451頁

。味干崇嚴，悚仄無已。」

駐札南寧五月，出郊送軍，有詩詠懷。

王陽明全集卷二十南寧二首：「一駐南寧五月餘，始因送遠過僧廬。浮屠絕壁經殘燹，井竈沿村見廢墟。撫恤尚慚凋弊後，遊觀正及省耕初。近聞襁負歸搖憧，莫陋夷方不可居。

勞矣田人莫遠迎，瘡痍未定尤猶驚。燹餘破屋須先葺，雨後荒畬莫廢耕。歸喜逃亡來負襁，貧憐繻絝綴旗旌。聖朝恩澤寬如海，甑鮒盆雨縱爾生。」

二十二日，林富陞都察院右副都御史，巡撫湖廣鄖陽，陽明作序送別。

「王陽明全集卷十五舉能撫治疏：……看得思恩、田州二府地方，府治雖立而規制未成，流官雖設而職守未定，且瘡痍未服，人心憂惶，乞將右布政林富量陞憲職，及存留舊任……將南寧、貴州等府衛州縣及東蘭、南丹、泗城、那地、都康、向武等土官衙門俱聽林富等節制……又經條陳具本於本年四月初六日差承差賷楊宗奏請旨，俱未奉明示。本年五月二十二日，本官已蒙欽陞都察院右副都御史，撫治鄖陽等處地方去訖……」

按：萬曆鄖臺志卷九載林富兵荒錢糧疏云：「臣自嘉靖七年九月到任，值地方重災。」是林富於九月到鄖陽任。

同上，卷二十二送別省吾林都憲序：「嘉靖丁亥冬，守仁奉命視師思、田，省吾林君以廣西右轄，實與有司。既思、田來格，謀所以緝綏之道，咸以為非得寬厚仁恕，德威素為諸夷所信服者父臨而母鞠之，殆未可以強力詭計劫制於一時而能久於無變者也，則莫有踰於省吾者。遂以省吾之名上請乞加憲職，委之重權，以留撫於茲土，蓋一年二年而化治心革，朝廷永可以無一方顧也乎？則又以為聖天子方側席勵精，求卓越之才，須更化善治，則如省吾之成德夙望，大臣且交章論薦，或者請未及上，而先已有隆委峻擢，恐未肯為區區兩府之遺黎，

第2452頁

淹歲月而借之以重也。疏去未踰月，而巡撫鄖陽之命果下矣。當是時，八寨之瑤禍千里且數十年，方議進兵討罪，省吾將率思、田報效之民以先之，報聞，衆咸為省吾賀，且謂得免兵革驅馳之勞也。省吾曰：『不然。當事而中輟之，仁者忍之乎？遇難而苟避之，義者為之乎？吾既身任其責，幸有改命，而亟去之，以為吾心，吾能如是哉？』遂弗停驅而往。冒暑雨，犯瘴毒，乘危破險，竟成八寨之伐而出。……正德初，某以武選郎抵逆瑾，逮錦衣獄，而省吾亦以大理評觸時諱在繫，相與講易於桎梏之間者彌月，蓋晝夜不怠，忘其身之為拘囚也。至是別已餘二十年，而始復會於此。省吾貌益充，氣益粹，議論益平實。而其孜孜講學之心，則固如昔加懇切焉。公事之餘，相與訂舊聞而考新得。予自近年偶有見於良知之學，遂具以告於省吾，而省吾聞之，沛然若決江河，可謂平生之一快，無負於二十年之別也矣！今夫天下之不治，由於士風之衰薄；而士風之衰薄，由於學術之不明；學術之不明，由於無豪傑之士者為之倡焉耳。省吾忠信仁厚之質，得之於天者既與人殊；而其好學之心，又能老而不倦若此，其德之日以新而業之日以廣也，何疑乎！自此而明學術，變士風，以成天下治，將不自

第2453頁

省吾為之倡也乎！於省吾之别，庸書此以致切劘之意。若夫期望於聲位之間，而繫情於去留之際，是奚足為省吾道之哉！」

二十五日，上舉能撫治疏，薦舉周期雍、王大用。

王陽明全集卷十五舉能撫治疏：「……所有思、田二府撫循緝理官員，尚未奉有成命。如蒙皇上軫念邊方，俯從臣等所請，乞於兩廣及鄰省附近地方各官内選用，庶可令其作速到任，不致久曠職業。臣本昧於知人，不敢泛然僭舉。切照廣東右布政使王大用，湖廣按察使周期雍，皆才識過人，可以任重致遠。臣往年巡撫南贛，二

第2454页

臣皆在屬司，為兵備僉事，與之周旋兵革之間，知其皆實心幹事。江西未叛一年之前，臣嘗與周期雍密論宸濠之惡，不可不為之備，期雍歸去汀、漳，即為養兵蓄銳以待。及臣遇變豐城，傳檄各省，獨期雍與布政席書聞變即發。當是時四方援兵皆莫敢動，迄宸濠就擒，竟無一人至者，獨席書行至中途，復受臣檄，歸調海滄打手，又行至中途，聞事平而止。其先後引領至江西省城者，惟周期雍、王大用兩人而已。……乞敕吏部酌臣所議，於二臣之内選用其一，非惟地方付託得人，永有所賴；而臣等亦可免於身後之戮，地方幸甚。」

追剿八寨、斷藤峽餘衆，連破古蓬、周安、古鉢、都者峒、銅盆、黄田諸寨。遂行下綏柔流賊，撫柔猺民。

王陽明全集卷十五八寨斷藤峽捷音疏：「……（四月）二十四日，我兵復攻破古蓬等寨……二十八日，復攻破周安等寨……五月初一日，復攻破古鉢等寨……初十日，復攻破都者峒等寨……本月十二等日，復據參將沈希儀解到督領指揮孫繼武等官軍及遷江土目兵夫人等於高徑、洛春、大潘等處追剿邀擊各寨奔賊，斬獲首從賊徒賊級九十八名顆；都指揮高崧解到督領指揮程萬全等官軍及土目兵夫人等於思盧、北山等處搜剿截捕各寨奔賊，

第2455页

斬獲首從賊徒賊級九十一名顆；又據同知桂鏊監督思恩土目韋貴、徐五等目兵分剿銅盆等寨，斬獲首從賊徒賊級一百九十二名顆，俘獲數多；又據通判陳志敬督領武緣、應虛等處鄉兵搜剿大鳴等山奔賊，斬獲首從賊徒賊級八十六名顆。又於本月十七等日，盧蘇、王受等復攻破黄田等寨，斬首從賊徒賊級三百六十二名顆，俘獲數多。……」

同上，卷十八綏柔流賊：「……蓋用兵之法，伐謀為先；處夷之道，攻心為上。今各猺征剿之後，有司即宜誠心撫恤，以安其心；若不服其心，而徒欲久留湖兵，多調

狼卒，憑藉兵力以威劫把持，謂為可久之計，則亦未已……夫柔遠人而撫戎狄，謂之柔與撫者，豈專恃兵甲之盛，威力之强而已乎？……即行知府程雲鵬，公同指揮周胤宗，及各縣知縣等官，親至已破賊巢各鄰近良善村寨，以次加厚撫恤，給以告示，犒以魚鹽，待以誠信，數以德恩……從而為之推選衆所信服，立為酋長，以連屬之。優其禮待，厚其犒賞，以漸綏來調習，使之日益親附……此後官府若行剿除，爾等但要安心樂業，無有驚疑。若各賊果能改惡遷善，實心向化，今日來投，今日即待以良善，即開其自新之路，决不追既往之惡。爾等即可以此意傳告開喻之，我官府亦未嘗有必欲殺彼之心。若彼賊果有相引來投者，亦就實心撫安招來之，量給鹽米，為之經紀生業，亦就為之選立酋長，使有統率，毋令涣散。一面清查侵占田土，開立里甲，以息日後之爭；禁約良民，毋使乘機報復，以激其變……夫善者益知所勸，則助惡者日衰；惡者益知所懲，則向善者益衆。此撫柔之道，而非專有恃於兵甲者也。……」

按：陽明是行文作於五月，蓋在破八寨、斷藤峽、都者峒、銅盆、横田諸寨之後。錢德洪陽明先生年譜乃將撫瑤民敘在破八寨、斷藤峽之前，謂「五月，撫新民……七月，襲八寨、斷藤峽，破之」，顛倒誤甚。

湖兵先行歸師回南寧，陽明有詩送行，稱贊彭世麟、彭明輔、彭宗舜三代忠孝。

王陽明全集卷二十〈往歲破桶岡宗舜世麟老宣慰實來督兵，今茲思田之役乃隨父致仕宣慰明輔來從事，目擊其父子孫三世皆以忠孝相承相尚也，詩以佳之〉：「宣慰彭明輔，忠勤晚益敦。歸師當五月，冒暑淨蠻氛。九霄雖已老，報國意猶勤。五月衝炎暑，回軍立戰勳。愛爾彭宗舜，少年多戰功。從親心己孝，報國意尤忠。」

按：五月十七日破横田諸寨，進剿已近尾聲，故陽明乃命湖兵先行歸軍（全軍班師在六月十一日）。陽明六月四日所作寄何燕泉手札中云：「使來，值湖兵正還。」（見下）可見湖兵回軍在五月底。陽明蓋是在八寨送湖兵歸南寧。同上，卷三十〈行左江道犒賞湖兵牌〉、〈獎勞督兵官牌〉、〈士舍彭蓋臣軍前冠帶劄付〉、〈獎勞永保二司官舍土目牌〉。同上，卷十五〈八寨斷藤峽捷音疏〉：「照得宣慰彭明輔、彭九霄、官男彭宗舜等，皆衝犯暑毒，身親陷陣，事竣之後，狼狽扶病而歸，生死皆未可必。其官男彭蓋臣者，亦遣家丁遠來報效。兩年之間，顛頓道途，疾疫死亡，誠有人情所不能堪者。而彭明輔等忠義奮發，略無悔怠，即其一念報國之誠，殊有所不可泯者。」

薛侃起故官赴京師，得陽明書，有答書論朝事天下事。

薛侃集卷九奉尊師陽明先生書三：「侃五月發舟，得領尊翰拜讀，知兵事稍寧，按廣有期。侃譬人家驕子，髫齔嬉遊，亟離膝下，迨長稍知承順，欲侍親側，有不可得。今期左右數月，乃北上。主上真大有為之君，向左一機，今若復失此會，太平未有日也。大抵天下事必從原頭理絡，乃有實下手處。不然，終是泥金漆器，遇水濕裂，業終難濟。欲撥轉此機在諸公，能成諸公在吾師。不知渠何以自計？每思及此，雖駑鈍不能不為之發慨也。」

按：明史卷二百零七薛侃傳云：「嘉靖七年，起故官。」所謂起故官即起復為行人。書云「五月發舟」，即指薛侃起程入京。陽明與薛侃書今佚，按薛僑薛中離行狀：「丁亥，陽明公受命兩廣征討蠻夷，過其鄉，促先生起復，曰：『志存天下，毋專美於一方也。』」所謂過其鄉並非指過揭陽，而是泛指過兩廣。蓋薛侃遷延數月不起復赴任，故陽明致書薛侃，促其起復。若然，則所謂「志存天下，毋專美於一方也」云云，蓋即是陽明信中語也。

第2458頁

六月四日，燕泉何孟春有書併詩章寄至，陽明有答書。

陽明寄何燕泉手札：「某久卧山中，習成懶僻，平生故舊，音問皆疏。遥聞執事養高歸郴，越東楚西，何因一話？煙水之涯，徒切瞻望而已。去歲復以兵革之役，扶病強出，殊乖始願。正如野麋入市，投足摇首，皆成駭觸。忽枉箋教，兼辱佳章，捧讀灑然。蓋安石東山之高，靖節柴桑之興，執事兼而有之矣，仰嘆可知。地方事苟幸平靖，伏枕已逾月，旬日後亦且具疏乞還。果遂所圖，雖不獲握手林泉，然郴嶺之下，稽山之麓，聊復同此悠悠之懷也。使來，值湖兵正還，兼有計處地方之奏，冗冗乃爾久稽，又未能細語，臨紙惘然，伏冀照亮。不具。六月四日，王守仁頓首，燕泉何老先生大人執事。餘空。」（手札真迹藏上海博物館，陽明文集失載）

按：何燕泉因大禮議在嘉靖六年二月引疾歸居郴州，即陽明此書所云「養高歸郴」。所謂「兼有計處地方之奏」，乃指陽明上舉能撫治疏、下綏柔流賊等，可見何燕泉遣使至南寧在五月底。其時追剿破寨已近尾聲，湖兵先歸師，即陽明書所云「值湖兵正還」也。書云「旬日後亦且具疏乞還」，尤可注目，蓋已有意於旬日後班師，即上疏乞歸矣。

第2459頁

是日，御史胡明善薦陽明入閣輔政，不允。

明世宗實錄卷八十九：「六月甲辰，御史胡明善言：『新建伯王守仁性與道合，思若有神，撫綏廣寇，兵不血刃。大學士楊一清有濟險應變之才，折衝禦侮之略。蓋天所授以佐中興。幸早召守仁入，與一清同心輔政。』上曰：『任用大臣，朝廷自有處置。』下其章於所司。」

十日，破鐵坑、綠芉諸寨，追剿至橫水江，乃命班師。

王陽明全集卷十五八寨斷藤峽捷音疏：「……六月初七等日，復攻破鐵坑等寨，斬獲首從賊徒賊級二百五十三名顆，俘獲數多。又據指揮康壽、松千贊、王俊等督領官兵於綠芉等處把隘搜截，斬獲首從賊徒賊級四十八名顆……我兵四路夾追，及之於橫水江……八寨之賊略已蕩盡，雖有脫網，亦不能滿數十餘徒矣。本院議於八寨之中，據其要害，移設衛、所以控制諸蠻。復於三里設縣，以迭相引帶。親臨相視思恩府基，景定衛縣規則。其時毒暑日甚，山溪水漲，皆惡流臭穢，飲者皆成疫痢。本院因見各賊既已掃蕩，而我兵又多疾疫死亡，乃遂班師而出。」

按：陽明六月十五日所作祭永順寶靖士兵中云「今爾等徒侶，皆已班師去矣」，可見班師當在六月十五日以前。又陽明六月十日所作獎勞督兵官牌云「今師旋有日，所據宴勞之禮，相應舉行」，同日所作獎勞永保二司官舍土目牌亦云「今歸旋有日，所據宴勞之禮，相應舉行」。可見陽明實即在六月十日命下班師，蓋是在八寨中議決也。王陽明全集卷二十五有祭軍牙六纛之神文，似即班師時作。錢德洪陽明先生年譜誤以平斷藤峽、八寨在七月，遂以為班師在七月，乃是誤上加誤。

十五日，御史馬津再薦陽明入閣輔政，遭世宗切責，為桂萼所沮抑。

明世宗實錄卷八十九：「六月乙卯……御史馬津言：『新建

伯王守仁忠貞幹濟，在在有聲，功高人忌，毀譽失實。請召置廟堂，以慰民望」。上以兩廣未寧，守仁方有重寄。津妄奏瀆擾，切責而宥之。」

文襄公奏議卷四論田寧事宜疏：「少保丞桂萼謹奏：臣昨於推補田寧知府之後，復詳兵部咨文，見新建伯王守仁處置田州事宜內稱，已委化州知州林寬，在於地方經理府治，若即陞以該府同知，而使之久於其職，其建立必有可觀。迨其累有成績，遂擢以為知府，使終身其地，彼亦忻然過望，必且樂為不倦，有益地方，決知不少。蓋土目之於林寬，既已相安，此時必日夜望有成命也。

第2462页

及請命於朝，乃吏選新官，不用王守仁所議，是王守仁以輕易請，而朝廷反以重且難者應之，大失守仁處此之深意矣。臣昨即謀於內閣，以為守仁處此，於林寬之為知府，岑邦祐之為知州，土目之為巡檢，皆先輕易視之，而姑試之，吏目試之以巡檢，內嚴朝廷尊大之勢，外繫土人求望之心，馴之使不驚，乃所以見今日知府之異於昔日之流官，而為久安長治之策者也。合具題請再下本部，暫依守仁所議，即陞知州林寬為田寧府同知，署掌本府印信，三年之後，果實心效勞，地方寧靖，即將林寬陞授知府，責之久任，則事體歸一。且異日萬一復

有難處之事，亦易於更改，而守仁不能逭其責矣。內閣咸有難色，止曰：『成命已下，幸勿再勞聖聽』。臣亦誠恐皇上實厭更改，故不敢執奏，但預救此誤，不可不以聞也。夫王守仁在兩廣所處事宜，一用臣請起用之疏，撫輯人民，保固封守而已。蓋此法誠心行之，必取實效。但一過而去，則是守仁或以詐土夷，或以詐聽，亦自懼其不能持久，此又不可不察也。今又聞御史馬津亦復論薦，是皆急於守仁去任計也。伏乞皇上特令內閣弗許守仁離任，責以撫處三年，則兩廣之事大定，而所設之官可以一聽其自為。此委任責成，自古任用人才，使不得

第2463页

為欺罔之道也。」

按：國榷卷五十四：「六月丙午，王守仁奏田州改田寧府，設流官。別立田州，有岑猛幼子邦相授吏目，署州事。盧蘇、王受為土巡檢，思恩流官仍舊。從之。」是朝廷在六月六日已定其議，桂萼再上疏奏請更改，顯是受馬津薦陽明入閣輔政之刺激，懼陽明功成歸朝入閣而上此疏，欲陽明長留兩廣，「不能逭其責」，永不得入朝。按桂萼當初薦陽明本意即在沮陽明入朝入閣，置之邊遠之地。至是謝遷致仕歸，桂萼正虎視眈眈覬覦空缺「宰輔」之位，豈能容陽明其時離任入朝？故桂萼特藉論田寧事宜上疏，

國誣攻馬津薦陽明「是皆急於守仁去任計也」，誣稱陽明「一過而去，則是守仁或以詐去，或以詐聽」，竟欲內閣「弗許守仁離任，責以撫處三年」，「使不得為欺罔之道也」。桂蕚用心之歹毒奸詐，如司馬昭之心路人皆知矣。陽明見此疏不無慄慄危懼，其忽於七月十日上養病疏，不候國命下即離任去，必當與桂蕚此疏有直接關係也。（見下）

是日，陸澄上疏自悔議禮之非，起復為禮部儀制司主事。旋謫為廣東府高州通判。

明世宗實錄卷八十九：「六月乙卯，起復南京刑部山西司署員外郎陸澄上疏，自悔其議禮之非，初為人所誑誤，後以責其師王守仁，言：『父子天倫，不可奪。今上孝情不可遏，禮官之言未必是，張、桂諸賢未必非』。然後大恨其初議之不經，而悔無及也。疏下，吏部尚書桂蕚因言：『興禮出於人心自然，雖孩提之童無不明信。特以執政偏謬徇私，臺聯百司張羅伏機，更相傾構，故一時雖智謀之士，明知朝議之非，不過巧為兩可之辭，或微示輕重之意，未敢明言以觸時忌者。澄仍修慝不隱，事君不欺，宜聽自新。仍行各司，有如澄者，俱聽自陳其逼脅詿誤之由，量賜末減，錄用如故』。詔可。」

文襄公奏議卷四請許言禮諸官認罪疏：「……昨見吏科抄

出主事陸澄悔過之奏，可以驗前者典禮之議人心初未嘗死，特以一時智巧之士，操兩可之詞，不肯質言是非，故群迷牢不可破，而設計構陷之鋒，其可畏有如此。臣所以於皇上手敕，欲乞通許認罪，以歸結此兩可之論也。今僅就澄本題復，仍乞通行內外各衙門知會，凡議禮妄言之人，有能知非悔過如陸澄者，俱許披露肝膈，自陳其逼脅詿誤之由，具本認罪，量情輕重，特旨減末。此實補前日手敕之所不足，而絕兩可之原者也。……」

明世宗實錄卷九十六：「嘉靖七年十二月甲申，上覽明倫大典，見禮部儀制司主事陸澄議禮原疏，遂諭吏部：『澄常造悖理之論，惑誘愚蒙，逢迎取媚。又假以悔罪，為辭悖惡奸巧，有玷禮司。宜出之遠方』。乃謫為廣東高州府通判」。

萬曆野獲編卷二十陸澄六辨：「刑部主事陸澄，王文成高足弟子。世宗初，文成封伯，宰執忌之，御史程啟充、給事毛玉等承風旨，劾文成學術之邪，澄上疏為六辨以折之……澄又疏詆考興獻之非，投劾歸。赴補得禮部，時張、桂新用事，復疏頌璁、蕚正論，云以其事質之師王守仁，謂『父子天倫不可奪，禮臣之言未必是，張、桂之言未必非』。恨初議之不經，而悔無及。疏下吏部，尚書桂萼謂澄事君不欺，宜聽自新。上優詔褒答。未幾，明倫大典成，中載澄初疏甚詳，上大怒，責其悖逆奸巧，謫廣東高州府通判，旋陞廣東僉事，尚以頌禮得超擢云。文成之附大禮不可知，然其高弟如方獻夫、席書、霍韜、黃綰輩，皆大禮貴人，文成無一言非之，意澄言亦不妄。」

作祭永順寶靖土兵文，委南寧知府蔣山卿祭告於南寧府城隍神。

王陽明全集卷二十五祭永順寶靖土兵文。

十六日，繼母趙氏六十壽誕，作雲山遐祝圖遐祝。

鄒守益集卷四敘雲山遐祝圖：「雲山遐祝者，吾師陽明先生奉王命以殿南服，思歸壽其母夫人趙而不可得，故作是圖，以寓孝也。越之距廣也，若是其遠也，以仰觀則雲瀰瀰矣，以俯察則山壘壘矣，然孝思潛孚，無以異於升堂而效祝也。曰：祝之義古乎？曰：華封人之祝，在陶唐氏行之矣。臣之祝君，子之祝親，其揆一也。曰：夫皆可以祝乎？曰：祝也者，祝之於天也。福謙而害盈者，天之制也；賞善而罰惡者，君之柄也。君執其柄，以馭萬民，而妄求之，且獲咎於君；天司其制，以宰萬物，而妄求之，將不咎於天乎？華封人之祝也，以堯之

第2466頁

聖而後祝之也。曰：若是，則奚為遐祝也？曰：夫人之德，克迓續於天也。方先生之幼失恃也，倜儻出常矩，龍山公欲夙其成，痛鈐勒之；而委曲開諭，使充其量也，其慈慧有如此者。伯仲遺孤煢然，岑太夫人所閔也，攜入京邸，分俸，俾自樹，以順適姑志，其孝愛有如此者。守儉，庶出也，而長；守文，夫人出也，而幼；蔭子之典，首以與儉也，其公有如此者。先生宦南都，與學者講明先王之道，守文尚幼，亟遣游學焉，其深識有如此者。徐曰仁，志士也，以女女之，後為虞部郎，有令名，其卒也，撫女館粲之，立孤以續其祀，其明斷有如此者。初相龍山公為冢宰，繼以先生功，進開國一品之封，貴盛，逾四年矣，恒不廢紡績，以為子婦先，驕奢之戒，凜然斧鉞，其謙虛有如此者。是以若是祝之也。曰：祝之於天，天受之乎？曰：受之。天無私視，以民之目為目；天無私聽，以民之耳為耳。錢進士寬，邑人也，合同邑之士百餘人以壽，則德孚於邇也；王進士畿，郡人也，合同郡之士及四方之君子百餘人以壽，則波於遠也。占諸人情，則測天心矣。由耆而耄，以升期頤，斯其兆焉耳。曰：先生之學，以天地萬物為體者也，奚祝之止於家也？曰：仁人之於天下，莫不欲其壽富

第2467頁

多男子也，然勢不能以直遂也。立愛自親始，立敬自長始。良知良能，仁義之實也。達之天下，孰無是良知乎？人人親其親，長其長，合敬同愛，以升於大順，是先生之志也。預聞春風之教，弗可以默也，推其義，以納諸賓筵。」

「涇野先生文集卷五壽誥封一品夫人王母趙內君六十序：誥封一品夫人王母趙內君者，南京吏部尚書致仕、進封新建伯、龍山先生餘姚王公之配，今新建伯、南京兵部尚書陽明伯安公之繼母也。六月十六日，夫人懸帨之期，是年蓋甲子一周矣。陽明之門人錢進士寬與其同志者，走狀問壽。錢進士曰：「夫人受性孝謹，年甫及笄，不出閨閣，異姓兄弟鮮見其面，有古閨門之肅焉。既歸龍山先生，恭順日茂，相待如賓友，有古饁耨之敬焉。妾媵雖衆，恒事績紡，諸子勸沮，愀然不樂，深示戒辭，有古主績之儉焉。人苟非己子，絜蘆而守，奈陽明幼年倜儻，庭訓甚嚴，夫人曰：『此兒聰慧，後當大成。』委曲保育，無所不至，不慈而能之乎？苟欲利己，分荊而門禽，伯叔早逝，遺孤咸幼未大，夫人念之不置也，乃攜入京師，撫若己出，不義而能之乎？苟欲私國，攝隱以俟桓，龍山公為少宗伯時，例應蔭子入監，時守文幼，守

儉雖長，庶出也，先生欲遲之，以屬守文，夫人曰：『守儉獨非吾子耶？』不公而能之乎？然則夫人之壽也，當何若？」曰：性者，命之所以定也；志者，氣之所以行也；德者，年之所由建也。其性存者，其命立；其志博者，其氣完；其德大者，其年永。夫肅，則固而不弛；敬，則貞而不違；儉，則節而有常；慈，則均而不妬；義，則廣而不貪；知公其榮，則嗣緒遠。六者皆婦人之難也，而夫人兼之，此其壽又可量乎？聞之云：天壽敬，地壽肅，日壽慈，月壽義。鬼神壽其儉，松柏壽其榮，天地、日月、鬼神、草木，蓋將於德是壽，況其他乎！雖然，碩果在樹，不食，猶一果也；惟種之於土，則生生化化之妙，歲月不可得而計矣。昔者孟子輿之母固賢也；微子輿明孔子之道，發六經之旨，以覺後世，則其母之壽又安能偕之以至今存哉！夫陽明子行茂而不倦，功高而不伐，雖當投戈之際，輒講藝之不輟；雖於百歲之年，務赤子之不失。此其風固可以淑四方，而其學亦將以啟方來。當其志，固欲使夫人之壽偕之以至千百祀遠也。」

興學延師，請合浦縣主簿陳逅設教於靈山縣學。

王陽明全集卷十八牌行靈山縣延師設教：「……看得原任監察御史、今合浦縣丞陳逅，理學素明，志存及物，見在軍門，相應差委。除行本官外，為此牌仰靈山縣當該官吏，即便具禮敦請本官於該縣學安歇，率領師生，朝夕考德問業，務去舊染卑污之習，以求聖賢身心之功。該縣諸生應該赴試者，臨期起送；不該赴試者，如常朝夕聽講。或時出與經書策論題目，量作課程。不得玩易怠忽，虛應故事，須加時敏之功，庶有日新之益……」

同上，牌行委官陳逅設教靈山。

陳逅省庵漫稿卷二啟陽明夫子：「伏承鈞命，欲以闔郡下委，使卑職教學為務，無徒汩沒於簿書云者。此由高明愛某至深，待某至厚，故忘其不肖，委任責成過分如此，然實有不可冒處者。庸才鄙識，不模不範，塊然血肉之軀，有何道業可以傳授，乃敢抗顏為師，如柳宗元所為識切當世者哉？近世有志之士，苦心復古，一時相與之徒，不知檢約，自干物議，而好異毛吹蔓舉，至欲投鼠而并及其器，此高明所親見而深為之不平者也。今以某之不肖，而謬焉崇委，其能終不辱遠門下矣乎？自顧缺然，無一可以奉承德意者，惟高明照察。」

按：陳逅字良會，號省庵，常熟人。明清進士錄：「陳逅，正德十二年三甲一百六十名進士。江蘇常熟人，字良會，一作魯山。除福清知縣。入為御史，時同官朱淛、馬明衡以諫昭聖皇太后免朝賀，詔獄拷訊，逅疏救之，并下詔獄，謫合浦主簿。累官河南副使，坐事斥為民。撫按交薦，不起，卒。有石淙山人漫稿。」明史卷二百零七有傳。

敷文書院建成，延請揭陽主簿季本設教，親往書院講學。

王陽明全集卷十八牌行南寧府延師設教：「……看得原任監察御史、今降揭陽縣主簿季本，久抱溫故知新之學，素有成己成物之心，即今見在軍門，相應委以師資之任。除行本官外，仰南寧府掌印官即便具禮率領府縣學師生，敦請本官前去新創敷文書院，闡明正學，講析義理。各該師生務要專心致志，考德問業，毋得玩易怠忽，徒應虛文。其應該赴省考試者，扣算程期，臨時起送；不該赴試者，仍要如常朝夕質疑問難。或時出與經書題目，量作課程。務加時敏之功，以求日新之益……」

同上，牌行委官李本設教南寧。

李彭山先生文集卷一建敷文書院修德息兵記：「嘉靖丁亥歲，思、田弗靖，撫臣議征之，集兵四省者二年矣。維時生靈抱鋒鏑之憂，郡縣坐供輸之困。皇上勵精圖治，軫念元元，特起我陽明夫子於家，俾往定其地。累疏以疾辭，弗獲，乃抵南寧，則謂邊夷所以弗率者，為遠於聲教，不得蒙至治之澤耳。吾既不能撫綏，又從而虔劉之，此與罔民何異？於是大宣天子德聲，圖惟息衆，乃度郡東北隙地，建敷文書院，日進諸生，與之從容講學，以示誕敷文德之意。由是思、田之民仰慕德化，自縛來降。至則諭以恩威，衆咸感泣，乃悉解其縛，而放之歸農，蓋七萬一千餘人焉。昔伯禹征苗三旬，逆命，班師旅以修德；舜干羽於兩階，雍容七旬，而有苗來格。蓋惟堯舜之時有此盛舉，後世莫能及，亦以為不可及也。而吾夫子為是，何其易易哉！夫天下之道，良知盡之矣，堯舜之所以為堯舜，至此而已矣。孟子曰：『人皆可以為堯舜。』其不以此，與聖賢既遠，道學不明。人見聖人之萬理完具，隨處充周，以為無所不知，無所不能也，往往求之於聞見之多，事功之著，而不要其本於良知

第2472頁

，汗漫無統，勞苦難成，則以聖人為不可及，宜矣。自吾夫子即固有之良知，淺不傳之聖秘，以明天之明命，本但如是其易，而非加乎一毫之强為，是則人之所以為聖，而道之所以無他者也。然而絕學之後，駭於驟聞，雖高明之士或契於心，亦未敢信。夫聖人之道，止於如是而必可學也，且謂吾夫子天資高邁，意見偶及而為是說耳。殊不知吾夫子謫官龍場，居危三載，困心衡慮之餘，反己自修之實，超然獨悟，非由揣摩。及其賜歸，身任斯道，惟以其良知之學益致之於日用之間，細微曲折，罔有或遺，故不事他求，而學已入於聖域矣。是以敭歷中外，往輒有功，剪除姦宄於南贛，戡定禍亂於江西，偃息談笑，若無事焉，非古之所謂『不大聲以色』者邪？既而功名見忌，讒構相尋，則又泰然樂天，略無所動，深避形迹，若將終身焉，非古之所謂『不見是而無悶』者邪？此皆聖人積漸之德，而人之所謂難也。由今觀之，其果難哉？其果出於良知之外哉？至於思、田之柔服，分明堯舜氣象矣。然則謂堯舜可學者如此，又有以驗其必然也，其果難哉？其果出於良知之外哉？諸生聞吾夫子良知之教，而又親見夫德化之行，莫不奮然興起，顧學聖人。然而聞者弗詳，傳或易失，又吾夫子所甚惓惓

第2473頁

也。以本久在門下，嘗聞此學，而方從事軍前，日且閑暇，乃使之領書院事，以申明之。本既承命，反復曉諸生，而諸生之感於教化者，思兵戈之既息，懷德澤於無窮，乃屬其父老而以告於本，將圖序其成績者。本惟吾夫子盛德大業，史官所書，後世所式，豈末學所能贊一辭哉！顧以致良知之說乃吾夫子所雅言，以教人為堯舜者也，故特舉以明今日成功之本，使夫學者聞之，庶不疑於所從焉。」（原文殘缺，參嘉靖南寧府志卷九引文）

陽明南寧新建敷文書院記碑：「嘉靖丙戌夏，官兵伐田，遂與思恩，相比復煽，集軍四省，洶洶連年。於是皇帝，憂憫元元，容有無辜，而死者乎？迺命新建伯、臣王守仁：曷往視師，勿以兵殲，其以德綏。迺班師撤旅，散其黨翼，宣揚至仁，誕敷文德。凡亂之起，由學不明。人失其心，肆惡縱情。遂相侵暴，荐成叛逆。中上且然，而況夷狄？不教而殺，帝所不忍。孰近弗繩，而遠能準。爰進諸生，爰闢講室。決蔽啟迷，雲開日出。各悟本心，再從外得。厥風之動，翕然無遠。諸夷感慕，如草斯偃。我則自威，帝不我殄。釋干自縛，泣訴有法。旬日來歸，七萬一千。戢戢道路，踴躍歡闐。放之還農，兩省以安。昔有苗徂征，七旬來格。今未朞月，而

第2474页

蠻夷率服。綏之斯來，速於郵傳。舞干之化，何以加焉！明明天子，神武不殺。好生之德，上下迺格。神運無方，莫窺其迹。爰告思田，毋忘帝德。既勒山石，昭此赫赫；復識於此，俾知茲院之所始。」（林富、黃佐嘉靖廣西通志卷二十六）

按：嘉靖南寧府志卷四：「敷文書院，在城內北，係縣學舊址。嘉靖七年，都御史王守仁建。嘉靖十六年，知府郭楠重修。」林富先任廣西布政使，與陽明共征思、田，破斷藤峽、八寨；陽明卒後，其又陞兵部右侍郎，兼都察院右僉都御史，代提督巡撫之任。黃佐為廣東南海人，多問學陽明。故二人嘉靖中編廣西通志多取自實地資料，其時陽明此記碑猶樹在敷文書院中未壞也。

董傳策駱越漫筆：「王新建督四省兵駐南寧，因創敷文書院，日聚幕僚諸生講學，更不議兵事。三司官莫測其意，謂公假此縱敵，密有指授也。或乘間進言曰：招降誠善策，脫有不濟，當云何？公斂容謝曰：嶺徼苦兵久矣，吾實招之，非誘致也。公少年縱橫翕張，至是亦厭功名，思休輯厥學，真有進哉！一日，講良知萬物一體，有問：木石無知，體同安在？時湖廣兩宣慰侍列所部兵頗驕恣，公因答問者曰：譬如無故壞一木，碎一石，

第2475页

此心惻然顧惜，便見良知同體；及乎私欲錮蔽，雖拆人房舍，掘人塚墓，猶恬然不知痛癢，此是失其心。」兩宣慰聞之聳然。」（轉引自嘉慶廣西通志卷一百二十七）

有簡托祝公叙招泰泉黃佐來論學，並贈黃佐新刻傳習錄與家傳文。黃佐將家傳編入其所撰廣東通志中，並有書來論學。

黃佐庸言卷九：「……比平八寨駐廣，予已僉臬江右，時開講，官師士民畢集。先有簡托祝公叙招予，予往見，大喜曰：『昔論良知，知尊兄謂「聖人於達道達德，皆責己未能當，言明德則良能可兼，」已作數文書院對聯矣，曰：「欲求明峻德，惟在致良知。」』予致謝而已，且曰：『天下今皆悅吾言矣。』予曰：『顏淵無所不悅，內有則勉強謂非不悅耳爾，恐人各自有夫子。』公笑曰：『是也，非尊兄不聞此言。』予見其面色黧悴，時嗽，姜以下痰，勸之行，公以為然……」

黃佐泰泉集卷二十一答王陽明書：「佐久違函丈，憂病相仍，無由覿德，祇覺悔尤日積，乃知所謂人生不幸無師友者，非虛語也。日者拜嘉新曆之賜，感感無任！公叙回廣，得領家傳，又辱手教，聞四月初即光臨敝邑，跂候久之。六月中始往江西，會病不可愈，乃掛冠而歸。

第 2476-1 页

謹具呈臺下，乞垂省覽。又承示新刻傳習錄，首云：「聖人教人，皆因病立方，要在去病，初無定說。今各就偏箴切，若遂守為成訓，他日誤己誤人，吾之罪過可復追贖乎？」斯言也，古今不易之通論也。佐向與執事細論孔子自謙，一則曰：我無能焉；二則曰：未能一焉。雖德性之知，本無不能，第言明德，則良能亦在其中矣。但仁義之理，必先知而後能爾。公叙言執事俯納佐愚者之一得，手書對聯於數文書院曰：欲求明峻德，惟在致良知。佐何幸而得此哉！亦惟觀書而悟天地賦易簡之理於人，人受之以生，初非支離也。道問學循以明善復初，即尊德性之謂也。易曰：「乾以易知，坤以簡能。」陸象山常言之云：吾知此理，即乾；行此理，即坤。知之在先，故曰乾知大始；行之在後，故曰坤作成物。曷嘗以行為知哉？又曰：論語中多有無頭柄底說話，如知及之、仁不能守之類，不知所及所守者何事？如學而時習之，不知時習者何事？非學有本領，未易讀也。苟學有本領，則知之所及者及此也，仁之所守者守此也，時習之習此也，說者說此也，樂者樂此也，如高屋之上建瓴水矣。學苟知本，六經皆我注腳，知本非明善復初之謂乎？或問：何不著書？對曰：六經注我，我注六經。問：

第 2476-2 页

學當自何處入？曰：不過切己自反，改過遷善。由此言之，注我之云，修本之論也，但其流則至於高虛爾。頓悟為宗，不由漸造，則是容易之易，非乾之易知矣。脱略禮法，不知本領，則是苟簡之簡，非坤之簡能矣。於此且學且思，不至於罔且殆焉。則朱子何至晚年而後有定論哉？惟象山自謂尊德性，朱子自謂道學問，於是業舉之士惟知訓詁文詞而已。此後世之通病，執事之致良知者，就偏箴切，真所謂良藥也。佐亦頗有所知，惟恐知而不行，有負明訓。但病不能躬詣臺下請教耳。郡志已成，據家傳，已收令祖入名宦矣。今採藥泰泉，蕲制頹齡，倘此命可延，敢不夙夜奉命訓以周旋也。伏楮不勝惓惓，力疾不盡，所欲言萬惟照察。不宣。

按：陽明與黃佐書中所言「祝公叙」即祝品，龍游人。民國龍游縣志卷十八人物傳：「祝品，字公叙，立德鄉人。幼岐嶷不群，九歲為諸生。登正德九年進士，授刑部主事。是時武宗久不視朝，日遊幸西苑，信任權貴，朝士箝口。品與同官應大猷、田登、范時儆咸以致身自許，至是上書切諫，帝怒，逮獄。尋貸之，帝亦即日還宮，直聲大振，號「七義士」。陞廣東提學副使，取士盡嶺表之俊。（康熙志）復調巡視海道，風裁屹立。賊嘯聚茂名古兜山、兩山（康熙府縣志均作南山，茲依萬曆壬子志），前郡縣莫能擒制。品宣諭德威，咸相率效命。王守仁平思恩，品贊畫機務，守仁甚器重之。晉福建左參政，乞歸。（康熙府志）度五嶺，僅載圖書百餘卷（兩舊志）。子爾介，嘉靖三十五年進士，任太和縣知縣。爾慶，二十二年舉人，任鳳陽府同知。」千頃堂書目卷二十二著録有祝品曉谿文集二卷，云：「字公叙，龍游人。」按民國龍游縣志卷三十四文徵著録湛若水作贈龍游子祝僉憲叙，云：「司寇林公所禮其曹有三人焉：一曰龍游祝子公叙，一曰仙居應子邦升，一曰歸安陸子元静。三子者日與大行薛子論辯於長安，皆慨然有志，聖人之徒也。而或折衷於甘泉子，甘泉子則默默。惟癸未之夏，祝子僉廣東之憲，而訪其甘泉子，曰：「莫學非政矣。」薛子請以學告，則又曰：「莫政非學矣。」故君子之道成諸性，達諸事業。小人之道局於器，滯於影響。君子樂得其道，小人樂得其故。道則通，通則神，神則人化之；故則執，執則物，物則人畏之。故君子渾渾，而小人硜硜爾。嗟哉！祝子其必為君子之學，而成仁者之政矣，吾有所識之矣。或曰：「曷謂君子渾渾之道？」甘泉子曰：「君子之學，反其初而已。曰：曷為初？曰：初者與萬物一也，萬物與天地一也，能知與天地萬物一，則可與幾矣。是故人之太初也，與天地萬物一。一者，無物也；無物，故能與道一。今夫騏驥，千里之足也，物有累之，則不能以十里也。大鵬，摶扶搖而九萬，一繩繫之，則不能上咫尺。負蝂之蟲，以物自累，而不能致遠。夫物則固有然者矣，而況於人乎？是故君子渾然而太虛，體物而無累。太虛者，其天乎？是故至大生焉；體物者，其地乎？是故至廣成焉。存至大者，德也；發至廣者，業也。易曰：乾知太始，坤作成物。是故知太始者存乎仁，作萬物者存乎義，一至道者存乎廣大。盛德大業，至矣哉！惟學惟政，一以貫之，吾於龍游子有待矣。於是在朝同志之侶，遂請書以為贈言。時嘉靖二年孟夏月。（右文錄自河西祝氏譜）蓋龍游立德鄉祝氏大族自祝璋、祝望到祝品都尊信白沙心學，祝璋為白沙弟子，故祝品問學於陽明、甘泉之間。陽明在廣西平亂，祝品贊畫機務，尤為陽明器重也。

第 2476-5 页

黃佐書中所言「公叙回廣，得領家傳」，「郡志已成，據家傳己收令祖入名宦矣」，家傳指陽明為先祖王綱所作小傳，原為蕭鳴鳳作祠記用，蕭鳴鳳遂寫入忠孝祠記，黃佐則編入其所撰寫廣東通志卷四十二藝文中。

第 2476-6 页

七月六日，上邊防缺官薦才贊理疏，薦舉陳槐、施儒、朱袞、楊必進、李喬木等人，均不用。

王陽明全集卷十五邊防缺官薦才贊理疏：「……臣看得為民副使陳槐，平生奮志忠節，才既有為，而又能不避艱險。致仕知府朱袞，年力壯健，才識通敏。去任副使施儒，學明氣充，忠信果斷。閑住副使楊必進，曉練軍務，識達事機。此四人者，皆堪右江兵備之任。施儒舊為兵備於潮惠，楊必進舊為兵備於府江，皆嘗著有成績，兩地夷民至今思念不忘。若於四人之中選用其一，其餘地方之事必有所濟。及照田州新附之地，知府陳能尚未到任。該臣看得化州知州林寬……但其稟質乃亦不禁炎瘴，於風土非宜，蒞事以來，終月臥病，呻吟牀席，軀命且不能保，又何能經理地方之事乎？臣又訪得潮州府推官李喬木者，才力足以有為，而又熟知土俗夷情，服於水土；但係梧州籍貫，稍有鄉里之嫌。臣看廣西軍衛有司衙門所屬官員及各學教職，亦皆多用本省士人，今田州雖設流官知府，而其所屬乃皆土夷，自無鄉里之嫌可避，亦與各教職無異者。乞敕吏部改用林寬於別地，俯採臣議，將李喬木改陞田州同知，庶可使之久於其任，以責成功，則地方之幸，臣之信也。……」

陽明答聘之書：「匆匆別，竟不能悉所言，奈何，奈何！今秀卿好義而貧，已曾面及，此去，幸垂照。九月六日，守仁頓首，聘之大人道契文侍。」（茅一相寶翰齋國朝書法卷八王守仁與聘之憲長書三通）

按：陽明此疏上，不報，所薦之人均未用。如楊必進，羅洪先集卷二十一南樓楊公墓志銘：「公名必進，字抑之，號南樓，吉水滋塘里人也……選南京山東道監察御史，出為廣西按察司僉事，擢副使……新建伯王公守仁、尚書胡公世寧憐其才，疏之朝，竟格於例，不得用。」施儒，前考施儒字聘之，號西亭，歸安人。嘉靖六年陽明赴兩廣，時施儒任廣東按察司副使，為陽明所倚重，至舉施儒自代。張元施儒墓志銘：「新建伯王公之平八寨也，會右江兵備員缺，未有所屬任，疏公名以請兵部尚書胡公世寧，至舉公自代。」（國朝獻徵錄卷九十九）然施儒在五月即因得罪中官落職，故陽明疏中稱其為「去任副使」。施儒墓志銘詳載其事云：「授廣東按察司副使，整飭兵備如故，庶幾展公才志。而鴟鳥事起，諸右族方紛紛不便，公馳捕佐，惡少為口語以詆，冀搖動公。卒以公持之堅，息此大奸干一方。陳給事者，與公同年，居鄉里間橫甚，以言事得黨於新貴人，雖罷官，竟不次授太常少卿，乃即其所仇恨二千家訟之。朝行廣東覆按，諸同官者皆憚陳，競袖手避，陳獨難公，且以新貴人手書，至啗之美官。竟潮之民，所以無冤而寘陳於法者，公也。明年，遂落職。」按「陳給事」即陳洸，陽明門人，大禮議中之兇人。「新貴人」指桂萼、張璁輩。施儒落職罷歸時間，國榷卷五十四：「嘉靖七年五月己卯，宥陳洸死，仍予冠帶。錦衣千户陳紀奉命上獄詞，前吉安知府葉應驄坐奏事不實削籍，郎中黃綰謫潮陽知縣，伍鎧城旦，御史藍田削籍，韶州知府唐昇謫□□。凡經勘官各鐫俸，又出郎中劉勳、御史熊蘭、涂相，罷參政李銳、僉事施儒」。此為桂萼、張璁所釀又一大案。施儒罷歸在五月，陽明與之相別則在六月，即陽明此書所云「匆匆別」也。

十日，上八寨斷藤峽捷音疏，乞恩普賞。世宗以為奏捷誇詐，「恩威倒置」。

王陽明全集卷十五八寨斷藤峽捷音疏：……「今據進剿斷藤峽谷，各土目官兵解到生擒斬獲首從賊徒賊級一千一百四名顆，俘獲賊屬五百六十八名口；進剿八寨，各哨土目官兵解到生擒斬獲首從賊徒賊級一千九百一名顆，俘獲賊屬五百八十七名口。兩處共計擒斬獲三千五名顆，俘獲賊屬一千一百五十五名口……兩地進兵，各不滿八千之衆，而三月報績，共已踰三千之功。蓋其勞費未及大征十之一，而其斬獲加於大征三之二，遠近室家相慶，道路歡騰，皆以為數十年來未見其斯舉也……此豈臣等知謀才略之所能及，皆是皇上除患救民之誠心，默贊於天地鬼神，而神武不殺之威，任人不疑之斷，震懾遠邇，感動上下；且廊廟諸臣咸能推誠舉任，公同協贊，惟國是謀，與人為善。故臣等得以展布四體，無復顧慮，信其力之所能為，竭其心之所可盡，動無不宜，舉無弗振，諸將用命，軍士效力，以克致此……伏望皇

上明昭軍旅之政，既行廟堂協贊舉任之上賞，亦錄諸臣分職供事之微勞，及將宣慰彭明輔等特加陞獎，官男彭宗舜、彭蓋臣免其赴京，就彼襲替，以旌其報國之義。土目盧蘇、王受等，亦曲賜恩典，或不待三年而遂錫之冠帶，以勵其報效之忠。如此，庶幾功無不賞，而益興忠義之心；賞當其功，而自息僥倖之望矣。……」

明世宗實錄卷九十四：「閏十月戊子……新建伯王守仁以討平斷藤峽諸寨捷聞，因自言：用計招撫思、田叛目盧蘇、王受等，以夷攻夷，故所向克捷，而我軍僅湖廣擊還之兵八千人，深入三百餘里，俘斬三千餘賊，□除百餘年來兩廣腹心之患。蓋勞費不及大征十一，而成功倍之。此皆由我皇上乾綱內斷，任人不疑，而廊廟諸臣咸能推誠舉任，公心協贊，故己得以展布四體，共成此功。宜先行廟堂協贊舉任之賞，次錄諸臣禦侮折衝之勞。兵部覆奏，上曰：『此捷音近於誇詐，有失信義，恩威倒置，恐傷大體。但各洞猺賊習亂日久，勞亦不可泯。王守仁姑勑獎諭，有功人員下巡按御史覈實以聞。宣慰彭明輔等遠調瘴鄉，身親陷陣，優加賞賚，官男彭宗舜、彭蓋臣就彼冠帶襲替。盧蘇、王受既改過立功，先行軍門犒賞，待始終無過，方與冠帶。奏捷人賜新鈔千貫

，餘賞不行。今後宜務實行事，以副委託。」

楊一清《集閣諭録》卷三《論剿廣西八寨奏對》：……前日發下兵部所覆王守仁《剿廣西八寨賊本》，已經擬票。將各該有功鎮、巡、三司等官量行賞勞，其餘人員待巡按御史造册陞賞，未蒙俞允。續又擬票，止降勑獎勵王守仁，其餘仍候巡按查勘至日陞賞。惟土官彭明輔遠調瘴鄉，屢建奇功，賞典功不加，將來難以調遣；恩、田新附，盧蘇、王受既能改過出力，不可全失其心；及少保桂萼奏薦王守仁，果能成功。古云：「薦賢受上賞。」故臣等從兵部所擬，將桂萼亦行賞勞，以旌其忠。此皆究竟利害，參酌事體而言，豈敢有所偏私？茲者，欽蒙御筆批改：「這捷音近於誇詐，有失信義，恩威倒置，恐傷大體。但各洞猺賊習亂日久，亦不可泯王守仁，姑寫勑獎勵。欽此。」臣等恭讀數過，相顧駭愕，誠不能窺測聖意。切謂八寨之捷，以為有功則當速加賞賚，不宜更加詰責。若如聖諭，以為有失信義，恩威倒置，王守仁方被罪之不暇，而何獎勵之有？但廣西大藤峽猺寨之賊，自天順至成化初年，劫掠兩廣地方，至於湖廣，亦被其害，幸賴先朝命都督趙輔、都御史韓雍統領大兵數萬，破其巢穴，遂改大藤峽為斷藤峽，地方稍得安堵。不然，彼時已無廣西；廣西既破，廣東豈能獨存？四五十年以來，以此賊生齒漸繁，恃其險阻，稔惡益盛，不時剽掠州縣，流劫鄉村，殺害人民，不可勝紀。守臣歲歲用兵，曾無寧日。及今不為剿除，數年之後，又如天順末年之勢，用力加數倍矣。茲者，王守仁假湖廣便道之師，用恩、田新附之衆，稽合衆謀，兼收群策，一鼓而破其巢穴，誠足以懾服猺、獞之心，發舒華夏之氣，功實俊偉。此非兵部之私言，亦中外臣工之公論也。及查得本官前此已嘗具奏，兵部節該題奉欽依：「是。便與行王守仁，即令督副總兵、參將等官，分投設法，相機攻剿，務將各寨猺賊擒斬盡絶，以靖地方。欽此。」即是，則本官此舉，固嘗請命於朝，皇上已許之矣。彼鳥言獸面之徒，固非信義所能結，而屢撫屢叛，其罪在彼，而責不在我。若無兵威臨之，則恩為徒狎，賊終無所懲創，而地方終不得安矣。朝廷亦安忍惜此數千叛賊之命而不為兩廣兵民千萬人久大之圖乎？古者大夫出疆，有可以安國家、利社稷，專之可也。故遣將出師，君親推轂而命之曰：「自閫以外，將軍主之。」進止之機，蓋不中制。今既付王守仁以專征之任，而又沮其成功；兵部以本兵之責，而又疑其過聽。臣等任忝股肱，職親密勿，凡所擬議，復不見信。雖陛下英明天授，勇智夙成，而四方萬國九夷八蠻之事，豈皆一一周知，固亦難於專主。若不信守臣，不聽大臣，而一以聖意裁處，萬一有失政，壞地方大事，則臣下皆得以辭其責，恐非社稷之利也……切謂斷藤峽劉賊之事，乞照臣後次擬票發出施行。倘聖心終以為疑，則併王守仁亦不必獎勵，止云這劉平猺賊功次，還行巡按御史查勘明白，分別次第，造册奏來，以憑查議陞賞。如此，庶幾圭角不露，人心亦不致大為驚駭矣……」

按：世宗所言，含混不可捉摸，匪夷所思，連閣臣亦相顧駭愕，不能窺測聖意。所謂「近於誇詐」，似指陽明奏捷誇大不失；所謂「恩威倒置，恐傷大體」，似指陽明掩襲斷藤峽、八寨，專事殺戮，無恩有威，有傷世宗聖德，朝廷大體。按明世宗實錄卷九十一：「八月辛亥……新建伯王守仁奏：『……布政使及右江分巡兵備等官，監紀思、田土兵，分剿八寨賊。』兵部覆議，詔可，仍諭守仁嚴督副總兵以下官，相機攻剿，務絕宿寇，以靖地方。」可見陽明所作所為完全符合世宗與朝廷旨意，世宗乃出爾反爾，自食前言，憑空捏造此二條加諸陽明，可謂莫須有之罪名也。精明如楊一清閣老竟也未窺破世宗真實用心。蓋世宗本最忌憚陽明入朝，而有

意於桂萼入閣；而桂萼亦不容他人染指，最忌陽明，至欲其再留兩廣三年。陽明其時以三月平定斷藤峽、八寨，交出一份完美「答卷」，世宗已難再啟齒推諉其入朝入閣，故唯有吹毛求疵，捏造此二條莫須有之罪名，不認其平斷藤峽、八寨之功，使陽明卒不得以平思、田、斷藤峽、八寨之功入朝入閣也。稍後在嘉靖八年二月朝廷議王守仁功罪時，世宗加給陽明之主要罪狀便是「但兵無節制，奏捷誇張。近日掩襲寨夷，恩威倒置」（明世宗實錄卷九十六），世宗封殺陽明入閣之真面目於此暴露無遺矣。

是日，上乞恩暫容回籍就醫養病疏，並有札致閣老翟鑾再懇，不允。

王陽明全集卷十五乞恩暫容回籍就醫養病疏：……「臣自往年承乏南贛，為炎毒所中，遂患咳嗽之疾，歲益滋甚。其後退伏林野，雖得稍就清涼，親近醫藥，而病亦終不能止，但遇暑熱，輒復大作。去歲奉命入廣，與舊

醫偕行，未及中途，而醫者先以水土不服，辭疾歸去。是後，既不敢輕用醫藥，而風氣益南，炎毒益甚。今又加以遍身腫毒，喘嗽晝夜不息，心惡飲食，每日强吞稀粥數匙，稍多輒又嘔吐。當思恩、田州之役，其時既已力疾從事。近者八寨既平，議於其中，移衛設所，以控制諸蠻，必須身親相度，方敢具奏，則又冒暑輿疾，上下巖谷，出入茅葦之中，竣事而出，遂爾不復能興。今已輿至南寧，移卧舟次，將遂自梧道廣，待命於韶、雄之間。……夫竭忠以報國，臣之素志也；受陛下之深恩，思得粉身虀骨以自效，又臣近歲之所日夜切心者也。病日就危，尚求苟全以圖後報，而為養病之舉，此臣之所大不得已也。惟陛下鑒臣一念報主之誠，固非苟為避難以自偷安，能憫其瀕危垂絶不得已之至情，容臣得暫回原籍就醫調治，幸存餘息，鞠躬盡瘁，以報陛下，尚有日也。……」

明世宗實録卷九十二：「九月甲戌，新建伯王守仁督兵討廣西諸寨叛賊，悉平之。……會守仁病甚，乃上書請告，略言其狀曰：『邇者緣蒙陛下過採大臣之議……鞠躬盡瘁，以事陛下，尚有日也。』疏入，上曰：『卿才望素著，公議雅服。近又深入瘴鄉，蕩平劇寇，安靖地方，方切倚任。有疾，宜在任調治，不准辭。』」

按：陽明此乞恩暫容回籍就醫養病疏題下原注「七年十月初十日」作，後人遂以為陽明上養病疏請告在十月初十日，錢德洪陽明先生年譜竟謂：「十月，疏請告。先生以疾劇，上疏請告」，乃大誤。因此一誤，錢德洪年譜於此譜叙全錯，幾可謂一片混亂，六百年來竟無一人以發其誤者。今按陽明七月初十日所上八寨斷藤峽捷音疏分明云：「但恨身嬰危疾，自後任勞煩難，已具本告回養病，乞賜俯允。」可見陽明乞恩暫容回籍就醫養病疏與八寨斷藤峽捷音疏上在同一天，「十月初十日」必是七月初十日形誤。世宗不准辭命詔下在九月甲戌（五日），僅此亦足證陽明上養病疏在七月，斷不可能在十月。茲再舉二例考之：陽明又寄正憲男書五云：「八月廿七日南寧起程，九月初七日已抵廣城，病勢今亦漸平復，但咳嗽終未能脱體耳。養病本北上已二月有餘，不久當得報。」（王陽明全集卷二十六）此書作在九月十一、二日，以「二月餘」上推，可見陽明養病疏正上在七月十日。又寄正憲男書六亦云：「我至廣城已踰半月……候養病疏命下，即發舟歸矣。」此書作於九月二十三、四日，可見陽明養病疏上在七月，斷非十月。又陽明答何廷仁云：「自至廣城，又增水瀉……區區養病本去已三月，旬日後必得旨。」（王陽明全集卷六）陽明到廣城在九月初七。若陽明養病疏上在十月，則以「去已三月」算，陽明此書應作在嘉靖七年十二月，豈非荒謬至極（按陽明卒在十一月）？詳考見下。

王陽明全集卷二十一寄翟石門閣老：「思、田之議，悉蒙裁允，遂合一方數萬之生靈。近者八寨、斷藤峽之役，實以生民塗炭既極，不得已而為之救焚之舉，乃不意遂獲平靖。此非有魏公力主於朝，則金城之議無因而定；非有裴公贊決於內，則淮、蔡之績何由而成？今日之事，敢忘其所由來乎？齎奏人去，輒申感謝之誠，並附起居之敬。但惟六月徂征，衝冒瘴疫，將士危險，頗異他時

。稍得沾濡，亦少慰其勤苦耳。處置地方數事附進，得蒙贊允，尤為萬幸。舟中伏枕，莫既下懷，伏祈鑒亮！」

按：翟鑾字仲明，號石門，諸城人。其於嘉靖六年三月以吏部左侍郎兼翰林院學士入閣，嘉靖七年六月陞禮部尚書兼文淵閣大學士。書所云「齎奏人去」，即指陽明遣人齎養病疏往京師，因翟鑾為禮部尚書，故陽明特有書札致懇也。

又致書黃綰，懇其在京為請告歸休斡旋轉圜。

王陽明全集卷二十一與黃宗賢書四：「兩廣大勢，罷敝已極，非得誠於為國為民，強力有為者為之數年，未可以責效也。思、田之患則幸已平靖，其間三五大巢，久

困積冤之民言之，亦可謂之太平無事矣。病軀咳患日增，平生極畏炎暑，今又深入炎毒之鄉，遍身皆發腫毒，旦夕動履且有不能。若巡撫官再候旬月不至，亦只得且為歸休之圖，待罪於南、贛之間耳。聖天子在上，賢公卿在朝，真所謂明良相遇，千載一時。鄙人世受國恩，從大臣之末，固非果於忘世者，平生亦不喜為尚節求名之事，何忍遽言歸乎？自度病勢，非還故土就舊醫，決將日甚一日，難復療治，不得不然耳。靜庵、東羅、見山、西樵、兀崖諸公，聞京中方嚴書禁，故不敢奉啟。諸公既當事，且須持之以鎮定久遠。今一旦名位俱極，

固非諸公之得已，是乃聖天子崇德任賢，更化善治，非常之舉，諸公當之，亦誠無愧。但貴不期驕，滿不期溢。賢者充養有素，何俟人言？更須警惕朝夕，謙虛自居。其所以感恩報德者，不必務速效，求近功，要在誠心實意，為久遠之圖，庶不負聖天子今日之舉，而亦不負諸公今日之出矣。僕於諸公，誠有道義骨肉之愛，故不覺及此，會間幸轉致之。」

按：陽明後有與黃宗賢書五云：「前齎奏去，曾具白區區心事，不審已能遂所願否？」所謂「前齎奏去」，即指遣人齎養病疏往京師；所謂「具白區區心事」，即指同時有

書寄黃綰，由齋奏人帶去，即此與黃宗賢書四也，可見此書四作在七月十日無疑。書中所言「靜菴」即胡世寧（刑部尚書），「東羅」即張璁，「見山」即桂萼，「西樵」即方獻夫，「兀崖」即霍韜，皆在朝當事人物，炙手可熱，所謂「賢公卿在朝」者，因其時京中嚴書禁，陽明未敢直接投書諸當事鉅公，而託黃綰轉達其意也。

十二日，上處置八寨斷藤峽以圖永安疏，不行。

王陽明全集卷十五處置八寨斷藤峽以圖永安疏：「……八寨及斷藤峽諸賊，積年痛毒生民，千百里內，塗炭已極。臣既目睹其害，不忍坐視而不救，遂遵奉敕諭事理，乘機舉兵征剿。仰賴神武威德，幸已剪滅蕩平，一方倒懸之苦，略已為之一解。但將來之患，不可以不預防；而時機之會，亦不可以輕失。臣因督兵，親歷諸巢，見其形勢要害，各有宜改立衛所，開設縣治，以斷其脈絡而扼其咽喉者。若失今不為，則數年之間，賊以漸復，歸聚生息，不過十年，又有地方之患矣。臣以多病之故，自度精神力量斷已不能了此，但已心知其事勢不得不然，不敢仰負陛下之託，俯貽地方之憂，輒已遵奉敕諭，便宜事理，一面相度舉行，不避煩瀆之誅，開陳上請，乞賜採擇施行……」

明世宗實錄卷九十四：「閏十月戊戌……兵部覆新建伯王守仁議處八寨猺賊便宜二事：其一，謂八寨之賊每寨有眾數千，首尾聯絡，為柳、慶諸賊淵藪，而周安堡正當八寨之中，宜築城置戍，據其腹心，而移設南丹一衛於其間。蓋賓州故有南丹衛軍坐食，無所耕牧，若移彼就此，令與遷江八所狼兵犄角而守，分耕賊田，則柳、慶日重，而八寨可無它變。其一，謂斷藤峽諸賊既平，正宜休兵散屯，招徠向化之民。惟五屯正當風門、佛子諸夷巢穴，最為要害，舊雖有千户所官兵，見存不滿二百。宜設一鎮，增築高城，而設守備衙門，取回五百兵，分調哨守。其他所之兵，又潮州調到協守者歸之原伍；避役逃亡者，以附近土寨目兵補之。詔如議行。」

省菴漫稿卷二題為處置地方以圖永安事：「……臣查得接管卷內嘉靖七年月日不等，該提督兩廣、江西、湖廣等處地方軍務、新建伯、南京兵部尚書兼都察院左都御史王守仁，准兵部咨：『該新建伯王守仁題前事，奉聖旨：「該部看了來說。」本部看得本爵既剿積年之寇，復興善後之思，所據遷衛改府、設縣增鎮，具見計慮周悉，相應依擬，今將本部應行事理議處開請，候命下之日，移咨本爵，將所奏南丹衛遷移周安堡，增築鎮城於五屯。查揀官軍守禦，務要選委能幹官員，分投整理。其工料之費，仍須處置得宜，及禁革下人蕩費擾害。工完之日，造冊奏繳。其或臨期事體，應該損益，一面從宜規畫，一面星馳具奏等因。題奉聖旨：是。准擬行。又准戶部咨，亦同前事。該本部准兵部咨：看得新建伯王守仁，乞要改築思恩府城於荒田，移設鳳化縣治於三里，添設流官縣治於思龍，無非弭盜安民、思患預防之意。及照本爵題稱，遵奉敕諭，一面相度舉行。緣未開有估定工料、動支錢糧數目，事在彼中相應查處。合候命下之日，移咨新建伯王守仁，將各項事宜再行三司府縣等官，

第2491頁

從長計慮。若果別無違礙，就便選委能幹官員，乘時舉事，完日造冊奏繳等因。題奉聖旨：是。這等還行王守仁督委三司等官查勘，從長計處，備由具奏定奪。又准兵部咨：為地方大慮事，該太子少保、禮部尚書兼翰林院學士方獻夫等奏前事，奉聖旨：這事已有旨了。修建城邑防患事，還着王守仁公同鎮巡三司等官，議處停當，具奏定奪。務要一勞永逸，勿貽後艱。該部知道，欽此。俱欽遵，備行前來，已經案行三司各掌印官，會同副參等官查勘。未報。……

按：陽明處置八寨斷藤峽以圖永安疏提出五條善後處置事宜：移築南丹衛城於八寨，改築思恩府城於荒田，改鳳化縣治於三里，添設流官縣治於思龍，增築守鎮城堡於五屯。但因陽明很快離任去，兵部所下遂成一紙具文，後林富任都察院右僉都御史來巡撫兩廣，更多否定陽明善後事宜。柯維騏兵部右侍郎林公富傳：「初，守仁上思、田、八寨事宜，下撫臣詳議。富條其便不便甚確，皆報可。」（國朝獻徵錄卷五十八）詳見陳逅題為處置地方以圖永安事（代林富作）。

十九日，上查明岑邦相疏，請立岑邦相為田州署州事。

王陽明全集卷十五查明岑邦相疏。

明世宗實錄卷九十三：「十月癸亥，初，提督兩廣軍務、

第2492頁

新建伯、兵部尚書王守仁奏言：岑氏世有田州，人心久服，岑猛雖歿，有子二人，諸夷莫不願得復立其後。議於開設流官知府之外，就於該府四十八甲內割其八甲，降設田州，立岑猛之子邦相，授以署州事吏目，隸之知府。三年著有勞績，照流官陞轉，以承岑氏之祀。時部議岑猛四子，而守仁止言存者二人，與前奏不合；且猛次子邦彥生有嫡長男嬌童，又娶盧蘇女，生子一人，俱不言所在，事屬未明。詔令覆勘。至是守仁奏言：初立岑氏，後該府土目及耆老皆言岑猛四子：長邦佐，妻張氏出；次邦彥，妾林氏出；次邦輔，外婢所生；次邦

相，妾韋氏出。猛嬖溺林氏，而張先愛，故邦佐自幼出繼武靖，而以邦彥承襲。今邦彥既死，宜立邦佐。時臣等竊議，武靖地方正當瑤賊之衝，而邦佐出繼已久，民心歸戴，況其才力足以制禦各瑤。今欲更立一人，殊難其代……乞敕該部，俯從原議，立邦相於田州，以曲順各夷之情。……得旨：既查勘明白，岑邦相准授田州署州事吏目，仍聽流官知府控制。後有勤勞，依擬陞擢。岑邦輔聽於本州隨住。其岑邦彥的有子嗣與否，還查明具奏，毋得隱漏，致有再詞。

桂萼唆使錦衣衛指揮僉事聶能遷誣奏陽明，謂陽明用百萬金銀託黃綰賄賂張璁，得兩廣之任。黃綰上章奏辨其誣，聶能遷謫戍。

黃綰陽明先生行狀：先此，張公孚敬見公所處岑猛諸子及盧蘇、王受得宜，征剿八寨有方，奏至甚喜，極口稱嘆，謂予知人之明。又述在南京時，與言惓惓欲公之意，曰：我今日方知王公之不可及。即薦於朝，取來作輔，共成天下之治。桂公、楊公聞之皆不樂，及嗾錦衣衛都指揮聶能遷誣奏公用金銀百萬，託余送於張公，故薦公於兩廣。余疏辨其誣。奉旨：黃綰學行才識，衆所共知。王守仁功高望隆，輿論推重。聶能遷這廝捏詞妄奏，傷害正類，都察院便造前旨嚴加審問，務要追究與他代做奏詞並幫助奸惡人犯來說。黃綰安心供職，不必引嫌辭避。下能遷於獄，杖之死。時予為詹事，桂公、楊公計欲害公，恐予在朝，適南禮侍缺，即推予補之。明年春，上將出郊，桂公密具揭帖奏云云。上遂允命多官會議，削公世襲公爵，並朝廷常行卹典贈謚，至今人以為恨。

明世宗實錄卷九十：黃綰上章自明：遷議禮奏疏，文義心迹非出真誠，故盡黜之，積恨肆誣，無怪其然，意在傾排善類，動搖國是。因乞引避以謝之。上曰：黃綰學行才識，衆所共知。王守仁功高望隆，輿論推重。聶能遷乃捏詞妄奏，傷害正類。令法司嚴加審問，并追究幫助之人。黃綰安心供職，不必引嫌辭避。已而審其事無佐證，盡出誣罔，乃謫戍能遷。翁洪者，福建莆田人，以褫職匿居京城，至是令發原籍為民。

明史卷一百九十七黃綰傳：錦衣僉事聶能遷者，初附錢寧得官，用登極詔例還為百户。後附璁、萼議大禮，且交關中貴崔文，得復故職。大典成，諸人皆進秩，能遷獨不與，大恨。囑罷閑主事翁洪草奏，誣王守仁賄席書得召用，詞連綰及璁。綰疏辨，且乞引避。帝優旨留之，而下能遷法司，遣之戍，洪亦編原籍為民。」國榷卷五十四：「七月戊子，錦衣指揮僉事莆田聶能遷，初附錢寧冒功，被汰。遂附崔文，復秩。又議禮未陞，怨黃綰纂修削其草，誣綰為王守仁賂席書見召。綰疏辨，下法司，獄上，戍。」楊一清集密諭錄卷六乞休致奏疏：「……及聶能遷奏上，璁適以疾未出。臣與臣鑾擬票，一時愚昧，不曾擬將伊拿問。夫以讒邪小人，排毀大臣，不重處之，無以懲戒將來，以是責臣，罪不得辭矣。若如璁言，為小人立赤幟以來天下讒邪，則臣豈敢？方聶能遷奏下，臣與臣鑾密議，臣璁平日與臣等恒言，入京之初，璁及萼俱為衆所嫉，不敢相通，獨聶能遷深相交納，多得其力。桂萼之言亦復如是。又見能遷屢疏議禮，能扶正倫，今除刪去外，尚有貳條收入明倫大典中。切謂璁與能遷平日相厚，今乃有此奏，恐其偶有所激，且未知璁意如何，故倉卒之間，從寬擬奏，以俟聖明定奪。不意璁緣此深加怒恨，若疑其有意沮害之者……又見本內所誣王守仁用

第 2495 页

金銀百萬兩託陳璠、張浩帶至京，黃綰為之行賄。其言甚無根據，故票中所擬暗昧不明之事，指此事而言，不為璁也……至於張浩一節，臣不得不辯。張浩本璁之親也。前年進表赴京，璁時為兵部侍郎，偶與臣言其才可用。適有浙江都司掌印員缺，璁欲用之而難於自言。臣曰：『大臣用人，內舉不避親，但觀其人可用與否耳。』臣次日以此意告尚書王時中：『璁欲用張浩，避嫌不肯自言，宜再察訪，果稱此任，則用之，否則已。』兵部乃推二人同上，而浩與焉。蒙旨點用。今璁乃謂張浩乃臣所薦，不幾於自欺乎？……綰乃璁同鄉故友，雖不由科目，頗有文學，不係白丁，臣亦愛之。近年見其議禮奏疏，心蓋重之。頃者，衆薦為少詹事，當補經筵。臣以其鄉音頗多，雖在經筵之列，不必令其進講，遂以此生怨矣。比者吏部侍郎員缺，所厚者嘗薦之。臣謂其白衣人一旦致位三品，用之吏部，太驟，恐公論不服。今年柒月間，擬南京考試官。舊例皆循資舉用二人，請旨差遣。璁欲通以翰林，春坊官姓名拈鬮。臣謂拈鬮乃市井之事，非內閣所宜，傳笑於人，然竟不能止也。聞亦有黃綰名。臣謂彼不由科目出身，經學非其所習，若拈得之，何以服多士？遂撤去之，至此則恨深矣。然附勢之人，

第 2496 页

恐不止黃綰。……」

按：聶能遷案蹊蹺怪異，疑雲重重，唯黃綰道出幕後指使真兇桂萼。閣臣票擬如同兒戲，桂萼隱蔽不露，踞傲強橫，無人敢揭。明世宗實錄不敢實錄，反為強者諱，以「審其事無佐證」為名，隱去桂萼、張璁，胡亂牽出翁洪、席書結案，欲蓋彌彰，尤為可笑（按：席書在嘉靖六年三月已卒，黃綰時尚未進京）。細按此聶能遷案誣奏所指，在聶能遷是針對黃綰，在桂萼則是針對陽明，欲置陽明於死地，而桂萼目的則，不得入朝入閣也。故聶能遷誣奏雖告失敗，而桂萼目的已然達到，陽明果受沮抑不得入朝，而桂萼則恬然順利入閣，當上閣老矣。

致書黃綰，再懇其為請告歸休斡旋曲成。王陽明全集卷二十一與黃宗賢書五：「前齎奏去，曾具白區區心事，不審已能遂所願否？自入廣來，精神頓衰。雖因病患侵凌，水土不服，要亦中年以後之人，其勢亦自然至此，以是懷歸之念日切。誠恐坐廢日月，上無益於國家，下無以發明此學，竟成虛度此耳，奈何奈何！春初思、田之議，悉蒙朝廷裁允，遂活數萬生靈。近者八寨、斷藤之役，實以一方塗炭既極，不得已而為救焚之舉，乃不意遂獲平靖。此非有諸公相與協贊，力主於內，何由而致是乎？書去，各致此感謝之私，相見時，更望一申其懇懇。巡撫官久未見推，僕非厭外而希內者，實欲早還鄉里耳。恐病勢日深，歸之不及，一生未了心事，石龍其能為我恝然乎？身在而後道可弘，皮之不存，毛將焉附？諸公不敢輒以此意奉告，當亦能諒於是矣，曷亦相與曲成之？地方處置數事附進，自度已不能了此。倘遂允行，亦所謂盡心焉耳已。舟次伏枕草草，不盡所懷。」

按：此書所云「前齎奏去」，即指遣人齎乞恩暫容回籍就醫養病疏送往京師（七月十日）。所謂「曾具白區區心事」，指同時有書致黃綰，懇其促成養病歸休之請（即與黃宗賢書四）。所謂「巡撫官久未見推」，指陽明正月二日上疏辭巡撫兼任，至今朝廷未遣巡撫官來。所謂「諸公不敢輒以此意奉告」，即與黃宗賢書四所云「靜庵、東羅、見山、西樵、兀崖諸公，聞京中方嚴書禁，故不敢奉啟」。所謂「此意」、「曷亦相與曲成之」，即指懇黃綰、方獻夫相與曲成其養病歸休之請。所謂「地方處置數事附進」，即指其所上處置八寨斷藤峽以圖永安疏（七月十二日）。由此可見陽明此書作在其上處置八寨斷藤峽以圖永安疏以後不久，亦意在催促黃綰、方獻夫曲成其養病歸休之請也。

作長篇論學書答聶豹，並分寄陳九川、鄒守益、歐陽德。

傳習録卷中答聶文蔚書二：「得書，見近來所學之驟進，喜慰不可言。諦視數過，其間雖亦有一二未瑩徹處，却是致良知之功尚未純熟。到純熟時，自無此矣。譬之驅車，既已由於康莊大道之中，或時横斜迂曲者，乃馬性未調，銜勒不齊之故，然已只在康莊大道中，決不賺入傍蹊曲徑矣。近時海内同志到此地位者曾未多見，喜慰不可見，斯道之幸也！賤軀舊有咳嗽畏熱之病，近入炎方，輒復大作。主上聖明洞察，責付甚重，不敢遽辭。地方軍務冗沓，皆興疾從事。今却幸已平定，已具本乞回養病。得在林下稍就清涼，或可瘳耳。人還，伏枕草草，不盡傾企。外惟濬一簡，幸達致之。來書所詢，草草奉復一二：

「近歲來山中講學者，往往多說勿忘勿助工夫甚難，問之則云：才著意便是助，才不著意便是忘，所以甚難。區區因問之云：忘是忘個甚麼？助是助個甚麼？其人默然無對，始請問。區區因與說我此間講學，却只說個必有事焉，不說勿忘勿助。必有事焉者，只是時時去集義。若時時去用必有事的工夫，而或有時間斷，此便是忘了，即須勿忘；時時去用必有事的工夫，而或有時欲速求效，此便是助了，即須勿助。其工夫全在必有事焉上用，勿忘勿助只就其間提撕警覺而已。若是工夫原不間斷，即不須更說勿忘；原不欲速求效，即不須更說勿助。此其工夫何等明白簡易，何等灑脱自在！今却不去必有事上用工，而乃懸空守著一個勿忘勿助，此正如燒鍋煑飯，鍋内不曾漬水下米，而乃專去添柴放火，不知畢竟煑出個甚麼物來。吾恐火候未及調停，而鍋已先破裂矣。近日一種專在勿忘勿助上用工者，其病正是如此。終日懸空去做個勿忘，又懸空去做個勿助，渀渀蕩蕩，全無實落下手處，究竟工夫只做得個沉空守寂，學成一個癡騃漢，才遇些子事來，即便牽滯紛擾，不復能經綸宰制。此皆有志之士，而乃使之勞苦纏縛，擔閣一生，皆由學術誤人之故，甚可憫矣！夫必有事焉，只是集義；集義，只是致良知。說集義，則一時未見頭腦；說致良知，即當下便有實地步可用工。故區區專說致良知，隨時就事上致其良知，便是格物；著實去致良知，便是誠意；著實致其良知而無一毫意必固我，便是正心。著實致良知，則自無忘之病；無一毫意必固我，則自無助之病。故說格致誠正，則不必更說個忘助。孟子說忘助，亦就告子得病處立方。告子强制其心，是助的病痛，故孟子事說助長之害。告子助長，亦是他以義為外，不知就自心上集義，在必有事焉上用功，是以如此。若時時刻刻就自心上集義，則良知之體洞然明白，自然是是非非纖毫莫遁，又焉有不得於言，勿求於心；不得於心，勿求於氣之弊乎？孟子集義養氣之說，固大有功於後學，然亦是因病立方，說得大段；不若大學格致誠正之功，尤極精一簡易，為徹上徹下，萬世無弊者也。聖賢論學，多是隨時就事，雖言若人殊，而要其工夫頭腦，若合符節。緣天地之間，原只有此性，只有此理，只有此良知，只有此一件事耳。故凡就古人論學處說工夫，更不必攙和兼搭而說，自然無不脗合貫通者。才須攙和兼搭而說，即是自己工夫未明徹也。近時有謂集義之功必須兼搭個致良知而後備者，則是集義之功尚未了徹也；集義之功尚未了徹，適足以為致良知之累而已矣；謂致良知之功必須兼搭一個勿忘勿助而後明者，則是致良知之功尚未了徹也，致良知之功尚未了徹，適足以為勿忘勿助之累而已矣。若此者，皆是就文義上解釋牽附，以求混融湊泊，而不曾就自己實工夫上體驗，是以論之愈精，而去之愈遠。文蔚之論，其於大本達道既已沛然無疑，至於致知窮理及忘助等說，時亦有攙和兼搭處，却

是區區所謂康莊大道之中，或時橫斜迂曲者。到得工夫熟後，自將釋然矣。

文蔚謂致知之說，求之事親從兄之間，便覺有所持循者，此段最見近來真切篤實之功。但以此自為，不妨自有得力處；以此遂為定說教人，却未免又有因藥發病之患，亦不可不一講也。蓋良知只是一個天理，自然明覺發見處，只是一個真誠惻怛，便是他本體。故致此良知之真誠惻怛以事親，便是孝；致此良知之真誠惻怛以從兄，便是弟；致此良知之真誠惻怛以事君，便是忠。只是良知，一個真誠惻怛。若是從兄的良知不能致其真誠惻怛，即是事親的良知不能致其真誠惻怛矣；事君的良知不能致其真誠惻怛，即是從兄的良知不能致其真誠惻怛矣。故致得事君的良知，便是致却從兄的良知；致得從兄的良知，便是致却事親的良知。不是事君的良知不能致，却須又從事親的良知上去擴充，將來如此又脫却本原，著在支節上求了。良知只是一個，隨他發見流行處，當下具足，更無去求，不須假借。然其發見流行處却自有輕重厚薄，毫髮不容增減者，所謂天然自有之中也。雖則輕重厚薄毫髮不容增減，而原又是一個；雖則只是一個，而其間輕重厚薄又毫髮不容增減。若可得增減

，若須假借，即已非其真誠惻怛之本體矣。此良知之妙用，所以無方體，無窮盡，語大天下莫能載，語小天下莫能破者也。孟氏『堯、舜之道，孝弟而已』者，是就人之良知發見得最真切篤厚、不容蔽昧處提省人，使人於事君處友仁民愛物，與凡動靜語默間，皆只是致他那一念事親從兄真誠惻怛的良知，即自然無不是道。蓋天下之事雖千變萬化，至於不可窮詰，而但惟致此事親從兄、一念真誠惻怛之良知以應之，則更無有遺缺滲漏者，正正謂其只有此一個良知故也。事親從兄一念良知之外，更無有良知可致得者，故曰：『堯、舜之道，孝弟而已矣

。』此所以為惟精惟一之學，放之四海而皆準，施諸後世而無朝夕者也。文蔚云：『欲於事親從兄之間，而求所謂良知之學』。就自己用工得力處知此說，亦無不可；若曰『致其良知之真誠惻怛，以求盡夫事親從兄之道焉』，亦無不可也。明道云：『行仁自孝弟始，孝弟是仁之一事，謂之行仁之本則可，謂是仁之本則不可』。其說是矣。「億逆先覺之說，文蔚謂『誠則旁行曲防，皆良知之用』，甚善甚善！間有攙搭處，則前已言之矣。惟濬之言亦未為不是，在文蔚須有取於惟濬之言而後盡，在惟濬又須有取於文蔚之言而後明。不然，則亦未免各有倚著之病也。『舜察邇言而詢芻蕘』，非是以邇言當察，芻蕘當詢，而後如此，乃良知之發見流行，光明圓瑩，更無罣礙遮隔處，此所以謂之大知；才有執著意必，其知便小矣。講學中自有去取分辨，然就心地上著實用工夫，卻須如此方是。盡心三節，區區曾有生知、學知、困知之說，頗已明白，無可疑者。蓋盡心、知性、知天者，不必說存心、養性、事天，不必說殀壽不貳、修身以俟，而存心養

性與修身以俟之功已在其中矣。存心養性事天者，雖未到得盡心知天的地位，然已是在那裏做個求到盡心知天的工夫，更不必說殀壽不貳、修身以俟，而殀壽不貳、修身以俟之功已在其中矣。譬之行路，盡心知天者，如年力壯健之人，既能奔走往來於數千百里之間者也；存心事天者，如童穉之年，使之學習步趨於庭除之間者也；殀壽不貳、修身以俟者，如襁抱之孩，方使之扶墻傍壁而漸學起立移步者也。既已能奔走往來於數千里之間者，則不必更使之於庭除之間而學步趨，而步趨於庭除之間自無弗能矣；既已能步趨於庭除之間，則不必更使之扶墻傍壁而學起立移步，而起立移步自無弗能矣。然學起立移步，便是學步趨庭除之始；學步趨庭除，便是學奔走往來於數千里之基，固非有二事。但其工夫之難易，則相去懸絕矣。心也，性也，天也，一也，故及其知之成功則一；然而三者人品力量自有階級，不可躐等而能也。細觀文蔚之論，其意以恐盡心知天者廢却存心修身之功，而反為盡心知天之病。是蓋為聖人憂工夫之或間斷，而不知為自己憂工夫之未真切也。吾儕用工，却須專心致志在殀壽不貳、修身以俟上做，只此便是做盡心知天功夫之始。正如學起立移步，便是學奔走千里之始。吾方自慮其不能起立移步，而豈遽慮其不能奔走千里，又況為奔走千里者而慮其或遺忘於起立移步之習哉？

「文蔚識見，本自超絕邁往，而所論云然者，亦是未能脫去舊時解說文義之習。是為此三段書分疏比合，以求融會貫通，而自添許多意見纏繞，反使用工不專一也。近時懸空去做勿忘勿助者，其意見正有此病，最能擔誤人，不可不滌除耳。所謂『尊德性而道問學』一節，至當歸一，更無可疑。此便是文蔚曾著實用工，然後能為此言。此本不是險僻難見的道理，人或意見不同者，還是良知尚有纖翳潛伏。若除此纖翳，即自無不洞然矣。

「已作書後，移臥簷間，偶遇無事，遂復答此。文蔚之學既已得其大者，此等處久當釋然自解，本不必屑屑如此分疏。但承相愛之厚，千里差人遠及，諄諄下問，而竟虛來意，又自不能已於言也。然直戇煩縷已甚，恃在信愛，當不為罪。惟濬及謙之、崇一處各得轉錄一通，寄視之，尤承一體之好也。」

按：錢德洪陽明先生年譜誤將陽明上養病疏定在十月，遂將陽明此與聶豹書定在十月，亦誤甚。傳習錄中於此陽明與聶豹書下注云：「右南大吉錄」，更誤。按陽明此書云：「今卻幸已平定，已具本乞回養病。」陽明〈養病疏〉上在七月十日，則陽明此與聶豹書當作在七月十日以後不久，蓋不出七月也。按陽明此書乃是答聶豹春間書（見前引），聶豹書在春間已寫成，但至七月初方遣人送至南寧，其時或是聞陽明平斷藤、八寨班師之故。陽明此書為其卒前所寫最長一篇論良知學之書，有總結其平生良知心學之用心，意義重大，觀其云「心也，性也，天也，一也。故及其知之成功則一；然而三者人品力量自有階級，不可躐等而能也」，猶隱然是「天泉證道」時「王門八句教」之餘響也。此書後特收入《傳習錄》，蓋非無因也。

同時有書致陳九川論良知之學。

王陽明全集卷六〈與陳惟濬〉：「江西之會極草草，尚意得同舟旬日，從容一談，不謂既入省城，人事紛沓。及登舟時，惟濬已行矣。沿途甚怏怏。抵梧後，即赴南寧，日不暇給，亦欲遣人來此，早晚略暇時可閒話。而此中風土絕異，炎瘴尤不可當，家人輩到此，無不病者。區區咳患亦因熱大作，痰痢腫毒交攻。度惟濬斷亦不可以居此，又復已之。近得聶文蔚書，知已入漳。患難困苦之餘，所以動心忍性，增益其所不能者，宜必日有所進。養之以福，正在此時，不得空放過也。聖賢論學，無不可用之功，只是『致良知』三字，尤簡易明白，有實下手處，更無走失。近時同志亦已無不知有致良知之說，然能於此實用功者絕少，皆緣見得良知未真，又將『致』字看得太易了，是以多未有得力處。雖比往時支離之說稍有頭緒，然亦只是五十步百步之間耳。就中亦有肯精心體究者，不覺又轉入舊時窠臼中，反為文義所牽滯，工夫不得洒脫精一，此君子之道所以鮮也。此事必須得師友時時相講習切劘，自然意思日新。自出山來，不覺便是一年。山中同志結廬相待者，尚數十人，時有書來，儘令人感動。而地方重務，勢難輕脫，病軀又日狼狽若此，不知天意竟如何也！文蔚書中所論，迥然大進，真有

浙江大学古籍研究所

一日千里之勢，可喜可喜！頗有所詢，病中草草答大略。見時可取視之，亦有所發也。」

按：陽明此書，即其〈答聶文蔚書二〉所云「外惟濬一簡，幸達致之」，蓋二書作在同時也。所謂「文蔚書中所論」，即指聶豹邀陽明先生。所謂「病中草草答大略」，即指陽明〈答聶文蔚書二〉。

八月，莆田陳大章來問學，延請為南寧府學師設席講禮。

王陽明全集卷十八〈牌行南寧府延師講禮〉：「照得安上治民，莫善於禮，冠婚喪祭諸儀，固宜家諭而戶曉者，今皆廢而不講，欲求風俗之美，其可得乎？……近據福建莆

田儒學生員陳大章前來南寧遊學，進見之時，每言及禮，因而扣以冠婚鄉射諸儀，果亦頗能通曉。看得近來各學諸生，類多束書高閣，飽食嬉遊，散漫度日。豈若使與此生朝夕講習於儀文節度之間，亦足以收其放心，固其肌膚之會，筋骸之束，不猶愈於博弈之為賢乎？為此牌仰南寧府官吏即便館穀▨陳生於學舍，於各學諸生之中，選取有志習禮及年少質美者，相與講解演習。自此諸生得於觀感興起，砥礪切磋，修之於其家，而被於里巷，達於鄉村，則邊徼之地，自此遂化為鄒魯之鄉，亦不難矣。諸生講習已有成效，該府仍要從厚措置，禮幣以申酬謝。仍備由差人送至廣西提督學校官，以次送發各府州縣，一體演習。其於風教，要亦不為無補。」

第2508頁

按：陽明在南寧，來學士子甚多。如陳大綸，道光寧都直隸州志卷二十二：「陳大綸，字伯言，廣西南寧人。明嘉靖八年進士。嘗受學陽明先生……」陳大綸與陳大章或為同宗兄弟耶？

全州蔣冕有書來告地方戰亂之況，請兵往剿，未應。

蔣冕湘皋集卷二十二與王陽明總制書：「近年吾廣西州縣處處皆賊，雖敝鄉全州及所轄灌陽與鄰邑興安、靈川，亦無不然。全、灌舊所慮者，惟湖廣楊峒十八團之賊間來為害。成化末，賊嘗一出，桂林知府羅珣督兵擊之，剿賊六七百人，全、灌自是二十餘年安然無事。正德八、九年來，賊自義寧等處來擾，興、靈都指揮馮琚督兵截殺，賊憚其謀勇，尋即斂迹。其後大征古田，以致洛容失陷，由是恭城賊勾引荔浦賊，乘虛越過府江而來。始惟侵擾灌陽村落，近一二年則又越灌陽而來，擾犯吾全州矣。舊冬今春及今月來，擾吾全者凡二次。舊冬今春之來也，三口口口去，民雖荼毒，猶之可也。今則據險口口口口口四散，焚劫半月兼旬，猶肆行不去，民之荼毒則有不忍言者矣。全、灌、興安非無官軍民款，然賊衆我寡，勢不能敵，未免坐視而莫敢救。廣西鎮守、守口、衙門，亦非不遣官督兵前來救援，但桂林官兵亦自寡弱，戍守狼兵不遵紀律，往往先期而逃，止有打手殺手數百人，其分遣而來援也，亦果能制賊之死命否耶？此賊若非加以兵威，俾知所畏憚，則吾全、灌之民終無息肩之日。伏望仁人君子俯恤殘兵，特垂念慮，調遣達軍狼兵，益以打手殺手，選謀勇官如馮都指揮者，統率前來，全、灌、興安不時往來防禦巡邏，遇有警報，隨即策應。或密切徑往險惡巢寨，相機鵰剿；或出奇攻擊，如羅知府在成化末年事，皆在臨期隨宜斟酌而行。待半年或七八閱月後，地方果寧，方許掣回。若鵰剿之策果行，仍乞行仰府江兵備及平樂知府量發官軍，四面夾攻。設使猝未攻剿，亦乞行仰嚴加防遏，毋或其縱橫出劫，肆無忌憚。若然，則不惟區區殘民有所恃賴，雖仏

第2509頁

厯老病如冕者，亦得以苟延殘喘於荒山野水之濱，遠近
耄倪人人皆拜大造之賜矣。凡此計處，不必旌節親臨撫
境，但嚴行各該衙門專委任而責成焉，則不無濟矣。全
、灌、興、靈之外，前所云洛容自大征後，至今賊皆窟
冗縣中，上下相蒙，謂為修復已久，而實未嘗修復。府
江賊亦恣肆如故，莫如之何。今秋嚴布政歸自蒼梧，其
下承差吏皂死傷於賊者十二三人，他可知矣。右江一帶
，軍民往來道路常梗，日復一日，不知畢竟何所底止。
凡若此者，患執事未之知耳；使誠知之，寧忍不為之處
哉！恃斯文雅愛，喋喋冒煩，伏惟不罪而留意焉，幸甚

」

按：國榷卷五十四：「六月癸卯，敕定議禮諸臣之罪，前大學士楊
廷和削籍，故禮部尚書毛澄奪官，前大學士蔣冕、毛紀、尚
書喬宇、汪俊各鐫秩閑住，林俊、何孟春、郎中夏良勝俱削
籍……」蔣冕六月鐫秩，其歸全州在七月，則此書當作在
八月中，書中云「今秋」、「今月」，指秋八月也。陽明未有回應者，
蓋全州、興安寇患實甚於思、田，陽明在南寧已心力交瘁，鞭
長莫及；況其時陽明已有歸休意，至八月二十七日遂離南寧東
歸（見下），故可能陽明在南寧亦未及得見蔣冕此書也。

全力處置平斷藤峽、八寨善後地方治安事宜，多未及實行。

第2510頁

王陽明全集卷十八劄付同知林寬經理田寧，劄付同知桂
鏊經理思恩，議立縣衙，卷三十批右江道移置鳳化縣南
丹衛事宜呈，批右江道議築思恩府城垣呈，行福建漳州
府取回岑邦佐牌，批參將沈良佐經理軍伍呈，改委南丹
衛監督指揮牌。

按：陽明自七月十二日上處置八寨斷藤峽以圖永安疏後，不等朝
命下，即著手處置疏中所提諸地方治安事宜，至八月二十七日陽明離南
寧東歸，整個八月中，陽明全力處置一應善後地方事宜，以固治安。然因
很快離任東歸，其所下處置事宜多未及實行；至林富來代提督，
更多反陽明措置，思、田治安自是日非矣。

董傳策駱越漫筆：「王新建既降盧蘇，改田州為田寧府，
設置流官。又薦林左轄富可巡撫，張都閫祐可總兵。林
號省吾，王講學門人也，論議一與王同。及王沒，林代
提督，遂思反王議，以媚時宰。因言田州不必改流，宜
降州治，以岑邦相為判官。邦相者，盧蘇所挾以反者也
，於是盧蘇益驕横，竟弑邦相。迄陶、潘、蔡三提督不
能誅，諸土官大憤，提督威令不行，自林始。今田州思
王不殺降，尤德林有再造恩，建祠並祀，以林居左，
王假有靈，羞與林伍享束食矣。林在鎮黷貨巨萬，而張
祐以副總兵鎮田州，亦緣要厚賞，為邦相毒死。方王

第2511頁

議招盧蘇時，所愛信指揮王佐門客岑伯高，揣知王無殺蘇意，私索蘇萬金，蘇由此恚恨自沮，王竟委曲就事，不無稍損威重。」（轉引自嘉慶廣西通志卷一百二十七）

二十七日，自南寧啟程赴廣城待命。

王陽明全集卷十五乞恩暫容回籍就醫養病疏：「……今已興至南寧，移臥舟次，將遂自梧道廣，待命於韶、雄之間。」

同上，卷二十六寄正憲男書五：「八月廿七日南寧起程，九月初七日已抵廣城……」

按：錢德洪遇喪於貴溪書哀感云：「嘉靖戊子八月，夫子既定

第2512頁

恩、田、賓、潯之亂，疾作。二十六日，旋師廣州。」（王陽明全集卷三十七世德紀）謂「二十六日」，相差一日。謂「旋師」亦不確。陽明離南寧往廣城乃是為歸休待命，既非「棄任」，亦非「旋師」，其於七月十日所上乞養病疏已明言「將遂自梧道廣，待命於韶、雄之間」，待命之請先在七月已告於朝廷，朝廷故意遲遲不復命，陽明待至八月廿七日方自南寧啟程，欲一路待命於梧、廣、韶、雄、南安之間，翹首以盼，卻始終不見朝命下到。詭疑多端之世宗至九月甲戌方有命「不准辭」（見前引），待朝命下到兩廣，陽明已病卒。足可見後來世宗與桂萼之流謂陽明不俟朝命棄任歸乃是誣陷不實之辭，此輩奸詐君臣勾結，

以遲遲不下朝命為陽明步步設置圈套，引入陷阱，反誣以違抗朝命之罪，以掩飾己惡也。

經橫州，謁伏波廟，有詩感懷，並錄十五歲時所作夢謁伏波廟詩以識其事。

王陽明全集卷二十謁伏波廟二首：「四十年前夢裏詩，此行天定豈人為？徂征敢倚風雲陣，所過須同時雨師。尚喜遠人知向望，卻慚無術救瘡痍。從來勝算歸廊廟，恥說兵文定四夷。

樓船金鼓宿烏蠻，魚麗群舟夜上灘。月繞旌旗千嶂靜，風傳鈴柝九溪寒。荒夷未必先聲服，神武原來不殺難。想見虞廷新氣象，兩階干羽五雲端

第2513頁

。」

夢中絕句：「此予十五歲時夢中所作。今拜伏波祠下，宛如夢中。茲行殆有不偶然者，因識其事於此。……」

按：兩廣伏波廟甚多，錢德洪陽明先生年譜不言陽明所謁是何處伏波廟，乃將陽明謁伏波廟定在十月，誤甚。按陽明詩云「樓船金鼓宿烏蠻」，則必是指橫州之伏波廟。蓋橫州伏波廟建在烏蠻灘上，背靠烏蠻山。嘉靖南寧府志卷五：「（橫州）伏波廟，州東六十里烏蠻灘上。漢馬伏波將軍征交趾，駐兵於此。州人立廟祀之。」卷四：「（橫州）烏蠻驛，在州東六十里烏蠻灘上。」嘉慶廣西通志卷一百零五：「（橫州）烏蠻山，州

東六十里江北古江口，州東八十里烏蠻所居。烏蠻，一名烏滸……伏波廟在烏蠻山麓。」烏蠻灘有烏蠻驛，為南寧往梧州必經之地。由南寧至橫州約二日程，陽明八月廿七日起程，至橫州約在二十八、九日，陽明謁伏波廟即在其時。至十月陽明已在廣州，如何來謁橫州伏波廟？錢德洪年譜以訛傳訛，於「十月，謁伏波廟」下竟又引陽明與聶豹書（此書作於七月），引陽明與鄒守益書（此書作於嘉靖四年，見前引），定陽明「祀增城先廟」亦在十月（實在閏十月，見下），可謂混亂顛倒之至。

九月七日，抵廣州，有書寄子王正憲。

王陽明全集卷二十六又寄正憲男書二：「八月廿七日南寧起程，九月初七日已抵廣城。病勢今亦漸平復，但咳嗽終未能脱體耳。養病本北上已二月餘，不久當得報。即踰嶺東下，則抵家漸可計日矣。書至，即可上白祖母知之。近聞汝從汝諸叔諸兄皆在杭城就試。科第之事，吾豈敢必於汝，得汝立志向上，則亦有足喜也。汝叔汝兄今年利鈍如何？想旬月後此間可以得報，其時吾亦可以發舟矣。因山陰林掌教歸便，冗冗中寫此，與汝知之。」

按：據萬曆紹興府志卷三十二選舉，是年王正憲及其諸叔諸兄均未中舉。

八日，行人馮恩賚捧敕書賞賜至廣州府，執贄為陽明弟子。

。二十日，上謝恩疏。

王世貞御史馮恩傳：「馮御史之始成進士也，以行人出勞兩廣大帥王文成公守仁。文成公進公而語之道，公不覺屈席。已薦束脩為弟子，文成公亦器之，每語人：『任重道遠，其在馮生哉！』……」（國朝獻徵錄卷六十五）

明清進士録：「馮恩，嘉靖五年三甲十四名進士。松江華亭人，字子仁，號南江。幼孤，家貧，母吳氏親督教之。及長，知力學。官行人，出勞兩廣總督王守仁，執弟子禮。擢南京御史，上奏疏言都御史汪鋐等之奸，帝怒，逮下錦衣衛獄，日受搒掠，幾死，不失節，人稱『四鐵御史』（口、膝、膽、骨皆鐵也）。母吳氏擊鼓訟冤，子行可時年十三，刺血上書，請代父死，皆不許。後遣戍雷州，遇赦還，家居。穆宗立，拜大理寺丞，致仕。卒年八十一。有芻蕘集。子時可，舉進士。」

監察御史馮恩傳：「……嘉靖壬辰年，彗星見東井，恩疏論閣部諸臣，為門庭心腹之彗，乞誅朋奸誤國者，而尤指斥都察院右都御史汪鋐。詔下錦衣獄，搒掠數百，痛絶而殞。都督陸松灌以良藥，乃得甦。獄上，移法曹，柄事者媚鋐，當恩大辟。癸巳年秋，會審闕下，鋐例主其議，操筆東面坐，諸因跪西面，恩獨北面，列校牽使西，恩厲聲曰：『吾此膝跪朝廷耳，豈為鋐屈耶！』鋐怒，推案詬曰：『汝屢疏欲殺我，我今殺汝矣！』恩大呼曰：『聖明在上，生殺皆天斷，豈容權臣無忌憚至此！」反覆爭辯久之，鋐攘臂跳踉，若將下毆者，恩復大呼曰：「諸公卿觀否耶？汪鋐無君擅權，我恨不能手刃以報上！」左都御史王廷相蹙額慰恩曰：「馮御史，無動氣，祖宗百六十年來，未有殺諫官者，詎令今日有此！」又正式謂鋐曰：「汪先生宜為國惜體，如先生言，是以私意殺人矣！」鋐愈怒，遂書「情真」二字而起。恩囊三木，挺身出長安門，士民聚觀者如堵，嘖嘖言曰：「是御史若口、若膝、若膽、若骨，皆鐵也！」相與稱「四鐵御史」。……肅皇帝仁聖，特詔免行刑，恩於是得不死，繫獄三年。長子行可，年十四矣，屢疏乞以身代。母吴匍匐擊登聞鼓，訟冤，皆不報。行可晝夜哭長安街……甲午冬，行可刺臂血書疏，自縛詣闕乞死。通政陳經引以上請。肅皇帝憐之，命法曹再議。刑部尚書聶賢、左都御史王廷相謂：「恩罪在狂妄，無死法；而行可乞代父，情可矜。」詔免死，戍雷州。士大夫聞之，咸舉手相慶。太史鄒守益、羅洪先、程文德題《四德流芳卷》贈焉，謂君仁、臣直、母慈、子孝也。……（國朝獻徵録卷六十五）

第2517頁

陽明行書良知說四絕示馮子仁：「問君何事日憧憧？煩惱場中錯用功。莫道聖門無口訣，良知兩字是參同。

個個人心有仲尼，自將聞見苦遮迷。而今指與真頭面，只是良知更莫疑。

人人自有定盤針，萬化根源總在心。却笑從前顛倒見，枝枝葉葉外頭尋。

無聲無臭獨知時，此是乾坤萬有基。抛却自家無盡藏，沿門持鉢效貧兒。

馮子仁問良知之說，舊嘗有四絕，遂書贈之。陽明山人王守仁書，時嘉靖戊子九月望日也。」（中國古代書畫圖目第十八册）

王陽明全集卷十五獎勵賞賚謝恩疏：「准兵部咨為奏報平

第2518頁

復地方事，該臣題該本部覆題，節奉聖旨：「王守仁受命提督軍務，蒞任未久，乃能開誠布恩，處置得宜，致令叛夷畏服，率衆歸降，罷兵息民，其功可嘉。寫敕差行人賫去獎勵，還賞銀五十兩，紵絲四表裏，布政司買辦羊酒送用。欽此。」隨於本年九月初八日，該行人馮恩賫捧敕書并前項綵幣銀兩等項到，於廣州府地方奉迎入城，當除望闕謝恩，欽遵收領外，臣時臥病牀褥，已餘一月，扶疾興伏，感激惶懼，顛頓昏眩，莫知攸措。已而漸復甦息，伏自念思恩、田州數萬赤子，皆畏死逃生，本無可誅之罪。而前此當事者議欲剿滅，故皆洶洶思

亂，而無復生全之心矣。仰賴皇上好生之仁，軫念遠夷，惟恐一物不得其所，特遣臣來勘處……今乃誤蒙洪恩，重頒大賞，且又特遣行人賫敕遠臨……祇受之餘，戰悚惶恐，徒有感泣，惟思此生鞠躬盡瘁，竭犬馬之勞，以圖報稱而已。……」

按：行人馮恩賫敕至廣州府，可見朝廷早知道陽明已離南寧待命於廣州，却對此不置一詞；而陽明在廣州待命長達三月（見下），朝廷終陽明病卒竟不下「不允辭」詔命，反加以「不俟命擅離任歸」之罪名，使陽明有口難辯，朝廷陷害反誣陽明之預謀，於此昭然可見矣。

海涯陳明德來廣州問學。

薛侃集卷七陳海涯傳：「先生姓陳氏，諱明德，字思準，號海涯，海陽闢望人也。……遊庠校，寡諧與，聞白沙倡道東南，勃然興發，遂棄舉子業。……迨中離歸自虔，始聞精一之旨，且信且疑。毅齋邀處北山精舍，三年乃豁然。毅齋卒，與復齋砥礪玉林，自是和易通坦，與物無忤。……戊子，見陽明先生於羊城，既歸，門人益進。……先生之學，凡三變而始至於道。晚歲宗旨瑩徹，善誘循循，方賴以明斯學，而天嗇其壽。……」

季本、薛侃偕黄佐來廣州問學。

黄佐庸言卷九：「……予見其面色黧悴，時啖姜蜜以下痰，勸之行，公以為然。季、薛二子拉予往受業。……」

按：陽明在廣城三月，多有弟子士人來問學。黄佐為南海人，近在咫尺，多來見陽明。季本為揭陽主簿，常往返於南寧、廣州、揭陽之間。薛侃為海陽人，與季本關係尤密，聞陽明來廣城，必當往見也。薛侃陳海涯傳云：「戊子，見陽明先生於羊城。既歸，門人益進。」疑陳明德即隨薛侃、季本來見陽明。除陳明德、黄佐等外，來廣州問學士子，今可考者尚有：

成子學。光緒潮州府志卷二十八：「成子學，字懷遠，號井居，海陽人。性孝友，少事王陽明，得良知之旨。嘉靖丁酉，舉於鄉。甲辰，成進士，授峽江令。邑故多郵傳雜派，子學裁革過半，使客鞅鞅，卒不復有無主荒糧。里胥相緣為奸，弊延累無已。為請於上官，均攤闔縣無偏枯。縣民鄭文生母死於虎，訟之官，焚牒告山神，設檻以待，翌日虎斃。行取擢兩淮監察御史，累官苑馬寺卿。生平與吉水羅洪先往復寓書，闡明理學。」

陳琠。揭陽縣正續志卷六：「陳琠，龍溪人。嘉靖中歲貢。師事餘姚王守仁，得致良知之學。歸授徒里中，從遊日衆

。選思恩訓導，擢永定教諭。教人有則，士皆宗之。既歸，益勵志節。卒祀鄉賢。」

霍任。馬狩錄西樵志卷四人物：「霍任，字尹先，弱冠，以諸生應省辟，兩舉不遇，輒謝去。隱西樵，修身繕性。其學以主靜為的，嘗從王餘姚、湛增城遊。事二親孝，居喪，飦粥百日，蔬食三年。喜賙貧，歲侵，令家人減食以賑，多所存活。邑中有受誣殺人者，廉知其冤，輒白當事釋之。其人獻百金為壽，辭弗顧，曰：『我固未嘗識子也。』性矜嚴好禮，中夜起火，延燒外舍，家人洶洶，猶衣冠而出。居西樵三十歲，卒。」按：霍任為霍韜弟。

龐嵩。西樵志卷四人物：「龐嵩，字振卿，邑人。少勤苦，博通經籍，從王餘姚遊。既領鄉薦，講業羅浮，學者執經門下百餘人。釋褐，判應天府，遷治中。築堤墾田，民蒙其利。值歲歉，輒發粟以賑，所存活數萬人。尋徙刑部郎。時諸郎鮮習法令，奸吏因緣為市，嵩諳練而介，多所平反。其執議，即權貴不假借，以故見忌於時。常科比律，例撰刑曹志，為編四，曰原刑，曰司刑，曰祥刑，曰明刑。尚書陶尚德深器之，擢守曲靖，夷風漸變。居二載，以老罷，而年始五十，蓋忌者中傷云。歸從湛增城遊。湛沒，塲居三載，力恤其孤。晚年築室西樵大科峰下，老而彌健，年七十七卒。」明史卷二

百八十一龐嵩傳：「嘉靖十三年舉於鄉，講業羅浮山，從遊者雲集。二十三年，歷應天通判……早遊王守仁門，淹通五經。集諸生新泉書院，相與講習。……」

祁敕。黃佐饒州府知府祁公敕墓志：「公諱敕，字惟允，別號棠野，廣之東莞人……踰冠，領魁薦於鄉，即藏修不出，慕濂溪、延平，為之贊，師其心學，充養日粹……正德丁丑，再試登第，……庚辰，始赴銓，拜刑部貴州司主事……丁亥，晉本部雲南司署員外郎……六月，晉本部四川司署郎中……戊子鄉試，初簡廷臣學行者主各省文柄，公受命往廣西考校。比入彀皆名士，而錄文亦甚馴雅。事竣，取道

歸省，有司致賮，一無所受。晤總制陽明王公於廣，與
論窮神知化大旨，王公稱服，語人曰：「祁正郎深於養者也
。」抵家，無何，即拜饒州之命。……」（國朝獻徵録卷八十七）
明清進士録：「祁敕，正德十二年二甲一百一十名進士。廣東
東莞人，字惟允，號棠野。授刑部主事。嘉靖初，伏闕爭
大禮，廷杖。歷郎中，善決疑獄。出守饒州，以事謫婺州
典史，道病，歸卒。」按：祁敕當是與黃佐同來見陽明，所
謂「語人曰」，即指黃佐、季本、薛侃諸同來者。

蔣冕作序賀陽明平思、田功。
湘皋集卷十八賀總制軍務新建伯南京兵部尚書兼都察院
左都御史陽明王公平寇序：「皇上嗣大歷服之初，吾二廣
搢紳士之仕於朝者，旅談旅議，以二廣寇亂相仍，近數
年尤甚，非得奇特瓌偉不群之才，忠誠體國而不茍目前
之安者拯之，莫克有濟。若新建伯、南京兵部尚書，揚
州□□□也，聯名具疏懇乞公於家。疏將上，諗於內閣
銓部諸執政大臣，僉謂公純孝人也，兩三年前，公之太
母夫人没，公尚連章求歸卒葬事；今公之父太宰實庵先

第2523頁

生年垂八袠，方以疾卧家，公跬步未肯離膝下也，顧肯
遠去數千里以涖兩二廣乎？莫若待公終養復起之未晚也
。疏遂不果上。未數月，先生捐館舍。公既免喪，吾二
廣寇亂相仍，尤有甚於前日，中外臣工疏請起公者，
踵相接於廷，皇上俯從僉議，命公兼都察院左都御史
，總制兩廣、江西、湖廣等處軍務，暫兼巡撫，以平田
州、思恩寇亂。敕旨再三，丁寧鄭重。公辭不獲命，兼
程西邁，節鉞駐蒼梧。未數日，即躬至古邕，以臨思、
田邊境。散冗兵數千人，各還本土者，冗費冗食無慮萬
計。又創立敷文書院，日與諸生講明義理，以示閑暇將

無事於用武。書院名「敷文」，蓋取虞廷誕敷文德，舞干兩
苗格之意，人皆知公意向所在。無幾何，兩府之民相率
來歸，公乃親詣其地，撫綏輯定，為之改建官屬，易置
公署，民之歸耕趨市者滋衆，而兩府以次漸平。又以僮
賊之在兩江者，恃其險阻，不時出没，公肆劫掠，莫如
之何。乃檄汪參議必東，吴僉事□、王廷弼，湖廣汪僉
事溱，張參將經，帥永順□□□六千人，往涖斷藤峽之
仙臺、花相、古陶、龍尾諸巢峒。未幾，斬首數百級。
尋檄林布政富、翁副使素、張副總兵祐，帥思、田二府
兵八千人，往涖八寨。未幾，斬首數百級，而兩江以次

第2524頁

漸平。寇之在兩府者，因其可撫而撫之；寇之在兩江者，因其可擊而擊之。或張或弛，不泥故常，而惟主於弭禍，以安生靈也。若公者，所謂奇特瓌偉不群之才非邪？不然，何足以辦此？布政既陟都憲，撫治於鄖陽，濱行，謂公撫定削平之功，在吾廣右者不可無紀述，以為聖天子簡任得人賀也。迺偕兩江藩憲及副總兵、參將、知府諸君，以書備述其事，遣學正石尚寶持來徵予序。昔公以都憲巡撫南贛汀漳，嘗躬冒矢石，破桶岡諸巖險劇賊於大帽山，其功甚偉。後值寧庶人之變，遂倡義募兵，擒庶人於鄱陽湖，以成奠安宗社之大功。此伯爵之

所以錫，子孫繼承，山河帶礪，初不可以世論，而先聲所加，則實由於桶岡諸巖險之破也……特以公所撫定削平之地，於予所居相去僅千里，而近藉公庇廕多矣……予昔待罪內閣，嘗隨諸老，以公江西勳烈大書之，藏於金匱；今雖老病，顧不能以公勳烈之在吾二廣者，偕搢紳士歌頌於道路哉！……」

按：蔣冕此序乃是奉林富之請而作。前考林富九月至鄖陽任，可知蔣冕此序作在九月中。

燕泉何孟春再有書來，懇為其文集作序，陽明有答書謝之。

陽明先生文録卷四寄何燕泉書：「兵冗中久缺裁候，乃數承使問，兼辱嘉儀，重之以珍集，其為感愧，何可言也！僕病臥且餘四月，咳痢日甚，淹淹牀席間，耳聾目眩，視聽皆廢。故珍集之頒，雖嘉逾拱璧之獲，而精光透射，尚未敢遽一瞬目其間。候病疏得允，苟還餘喘於田野，幸而平復，精神稍完，然後敢納足玄圃之中，盡觀天下之至寶，以一快平生，其時當別有請也。伏枕不盡謝私，伏冀照亮。」

按：前引陽明六月四日寄何燕泉云「伏枕已踰月」，知陽明始病臥在五月；陽明此寄何燕泉書云「僕病臥且餘四月」，則此書作在九月中。蓋何孟春先在六月寄書及詩章來，為陽明所肯；遂在九月再寄書及文集來，有懇為其文集作序之意。書中所云「兼辱嘉儀」，當是何孟春寄來賀儀慶其生日，陽明生於九月三十日，可見何孟春寄書及賀儀來約在九月初。

有家書寄子王正憲。

王陽明全集卷二十六寄正憲男書三：「我至廣城已踰半月，因咳嗽兼水瀉，未免再將息旬月，候養病疏命下，即發舟歸矣。家事亦不暇言，只要戒飭家人，大小俱要謙謹小心。餘姚八弟等事，近日不知如何耳？在京有進本者，議論甚傳播，徒取快讒賊之口，此何等時節，而可如此！兄弟子姪中不肯略體息，正所謂操戈入室，助仇

為寇者也，可恨可痛！兼因謝姨夫回，便草草報平安。書至，即可奉白老奶奶及汝叔輩知之。錢德洪、王汝中及書院諸同志皆可上覆，德洪、汝中亦須上緊進京，不宜太遲滯。」

按：陽明九月七日至廣城，此書作在九月下旬中。書中所言「八弟」，即王袞幼子王守恭，陽明與諸弟書中言「寓贛州長兄守仁書寄三弟、四弟、六弟、八弟收看」，即陽明此書中所言「餘姚八弟等」。書中所言「在京有進本」、「徒取快讒賊之口」，疑即指聶能遷誣告案，王守恭等赴京上疏抗辯，引動都下，所謂「議論甚傳播」。陽明以為不足取，「徒取快讒賊之口」，「讒賊」者，隱指聶能遷、桂萼之流也。又書所言「德洪、汝中亦須上緊進京」，乃謂錢德洪、王畿加緊准備科考，入京赴來年春試，與其答何廷仁云「德洪、汝中輩亦可促之早為北上之圖」意同。

作文祭莫南海。

王陽明全集卷二十五祭南海文：「天下之水，萃於南海。利濟四方，涵濡萬類。自有天地，厥功為大。今皇聖明，露降河清。我實受命，南荒以平。陰陽表裏，維海效靈。乃陳牲帛，厥用告成。尚饗！」

按：此祭文當是陽明到廣州以後所作。文中所云「露降河清」事，發生在嘉靖六年至七年之際，國榷卷五十三：「嘉靖六年十二月庚申，靈寶黃河清五十里。」卷五十四：「嘉靖七年正月朔，甘露降長泰、龍溪等縣。」楊一清即以露降河清上賀，迎合帝心，國榷卷五十四：「七月朔，大學士張璁請宣諭內閣，絶讒邪，清政本……蓋明斥楊一清也。一清起家由璁等，雖敏練見知，頗不自安，請賀河清，獻甘露，迎合上心。……」按河清露降正發生在陽明平思、田之時，陽明視為其平定思、田之吉兆，故文中云「露降河清，我實受命，南荒以平」。又古人以河清海晏為天下太平之象，陽明平定廣西，有河清海晏之兆，故其一至廣州，即作文往祭南海也。

十月，有書致善山何廷仁告歸。

王陽明全集卷六答何廷仁：「區區病勢日狼狽，自至廣城，又增水瀉，日夜數行，不得止，今遂兩足不能坐立。須稍定，即踰嶺而東矣。諸友皆不必相候。果有山陰之興，即須早鼓錢塘之舵，得與德洪、汝中輩一會聚，彼此當必有益。區區養病本去已三月，旬日後必得旨，亦遂發舟而東。縱未能遂歸田之願，亦必得一還陽明，與諸友一面而別，且後會又有可期也。千萬勿復遲疑，徒躭誤日月。總及隨舟而行，沿途官吏送迎請謁，斷亦不能有須臾之暇，宜悉此意。書至，即撥冗。德洪、汝中輩亦可促之早為北上之圖。伏枕潦草」。

按：陽明養病疏上在七月十日，可知此書作在十月。

再有家書寄子王正憲。

王陽明全集卷二十六又寄正憲男書四：「近因地方事已平靖，遂動思歸之懷，念及家事，乃有許多不滿人意處。守度奢淫如舊，非但不當重託，兼亦自取敗壞，戒之戒之！尚期速改可也。寶一勤勞，亦有可取，只是見小欲

第2529頁

速，想福分淺薄之故，但能改創亦可。寶三長惡不悛，斷已難留，須急急遣回餘姚，別求生理；有容留者，即是同惡相濟之人，宜并逐之。來貴奸惰略無改悔，終須逐出。來隆、來价不知近來幹辦何如？須痛自改省，但看同輩中有能真心替我管事者，我亦何嘗不知？添福、添定、王三等輩，只是終日營營，不知為誰經理，試自思之！添保尚不改過，歸來仍須痛治。只有書僮一人，實心為家，不顧毀譽利害，真可愛念。使我家有十個書僮，我事皆有託矣。來瑣亦老實可託，只是太執戇，又聽婦言，不長進。王祥、王禎務要替我盡心管事，但有

闕失，皆汝二人之罪。俱要拱聽魏先生教戒，不聽者責之」。

按：此為陽明最後一封家書。綜觀陽明入廣所寄家書，可見偌大一「伯府」，即內，因陽明不在，糾紛漸生，弟姪不軌，管事不忠，家僕怙惡，敗象已露。一至陽明卒，外侮內釁頓起，蓋非無因也。

雲南朱克明、夏德潤書至，陽明有答書。

陽明與夏德潤朱克明手札：「舍人王勳來，嘗辱手札，匆匆中未暇裁答，為愧。今此子已襲指揮使，頭角頓爾崢然，而克明、德潤未免淹滯於草野，此固高人傑士之

第2530頁

所不足論，然世事之顛倒，大率類此，亦可發一笑也。因此子告還，潦草布問，不一一。守仁頓首，德潤夏先生、克明朱先生二契家。凡相識處，特望致意」。（葉元封湖海閣藏帖卷二與德潤及克明書）

按：前考朱克明即朱光霽，號彷茅，雲南蒙化人，陽明弟子。

王勳，按陽明平思、田及斷藤峽、八寨時多提及一指揮「王勳」，如八寨斷藤峽捷音疏云：「節據廣西領哨潯州衛指揮馬文瑞、王勳……遵奉統領各該軍兵……隨同領哨指揮王勳，又督同宣慰彭九霄等……」又云：「舊任副總兵張祐……及各督哨、督押、指揮等官馬文瑞、王勳……雖其才猷功績各有大小

等級之殊，而利害勤苦，亦有緩急久暫之異，然當茲炎毒暑雨之中，瘴疫熏蒸，經冒鋒鏑之場，出入崎嶇之地，固將同效捍勤事之績，均有百死一生之危者也。」陽明將王勳列入賞功人員，故當是九月朝廷獎賞平思、田立功人員後，王勳得陞指揮使，即陽明此書所云「今此子已襲指揮使，頭角頓爾崢然」。夏德潤，無考，當亦是陽明在貴州時所識（與朱克明同時）。夏德潤、王勳應也是蒙化人，故王勳歸家，帶來夏德潤、朱克明手札；而王勳告還，陽明又託其帶去此與夏德潤、朱克明手札。蓋陽明南來兩廣，去雲南蒙化已近，故得因王勳與夏德潤、朱克明恢復通信往來，所謂「凡相識處」，即指陽明在雲貴之弟子舊識也。

閏十月，增城忠孝祠成，陽明赴增城謁祠奉祀，題詩祠壁，重刻王綱傳碑立石，廣東提學副使蕭鳴鳳為作記。

王陽明全集卷二十五祭六世祖廣東參議性常府君文：「於惟我祖，效節於高皇之世，肇禋茲土，歲久淪蕪。無寧有司之不逞，實我子孫門祚衰微，弗克靈承顯揚。蓋冥迷昏隔者八九十年，言念愴惻，子孫之心，亦徒有之。恭惟我祖晦迹長遁，迫而出仕，務盡其忠，豈曰有身沒之祀？父死於忠，子殫其孝，各安其心，白刃不見，又知有一祀之榮乎？顧表揚忠孝，樹之風聲，實良有司修舉國典，以宣流王化之盛美，我祖之烈，因以復彰，見人心之不泯，我子孫亦藉是獲申其愴鬱，永有無窮之休焉。及茲廟成，而末孫某適獲來蒸，事若有不偶然者。我祖之道，其殆自茲而昌乎？某承上命，來撫是方。上無補於君國，下無益於生民，循例省績，實懷多慚。至於心之不敢以不自盡，則亦求無忝於我祖而已矣。承事之餘，敢告不忘。以五世祖秘湖漁隱先生彥達府君配。尚饗！」

陽明與提學副使蕭鳴鳳：「予祖綱，洪武初為廣東參議，往平潮亂，至增江，遇海寇，卒為所害。其子赴難，死之。舊當有祠，想已久毀，可復建也。然詢諸邑者，皆無知者。乃檄知縣朱道瀾，即天妃廟址鼎建，祀綱及其子彥達。既竣事，守仁往謁。祀事畢，駐節數日，不忍去，召集諸生，講論不輟。曰：『吾祖寓此，而甘泉又平生交義兄弟，吾視增城，即故鄉也。』乃題詩祠壁曰：『海上孤忠歲月深，舊壝荒落杳難尋。風聲再樹逢賢令，廟貌重新見古心。香火千年傷旅寄，烝嘗兩地嘆商參。鄰祠父老皆仁里，從此增城是故林。』」（黃佐廣東通志卷四十二藝文，陽明文集失載）

嘉慶增城縣志卷十九金石錄重刻廣東參議王公傳碑（正

書，篆額，在忠孝祠）：……「張壹民著。嘉靖七年，歲次戊子，冬閏十月吉，孝元孫新建伯王守仁重刻。禮部辦印生錢君澤書。」

蕭鳴鳳忠孝祠記：「……公諱綱，字性常，家世餘姚人。洪武四年以文學徵，上親策之，對稱旨，拜兵部郎中，時年已七十餘矣。值潮民弗靖，推廣東布政使參議，督理兵餉。公即與家人訣，攜其子彥達以行。既至省，乃單舸往諭亂者以順逆禍福，皆稽首服罪，聽約束，威信遂以大行。回過增城，遇海寇曹真竊發，鼓譟截舟，願得公為師。公以理開諭不從，則厲聲叱罵之，遂共扶舁而去。賊為壇位，日羅拜請不已，公叱罵不絕聲，遂遇害。時彥達亦隨入賊中，奮救不能得，因哭罵求死。其魁曰：『父忠子孝，殺之不祥。』戒其黨毋加害，與之食，不顧。賊憫其誠，容令綴羊革裹尸而出，得歸葬焉……嘉靖戊子歲，知增城縣朱道瀾始立祠於城南，并置田三十九畝，圖歲祀焉。適公六世孫新建伯、兵部尚書陽明先生總督南方列省諸軍事，既平邕、桂，旋節廣東，因設祭於祠下。先生素倡明正學，以繼往開來為己任，出其緒餘勳業，遂以滿天下。茲復天假之便，得以展公之廟貌，忠孝之傳固信有攸自，於是萬姓咨嗟興懷，公之英爽直若飛動於目前者……鳴鳳觀風此邦，深樂此廟之成，有裨於教事，故書顛末，麗牲之石。」（嘉慶增城縣志卷十七。按：蕭鳴鳳此記刻在碑陰。）

按：據陽明重刻廣東參議王公傳碑跋，可知陽明往祀增城忠孝廟在閏十月，錢德洪陽明先生年譜云「十月，祀增城先廟」，乃誤。按王陽明全集卷十八有批增城縣改立忠孝祠申云：「據增城縣申稱：『參得廣東參議王綱，字性常，洪武年間因靖潮寇，父子貞忠大孝，合應崇祀，於城南門外天妃廟改立忠孝祠。』看得表揚忠孝，樹之風聲，以興起民俗，此最為政之先務；而該縣知縣朱道瀾乃能因該學師生之請，振舉廢墜，若此則其平日職業之修，志向之正，從可知矣。仰行該縣悉如所議施行，其神像牌位及祭物等項，俱聽從宜酌處，完日具由回報。」此文在集中置於嘉靖七年六月中，知忠孝祠於六月動建，至閏十月建成，陽明來謁，適逢祠廟冬烝，陽明謂「某適獲來烝」、「適來逢初烝」，可見陽明來謁先廟當在閏十月中旬也。

泉翁大全集卷三重修增江忠孝祠記：「維歲嘉靖癸丑，修增城忠孝祠成，甘泉子記之。岳伯浮峰張公聞之，語縣尹盛君曰：『其蓋宏迺工，乃稱斯文。』蓋浮峰公乃陽明公之高弟也。先是壬子春，甘泉子赴增城，修明誠書院，館諸生。過相江之涯，見祠將闔，問曰：是何為者？曰：此忠孝祠，以祀新建伯王陽明公七世祖曰性常之忠，六世祖曰彥達之孝也。性常公任廣藩參議，撫綏潮民之弗靖者，還遇海寇曹真於增江之口，擒之無備，被執弗屈，死之。其子彥達赴難罵賊，賊義之不殺，得裹公屍歸葬，隱居養母，終身不仕。人嘆曰：夫父子死義，與天日爭光。昔也人謂若何？今也人謂若何？旅魂寥寂，不遂血食，則戚矣。嘉靖七年，邑尹朱君道瀾奉撫按命，立忠孝祠於斯，撥田縣官行事於斯。人又嘆曰：昔也人謂若何？今也人謂若何？則欣矣。今歲久就敝，過者

動心焉。甘泉子乃入謁之，遶之三匝，則見祠宇上漏旁穿，垣壁將傾，為之慨嘆。顧邑庠諸生曰：是謂以死勤事則祀之，禮也。吾昔與陽明公戮力以起斯文，是故道義骨肉之愛根於天性。今其祖祠荒落若此，寧不動心？夫父子大節，向也人謂若何？今也人謂若何？則戚矣。夫欣戚之心，痛癢相關，亦獨胡為而然哉？秉彝之性，不可誣也。藤蘿得意於雲日，蕭管無聲薦酒尊。此黃山谷慨徐孺子祠之詩也。況堂堂忠孝，上漏旁穿，將毀像貌焉，豈但藤蘿得意已哉！諸生曰：翁之言及徐孺子也，何居？徐孺子不事王侯，豈與王公之以死勤事，若是

第2535页

倫乎？曰：事有理同而跡異者。孺子之不事王侯，扶漢鼎也；王氏父子之死事，樹綱常也；一也。是皆能德無愧於天地，而爭光於日月者也。爾諸生其亟呈諸邑尹。於是盛君劍匡曰：吾責也。乃不白司府，不勞民力，庀材募工修之，不月而成。浮峰公至是聞之，故有是言曰：甘泉之言，大矣，廣矣！於是宏之，木石磚瓦之不堪者易之，新建公之詩將滅於壁者碑之。煥然一新，夫然後稱百年之舉廢也。……

按：所謂「新建公之詩將滅於壁者碑之」，即指陽明題祠壁詩。

過湛若水甘泉故居，有詩題壁。

王陽明全集卷二十題甘泉居：「我聞甘泉居，近連菊坡麓。十年勞夢思，今來快心目。徘徊欲移家，山南尚堪屋。渴飲甘泉泉，饑餐菊坡菊。行看羅浮雲，此心聊復足。」

書泉翁壁：「我祖死國事，肇禋在增城。荒祠幸新復，適來奉初蒸。亦有兄弟好，念言思一尋。蒼蒼蒹葭色，宛隔環瀛深。入門散圖史，想見抱膝吟。賢郎敬父執，童僕意相親。病軀不遑宿，留詩慰殷勤。落落千百載，人生幾知音？道通著形迹，期無負初心！」

按：據書泉翁壁，知陽明乃是在謁忠孝祠後過訪甘泉故居。

所謂「甘泉居」，指湛若水在甘泉都之故居。羅洪先湛甘泉先生

第2536页

墓表云：「湛氏居廣之增城甘泉都，四方學者宗之，稱為甘泉先生。其先莆人，元有諱露者，德慶路總管府治中，卜居甘泉都之沙貝村，遂為沙貝之始祖……以成化丙戌十月十有三日巳時，生先生於沙貝。」甘泉都有甘泉，有甘泉洞，故湛若水以甘泉自號，其居為甘泉居。甘泉都在增城南門外，而忠孝祠亦在增城南門外，嘉慶增城縣志卷八：「忠孝祠，在南門外相江。」故陽明在謁忠孝祠後即可造訪甘泉居，時間亦在閏十月中旬。錢德洪陽明先生年譜定陽明訪甘泉居在十月，亦誤。

二十一日，方獻夫、霍韜聯名上疏，辨白陽明江西平宸濠之功與廣西平思、田、斷藤峽、八寨之功，再為陽明辨謗雪冤，乞功賞陽明以勵忠勤。世宗不允。

渭厓文集卷二地方疏：「竊見新建伯、南京兵部尚書兼都察院左都御史王守仁奉命巡撫兩廣，已將田州、思恩撫處停當，隨復剿平八寨及斷藤峽等賊。臣等皆廣東人，與賊鄰壤，備知各賊為患實跡。嘗竊切齒蹙額而嘆曰：兩廣良民何其不幸，生鄰惡境，妻子何日寧也？又嘗竊計曰：兩廣何日得一好官員，剿平各賊，俾良民各安其生，而頑民染患未深者亦得格心向化也？乃今恭遇聖明特起王守仁撫剿田州、思恩地方，臣等竊謀曰：兩廣自是有底寧之期也！聖天子知人之澤也！是役也，臣等為王守仁計曰：前巡撫動調三省兵若干萬，梧州三府積年儲畜軍餉費用不知若干萬，復從廣東布政司支去庫銀若干萬，米不知支去若干萬，殺死疫死狼兵鄉兵民壯打手不知若干萬，僅得田州安靖五十日耳。自是而思恩叛矣，吊巖賊出圍肇慶府矣，殺數十千家矣，此賊併時同出，蓋與田州、思恩東西相應和者也。若王守仁者乘此大敗極敝之後，仰承聖明特擢之恩，雖合四省兵力，再支庫銀百餘萬，支米數百萬，剿平田州，報功級數萬人，亦且曰天下之大功也。然而守仁不役一卒，不費斗糧，只宣揚陛下聖德，遂致思恩、田州兩府頑民稽首來服，其奉揚聖化以來遠人，雖舜格有苗，何以過此！臣等是以嘆服王守仁不惟能肅將天威，實能誕敷天德也。若八寨之賊，斷藤峽之賊，又非田州、思恩可比也。天下十二省，俱多平壤，惟廣西獨在萬山之叢，其土險，其水迅，其山之高，有猿猴不度、飛鳥不越者。故諺語曰：廣西民三而賊七。由山高土惡，習氣兇悍，雖良民至者亦化為賊也。八寨賊洪武年間所不能平。斷藤峽成化八年都御史韓雍僅得討平，及今五十餘年，遺孽復熾。故廣西賊巢，柳州、慶遠、鬱林、府江諸賊，雖時出劫掠，官兵亦屢請征之。若八寨賊，則自國初至今未有輕議征剿者，蓋謂山水兇惡，進兵無路，消息少動，賊已先知，一夫控險，萬兵莫敵，故百六十年未有敢征八寨賊者也。賊亦恃險肆惡，時出攻圍城堡，殺掠良民，何啻萬計！四方頑民犯罪脱逃，投入八寨，則有司不敢追攝矣；鄰近流賊避兵追剿，投入八寨，則官兵不敢誰何矣。是八寨者，實四方寇賊淵藪也；斷藤峽，又八寨之羽翼也。廣西有八寨諸賊，猶人有心腹疾也。八寨不平，則兩廣無安枕期也。今王守仁沉機不露，掩賊不備，一舉而平之，百數十年豺虎窟穴，掃而清之如拂塵然，非仰藉聖人神武不殺之威，何以致此！臣等是以嘆服王守仁能體陛下之仁，以懷綏田州、思恩向化之民；又能體陛下之義，以討服八寨、斷藤峽梗化之賊也。仁義之用，兩得之也。謹按王守仁之成功有八善焉：乘湖兵歸路之便，則兵不調而自集，一也；因田州、思恩效命之助，則勞而不怨，二也；機出意外，賊不及避，所誅者真積年渠惡，非往年濫殺報功者比，三也；因歸師討逆賊，無糧運之費，四也；不役民兵，不募民馬，一舉成功，民不知擾，五也；平八寨，平斷藤峽，則極惡者先誅，其細小巢穴可漸使德化，使去賊從良，得撫剿之宜，六也；八寨不平，則西而柳、慶，東而羅旁、綠水、新

寧、恩平之賊，合數千里共為窟穴；雖調兵數十萬，費糧數百萬，未易平復，八寨平定，則諸賊可以漸次撫剿，兩廣良民可漸安生業，紓聖明南顧之憂，七也；韓雍雖平斷藤峽賊矣，旋復有賊者，實當爾時未及區畫其地，為經久圖，俾餘賊復據為巢穴故也，今五十年生聚，則賊復熾盛也亦宜；若八寨乃百六十年所不能誅之劇賊，山川天險尤難為功，今守仁既平其巢窟，即從建城邑以鎮定之，則惡賊失險，後日固不能為變，逋賊來歸，不日且化為良民矣，誅惡綏良，得民父母之體，八也。或者議王守仁則曰：「所奉命撫剿田州、思恩也，乃不剿田州則亦已矣，遂剿八寨可乎？」臣則曰：昔吳、楚反攻梁，景帝詔周亞夫救梁，亞夫不奉詔，而絕吳、楚糧道，遂破吳、楚而平七國，安漢社稷。夫不奉詔，大罪也，景帝不以罪亞夫，何也？傳曰：「閫以內，寡人制之；閫以外，將軍制之。」又曰：「大夫出疆，有可以安國家，利社稷，專之可也，古之道也。」是故周亞夫知制吳、楚在絕其食道，而不在於救梁也，是故雖有詔命，猶不受也。惟明君則以為功，若腐儒則以為非。今王守仁知田州、思恩可以德懷也，遂約其降而安定之；知八寨諸賊百六十年未易服也，遂因時仗義而討平之。仁義之用，

達天德者也，雖無詔命，先發後聞可也，況有便宜從事之旨乎？或者又曰：建置城邑，大事也；區處錢糧，户部職也，不先奏聞而輒興功，可乎？臣則曰：古者帝王千里之内自治，千里之外附之侯伯而已。是豈堯、舜、湯、武聖智反後世不如哉？蓋慮輿圖既廣，則智力不及，與其役一己耳目之力而無益於事，孰若以天下賢才理天下事為逸而有功也？是故帝王之職在於知人而已，既知其人之賢而委任之矣，則事之舉措，一以付之而責其成功。若功效不孚，乃制其罪可也。今既任之又從而牽制之，則豪傑何所措手足乎？是故王守仁之平八寨也，所殺者賊之渠魁耳，若逋逃者固未及殺也。乘此時機建置城邑，遂招逋逃之賊復業焉，則積年之賊皆可化為良民也。失此機會，撤兵而歸，俟奏得旨，乃興版築，則賊漸來歸，又漸生聚，據險結寨，以抗我師，雖欲築城，亦不能矣。昔者范仲淹之守西邊也，欲築大順城，慮敵人爭之，乃先具版築，然後巡邊，急速興工，一月成城。西夏覺而爭之，已不及矣。爾時范仲淹若俟奏報，豈不敗乃事哉！王守仁於建置城邑之役，蓋計之熟矣，錢糧夫役，固不仰足户部而後有處也。其以一肩而分聖明南顧之憂，可謂賢矣，不以為功，反以為過，可乎？

第2541页

先是正德十四年，宸濠謀反江西，兩司俯首從賊，惟王守仁同御史伍希儒、謝源誓心效忠。不幸姦臣張忠、許泰等欲掩王守仁之功以為己有，乃揚諸人曰：王守仁初同賊謀。及公論難掩，乃又曰：宸濠金帛俱王守仁、伍希儒、謝源滿載以去。當時大學士楊廷和，尚書喬宇亦忌王守仁之功，遂不與辨白，而黜伍希儒、謝源，俾落仕籍。王守仁不辨之謗，至今未雪，可謂黯啞之冤矣。夫國家論功，有二道焉：有開國效功之臣焉，有定亂拯危之臣焉。開國之臣，成則侯也，敗則虜也，雖勿計焉可也；惟禍變倏起，社稷安危凛乎一髮，效忠定亂之臣則不忘也。何也？所以衛社稷也。昔者王守仁之執宸濠也，可謂定亂拯危之功矣。姦人猶或忌之而謗其短，夫如是，則後有事變，誰肯效忠乎？甚矣，小人忌功足以誤國也！臣等是以嘆曰：王守仁等江西之功不白，無以勸勵忠之臣；若廣西之功不白，又無以勸策勳之臣。是皆天下地方大慮也。王守仁大臣也，豈以功賞有無為重輕哉？第恐當時有功之人及土官立功之人視此解體，則在外撫臣遂無所激勸，以為建功之地耳。臣等廣人也，目擊八寨之賊為地方大患百數十年，一旦仰賴聖明任用守仁以底平定，不勝慶忭。今兵部功賞未見施行，户部

浙江大学古籍研究所

第2542页

覆題又復再勘，臣恐機會一失，大功遂沮，城堡不得修築，逋賊復據巢穴，地方不勝可慮也。是故冒昧建言，惟聖明察焉。乞早裁斷，俾官僚早得激勸，城寨早得修築，逋賊早得招安，良民早得復業。嶺海之外，歌詠太平，祝頌聖德，實臣等所以報陛下知遇一節也，亦臣等自為地方大慮也，不得已也。為此具奏。」

明世宗實録卷九十四：「閏十月癸巳，禮部尚書方獻夫、詹事霍韜言：『臣等皆廣東人，備知諸猺為患多年，先曾調三省兵數十萬人，動支官銀數十萬兩，米數十萬石，僅得田州安靖五十日，然我軍失亡固已太半，而田、思叛人與吊巖、新寧、白水諸賊相表裏，時出劫掠，終莫得其要領。新建伯王守仁乘百年破敝之後，感聖明特起之知，不役一卒，不費斗粟，片言馳諭，而思、田稽顙，雖舜格有苗，何以加焉？至於八寨、斷藤峽之賊，合為樓獸伏於深巖絶峒間，自我明開國以來，未有輕議征剿者，今一舉蕩平，如拉枯朽。因湖廣之歸師，不煩調遣，善一也；時思、田之降衆，得其死力，善二也；所誅者真積年渠惡，非他濫殺之比，善三也；因歸師以討逆賊，無轉輸之費，善四也；不役民兵，不募民焉，而衆皆不擾，善五也；元惡就誅，餘黨咸服，得撫剿之宜

第2543页

，善六也；八寨平，諸賊可以漸次撫剿，而兩廣良民得安生樂業，善七也；徙建城邑，惡賊失險，計安經久，善八也。勞苦而功高如此，議者乃言：「守仁受命撫剿思、田，不受命征八寨。」又言：「築城建邑非人臣所得專。」傳曰：「大夫出疆，有可以安國家，利社稷，專之可也。」故周亞夫不奉救梁之詔，遂破吳、楚；范仲淹築大順城以拒敵，朞月奏功，當時未聞有專制之嫌。況守仁又有便宜從事之旨乎？先是宸濠叛逆江西，諸臣誓死討賊者，獨王守仁與伍希儒、謝源三人而已。功成之後，乃為忌者所抑，不曰「守仁初同賊謀」，則曰「滿載金帛以歸」。當時大臣楊廷和、喬宇從中飾成其事，至今未白。夫國家論功有二道：有開國效功之臣，有定亂拯危之臣。開國之臣，成則侯也，敗則寇也，雖勿崇焉，可也；惟禍變倏起，社稷安危凜乎一髮，效忠定亂之臣則不可忘也。何也？所以衛社稷也。今忠如守仁，有功如守仁，一屈於江西，再屈於兩廣，兵部功賞未見施行，户部覆題又行查勘。臣恐機會一失，大功難成，城堡不得修築，逋賊復爾猖狂，為地方慮不淺。惟陛下察之。』上批答曰：『所言已有旨處分。修建城邑，防患事宜，其令守仁會官條畫，便宜上之，務在一勞永逸，勿貽後艱。』」

第2544页

按：此地方疏（又題作論新建伯撫剿地方功次疏）向來以為是霍韜所上，然疏中分明云「臣等皆廣東人」，「臣等竊謀」，「臣等為王守仁計」，可見上此疏者非霍韜一人。今據明世宗實録云「禮部尚書方獻夫、詹事霍韜言」，可知此疏實為方獻夫與霍韜聯名所上。據石頭録石頭録原編：「嘉靖七年閏十月二十一日，上地方大慮疏，論王陽明守仁江西之功。時王陽明平廣西思、田，併剿八寨、斷藤峽，公論其功，因追論其平宸濠之功，遂上此疏。」是此疏上在閏十月二十一日，至二十五日世宗有答批。按方、霍此疏實針對世宗而發，其論地方事為假，而辨陽明江西之功與廣西之功為真。蓋世宗剛愎自用，在閏十月十四日（見國榷卷五十四）即斥陽明報捷「誇詐」，「恩威倒置」，否定陽明平八寨、斷藤峽之功，雖口頭只允「王守仁姑賜敕獎諭」（餘賞不行），但事後兵部不見施行，戶部欲再查勘，忌功大臣皆噓聲附和（按：疏中所言「或者」，隱指桂萼之流）。故方、霍憤上此疏，為陽明辨謗辨誣，旨在欲世宗認定陽明平八寨、斷藤峽之大功，予以賞功獎賚。蓋唯有認定陽明平廣西之大功，陽明入朝入閣便是順理成章之事，此才是方、霍上此疏之真正用意也。世宗自然深知箇中利害，故對方、霍疏「王顧左右而言他」，不言陽明建功賞功事，而只言修建城邑事，答非所問，莫知其意，世宗之冥頑狡詐更由此可見。

第2545頁

三十日，黃佐勸陽明北行，陽明有答書。

黃佐庸言卷九：「……予見其面色黧悴，時噤姜蜜以下痰，勸之行，公以為然……予荒遯山中，公行，復簡予曰：『明德只是良知，所謂燈是火耳。吾兄必自明矣。』予始終與公友，其從善若此，豈自是者哉！公逾嶺卒。二簡今舒柏刻於陽明廣録中。」

按：黃佐所謂「公行」，乃指陽明離廣州北行。陽明北行在十一月一日，故可知陽明此書作於閏十月三十日。

十一月一日，疾甚，上疏乞骸骨，舉林富自代。是日，遂離廣州北行。

錢德洪遇喪於貴溪書哀感：「十一月己亥，疾亟，乃疏請骸骨。」（王陽明全集卷三十七世德紀）

明史卷一百九十五王守仁傳：「守仁已病甚，疏乞骸骨，舉鄖陽巡撫林富自代。」

黃綰陽明先生行狀：「十月初十日（按：誤），復上疏乞骸骨，就醫養病，因薦林富自代。」

明世宗實録卷九十七：「嘉靖八年正月乙巳，陞巡撫鄖陽都察院右副都御史林富為兵部右侍郎、兼右僉都御史，代王守仁巡撫兩廣地方，提督軍務。時守仁以病篤，乞骸骨，因舉富自代。」

第2546頁

按：陽明所上乞骸骨疏，今佚。黄綰將陽明上乞骸骨疏定在十月十日，乃是將陽明十一月日上乞骸骨疏與十月十日（實在七月十日）上養病疏誤混為一。錢德洪陽明先生年譜不言陽明上乞骸骨疏，尤不當。蓋陽明在廣州待命三月，朝廷有意拖延詔命不下，至是陽明病篤不起，猶再上乞骸骨疏，然後舁棺北行，卒於途中，其所行所為皆光明正大，斑斑可考，照見世宗、桂萼之流設謗構陷之真嘴臉，所謂「不候命即歸」、「擅離重鎮」、「故設漫辭，求去」、「擅離職役」，皆為誣妄不實之辭矣。使一代名臣陽明遭與于謙、袁崇煥相同命運之罪魁禍首，世宗也。

二十一日，踰大庾嶺。二十五日，至南安。二十八日，晚泊青龍鋪。二十九日午時，卒於南安青龍鋪。

錢德洪遇喪於貴溪書哀感：「十一月己亥，疾亟，乃疏請骸骨。二十一日，踰大庾嶺，方伯王君大用密遣人備棺後載。二十九日，疾將革，問侍者曰：『至南康幾何？』對曰：『距三郵。』曰：『恐不及矣。』侍者曰：『王方伯以壽木隨，弗敢告。』夫子時尚衣冠，倚童子危坐，乃張目曰：『渠能是念邪！』須臾氣息，次南安之青田，實十一月二十九日丁卯午時也。是日，贛州兵備張君思聰、太守王君世芳，節推陸君府奔自贛，節推周君積奔自南安，皆弗及訣（按：說誤），哭之慟。明日，張敦匠事，飾附設披。積請沐浴於南野驛，親進含玉，陸同殮襚。又明日，南贛巡撫汪公鋐來蒞喪紀，士民擁途哀號，汪為之揮涕慰勞。」

錢德洪陽明先生年譜：「十一月乙卯（按：誤，當作丁卯），先生卒於南安。是月廿五日，踰梅嶺至南安。登舟時，南安推官門人周積來見。先生起坐，咳喘不已，徐言曰：『近來進學如何？』積以政對。遂問道體無恙，先生曰：『病勢危亟，所未死者，元氣耳。』積退而醫診藥。廿八日，晚泊，問：『何地？』侍者曰：『青龍鋪。』明日，先生召積入。久之，開目視曰：『吾去矣！』積泣下，問：『何遺言？』先生微哂曰：『此心光明，亦復何言？』頃之，瞑目而逝，

二十九日辰時也。贛州兵備門人張思聰追至南安，迎入南埜驛，就中堂沐浴衾斂如禮。先是先生出廣，布政使門人王大用備美材隨舟。思聰親敦匠事，鋪裀設褥，表裏裼襲。門人劉邦采來奔喪事。」

黃綰陽明先生行狀：「……至大庾嶺，謂布政使王公大用曰：『爾知孔明之所以付託姜維乎？』大用遂領兵擁護，為敦匠事。廿九日，至南康縣（按：誤），將屬纊，家童問何所囑，公曰：『他無所念，平生學問方纔見得數分，未能與吾黨共成之，為可恨耳！』遂逝。舁至南安府公館而斂。」

國榷卷五十四：「副使翁萬達曰：『新建之將薨也，吾適侍側，言：「田州事非我本心，後世誰諒我者？」』而參將俞恩亦言：『田州乃陽明未竟之功。然岑猛實伏誅，而疏言病死；蘇、受大憝漏網，而盛稱其功。此何解也？』……」

按：翁萬達時任户部廣西司主事，見鄭守愚資善大夫兵部尚書東涯翁公萬達行狀（國朝獻徵錄卷三十九）。

錢德洪再謝汪誠齋書：「……父師兩廣事宜，聞嘗詢之幕士矣，頗有能悉其概者。謂奏凱之日，禮有太平筵宴及慶賀犒送之儀，水夫門子供具中，有情不得卻與例不必卻者，收貯賞功所謂之羨餘，以作公賞之費。成功之後，將歸，乃總其賞功正數，所給公帑不過一萬餘兩，皆發梧州矣。正數之外，有此羨餘，仍命並發梧州。從者又以沿途待命，恐遲留日久，尚有不時之需，姑攜附以行，俟隨地遣發。不意未至南安，罹此凶變。病革之晨，親命僕隸檢遺書，治行篋，命賞功官勞其勤勞，而歸羨餘於公，此實父師之治命也。當事者既匿其情，不以告夫先生，而先生又切哀死之情，篤遺孤之愛，案官吏之請，從合得之議，謂：『大臣驅馳王事，身殞邊陲，痛有餘哀，禮當厚報，況物出羨餘，受之不為傷義。』故直以事斷而不疑其為私，其恩可謂厚矣。特弟子登受之餘，尚不免於惶惑。蓋以父師既有成命，前日之歸是，則今日之受非矣。苟不度義而私受之，恐拂死者之情，終無以白於地下也。且子弟之事親，平時一言，罔敢踰越；況軍旅之事，易簀之言，顧忍違忘而私受乎？夫可以與者大人之賜，可以無取者父師之心，惟恐違死者之命而重生者之罪，則又其子弟衷由之情，用是不避呵叱，謹勒手狀，代為先生布：並原銀五百三十二兩，托參隨州判龍光、原義男添貴送復臺下，伏望驗發公帑，使存歿之心可以質諸天地鬼神。……」（王陽明全集卷三十七世德紀）

按：諸家之說亦有牴牾不實者。如黄綰行狀謂陽明「至南康縣」，按陽明卒於青龍鋪，未至南康縣，錢德洪書哀感明云「距（南康縣）三郵」。錢德洪書哀感謂周積「奔自南安，皆弗及訣」，乃非，其年譜叙周積臨終見陽明甚詳。陽明卒於青龍鋪，錢德洪書哀感謂卒於「青田」，亦誤。錢德洪年譜謂陽明卒於「二十九日辰時」，然其書哀感謂卒於「二十九日午時」，其訃告同門亦云陽明卒於「二十九日丁卯午時」，可見年譜說誤。

十二月四日，喪發南安。二十日，喪至南昌。

錢德洪陽明先生年譜：「十二月三日，思聰與官屬師生設祭入棺。明日，輿櫬登舟。士民遠近遮道，哭聲振地。

如喪考妣。至贛，提督都御史汪鋐於道，士民沿途擁哭如南安。至南昌，巡按御史儲良材、提學副使門人趙淵等請改歲行，士民昕夕哭奠。」

錢德洪遇喪於貴溪書哀感：「……十二月二十日，喪至南昌，有司分道而迎，巡按御史儲君良材、提學副使趙君淵哭，士民皆哭，聲載於道。乃挽喪留於南浦，請改歲而行，以盡士民之哀。踰日至三踊哭，有問之，曰：吾豈為乃公哭耶？……」

程輝喪紀：「夫子以戊子仲冬之丁卯卒於南安府青龍鋪，輿止南野驛。越四日，為季冬庚午，門人廣東布政王大用，推官周積，舉人劉邦采，實敦後事。副使張思聰率屬吏知府王世芳，同知何瑶，大庾知縣葉章，府學訓導楊登玉、王圭、陳守道，庠生張絃、李節、王軺、王輔等哭奠，乃殮。殮已，署上猶縣事經歷許同朝，崇義知縣祝澍，南康教諭管輔，訓導劉森，庠生劉爵等，千户劉環、俞春、周祥，門人知府王鑾、陽克慎，鄉約王秉言，各就位哭奠。

「壬申，櫬抵贛州府水西驛。提督都御史汪鋐，同知何瑶，推官陸府，檢校唐本，鄉宦宋元，指揮錢堂，知事郭鉞，千百户何湧江、馬昂、吳倫、譚景受、卜福、嚴述

、王寧、王憲、潘鈺、余洪、畢祥、楊守、武昌，千户所指揮陳偉，門人郎中劉寅，都指揮同知余恩，庠生易紹宣、李喬崇、李挺、李憲、何進隆、何進德、曾廷珂、曾廷璉、黄譜、黎教、王槐密、王振朝、劉鳳月、劉天錫、劉瞬、彭遇貴、謝天表、謝天眷、桂士元、桂薰、袁泰、張鏜、汪梅、周蘭、宋金、雷鋭、雷兑、應辰、鍾振、俞鶚、湯偉、杜相、黄鏊，各就位哭奠。張思聰、周積又各特舉焉。

「丁丑，櫬抵吉安府螺川驛。僉事陳璧，知府張漢，同知張烈，通判蔣英，林春澤，建官周在，廬陵知縣常序，署泰和縣事知事汪仲，縣丞劉綸，主簿莊伯瑶，典史李江，教諭林文焯，訓導金玥、張旦，吉水縣丞楊伯謙，主簿辛仲實，萬安主簿楊廷蘭，信豐指揮同知林節，鄉宦尚書羅欽順，副使羅欽德，副都御史羅欽忠，門人御史王時柯，庠生蕭寵、蕭榮、王舜鵬、袁登應、羅絅、謝廷昭、周文甫、王惠迪、劉德、藍瑜、龍潢、龍漸，幕吏龍光，各就位哭奠。

「戊子，櫬抵臨江府蒲灘驛。建安府鎮國將軍宸洪，太監黎鑑，御史儲良材，參政葉溥、李緋，參議鍾雲瑞，副使趙淵，僉事陳璧、王暐、吳瀚、陳端甫，都指揮僉事

劉璽、王寧、崔昂，府學教授廖廷臣，訓導范昌期、張琚、譚倬、廖金，新建縣學教諭劉環，訓導梁子鍾、付樂，南昌縣學訓導邢寬，庠生崔嵩、陶潮、劉伯盛、舒泰、武進、鄒輗，鄉宦副都御史熊浹，布政胡訓，副使劉伯秀，知府張元春，御史涂相，郎中張欽，主事張鏊，進士熊汲，檢校張默，通判萬奎、閔魯，知縣余琪、聶儀、楊璋、甘柏、胡大化，舉人丁夔，門人裘衍、張良才、張召、魏良器、魏介、萬世芳、鄒賓、齊昇、周麟、黃鍾、鍾文奎、艾鐸，安仁縣桂宸、桂宮、桂容、桂軏、孫鋹、孫鈞，吉安府曾偉器，報效生員陳文榮，承差劉昂，鄉民蕭華、李廷祥、程玉石、陳本道、高顯彰、劉珏、楊文、嚴洪、徐楷、杜秉文、王欽，各就位哭奠。葉溥、趙淵、王暐、張元春、齊昇又各特舉焉。」（《王陽明全集》卷三十八《世德紀》）

第2553頁

譜後（結局）

一五二九 嘉靖八年 己丑

正月三日，喪發南昌。二月四日，喪至越城，奠於明堂。

程煇《喪紀》：「歲己丑正月庚子，櫬發南昌府。自儲大夫以下，凡百有位，越百姓里居，市兒巷婦，哭而送者載道。風迅不可帆，又不可纜而前也。儲大夫撫之曰：「先生豈有懷耶？越中子弟門人泣而迎者，延首跂足而候至者，蓋有日矣。」須臾反風，若或使之，遂行。

「丙午，餘干縣主簿陳瑢，教諭林秀，訓導趙珊、傅諮，萬年縣主簿龍光、相安，仁和縣主簿鄒軿，訓導周鐸、黃選，庠生桂輿，莆田縣廖大璧，貴溪知縣方克，主簿錢珊，典史馮璁，教諭謝炯，庠生邱民節、宋廷豸、葉可久、葉可大、許文明，鉛山主簿戚鏜，鄉宦大學士費宏，尚書汪俊，各就位哭奠。先是緒山、龍溪二先生將赴廷對，聞先生將還，逆之嚴灘。忽得訃音，相向慟哭。疑於服制，作《師服問》，厥既成服，兼程趨廣信，訃告同門。會先生嗣子正憲至自越，至是同遇先生之櫬於貴溪，哭之幾絕，書《遇喪哀感》以寄懷云。

第2554頁

「癸丑，櫬抵廣信府葛陽驛。知府趙煒，同知盧元愷，通判曾大有、龍綱，舉人劉偉，玉山知縣呂應陽，教諭翟重，庠生鄭世遷、李材、程松、葉廷秀、徐森，常山縣丞殷學夔，各就位哭奠。儲良材又檄呂應陽而特舉焉。夫子弟守儉、守文，門人欒惠、黄洪、李洪、范引年、柴鳳會櫬於玉山。

「辛酉，櫬抵衢州府上杭驛。同知楊文奎，通判簡閱，推官李翙，西安知縣林鍾，門人欒惠、黄昫、何倫、王修、林文瓚、徐霈、蔣蘭，金華府通判高鳳，蘭溪縣主簿高禹，教諭朱驥，訓導胡弈、□輝，門人應典，嚴州府推官程淳，桐廬縣主簿屠繼祖，各就位哭奠。

「丁卯，櫬抵杭州府浙江驛。布政潘旦、劉節，參政胡纘宗、葉寬，參議萬廷彩、龐浩，按察使葉溥，副使傅鑰、萬潮、薰以平、何鰲、汪金，僉事孫元、巴思明、梁世驃、江良材、林茂竹，都指揮使劉宗偉，都指揮僉事李節、劉翙、孫仁、王佐，杭州府推官劉望之，府學教授陶賀，仁和縣主簿曹官，富陽縣主簿李珍，教諭黄寧，訓導程大有、王裕，甫人知縣黄銘介，子黄中，百户施經，各就位哭奠。

「庚午，櫬抵越城，奠於明堂。御史陳世輔、王化，分守龐浩，紹興知府洪珠，同知孔庭訓，通判陸遠、洪晳，推官喻希禮，府學訓導舒晳、陳箴、林文斌、曾昇，會稽知縣王文儒，教諭張概，訓導詹詔，山陰知縣楊仁中，教諭林斌，訓導王昇，廣西布政李寅，參政沈良佐，參議汪必東，按察使錢宏，副使李中、翁素、張梃、伍箕，僉事張邦信、王世爵，都指揮僉事高松，金華府同知劉業，友人侍郎湛若水，副都御史劉節，門人侍郎黄綰，給事中毛憲，員外郎王臣，主事石簡、陸澄，按察使顧應祥，副使郭持平、蕭璆、應良，知州王直、劉魁，訓導周桐、周衢，教授周衝、陳烜、陳焞、陳煉、李

敬、應佐，監承周仲、周浩、周甸，辨印生錢君澤，私淑門人知縣戚賢，武林驛丞何圖，贛州衛指揮同知劉鏜，指揮僉事楊基，廣州府右衛指揮僉事武鑾，南昌衛指揮僉事趙昇，廣州府前衛舍人孫紹英，各就位哭奠。洪珠、欒惠又各特舉焉。劉鏜、楊基、武鑾、龍光咸以營護至越時將告歸，緒山先生書稽山感別卷贈之，因寓書江、廣諸當道，蓋德其虔於襄大事也。」

錢德洪陽明先生年譜：「正月，喪發南昌。是月連日逆風，舟不能行。趙淵祝於柩曰：公豈為南昌士民留耶？越中子弟門人來候久矣。忽變西風，六日直至弋陽。先是

德洪與畿西渡錢塘，將入京殿試，聞先生歸，遂迎至嚴灘，聞訃，正月三日成喪於廣信，訃告同門。是日，正憲至。初六日，會於弋陽。初十日，過玉山，弟守儉、守文，門人欒惠、黃洪、李珙、范引年、柴鳳至。二月庚午，喪至越。四日，子弟門人奠柩中堂，遂飾喪紀，婦人哭門內，孝子正憲攜弟正億與親族子弟哭門外，門人哭幕外，朝夕設奠如儀。每日門人來吊者百餘人，有自初喪至卒葬不歸者。書院及諸寺院聚會如師存。」

正月八日，陽明乞骸骨疏至，世宗斥為「故設漫辭求去」。桂萼承世宗風旨奏劾陽明擅離職役，平八寨恩威倒置。

明世宗實錄卷九十七：「嘉靖八年正月乙巳……時守仁以病篤，乞骸骨，因舉富自代，不候命即歸。上怒其专擅，且疑有詐，諭吏部曰：『守仁受國重托，故設漫辭求去。不候進止，非大臣事君之道。卿等不言，恐人皆效尤，有誤國事。其亟具狀以聞。』無何，而守仁卒於南安。」

黃綰陽明先生行狀：「訃至，桂公萼欲因公乞養病疏參駁害公，令該司匿不舉，乃參其擅離職役，及處置廣西思、田、八寨恩威倒置，又詆其擒濠軍功冒濫，乞命多官會議……上將出郊，桂公密具揭帖奏云云……」

二月二日，世宗命會官議定陽明功罪是非。給事中周延上

第2557页

奏辨陽明平江西功與平廣西功，學術純正，謫太倉判官。

明世宗實錄卷九十八：「二月戊辰，吏部奏：『故新建伯王守仁因病篤離任，道死南安。方困劇時，不暇奏請，情固可原。願從寬宥。』上意未解，曰：『守仁擅離重任，其非大臣事君之道。況其學術事功多有可議。卿等仍會官詳定是非，及封拜宜否以聞，不得回護姑息。』給事中周延上疏言：『守仁堅直節於逆瑾構亂之時，糾義旅於先帝南巡之日，且倡道東南，四方慕義。建牙閩廣，八寨底平。今陛下以一眚欲盡棄平生，非所以存國體而昭公論也。』得旨：『守仁功罪，朝廷自有定議。朋黨妄言，本當論治，但念方求言之際，姑對品調外任。』於是吏部奏謫延太倉州判官。」

按：世宗下詔求言在一月二十一日，國榷卷五十四：「正月戊午，諭修省，諸大臣各自陳，條議以上。」周延即是應世宗求言而上是奏。時桂萼為吏部尚書，「吏部」云云者，皆指桂萼也。

楊一清集閣諭錄卷三論言官周延奏對：「……前日，發下給事中周延本。臣等擬旨，亦欲重加罪責，但以朝廷方下詔求言，開言官納忠之路，故止加切責，欲聖明從寬不究。昨日欽奉御批：『命吏部對品調出外任。』臣等三人相顧駭愕。欲執奏，然復思之，王守仁事，皇上已命吏

第2558页

部會議，自有至公至當之論。周延乃敢輒先肆論，狂妄輕率，誠為可怒。名為納忠，實有市恩邀譽意，外補已是從寬，亦足懲戒將來，謹已欽遵票進。而臣等之心實有不自安者，蓋以皇上因災異修省，引咎自歸，且責諭科、道，令其有言。今若因此一事，將周延黜調，恐其因而相戒，以言為諱，雖有忠言讜論，誰復肯為朝廷言者？周延一人誠不足惜，其於聖明從諫之量不無有干，求言之旨不無少背。雖奉聖諭，不許以言為憚，小臣方畏罪之不暇，誰敢輕犯雷霆之威哉？且自古巽耳之言易從，逆耳之言難受。於逆耳難受之言而曲容之，乃為盛

德。勿謂成命已下，不宜輒改。自古聖帝明王，因臣下有過而罪責之，旋因有所感悟而收復之者多矣。册史書之，以為美談。皇上近年於給事中衛道、御史魏有本亦降有黜調之旨，而復留用，中外臣工，傳誦之至。今合無容令臣等以前意公進一言，伏乞俯垂寬貸，將周延重加罰俸，免令外調。夫始因給事中進言之狂妄而黜之，繼因輔臣之論救而留之，則於罰罪宥過之道兩全而不悖，仁之至，義之盡也。臣受皇上股肱心膂之托，豈敢專為巽順而茫無匡正之言？故敢先以密疏上聞。伏候諭示，以為進止。上報曰：「卿等以朕不當責調周延，自違求

言之意。卿等非為延，亦是為守仁耳！前者許胡明善保薦之意。朕求利民益治之言，未求損治壞民之言。周延謂守仁學正，直譏朕無知。是遵守仁之所行所用大壞人心之學，是可歟？否歟？如言官有忠言讜論，自說出，無不可者。如懷私賣直，自覺弗安者，不以朝廷拒諫責言為塞而無可指者。卿等所奏，朕欲勉為述答，未克於是。卿等勿以己奏不敢票旨，當擬票來行，庶卿等之忠不被爾幼君所詆。」

皇明肅皇外史卷九：「嘉靖八年春正月戊戌朔，風霾晦如夕。集議王守仁事功學術……已而守仁去廣西，萼奏曰

：「守仁撫制四藩，關係甚鉅，而擅自離鎮，罪不可逃。今聞卒於南安，尚可原諒。」帝降旨曰：「王守仁擅離重鎮，非大臣事君之道，況其學術邪正，事功真偽，封拜當否，猶有可言。其會官集議以聞。」給事中周延上言：「守仁事功學術，人所瞻仰，不必集議者。」帝曰：「朝廷以此為功罪所係，故命集議。」周延黨附狂率，調補外職。」七日，桂萼以奏論王守仁學術事功之首功，拜武英殿大學士，直閣。

國榷卷五十四：「二月癸酉，少保兼太子太保、吏部尚書桂萼兼武英殿大學士，直閣。」

國朝獻徵錄卷十六少保兼太子太傅吏部尚書武英殿大學士桂公萼傳：「……上遂召五臣還京，竟定大禮，由是寵異之，陞翰林學士，詹事，禮、吏部侍郎。俄遷尚書，加太子太傅少保。己丑，遂改兼武英殿大學士，入內閣。萼精悍狷隘，以學術經濟自任，既受上特達之遇，遂直躬而行，無所顧忌……」

八日，吏部會議王守仁功罪，申禁陽明邪說。世宗定陽明學為「大壞人心」之邪說，詔命「學禁」於天下，禁絕陽明之學，奪其歿後卹典。

明世宗實錄卷九十八：「二月甲戌，吏部（按：指桂萼）會廷臣議故新建伯王守仁功罪，言：守仁事不師古，言不稱師，欲立異以為名，則非朱熹格物致知之論。知眾論之不與，則著朱熹晚年定論之書，號召門徒互相唱和。才美者樂其任意，或流於清談；庸鄙者借其虛聲，遂敢於放肆。傳習轉訛，悖謬日甚。其門人為之辯謗，至謂杖之不死，投之江不死，以上瀆天聽，幾於無忌憚矣。若夫剿輋賊，擒除逆濠，據事論功，誠有可錄。是以當陛下御極之初，即拜伯爵，雖出於楊廷和預為己地之私，亦緣有黃榜封侯拜伯之令。夫功過不相掩，今宜免奪封爵，以彰國家之大信；申禁邪說，以正天下之人心。

第2561页

上曰：卿等議是。守仁放言自肆，詆毀先儒，號召門徒，聲附虛和，用詐任情，壞人心術。近年士子傳習邪說，皆其倡導。至於宸濠之變，與伍文定移檄舉兵，仗義討賊，元惡就擒，功固可錄；但兵無節制，奏捷誇張，近日掩襲寨夷，恩威倒置。所封爵，不當追奪，但係先朝信令，姑與終身；其歿後卹典，俱不准給。都察院仍榜諭天下，敢有蹈襲邪說，果於非聖者，重治不饒。」

楊一清集密諭錄卷六論方獻夫代任吏部何如奏對：「……今早，欽蒙聖諭云：今日，朕以去歲卿奏，以萼可同事，朕已許於朝覲事畢行已。其吏部重任，須用一堪之者，獻夫何如？又王守仁竊負儒名，實無方正之學。至於江西之事，彼甚不忠，觀其勝負以為背向。彼見我皇兄親征，知宸濠必為所擒，故乃同文定舉事，實文定當功之首，但守仁其時官在上耳！且如擒宸濠於南直隸地方，卻去原地殺人，至今孰不知其縱恣！前日兩廣之處，見彼蠻寇固防，卻屈為招撫，損我威武甚矣。至於八寨而縱戮之。以此看來，勢之固而有備者，則不問其為罪之首從輕重，一於撫之，否則乘而殺戮，自云奇功，是人心而否哉？況崇事禪學，好尚鬼異，尤非聖門之士，是可問乎？弗問乎？卿等何堅於庇護，可獨密言之，勿

第2562页

以近日攻密諭為非而忌。欽此。」臣伏承聖意，以獻夫為問，最為得宜。外論擬此任者，非獻夫則承勛。獻夫學正而和平無偽，承勛才高而刻深用術。本兵用承勛最宜，蓋以其曾任陝西及遼東，諳曉邊務也。代之督團營者，不可不慎擇，不宜以兵部尚書兼之，仍用臺臣為善。臣等去年奏疏中言之切矣。伏承諭及王守仁事。所其放言自肆，詆毀先儒，號召門生傳習，附和學術，可惡。及兵無節制，奏捷誇張，掩襲寨夷，恩威倒置，數語盡之矣。功罪不相掩，功疑惟重，皆吏部會本中語。其欲不奪其爵，止終本身，亦該部會官所處，臣等未敢加重。然欲出榜禁約伊之邪說，其罪狀固已昭然於天下。王汝梅等所論，與前日審幾微一說正相同。古者，君臣都俞密勿。周書曰：「爾有嘉謀嘉猷，入告爾后於內，爾乃順之於外。」曰：「斯謀斯猷，惟我后之德。」大臣之用心，固當如此者。若必欲發之於外，是不過揚己以沽名耳。此不知大體者之言，願皇上不之聽而不之究，則於求言之旨不背而聖德彌光矣。惟聖明察焉。謹具奏聞。上報曰：「昨得卿奏，所以朕知悉。王汝梅近於附和，非言官之道。夫因災，正當禁其大小比附，不可不究。朕雖有背言之失，而不可有欺蔽之無知之昏昧也，決當說破。

獻夫自文選歷官，當進補銓曹。今且命佐者署印，待會試畢用之。卿可說於吏部，其禮部又不知孰可代也。守仁封爵當革，但有我皇兄黃榜之諭，係先朝之信，今姑存之，身後卹典盡行革了乃可。承勛宜掌本兵，督戎當用文定，使專其責。」

按：方獻夫陞吏部尚書在二月二十八日，國榷卷五十四：「二月甲午，改方獻夫吏部尚書。」世宗「聖諭」，全是誣陷不實之辭，前言不搭後語，語無倫次。如謂「彼見我皇兄親征，知宸濠必為所擒，故乃同文定舉事」，按宸濠六月十四日反，陽明六月十八日起兵，七月二十六日擒宸濠，武宗八月二十二日方始「親征」，世宗信口胡謅，幾如癡人說夢。又如謂「見彼蠻寇固防，卻屈為招撫，損我威武甚矣」，按陽明招撫盧蘇、王受，乃先申報朝廷，得到世宗與兵部允准才行，大功告成後，世宗且給予最高獎賞；何以世宗忽又改口否定「招撫」（主張剿殺），以「招撫」為罪強加陽明？世宗之顢頇愚頑、三面兩刀，於此可見，而閣臣楊一清輩竟也隨聲附和，不敢置一辭，「學禁」之洶洶而起，固無足怪也。

皇明肅皇外史卷九：「二月……奪新建伯王守仁世爵卹典，及禁其學術。吏部尚書桂萼上議：王守仁事不師古，言不稱師，欲立異以為名，則非朱熹格物致知之說。知眾論之不與，則著朱子晚年定論之書，傳習傳訛，悖謬日甚。正德十二年剿捕漳寇，十四年定宸濠，據功固有可錄，但賊平而縱殺不已，報捷而誇張不實，罪亦難原。宜將所封伯爵止其本身，不必追奪以終。國家之大信，禁其邪說，以正天下之人心，乃大聖人建極作民君師之大政也。帝降旨曰：功疑惟重，姑不深究。所封伯爵，係先朝信令，許終其身；身後卹典，俱為停革。其學術令都察院通行禁約，不許踵襲邪說，以壞人心。

三月二十九日，湛甘泉作文祭奠陽明，總結生平與陽明之學術交往與學術異同。

泉翁大全集卷五十七奠王陽明先生文：「維嘉靖八年，歲在己丑，三月□□朔，越□□日甲子，友人南京吏部右侍郎湛若水，謹以潔醴束帛之奠，寓告於故新建伯、兵部尚書、左都御史陽明王先生之靈曰：於乎哀乎！戚乎！而至於是乎！而止於是乎！前有南來，報兄病委，乃傳二詩，題我潄止。予曰小恙，未足為異。開歲以來，凶問疊至，予心驚怛，疑信未已。黄中紹興，訃來的矣！於乎戚乎！於乎哀乎！而止於是乎！而遽至於是乎！謂天之生人，其有意耶？其無意耶？以為無意也，何以厚賦兄智若是？以為有意也，則能篤生是，曷不永成是？嗟惟往昔，歲在丙寅，與兄邂逅，會意交神，同驅大道，期以終身。渾然一體，程稱識仁，我則是崇，兄亦謂然。既以言去，龍場之濱，我贈九章，致我殷勤。聚首長安，辛壬之春，兄復吏曹，於吾卜鄰。自公退食，坐膳，相以存養心神，剖析疑義。我云聖學，體認天理，天理問何？曰廓然爾。兄時心領，不曰非是。言聖枝葉，老聃釋氏。予曰同枝，必一根柢，同根得枝，伊尹惠。佛於我孔，根株咸二。奉使安南，我行兄止。兄遷太僕，我南子北。一晤滁陽，斯理究極，兄言迦聃，道德高博，焉與聖異，子言莫錯？我謂高廣，在聖範圍，佛無我有，中庸精微，同體異根，大小公私，斁叙彝倫，一夏一夷。夜分就寢，晨興兄嘻，夜談子是，吾亦一疑。分手南北，我還京圻。遭母大故，扶柩南歸。迓吊金陵，我戚兄悲。及踰嶺南，兄撫贛師，我病墓廬。方子來同，謂兄有言：學竟是空，求同講異，責在今公。予曰豈敢，不盡愚衷。莫空匪實，天理流行。兄不謂然，校勘仙佛，天理二字，豈由此出？予謂學者，莫先擇術，孰生孰殺，須辯食物。我居西樵，格致辯析，兄不我答，遂爾成默。壬午暮春，予吊兄戚，云致良知，奚必故籍？如我之言，可行厮役。乙丙南雍，遺我書尺，謂我訓規，寔為聖則。兄撫兩廣，我書三役，兄則杳然，不還一墨。及得病狀，我疑乃釋。遂聞風旨，開講穗石，但致良知，可造聖域；體認天理，乃謂義襲；勿忘勿助，言非學的。離合異同，撫懷今昔，切嗟長已，幽明永隔。於乎！凌高厲空之勇，彊立力勝之雄，武定文戢之才，與大化者同寂矣。使吾倀倀而無侶，欲語而默默，俯仰大道，疇與其適？安得不動予數千里之嗟惻，而望方慟哭，以哀以戚哉？既返其真，萬有皆息，死而不亡，豈謝人力？兄有其知，可以默識。尚饗！」

按：湛甘泉嘗在二月來紹興吊祭陽明，歸後再作此奠陽明王先生文，或為會葬用也。

六月，湛甘泉陞禮部右侍郎進京，面問桂萼，陽明寃案是否其一手操就，桂萼默認。

湛若水陽明先生墓志銘：「……事竣而請歸告病危矣，不待報而遽行，且行且候命。其卒於南安途次而不及命下，亦命也。江西輔臣（按：即桂萼）進帖以譖公，上革之卹典，人衆之勝天也，亦命也。百年之後，天定將不勝人矣乎？甘泉子始召入禮部，面叩輔臣曰：『外人皆云陽明之事乃公為之乎？』輔臣默然，然亦不以作怒加禍，猶為有君子度量焉。」

按：湛甘泉陞禮部右侍郎在六月二日。國榷卷五十四：「六月乙丑，南京吏部右侍郎湛若水改禮部。」

七月二日，兵科給事中孫應奎奏論楊一清、張璁、桂萼。

國榷卷五十四：「七月乙未，兵科給事中孫應奎論楊一清尚通難獨任，張璁學博性偏，桂萼桀驁，大負委任。上諭萼條過。楊一清求去……上慰留之。張璁、桂萼各引疾。」

八月十三日，工科給事中陸粲再劾張璁、桂萼。張璁勒回家省改，桂萼以尚書致仕。

國榷卷五十四：「八月丙子，工科給事中陸粲劾張璁、桂萼罔上行私，專權納賄，擅作威福，報復恩仇。璁雖很愎自用，執拗多私，其術猶疏；桂萼外若寬迂，中實深刻，忮忍之毒，少犯必死。如受重賂，王瓊以謫戍起用。邵傑本邵氏養子，嗣昌化伯。鄉人文選郎中周時望、胡森，主事楊麟、王激，皆親故黨權。禮部左侍郎嚴嵩，右僉都御史李如圭，南京太僕少卿夏尚朴，禮部員外郎張敔，御史戴金，皆黨奸比周，怙惡益甚，將來必為社稷之憂。有旨，璁負君忘義，勒回家省改；萼革散官并學士，以尚書致仕。」

九月一日，以霍韜上奏為張璁、桂萼辯白，再召張璁直閣。十六日，復桂萼少保兼太子太傅、吏部尚書、武英殿大學士。

國榷卷五十四：「九月癸巳朔，敕召張璁直閣……戊申，復桂萼少保兼太子太傅、吏部尚書、武英殿大學士。」

詹事黃綰上明是非定賞罰疏，辨陽明學術事功，乞給陽明卹典，贈謚，仍與世襲，並開學禁。不報。

久庵先生文選卷十五明是非定賞罰疏：「臣聞忠臣事君，義不苟同；君子立身，道無阿比。故於是非之際，寧捐生以雪義，不曖昧以偷榮，言必行其志，行必明其道而後已也。臣頃為後軍都督府都事，今大學士桂萼為中式舉人，見其大節可敬，輒與為友。及臣為南京都察院經歷，

第2569頁

因見大禮不明，輒共上疏論列。死生休戚，與之相知，前後二十餘年矣，終始無間。此因前歲臣薦新建伯王守仁堪任大用，以盡職分耳，非有他也。萼與守仁舊不相合，因謂臣言不然，小人乘間相構，使臣與萼有隙，然臣終不敢以此廢萼之平生也。但臣於事君之義，立身之道，則有不得不一明者，臣以是言之。臣所以深知守仁者，以其功與其學。然功高而見忌，學古而人不識，此守仁之所以不容於世也。守仁之功，其大者有四：

「其一，宸濠敢為不軌，營謀積慮，已非一日。內而內臣如魏彬等，嬖幸如錢寧、江彬等，文臣如陸完等，皆受其重賄而許以內應；外而內臣如畢真、劉郎等，皆受其深托而許以外應。故當時在朝臣僚，往往為宸濠所搖動，無有以其殘暴訟之者。脫使得志，天下蒼生豈不魚肉乎？忠臣義士豈不赤族乎？宗室親友其猶保噍類乎？且宸濠以肺腑之親，威略之著，集劇賊，練精銳，富賄廣援，以行其謀，譬之毒蛇猛獸，孰得控而撩之？若非守仁忠義自許，兵謀素閑，挺身以當事變之衝，先時預防，請便宜以從事，臨機詒檄，垂長算以阻征，必將迅雷不逮掩耳，赤手不能率眾，而江西之原燎不可撲矣。今反皆以為伍文定之功，而守仁不得儕焉，是乃輕發縱之

第2570頁

人而重走狗之役者也，天下豈有兵交而不用運籌可以徒搏而擒賊者乎？

「其二，大冒、茶寮、浰頭、桶岡諸寨，勢連荆、廣，地接江、閩，積年累歲，為賊淵藪，跋扈劫劉，出沒靡常。其時有司皆以束手無措，望險而啼，再使閱歲逾時，數境之內恐非朝廷之所有矣。守仁初鎮贛州，遂次第剿除，至今稱靖。

「其三，田州、思恩釁成累歲，陛下雖切深憂，而事不得息兵，不得已故起守仁往撫之。守仁定以兵機，感以誠信，遂使盧蘇、王受之徒空城崩角以來降，感泣歡忻而

受杖，遂平一方之難。

「其四」，八寨為兩廣腹心之疾有年矣，嶺海事變皆由於此。其間守戍官軍本以防賊，日久化為賊黨，為害反有甚焉。守仁假永順土官明輔等之狼兵及盧蘇、王受之降卒，并力而襲之，相機而剿之，遂去兩廣無窮之巨害，實得兵法便宜之算。夫兵者凶器，戰者危事，守仁所歷征戰，前後無慮數十，然或入險阻，或凌驚濤，或衝炎暑，或觸瘴煙，冒矢石，蹈不測，舍身忘家，以勤王事，卒以毒癘死於馳驅，誠為勤勞盡瘁者矣，可以終泯其功乎？

「守仁之學」，其要有三：

「其一」，曰「致良知」，實本諸先聖先賢之言也。孟軻謂人之所不慮而知者其良知，又以惻隱、羞惡、恭敬、是非四端為人之固有，蓋由發動而言則謂之情，由知覺而言則謂之良知，所謂「孟軻道性善」者，此也。且孔子嘗讀「有物有則」之詩，而贊其為知道也；良知者，物則之謂也。其云致者，何也？欲人必欲此用力，以去其習氣之私，全其天理之真而已矣，所謂「必慎其獨」，所謂「擴而充之」是也。

「其二」，曰「親民」，亦本先聖先賢之言也。大學舊本曰

在親民，堯典曰「克明峻德，以親九族，平章百姓，協和萬邦，黎民於變時雍」，孟軻曰「君子親親而仁民，仁民而愛物」。此守仁所據以復親民之舊而非近日新民之訛也。夫天地立君，聖王為治，皆因人情之欲生，因致其親愛以聚之，故為田里宅居以為之養焉，禮樂刑政以為之治焉，盡至誠之道以順其欲生之心耳，此所謂王道也。舍此而云治，則伯功之術而非王政之醇也。

「其三」，曰「知行合一」，亦本諸先聖先賢之言也。顏淵問仁，孔子告之曰「克己為仁」；顏淵請問其目，曰「非禮勿視、聽、言、動」。夫顏淵之問，學也；孔子之教之，學也，非他也。覺非禮者，知也；勿非禮者，行也。如此而已矣。蓋古人為學務實，知之所在，即行之所在也。故知克己則禮復矣，未嘗分知行而二之。他日孔子又自語其學曰「吾十有五而志於學，以至七十從心所欲不逾矩」，亦未分知行而二之也。守仁發此，無非欲人言行必顧，弗事空言，如後世之失也。

「蓋儒本經世，三代之學以明人倫為本。守仁見世之士風頹靡，上之事君親，下之處夫婦以及朋友、長幼之間，皆不由誠心以失其道。故以此提撕之，欲人反本體察，切實用功而已。視陛下敬一之旨，五箴之著，大孝之誠

，至仁之實，寔無二致。昔朱熹嘗誦歐陽修之言，云：「經非一世之書，傳之繆非一人之失。學者各極所見，以俟聖人而後定。」則知守仁之見亦非妄矣，可以終廢其學乎？然萼不與守仁，遂致陛下不之知。夫有臣如守仁者，幸遇陛下堯舜之主，而不獲明良之會，果誰之過歟？臣是以惜之也。臣雖平生敬萼、信萼，亦不敢以此謂萼為是也。況賞罰者，治世之權衡，明主之操柄也。以守仁平日之功之賢，又以勤勞終於王事，乃常典不及，削罰有加，不得與諸臣安處者，等是廢議賢之法而為過惡之懲，反褒忠之典而為黨錮之禁。至公之道，顧如是乎

第2573頁

哉？其何以勵忠而勸將來也？

「且守仁客死之後，妻子孱弱，門户零丁，家童載骨，蒿殯空山，見者為之流涕，聞者為之酸心。若使鬼神有知，亦當為之夜哭矣。臣寔不忍見聖明之世有臣如此，有事如此也。假令守仁生於異世，猶望陛下追錄而褒卹之，況在今聖朝哉？至如永順官兵，素稱驍黠，凡經調用，所過傷殘有甚於賊，實緣節制無法，故議者有意外之憂；昨感守仁威信，俯首效死，不敢有他。又如盧蘇、王受之徒，實係久失之衆，一旦感恩畏威，歸化效力，皆宜有以慰其望，今皆置而弗錄，不亦重失其心乎！此事關係尤非細，故又不但守仁賞罰之當論而已也。

「況臣曩與守仁為友，幾二十年。一日自憤寡過之不能，守仁乃語以所自得，時若有省，遂如沉痾之去體，故復拜之為師。則臣與守仁，實非苟然以相信，如世俗師友之比也。臣近日所以粗知事陛下而不敢有欺者，亦皆守仁之教臣耳。夫陛下，君也；守仁與萼，師也，友也。臣於君父之前，處師友之間，既有所懷，焉敢隱忍而不之吐露哉？即如萼事陛下，本無不忠，但以昨者小人讒之，所以至此未白，臣實為之深憤。今陛下既明萼之非辜，命召以還，臣為之喜而不寐，此非臣之私萼也，臣之情有不能已也。今守仁之抱冤，亦猶萼之負屈。伏願陛下以視萼者視守仁，以白萼者白守仁

第2574頁

。敕下該部，查給卹典，贈謚，仍與世襲，並開學禁，以昭陛下平明之治，天下幸甚。若此事不明，則萼必不能忘形於臣，而小人讒構得以入之。臣雖欲曲附於萼，竭誠以事陛下，亦有不能也。故臣又敢以此言之，庶所以盡臣事陛下之忠，且以補萼之過而解其疑，實亦臣不苟同阿比之義如此也。臣昧死言之。」

按：黃綰上明是非定賞罰疏之時間，錢德洪陽明先生年譜定在二月，並將黃綰上疏置於周延上疏之前，皆誤甚。按黃綰二月來紹興吊祭陽明（見喪紀），歸南京已在三月，故其斷不可能於二月上此疏。周延上疏在二月二日，世宗下詔「學

禁」在二月八日（均見前），而黃綰此疏中已乞「開學禁」，「查給卹典，贈謚，仍與世襲」，此尤可見黃綰此疏斷不可能上在周延上疏之前。又黃綰此疏中稱「今大學士桂萼」，按桂萼兼武英殿大學士直閣在二月七日（見前），此亦足證黃綰此疏斷不可能上在周延上疏之前。今考黃綰此疏有云：「今陛下既明萼之非辜，命召以還，臣為之喜而不寐。」按桂萼八月十三日被劾以尚書致仕，至九月十六日召復為吏部尚書、武英殿大學士（均見前），即黃綰所云「命召以還」。所謂「既明萼之非辜」，乃指霍韜上奏辨張璁、桂萼非辜，國榷卷五十四：「八月丙戌，詹事霍韜言：『張璁、桂萼不善保全，自取罪斥，夫復何言。然事雖專主，

心實可諒……璁非蘇人乎？亦一清親黨也！去年議禮，凡攻璁、萼者得罪；今附璁、萼者又罪，則百官何所適從也？臣與璁、萼同進，豈宜獨留，乞賜罷斥。』報聞……璁、萼去，言官欲窮治其黨，紛呶百出。韜疑一清嗾之，因力攻一清，默救璁、萼，上心頗動。」黃佐貞山先生給事中陸公粲墓表：「霍詹事韜上疏詆公，辨萼與己同薦王瓊，初不受賄；且謂石淙與心腹門生嗾公為之。於是聖意頓回，召璁還政府。」（國朝獻徵錄卷八十）蓋霍韜上疏辨白桂萼無辜，世宗乃復召桂萼；黃綰遂乃上此明是非定賞罰疏辨白陽明無辜，冀世宗昭雪陽明之冤，以開「學禁」，此即黃綰疏中所云「今守仁之抱冤，亦猶萼之負屈

。伏願陛下以視萼者視守仁，以白萼者白守仁」也。由此可見黃綰此疏必上在九月十六日世宗復召桂萼以後不久。黃綰上疏之失敗，決定了整個嘉靖一朝陽明不得平反與「學禁」不得解除之歷史命運。

十月十四日，林富奏罷思恩府流官，降為州。

國榷卷五十四：「十月丙子，提督兩廣兵部左侍郎林富奏罷思恩府流官，降為州。岑猛子邦相授土判官，署事。又裁鳳化縣，立思龍縣於那久，屬南寧。從之。」

十一月八日，桂萼復相。

國榷卷五十四：「十一月庚子，召桂萼復相。史館儒士蔡

斯上章頌其功。」

十一月十一日，葬陽明於紹興高村洪溪，來會葬者數千人。

程煒喪紀：「仲冬癸卯，奉夫子櫬窆於越城南三十里之高村，會葬者數千人。副都御史王堯封，御史端廷赦、陳世輔、梁尚德、萬潮、黃卿、萬廷彩、龐浩、傅鑰、黨以平、汪金、區越、梁世驃、江良材、林茂竹、王臣、劉宗仁、李節、劉翀、孫仁、洪珠、孔廷訓、洪晢，杭州知府婁師德，同知楊文昇，通判周忠、劉坎濬，推官劉望之，運同錢瀾，副使李信，判官林同、方禾，錢塘知縣王橋，會稽知縣王文儒，山陰縣丞應佐，餘姚主簿

彭英，典史劉文聰，教諭徐鋭，訓導謝賢、陳元，廣東御史何鰲，布政邵鋭，姻人大學士謝遷，尚書韓邦問，編修周文燭，御史毛鳳，都御史胡東皋，參政汪惇，副使吳便、司馬公輕，僉事汪克章、沈欽、司馬相、韓明，知府陸寧、金椿，運同徐冕，知縣宋溥、金謐、陶天祐、劉瀚、田惟立、徐璽、徐俊民、吳昊、葉信、汪似穀、周大經、周文燁、胡瀛、陳廷華，知縣王軾，鄉生錢繼先、王廷輔、王文軒、夏文琳、何炫、徐應、周大賚、高隆，友生尚書伍文定，侍郎楊大章、陳筐、嚴穀、楊霓、楊譽，知府吳叙，廉使韓廉、邵蕡、徐彬、鄒

謐，員外郎張璿、施信、史伯敏、王代、于震、朱梁，晚生僉事汪應軫，知府宋袞、李節，郎中胡廷祿、陳良謨，主事葉良佩、田汝成、王度、王漸逵、王一和、王之訓、王文翰、王文輅、王文轅、良直、費思義，門人大學士方獻夫，侍郎黃綰，編修歐陽德，給事中魏良弼、李逢，行人薛侃、應大桂，郎中鄒守益，員外郎藍渠，主事潘穎、黃宗明、翁萬達、石簡、胡經，參政萬潮，副使蕭鳴鳳，參議王洙，博士馬明衡，監丞趙顯榮，助教王崐、薛僑，知縣薛宗鎧、周桐、孫瑛、劉本、劉樽、諸訓、諸陽、諸守忠，舉人諸大綱、楊汝榮、金佩、金克厚，僉事韓柱，主事顧敦復、胡冲、徐沂、徐楷、徐璐、葉鍇、徐霈、張津、錢翀、錢翺、錢祚詔、凌世華、朱麓、龔浦、龔漸，員外郎龔芝、杜應豸，縣丞朱紱、周應損、秦軏、章乾、楊柱，從弟王守第，各就位哭奠。

錢德洪陽明先生年譜：「十一月，葬先生於洪溪。是月十一日發引，門人會葬者千餘人，麻衣衰屨，扶柩而哭。四方來觀者莫不交涕。洪溪去越城三十里，入蘭亭五里，先生所親擇也。先是，前溪入懷，與左溪會，衝齧右麓，術者心嫌，欲棄之。有山翁夢神人緋袍玉帶立於溪

上，曰：『吾欲還溪故道。』明日雷雨大作，溪泛，忽從南岸，明堂周闊數百尺，遂定穴。門人李珙等築治，更番晝夜不息者月餘，而墓成。」

王艮大會門人同志聚講於陽明書院，訂盟。薛侃建精舍於天真山，每年祭祀陽明，講會終月。

董燧王心齋先生年譜：「冬十一月，往會稽，會葬陽明王公。大會同志，聚講於書院，訂盟以歸。」

錢德洪陽明先生年譜附録一：「門人薛侃建精舍於天真山，祀先生。天真距杭州城南十里，山多奇巖古洞，下瞰八卦田，左抱西湖，前臨胥海。師昔在越講學時，嘗欲

擇地當湖、海之交，目前常見浩蕩，圖卜築以居，將終老焉。起、征、思、田，洪、畿隨師渡江，偶登茲山，若有會意者……侃奔師喪，既終葬，患同門聚散無期，憶師遺志，遂築祠於山麓。同門董澐、劉侯、孫應奎、程尚寧、范引年、柴鳳等董其事，鄒守益、方獻夫、歐陽德等前後相役。齋廡庖湢具備，可居諸生百餘人。每年祭期，以春秋二仲月仲丁日，四方同志如期陳禮儀，懸鐘磬，歌詩，侑食。祭畢，講會終月。」

按：天真精舍乃薛侃來紹興會葬時提出建造，至嘉靖九年五月建成，薛侃有天真精舍勒石文云：「嘉靖庚寅秋，天真精舍成。中為祠堂

，後為文明閣，為藏書室，又為望海亭；左為嘉會堂，左前為遊藝所，傳經樓；右為明德堂，為日新館；餘為齋舍。週以石垣，界則東至淨明，西界天龍，北暨天真，南抵龜田路。是舉也，成夫子遺意，四方同志協而成之，勒之於石，俾世守者稽焉。」（薛侃集卷八）

門人協助經理陽明家事，黃宗明定處分家務題冊，薛侃定同門輪年撫孤條宜。

黃宗明處分家務題冊：「先師陽明先生夫人諸氏，諸無出，先生立從姪正憲為繼。嘉靖丙戌，繼室張氏生子名正聰。未及一歲，輒有兩廣之命，當將大小家務處分詳明

，託人經理。歿幾一載，家眾童僕不能遵守，在他日能保無悔乎？宗明等因送先生葬回，太夫人及親疏宗族子弟四方門人俱在，將先生一應所遺家務逐一禀請太夫人與眾人從長計處，分析區畫，以為閑家正始，防微杜漸之原。寫立一樣五本，請於按察司僉事王，紹興府知府洪，用印鈐記。一本留府，一本留太夫人，正憲、正聰各留一本，同志一本，永為照守。先生功在社稷，澤被生民，道在宇宙，人所瞻仰。其遺孤嫠室，識與不識，無不哀痛，況骨肉親戚，門生故舊，何忍棄之負之哉！凡我同事，自今處分之後，如有異議，人得與正，毋或

輕貸。」（王陽明全集卷三十九世德紀附録）

薛侃同門輪年撫孤題單：「先師陽明先生同祖兄弟五人：伯父之子曰守義、守智，叔父之子曰守禮、守信、守恭。同父兄弟四人：長為先師，次守儉、守文、守章。先師年逾四十，未有嗣子，擇守信第五男正憲為嗣，撫育婚娶。嘉靖丙戌，生子正聰。明年奉命之廣，身入瘴鄉，削平反亂，遂嬰奇疾，卒於江西之南安。凡百家務，雖預處分，而家眾欺正聰年幼，不知遵守。吾儕自千里會葬，痛思先師平生憂君體國，拳拳與人為善之心，今日之事，宜以保孤安寡為先，區區田業，非其所重。若

浙江大学古籍研究所

後人不體，見小失大，甚非所以承先志也。乃稟太夫人及宗族同門戚里，僉事王克章，太守朱袞，酌之情禮，參以律令，恤遺孤以弘本，嚴内外以別嫌，分爨食以防微，一應所有，會衆分析，具有成議。日後倘復恩典承襲，亦有成法。正聰年幼，家事立親人管理，每年輪取同志二人兼同扶助，諸叔姪不得參撓。為兄者務以總家愛弟為心，以副恩育付託之重；為弟者務以嗣宗愛兄為心，以盡繼志述事之美；為旁親者亦願公心扶植孤寡，以為家門之光。則先師在天之靈，庶乎其少慰矣。倘有疏虞，執此問官。輪年之友，亦具報四方同門，咸為轉達

第2581頁

。明有憲典，幽有師靈，尚冀不爽。所有條宜，開具於後。」（王陽明全集卷三十九世德紀附録，薛侃集卷九）

按：錢德洪陽明先生年譜附録一中云：「先是師殯在堂，有忌者行譖於朝，革錫典世爵。有司默承風旨媒孽，其家鄉之惡少遂相煽，欲以魚肉其子。胤子正億方四齡，與繼子正憲離仳竄逐，蕩析厥居。」正聰四齡，則在嘉靖八年，可見陽明殯猶在堂時，王家「内釁」、「外侮」已起，故黃宗明處分家務題册云「歿幾一載，家衆童僮不能遵守」，薛侃同門輪年撫孤題單云「家衆欺正聰年幼，不知遵守」，王艮與薛中離亦云「別後（按：指會葬別後），先師家事變更不常，其間細微曲折，雖令

弟竹居先生（按：薛僑）耳聞目擊，於此猶未知其所以然也」。故門人乘千里來會葬之際，亦欲盡力協助經理陽明家事，然已遲到不及矣。

第2582頁

附録

續傳習錄

耳目口鼻四肢，身也。非心，安能視聽嗅食運動？心欲視聽言動，無耳目口鼻四肢，亦不能。故無心則無身，無身則無心。但指其充塞處言之，謂之身；指其主宰處言之，謂之心；指心之發動處，謂之意；指意之靈明處，謂之知；指意之涉着處，謂之物。只是一件。意未有懸空的，必着事物，故誠欲意，則隨意所在某事而格之，去其人欲而歸於天理，則良知之在此事者，無蔽而得致矣。

九川問：近年因厭泛濫之學，每要靜坐，求屏息念慮，非惟不能，愈覺擾擾，如何？先生曰：念如何可息？只是要正。曰：當自有無念時否？先生曰：實無無念時。曰：如此，却如何言靜？曰：靜未嘗不動，動未嘗不靜。戒謹恐懼，即是念，何分動靜？曰：周子何以言定之以中正仁義而主靜？曰：無欲故靜。是靜亦定、動亦定的定字，主其本體也。戒懼之念，是活潑潑地，此是天機不息處，所謂維天之命，於穆不已。一息便是死。非本體之念，即是私念。

人須在事上磨鍊做功夫，乃有益。若只好靜，遇事便亂，終無長進。那靜時功夫，亦差似收斂，而實軟弱也。

在虔，與于中、謙之同侍。先生曰：人胸中各有個聖人，只自信不及，都自埋倒了。

先生曰：這些子看得透徹，隨他千言萬語，是非誠僞，到前便明，合得的便是，合不得的便非。如佛家說心印相似，真是個試金石、指南針。

先生曰：人若知這良知訣竅，隨他多少邪思枉念，這裏一覺，都自消融，真個是靈丹一粒，點鐵成金。

又曰：知來本無知，覺來本無覺。然不知，則遂淪埋。

先生曰：大凡朋友，須箴規指摘處少，誘掖獎勸意多，方是。後又戒九川云：與朋友論學，須委曲謙下，寬以居之。常快活，便是功夫。

須是勇。用功久，自有勇。故曰是集義所生者，勝得容易，便是大賢。

九川問：此功夫却於心上體驗明白，只解書不通。先生曰：只要解心。心明白，書自然融會。若心上不通，只要書上文義通，却自生意見。

有官司之事，便從官司的事上為學，纔是真格物。如問一詞訟，不可因其應對無狀，起個怒心；不可因他言語圓轉，生個喜心；不可惡其囑托，加意治之；不可因其請求，屈意從之；不可因自己事務煩冗，隨意苟且斷之；不可因旁人譖毁羅織，隨人意思處之。這許多意思皆私，只爾自知，須精細省察克治，惟恐此心有一毫偏倚，枉人是非，這便是格物致知。簿書訟獄之間，無非實學。若離了事物為學，却是着空。

後世學者博聞多識，皆滯胸中，皆傷食之病也。

先生曰：聖人亦是學知，衆人亦是生知。問曰：何知？曰：這良知人人皆有，聖人只是保全，無些障蔽，兢兢業業，亹亹翼翼，自然不息，便也是學；只是生的分數多，所以謂之生知安行。衆人自孩提之童莫不完具此知，只是障蔽多，然本體之知自難泯息，雖問學克治也只憑他；只是學的分數多，所以謂之學知利行。

人心是天淵。心之本體無所不該，原是一個天，只為私欲障礙，則天之本體失了；心之理無窮盡，原是一個淵，只為私欲窒塞，則淵之本體失了。如今念念致良知，將此障礙窒塞一起去盡，則本體已復，便是天淵了。

先生曰：聖賢非無功業氣節，但其循着這天理，則便是道，不可以事功氣節名矣。

發憤忘食，是聖人之志，如此真無有已時；樂以忘憂，是聖人之道，如此真無有戚時。恐不必云得不得也。

問知行合一。先生曰：此須識我立言宗旨。今人學問，只因知行分作兩件，故有一念發動，雖是不善，然却未曾行，便不去禁止他。我今説個知行合一，正要人曉得一念發動處，便即是行了。發動處有不善，就將這不善的一念克倒了他，須要徹根徹底，不使那一念的不善潛伏在胸中。此是我立言宗旨。

聖人無所不知，只是知個天理；無所不能，只是能個天理。聖人本體明白，故事事知個天理所在，便去盡個天理；不是本體明後，却於天下事物都便知得、便做得來也。

至善者，心之本體。本體上才過當些子，便是惡了。不是有一個善，却又有一個惡來相對也。故善惡只是一物。

動靜只是一個。那三更時分，空空靜靜的，只是存天理，即是如今應事接物的心。如今應事接物的心，亦是循此天理，便是那三更時分空空靜靜的心。故動靜只是一個，分別不得。知得動靜合一，釋氏毫釐差處，亦自莫掩矣。

人只有許多精神，若專在容貌上用功，則於中心照管不及者多矣。有太直率者。先生曰：如今講此學，却外面全不檢束，便又分心，與事為二矣。」

文字去思索亦無害，但作了常記在懷，則為文所累，心中有一物矣。此則未可也。

凡作文字，要隨我分限所及。若說得太過了，亦非修辭誠矣。

問「有所忿懥」一條。先生曰：「忿懥幾件，人心怎能無得？只是不可有耳。凡人忿懥着了一分意思，便怒得過當，非廓然大公之體了。故有所忿懥，便不得其正也。如今於凡忿懥等件只是個物來順應，不要着一分意思，便心體廓然大公，得其本體之正了。且如出外見人相鬥，其不是的，我心亦怒。然雖怒，却此心廓然不曾動些子氣。如今怒人，亦得如此，方纔是正。」

先生嘗言：「佛氏不着相，其實着了相；吾儒着相，其實不着相。」請問。曰：「佛怕父子累，却逃了父子；怕君臣累，却逃了君臣；怕夫婦累，却逃了夫婦。都是為個君臣、父子、夫婦着了相，便須逃避。如吾儒有個父子，還他以仁；有個君臣，還他以義；有個夫婦，還他以別，何曾着父子、君臣、夫婦的相？」

黄勉叔問：「心無惡念時，此心空空蕩蕩的，不知亦須存個善念否？」先生曰：「既去惡念，便是善念，便復心之本

體矣。譬如日光被雲來遮蔽，雲去光已復矣。若惡念既去，又要存個善念，即是日光之中，添燃一燈。」

初下手用功，如何腔子裏便得光明？譬如奔流濁水，纔貯在缸裏，初然雖定，也只是昏濁的。須俟澄定既久，自然渣滓盡去，復得清來。

先生曰：「吾教人致良知在格物上用功，却是有根本的學問，日長進一日，愈久愈覺精明。世儒教人事事物物上去尋討，却是無根本的學問。方其壯時，雖暫能外面修飾，不見有過；老則精神衰邁，終須放倒。譬如無根之樹，移栽水邊，雖暫時鮮好，終久要憔悴。」

問「志於道」一章。先生曰：「只『志道』一句，便含下面數句功夫，自住不得。譬如做此屋，志於道是念念要去擇地鳩材，經營成個區宅；據德却是經畫已成，有可據矣；依仁却是常常住在區宅內，更不離去；游藝却是加些畫采，美此區宅。藝者，義也，理之所宜者也。如誦詩讀書彈琴習射之類，皆所以調習此心，使之熟於道也。苟不志道而游藝，却如無狀小子，不先去制造區宅，只管要去買畫掛做門面，不知將掛在何處。」

只要良知真切，雖做舉業，不為心累，總有累亦易覺，克之而已。且如讀書時，良知知得强記之心不是，即克

去之；有誇多鬥靡之心不是，即克去之。如此，亦只是終日與聖賢相對，是個純乎天理之心。任他讀書，亦只是調攝此心而已，何累之有？

此學不明，不知此處擔閣了幾多英雄漢。

先生曰：「良知猶主人翁，私欲猶豪奴悍婢。主人翁沉痾在牀，奴婢便敢擅作威福，家不可以言齊矣。若主人翁服藥治病，漸漸痊可，略知撿束，奴婢亦自漸聽指揮。及沉痾脱體，起來擺布，誰敢有不受約束者哉？良知昏迷，衆欲亂行；良知精明，衆欲消化，亦猶是也。」

問：「生之謂性，告子亦說得是，孟子如何非之？」先生曰：「固是性，但告子認得一邊去了，不曉得頭腦；若曉得頭腦，如此說亦是。孟子亦曰『形色天性也』，這也是指氣說。」又曰：「凡人信口說，任意行，皆說此是依我心性出來，此是所謂『生之謂性』，然却要有過差。若曉得頭腦，依吾良知上說出來，行將去，便自是停當。然良知亦只是這口說，這身行，豈能外得氣，別有個去行去說？故曰『論性不論氣，不備；論氣不論性，不明』。氣亦性也，性亦氣也，但須識得頭腦是當。」

又曰：「諸君功夫最不可助長。上智絶少，學者無超入聖人之理。一起一伏，一進一退，自是功夫節次。不可以

浙江大学古籍研究所

第2589頁

我前日用功夫了，今却不濟，便要矯强，做出一個没破綻的模樣。這便是助長，連前些子功夫都壞了。此非小過。」

又曰：「人若着實用功，隨人毀謗，隨人欺慢，處處得益，處處是進德之資。若不用功，只是魔也，終被累倒。」

一友常易動氣責人。先生警之曰：「學須反己。若徒責人，只見得人不是，不見自己非。若能反己，方見自己有許多未盡處，奚暇責人？」

黄勉之問：「『無適也，無莫也，義之與比』。事事要如此否？」先生曰：「固是事事要如此。須是識得個頭腦乃可。義即是良知，曉得良知是個頭腦，方無執着。」

問：「『思無邪』一言，如何便蓋得三百篇之義？」先生曰：「豈特三百篇，六經只此一言便可該貫。以至窮古今天下聖賢的話，『思無邪』一言也可該貫。此外更有何說？此是一了百當的功夫。」

問：「道心人心」。先生曰：「『率性之謂道』，便是道心；但着些人的意思在，便是人心。道心本是無聲無臭，故曰『微』；依着人心行去，便有許多不安穩處，故曰『惟危』。」

一友問：「讀書不記得，如何？」先生曰：「只要曉得，如何要記得？要曉得，已是落第二義了。只要明得自家本體。若徒要記得，便不曉得；若徒要曉得，便明不得自家的

浙江大学古籍研究所

第2590頁

本體。」

問：「逝者如斯」，是說自家心性活潑潑地否？先生曰：「然。須要時時用致良知的功夫，方才活潑潑地，方才與他川水一般。若須臾間斷，便與天地不相似。此是學問至極處，聖人也只如此。」

問：「叔孫、武叔毀仲尼，大聖人如何猶不免於毀謗？」先生曰：「毀謗自外來的，雖聖人如何免得？人只貴於自修，若自己實實落落是個聖賢，縱然人都毀他，也說他不着，却若浮雲掩日，如何損得日的光明？若自己是個象恭色莊、不堅不介的，縱然没一個人說他，他的惡慝終須一日發露。所以孟子說有求全之毀，有不虞之譽。毀譽在外的，安能避得？只要自修如何爾。」

劉君亮要在山中靜坐。先生曰：「汝若以厭外物之心去求之靜，是反養成一個驕惰之氣了。汝若不厭外物，復於靜處涵養，却好。」

聖人之學不是這等綑縛苦楚的，不是粧做道學的模樣。

先生語陸元靜曰：「元靜少年亦要解五經，志亦好博。但聖人教人，只怕人不簡易，他說的皆是簡易之規。以今人好博之心觀之，却似聖人教人差了。」

問：「不覩不聞，是說本體；戒慎恐懼，是說功夫否？」先生曰：「此處須信得本體原是不覩不聞的，亦原是戒慎恐懼的。戒慎恐懼，不曾在不覩不聞上加得些子。見得真時，便謂戒慎恐懼是本體，不覩不聞是功夫，亦得。」

先生曰：「仙家說到虛，聖人豈能虛上加得一毫實？佛氏說到無，聖人豈能無上加得一毫有？但仙家說虛從養生上來，佛氏說無從出離生死苦海上來，却於本體上加却這些子意思在，便不是他虛無的本色了，便於本體有障礙。聖人只是還他良知的本色，更不着些子意在。良知之虛，便是天之太虛；良知之無，便是太虛之無形。日月風雷山川民物，凡有貌象形色，皆在太虛無形中發用流行，未嘗作得天的障礙。聖人只是順其良知之發用，天地萬物俱在我良知的發用流行中，何嘗又有一物超於良知之外，能作得障礙？」

或問：「釋氏亦務養心，然要之不可以治天下，何也？」先生曰：「吾儒養心，未嘗離却事物，只順其天則自然，就是功夫。釋氏却要盡絶事物，把心看做幻相，漸入虛寂去了，與世間若無些子交涉，所以不可治天下。」

或問異端。先生曰：「與愚夫愚婦同的，是謂同德；與愚夫愚婦異的，是謂異端。」

問夭壽不貳。先生曰：「學問功夫，於一切聲利嗜好俱能脱落殆盡，尚有一種生死念頭毫髮掛帶，便於全體有未融釋處。人於生死念頭本從生身命根上帶來，故不易去。若於此處見得破，透得過，此心全體方是流行無礙，方是盡性至命之學。」

先生曰：「無知無不知，本體原是如此。譬如日未嘗有心照物，而自無物不照。無照無不照，原是日的本體。良知本無知，今却要有知；本無不知，今却疑有不知，只是信不及耳！」

問：「孔子所謂遠慮，周公夜以繼日，與將迎不同，何如？」先生曰：「遠慮不是茫茫蕩蕩去思慮，只是要存這天理。天理在人心，亘古亘今，無有終始。天理即是良知，千思萬慮，只是要致良知。良知愈思愈精明，若不精思，漫然隨事應去，良知便粗了。若只着在事茫茫蕩蕩去思，教做遠慮，便不免有毁譽得喪人欲攙入其中，就是將迎了。周公終夜以思，只是戒慎不覩，恐懼不聞的功夫，見得時，其氣象與將迎自别。」

問：「一日克己復禮，天下歸仁。」朱子作效驗說，如何？」先生曰：「聖賢只是為己之學，重功夫不重效驗。仁者以萬物為體，不能一體，只是己私未忘。全得仁體，則天下皆歸於吾。仁就是八荒皆在我闥意，天下皆與，其仁亦在其中。如在邦無怨，在家無怨，亦只是自家不怨，如不怨天，不尤人之意。然家邦無怨，於我亦在其中，但所重不在此。

七情有着，俱謂之欲，俱為良知之蔽。然纔有着時，良知亦自會覺。覺即蔽去，復其體矣。此處能勘得破，方是簡易透徹功夫。

問：「樂是心之本體，不知遇大故於哀哭時，此樂還在否？」先生曰：「須是大哭一番了方樂，不哭便不樂矣。雖哭，此心安處，即是樂也，本體未嘗有動。」

古人為治，先養得人心和平，然後作樂。比如你在此歌詩，你的心氣和平，聽者自然悦懌興起，只此便是元聲之始。

先生曰：「學問也要點化，但不如自家解化者，自一了百當。不然，亦點化許多不得。」

孔子氣魄極大，凡帝王事業，無不一一理會也，也只從那心上來。

今人於喫飯時，雖無一事在前，其心常役役不寧，只緣此心忙慣了，所以收攝不住。

琴瑟簡編，學者不可無，蓋有業以居之，心就不放。

先生嘆曰：「世間知學的人，只有這些病痛打不破，就不是善與人同。」（崇一曰）：「這病痛只是個好高，不能忘己爾。」

所惡於上，是良知；毋以使下，即是致知。

問：「古人論性各有異同，何者乃為定論？」先生曰：「性無定體，論亦無定體。有自本體上說者，有自發用上說者，有自源頭上說者，有自流弊處說者。總而言之，只是這個性，但所見有淺深爾。若執定一邊，便不是了。」

先生曰：「用功到精處，愈着不得言語，說理愈難。若着意在精微上，全體功夫反蔽泥了。」

已後與朋友講學，切不可失了我的宗旨：無善無惡是心之體，有善有惡是意之動，知善知惡的是良知，為善去惡是格物。只依我這話頭，隨人指點，自沒病痛。此原是徹上徹下功夫。

先生曰：「先儒解格物為『格天下之物』，天下之物如何格得？且謂『一草一木亦皆有理』，今如何去格？縱格得草木來，如何反來誠得自家意？我解格作『正』字義，物作『事』字義，大學之所謂身，即耳目口鼻四肢是也。欲修身，便是要目非禮勿視，耳非禮勿聽，口非禮勿言，四肢非禮勿動。要修這個身，身上如何用得功夫？心者，身之主宰。目雖視，

第2595頁

而所以視者，心也；耳雖聽，而所以聽者，心也；口與四肢雖言動，而所以言動者，心也。故欲修身，在於體當自家心體，常令廓然大公，無有些子不正處。主宰一正，則發竅於目，自無非禮之視；發竅於耳，自無非禮之聽；發竅於口與四肢，自無非禮之言動，此便是修身在正其心。然至善者，心之本體也，心之本體那有不善？如今要正心，本體上何處用得工？必就心之發動處，纔可着力也。心之發動不能無不善，故須就此處着力，便是在誠意。如一念發在好善上，便實實落落去好善；一念發在惡惡上，便實實落落去惡惡。意之所發既無不誠，則其本體如何有不正的？故欲正其心在誠意。工夫到誠意，始有着落處。然誠意之本，又在於致知也。所謂『人雖不知，而己所獨知』者，此正是吾心良知處。然知得善，却不依這個良知便做去；知得不善，却不依這個良知便不去做，則這個良知便遮蔽了，是不能致知也。吾心良知既不能擴充到底，則善雖知好，不能着實好了；惡雖知惡，不能着實惡了，如何得意誠？故致知者，意誠之本也。然亦不是懸空的致知，致知在實事上格。如意在於為善，便就這件事上去為；意在於去惡，便就這件事上去不為。去惡固是格不正以歸於正；為善則不善正了，亦是格不正以歸於正也。如此，則吾

第2596頁

心良知無私欲蔽了，得以致其極；而意之所發，好善去惡，無有不誠矣。誠意工夫，實下手處在格物也。若如此格物，人人便做得，人皆可以為堯舜，正在此也。

或疑知行不合一，以知之匪艱二句為問。先生曰：良知自知，原是容易的；只是不能致那良知，便是知之匪艱，行之惟艱。

門人問曰：知行如何得合一？且如中庸言博學之，又說個篤行之，分明知行是兩件。先生曰：博學只是事事學◎存此天理；篤行只是學之不已之意。又問：易學以聚之，又言仁以行之，此是如何？先生曰：也是如此。事事去學存此天理，則此心更無放失時。故曰學以聚之；然常常學存此天理，更無私欲間斷，此即是此心不息處，故曰仁以行之。又問：孔子言知及之，仁不能守之，知行却是兩個了。先生曰：說及之已是行了，但不能常常行，已為私欲間斷，便是仁不能守。又問：心即理之說，程子云在物為理，如何謂心即理？先生曰：在物為理，在字上當添一心字。此心在物則為理，如此心在事父，則為孝；在事君，則為忠之類。先生因謂之曰：諸君要識得我立言宗旨。如今說個心即理是如何，只為世人分心與理為二，故便有許多病痛。如五伯攘夷狄，尊周室，都是一團私心，便不

當理。人却說他做得當理，只心有未純，往往悅慕其所為，要來外面做得好看，却與心全不相干。分心與理為二，其流至於伯道之偽而不自知。故我說個心即理，要使知心理是一個，便來心上做工夫，不去襲義於外，便是王道之真。此我立言宗旨。又問：聖賢言語許多，如何却要打做一個？曰：我不是要打做一個，如曰夫道一而已矣，又曰其為物不二，則其生物不測，天地聖人皆是一個，如何二得？

但要曉得一念動處，便是知，亦便是行。如人在牀上思量去偷人東西，此念動了，便是做賊；若還去偷，那個人只到半路轉來，却也是賊。

先生曰：舜不遇瞽瞍，則處瞽瞍之物無由格；不遇象，則處象之物無由格；周公不遇流言憂懼之變，則流言憂懼之物無由格。故凡動心忍性以增益其所不能者，正吾聖門致知格物之學，正不宜輕易放過，失此好光陰也。知此，則夷狄患難將無入而不自得矣。

心不是一塊血肉，凡知覺處便是心。如耳目之知視聽，手足之知痛癢，此知覺便是心也。

人必要爭個心有內外，原是不曾實見心體。我今說個無內外，尚流在有內外；若說有內外，則內外益判了。況

心無内外亦不是我説的，明道定性書云：「且以性為隨物於外。」則當其在外時，何者為内？此一條最痛快。

以方問曰：「據人心所知，多有誤欲作理、認賊作子處，何處乃見良知？」先生曰：「爾以為何如？」曰：「心所安處，纔是良知。」曰：「固是。但要省察，恐有非所安而安者矣。」

「易則易知」，只是一個天理，便自易知。

以方自陳喜在靜上用功。先生曰：「靜上用功固是好，但終自有敝。人心自是不息底，雖在睡夢，此心亦是流動。如天地之化，本無一心之停，然其化生萬物各得其所，却亦自靜也。此心雖是流行不息，然其一循天理，却亦自靜也。若專來靜上用功，恐有喜靜惡動之敝。動靜只是一個。」

以方問：「直固知靜中自有個知覺之理，但伊川一段可疑。伊川問呂學士：『賢且説靜時如何？』曰：『謂之有物則不可，然自有知覺處。』曰：『既有知覺，却是動也，怎生言靜？』」先生曰：「伊川説還是。」以方因詳伊川之言，是分明以靜中無知覺矣，如何謂伊川説還是？考諸晦翁亦曰：「若云知寒覺暖，便是知覺已動。今未曾著於事物，但有知覺在，何妨其為靜，不成靜坐，只是瞌睡。」晦翁亦是疑伊川之説，蓋知寒覺暖，則知覺著在寒暖，且著在事物，便是已發

了。但有知覺，只是有此理，不曾着在事上，故還是靜。然瞌睡也有知覺，故能作夢，且一喚便醒矣。槁木死灰，無知覺，便不醒了。恐伊川所謂既有知覺，却是動也，怎生言靜，正是説個靜而無靜之意，不是説靜中無個知覺也。故先生曰伊川説還是。

以方問：「戒慎恐懼，是致和，還是致中？」先生曰：「是和上用功。」以方曰：「中庸言致中和，如何不致中，却來和上用功？」先生曰：「中和只是一個，内無所偏倚，少間發出，便自然乖戾了。故中和只是一個，但本體上如何用得功，必就他發處纔着得力，故就和上用功。然致和便是致中，萬物育便是天地位。」以方未能釋然。先生曰：「不消去文義上泥。中和是離不得底，如面前只火之本體是中，其火之照物處便是和，舉着火其光便自照物，火與照如何離得？故中和只是一個。近儒亦有以戒懼即是慎獨，非兩事者，然不知此以致和即便以致中者。」崇一嘗謂以方曰：「未發是本體，本體自是不發底。如人可怒，我雖是怒他，然怒不過當，却也是這個本體未發了。」後以崇一之説問先生。先生曰：「如此説，却是説成功處。子思説個發與未發，正要在發時用功。」又與煥吾論及此，煥吾曰：「嘗見文公語類有一段，亦以喜怒哀樂之未發二句頂上文，用工得來，不

是泛說。人人有個中和，與老先生之意亦合，不知文公後來何故從今說。」

以方問曰：「先生之說格物，凡中庸之慎獨及集義、博約等說，皆為格物之事。」先生曰：「非也。格物即慎獨，即戒懼。至於集義、博約工夫只一般，不是以那數件都做格物底事。」

以方問「尊德性」一條。先生曰：「道問學即所以尊德性也。晦翁言：『子靜以尊德性誨人，某教人豈不是道問學處多了些子。』是分尊德性、道問學作兩件。且如今講習討論，下許多工夫，無非只是存此心，不失其德性而已。豈有尊德性只空空去尊，更不去問學；問學只是空空去問學，更與德性無關涉？如此，則不知今之所以講習討論者更學何事？」問「致廣大」二句。曰：「盡精微即所以致廣大也，道中庸即所以極高明也。蓋心之本體，自是廣大底。人不能盡精微，則便為私欲所蔽，有不勝其小者矣。故能細微曲折，無所不盡，則私意不足以蔽之，自無許多障礙遮隔處，如何廣大不致？」又問：「精微還是念慮之精微，是事理之精微？」曰：「念慮之精微即事理之精微也。」

以方問：「顏子擇中庸是如何擇？」先生曰：「亦是戒謹不覩，恐懼不聞，就己私之動處，辨別出天理之善來，得一善即是得了這個天理。」後又與正之論「顏子雖欲從之末由也已」是如何，正之曰：「先生嘗言：『此是見得個道理如此。如今日用凡視聽言動，都是這個知覺，然知覺却在那裏捉定不得，所以說「雖欲從之末由也已」。顏子見得個道體後，方纔如此說。』」

問：「『物有本末』一條，舊說似與先生不合，願啟其旨。」先生曰：「以明德、親民為二物，豈有此理？譬如二樹在此，一樹有一樹的本末，豈可一樹為本，一樹為末？明德、親民總是一物，只是一個工夫，纔二之，明德便是空虛，親民便是襲取矣。物有本末云者，乃指定一物而言，如有實孝親之心，而後有孝親的儀文節目；事有終始云者，亦以實心為始，實行為終。故必始焉有孝親的心，而終焉則有孝親的儀文節目。事長事君，無不皆然。自意之所著，謂之物；自物之所為，謂之事。物者，事之物也；事者，物之事也，一而已矣。」

先生曰：「朋友相處，常見自家不是，方能默化，得人之不是。若只覺自家為是，便懷輕忽之心，漫然不知病痛，畜之漸長，害不可言。善者固吾師，不善者亦吾師。且如見人多言，吾便自省亦多言否；見人好高，吾便自省亦好高否。這便是相觀而善，處處得益。」

問理、氣、數。先生曰：「以理之流行而言，謂之氣；以氣之條理而言，謂之理；以條理之節次而言，謂之數。三者只是一統事。」

問：「聲色貨利，恐良知亦不能無。」先生曰：「固然。但初學用工，却須掃除蕩滌，勿使留積，則適然來遇，始不為累，自然順而應之。良知只在聲色貨利上用工，能致得良知精精明明，毫髮無蔽，則聲色貨利之交無非天則流行矣。」

先生曰：「人之本體，常常是寂然不動的，常常是感而遂通的。未應不是先，已應不是後。」

只在有覩有聞上馳騖，不在不覩不聞上着實用功。蓋不覩不聞是良知本體，戒慎恐懼是致良知的工夫。學者時時刻刻常覩其所不覩，常聞其所不聞，工夫方有個實落處。久久成熟後，則不須着力，不待防檢，而真性自不息矣，豈以在外者之聞見為累哉！

問：「先儒謂鳶飛魚躍，與必有事焉同一活潑潑地。」先生曰：「亦是。天地間活潑潑地，無非此理，便是吾良知的流行不息。致良知便是必有事的工夫，此理非惟不可離，實亦不得而離也。無往而非道，無往而非工夫。」

一友自嘆：「私意萌時，分明自心知得，只是不能使他

第2603頁

即去。」先生曰：「你萌時，這一知處便是你的命根，當下即去消磨，便是立命功夫。」

先生嘗語學者曰：「心體上着不得一念留滯，就如眼着不得些子塵沙。些子能得幾多，滿眼便昏天黑地了。」又曰：「這一念不但是私念，便好的念頭亦着不得些子。如眼中放些金玉屑，眼亦開不得了。」

至誠能盡其性，亦只在人物之性上盡。離却人物，更無性可盡得。能盡人物之性，即是至誠致曲處。致曲的功夫，亦只在人物之性上致，更無二義，但比至誠有安勉不同耳。

頃與諸老論及此學，真圓鑿方枘。此道坦如大路，世儒往往自加荒塞，終身陷荊棘之場而不悔，吾不知其何說也！

古先聖人許多好處，也只是無我而已。無我，自能謙。謙者，眾善之基；傲者，眾惡之魁。

問：「許魯齋言：『學者以治生為首務。』先生不以為然，何也？且士之貧，豈可坐守，不經營耶？」先生曰：「但言學者治生上儘有工夫做，則可；若以為治生是首務，使學者汲汲營利，斷不可也。且天下首務孰有急於講學耶？然治生亦是講學中事，但不可以治生為首務，徒啟營利之心。

第2604頁

果能於此處調停得心體無累，雖終日做買賣，不害為聖為賢，何妨於學？學何二於治生？」

先生曰：「氣質，猶器也；性，猶水也。均一水也，有得一缸者，有得一桶者，有得一甕者，局於器也。氣質有清濁、厚薄、强弱之不同，然為性則一也。能擴而充之，器不能拘矣。」

或問：「致良知的工夫，恐於古今事變有遺。」先生曰：「不知古今事變從何處出？若從良知流出，致知焉，盡之矣。原來古今只是這一個。」

又曰：「古人講學，頭腦須只一個，却是因人以為淺深。譬如這般花，只好澆一瓶水，却倒一桶水在上，便浸死了。從目所視，妍醜自別，不作一念，謂之明；從耳所聽，清濁自別，不作一念，謂之聰；從心所思，是非自別，不作一念，謂之睿。」

顏子欲罷不能，是直見得道體不息，無可罷得時；若功夫有起有倒，尚有可罷時，只是未曾見得道體。

先生曰：「孔子無不知而作，顏子有不善未嘗不知。此是聖學真血脉路。」

先生云：「某十五六歲時，便有志聖人之道。但於先儒格致之説若無所入，一向姑放下了。一日寓書齋，對數莖

竹，要去格他理之所以然，茫然無可得。遂深思數日，卒遇危疾，幾至不起。乃疑聖人之道恐非吾分所及，且隨時去學科舉之業。既後心不自已，略要起思，舊病又發。於是又放情去學二氏，覺得二氏之學比之吾儒反覺徑捷，遂欣然去究竟其説。後至龍場，又覺二氏之學未盡，履險處危，困心衡慮，又豁然見出這頭腦來，直是痛快，不知手舞足蹈。此學數百年想是天機到此也，該發明出來了，此必非某之思慮所能及也。」

學問最怕有意見的人，只患聞見不多。良知聞見益多，覆蔽益重，反不如不曾讀書的人，更容易與他説得。

先生曰：「雖小道，必有可觀。如虛無、權謀、器數、技能之學，非不能超脱世情，直於本體上得所悟入，俱得通入精妙。但其意有所着，移之以治天下國家，便不能通了。故君子不用。」

一友侍坐，眉間若有憂思。先生覺之，顧語他友曰：「人一身不得爽快，不消多大事。只一根頭髮釣着，滿身便不快恬了。」是友聞之，矍然省惕。

知者，良知也，天然自有，即至善也。物者，良知所知事也。格者，格其不正以歸於正也；格之，斯實致之矣。

（鄧永春皇明三儒言行要録新刊陽明王先生要録卷

二）

按：陽明門人編有續傳習錄，向來不為人所知，今從郜永春皇明三儒言行要錄中發現續傳習錄，揭開此一久被湮沒之秘。按皇明三儒言行要錄刻於隆慶二年，前有郜永春新刊皇明三儒言行要錄序署云：「隆慶二年季夏吉日，賜同進士出身、河南道監察御史、蒲陽後學仰遽郜永春頓首拜書於超然亭上。」據此，續傳習錄當編於嘉靖中。考王宗沐傳習錄序云：「傳習錄，錄陽明先生語也。四方之刻頗多，而江右實先生提戈講道處，獨缺焉。沐乃請於兩臺，合續本凡十一卷，刻置學宮。」王宗沐嘉靖二十三年進士，嘉靖三十五年任江西提學副使，修王陽明祠，建正學書院、懷玉書院，於白鹿洞聚諸生講學，其合刻傳習錄置於學宮即在是年。所謂續本，即指續傳習錄，蓋乃曾才漢所編也。錢德洪傳習錄後跋云：「嘉靖戊子冬，德洪與王汝中奔師喪，至廣信，訃告同門，約三年收錄遺言。繼後同門各以所記見遺。洪擇其於問正者，合所私錄，得若干條。居吳時，將與文錄並刻矣，適以憂去未遂。……去年（按：嘉靖三十四年），同門曾子才漢得洪手抄，復傍為采輯，名曰遺言，以刻行於荊。洪讀之，覺當時采錄未精，乃為刪其重復，削去蕪蔓，存其

第2607頁

三之一，名曰傳習續錄，復刻於寧國之水西精舍。今年（按：嘉靖三十五年）夏，……乃復取逸稿，采其語之不背者，得一卷；其餘影響不真，與文錄既載者，皆削之，並易中卷為問答語，以付黃梅尹張君增刻之。」可見續傳習錄（遺言）有四編三刻：嘉靖十四年（按：錢德洪丁憂在是年）初編於錢德洪；嘉靖三十四年二編於曾才漢，初刻於荊；同年三編於錢德洪，二刻於水西精舍；嘉靖三十五年四編於錢德洪，三刻於黃梅。嘉靖十四年錢德洪所編遺言，即今存陽明先生遺言錄，題作「門人餘姚錢德洪纂輯，門人泰和曾才漢校輯」。嘉靖三十四年曾才漢所編遺言，即郜永春新刊皇明三儒言行要錄中之續傳習錄，王宗沐刻於江西學宮之續本，即此續傳習錄（據此，續傳習錄亦有四刻）。嘉靖三十五年錢德洪所編傳習續錄，即今傳習錄之卷下（第三卷）也。試以傳習錄卷下與此續傳習錄比較，二書語錄多同，但詳略有別，次序不同，亦有異字異句，特別是續傳習錄約有二十五條語錄為傳習錄卷下所無，尤有重要價值。如「某十五六歲時一條」，意義重大，錢德洪竟刪之，匪夷所思。大致曾才漢編續傳習錄多有取於黃直（以方）所記語錄，而錢德洪多刪之，尤未當也。

第2608頁

後鑒録

卷中

謝蕡

寧府招由

刑部等衙門為開讀事。欽奉正德十六年四月二十二日詔書内一欵：「江西并各處地方，先因宸濠反逆事敗，及因人告報謀反、妖言等項事情，一時追捕餘黨，急於撲滅，不暇審辨，未免有跡涉疑，似被誣逮繫者。經該問刑衙門

，務要嚴加詳審。果係誣枉，即與釋放。若係逼脅順從者，問擬明白，奏請定奪，無得冤抑淹禁。」又一欵：「見監與宸濠謀反事情有干。正德十四年就陣擒獲及續拿人犯，三司法、錦衣衛先行查問明白，其真正共謀逆賊，并臨時脅從，及先年交通，不曾與謀者，各依律議擬應得罪名，再會多官覆審，相同奏請定奪，毋得輕縱冤枉。欽此。」續該司禮監太監韋彬，傳奉聖旨：「說與三法司、錦衣衛知道，各衙門見監輕重囚犯，或因領兵官員追捕餘黨，被誣逮繫；或因原問官員鍛鍊成獄，拘泥文案。多有枉抑，致傷和氣，上干天變，朕心憂惻。便着多官查照詔旨，從公會審

，分別情罪輕重，等第明白，奏來定奪，不許仍前冤枉。欽此。」欽遵。

會同得犯人一名劉吉，年五十三，係江西撫州臨川縣民。狀招：吉自幼私自淨身，投入寧府，收充火者，歷陞任承奉。先年寧府原有護衛，後因不法，革改南昌左衛。弘治十一年，有今死宸濠襲封寧王。正德二年間，宸濠要復護衛，差已故内官梁安賄通逆瑾，朦朧奏討准復，改為護衛。正德五年八月内，逆瑾事敗，仍革為南昌左衛訖。有宸濠因愛在官樂人秦榮質美會唱，為伊奏討樂官，伊就不合因而出入宮闈，撥置行事。後宸濠恣肆妄為，意生不軌

，常請已故術士李自然等，推命相面，妄稱伊有天子分。又招已故術士李日芳等，看得本省城内東南有天子氣穴，就蓋陽春書院，僭號離宮，時去遊樂。又將西山地名青嵐，先朝禁革龍口舊穴葬母，俱要謀當其氣。又暗蓄姦謀，誣陷宗室，打死軍民不計其數。每年止收禄米，違例每石折銀二兩，過限倍徵。訪知先任江西按察使鄭岳要行劾奏，就暗令與伊有讐、今閑住未到本司副使李夢陽，不合依聽，將跟隨鄭岳門子劉奉，送府拷打，逼供無名贓私，奏陷鄭岳為民。

正德九年正月内，宸濠要行謀逆，密與吉并在官承奉

塗欽，典寶等官熊綬、黃瑞，在逃陳賢，已故萬銳，致仕都御史李士實，舉人王春，典仗徐紀，校尉魯孔章、趙隆，及秦榮商議，要先謀復護衛，方好整備軍馬，圖謀天下。就假以地方盜賊生發為名，借指祖訓，粧飾成本。因見已處决都督錢寧，投為朝廷義子，專權亂政，已發樂官臧賢出入內府。另起見監太監張雄，掌管司禮監事，在官太監商忠、少監盧明，俱為張雄心腹朋黨。用事教坊司樂工晉良，先年投在本府，教演小幼彈唱，素與臧賢情熟。就差晉良隨同塗欽、萬銳、盧孔章、趙隆、徐紀齎本赴京謀幹。先將銀五百兩與晉良，托伊將銀五千兩引送臧賢。又將銀四百兩與伊已發遣女婿施鉞，引見求為打點。就托臧賢將銀一萬兩送與錢寧，各不合接受。又送商忠、盧明各銀五百兩，托伊引送張雄銀三千兩，寶石廂帶一條。彼引另起見監太監張銳，坐廠行事。恐伊阻撓，亦將銀一千兩托臧賢過送與伊，亦各不合知情接受入己。

宸濠又因彼時見任兵部尚書在官陸完，曾任江西按察使，往來交厚，亦令塗欽、盧孔章，將金臺盤一付重十兩、段四匹餽送，央伊扶持。陸完亦不合接受許允。塗欽等方將前本奏行兵部，彼有陸完於查覆本內，雖稱難將該衛再復，却不合又稱寧王以太祖典章為言，合行會議，具

第2611頁

本覆奏。有錢寧、張雄、臧賢各因得受重賄，不合共為欺罔，傳批特旨，將護衛、屯田俱准改與宸濠管業。續奉敕書到府，有本衛指揮千百户等官，已故王信等，正嫌平日三司轄制，各喜入府，得以倚勢行事，有宸濠得遂姦計，為惡日甚。

彼先任江西按察副使胡世寧舉奏，宸濠聞知，揑情具本，令塗欽等赴京，將胡世寧誣害。就齎帶銀兩餽送錢寧三千兩，張雄一千兩，臧賢五百兩，盧明三百兩，各不合接受，扶同將胡世寧蒙蔽具奏，誣陷遼東充軍役。因在官少監秦用、趙秀，俱在司禮監文書房辦事，曾打探消息、，亦各將銀一百兩送伊等，各不合接受訖。以後宸濠愈加恣肆故行，羅織撫按三司等官非禮箝制，使皆吞聲隱忍，不敢非議。又密令吉等招引慣熟武藝強賊，在官楊清等，各不合依聽合夥，不時出外劫財，入府分受。

正德十年三月內，宸濠謀要舉兵，須得軍師方能濟事。訪知安福縣已故舉人劉養正，素有才名，多讀兵書。隱情差未獲審理蕭宗瀛，前去招請到府。有宸濠因與議論宋時陳橋之變，有劉養正就不合贊稱宸濠有撥亂之才，當受賞銀五百兩，密約待時舉事。有吉、塗欽、萬銳、黃瑞、陳賢，已故內官陳學、徐永并指揮王信、王麟，在官儀賓

第2612頁

第2613頁

李世英，已故張嵩，校尉火信、林華等，各思宸濠事用費浩大，各不合多方設計，謀為聚財，招納姦人，投獻田産，强占官湖，倚勢販賣私鹽，胡椒、蘇木等貨，攤放官本稻穀，加倍取利。假代兑軍，多收銀兩，重科夫價，軍民遭害百端。

正德十一年二月内，有今死瑞昌王拱栟，將置買田地投獻。宸濠加租，被佃户魏志英抗違不納。良民辜增守正不阿，宸濠嗔怪，就令陳賢帶火信、楊子喬，已故校尉周孟清、葛鎮等，統衆前去，將辜增、魏志英家眷二百餘人盡行殺害，房屋焚燒一空。本年三月内，有引禮方价，因為逼令鄉民辦納宸濠原放官本稻穀，被不知名人仇恨，暗行殺害訖。有宸濠見得朝廷未立東宫，要得圖謀天位。密差萬鋭同林華等，前來賫錢寧三萬兩，臧賢一萬兩，謀求將伊今故長男大哥，假以上廟燒香為名，迎取來京。彼有錢寧、臧賢，因受重賂，各不合心懷異謀，暗行許允。先令林華回報，隨又詐稱欽賜，將玉帶、金廂寶石、闌裝帶各一條，綵段十對，付與萬鋭，賫送宸濠。傳令本府官員，穿紅四十餘日，專待錢寧傳取。

本年七月内，有已故吉安府生員康昭，來省城科舉。劉養正因恨伊時常在人前非笑交結宸濠，就寄書與王春，

第2614頁

并平素在府行走未獲琴士馬效良，不合扶同誣捏事情，撥置宸濠，設計令秦榮不合依聽，將康昭羅織抓死。事發，囑官歇案不行。有原任南京左衛指揮戴宣，陞授兩廣守備，宸濠怪伊見遲禮薄，登時打死。將伊財産盡行收府，及將伊男監禁五年，女賞已故儀賓陸程為妾。宸濠因見陳賢行事乖便，專令邀截上下公文，及串通各衙吏典，未獲熊世蕃等，已獲故門子吴漢等，各不合依聽抽搽，以致百端不法不得上聞。

正德十二年，有不在官原任本府典寶閻順，内官陳宣、劉良，脱逃赴京，具奏宸濠不法事件。被伊聞知，當將已故内官雷龍，未到辛明、李勇、馬安拷問，招稱承奉周儀主使。怒將周儀并家人六十餘人，及典仗查武等，盡行打死。令吉齋本赴京捏奏，要將閻順等陷死。當送臧賢銀一千兩，錢寧二千兩，張雄、張鋭各一千兩。各不合接受，拴同閻順等，俱發南京孝陵衛充軍訖。彼因求討消息，又送盧明銀二百兩，趙秀、秦用各銀一百兩，亦各不合收訖。

宸濠復與李士實并吉等相議，圖謀天下，必須慣戰賊徒。當令王春、徐欽等，招蓄已故賊首淩十一、閔念四、萬賢一、萬賢二、熊十七，在官閔念八、熊十四，并手下

賊徒各三五百人，及四外亡命、遊食、強竊、盜賊、脫死充軍徒犯，與楊清并未獲原招把勢樂成等，不計其數，藏縱丁家山等處。各不合分夥劫掠新建等縣民人羅慶三等家，并各處庫藏，及各客商舡隻、財貨，送府平分。又齎幣厚結廣西土官軍狼兵，并南、贛、汀、漳峒蠻，欲圖為應。差人廣東收買皮張，入府造作皮甲。招藏四方匠作打造鎗刀盔甲，及佛郎機銃各樣兵器。隨差已故舍人童茂即彭茂，王親方倬，各往河南收買馬匹。又差在官監生方儀，亦往河南省城，向李夢陽求討陽春書院詩文，伊止作詩二首付方儀回還，方知宸濠逆謀，亦不合不行舉首。有涂欽令伊未獲家人姚元佐即張雲賓，不合共謀，將帶銀兩前往揚州府，招召慣熟武藝好漢。已故敖英，未獲郭罪引見宸濠，共給與銀一百四十兩，各不合聽從領受募兵，就假以顧借好漢護送貨舡防盜為名，敖英顧在官金章、黃昇、尚惠，有郭罪顧在官欒風、張貫，每人各受顧銀三兩，同到儀真地方。各訪知係是召募助逆，隨即懼罪送散，各不合不行赴官舉首。宸濠又令姦人暗藏於南北直隸、山東一帶進京沿途鎮店去處，假名買賣，專一探報京中事情，特時起手。時常邀請李士實、劉養正、王春，各不合謀說：即令起兵，恐四方人心未服，必須厚結朝廷，頻頻進貢茶芽

、方物、金銀、玩器等項，務得親信不疑。及差人打探動靜，沿途埋伏健步、快馬，限以十一、二日報知，一遇有警，便好起兵。等語。當就節差徐紀、趙隆、盧孔章、林華，及已故校衛韓江，各不合從謀，往來京師打聽不絕。

本年十二月內，有在官太監畢真，前來江西鎮守，不合將玉帶、寶石、各色紵絲、紗羅、羊酒、馬匹，進送宸濠結好。

正德十三年正月內，有江西清軍御史范輅，因與畢真爭論坐席，及將朝王服色，畢真懷恨。不合商同宸濠捏奏范輅，提解到京，問罪降職。本年二月內，遇蒙太皇太后崩逝，有少監盧明，因素與宸濠交往情厚，不合營求齎捧報訃，前去開讀，得受宸濠銀三千兩。宸濠又令吉與涂欽、黃瑞，相送盧明，行至地名吳城，置酒相待。回還，被已故賊首吳十三等將金銀酒器劫去。行文撫按挨拏。吳十三等懼怕，投托閔念四，將原劫酒器送還。宸濠就令吳十三等與閔念四等，同行各處打劫。先加厚賞安慰，圖致其力。彼有宸濠飾詐要名，求賢講學，王都御史因薦伊今故門生、湖廣武陵縣舉人李元亨即冀元亨往見，意欲用善言開導。比因議論不合，李元亨隨亦回還訖。有死節巡撫都御史孫燧，亦因宸濠為惡日甚，逆謀漸露，屢行具本劾奏

，俱被設計邀截訖。宸濠常於南昌府縣索討夫馬，多派葬祭銀兩，節被知府鄭瓛阻拒不從，致恨在心。本年八月内，吳十三、閔念四、閔念八、淩十一等，打劫新建縣庫銀七千餘兩，與宸濠分用。又被鄭瓛密差快手聶鳳，捉獲窩主何順，監問間，宸濠愈加嗔怒，差人將聶鳳捉拿來打，逼供鄭瓛無名贓私。又有萬鋭表兄伍吟，犯該徒罪，曾被鄭瓛打二十，在監病故。萬鋭告知宸濠，就將前事揑飾具本誣奏，輒將鄭瓛拿送按察司監禁。本年十一等月内，有李士實在官男李汝楨，女婿方仉，萬鋭侄徐大才，萬鋭侄萬桂并李蓁，俱以監生給領本布政司批文，前來國子監復

第 2617 頁

班肄業。方仉、萬鉞、徐大才、李蓁，各明知宸濠與李士實等久謀反逆，各不合不行舉首。

正德十四年正月内，宸濠要得暗收人心，商同李士實、王春，各不合揑造孝行。有畢真亦不合知謀，主張寫成呈文，逼令南昌府縣學官、生員、耆老人等，具呈都、布、按三司，轉呈鎮守、撫按衙門會奏，求虛語，取信朝廷。隨有畢真改調鎮守浙江，宸濠要伊預備人馬前來助逆。當將銀三千兩、金壺一把、銀盞四付并器皿、茶芽等物送行。又將銀三百兩給賞在官參隨張浩等，各不合知謀接受許允。

本年四月，宸濠因前幹取伊男來京上廟燒香，逆謀久未得遂，復謀同未獲門副徐繪，假以進貢茶扇為名，不合依聽收帶銀一萬兩、金臺盤七副、銀臺盤十付，到京交與盧孔章、趙隆，轉送臧賢打點。彼有在官護衛指揮樂節，舍餘孫福，已故賈勝，俱承差護送徐繪前來。彼有在官本府校余榮忠、余瓊，各令起進茶齎册在京，亦常往來看望，各有前謀，不合不行舉首。本月内，有徐紀等回府傳報聖駕將巡山東泰安州等處。宸濠因遣秦榮等，於大院内張設勾闌，扮演雜劇，預令李士實等撰寫疏詞。差人浙江、直隸等處，各路粘貼，招致遊使、光棍，誘引四方人心。

第 2618 頁

意在扇惑，傳聞京師，請駕臨幸，因而伏兵圖謀篡逆。比有畢真前到浙江，不合假以操演官軍為名，就各重賞銀兩，暗邀人心。及又打造盔甲兵器數千餘付，堆積本鎮衙門，待時起兵助逆。

本年五月内，宸濠又挾讎擅拿瑞州府知府宋以方，送按察司監禁。宸濠惡逆彰聞，致被科道官將伊謀為不軌事情劾奏。蒙欽差賴太監、崔駙馬、顏都御史前去省諭，查革護衛。被錢寧密令林華星夜前去報説前情。宸濠自知反謀敗露，即召吉與在官承奉等官涂欽、黄瑞、熊綬，在逃陳賢，已故徐永秀、周瑞、萬鋭、陳學、喻才，并都御史

李士實，舉人王春，王親婁伯，儀賓張暠、陸程、李蕃，都指揮王麒、王信，指揮孫隆，典膳羅瓚，引禮盧鏞，校尉火信、唐全，在官儀賓李世英、熊僚、葛江，典儀丁璜，樂官秦榮，大户謝天一，賊首閔念八、熊十四、楊清，已故凌十一、閔念四、吴十三、楊子喬、熊十七、萬賢一、萬賢二、凌十九、凌全、雷漢四、趙燿十九名，進府商議。宸濠説道：「如今差官勘我府中事情，革我護衛，若不起手，斷然不好。十三日是我壽日，鎮巡三司等官必來慶賀。候其次日謝酒，就脅令各官順從起兵。彼若不從，即行斬首警衆。大事就定。」比吉與李士實等，各不合回説：「此謀最好。」宸濠當將李士實偽授國師，吉等俱偽授太監。又説：「事定，李士實為左丞相，加封國公；王春尚書，其餘俱陞極品。文職王信等俱極品，武職李世英等俱駙馬。」各喜允叩謝訖。又議差已故舍人王華，請劉養正速來定計。及令閔念四等，各集賊兵三千聽用。彼有畢真亦差張浩，引領未獲張倫、曹松，將來禮物前來賀壽。宸濠當賞銀三百兩，就留張浩，不合知謀在府潛住。當遣張倫、曹松，各不合依聽徑回浙江通報畢真知會。

至十三日，鎮守、撫按公差，并三司等官進府賀壽，筵宴各散。十四日早，宸濠密令凌十一、楊清、閔念四、火信、張浩等，俱暗行藏凶器傍立。有鎮巡三司等官前來謝酒，行禮至三拜，宸濠即出殿前臺上，稱説：「太后娘娘有密旨，着我起兵。你各官知大義否？」有都御史孫燧回説：「既有密旨，請看。」又問副使許逵如何，本官回説：「只有一點赤心。」宸濠怒，説：「殺這不知大義的官，以定民志。」有李世英不合在傍贊殺，就令王信、張暠監斬，凌十一等綁縛。各不合聽從，當將孫都御史、許副使押出，於惠民門内殺害。仍將各首懸掛城上，以挾衆心。彼有另起見問鎮守太監王宏，參政王綸，按察使楊璋，僉事潘鵬、師夔，未到巡按御史王金，布政梁辰、胡濂，參政劉斐、程杲，參議許效廉、楊學禮，副使賀鋭、唐錦，僉事王疇、賴鳳，都指揮馬驥、白昂、許清、王玘，南贛守備郟文，南昌府同知何繼周，通判張元澄等，南昌縣知縣陳大道，新建縣知縣鄭公奇，各不合畏懼殺害，不敢執義抗言。并令起見問經過參政季斆，未到公差主事金山，死節馬思聰，本布政司參議黄宏，鄉官郎中涂文祥，俱被綁送儀衛司等處監禁。

宸濠當差涂欽，到各衙門追取印信關防。又差喻才去布政司，盧鏞去南昌縣，在官儀賓强文盛去按察司，未獲典膳胡玉去南昌府，典儀李章去新建縣，各不合依聽前去，搬取庫銀，布政司一十二萬兩，按察司一萬三千四百三十六兩，南昌府四萬五百二十六兩，南昌縣九千七百九十兩，新建縣三千三百二兩，俱發送府内，募兵賞人。又召宗室及内外官員進府，説稱「今舉大事，你各人務要盡心贊助，事定之後，宗室加爵禄，各官重加陞賞」等語。當有李世英等，俱素通謀逆，各不合倡率已死宜春王拱樤，鎮輔將軍覲鋌、宸渢、宸瀾、宸溢、宸湔、拱欈、宸瀛、宸濔、宸汲、宸湯、宸瀘、宸漣，并已故王親方倬，儀賓陸程、熊瓊、于全，在官强文盛、徐金鳳、張雲、蕭奇、李淋、徐輅、賀浚、周焌、李經、羅朝紀，未獲蕭相、董講、傳澄、黄亮、鄭讓、葉清、楊演，已故長史郭銳，教授葉泰，良醫劉文華，典膳白泓、徐鏜，在官胡通鎮，未獲胡玉，已故引禮馬萬里，在官朱會价、沈鏊、蘇文四，未獲熊玉、白金，審理蕭宗瀛，典儀李章，工副毛溝，左護衛指揮丁綱、楊昇，已故張隆，千户夏振、唐玉、嚴琪、李雄、孫賢，在官何綬、朱熅、馮旻、周勇、周鼎，鎮撫聞鳳，已故吴宣，百户楊瓚、謝昇、高洪、盛德、張鳳，在官袁桂，于麒、鄭鳳、宋富，儀衛正顧鎮、顧推，前衛指揮徐芳、吴松、何鏜、劉勳，已故曹儀，未獲侯昇，在官千户徐銳，已故楊永，并劉琅未獲弟劉指揮即劉璋，舉人

魏械、謝鳳，已故甘桂，監生徐祥，義官熊濟，未獲省祭官黄海、胡鍾，琴士馬效良，昆山縣民胡吉，把勢李甫、王儒、樂盛，在官逃軍范鳳，校尉倪六，未獲倪芳、盧永成、盧永富，已故吴欒、徐玉、盧永芳、陸鑾、徐倫、張宣、王鳳、周孟清、葛鎮、陸彪、趙賢、趙智、倪慶、倪楊、王秀、朱輝、楊欒、樊林、龐鐸、吴鸞、高童、薛勝、王淮、徐英、王隆、趙十四、朱英、朱真、洪禮、火義、李成、王雲，亦各不合隨同稱呼萬歲。

宸濠又令涂欽等，將都布按三司、府縣見監一應輕重囚犯盡行放出。又將知府鄭瓛、朱以方取入儀衛司監禁。隨令黄瑞修黄船六隻，及擄官民船隻聽用。傳令十七日起程，徑往南京。慮恐操江船衆，令吉興、陳賢、王春等，預雇各處漁户，設子手一千餘人，要得臨時鑿穿操船。有淩十一、閔念四、吴十三、楊清在傍，各不合説稱：「萬歲但放心，南京城池只消我四人，管定打破。」宸濠大喜，各賞銀一百兩。本日晚，宸濠將閔念四、閔念八、淩十一、吴十三、萬賢一、萬賢二、熊十四、熊十七，俱偽授都指揮，楊清、范鳳，俱偽授指揮。就令淩十一統領淩十九、淩全、雷漢四等，吴十三、萬賢一統領已故吴成五等，閔念四、閔念八統領已故閔大賓、解十二等，各賊兵二千餘人

，號五千。楊清統領原招各處善射二千餘人，號四千五百。就將擄得官民舡三百餘隻裝載，號稱先鋒，與同涂欽、萬銳、孫隆、熊僚，帶領于全，各不合前去攻打九江、南康。又差熊綬、陳賢、葛江，率領何堂、楊昇、徐銳，各不合前去吳城地方，截擄糧舡。有在官孫澄，因素與熊綬踢球相好，亦不合跟隨上舡。宸濠又令謝天一、方倬，并在官大戶鄧時，已故歐陽文五、姜乾一、裘鳳五、萬士盛，在官監生秦婁一，未獲生員徐大用、齊倫，各不合臨時順從招兵助逆。有在官舉人裘衡，明知伊父裘鳳五從逆，不合不行首官。宸濠又令陳賢點集楊子喬等賊兵，并在城

已故快手姚鳳、曾玘、宋華、鄧林、余炳、宋乾、王定、張五、張六、楊崇、楊松、熊玉、辛六、夏隆、朱珊、向通、袁五、熊貴、曾先、范禄、杜斌、杜隆、羅玉、朱昂、王祥、張祥、金十三、李貴、黎方、余方、李俊、周賢、李朴、吳黑仔、王貫、王行、陳清、葉秀，并未獲聶魁等四十餘人，俱屬范鳳管領，各不合依從聽候，攻打府縣。又差已故義官劉觀，領銀三百五十兩，收買硫黃、焰硝，合造火藥。又脅差未到前衛指揮養廉，千戶秦誠、李瀚、康靖，百戶楊斌，各下屯點取屯軍，各官俱即逃避不從。又差校尉趙智等，各不合聽從前去浙江，密令太監畢真

第2623頁

等助兵。又差儀賓李蕃、李世英前往瑞州等府，華林、瑪瑙等處。王春前往豐城、奉新二縣。婁伯帶同在官家人婁福童，前往進賢、廣信并橫風窯等處。陳學已故弟陳學八，前往東鄉縣。各不合聽從追印招兵。比瑞昌王拱栟，亦票差未獲內使黃萬興、余雄，校尉黃賢等，各不合前去貴溪縣，往日交通王親、已故義官江城家招兵，江城回書依從。彼有伊在官弟江梧，不合知情不首。當被各縣知縣顧泌、劉源清、劉守緒、馬偉、黃堂等，各率兵截殺。有王春、陳學八等奔回，婁伯等各被殺死。婁福童等脫走，潛至廣信，不合起取伊一般家人已故婁圖等同來助逆。彼有

婁伯另居族叔、在官知縣婁懌，及婁怡在官家人婁墨童，各不合知情不首。宸濠又令羅潢，將布政司參政王綸職銜寫牌，為開路取兵事。差已故承差金大用，齎執前去萬年縣，招取桃源洞等處賊兵。彼有王都御史前往福建公幹，將過省城。宸濠聞知，即差喻才領兵六百餘人，裝作機兵，屯伏地名生米觀邀截。有王都御史行至豐城縣地方，聞變，即行回還，奔回吉安府駐劄，隨將宸濠反逆事情具奏，督同該府知府伍文定等，遍通行所屬并鄰省各府縣，共起義兵，前來征剿。有熊綬在於吳城，捉擄前衛未到運糧千戶劉標，百戶梅樗、茆富，將伊糧米分給賊兵。又有在

第2624頁

任前衛千户吴欽，不合跟隨熊綬，將各處運舡截擄。十六日，劉養正引帶已故門生到省。宸濠親出南浦驛迎接入府，拜授軍師，又許事定陞左丞相，加封世襲國公。王儲重加陞賞。劉養正隨又寫書，招致已故門生新淦縣生員劉子達、戴雯，各不合依聽來府，一同計事。

有宸濠議要僭稱大號，及改元順德。比劉養正、李士實各合議稱：「起事之初，未可遽稱大號，改易正朔。待至南京正位，然後稱號改年，布告天下，豈不為好？」宸濠聽止，令吉查將前、護二衛旗軍，并儀衛司校尉共八千三百餘名，及招到山西賊徒并省城脇從居民共二萬五千餘名，

就將本府私造，及前、左二衛并民局各收貯火藥、盔甲、器械，俱給與領用。宸濠又令秦榮同伊已故男秦道及俳長未定，起集本院樂工，并招引流民二千餘人，號五千，分於已故樂人鄭貫、王憲、張天禄、祝洪、陳禄、胡禄、志六、張得，并未獲羅弘、雷成，各不合順從分領。又有李世英，招引趙燿十九，帶領已故從賊趙祥四、趙祥十八、趙燿四、趙子慶、熊五十八、蔡松九、李堂、李信十、彭景、李慶、彭受德、華十九、觀忠、李甫等八百餘人，并李蕃、秦榮，各不合管領。隨又招已故吏布政司谷穗、王大章、易奉、胡用文、羅弘、陳仁，南昌府丘廷禧，按察

司王世寧，各不合依從入府受賞，冠帶聽用。

彼有涂欽等，督率衆兵將南康、九江二府城池攻破進入。萬鋭、熊僚、孫隆及于全，各不合督兵占據。涂欽隨差在官軍餘黄堂、萬鋭，亦差未獲醫士陳江，各不合依聽報捷，各受宸濠賞銀二十兩。涂欽又領楊清等，就從九江前往湖口，徑攻安慶去訖。彼有南康府安義縣未獲巡捕主簿董國宣，原籍臨清州人，帶領已故男董茂隆，女婿陳麟，未獲快手張萬貫、陳高八等五十餘人，各不合來投涂欽名下，從逆助兵。有熊綬等，將前擄運舡糧米駕至省城，宸濠令何堂、葉秦，各不合督同儀賓李琳，百户錢煜，各

不合懼害依聽，管理支散軍校及令倪慶等，各不合聽從賑濟省城饑民。又差陳賢等，在湖口等處擄得河舡三百餘隻，黄瑞擄得舡六百餘隻，回省編甲完備，給賞銀米，聽候啟行。有原監參議黄宏，主事馬思聰，各守節抱恨，不食而死。

宸濠又與李士實、劉養正、王儲、王春計議，布檄天下，誑邀人心。劉養正、李士實就行撰造偽檄及安民偽榜，專一指斥乘輿，放免税役。俱用木板雕刻，印刷各千餘張。俱不用正德年號，止稱「大明己卯」。又將布政司印信鈐印公文，咨行天下諸司諭降。又脇差參政季斆，齎往王都

御史并廣東等處，未到南昌府縣學教官達賓、趙承芳、金清、唐曰仁齎往吉安府、南、贛等府，俱執其妻子為質，仍差校尉管押。及又脇差九江府公幹在官舍人哈英、高第、曾顯，齎往饒州府。各不合畏懼殺害，替伊齎送。行至吉安等府地方，各乘機逃走，俱被各該地方盤拏押送王都御史軍前，將原押校尉殺訖。檄榜公文燒毁，季斆等各收候監禁。

二十等日，宸濠遣拱𣝅祭旗纛、關王廟、教場三處。又偽敕吉提督軍務，及將參政王綸加參贊軍務，各不合聽從同往校場閱兵。宸濠僭祭天地、宗廟，及遣郡王拱𣝅等

祭告山川、城隍等神，并西山、青嵐等六處墳塋。宸濠又令吉將前查過軍校編為一百四十餘隊，分左、右、前、後、中五哨。派令都指揮、千百户等官王信、王麒，與同丁綱、張隆、曹儀、劉勳、周勇、周鼎、夏振、唐玉、馮旻、楊永、何綬，并在官指揮宋欽，未獲曹弼，百户歐隆、張奉，俱分投管哨。及今校尉火信、唐全，與同葛鎮、周孟清、徐玉、姚十四、倪六、王鳳、倪芳等二十八名，俱分投提調，執旗領兵，各不合聽從管領。又脇令已故前千户侯昇，未獲傅英、鄭春、唐榮、杜昂、張斌、徐隆、徐賢、陳韜、王椿、龔昇、陳鋭，百户張綱、李欽、陳詔、

黄鑑，護衛千户李隆、袁勳，百户馮春、高璿、蕭儀，亦俱分投管哨。吴松、徐芳、朱熉、聞鳳、袁桂、於麒、盛德、張鳳、顧鎮、顧雄，并未獲指揮徐定、陳琦，千户王爵、王欒，百户馮淮、陳麒、劉綱、顔玉、楊威、李澣，在官鎮撫吴雄，俱分管執帶鎗刀、旗牌、儀仗、防護等項，俱不合懼害，依聽管理聽候。又令丁璝、羅璜、盧鏞、張暠、黄瑞、喻才、陳學、金永秀，各不合脇令在官傅明、曾寄、吴金即吴欽、樂圖、樂平，已故梁偉、程欒、吴裕、孫鉞、樂奇、龍旨、樂瑱、樂秋、胡用、萬福、羅祝、蕭文，未獲李昂、劉榮等七十餘人，俱各不合依聽隨行

供事。又脇令在官儀賓彭綵、張文盛，未獲魏銓、夏英、秦友源、魏荃、錢浙、王謹、萬岳、萬浩、顧觀祥，前衛指揮夏季春，千户劉鸞、吴耀，已故高洪，百户戴銘，未獲趙昂、劉勳、楊玉、姚芳、董鈺、陳瓚、吕甫、王節、張琦、王昇，護衛千户孫忠、曾順、李雍，已故張倫、嚴琪，鎮撫吴宣，百户謝昇、田鎮、楊瓚，未獲屈英、孫文、趙塡、王鑑、李祥、郎會，在官宋富、鄭鳳，典膳廖蕃，各不合懼害，分投看守城門，布按二司府縣。彼有已故義官熊濟，校尉洪禮、火義、李城、趙賢、王雲、盧永芳、朱真、朱英，未獲宋成、盧永富，各不合聽從差委，專

一巡風打探消息。及又令陸程、周瑞，脇令在官儀賓袁瓚、孫鐩，未獲賴純、蕭瑩、陳善能，護衛千户路達，已故孫賢，鎮撫陳淮，未獲梁富，百户王清、田盛、周旻、傅憲、周暹、王憲、周綱、淩銓、徐楞、劉昇、阮芳、王佐、李宏，已故李旻，未獲前衛千户姚鉞、陳偉，在官儀衛副胡順，已故典仗嚴雄，長史郭銃，伴讀宋善正，良醫王用，未獲王廷秀、孫記宗，紀善李存恕，典膳雷勤、辛正、廖乙，庫官孔俊、楊瑞，倉官李才、潘寬，倉官已故戴恩，并內官洪貴、鄧永富、張文、馮容、張俊、孔昂、樂竹、劉綱等四十餘人，俱看守王府門殿、倉庫、蕭墻等項。亦各不合懼害依聽，分投管理。彼有未到紀善譚應，典膳周瓊、劉孟翀、徐子文、謝居、鄭興，在官引禮蘇文四，各因年老疾懦不曾用事，各不合不行舉首。

宸濠令吉與陳學，將銀給賞前、護二衛官軍，各多寡不等，每軍又賞米一石。又令朱真與未獲民吴景賢等，各不合聽使，將銀分送梁辰、胡濂、劉斐、許效廉、楊璋、賀鋭、唐錦、師夔、潘鵬、賴鳳各一百五十兩，程杲、王疇各一百兩，經歷尹鵰，知事張澍，照磨雷燮各十兩，馬驥、許清、白昂、王紀各一百三十兩，俱交與各官。家人懼害，各收領訖，俱首官貯庫訖。又分送宗室將軍各一百

兩，段二匹。隨行同謀各王、將軍，又各重賞不同。

宸濠將萬鋭取回，偽敕鎮守江西。已故護衛指揮余雄，總督巡守余祥、謝鳳、王儲、劉子達、徐大用、齊倫，俱偽授主事。甘桂與李士實已故男李汝祺，俱偽授錦衣指揮。金鏜偽授光禄署丞。仍令伊等，各不合依從一同留守。宸濠又令覲鐮、拱㰘、周瑞、陸程守府，協同萬鋭督理內外防禦，謝鳳、余祥與馬效良，各隨同贊畫。及撥樂安鎮國五將軍覲鏈、八將軍覲釿、瑞昌輔國二將軍宸渠、四將軍宸澘、五將軍宸浣、石城鎮國六將軍覲鏈、七將軍覲鉉、宜春輔國三將軍覲鈽，八位俱守城墻。宜春鎮國三將軍宸瑛、瑞昌鎮國二將軍拱㰘、奉國六將軍拱榴、弋陽鎮國八將軍宸淇、九將軍宸渢，俱守王門。仍率領已故儀賓王伯純，未獲歐釗、王達、孫賢、熊浩、楊章，護衛致仕千户朱垣，內官胡永清、黄永淳、康榮、郭福、林福、吴清等，各不合依聽看守青嵐等處墳塋。彼有南昌縣已故致仕知縣甘楷，聽招入府，與同秦妻一、萬士盛、鄧時各人，幇助守墳。宸濠又將胡濂、劉斐、許效廉、唐錦、賴鳳、王玘，并同知等官，拘留本衙門，仍差兵校分投堅守。彼因楊學禮陞陝西參政，疏放赴任去訖。宸濠又差官校、舍人已故周成、戴廣、陳仁，管押師夔，不合依聽前去九

江劳兵撫民。

七月初一日，宸濠帶領宮眷人等，及令諭拱栟、覲釿、宸沨、宸溢、宸洧、拱械、宸灟、宸汲、宸湯、宸瀘、宸漼，并被脅逃首建安鎮國將軍宸洪，與前撥管哨等項人員王信等，一同上舡。又將王宏、杜甫、王金、金山、梁辰、程杲、楊璋、賀鋭、王疇、潘鵬、馬驥、白昂、許清、郟文、鄭瓛、宋以方、涂文祥，同脅押隨行。令凌十一等賊舡到，夾左右防守。彼有宸濠祭江，又令吉與王綸，各不合依聽披戴盔甲隨侍。初二日，開舡起程。初九日到於地名黃石磯，宸濠因見涂欽等領兵先攻安慶不克，素知潘鵬係安慶人，當差白泓押伊不合同去城下誘降，被指揮崔文等死守不從。比有畢真聞知宸濠起事，就不合暗行四散差人，捏稱「宸濠差太子來取浙江」等語，傳報各處，動摇人心。本月十三日，又假以進表為名，俱收各城門鑰匙，約今三司府衛等官，於次日四更時分，各赴本鎮行禮，要得乘機殺害，起兵助逆。致被巡按張御史并各官知覺，隨即點集官軍嚴加防備。畢真懼怕，不曾起手。

十四日，羅朝紀、宋欽、胡通鎮，懼各逃散。十五日，萬鏠差人報説王都御史官軍來攻省城。宸濠慮恐破其巢穴，又見安慶久攻不克，心懷憂疑，與李士實等謀，要退

守江西省城。令衆開舡回行間，有各舡賊兵，彼因愴惶，擾亂逃走。比知府鄭瓛、宋以方亦各乘機脱走。郎中金文祥亦纔得脱，當即憤恨自行投水身死。有王都御史督令各哨官軍，於二十四日四更時分，前到省城圍攻圍。彼拱樤、萬鋭、陸程等各不合督城拒守，被官兵奮勇攻開各門，擒殺守城惡黨人衆。宸濠府宮眷亦畏懼自縊數多。本日辰時分，王都御史進城，撫定良善，及拿獲拱樤、覲鐄、陸程、萬鋭等，并宮人劉氏等。及今故宸濠子三哥、四哥，各發布政司等處知在拘監。其先被居留布政司等官胡濂等，亦各與王都御史處見省候。二十二等日，吴欽、周俊、徐鋭，各即逃散。内吴欽當於王都御史處投首訖。

宸濠與吉等回至王家渡，因聞省城已破，就彼駐劄，即被王都御史分布官兵攻敗。至二十六日，將宸濠并吉與李士實等，各先後擒獲。其賊舡被火焚燒，并宮眷人等投水溺死，及四散奔潰者不計其數。

有跟隨涂欽、伊在官侄涂春，不合將帶圓寶、衣服，駕舡逃往急水溝湖内躲住。彼有在官張受、朱受、耿二漢、王琦、王聰等一十五名，各因販賣貨物等項生理，在於湖口等處地方，先各撞遇涂欽等來攻安慶，并有未到前衛百户秦昇、王愣，俱被脅擄上舡，各不合懼怕殺害從行。

又有在官崑山縣人吳奎，常來吉家扮戲慣熟，亦不合跟隨在舡。彼因攻打安慶不克，張受等七名乘機逃往河南睢州。陳鳳等十一名并秦昇、王楞、吳奎、孫澄，各逃往太湖等處。及在官萬邦德，明知伊已故義勇校尉萬龍，被涂欽脅去助逆，亦逃往湖廣金沙洲，各不合潛住不行首官。彼有楊清，亦因敗散，帶領所部賊衆逃至徽州地方，撞遇彼處官兵殺傷，楊清不合率衆拒敵，將指揮張璽、劉甫殺死，亦逃至睢州地方潛住。又有助逆千户何綬，因敗逃回，到於在官軍餘胡萬真家，不合將伊引送星子縣地方潛住。有毛潾在官男毛柯、毛桓，朱英男朱廣，盧永城弟盧貴，

盧永富男盧奉，蕭宗瀛家人蕭進才，婁伯另居族侄婁相童、婁真十四名，明伊父兄族叔毛潾等各助逆，各不合不行舉首。彼有盧孔章等并李汝楨等，因宸濠謀反聲息傳報到京，俱被各該衙門奏拿監禁。數内盧孔章、趙隆、曹信病故相埋訖。彼蒙江西等處撫按守備等官，王都御史等并欽差太監總兵張永等，各先後將方倬等緝獲。彼有建安鎮國將軍宸洪，指揮千百户等官養廉、徙定、秦誠、李澣、康靖、傅英、鄭春、唐榮、杜昂、王椿、龔昇、陳銳、張斌、徐隆、徐賢、陳韜、劉標、徐銳、袁勳、王爵、李瑞、吳雄、陳詔、黄鑑、陳麒、馮淮、楊斌、張江、李欽、梅

第2633页

楞、茆富、秦昇、王楞、蕭儀、高璿、（李澣）楊威、馮春，各將被脅等項情由，於王都御史等處首告，各發聽候。當有徐銳，復蒙王都御史差委，將逆犯朱真、朱英捉獲送官。仍將徐銳、吳欽及陸續緝獲各犯家屬，吉在官弟劉金二、劉其三，劉養正弟劉養賢，徐紀男徐潮，張暠男張節，涂欽侄涂春，及吉與熊綬、王春、陸程、王信、何授下各在官同居家人，招係火信侄火燿，秦榮男秦柯，彦相及方倬男方一陽、方一新，俱彼時年十五以下，連吉等通行先後奏解錦衣衛鎮撫司監候。内方倬、棋童等，各病故相埋訖。欽依：着三法司、錦衣衛，將吉等并原監李汝楨、

萬桂等，通行查取前來會同前情明白。蒙審得吉與在官涂欽、熊綬、黄瑞、李世英、熊僚、葛江、丁璜、謝天一、閔念八、熊十四、楊清、秦榮，在逃陳賢、姚元佐，已故萬銳、徐永秀、周瑞、陳學、官才、婁才、李士實、王春、劉養正、徐紀、盧孔章、趙隆、李蕃、陸程、張暠、王信、王麒、孫隆、盧鏞、火信、唐全、凌十一、閔念四、吳十三、楊子喬、熊十七、萬賢一、萬賢二、凌十九、凌全、雷漢四、趙燿十九共四十八名，俱係與宸濠共謀反逆，起兵為亂，罪大惡極，處以極刑，情法允當。應該依律緣坐家口，籍没財產，分為第一等。在官丁綱、何鏜、楊

浙江大学古籍研究所

第2634页

昇、劉勳、何綬、馮旻、周鼎、周勇、宋欽、徐銳、吳欽、秦旻一、鄧時、倪六、范鳳、婁福童，未獲工副毛滿等，俱係臨時順從反逆，處以極刑，於法亦當；但與共謀者情則有間，相應罪止其身，免其連坐家口，籍沒財產，分為第二等。在官吳松、徐芳一十四名，俱係一時被脅，隨從反逆用事，情與順從者不同，若槩擬共謀，恐失之濫；在官樂平、傅明等一十五名，俱係該府舊供職役之人，雖各從行，止供使令，通合比擬知情故縱條，分為第三等。在官胡節、龍順、袁鳳、傅得受、宋天和、張縉，俱係該府原供役使內官，止是留其守門殿房屋等處，不曾共謀從

逆，應以同居之人本律科坐，分為第四等。在官陳鳳、劉奇等二十名，俱係被脅從逆，中途逃散不守，相應末減，比坐知謀不首之條；在官蘇文四、樂節等二十四名，俱係知謀不從，萬秀故將逆犯何綬知情引送，俱合擬坐本律，分為第五等。其第二等內犯人宋欽、吳欽、徐銳；第三等內犯人羅朝紀、胡通鎮、周淺，俱於未敗之先逃散，內吳欽、徐銳，俱曾投首，各是實。除畢真、王綸等，各另行問擬外，將吉等取問。罪犯涂欽等一百四十五名，各招同照出。招內見問淩遲處死并先故，未獲第一等逆犯，俱合依律連坐其家口，抄沒其財產。內係儀賓，干礙郡縣主君

者，另行奏請定奪。并未獲其餘人犯，俱各抄招備咨都察院，轉行江西等處撫按衙門，各查照分別等第議擬。於內若有虧枉者，毋拘成案，即與辨理。其都布按三司并各府縣衛所等衙門，曾被逆賊劫取倉庫錢糧，脫於獄囚等項，通行查勘明白，具奏施行。

會議得劉吉等所犯，劉吉、涂欽等二十七名，俱依合謀反，但與謀者不分首從，律皆淩遲處死。吳江、徐芳、朱熉等三十名，俱合比依謀反，知情故從者，律斬。劉金二、劉其三、劉養賢等三十二名，俱依合謀反，但共謀者子孫弟侄及同居之人，不分異姓兄弟之子，不限籍之同異，劉

金二等四十二名，俱年六十以上，律皆斬，俱決不待時。丁效等十名，俱年十五以下，律給付功臣之家為奴。蘇文四、樂節、婁懌、方儀、方侃、徐大才、李蓁、萬銳、朱廣、盧富、盧奉、蕭進才、婁墨童、吳奎、徐澄、萬邦德、余瓊、柴忠、孫福、金章、黃昇、尚惠、欒鳳、張貫、江梧、婁相童、婁真十四名，俱合依謀反，知而不出首者律。陳鳳、劉奇等二十名，俱合比依謀反，知而不首者律。胡萬真，依知人犯罪事發，指引道路，送令隱避者，減罪人何綬謀反共謀罪一等，律皆杖一百，流三千里，各准徒四年。蘇文四、樂節、婁懌，俱係職官，方儀、方侃、李

綦、徐大才、萬鉞，俱係監生，審俱有力，照例送工部，各照徒年限運炭，完日仍彼照行止有虧事例，各革去職役，送順天府，給引照回原籍為民。朱廣等四十一名，俱係舍人軍民匠校等役，審俱無力，照例送順天府，通解各回原籍。官司查發衝要驛遞，各照徒年限擺站，滿日各着役寧家隨住。合候覆審畢日，通行奏請奪。

卷下

刑部等衙門為懲大逆，罰大過，勸大功，信大義，以彰國法事。先該欽差御用太監張永題前事，取據法人劉吉供稱，内開寧府原有護衛，後因不法，革故南昌左衛。弘治十一等年，今謀反自盡宸濠襲封寧王，與今自盡宜春王拱樤，鎮國將軍覲鑷，輔國將軍宸渢、宸澗、宸瀛、宸洧、宸渢、宸汲、宸湯、宸漣，已故瑞昌王拱栟，鎮國將軍覲鋌，輔國將軍拱栻、宸濜，未到鎮國將軍覲鍾、覲鉒、覲鏈、覲鉉，輔國將軍宸渠、宸潽、宸浣、覲鉢，鎮國將軍拱樛、宸潩、宸渢，輔國將軍宸洪，各開府省城。

正德二年以來，宸濠恣肆妄為，意生不軌。常請已故術士李自然等推命相面，妄稱伊有天子分。又招已故術士李日芳等，看得本省城内東南有天子氣穴，就蓋陽春書院

，僭號離宮，時去遊樂。又將西山地名青嵐，先朝禁革龍口舊穴葬母，俱要謀當其氣。又暗蓄姦謀，誣陷宗室，打死軍民不計其數。正德九年正月内，宸濠要行謀逆，密與獲故致仕都御史李士實等商議，謀復護衛，方好整備軍馬，圖謀天下。就假以地方盜賊生發為名，借指祖訓，粧飾成本，差在官涂欽等，將帶銀兩買求已處決都督錢寧等，共為欺罔，傳批特旨，將護衛復興管業。宸濠愈加恣肆，要行舉兵作反。訪知獲故舉人劉養正多讀兵書，招請到府，賞銀五百兩，密約待時舉事。宸濠又見得朝廷未立東宮，要得圖謀大位。密差獲故典寶萬銳等，前來饋送錢寧等銀兩，謀求將伊今故長男大哥，假以上廟燒香為名，迎取來京。宸濠復與李士實等商議，招蓄已故賊首凌十一等，分夥劫掠各處庫藏、客商、居民財貨，送府分用。暗令姦人藏於南北直隸、山東一帶進京沿途鎮店去處，假名買賣，專一接報京中事情，待時起手。又於大院内張設勾欄，搬演雜劇。預令李士實撰寫疏詞，差人前往浙江、直隸等處，各路粘貼，意在傳聞京師，邀請駕臨，因而伏兵圖謀莫逆。

正德十四年五月内，宸濠惡逆彰聞，致被科道官將伊謀為不軌事情劾奏。蒙欽差賴太監、崔駙馬、顏都御史前

第2639页

去省諭，查革護衛。本年六月内，宸濠聞知反謀敗露，即招李士實等進府商議。宸濠説稱：「差官看我府中事情，革我護衛，若不起手，斷然不好。十三日是我壽日，鎮巡三司等官必來慶賀，候其次日謝酒，就脅令各官順從起兵。彼若不從，即行斬首警衆，大事就定。」吉與李士實等各回説：「此謀最好。」至十三日，鎮守、撫按公差并三司等官進府賀慶壽，筵宴各散。十四日早，宸濠密令淩十一等，暗藏凶器傍立。有鎮巡三司等官前來謝酒，行禮至三拜，宸濠即出殿前臺上，詐説：「太后娘娘有密旨，著我起兵。你各官知大義否？」有都御史孫燧回説：「既有密旨，請看。」又問副使許逵如何，本官回説：「只有一點赤心。」宸濠怒，説：「殺這不知大義官，以定民志。」就令淩十一等，將孫都御史、許副使押出，在於惠民門内殺害。鎮巡三司等官王宏等，俱被綁送儀衛司等處監禁。又召宗室及内外官員進府，説稱「今舉大事，你各人務要盡心贊助。事定之後，宗室加爵禄，各官重加陞賞」等語。當有李世英等，俱素通謀逆，倡率宜春王拱樤，瑞昌王拱栟，鎮輔將軍覲鋋、宸淝、宸瀾等十名，亦各不合隨同稱呼萬歲萬歲。瑞昌王拱栟差未獲内使王萬興等，前去貴溪縣往日交通王親、已故義官江成家招兵。

第2640页

本月二十三等日，宸濠要行領兵徑取南京，遂分遣拱樤等祭告旗纛、關王廟、教場并山川城隍等神。又分送宗室將軍銀各一百兩，段二疋。隨行同謀各王、將軍，又各重賞不同。又令覲鑛、拱樤協同督理内外防禦。乃撥樂安鎮國五將軍覲鏈、八將軍覲銈，瑞昌輔國二將軍宸潽、五將軍宸浣，石城鎮國六將軍覲鏈、七將軍覲鉉，宜春輔國三將軍覲鈽八位，俱守城墻。宜春輔國將軍宸瑛，瑞昌鎮國二將軍拱樛、奉國六將軍拱榴，弋陽鎮國八將軍宸渼、九將軍宸淝，俱守王門，各不合聽從。

七月初一日，宸濠帶領宮眷人等，及令拱樤、宸湯、宸汲、宸瀘、宸漄并被脅逃首建安鎮國將軍宸洪，與前撥管哨等項人等王信等，一同上船。七月初五日，宸濠至康山，遣拱栟祭本廟，宸濠祭湖神。初九日至黄石磯，宸濠因見涂欽久攻安慶不克，復差人押帶潘鵬前去誘降。至十五日，萬鋭差人報説，王都御史官兵來攻省城。宸濠慮破其巢穴，與李士實等謀要退保省城，就令開船回。聞王都御史督令各哨官兵，於二十四日四更時分前列省城攻圍。有拱樤、萬鋭等，各督賊拒守備。官兵奮勇攻開各門，擒殺守城惡黨，及拿獲拱樤、覲鑛等，各發布政司等處拘監。

彼有鎮國將軍宸洪，乘亂脫走，將被脅情由，於王都御史等處首告，省發聽候。續蒙太監張永到彼查勘，得宜春王拱樤，瑞昌王拱栟，鎮、輔等將軍覲鋌、覲鐮、宸渢等九人，各受令諭，相與協謀，或隨行領軍，或守城脅衆，與奉謀反，蠱聽親支，甘心從逆。遵奉明旨，連其家屬一併抄解赴京。覲鍾、宸渢等十一人，或受令諭，與其守巡城牆；或督領賊兵，看守城殿。謀雖不預，聽其使令，明有觀望之意。宸洪雖稱被脅逃回自首，難保不知其謀，罪與覲鍾等有差。其他在城宗室將軍，甘心受辱，北面事讎，僭呼萬歲，分受賞銀，或聽協守城門，使令難留故土

。合通行議處，以昭國憲。等因。具題：奉武宗皇帝聖旨：是。反賊宸濠并逆黨拱樤等十四名，朝廷自有處置。宸潛等十六名，多㸌等二十一名，著暫在通州空閑公館處所住歇，乃差人用心看守防護，毋致疏虞。其餘各該從逆等項重犯，待獻俘之日，都拿至午門前聽旨處置。覲鍾等十三名并宸洪及其餘人犯，便照依奏内事理，著法司會同多官通行議處停當，奏請定奪。欽此。續該三法司、錦衣衛遵奉欽依，會同皇親、五府、各部、科道等官，將反賊宸濠并拱樤等，先行議擬奏請，著令自盡訖。所據覲鍾等及宸洪各從逆事情，并其他在城宗室將軍，甘心受辱，北面事讎，分受賞銀，或聽協守城門使令等情，俱合會同議處，奏請定奪。

刑部等衙門為開讀事，欽奉正德十六年四月二十二日詔書，内一款：江西并各處地方，先因宸濠反逆事敗，及因人告報謀反妖言等項事情，一時追捕餘黨，急於撲滅，不暇審辨，未免有跡涉疑似，被誣逮繫者，經該問刑衙門務要嚴加詳審。果係誣枉，即與釋放。若係逼脅順從者，問擬明白，奏請定奪，毋得冤抑淹禁。又一款：見監與宸濠謀反事情有干，正德十四年就陣擒獲及續拿人犯，三法司、錦衣衛先行會問明白，其真正共謀逆賊，并臨時脅從

，及先年交通不曾與謀者，各依律議擬應得罪名，再會多官覆審相同，具奏定奪，毋致輕縱、冤枉。欽此。續該司禮監太監韋彬傳奉聖旨：說與三法司、錦衣衛知道。在京各衙門見監輕重罪囚，或因領兵官員鍛鍊成獄，拘泥文案，多有枉抑，致傷和氣，上干天變，朕心憂惻。便著多官查照詔旨，從公會審，分别情罪輕重等第明白，奏來定奪，不許仍前冤枉。欽此。欽遵。

會問得犯人一名王綸，係布政司左參政。狀招有今自盡宸濠，於弘治十五年襲封寧王。正德二年以來，恣肆妄為，意生不軌。常招請已故術士李自然等推命相面，妄稱

伊有天子分。又招已故術士李日芳等，看得本省城内東南有天子氣穴，就蓋陽春書院，僭號離宮，時去遊樂。又將西山地名青嵐，先朝禁革龍口舊穴葬母，俱要謀當其氣。又暗蓄姦謀，誣陷宗室，打死軍民不計其數。每年指收祿米，違例每石折銀二兩，過限倍徵。彼先任按察使鄭岳要行劾奏，宸濠聞知，暗令未到原任本司副使李夢陽，不合依聽將跟隨鄭岳門子劉奉捉送拷打，妄招贓私，奏陷鄭岳為民。

正德九年正月内，宸濠密與獲故致仕都御史李士實，舉人王春，在官承奉劉吉等，商議要行反逆，必須討復先革護衛。就假以地方盜賊生發為名，借指祖訓，粧飾成本，差在官承奉涂欽等，將帶銀兩，饋送已處決都督錢寧，并已發遣樂官臧賢等，傳批特旨，准將護衛改與管業。宸濠遂姦計，為惡日甚。彼先任副使胡世寧舉奏宸濠，就行捏情具本，又令涂欽等齎帶銀兩饋錢寧等，符同蒙蔽，將胡世寧奏陷遼東充軍。

正德十年三月内，宸濠謀要舉兵，訪知安福縣獲故舉人劉養正素有才名，多讀兵書。差未獲審理蕭宗瀛前去招請到府，賞銀五百兩，密約待時舉事。宸濠又令吉等多方計謀，為聚財招納姦人，投獻田產，强占官湖，倚勢販賣

第2643页

私鹽、胡椒、蘇木等貨，攤放官本稻穀，加倍取利。一省軍民，遭害萬狀。

正德十一年三月内，宸濠見得朝廷未立東宮，要得圖謀大位。密差獲故内官萬鋭等，饋送錢寧、臧賢銀兩，謀求將伊今故長男大哥假以上廟燒香為名，迎取來京，彼各許允。錢寧就詐稱欽賜，將玉帶、綵段付與萬鋭，齎送宸濠，當令本府官員穿紅四十餘日。

正德十二年内，有在官原任湖廣鎮守太監杜甫，因見錢寧專權用事，不合要得交結，收買另起問結在官法保喜孫兒送與錢寧使喚。又有不在官原任典寶閻順，内官劉良、陳宣，潛走赴京，具奏宸濠不法事件，被伊聞知，當差劉吉赴京，饋送錢寧等銀兩，買求捏奏，將閻順等俱發南京孝陵衛充軍。

宸濠復與李士實等商議，圖謀天下，必慣戰賊徒。當令涂欽等，招蓄已故賊首淩十一、吴十三等，并四方亡命賊徒，藏縱丁家山等處，劫掠新建等縣民人羅慶三等家，并各處庫藏及客商船隻財貨，送府分用。本年十二月内，有在官太監畢真前來江西鎮守，不合將玉帶、寶石、紵絲等物，饋送宸濠結好。

正德十三年内，有死節巡撫都御史孫燧，因見宸濠逆

第2644页

謀漸露，屢行具本劾奏，俱被宸濠設計邀截訖。宸濠常於南昌府縣索討夫馬，多派葬祭銀兩，節被未到知府鄭巘阻拒不從，致恨在心。有吴十三等，打劫建昌縣庫銀七千餘兩，與宸濠分用，又被鄭巘捉拿窩主何順監問。宸濠愈加嗔恨，就行捏飾無名贓私，具本誣奏，輒將鄭巘并未到瑞州府知府宋以方，亦因不聽求囑讎恨，俱擅行拿送按察司監禁。

正德十四年正月内，宸濠意欲要求虚譽，欺誑朝廷，與李士實、王春商議，捏造孝行，謀同畢真，逼令南昌府縣學官、生員、耆老人等，具呈都布按三司，轉呈鎮巡衙門。有畢真與未到巡按御史林潮，各不合會本妄奏訖。隨有畢真改調鎮守浙江，復差在官太監王宏前來江西鎮守，綸亦由饒州等處地方兵備副使陞本布政司參政，俱於本年四月内到任。宸濠因副使李夢陽休致回河南省城居住，令在官監生方儀齎書并禮物前去求討陽春書院詩文。彼有李夢陽因平素交往，不合作詩二首，付與方儀回還。

彼有原差在京幹事已故典仗徐紀，回府傳報，聖駕將巡山東泰安州等處。宸濠就行陰遣在官樂人秦榮等，在於大院内張設勾欄，搬演雜劇。令李士實等撰寫疏詞，差人前往浙江、直隷等處各路粘貼，誘惑四方人心。意在傳聞

京師，邀請駕臨，因而伏兵圖謀篡逆。

彼有太監王宏總鎮一方，未到都指揮馬驥、許清、白昂、王紀，俱總管軍務，左布政梁辰，右布政胡濂，在官按察使楊璋，俱總治一省，各明知宸濠反形已著，自合協力嚴設保障，以阻姦謀，各不合因循坐視，長姦縱惡。及未到巡按御史王金，參政陳杲、劉斐，參議許效廉、楊學禮，副使唐錦、賀鋭，僉事賴鳳、王疇，在官潘鵬、師夔，已故參議黄宏，俱有監司分藩之責，亦不合畏勢避害，不行舉發。未到南昌府同知通判張元澄等，南昌、新建二縣知縣陳大道、鄭公奇等，縣丞王儒、劉萬鍾，主簿方汝賓、熊璧，各有民社之寄，亦不合避害，知而不舉。致被科道等官訪知宸濠謀逆事情，交章劾奏。蒙欽差賴太監、崔駙馬、顔都御史前來省諭，及查革護衛。

本年六月内，宸濠聞知反謀敗露，密與李士實、劉吉等議說：「知今朝廷差官來勘我府中事情，革我護衛，若不起手，斷然不好。十三日是我壽日，鎮巡三司等官必來慶賀，候其次日下酒，就脅令各官順從起兵。彼若不從，即行斬首警衆，大事就定。」比劉吉、李士實各不合回說：「此謀最好。」至十三日，綸同鎮守、撫按公差并三司等官，進府與宸濠賀壽。被有未到守備南贛都指揮郟文，不合擅離

職守，及廣西參政季斅，已故主事馬思聰，未到主事金山，各因陞任公差，經過到彼，并已故鄉官郎中涂文祥，俱來致賀，一同筵宴，各散。十四日早，宸濠密令已故淩十一、火信、閔念四并在官楊清、張浩等，俱暗藏兇器傍立。有鎮巡三司等官前來謝酒，行禮至三拜，宸濠即出殿前臺上，詐說：「太后娘娘有密旨，著我起兵。各官知大義否？」有都御史孫燧回說：「既有密旨，請看。」又問死節副使許逵如何，本官回說：「只有一點赤心。」宸濠怒，說：「殺這不知大義官，以定民志。」有在官儀賓李世英，不合在傍贊殺，就令已故儀賓張嵩、指揮王信監斬。淩十一等綁縛，將孫都御史、許副使押出，在於惠民門內殺害訖。仍將各首懸掛城上，以脅衆心。宸濠當又脅令衆官稱呼萬歲。比有王宏、王金、梁宸、胡濂、楊璋、馬驥、許清、白昂、王玘、鄭文、潘鵬、師夔、王疇、程杲、劉斐、許效廉、賀銳、唐錦、賴奉、楊學禮并綸，各不合畏避殺害，隨衆稱呼。及黃宏、馬思聰、金山、季斅、涂文祥、張元澄、陳大道、鄭公奇等，俱被綁縛，分送儀衛圖等司各監禁。後有黃宏、馬思聰，各在禁憤恨不食而死。比將各衙門印信、倉庫、錢糧盡行搜劫，獄囚盡行釋放。宸濠隨又分遣儀賓、校尉人等，前往饒州等處地方取印起兵。節被豐城縣知

第2647頁

縣顧佖，進賢縣知縣劉源清，奉新縣知縣劉守緒，餘干縣知縣馬津，東鄉縣知縣黃堂等，各率兵邀截殺訖。宸濠又令典膳羅璜，將綸職名寫成白牌，內開爲開路取兵事，令人齎往萬年縣地方，招取洞賊爲應。

又聞提督南贛王都御史前往福建公幹，從省城經過，要行執拿脅從。先差已故內官喻才，領兵暗伏地名生米觀等候。十五日，王都御史至豐城地方，聞變，徑趨吉安府，即行各該府縣地方起集義兵，會合征剿。彼太監杜甫改差福建鎮守，前去到任，從湖口經過，亦被宸濠邀截拘留。又差涂欽、萬銳等率領賊兵，將南康府城攻破，擁入占據。彼有該府未到知府陳霖，不合素失備禦，當即棄城逃走，以致倉庫、錢糧、獄囚俱被劫放。有未到同知張禄，通判俞椿、蔡讓，推官王諴并附郭星子縣署印縣丞豐時中，主簿楊本禄，典史葉昌，各亦不合不行協力拒守，亦隨逃走。有未到知事孔鉞并儒學局務等官，因無主守，亦各逃避。又未到建昌縣知縣方鐸，安義縣知縣王軾，湖口縣知縣章玄梅，聞賊入境，俱因無城池，各不合棄守逃避。建昌縣縣丞錢惠，主簿王鉞并湖口縣先記名佐貳首領官，各亦不合隨行逃避，各倉庫銀兩、錢糧俱被劫掠，人民多遭殘害。有未獲安義縣主簿董國宣，不合倚恃弓馬，希圖富

第2648頁

貴，帶領伊已殺男董茂隆，女婿陳麟并未獲快手張萬貫、陳高八等，各不合願投涂欽名下助逆。有未到都昌縣署印主簿王鼎，典史楊仲祥，德安縣知縣何士鳳，各率兵拒守，倉庫錢糧俱未被劫。

賊至九江府地方，有在官兵備副使曹雷，因公差前往涇江水次兑糧，不合聞變坐視，不即回府設備。并未到九江衛掌印指揮劉勳，管操指揮邵鵬，各主兵捍禦一方，并在該府知府汪頴，亦有地方之責，各不合平昔備禦不嚴，臨時拒守無策。未到通判張文鵬，推官陳深，亦各不合不行協力拒守。彼有未到指揮丁睿、朱俊，千户高瓚、阮勳、張昇、劉清、何説、楊漢、喬林、蔡鈺、張變、喬梁，百户張輔、王鋭、張綱、羅昇、白昇、欒清、李宣、周愷、張洪、張雄、馬貴、趙偶、鄧椿、何海、王道、李文、李俊、夏瓚、周佐、張治，鎮撫蔣麒、卯綱，俱分管東門；未到指揮蕭綱、安倫、宗憲、李瓛，千户吴原、錢貫、王憲、黄全，百户尹鎧、趙昂、王杞、劉貴、郭綱、田寬、魏憲、王椿、朱鋭、沈森、胡英、許宣、夏用貢，俱分管南門；未到指揮孫璋，千户邵軒、洪寬、馮寶、趙思正、董俊、劉俸、胡勳、黄堂、王濟，百户劉守和、邢鋭、喬遷、焦源、李勳、田賦、朱俸、陳月、李世芳，鎮撫左

第2649頁

欽、董忠，俱分管西門；未到指揮董芳、許鸞，千户閻湘、范忠、陳言，百户白鸞、胡鑑、周文、丘綱、王月，後通馬昂，鎮撫李賓，俱分管九江門；未到指揮李泮、楊昂，千户王漢、夏鑑、黄倧、丁紀，百户李賜、廖潮、李高、王邦佐、包瓚、李能、烏金、蔡金、賈宣、王宣、汪瓚，鎮撫胡正，俱分管福星北門。各帶領旗軍防守。至十八日，被涂欽率領賊兵來攻福星北門，有李泮不合畏怯先退，楊昂等十七名亦各不合不行拒守，四散奔走，致被賊衆攻開擁入。有各門分守指揮等官丁睿等，亦各不合畏避逃走。內百户白昇、馬貴，亦各不合將原掌印信失遺。劉勳、邵鵬、汪頴，就不合商同將南門開放，各棄城逃走。有張雲鵬、陳深并德化縣知縣涂志道，典史曾時，亦各不合隨同逃避。未到該府經歷蕭智，知事向鳳，照磨欒全，檢校冀龐，衛知事汪公傑并各該府縣儒學、倉場、局、務等官，因無主守，亦行逃避，被各賊將倉庫、錢糧、獄囚盡行搶掠、脱放，官民房屋財物亦被燒毁劫奪數多。賊兵又到彭澤縣，因無城池，擁入街市，放火劫財。有未到知縣潘鵾，典史宋綺，隨即督兵拒守，不曾大被劫擄。

本月二十一日，宸濠將梁辰、胡濂、劉斐、賀鋭，各放回本司，留綸在府，不合與伊用事。本日，宸濠偽撰檄

第2650頁

詞，指斥乘輿，并安民偽榜，俱不用正德年號，止稱大明己卯」，各刻印千餘張。脇差李斅齎往王都御史并廣東等處，未到南昌府縣學教官達賓齎往布、按二司，趙承芳、金清、唐月仁齎往吉安、南、贛等處，俱執其妻子為質，仍差校尉管押。李斅係方面重臣，與達賓等各不合畏死，各為齎送，行至吉安等府地方，各被官兵拿獲，押送王都御史處。將原押校尉殺死，繳榜燒燬，李斅等羈候。宸濠又令人寫成布政司咨呈，備云檄文，轉呈府部，將搜去印信用使付與梁辰，不合畏死僉押。

本月二十三日，宸濠告廟，出師祭旗，令綸贊理一應軍務，與同劉吉等領兵，綸不合聽從。本月二十六日，宸濠差官儀賓李琳等，管押程杲、潘鵬，各不合聽從放糧賑民。宸濠因聞涂欽等攻掠南康、九江，人民走散，即差已殺官校周成等，管押師夔，不合聽從往彼安撫。本月二十九日，宸濠決計往取南京，恐省城變動，差已故校尉朱真，未獲吴景賢等，將銀送與梁辰、胡濂、劉斐、許效廉每人一百五十兩，程杲一百兩。又將銀送與楊璋、唐錦、賀鋭、師夔、潘鵬、賴鳳每人一百五十兩，王疇一百兩，未到經歷尹鵾、知事張澍、照磨雷燮各十兩，馬驥、許清、白昂、王玘每人一百三十兩，俱交與各官，家人懼害，各

第2651页

收接後，俱首官貯庫。又押劉斐、王玘替伊巡守，許效廉、賴鳳替伊接管放糧，主簿熊璧替管造盔甲，各不合聽從。七月初一日，宸濠差人將胡濂、唐錦送回本司，彼因楊學禮已陞陜西參政，放令赴任去訖。復將梁辰、王寵、杜甫、王金、金山、程杲、楊璋、賀鋭、王疇、潘鵬、馬驥、許清、白昂、郏文、鄭瓛、宋以方、涂文祥，俱脇拘上船，差撥儀賓等官張暠等并淩十一等，各賊船左右夾守。又將胡濂、劉斐、許效廉、唐錦、賴鳳、王玘，各拘留本司。張元澄、陳大道、鄭公奇并經歷楊淩等，各拘留本衙門，仍各差人監守。本日，宸濠帶同妃嬪人等上船祭江，令綸不合披帶盔甲隨侍。次日開船，至初九日到黄石磯。宸濠因報攻安慶不克，素知潘鵬係本處人，就令引禮白泓等押伊，不合齎檄到彼招降。有該衛指揮崔文等死守不從。

十五日，宸濠又聞王都御史調集官兵來攻省城，議欲退保省城拒守。彼有鄭瓛用計脱逃，當即奮激立功，招降哨賊百有餘人，先赴王都御史軍門投首。宋以方亦行逃走，不知去向。涂文祥自行投水身死。九江賊兵探知王都御史兵臨省城，就駕船奔赴前來，欲行救援。彼有師夔脱走。比時曹雷在瑞昌縣謀要復城，聞知賊去，與同汪穎并合

浙江大学古籍研究所

第2652页

屬官員引兵進府。十九日，王都御史督兵會省城關外，於二十日四更時分，奮勇克復省城，當即撫戢已定。有胡濂、唐錦、劉斐、許效廉、賴鳳、王玘并一應原拘府縣首領正佐等官，各赴軍門投見省候。宸濠回至王家渡，聞省城已破，就彼駐劄，節被官兵夾攻，賊兵不利，以次奔潰。二十六日，賊兵被火攻燒，敗亂溺水者不計其數。宸濠被俘，其妃嬪宮人亦投水。綸與梁辰等亦各投到，杜甫脫往九江去訖。

續該欽差太監張永等，親詣江西查勘，蒙行三司權令王金、金山、梁辰等一十四名，各回籍聽候。其餘府縣正佐等官，羈候在彼待罪。將綸在官妾趙氏、郭氏、陳氏，已故幼男王慈僧、王貧僧并親弟王纙、王綎，十二歲幼侄法會，六歲幼侄王娛懷，同居家人來昇、汪穎，伊在官家人汪一魯；曹雷在官妻汪氏，男曹自修并妻楊氏，男曹仝，女平州、江州，使女春來，家人、書童、衣童；楊璋伊在官妻黎氏，妾宋氏、栢氏、黃氏，男原任湖廣德安守禦千戶所百戶楊汝棠并妻吳氏，生員楊汝榮并妻張氏，監故幼女二姐并使女夏景、秋景、冬景、天香、喜真，家人楊定并妻王氏，楊宇并妻黃氏，楊道明、陸通、大和尚、安來、福來、悅來、玉來、約來、終冬、保福、童喜祿；杜

第2653頁

甫伊在官妹杜惠聰，侄女杜蕙香，使女臘梅、桂花兒，侄錦衣衛帶俸指揮僉事杜聰并妻劉氏，妾李惠金，女桂姐，使女善定、桂花兒、丟兒，侄孫杜承賜，外甥金良兒，家人吳秀、二漢、來福、楊四保、杜金、王佐永、林來聰、馬兒、小五兒、來喜、添財、劉璋、來壽、張奇、來住、高英、小和尚，高雄并妻羅氏，楊達并妻張妙蓮，使女林妙山、趙貴，杜采并妻邵善慶，進才、來安、掌兒，住房人韋住并妻朱妙才，妾張氏，男韋欽、二漢，女韋大姐，未到家人德勝妻張秀蓮，四兒妻葉二姐，韋有妻張惠順；王宏伊在官侄狗兒、伴哥兒，侄婿金吾右衛指揮密宣并妻王氏，家人閻保、王鑾、王保、來定、七兒、中進永、倉塞、二邦子、三兒、三弟、二漢、王慶并妻郭大姐，未到王招妻姚妙成，女官女兒、捨兒，監故張鑾妻王錫兒，雇工人黃錦妻韓二姐，住房人洪祥妻曾三姐——并綸等通行解送刑部、錦衣衛、浣衣局，各分投監候。小姐等病故，相埋訖。還蒙正德十六年四月二十二日赦宥，綸等俱係反逆失機，例不該宥。本年五月內，有杜甫要得掩飾前罪，又不合捏詞具奏，續蒙三法司、錦衣衛奉欽依將綸等會問前情明白。

又蒙查得王都御史先次奏稱，查勘得正德十四年七月

浙江大學古籍研究所

第2654頁

二十日以後，知縣方鏵擒獲首從賊李世英等一百七十五名，王軾擒斬賊級共一千餘名顆。又該紀功科道官祝續等查勘得知府汪穎，副使曹雷，於正德十四年七月十五日以後，共督獲逆賊楊仲錦等二十八名，燒燬賊船九隻，陸續生擒逆賊一百八十七名，斬獲賊級一十一顆。知府鄭瓛擒獲首從賊四十一名。何維周擒獲四十二名。張元澄擒獲十一名。陳大道擒獲二十七名。鄭公奇擒獲五十六。陳霖擒獲二十一名。張禄擒獲一十二名。蔡讓擒獲七名。俞椿擒獲五十四名。王詡擒獲一十二名。楊本禄斬獲首級三顆。典史葉昌二顆。又該紀功謝御史手本開查得僉事師夔擒獲從賊周成等。當時已曾解審驗，後紀功祝給事中等查對不同，將師夔姓名削去，未曾造入正册，各是實。

除劉吉等另行問擬外，將綸等取問。罪犯潘鵬等十六名口各招同，汪一魯等一百一十四名口各供同。照出王綸應該緣坐，家口入官，財產已該陝西鎮巡等官，督同布按二司守巡等官畢昭等查勘。得王綸妻楊氏先已病故，財產已行抄沒入官，家屬王善等解到，别無緣坐人口。未到南昌府知府鄭瓛，先該刑部奏行發落訖。招内未到有罪人犯，巡按御史林潮，係福建泉州府人，王金係順天府涿鹿中衛人，都察院行各該巡按御史，各提解京，送刑部另問。其布政司等官梁辰等，并未獲董國宣等合抄招，備南直隸、江西各處巡撫都御史，逐一查照、提問。罪重者奏請定奪，情輕者照旨徑自發落。其未到無罪官員知府等官宋以方等，各查發復職。公差户部主事金山，就彼轉行原籍官司，起送吏部復職。若内有别項違礙者，仍行查照問結。其都布按三司并各府縣衛所等衙門，曾被逆賊劫取倉庫、錢糧、脱放獄囚等項，通行查勘明白，具奏施行。

會議得王綸等所犯，王綸依合謀反，但共謀者不分首從律，淩遲處死。潘鵬、師夔、季斆俱合比依知情故從者律。王鐥、王綎、來昇、王法會、王娭懷、趙氏、郭氏、陳氏，俱依謀反。但共謀者王鐥與同居之人，不分異姓，俱年十六以上，律皆處斬，決不待時。王法會、王娭懷俱兄弟之子，不限籍之同異，年十五以下律。趙氏等俱妾，合給付功臣之家為奴。王宏等三名，俱合比依守邊將帥，守備不設計，為賊所掩襲，因而失陷城寨者律。汪穎合比依守邊將帥，被賊攻圍城寨，不行固守而輒棄去者律，各斬。俱秋後處決。杜甫合依奏事詐不以實者律，杖一百，徒三年，係太監，照例送工部運灰，完日送司禮監發落。汪一魯等一百一十一名口，俱供明人。杜聰、銮宣、楊汝棠，俱送兵部。汪一魯等一百一十名口，俱送順天府，給

第2655页

第2656页

引照回原籍，各查發還職，著役肄業，寧家隨住，俱候覆審。奏請定奪。

刑部等衙門為開讀事。正德十六年四月二十三日，節該欽奉詔書内一欵：「見監與宸濠謀反事情有干，正德十四年就陣擒獲及續拿人犯，三法司、錦衣衛先行會問明白，各依律議擬應得罪名，再會多官覆審相同，具奏定奪，毋致輕縱、冤枉。欽此。」又該刑部等衙門題為因變陳言以回天意事，奉聖旨：「是。錢寧私交逆藩，共謀不軌，傳復南昌護衛，謀取宸濠長男，罪惡昭彰，神人共怒。你三法司、錦衣衛既審明白，便依律決了，不必覆奏。仍將所犯招罪并處決屍形，榜示天下。其妻妾子女及同居家屬，并抄没家產等項，都查照律例行。欽此。」欽遵。

會問得犯人一名錢傑，年三十八歲，係順天府大興縣民籍，任錦衣衛指揮同知。狀招正德元年以來，有在官錢永安已處決父錢寧，交結已處決逆賊劉瑾，投充朝廷義子，改為朱寧。蒙蔽夤緣，濫陞後府左都督，掌管錦衣衛事。及又誆誘朝廷，於内府修蓋豹房、新寺等處，引進已發遣樂人臧賢，見監回子于永并番僧等項人役，結為姦黨，肆行蠱惑。因而招權納賄，傳批旨意，陞轉各處鎮守太監、總兵等官，得受金銀寶貨，積貲數百餘萬，威權日盛。

是傑與在官錢靖、錢永安、錢雄、錢英、錢明、錢通、錢鑑、錢仁、錢智、錢惠、李通、大定兒、王章、劉華、棋童、謝文宰、王定、錢釗、存兒、周源，未獲錢經、錢喜、孝海，要得僉圖富貴，各不合與已故李得福、喜來恩、來祿招的，俱於正德三年内投為家人。彼有錢寧，又買到在官李信、李奉來、喜進財、即來財、永喜、五兒等一十六名家人。

正德八等年，有未到太監胡爵、崔瑶、崔安、王堂、岑璋、黎安、秦寧、竇良、張綸、金鳳，千户劉吉，校尉張明，樂官劉實并另起見問太監劉景、杜甫，錦衣衛殷堂

，因見錢寧近侍專權，各不合要得交結。胡爵將在官大進保、三漢等七十二名，各買送錢寧使喚。又有在官家人李堂，因會扮唱，亦被錢寧留為家人，俱同居住過。有錢寧節次冒報軍功，欺罔朝廷，傳陞錢永安為後府右都督。錢傑與錢靖等八名，俱陞錦衣衛都指揮、千百户等官，俱托為心腹，管理家事，各不合帮助為惡，倚勢害人。錢寧又將錢靖等七名俱擅改從朱姓，瀆亂皇族。

正德九年正月内，有自盡宸濠，要得復謀伊府先年革退護衛并屯田，差見監逆賊承奉涂欽等，將銀一萬兩送與錢寧接受，遽於兵部覆題議查，本内傳批特旨，將護衛、

屯田淮興管業，以致宸濠恃有兵馬錢糧，陰謀不軌。因與錢寧往來，交通情厚，時常饋送金銀等物數多。

正德十一年六月内，宸濠因見朝廷未立東宮，要得圖謀大位。密差已故典寶萬銳，挍尉林華等，送錢寧銀三萬兩。謀將伊長男假以上廟燒香為名，行取來京。錢寧因受重賄，心懷異謀，暗行許允。先令林華回報，隨又詐稱欽賜，將玉帶、金厢寶石帶各二條，紵絲十對，付與萬銳齎送宸濠。當令本府官員穿紅四十餘日，以待錢寧傳取。

有先任江西按察司副使胡世寧及該府典寶等官閻順等，各將宸濠謀逆惡跡前後赴京具奏。彼有宸濠聞知，要將胡世寧陷死滅口，陸續差涂欽及見監劉吉等前來打點，饋送錢寧銀共五千兩，通同隱蔽宸濠謀逆事情，將胡世寧并閻順等俱誣陷充軍記。以此宸濠倚恃錢寧在内，密邀獲李士實、王春共謀反逆。彼有李士實言說，且須頻頻遣人進貢茶、扇、金、銀、玩器等物，厚結朝廷，親信不疑，方好起兵等語。宸濠喜允，就陸續差林華并在逃内官涂繪等，將帶茶、扇、金、銀、玩器等物，赴京投托。錢寧依謀蒙蔽進貢，透漏消息，歲無虚月。

正德十四年五月内，宸濠逆謀彰著，被科道官奏發，致蒙欽差賴太監、崔駙馬、顏都御史前往省諭，彼錢寧又

密令林華星夜前去，於本年六月十一日晚報知宸濠，因於十四日早起兵作反。本年七月内，被王都御史起集官兵，將宸濠等賊衆擒獲。錢寧前項受賄謀逆等情，亦即發露。有錢經、錢喜、李海，各不合懼罪逃走，致蒙錦衣衛等衙門遵奉欽依，將錢寧并傑等拿獲，財産盡行封記，抄没入宫。及將在官錢寧妻李氏，妾劉耐驚兒、張碧桃、何碧杏，使女王寶瓶、劉牡丹等二十九名，并傑妻趙喜清，使女杏花兒等，棋童妻郭小鸞兒，使女并春梅，劉華監故妻姜氏，錢智妻王氏，錢靖妻錢大姐，錢明等并妻王秀蓮，并使女李桃，共一百六十三名口，俱蒙發浣衣局拘收。

正德十六年二月内，有錦衣衛已故都指揮錢章在官妻徐氏，令伊在官家人錢得，將錢寧未發之先原寄放玉帶一十九條，金厢玉寶條環四十七副，鉤子十把，提携二個，酒杯船二副，頭面二副，每副十件，不成副雜頭面二十七件，金鳳挑牌四根，金釵花桶四對，玉簪二根，金裹頭銀簪二十八根，金鎖壽牌一副，不堪比鴉犀大小帽頂二個，珊瑚簪一根，及在官錦衣衛錢俊，將錢寧原寄放素金檯盞四副，金厢寶石檯盞八副，條環二十二副，鉤子二十一把，提携二個，軟鞓繫腰一條，金二百八十兩，各省赴東廠，將贓物具奏交進。蒙將徐氏、錢得、錢俊，轉發錦衣衛

，奏送刑部監候。

本年五月内，蒙三法司、錦衣衛會審明白，將錢寧問擬謀反，凌遲處死，題奉欽依處決訖。復蒙查審得傑與錢靖等九名，委俱先年投與錢寧為家人，冒功授職，助惡年久。錢惠等一十名俱係隨後投充，李信等一十九名俱係錢寧收買使喚，俱無助惡之情，亦各歷年未久。内利市等一十一名與錢永安，俱年十五以下，并李氏等四口，俱律皆緣坐。大進保等五十七名，俱係太監胡爵等買送錢寧使喚；李堂委因扮戲，被錢寧拘留在家，俱係被害之人，并進保兒等六十二名口，俱於律不該緣坐。内小進保等二十八名及桂香兒等二十七名口，俱不記父母姓名鄉貫，錢俊等七名口，俱供明各是的。將傑等取問罪犯，錢永安等四十四名口，各招同。大進保等一百二十七名口，各供同。照出錢寧財產，除已經奉有欽依抄沒入官外，其餘未盡見在財產，合行工部查照抄沒施行。未獲錢經、錢喜、李海，合行錦衣衛緝事衙門及五城兵馬司挨拏，至日另問。未到胡爵、崔安等二十四名，俱另行。李冕係供明人，免提。會議得錢傑等二十八名，俱各依謀反者及同居之人不分異姓年十六以上律，皆斬，俱決不待時。李氏、劉耐驚兒等四口，俱亦依謀反者妻妾律。永安謀反者子，利市、住兒等

第 2661 页

九名，俱亦謀反者同居之人，俱年十五以下者，各給付功臣之家為奴。大進保等一百四十三名口，俱於律不該緣坐。錢俊、永睿等五名口，俱供明，各還職給親隨住。

參照犯人錢傑、錢靖等九名，俱與錢寧同居年久，黨惡相濟，且又冒功受職，緣坐處斬，情法相應。錢惠、大定兒等一十八名，同居未久，止給使令之役，別無黨惡之情，依律處決，於情可矜。錢永安等一十二名口，并供明錢俊等，各俱合依擬發落。緣數内小進保等一十四名，桂香等二十七口，俱失記名姓并鄉貫，無從查給，合無俱送順天府。將小進保等查年十六以上者，就編宛、大二縣附籍，仍存恤三年之後，方令當差。十五以下者，俱發該府養濟院優養，待出幼之後，照前編籍存恤當差。其桂香兒等，俱當官嫁，賣良家務令得所。俱合候覆審，奏請定奪。

刑部等衙門為開讀事。欽奉正德十六年四月二十二日詔書内一欵：「見監與宸濠謀反事情有干。正德十四年，就陣擒獲及續拏人犯，三法司、錦衣衛先行會問明白，其真正共謀逆賊，并臨時脇從及先交通不曾與謀者，各依律，議擬應得罪名，再會多官覆審相同，具奏定奪，毋致輕縱、冤枉。欽此。」續該司禮監太監韋彬傳奉聖旨：「說與三法司

第 2662 页

、錦衣衛知道。在京各衙門見監輕重罪囚，或因領兵官員追捕餘黨，被誣逮繫；或因原問官鍛煉成獄，拘泥文案。多有冤抑，致傷和氣，上干天變，朕心憂惻。便著多官查照詔旨，從公會審，分別情罪輕重等第明白，奏來定奪，不許仍前冤枉。欽此。」欽遵。

該本部等衙門，將問完犯人畢真等，押赴午門前，再會多官覆審。得數内犯人陸完，執詞不服，廖鎧、劉璟等事情久究。覆行題奉欽依再問。得犯人一名畢真，年六十一歲，係尚膳太監。狀招先年真娶未獲周氏為妻，生未獲男畢鑑。畢鑑生未獲孫畢大綸。後真與在官太監商忠、許滿、劉璟，少監盧明、趙秀、秦用，已故太監劉瑯、杜裕，各私自淨身，收入内府應役，各歷陞前職。正德二等年，真不合交結已處決太監劉瑾，傳批旨意，差往山東鎮守，擅理詞訟，剥削軍民財物，積至鉅萬。有在官廖鵬，因伊故兄太監廖堂鎮守河南，不合跟隨前去，將彼處官軍原捉獲强賊李萬倉等奪為己功，冒陞錦衣衛指揮。就假以奏帶為名，在彼擅理詞訟，助惡害人。

比有教坊司樂人在官晉良，未獲臧欽、張清，各因艱難，不合越關前到江西投托，另起問結，寧府樂官秦榮引見，今自盡宸濠就留伊等教演小幼彈唱，各得受銀兩數多

。又有已發遣施鉞，為事該刑部問發廣西充軍，央已故樂工秦碧寫書寄與秦榮，引見宸濠。因伊妻父、已發遣臧賢，出入豹房近幸，當賞銀五十兩，打發前往配所。後因遇革，與同臧欽、張清，各先後回京訖。

正德五年以來，有廖鵬并在官王瓛，因見已處決錢寧投為朝廷義子，專權亂政，就串同錢寧女婿在官齊佐，已故王準，各不合向錢寧説事過錢，賣官鬻獄，黨惡行事，取利肥己，一向不曾事發。後廖鵬并家人堂侄等五十四名，各不合夤緣，節年冒報軍功及傳陞都督、都指揮、指揮、千百户、鎮撫、總旗等職役。正德六年，宸濠因在官御史張鰲山，係江西人，先年鄉試中式，曾來朝見熟識，節次差人來京饋送茶、筍等物，張鰲山不合接受，不行拒絶。正德七年間，廖鵬又不合將銀二萬兩買求錢寧，傳差廖堂復去廣西鎮守。有廖鎧不合跟隨前去，助惡害人，節被巡按御史劉天和鉗制。廖鎧嗔恨，不合撥置廖堂於正德八年九月内，捏詞奏陷。有廖鎧就行賫本來，又不合將銀二萬兩買求錢寧，傳批旨意，差官校將劉御史拏解來京，問罪降職訖。又有劉璟，原任浙江鎮守，今已故家人馬耿將銀一千兩送錢寧謀幹，改差兩廣總鎮。

正德九年正月内，宸濠要得謀復先年革退護衛，就假

以地方盗賊生發為名，借指祖訓，粧飾成本。比因晉良素與臧賢情厚，就差伊不合依聽，隨同另起問結逆賊涂欽，已故盧孔章等，齎本赴京謀幹，先將銀五百兩送與晉良，托伊將銀五千兩引送臧賢，又將銀四百兩分送臧賢婿已發遣司鑑并施鉞，又送與臧欽、張清、秦碧各銀一百兩，俱求為打點。就托臧賢將銀一萬兩送與錢寧。又因另起見問太監張雄掌管司禮監事，商忠、盧明俱為張雄信用，就送商忠、盧明各銀五百兩，托伊引送張雄銀三千兩，寶石金鑲帶一根。又恐另起見問坐廠太監張銳阻撓不便，亦將銀二千托臧賢過送，各不合知情接受入己。宸濠又因彼時見

任兵部尚書在官陸完曾任江西按察使，往來交厚，亦令涂欽等將金檯盞一副重十兩，段四疋饋送，央伊扶持。有陸完亦不合接受入己，許允。涂欽等方將前本奏行兵部，有陸完於查覆本內，雖稱難將護衛再復，却不合又稱寧王以太祖典章為言，合行會議，具本覆奏。有錢寧、臧賢、張雄，各因得受重賄，不合共為欺罔，傳批特旨，將護衛復與管業。彼有涂欽因點禮物不敷，訪知陳喜販賣羅段，就令盧孔章向伊不合知情賒與羅段二百餘疋。又因杜裕守把宣武門，出入不便，亦將銀兩、段疋不等饋送。以後時常向陳喜借用段疋等物，及在杜裕家各寄放銀兩，交通往來

不絶。

有先任江西按察司副使胡世寧，將宸濠惡跡具奏，被伊聞知，捏情具本，差涂欽赴京饋送錢寧銀三千兩，張雄五百兩，臧賢五百兩，盧明三百兩，各又不合接受，符合蒙蔽具奏，將胡世寧誣陷遼東充軍。彼時秦用、趙秀俱在司禮監辦事，曾托打探消息，亦各將銀一百兩送伊等，各不合接受訖。有劉瑯先年在於南京守備，見得宸濠聲勢日大，令伊弟劉璋不合接入本府，交結擺置，因而交往情厚。有廖鵬要蠱惑朝廷，貪圖賄賂，不合串同錢寧，傳令廖堂趕造毡帳，乘機剥削軍民，科斂銀十餘萬兩，內送錢寧

一萬兩，其餘銀兩，廖鵬不合與廖堂盡尅入己。

正德十年內，廖堂改南京守備，有廖鑾不合謀要代替，就令廖鎧不合饋送錢寧銀五千兩，各色段一百疋，將伊傳差陝西鎮守。彼有薛璽，蒙欽差江西勘事，宸濠因伊係是近侍官員及與錢寧親厚，當將銀一千兩，差另起問結逆賊劉吉送與薛璽，不合接受，回京以後，亦與交通往來。又有許滿，不合將金鑲寶石條環二副饋送錢寧，并許銀五千兩，幹差江西鎮守，前去到任。及與在官河南布政林正茂，彼時亦任江西按察使，各不合畏懼宸濠聲勢，時受伊饋送禮物，不敢推却。有張乾、畢緞，各亦不合營求許滿

，奏帶在彼，倚勢害人。本年四月內，有劉璟在兩廣取回南京閑住，經過江西，亦不合接受宸濠饋送禮物，以後往來通好不絕。

正德十一年月日不等，有未到太監李鎮、浦智、黎鏜、邢安，都指揮張勇、郭瑾，各不合要得謀幹鎮守、守備，各將銀兩饋送齊佐、王瓛、王準，各不合接受，為伊過送銀兩，向錢寧處營幹。彼有齊佐，得受銀一千兩，過送錢寧銀三萬兩，傳差臨清鎮守。又得受浦智銀二千兩，送錢寧銀三萬兩，傳差浙江鎮守。王準得受李鎮銀一千兩，過送錢寧銀一萬兩，傳差湖廣鎮守。王瓛得受邢安銀八百兩，過送錢寧銀五千兩，傳差密雲鎮守。又得受張勇、郭瑾銀各五百兩，過送錢寧各一千五百兩，傳差張勇獨石守備，郭瑾充副總兵鎮守河間等處。

正德十二年間，有原任寧府典寶閻順，內使陳宣、劉良，脫走赴京，具奏宸濠不法事件，被伊聞知，要得陷死滅口，隨差劉吉前來饋送錢寧銀二千兩，臧賢、張雄、張銳各銀一千兩，各不合接受，捏同將閻順等俱誣陷南京孝陵衛充軍。彼因求討消息，又送盧明銀二百兩，秦用、趙秀各一百兩，亦各不合接受。比有許滿蒙取回清江浦管糧，傳差真前去江西鎮守，於本年十二月到任，不合將玉帶

一條，各色紵絲、紗羅拾對，馬二匹，進送宸濠結好。

正德十三年正月內，有先任江西清軍御史范輅，與真爭論坐席，及辨朝王服色，是真懷恨，不合商同宸濠，捏奏范輅，提解到京，問罪降職。

本年二月內，遇蒙太皇太后崩逝，有盧明因與宸濠交往素厚，不合營求齎捧報訃，前到江西，得受宸濠銀三千兩。本年三月內，廖鵬又不合將銀三千兩送與錢寧，傳掌錦衣衛南鎮撫司印信。本年十月內，有在官吴克勝即胡克勝，由江西按察司，後在京聽選，要得謀淺近便地方，因寧府已故內官周瑞在京幹事，素與相好，不合央求伊向陸完囑托，不合依聽將胡克勝選通州左衛經歷。有宸濠要得要求虛譽，取信朝廷，商同獲故逆賊李士實、王春，捏造孝行，虛文串同，真不合主張寫成呈文，脇令府縣教官、生員、耆老人等呈遞三司轉呈。真與未到巡按御史林潮，各不合會本具奏。比有宸濠要得藉真預備助逆，就商同謀求改差浙江鎮守，起程間，宸濠當將銀三千兩，金壺一把，臺盞四副并器皿、茶芽等物送真，又將銀三百兩送在官參隨張浩，各不合許允接受。

正德十四年正月內，劉璟要謀幹鎮守，各不合將銀四千兩送與錢寧，又許銀一萬兩，及將另起發落小廝喜住兒

求節買伊使喚，因得傳差河南鎮守。本年二月内，真到浙江，不合假以操演官軍為名，就各重賞銀兩，暗邀人心，及又打造盔甲千餘副，堆積本鎮衙門，待時起兵助逆。又不合將銀二百兩，差人往餘杭縣置米一萬石，以備軍餉，當被巡按張御史行文該縣禁止。

本年五月内，宸濠逆謀彰著，被科道官奏發，蒙欽差賴太監、崔駙馬、顏都御史前去省諭。至六月内，宸濠聞知反謀敗露，就與劉吉、涂欽、李士實、王春，已故賊首閔念四等商説：「如今差官勘我府中事情，革我護衛，若不起手，斷然不好。十三日是我壽日，鎮巡三司等官必後慶賀，候次日謝酒，就脇令各官順從起兵，若不順從，即行斬首驚衆。」劉吉等各就回説：「此謀最好。」比真亦差張浩引領未獲張倫、曹松，將帶禮物前去賀壽，宸濠當賞銀三百兩，就留張浩，不合知謀在府潛住。隨遣張倫、曹松，各不合聽依徑回浙江報真知會。有在官王俊，因張浩顧伊跟隨使喚，亦不合知情不行首，即官當逃躲。至十三日，鎮巡三司等官進入宸濠府内賀壽，筵宴各散。十四日早，有宸濠密令閔念四等與同張浩，各不合暗藏兇器傍立。有鎮巡三司等官進府謝酒，當被宸濠將孫都御史、許副使俱各殺死，其餘官員俱綁鎖監禁，因而稱兵作反，及造僞檄，

不用正德年號，只稱「大明己酉」，傳布各處，誑邀人心。隨又差已故校尉趙智，前到浙江，會真助兵。

彼有王都御史，因往福建公幹，行至豐城縣地方，聞變，即行奔回吉安府，督同該府知府伍文定等官，起集義兵，前去征剿。彼時張鰲山回家丁憂，亦赴軍門，隨同贊畫。本月二十日，劉瑯聞知宸濠作反，隨即點集精壯、伴僕百餘，及將火藥、軍器暗藏空棺内，要得送與宸濠助逆，扛送出城，致被南京科道官孫懋等文章奏發。比真得報，亦就不合捏稱「宸濠差太子來取浙江」等語，差人四散傳報，動摇人心。本年四月十四日，真又不合假以進表為名，拘收城門鑰匙，約令本省官軍盡帶器械，於本日三更時分赴本府伺候。及三司府衛等官，俱於四更亦先到真處作揖，方許行禮，要得乘機殺害，起兵助逆，以致闔城居民驚疑，哭聲動地，當被巡按張御史并各官點集官軍防備。比真懼怕，不曾起手。彼有宸濠舉兵前來攻打安慶，將不在官南昌府知府鄭瓛，令張浩等押在船，到於黄石磯地方。有鄭瓛見得賊攘亂，要行乘機脱走間，被張浩不合張弓喝阻，要行射死，鄭瓛懼怕，仍潛伏在船。

本月二十六日，王都御史統領官兵，將宸濠并賊衆擒獲，地方平定。蒙欽差先任太監張永前到江西查勘，於寧

府承奉司搜獲簿籍，查有商忠、盧明、杜裕、陳喜、趙秀等二十六名，各姓名在内具奏。及奉欽依，將真等并真同居家人喜童、陳銳、何章、李寬、畢士完、進住、進壽、畢仕奇、鄭玉、大蠻子、俊子、三郎、奇童、偏嘴，另居雇工人住兒等，及畢鏜等妻妾使女劉大姐等十六名口，張濠在官男張冲、張二漢，妾金墜兒，女小女兒，同居家人劉瑯，在官同居家人劉寧、劉成、福禄、吳彪、進禄等十六名，在官另居雇工人呂寬、王雲，參隨花喜及伊家人徐喜、劉章，在官妾王玉蓮、劉清等，各妻妾使女王大姐等二十六名口，廖鵬在官妻子惠安，妾寶惠榮、王秀英、張惠金、馮菊花等，使女家人邊成、劉恩等三十六名，家屬侯氏、張玉祥、韓住英等四十七名口，廖鏜在官家屬廖淳、鄭琥等五十二名口，廖德在官家屬留住兒、進保兒、張氏等二十一名口，廖玉兒家屬俞秀蓮等五口，王瓛在官妻邵氏，妾李氏等，家屬王璀等六名口，齊佐等在官妻大錢氏，男齊懋，家屬袁玉等二十二名口，王準在官妻小錢氏，家屬王然、姚漢等三名口，盧明在官家屬盧聰、葉秀、盧氏等一十七名口，商忠在官家屬趙玉、商福等四名口，趙秀在官家屬福來、耿三兒等十一名口，泰用在官家屬强宗等一十四名口，陸完已故母華氏，在官妻華氏，妾張氏

第2671页

，男陸修、陸士，女陸三兒、陸四女兒，家屬陸宜等二十一名，向受、阿官、惠氏、廖氏等二十三口，薛璽在官妻白氏，家屬薛基等三十一名口，杜裕在官家屬杜得寶、杜滿等四十五名口，晉良在官妻周氏，男高真保，家屬趙氏、六斤兒等，臧欽在官家屬臧賢等三名口，張清在官家屬張斌、馬氏等八名口，許滿在官家屬許鑑等五十九名口，劉璟在官家屬劉俊、夏錦等八十一名口，林玉茂在官家屬林周等一十四名口，張乾在官家屬張敖金等一十七名口，畢綬在官家屬進禄、陳氏等四口，俱被錦衣衛等衙門前後捉獲。

彼有在官福興、福忠等五名，俱因扮唱，石順因吹打，鄭漢因鄭中書使伊送禮，張成因與劉瑯家有親，帶領伊已故家人劉聾子，在官弟張三兒前去看望，各在劉瑯家。又有在官奉御唐潮宗、因望、泰用、張朝、盧明，淨軍應堂、劉潮，俱在盧明家乞食，亦俱被混拏，分送刑部、錦衣衛、浣衣局各拘監。劉章、臧欽等九名，各不合俱罪逃走。劉名、喜來、陳雉等一十七名，俱各陸續病故相埋訖。遇蒙正德十六年四月二十二日赦宥，真等事干謀反奸黨，并各該緣坐家口，入官財産，例不該宥。

本年五月内，許滿、劉璟等四名，各不合將情捏詞具

第2672页

第2673頁

本奏辯。蒙三法司、錦衣衛遵奉欽依，先行問擬，真等招罪，會同多官覆審。有陸完要得遮飾，不合執詞不服。及廖鎧、劉璟等各犯事情欠究。覆蒙三法司、錦衣衛題奉欽依，將干審人犯劉吉等取出到官，責與真并陸完等逐一對審，前情明白。議得真與張浩并已故劉瑯，委與宸濠通謀反逆，相應處以極刑。緣坐同居家口，籍没財産。盧明、商忠等六名，并未獲臧欽、張清，已故杜裕、秦碧，止是先年交通，不曾與謀。并廖鎧情犯，俱事涉姦黨，相應比附。許滿、劉璟等三名口，止受宸濠饋送禮物，及與張乾、畢綬俱無交通之情，廖鵬、王瓛、齊佐并已故王準，委各

黨惡。錢寧壞法亂政，相應坐以姦黨正律，緣坐其妻子，籍没其財産。又查得真等同居緣坐家口，除年十六以上外，孫畢大倫并同居家人進住、進壽等九名，張浩男張二漢、劉瑯同居家人平秋、劉添等十名，俱犯罪，時各十五以下，各是的。將真等取問罪犯，張浩等八十八名口，各招同。住兒等六百六十八名口，各供同。照出畢真、張浩、劉瑯、廖鵬、王瓛、齊佐、王準，各財産在京者，合行户、工二部；在南京者，合行南京户、工二部，各抄没入官。招内未獲有名人犯劉璋等，各行錦衣衛緝事衙門及五城兵馬司挨拏，至日另問。未到太監等官李鎮等，俱另行會議

第2674頁

。得畢真等所犯，畢真、張浩俱合依謀反，但共謀者不分首從律，該凌遲處決。畢鏜、喜童等一十一名，俱依謀反，但與謀者子孫及同居之人，不分異姓及兄弟之子，不限籍之同異，年十六以上者律皆斬，俱決不待時。廖鵬、王瓛、齊佐，俱依在朝官員交結朋黨，紊亂朝政者律，各斬，俱秋後處決。畢大倫、進住等二十六名，俱以謀反，但共謀者子孫及同居之人，不分異姓，十五以下及女妾律，俱給付功臣之家為奴。于惠安、齊懋等六名，俱依在朝官員交結朋黨，紊亂朝政者妻子律，皆為奴。王俊依謀反知而不首者律，董文、廖德等九名，俱依知情受假官者律，

各杖一百，流三千里，准徒四年。許滿、劉璟、林正茂等，俱依奏事詐不以實者律，各杖一百，徒三年。胡克勝依官曲法囑託公事已施行者律，杖一百。董文等一十三名及胡克勝，俱革免科。許滿、劉璟俱係太監，張鰲山、林正茂俱係職官，各照例送工部，各照徒年限運灰，完日，與胡克勝俱照行止有虧事例。許滿、劉璟送司禮監，張鰲山、林正茂送吏部，張乾等一十五名俱送兵部，各查革職役。王俊係民，審無力，送順天府遞回原籍，發衛要驛遞，照徒年限擺站滿日。住兒等六百六十八名口，俱於律不該緣坐及供明人，各查發為民，著役寧家，給親歸宗隨住。

合候覆審畢日，通行奏請定奪。

刑部等衙門為亟處大獄，以昭國法事。該本部等衙門題前事，奉聖旨：「是。江彬黨比逆賊，蒙蔽先朝，詐傳詔旨，邀截實封，擅作威福，紊亂朝政。劄調邊軍，操習近地。誘引巡遊，致虧聖體。樹立姦黨，謀為不軌。逼取京城各門鎖鑰，欲行乘機興兵篡亂。欺君誤國，大逆不道。罪惡萬端，神人共怒。你三法司、錦衣衛會審明白，便依律處決淩遲，不必覆奏。仍將所犯招罪并處決屍形，榜示天下。其妻妾子女及同居家屬并抄沒財產等項，都查照律例施行。欽此。」欽遵。卷查先該刑科等科都給事中等劉囗等，題為速處大姦，以彰國法事。又該河南掌道事，江西等道監察御史王囗等，題為急處大姦，以彰國法，以快人心事。俱奉聖旨：「這所言有理。著三法司便會同多官，究問明白來說。欽此。」欽遵。續該錦衣衛、鎮撫司，題為傳奉牢固監候事。奉聖旨：「是。江彬欺罔蠱惑，潛蓄異謀。神周、李琮同惡相濟，都情罪深重，神人共怒。著三法司、錦衣衛議擬罪名來說。欽此。」欽遵。

會問得犯人一名神周，年四十三歲，直隸鳳陽府壽州人。見任後府右都督，原係陝西都指揮使司延安右所百户神雄下冠帶舍人。弘治十一等年，在於賀蘭山及大同、會寧等處，節次殺賊有功，由總旗歷陞本所副千户，遇例納粟都指揮僉事。正德六年，慶陽等處有功，陞指揮使。正德七年，征剿流賊有功，陞右府都督同知，推充副總兵，鎮守山西偏頭關地方。正德八年，為因失機，降指揮僉事。正德十一年起用，傳陞前職。狀招有已處決江彬，伊故祖江穆、生伊故父江淮，及見在宣府萬全都司蔚州衛另居伊未到叔父江鎧，江彬娶在官妻楊氏，生伊在官男江勳、江傑、江鰲、江熙、江然。正德七年三月內，江彬隨同不在官宣府總兵官張俊，前往山東等處征剿流賊。本年十月內，賊平，江彬隨軍回京，要得夤緣驟進，不合交結已處決都督錢寧，引入豹房，奏見先帝，因留在內答應。江彬就不合時出姦謀，巧為蠱惑，以致歷陞後府左都督，提督神威營。後伊又夤緣改從朱姓，因而竊弄威權，常於御前講說兵事，將遼陽及宣府、大同、延綏四路軍馬盡調取來京，雜引入內操練，號「外四家」。又擅置設立西官廳，求討提督，以逞姦威。

正德十一年內，江彬又要得樹立姦黨，妄稱周并在官萬全都司都指揮使李琮勇略過人，引見豹房，一同近侍。各就不合互相交結為姦。周與李琮，亦各不合夤緣改從朱姓。

正德十二年八月内，江彬又大肆欺罔，假以巡狩為由，誘引先帝領兵到於宣府駐劄。又創立宮殿，稱為家裏，淹流在彼住過。正德十三年正月内，方纔回京。江彬因得陞為平虜伯，并傳陞伊男江勳錦衣衛都指揮同知，周後府左都督，并在官男神涇錦衣衛，神澄延安衛，俱百户。李琮後府都督僉事。周與江彬、李琮，各又不合朋姦欺罔，屢以耀武巡邊之事誘引先帝。復於本年七月内，前到宣府新立宮殿駐劄。有彼處未到總兵官朱振、陶傑，各不合畏勢，各將銀三千兩，見監都察院太監劉祥，亦不合將銀一萬兩，并將在官扮唱小廝劉鑾、劉棒槌、劉義小、小籍利

第2677页

、劉奉并陸指兒，各送與江彬使喚，不合收受。彼有門毆殺人、絞罪犯人楊瑯，及因姦威逼人致死斬罪犯人李興，俱在陽和城監候，江彬受要各犯銀三百兩，詐稱旨意，就將楊瑯、李興取出脫放。後有被害孫瓊、孫琪、孫容忿恨不平，要行奏告。江彬訪知，又蒙蔽奏將孫瓊、孫琪、孫容俱行打死。江彬與周等，各又不合誘引聖駕西遊山、陝，到於大同城。彼有見監都察院鎮守太監馬錫，見得江彬與周勢要，不合將銀三千兩，總兵杭雄不合將馬二匹、銀二千兩，副總兵張輗合將銀五百兩，各送與江彬，各官又送周與李琮各銀一千餘兩，各不合接受。至偏頭關地方，

未到總兵紀世楹，亦不合將銀一千兩送與江彬收訖。本年十月内到榆林城，未到鎮守太監許全，不合送與江彬銀一千兩，周與李琮各五百兩，亦不合接受。總兵官戴欽，亦不合送江彬銀一千兩，周與李琮各三百兩，及將在京小廝、琴童送與江彬，福定送與周，亦不合收留使用。江彬又揑寫帖子，傳送彼處各城守備官，取要活豹、大馬、氈帳、黑花豹、天狗皮為名，挾要各官銀約共四萬餘兩。江彬又誘引先帝在於沿邊打獵，致被夷虜窺視，幾至蒙塵。本年十二月内回至山西省城，有見監都察院太監吴經，不合送與江彬銀五千兩，周與李琮各五百兩，各亦不合接受。

第2678页

正德十四年正月内，聖駕回至宣府，二月回京。江彬又謀誘引，要往山東等處遊幸。彼時各衙門郎中等官具本奏阻及劾江彬引誘不法事情，江彬就懷恨在心，蒙蔽傳批旨意，將各官罰跪五日，復加責打及降黜、罰俸、充軍。當有員外、郎中等官陸震等十一員，俱被責打身死。本年三等月内，江彬又奏討傳陞伊男江傑、江勳俱錦衣衛都指揮同知，江然指揮同知，江熙指揮僉事，在官家人許宣百户，及强要不在官醫官徐浦，伊在官扮唱小廝徐左、徐美、徐木，在家使用。

本年七月内，有已死宸濠起兵作反，周與江彬、李琮

，各不合符同捏奏宸濠兵馬勢衆，必須聖駕親征，及誘説江南一帶地方富庶，比與宣府、榆林不同。江彬又奏討官校八十餘名跟隨，以張威勢。本年八月二十二日，周與李琮、江彬，各帶先年投充伴當，江彬帶在官王英，周帶在官神儒、福禄兒、奴虎、赤三兒、宋福順，李琮帶在官閻士柔、李福等六名，各隨駕起行。至九月初九日到臨清州，未到鎮守太監黎鑑，見得江彬與周等威權日重，不合送與江彬銀三萬兩，周與李琮等銀二千兩，各不合接受。又有未到管倉太監楊簡等十八員，各不合送與江彬共銀五萬兩，周與李琮各銀三千兩，各不合接受。本年十一月内，

駕過邳州，被江彬向已發落知州高巖挾要銀兩，因伊不從，就裝誣事件，將伊拏送錦衣衛，參送刑部，遇革釋放訖。至淮安府，未到管倉太監張洋，不合將銀四千兩送與江彬，周與李琮各一千兩，各不合收訖。至揚州府，又江彬擅差官校，將不在官鹽商王瑾等，假以興販私鹽為由，捉拏監禁，嚇要彼處衆商銀共十五萬兩，方將王瑾等釋放。本年十二月終，駕到南京，彼處未到守備太監崔安、廖鸞，各不合各將銀一萬兩，并將在官小廝進保、進福、廖佑、陸十兒、董文亦不合將銀五千兩，羅鑰不合將銀三千兩，并將在官小廝小五兒、進受、進才，俱送與江彬，收留

使喚。又不合送與周并李琮五千餘兩，亦各不合收受。彼有江彬張威肆惡，日令校尉四散緝事拏人，及節將南京文武衙門題本，并各邊總兵官杭雄等，節差不在官指揮千百户楊淮等四十九員名，各賫奏題本，共一百三十六封，俱係邊方重事。内二十七封，又係韃賊入境緊急邊情，俱阻滯不容投進及收藏私家。又差官校、夜不收人等，賫執火牌，分投前往蘇、松、杭州、徽、寧等府地方，假以訪察不法為名，挾要彼處大家銀兩、寶貨不計其數。

正德十五年三月内，反賊宸濠并其餘逆黨俱解至南京。彼有各衙門文武官員跪門請駕回京，江彬又妄傳，再來

進諫，定以軍法從事，叱回訖。江彬思得掌握兵權，威勢日盛，一應政務皆得專決，人心畏懼，無敢阻撓，要行謀逆，慮恐城門出入不便當，就分撥官校、旗軍將南京城門盡行守把，以致内外居民驚惶，率多逃避。彼周與李琮，各不合知情坐視不阻。江彬又拘喚南京署中府經歷楊美璜，取要十三門鑰匙，彼伊堅執不從。江彬嗔怪，就誣捏贓私事情，將伊拏送南京刑部監問，至今未結。江彬又捏寫帖子，密差脱逃千户常洪，不合依聽，賫執火牌前往湖廣地方，取要奇怪難得之物，挾要彼處官司折乾銀一萬五千兩，交與江彬收訖。江彬與周并李琮，各不合朋姦，誘引

聖駕，要往浙江、湖廣等處遊幸，傳聞各處太監，前來南京迎見。彼有未到鳳陽鎮守太監丘得，不合將銀一萬兩并在官扮唱小廝添喜、七兒、進兒；湖廣鎮守太監李鎮，不合將銀二萬兩并在官扮唱小廝李妝、五十兩、常受兒、七兒、栢恵；浙江鎮守太監浦智，不合將銀三萬兩并將在官阿三、成兒；管市舶太監趙榮，不合將銀五千兩；織造太監晁進，不合將銀一萬五千兩并將在官扮唱小廝永奇——各送與江彬收留使喚。各又不合送與周并李琮銀不等，共六千餘兩，各不合接受。至八月十五日，江彬又誘引先帝前去牛首山遊玩，因留在彼宿歇三夜。江彬又要乘夜潛行

簒逆，被帶去團獲人馬兩次夜驚，喊聲動地，江彬惶懼，不敢逞謀。

本年閏八月内，聖駕回京，周與江彬、李琮，各裝載金銀奇玩等物，占坐太船百十餘隻，沿途起撥人夫動以萬數，死者枕藉。江彬又大肆兇威，於南京并沿途地方，節差軍校妄拏平人千餘，逮繫來京，多被淹禁身死。彼有周等，各原帶領王英、神儒、福禄兒、奴虎、赤三兒、朱福順、閻士柔等七名，各不合助惡生事，及往來沿途索要經過有司財物，各約有一百餘兩，值鈔一百二十貫之上，各花費。至本年十一月内，駕到通州，江彬素懷不軌，又指

以處治宸濠等為名，誘惑在彼久住，及召文武大臣到彼議事。江彬因見人多勢盛，自行疑阻，不敢肆謀。本年十月初十日，先帝回京，因連年被周與江彬、李琮朋姦誘引，遠涉巡幸，起居不時，遂寢疾豹房。

正德十六年二月内，周與江彬、李琮，各明知團營教場係是舊制，各不合要得變亂，共謀欺罔，奏准改作威武團練營。就令江彬與周并李琮等，提督兵馬，在彼操練。江彬因錢寧謀反事發，財產應該籍沒，就假以寄放金銀寶貨為名，妄拏平人，拷追銀不計其數，以致人心驚疑，京師動摇。

本年三月十四日，先帝駕崩，周與江彬、李琮俱蒙懿旨，拿送鎮撫司監候。復蒙將江彬伊在官妻楊氏，男江勳、江傑、江鰲、江熙、江然，女千金兒、萬金兒，江勳妻朱氏，江傑妻宋氏，周在官妻大李氏，男神漢、神涇、神澄，李琮伊在官妻張氏，男明受并各家屬人等，俱被拏送都察院鎮撫司各監候。及有永奇，不合將江彬銀八十三兩二錢盜拏逃走，亦被中城地方火甲連銀捉獲，轉送刑部監候。隨該科官各將江彬并周等罪惡舉劾，節奉欽依：「著三法司、錦衣衛審鞫問前情明白，先將江彬議擬謀大逆，凌遲處死。」題奉欽依處決訖。及蒙查審得在官江和、許宣、

江富、江談、江梅、江保、李春、江林，俱各與江彬為家人，同居年久，助惡生事。討兒、江朋等一十二名，俱年十六以上；八兒、僧保兒等六名，俱年十五以下；俱係江彬收買使喚，同居未久，原無助惡之情。江然年十五以下，及與楊氏、祝氏等五口，神漢、神溼、神澄、明受，俱律該緣坐。王英、神儒、福祿兒等一十二名，俱跟隨周等沿途生事害人。孫氏、劉大兒等八口，俱係江彬下家人。妻張氏係監故家人江貴女。石氏、翠花兒等一十五口，俱係江彬下使女。李氏、郝氏、高氏、王氏係周妾。四斤兒係周幼女。趙氏係周已故弟神童妾。徐氏係男神漢妻。陳氏係男神澄妾。李寬、馬秀等四名，俱係周家下人。進福、書童等一十五名，俱係周下使喚小廝。管住兒、小廝狗兒，俱係周下家人男。王氏、劉氏、馬氏等一十五口，係周下家人妻。管氏、王氏、葡萄兒等一十七口，俱係周下使女。藍兒、東菊兒、毛女兒，係周下家人女。王氏、宋氏、朱氏、梁氏、鄭氏、陳氏、杜氏，俱係李琮妾。李盤係李琮下家人。德喜、來安、回子等一十五名，俱係李琮下家人。安鎮、定來、住兒、李加兒、長孫兒，係李琮家人男。楊氏、曹氏等十口，俱係李琮下家人妻。愛兒係李琮使女。俱於律不該緣坐。內江彬下使女翠花兒、七兒等

八口，俱不記父母姓名、鄉貫。其江彬下書童張義存等七十二名，俱係太監劉祥等買送，及江彬倚勢強要，俱係被害人數，難作同居之人。內張義、楊見等二十名，俱不記父母姓名、鄉貫。指揮杜鎮，軍人吳通、馬三保、林鑑，吹鼓手賈榮、田熊、田福、王信，止是聽從江彬下操跟用。宋全、李和、李紀、魏良佑，俱係周下。王清、許良、滿巷兒、小馬兒，俱係李琮下各雇工人。楊經、王才、王洪、王寧等四十五名，俱係供明人。江貴、張祥、朱成、永興於都察院，彭祥、得友兒、進才一十四名於鎮撫司，各陸續在監病故相埋訖。遇蒙四月二十二日赦宥，周與李琮犯該姦黨，并各緣坐妻子，入官財產，例不該宥。將周等取問，罪犯李琮等六十名口招同。孫氏等二百七十七名口，供同。照出江彬財產并被誣署經歷楊英璜前來，開照訖。神周、李琮財產，合行工部抄沒入官。江彬應連坐未到叔父江鏜，并江彬脫放重犯楊卿、李與，及見監都察院太監劉祥、吳經、馬錫，俱各抄招移咨都察院。劉祥等查照併問，江鏜等轉行巡按宣、大地方監察御史，各查提到官。楊卿、李與查照原擬歸結。江鏜依律問擬，徑自奏請發落。永奇原盜江彬銀八十三兩二錢，合收入官，煎銷類納。未到太監許全、黎鑑、張洋、崔安、廖鸞、董文、羅

鎗、丘得、李鎮、浦智、趙榮、晁進，并臨清管倉太監楊簡等一十八員，總兵官朱振、陶杏、杭雄、張輗、紀世楹、戴欽，俱另行會議。

得神周等所犯。神周、李琮，俱合依在朝官員交結朋黨，紊亂朝政律，皆斬，秋後處決。江勳、江傑、江然等二十四名，各依謀大逆者同居之人，不分異姓，俱年十六以上律，各斬，俱決不待時。江然，依謀大逆者子。八兒、僧保兒等五名，依謀大逆者同居之人，不分異姓，俱年十五以下律。楊氏、千金兒、萬金兒、貴金兒、祝氏、朱氏，俱依謀大逆者妻女并子之妻律，各給付功臣之家為奴。大李氏、張氏、神漢、神涇、神澄、明受，俱依在朝官員交結朋黨，紊亂朝政妻子律，俱為奴。王英、神儒、福祿兒等十一名，俱依豪强之人求索財物，强者准枉法論，俱一百二十貫罪止律，各杖一百，流三千里，各准徒四年。永奇，依雇工人盜家長財物減，凡盜一百二十貫，罪止一等免刺律，杖一百，徒三年。王英係總旗，閻士柔、郭真俱係軍，趙明係軍餘，神儒、福祿兒、奴虎、朱福順、赤三兒，俱係神周家人，李伏、李興、化童、來福、李倫，俱係李琮家人，永奇係民，俱遇革免科。江彬下家屬孫氏、劉大兒等十六名，神周下家屬小李氏、郝氏等六十六名口，李琮下家屬王氏、宋氏、朱氏等三十六名口，俱於律不該緣坐。永奇、書童等四十七名，俱係太監劉祥等買送及江彬倚勢强要，原係被害，難作同居之人。及供明杜鎮、馬三保等六十七名口，各還職，著役給親完娶，寧家隨住。

參照犯人神周、李琮，負資剛暴，發跡邊陲。百計夤緣，投育義子，肆行姦巧，蠱惑先皇。統悍卒以礪爪牙，黨亂臣而成羽翼。欺君誤國，蠹政害民，處以重刑，情法允當。再照江彬家人江和、許宣等六名，俱同居年久，助惡害人，并江彬男江勳、江傑、江鰲、江熙，依律處斬，情法相應。討兒江朋、琴童許璽等十名，雖與江彬同居，但各歷年未久，止供使令之役，别無助惡之情，一槩緣坐，情有可原。其江彬男江然，并家人八兒、僧保兒等五名，俱年十五以下，與神周男神漢、神涇、神澄，李琮男明受，并江彬妻子女婦楊氏、祝氏、朱氏三口，神周妻大李氏，李琮妻張氏，俱合給配為奴。及照江彬伴當王英，神周家人神儒等九名，李琮家人李伏、李興、化童、來福、李倫，伴當郭真、趙明，俱各跟隨江彬等役使左右，往來南北，乘機索要財物，倚勢騷擾官司，罪雖遇革，法難輕縱，合候發遣邊衛　充軍。孫氏等二百四十三名口，俱各依擬發落。江彬使女翠花兒等十一口，并原送及強要扮唱使喚小廝張義等三十四名，俱先記父母姓名，迷失鄉貫，無從查給，合無通送順天府。將翠花兒當官嫁賣良家，務令得所。張義、楊見、楊騰等七名，俱年十六以上，編發宛、大二縣為名，仍照前編籍，存恤當差。緣神周、李琮俱軍職，論功定議，及與江勳等俱重刑，合候會審畢日，奏請定奪。

新建侯文成王先生世家

耿定向

先正有言曰：「豪傑而不聖賢者有之，未有聖賢而不豪傑者。」蓋嘗下上今古，三代以還不具論，孔孟後負豪傑才者，類溺於質矣，優入聖域者誠尠。迺潛心學聖以名理著稱者，原本才質足擬古豪傑士，固不數數然也。惟我昭代文成王先生，亶乎豪傑之才而聖賢學者，孟子以後，鮮與匹矣。顧其受才英邁，駘蕩不羈，少乏循齊之譽，而人倫所遭又多不幸，且逢世艱危，任肩重鉅，其應用施厝，有難以繩矩律者。以此世之姱修莊士，或

泥其迹，不欲深究其學；而一二及門承傳者，識及質淆，見超志靡，祗竊其緒言而張皇之，行多不掩，因緣飾以異說，致使先生之學竟湮鬱不顯；憂世衛道者，至謂先生借寇兵，齎盜糧，豈不悲哉！愚本據先生生平所歷，著世家，中特述其經營險阻，為明愴懲悟入之因，而尤詳其晚年省悔克治之切，以著其修證之實。世豪傑士勿徒眎耳，而直反之躬，不自咎往，而亟圖更其新，先生我師哉！維時見知聞知者多在豫章，舉所知述鄒、羅二先生傳，外述泰州心齋傳者。陸子靜有言：「可使不識一字凡夫立地作聖。」玩心齋傳先生良知旨，信立地作聖訣也。

先生姓王氏，諱守仁，字伯安，其先晉右軍羲之裔也。右軍傳二十三世迪功郎壽，始自山陰徙餘姚。傳五世曰綱，字性常者，具文武才，國初為劉伯溫薦，仕至廣東參議，遇苗亂死之。參議生彥達，達傷父死難，不仕，號秘湖漁隱。生與準，是為先生高祖。精禮、易，永樂中辟舉，避走墜石崖，傷足得免，因號遯石翁。翁生傑，以明經貢太學，號槐里子。生天敘，號竹軒，以子貴，贈禮部右侍郎，後加贈如先生爵。累世載德，見諸名公所著傳。贈公生華，是為先生父，號海日，一號龍山。成化辛丑，賜

進士及第第一人，仕至南京吏部尚書。母鄭夫人娠十四月而誕先生，成化壬辰九月丁亥也。

先生五歲，始言，即能誦贈公所恒讀書，贈公訝之，對曰：「兒往耳而默記之也。」尚書公及第，先生方十齡，贈公携如京師，過金山，飲客命賦詩，先生賦曰：「金山一點大如拳，打破維揚水底天。醉倚妙高臺上月，玉簫吹徹洞龍眠。」客驚異，復命賦蔽月山房詩，曰：「山近月遠覺月小，便道此山大於月。若人有眼大如天，還見山小月更闊。」卓志起識，其夙植耶？比至京師，就塾。嘗聞塾師以科第為第一等事，先生中不然，曰：「科第上有聖賢事當為者。」贈公聞而奇之。

丙午，年十五。遊居庸，慨然有經略四方志。是時畿輔、秦、楚患盜，擬上書闕下，尚書公斥之，乃止。

弘治改元戊申，年十七。外舅諸公宦豫章，往就甥館。合巹畢，閑步鐵柱宮，見道士靜坐，與語，說之，遂相對終夕。明年，歸越，過廣信，謁婁一齋諒。諒故游聘君康齋門者，為語「聖人為必可至」，深契焉。先生故好謔，自是常端坐省言。同業者未信，先生曰：「吾昔放逸，今知過，當改也。」

壬子，年二十一。舉鄉試。入京，為考亭格物學，覺

煩苦無得，乃貶為詞章。明年，下第。時相李文正戲呼為「來科狀元」，且曰：「試以吾言作賦。」先生援筆立就，驚羨為「天才，天才」云。念疆圉多警，乃留意兵法。尋有疾，復談養生術。

己未，年二十八。成進士，觀政工部。與海內名士喬宇、汪俊、李夢陽、何景明、顧璘、徐禎卿、邊貢輩學古文詞。已差督造王威寧墳，事竣，謝幣不受，受其佩劍，以符所夢也。應詔上邊務八事。踰年，授比部主事。創製囹圄警規，至今遵之。嗣差視讞江北，便遊九華，聞巖洞有異人，歷險訪之。異人初不語，徐曰：「周茂叔、程伯淳若家好秀才，可歸求之。」先生會心焉。

壬戌，疏請告歸越，年三十二。究心二氏之學，築洞陽明麓，日夕勤修習，靜中內照形軀如水晶宮，忘己忘物，忘天忘地，混與太虛同體，有欲言而不得者。常思遺棄世累而不能，置念於祖母岑及尚書公，久之，悟此念生自孩提，人之種性，滅絕種性，非正學也。

甲子，聘主山東試，識拔多名士。程録盡出其手，士林傳誦焉。明年，門人始進，與甘泉湛公定交。嘗謂初志此學，幾仆而興。晚得友甘泉，而後吾志益堅，毅然不可遏云。

正德改元丙寅，奄瑾竊柄，惡南臺省戴銑、薄彥徽等攻己，逮繫詔獄。先生抗疏救之。瑾矯詔收先生，杖謫貴州龍場驛驛丞。既行，瑾使人尾偵之，將甘心焉。先生至錢塘，托跡投江，附估舫遯。倏遇颶風，飄至閩境。夜奔山徑，扣寺求宿，不納，則至別刹。刹故虎穴，僧恒趣旅客於中，而利其遺物於虎口。及先生至，虎遶刹咆哮不入。及旦，僧知先生無恙，異之，乃要至寺，則前鐵柱宮所晤道士在焉。因與商遠遁意，道士曰：「公有親在，且名首朝野，倘不逞之徒假姓名倡亂，家族危矣。」為筮之，遇明夷，遂決策歸。由武夷出廣信，省尚書公於留都。

丁卯夏，徐曰仁愛及蔡宗兗、朱節受學。是秋，三子同舉鄉試，別先生，為序，明師友之義，具文錄。冬，赴龍場。龍場故在萬山叢棘中，蛇虺魍魎，瘴癘蠱毒之交錯，夷人鴃舌，語言不通。無居舍，始教之範土架木為小茇，已就石穴而處。從行三僕，以歷險冒瘴皆病，先生躬折薪汲水，作糜以飼，百方慰解之，目同旅行者。父子主僕駢首病死，為文瘞之，而自為石郭以待盡。先生于時困衡動忍，不惟得失榮辱胥已解脫，即死生一念亦為摒置，端居澄默以思，倏若神啟大解，從前伎倆見趣，無一可倚，惟此靈昭不昧者，相為始終不離，倫物應感，而是是

非非，天則自見。證之六經四子，無不脗合，益信聖人之道，坦若大路如此。著五經臆說，與學者嘗發格致旨。久之，夷人亦漸親狎，共伐木為搆龍岡書院、何陋軒、玩易窩居之。安宣慰來遺餽，却之；因申朝廷威信令甲，折其滅驛之議；又諷之出兵平阿賈、阿扎之叛。蓋不特忘在夷狄患難中，且有以行乎夷狄患難者。與貴陽學使席公書往覆質辨朱陸同異，席大省，著明冤錄，而葺書院居先生，率諸生師事之。

庚午，量移廬陵令。時嘗論知行合一，初於門人徐曰仁發之，謂：「稱人知孝、知弟，必其能孝、能弟，即知痛知痒，非本諸身，亦惡乎知？蓋欲人反身默識所以生生，惟此知。故即知而行在其中，非聞見知解之知也。世儒局於習聞，執以考索為知，以摹擬為行，從來矣。」聞之多駭疑者。過常德、辰州，見冀元亨、蔣信、劉觀時，咸能卓立，教之靜坐，後稍有悟。復示書曰：「於此着力，方有進步。」顧須刊落聲華，切己用功，重懲世亟標榜者。在廬陵僅七月，政務開導人心，不事刑威，稽舊制，選里正三老，坐申明亭，訟者至，使勸解化誨，後幾無訟。冬，入覲。台州黃宗賢綰來問學，自言於學有志，未實用功。先生曰：「人患無志，不患無功。」後契良知旨，始納贄稱門人，

辛為先生托孤，以女妻其胤子。是年，先生陞南比部主事，尋改吏部驗封司。會試為同考試官，識鄒文莊於糊名卷中，一時人服其精鑒。同寮方叔賢獻夫位在先生上，聞先生論學有契，遂肅贄受學。引疾歸西樵，以卒其志。先生尋轉文選員外郎，陞考功司郎中。門人稍益進。謂王司成雲鳳曰：「仁，人心也，體本弘毅。識仁，則弘毅自不容已」云。已陞南京太僕少卿，便歸省。舟中與徐曰仁論大學宗旨曰：「格物是誠意工夫」。曰仁因省明善是誠身工夫，窮理是盡性工夫，道問學是尊德性工夫，博文是約禮工夫，惟精是惟一工夫。知行合一旨益大洞然，曰仁蓋得於反身實

體也。踰年，至滁。孟源問：「靜中思慮紛雜，奈何？」曰：「思慮亦强禁絕不得。就其萌動處省克，到天理精明後，有物各付物，意自然精專，無雜思矣。所謂知止，乃有定也」。

甲戌，陞南京鴻臚卿，年三十五。薛尚謙侃、陸原靜澄、郭善甫慶輩，受業先生。往懲末俗卑汙，來學者多就高明一路引掖，時見有流入空虛，為放言高論者，甚悔之，自是教學者存理去欲，為省克實功。謂黃宗賢曰：「學須立誠，從心髓入微處用功。不然，則平日所謂學者，適以長傲遂非。彼自謂高明光大，而不知墮於狼戾險嫉矣」。謂陸

澄曰：「義理無定在，無窮盡，未可少有得即自足。堯舜之上善無盡。今學者於道若管窺天，少有所見，遂傲然居之不疑，與人言論，不待其終，而先懷輕忽非笑心，訑訑之聲音顏色，有道者側觀之，方為之悚息汗顏，而彼且悍然不顧，略無省悔，可哀已！」澄問：「論道者往往不同，何如？」曰：「道無方體，即天也。人嘗言天，實未知天。若解道即天，何莫非道？彼局於一隅之見，以為道止如此。若解向裏尋求，見得自己心體，即無處不是此道，亘古亘今，無終無始，更何同異？蓋心即道，道即天，知心則知道、知天矣。欲見此道，須從此心上體驗始得」。澄問：「象山

云『在人情事變上作工夫』，如何？」曰：「除了人情事變，即無事矣。喜怒哀樂，非人情乎？自視聽言動以至富貴貧賤、患難死生，皆事變也。事變惟在人情裏，其要在致中和」。謂汪司成俊曰：「心統性情，寂感，體用一源也。顧用顯而易見，體微而難知。彼謂自朝至暮，未有寂然不動時，是惟見其用，未得其體也。善學者因用識體耳」。又曰：「體用一源，有未發之中，即有發而中節之和。今人發不中節，可知其未發之中未全也」。或問「已發未發」，曰：「譬之鐘聲，未扣不可謂無，既扣不可謂有；未扣時原是驚天動地，既扣時亦止是寂天寞地」。澄問「出入無時，莫知其鄉」，曰：

「心之本體原是如此。蓋論本體，原無出入；若謂思慮運用，是出其宰，常昭昭在此，何出之有？既無所出，何入之有？有出入只是動靜，動靜無端，何鄉之有？」又曰：「心不可以動靜分體用。動靜時也，即體而言，用在體；即用而言，體在用。謂靜可見體，動可見用，則得。精神言動，大率以收斂為主，發散是不得已。天地人物皆然。聖人到位，天地育，萬物從喜怒哀樂未發之中養來。後儒不明格物之說，見聖人無不知、無不能，乃於初學入門時欲講求得盡，豈有此理？」謂薛尚謙曰：「學專涵養者，日見其不足；鶩識見者，日見其有餘。日不足者，日有餘；日有餘者，日不足矣。」又曰：「不致良知，知而溺聞見，是不務力田而惟糴以給朝夕者，愚矣哉！」

乙亥，臨川陳惟濬九川見先生於龍江，述問答四條。後再見於虔州，述先生語十五條。具傳習錄中。

丙子，年四十五。陞僉都御史，巡撫南、贛、汀、漳等處。贛當四省之交，漳南象湖、長富諸巢交於閩，賊魁詹師富等據之；其西橫水、左溪、桶岡諸巢交於楚，賊魁謝志珊、藍廷鳳等據之；其東南三浰、九連諸巢交於粵，賊魁池中容等據之。不時四出，劫掠為患。累年三省撫臣往相為觀望，急則議請夾剿，每踰時兵始集，集則賊已竄匿，徒糜餉費，為居民苦。而時宸濠業已潛畜不軌，陰與賊通，為之曲護，以此積至數十萬衆。前撫臣畏難，引疾被論去。先生丁丑春蒞任，始至，置二匣行臺前，曰：「求通民情，願聞己過。」諗漳患孔棘，甫旬日即出師。初以粵兵違節制失利，衆議濟師，俟秋舉。先生不可，躬率諸道進兵趣上杭，出其不意，直搗象湖，乘勝破長富及水竹等四十餘巢，漳南以平。其年九月疏上，本兵覆請改授提督兼巡撫，得便宜行事，意蓋微也。十月，戒軍而出，一鼓而破橫水、左溪，再鼓而滅桶岡、三浰。賊尤為悍黠，擬官僭號，為惡稔矣。時聞各巢破，懼而佯款，陰增機險穽毒，以虞王師。先生故休士歸農。明年正月，計擒其渠魁，遂振旅復舉，擊其懈，又一鼓而破三浰，再鼓而下九連，其分合先後，筭無遺策矣。捷奏，陞副都御史，廕子錦衣衛，世襲千户。先生蒞贛甫逾年，凡三捷，皆役不再籍，兵無挫刃，數十年負固不逞之兇，一旦殄蕩，功何偉也！且諗其初至，兵乏矣，第選民兵，立兵符，明賞罰以練之，而不征調狼達土兵；食匱矣，第疏通鹽法，處商稅以足之，而未始加賦繡民。申保甲，宣諭告，格於其始；立社學，舉鄉約，以和厥中；已開縣治，置巡司，移郵驛，以圖厚厥終，經略周而垂裕到今矣。先生在事，燕居則挽強習勞，出兵則躍馬先驅。即倥偬中，時時朋來問學，揮麈談道。其任事何勤而神情又何暇裕耶！志瑚就擒，先生訊之曰：「汝何策得衆若此？」瑚曰：「平生見世魁傑夫，必多方招結，不輕放過也。」先生退謂九川曰：「吾儕求友，當如此矣。」其年，刻古本大學、朱子晚年定論，報太和少宰羅整庵欽順書，論格致甚辨。後報顧華玉璘書尤辨，而拔本塞源論發千古萬物同體旨，訂砭俗習相沿痼弊，可俟百世者。二書具傳習録中。薛侃等刻傳習録，修濂溪書院，以待四方來學。歐陽崇一德受學。崇一年最少，已舉鄉試，先生深器之。

己卯，鄒謙之守益來學，詳具本傳。其年六月，敕勘處福建叛軍，至豐城，聞宸濠反，急走小舸返吉安，飛章上變。與知府伍文定等定謀，徵兵各郡，并傳檄鄰省扶義勤王。先生于時以兵難卒集，且虞兩都之無備也，乃為先聲張疑以逗遛賊兵，而又多方行間以離其黨。濠果遷延至七月初始發南昌，攻陷南康、九江，進圍安慶。我師既集，僉請亟救安慶，先生策曰：「南昌既已從逆，南康、九江又失守，而我師深入，與賊交持，如南昌絶我糧道，南康、九江之兵從中夾擊，安慶必不能援，是腹背受兵，非策也。不如先舉南昌，法所謂攻所必救是已。」乃誓師樟樹，授文定等方略，如期俱至信地。先生親鼓之，三軍競奮登城，城遂拔，擒諸從逆居守者。先生入城，藉封府庫，撫集居民。時賊攻安慶方急，聞南昌破，大恐，李士實等謀棄南昌，徑趨南京；或從蘄、黃直犯北闕。濠入前間，不聽，悉衆還。僉謂賊衆盛，欲堅壁待援。先生度賊進不得逞，還無所歸，氣已消阻，出奇擊惰。便遂迎戰於樵舍，三戰大破之，執濠并其宮嬪、遺孽、偽相李士實等。捷奏，不宣。諸奸佞江彬等導上南巡，下詔親征，遣先鋒諭先生，縱濠鄱湖，俟駕至，臨戰執之為悅，謀叵測矣。先生亟從越道獻俘行在，而彬等率兵至南昌，飛語四出。先生

道遇近侍張永，諗為璫中之有良者，為請江西□□可虞，即以俘屬獻，止上親征，而卧病杭城寺中，取進止。久之，勅兼巡撫，還江西。明年，上在留都，奸佞百方讒構，屢偽旨召先生，意圖之。先生知不赴，因譖先生有將心，試召之，必逆命。先生因永知其謀，時聞召，即乘小舫，取漁艇為衛，星夜破浪趣行在，至上新河。諸奸佞沮之，不得見，退次蕪湖，已待命九華山踰月。上使校覘之，諗先生宴坐草庵中，上始釋曰：「王守仁學道人也，前言者誣矣。」乃復命還江西。先生過開先寺，刻石紀事，曰：「於赫皇威，神武不殺。如霆之震，靡擊而折。神器有歸，孰敢

窺竊？天鑒於宸濠，式昭皇靈，嘉靖我邦國。其年夏，復如贛。至則閱兵，偃武如常。門人危疑甚，間請釋兵還省。先生處之太然，第曰：「二三子何不講學？」蓋是時逆濠未死，諸奸倖素通濠圖得金錢者，多在上左右，已稔逆志，第以先生在贛，不敢動也。世第知先生擒濠之功之偉，不知先生惟時況機曲筭，內戢兇倖，外防賊黨，撫定瘡痍，激勵將士，蓋凜凜乎如待勍敵，如履春冰矣。濠伏誅，咨部院雪冀元亨冤狀。元亨楚人，宸濠以講學為名禮招之，元亨因以學規濠，濠不懌而返。先生衛之歸。後讒搆先生者波及之，故先生為雪云。其年秋，還南昌。泰州王銀服古冠服，執木簡，書詩為贄，以賓禮見。先生降階迎延上座，問：「何冠？」曰：「有虞氏冠。」「何服？」曰：「老萊子服。」曰：「學老萊乎？」曰：「然。」曰：「將止學其服，抑學其上堂詐跌、掩面啼哭也？」銀色動，坐漸側。與反覆論格致旨，有省，乃反服執弟子禮。先生為易名艮，字汝止。

辛巳，先生年五十。遺謙之書曰：「近從百死千難中，信得致良知三字，真聖門正法眼藏，無不具足。譬之操舟得舵，平瀾淺瀨，靡不如意；雖遇顛風逆浪，亦可免於沒溺。但恐學者易之，將作光景玩弄，不切實用功，負此知耳。」倫彥式以訓來學，問：「學無靜根，感物易動，處事多

第2699页

悔，奈何？」先生謂：「學無間於動靜。其靜也常覺，而未嘗無，故常應；其動也常定，而未嘗有，故常寂。動靜皆有事焉，是為集義，自無祇悔云。」嗣謂聶文蔚曰：「集義惟是致良知。實致良知，自勿忘，自無意、必、固、我，自勿助。所謂必有事而勿忘勿助，以此有事，非虛也。」嘗謂王純甫曰：「心外無善，心外無義。吾心之處事事物物，純乎理，而無人為之雜，謂之善，非在事物有定所之可求也。處物為義，是吾心之得其宜，義非可襲而取也。格者，格此；致者，致此。若曰事事物物求至善，是離而二矣。」先生五疏乞省葬。其年，始得允歸越。錢洪甫德洪率其同里孫應奎等七十餘人受學。時輔臣惡本兵王瓊甚，而先生奏捷疏每歸功本兵，蓋謂平賊擒濠，以改提督，得便宜行事，瓊本謀也。輔臣素忌先生，以此滋不悅，奏捷久不賞。

嘉靖改元，始詔錄先生功，封新建伯，兼南京兵部尚書，參贊機務，三代贈封如其爵，遣使迎宴。勞使至門，而海日公卒。先生宅憂，忌者又以錫宴勞費為辭，嗾言官論沮。服闋，竟不召。讒謗益起，雖封爵錫號，竟未與鐵券歲米。一時勤王有功諸臣，中傷廢斥幾盡。先生不自安，累疏辭封，乞錄諸勤王者功，竟格不行。先生憂居在里，四方求學者踵至。署其門屏曰：「孔孟之訓，昭如日月。

第2700页

諸支離似是而非者，異說也。有志聖學者，歸求諸孔孟之訓，可矣。」踰年，四方來學者彌衆。郡守南元善大吉，為先生辛未所録士也。守紹時聞良知旨，嘗於先生前自省臨政多過，謂：「先生何無言？」先生曰：「吾已言之。吾嘗言良知，良知固自知也。」已自省加密，先生曰：「往鏡未明，可得藏垢；今鏡明矣，一塵難住。此入聖機也，勉之！」元善創稽山書院，以待來學。是年，序禮記纂言，謂：「禮原於天命之性。老莊外禮言性，故謂禮為道德之衰，仁義之失；世儒外性求禮，紛紜於器數儀文之末，而忘秩敘之原云。」進賢舒國用芬來學，先生與論律呂，謂：「求元聲不在葭

灰黍粒中，在此心能致中和。」先生於禮樂蓋深達本原如此。國用疑敬畏累灑落，曰：「灑落生於天理常存，天理常存由戒懼之無間。敬畏固所為灑落也。」答周道通問學章凡七，皆發明良知旨。答陸原靜問學章凡十六，讀者喜澄善問，因見先生答問之教云。先生謂：「原靜止在知解上轉，不得已與之分疏耳。若信得良知，在良知上用工，千經萬典，無不脗合；異端曲學，一勘盡破矣。」徐昌國談長生術，嘗謂：「居有不可超無，滯器非以融道。」先生曰：「去有超無，無將奚超？外器融道，道器為偶矣。子固未超未融乎？夫消息盈虛，皆命也；纖巨內外，皆性也；隱顯寂感，

皆心也。存心盡性，順命而已。」問：「沖舉有諸？」曰：「盡鳶性者，可沖於天；盡魚性者，可泳於淵；盡人之性者，可知化育也。」昌國憮然曰：「命愚矣。」蕭惠問死生，先生曰：「知晝夜，即知死生。」問晝夜，曰：「知晝則知夜。」曰：「晝有不知乎？」曰：「疇知晝哉？懵懵而生，蠢蠢而食，不著不察，終生夢晝也；惟息有養，瞬有存，惺惺不昧，通晝夜之道而知，更何生死！」謂陸澄曰：「仙家說虛，聖人豈能虛上加得一毫實？佛家說無，聖人豈能於無上加得一毫有？但二氏不免又有虛無見在也。惟此良知之虛，便是天之太虛；良知之無，便是太虛之無形。聖人惟順此良知發用，天

地萬物皆在我。良知發用流行中，更無物作障礙也。」語張元沖曰：「聖人盡性至命，何物不具？即吾盡性至命，能完養此身，謂之仙；能不染世累，謂之佛。二氏之用皆我之用，世儒不見聖學之全，故成二見分別耳。」先生於二氏蓋已洞悉其機要而範圍之，顧其學自有宗也。嘗曰：「世儒支離外索，求明物理，而不知吾心即物理；佛老空虛，遺倫物，求明心，而不知物理即吾心。析心與理二之蔽也，久矣。宋至周、程，始追尋孔、顏之宗。其無極太極、大公順應之論，庶幾精一之旨。陸象山之純粹和平，雖若未逮，而簡易直截，真有以接孟子之傳。要其學之必求諸心，則

一也。」嘗別湛文簡曰：「某溺於邪僻者二十年，後賴天啟，沿周、程之說求之，始稍有覺。」謂儲文懿曰：「世有周、程，吾得就弟子列，誠大幸。此不可得，得其高弟而私淑焉，亦幸也。」其尊信如此。世竊二氏一班者，輒掊擊周程，即孔孟亦弁髦之，何其不忤哉！南元善疑博約先後訓，先生著說解之，具文錄中。

甲申，海寧董蘿石澐，年六十八，以詩聞江湖間，來見先生，與語有省，強納贄受學。先生以師友之間禮遇之，為著從吾道人記，具文錄中。士人有疑為學妨舉業者，先生曰：「實志聖賢學者，猶治家力產，作業致富厚，賓至，出所有享之，乃自享尤無盡也；今世業舉者，如治家不務居積，而惟日假貸以延賓，賓退，而終為窶人矣。是求在外者也。」是歲，從先生游者，遍比多中式，而錢楩、魏良政發解江浙兩省焉。士紳官司理者，恨為職業所縈，無暇為學。先生曰：「凡學，官先事，離事為學，非吾格致旨也。即以聽訟言，如因其應對無狀而作惡，因其言語圓融而生喜，因其請托而加憎，因有藉援而曲狥；或以冗劇而怠，或以浸譖而淆，皆私蔽也。惟良知自知之細，自省克不少偏枉，方是致知格物也。」一日，王汝止出游歸，先生問：「何見？」對曰：「見市人皆聖人。」先生曰：「市人但見子是

第 2103 頁

聖人。」他日，董蘿石出游歸，先生問如前，董對如汝止，先生曰：「此常事，何異也。」汝止時圭角未融，蘿石初機乍解，見同答異，一裁之，一賓之也。錢洪甫嘗謂：「人品易知，高者如泰山在前，孰不知仰？」先生曰：「泰山不如平地也。」黃岡郭善甫挈其徒吳良吉走越受學，途中相與辨論未合。既至，郭屬吳質之先生。先生方寓樓饘，不答所問，第目攝良吉者，再指所饘盂，語曰：「此盂中下，乃能盛此饘；此案下，乃能載此盂；此樓下，乃能載此案；地又下，乃能載此樓。惟下，乃大也。」良吉退就舍，善甫問先生何語，良吉涕泗橫下，嗚咽不能對。已良吉歸，而安貧樂道，至老不負師門云。謂黃宗賢曰：「凡人躁浮忿慾，皆緣良知蔽塞，而後有非大勇不能制而克也。中庸曰：「知恥近乎勇。」恥，己良知蔽塞耳。今人以語言不能屈服人為恥，以意氣不能凌軋人為恥，以憤怒嗜欲不得直意任情為恥。恥非可恥，而不知恥所當恥，舛矣。」宗賢時貳秩宗，常與朝議，有戇直風，故進之如此。一日，寓寺中，有郡守見過，張燕行酒，在侍諸友弗肅。酒罷，先生謂曰：「諸友不用功，麻木可懼也。」友不達，請過。先生曰：「可問王汝止。」友就汝止問，汝止曰：「適太守行酒時，諸君良知安在？」眾乃惕然。嘗遊陽明洞，隨行者途中偶歌，先生回顧，歌

第 2104 頁

者覺而止。至洞坐定，徐曰：「吾輩舉止少有駭人處，便非曲成萬物之心矣。」一友侍，眉間有憂思。先生顧謂他友曰：「良知固徹天徹地，近徹一身。人一身不爽，不須許大事，第頭上一髮下垂，渾身即為不快，此中那容得一物耶？」友因有省。一日，市人鬨而詬，甲曰：「爾無天理。」乙曰：「爾無天理。」甲曰：「爾欺心。」乙曰：「爾欺心。」先生聞之，呼弟子曰：「聽之：夫夫哼哼，講學也。」弟子曰：「詬也，焉云學？」曰：「汝不聞乎，曰天理，曰心，非講學而何？」曰：「既為學，又焉詬？」曰：「夫夫也，惟知責諸人，不知反諸己故也。致良知者，惟反之自心，不欺此理耳。」先生察邇言，

謹細節，一語點掇人、鍛鍊人類如此。

丙戌，大吉南元善被黜，書來問學，惟以得聞學為幸，無一語及升沉得喪間。先生壯之，還書相勖，畢志此學，具文録中。歐陽崇一守六安，奏記問學，凡四條答之。一言：「良知非離見聞，惟以致良知為主，則多聞多見皆致知之功。」二言：「良知非斷思慮，良知發用之思，自是明白簡易，無憧憧紛擾之患。」三言：「致知非絕事應，實致良知，則行止生死惟求自慊，而不為困。」四言：「致知非為逆憶，致良知則知險知阻，自然明覺，而人不能罔。」先生居里，謗議日熾。一日，謂門弟曰：「吾道非耶？何為如此？」在

侍者或謂先生功盛位崇，娼嫉者謗；或謂學駁宋儒，泥同者謗；或謂有教無類，未保其往，或以身謗。先生曰：「莫有之，顧吾自知尤切也。蓋吾往名根未能盡脱，尚有鄉愿掩護意在。在今一任吾良知，真是真非，罔所覆藏，進於狂矣。」唐虞佐龍觀先生徹講擇文，先生報書，喻為金淘沙，不能舍沙求金云。聶文蔚豹奏記謂：「斯學直信於一人，雖不盡性於天下，道固自在，蓋明己之能篤信也。」先生報書謂：「孔氏欲以其學通之人人者，實其一體之心不容自已，非祈人之信己知己也。」文蔚初見先生未納拜，後接閩聞訃，始為位哭，稱門生云。

先是岑猛叛，兩廣聚兵討猛死，田州其黨盧蘇、王受相結復叛。提督姚鏌發四省兵討之，二年不克。嶺南大困。言官石金、大臣席書等，薦先生代鏌。夏，命兼都察院左都御史，征思、田。瀕行，王汝止以所契格物旨陳説，志遠矣。先生曰：「俟子他日自明之。」引而不發，有以也。先生居嘗揭教，指四語曰：「無善無惡者心之體，有善有惡者意之動，知善知惡是良知，為善去惡是格物。」學者遵循無異也。王汝中曰：「心無善惡，則意、知與物一切如是。下二句非向上一機，若為剩語者。」時同錢洪甫質證之先生。先生曰：「悟此本體，人己内外一齊了徹，顔子、伯淳所

不敢承。下二句乃徹上徹下語，初學至聖人究竟無盡云。蓋無善無惡，性體也，大學所謂至善者，常人亦同之，性相近也，顧習相遠矣。為善去惡，雖聖人有不能盡者。且體也，言下一契即了耶？抑須本諸身而實能止之也？止至善者，即善且無，況惡耶？顏子擇中得善，固悟斯體者，而何有不善？不善又何加知乃不行耶？近世橫騖決裂者，嘗託此語為口實，是將此體為集詬稔慝，困矣，豈其指哉，豈其指哉！承學者混於佛氏見耳。先生嘗語薛尚謙曰：「無善無惡者，理之靜；有善有惡者，氣之動。不作好作惡，惟循乎理，不動於氣，此聖人之所以能裁成輔相也。佛氏則倚於無善無惡之見，一切不理，不可治天下矣。」語黃宗賢曰：「聖人心如明鏡，纖翳自無，不須磨刮；常人心如駁蝕鏡，須痛加刮磨，方漸識本體。顧少有所見而任其習氣昏蔽，不免流入禪釋去也。」其年秋，先生發越中，道吉安，語諸士友曰：「堯、舜生知安行，猶兢兢業業，用困勉工夫。吾儕以困勉資，而欲坐享性安成功，大誤也。」又曰：「良知之妙，真是周流六虛，變動不居。顧惜以文過飾非，為害大矣。」先生若預知承學之弊，而叮嚀若此，抑先生非徒以言語告戒也，蓋身之矣。初第，上安邊八策，世豔稱為訐謨者，晚自省曰：「語中多抗勵氣，此氣未除，而欲

任天下事，其何能濟！」筮仕刑曹，首禁獄吏取飯囚之餘豢豕，世亦傳為美談，晚亦自省曰：「善歸己矣，於人何？此不學之過也。」寓京，以書畫規門弟，至相牴有違言，自省曰：「不能積誠反躬，而徒騰口說，吾罪也。」在留都，人傳謗書心動，自訟曰：「終是名根消煞未盡，媿矣！」平贛賊後，語門弟曰：「吾每登堂行事，心體未能如友朋相對，時則不安。」或問寧藩事，曰：「當時只合如此。覺來尚有揮霍微動於氣所在，今日處之更別也。」其反己之深切而用功之密，類如此。比入粵，沿途咨詢，悉岑猛反叛之因，由往當事者處之未當，念二酋既已授首，其遺孽億萬生靈可格而撫者。惟是斷藤峽及八寨諸賊，盤據反側，久痡嶺表，嶺表為患苦耳。既至梧，乃開示恩信，蘇、受等遂自縛來歸，降者七萬一千人。先生薄示懲，遣歸農。踰年春，遂班師。改田州為田寧府，立土官，散土目，設流鎮制，為交趾蔽，刻石云：「爰告思田，毋忘帝德。爰勒山石，昭此赫赫。文武聖神，率土之濱。凡有血氣，莫不尊親。」田州府勒石云：「田石平，田州寧。田水縈，田山迎，府治新。千萬世，肇皇明。嘉靖歲，戊子春，新建伯，王守仁，勒此石，告後人。」遣蘇、受時，先生諭之曰：「朝廷宥爾，宜有以報。」衆皆頓首，願效死。蓋欲借其力剪除斷藤峽及八寨

也。乃姑令歸農，以候征發，約期日至。七月，先是召討思田永順、保靖土兵還，道出八寨，密與領兵官約束，乘其不備襲之；而檄蘇、受等兵相犄角，或遏其前，或截其後，或張左右翼夾擊。誅斬劇賊以萬計，悉定其地。親行相度夷險，疏諸經略甚悉。霍文敏廣人也，言於上，謂：「思田之亂，往兵連四省，糜費百萬，止得五十日小寧。而守仁此舉，不殺一卒，不費斗米，遂使頑叛稽顙來服，雖舜格有苗不過也。至於八寨、斷藤之舉，尤有八善云。」捷奏，勅使齎獎。至而先生病矣，懇疏乞歸，遂班師。至南安，薨，時年五十七，嘉靖戊子十一月丁卯也。

夙忌先生者，從中譖於上，抑其賞，請削奪官爵。賴肅皇明聖，憐先生功，以封爵本先朝信令，不允，但停卹典，子不得嗣封。

隆慶改元，上俞言官，請贈新建侯，謚文成。制曰：「竭忠盡瘁，固人臣職分之常；崇德報功，實國家激勸之典。矧通侯班爵，崇亞上公；而節惠易名，榮逾華袞。事必待乎論定，恩豈容以久虚？爾故原任新建伯、南京兵部尚書兼都察院左都御史王守仁，維岳降靈，自天佑命。爰從弱冠，屹為宇宙人豪；甫拜省郎，獨奮乾坤正論。身瀕危而志愈壯，道處困而造彌深。紹堯孔之心傳，微言式闡；倡周程之道術，來學攸宗。蘊蓄既宏，猷為丕著。遺艱投大，隨試皆宜。戡亂解紛，無施勿效。閩粵之箐巢盡掃，而擒縱如神；東南之黎庶舉安，而文武足憲。爰及逆藩稱亂，尤資仗鉞淵謀；旋凱奏功，速於吴楚之三月；出奇決勝，邁彼淮蔡之中宵。是嘉社稷之偉勳，申盟帶礪之異數。既復撫夷兩廣，旋至格苗七旬。謗起功高，賞移罰重，爰遵遺詔，兼采公評。續相國之生封，時庸旌伐；追曲江之殊卹，庶以酬勞。兹特贈為新建侯，謚文成，賜之誥命。於戲！鍾鼎勒銘，嗣美東征之烈；券綸昭錫，世登南國之功。永為一代之宗臣，實耀千年之史冊。冥靈不昧，寵命其承！」明年，子正億嗣封伯。其年卒，其子承勳嗣。越萬曆十二年，今上俞廷臣議，從祀孔廟。

楚黄耿生曰：先生少稟殊質，受才卓犖，於學無所不窺。嘗泛濫於詞章，馳騁於孫吴。英邁不羈。雖其志有在，亦才所縱也。筮仕立朝，則以風節著；柄文則以文章顯；展采錯事，則以政治稱。平贛賊，討逆藩，戡粵亂，樹鴻建茂，煒然烈矣。先生僉不以自多，而惟以明此絕學為己任。先生之學，故以致良知為宗也。羅文恭謂其學凡三變，其教亦三變，繄豈於此之外，別為轉換加增哉？蓋此知之量，原無止極。先生之志弘且遠，故於此學惟一日精，惟精日一，其精進亦自無已，而教亦因之也。緬懷先生習靜陽明洞中時，若已有見矣。俾世淺薄者覷斯光景，其不玩弄狂恣者幾希。乃先生顧不自慊也，而精進焉。逮龍場處困之極，豁然大悟，所謂有無、內外、動靜、寂感，已能一之，不為二見矣。而猶不自已，所為求友資切者，何殷殷也！于時教人，嘗提知行合一指，而學者局於習聞難入；間教之默坐澄心，體認此理，而高明者或樂頓便，而忘積累。先生慮之，故自滁、留後，時以存理去欲、省克立誠為教，蓋即所體認者而實體之，非二指也。比當宸濠■張（孫？）、許之難，軍旅危疑中，自分呼吸俄頃，社

稷安危，百萬生靈生死攸係，非直一身之休戚已者，于時第恃此知，照察運用，倚着■散緩一毫不得。乃益信此知神感神應，圓機妙用，本來具足如是。以是自信，亦以此公之人人。自是為教專提「致良知」三字，蓋默不假坐而成，心不待澄而定矣。嘗跡先生生平，無論其辯析疑義，極深入微，發所未發；即諧語謔談，皆精義妙道也。無論其立言敷訓，僉為世則；即發教公移，其睿智仁衷，貫徹於孺孩好究矣。無論其宣猷策敵，機智若神；即陶鑄英賢，所以裁成誘掖者，其盼睞指顧，一洪冶鉗錘也。惟先生渾身徹體，亶一囊良知，朗炳焜爚，照曜千古哉！彼侈談向上一機者，吾不知之矣。聆其談若空花海蜃，視其履若燕適粵馳，厝之用若塗飯塵羹。輓近以此學為詬病，無惑也。噫！人之所以寓形而生者，實惟此知；人之所以異於禽獸者，惟致此知。先生揭此旨示人，豈直為學者增徽標聲哉？實起死而還之生，挈人倫而俾勿淪於異類也！吾儕誠不甘枉死而求無忝所生，不安於異類而思所以為人，奈何過懲乎世之詬病者，而不反躬一默識乎哉？　（耿天臺先生文集卷十三）

附錄二

靜入窈冥、真空煉形法與他心通

——王陽明向尹真人學道的再考辨

弘治九年九月，陽明多少懷着科舉落第的失落感回餘姚，要想歸山林當蟄居待出的「山人」。他的「上國遊」交結的一班公卿士大夫却把他當作一個名滿京華的詩人與名士送歸

餘姚。户部左侍郎劉大夏作了一首送別詩，把他比為千里駿奔的良驥：

送王上舍南還

右軍孫子富才猷，萬里青雲志未休。
獻藝暫辭金闕去，束書還向辟雍遊。
緑陽黄鳥離筵曉，碧渚紅菱故國秋。
看取百花收老驥，鹽車未必久淹留。

（劉大夏集卷三）

翰林編修顧清作了一首送別詩，把他比為高鳴南飛的丹鳳：

送王伯安下第還餘姚

五十光中炫早曦，丹山秋日鳳南飛。
常疑勁翮沖霄漢，未信中原結網稀。
吴越天連雙闕回，蓬萊雲近一星輝。
杏花江上春如海，莫待西風吹緑衣。

（東江家藏集卷七）

翰林檢討石珤作了一首別詩，把他比為搏擊九天的鵾鵬：

送王伯安還江東

吾欲歌吾詩，歌詩已盈卷。
知君歸駕速，不作題橋炫。
春蘭與秋菊，萬事類輪轉。
未成山龍補，且息鵾鵬倦。
人從日邊來，豹向山中變。
長路多西風，看雲亦北面。
誰垂見華淚，自鉄達犀箭。
國士稱無雙，數奇本能戰。
況聞玉署翁，乍侍青宫燕。
神驚兔穎出，目擊龍頭眩。
君學有原委，文場許獨擅。
高吟激青空，逸草翻白練。
運斤忽成風，疾足詫追電。
志屈藝乃奇，才高君不見。
伏波窮益堅，淮陰多益善。
木大須十圍，金精亦百煉。
巍巍蓬萊宫，鬱鬱白獸殿。
看君來獻書，首被賢良薦。

（熊峰集卷一）

所謂「君學有原委」，「文場許獨擅」，是對詩人兼學者的陽明學聖賢之學與學詩賦詞章之學的崇高評價。「高吟激青空」，是對他作瀟灑的「古詩」的肯定。「逸草翻白練」，是對他作壯適的

「古文」的激賞。「運斤忽成風，疾足詑追電」，是對他整個文章學問的由衷贊嘆。而「伏波窮益堅，淮陰多益善」，更是對這個讀兵書、習兵法、會用兵的文秀才的空前贊許。陽明自己也自認是一個運斤成風、疾足追電、獨擅文場的「李太白」，舟過濟寧時，他登覽太白樓，憑吊詩仙李太白，即興作了一篇氣勢雄渾的太白樓賦：

歲丙辰之孟冬兮，泛扁舟余南征。凌濟川之驚濤兮，覽層構乎任城。日太白之故居兮，儼高風之猶在。蔡侯導余以陟兮，將放觀乎四海。木蕭蕭而亂下兮，江浩浩而無窮。鯨敖敖而湧海兮，鵬翼翼而承風。月生輝於采石兮，日留景於嶽峰。蔽長煙乎天姥兮，渺匡廬之雪松。慨昔人之安在兮，吾將上下求索而不可。蹇余雖非白之儔兮，遇季真之知我。羌後人之視今兮，又烏知其不果？吁嗟太白公奚為其居此兮？余奚為其復來？倚窮穹霄以流盻兮，固千載之一哀。昔夏桀之顛覆兮，尹退乎莘之野。成湯之立賢兮，乃登用而伐夏。謂鼎俎其要說兮，維黨人之擠詬。曾聖哲之匡時兮，夫焉前枉而直後？當天寶之末代兮，淫好色以信讒。惡來、妹喜其猖獗兮，眾皆狐媚以貪婪。判獨毅而不顧兮，爰命夫以僕妾之役。寧直死以顑頷兮，夫焉患得而局促？開元之

紹基兮，亦遑遑其求理？生逢時以就列兮，固雲臺、麟閣而容與。夫何漂泊於天之涯兮，登斯樓乎延佇。信流俗之嫉妒兮，自前世而固然。懷夫子之故都兮，沛余涕之潺湲。廟堂之偃蹇兮，或非之所好。唯不合於兮，忞沈酣而遠眺。進吾不遇於武丁兮，退吾將顏氏之簞瓢。奚黯蘖其昏迷兮，亦夫子之所逃。管仲之輔糾兮，孔聖與其改行。佐璘而失節兮，始以見道之未明。睹夜郎之有作兮，橫逸氣以徘徊。亦初心之無他兮，故雖悔而弗推。吁嗟其誰無過兮，抗直氣之為難。輕萬乘於褐夫兮，固孟軻之所嘆。曠絕代而相感兮，望天宇之漫漫。去夫子之千祀兮，世益隘以周容。媒婦妾以馳鶩兮，又從而為之吮癰。賢者化而改度兮，竟規曲以為同。辛曰：嶧山青兮河流瀉，風颼颼兮淡平野。憑高樓兮不見，舟楫紛兮樓之下。舟之人兮儼服，亦有夫子之蹤者。

（王陽明全集卷十九）

這篇賦倒真正成為他在京中三年學詩賦詞章、作「古詩文」的代表作品。賦憤慨發千古文人命運生死浮沉的大悲大哀，既是悲悼太白的懷才不遇，遭讒被逐、天涯漂泊的一生，也是自悼自己的遭忌落第、世路險巇、天涯歸居山林的命運，抨擊了現實朝政的腐敗，人心的險惡，奸佞當道，賢

浙江大学古籍研究所

人遠斥。所以賦最後大膽呼喊：「去夫子之千祀兮，世益隘以周容。媒婦妾以馳騖兮，又從而為之吪癰。賢者化而改度兮，竟規曲以為同。」尤值得注意的是，賦悲嘆自己沒有能象太白那樣遇到一個「季真」的知己同道，「蹇余雖非白之儔兮，遇季真之知我。羌後人之視今兮，又烏知其不果？」「季真」是賀知章的字，李太白在對酒憶賀監中說：「四明有狂客，風流賀季真。」賀知章號「四明狂客」，是八仙中人，與李太白傾心相知，稱李太白是「謫仙人」，所以李太白與賀知章都成為這時沉迷仙佛的陽明傾仰的仙中人物。賀知章取字「季真」，是本自先秦戰國時代的道家人物季真。季子是稷下人，崇尚道本自然，學主「莫為」、「虛無」，也是陽明心中的「真人」。他期望能一遇季真這樣的真人，果然，他經過南都時，真的遇到了一個「知我」的「季真」——朝天宮道士尹真人（尹從龍）。

陽明在十月到達南都，立即拜訪了朝天宮的著名道士尹真人，向他問道學仙。這件事，彭輅在尹山人傳中記載說：

尹山人者，北地産也……成化間遊南都，髮累歲忘櫛，而自不團結，南都人呼為「尹蓬頭」云……王文成公守仁試禮闈卷落，卒業南雍（按：應為北雍，蓋涉下南雍而誤），走從尹遊。共寢處百餘日。尹喜曰：爾大聰明，第本貴介公子，筋骨脆，難學我。我所以入道者，危苦艱難，世人總不堪也。爾無長生分，其竟以勳業顯哉！」文成悵然惋之。

（沖谿先生集卷十八）

尹真人是北地人，早年一直在京師傳道修仙，早已聲名大顯。羅洪先說：「弘治間，京師多傳尹蓬頭」。（羅洪先集卷十一水崖集序）。尹真人約在成化末來到南都朝天宮傳道修仙，已經七十多歲。所謂「守仁試禮闈卷落，卒業北雍」，就指弘治九年陽明會試落第，從太學卒業，歸居餘姚，路經南都，向尹真人問道學仙。實際上，陽明居住在京師時也完全有可能聽到和見到過尹真人。陽明住在長安西街，北京朝天宮也在長安西街，陽明是完全可以遇到尹真人的。錢德洪在陽明先生年譜中說陽明在成化十八年進京師，一日遊長安街，遇到一名「相士」，相士十分驚異地對他說：「吾為爾相，後須憶吾言：鬚拂領，其時入聖境，鬚至上丹臺，其時結聖胎；鬚至下丹田，其時聖果圓。」（鄒守益王陽明先生圖譜同）這實際是一種道家結胎果圓成聖（真人）的內丹修煉法：所謂「鬚拂領，其時入聖境」，是說修煉到成年，開始進入聖境；「鬚至上丹臺，其時結聖胎」，是說修煉

第2717页

第2718页

到中年，進入結成聖丹的境界；「驤至下丹田，其時聖果圓」，是說修煉到老年，進入聖果圓熟（嬰兒現形成聖人的境界。這正是尹真人獨家的由凡成聖的內丹修煉之說，尹真人的性命圭旨就是專門講這種結胎果圓成聖的內丹修煉的。他一開始在大道說中就提出了這種內丹修煉說：「是以法乾坤之體，效坎離之用，握陰陽之柄，過生死之關，取坎中之陽，填離中之陰，離陰既實，則復純白為乾矣……再加向上工夫，精進不怠，則金丹成而聖胎圓；聖胎圓而真人見；真人出現，變化無窮」。接着在邪正說中，他更具體論述這種結胎果圓成聖的九轉修煉大法說：「其一曰涵養本原，救護命寶；其二曰安神祖竅，翕聚先天；其三曰蟄藏氣穴，眾妙之根；其四曰天人合發，采藥歸壺；其五曰乾坤交媾，去礦留金；其六曰靈丹入鼎，長養聖胎；其七曰嬰兒現形，出離苦海；其八曰移神內院，端拱冥心；其九曰本體虛空，超出三界。於中更有煉形、結胎、火候等諸心法（按：指真空煉形法）。」後面還有長養聖胎圖與嬰兒現形圖，更形象具體地描述了這種結胎果圓成聖之法，在嬰兒現形出離苦海中總結說：「前面火候已足，聖胎已圓，若果之必熟，兒之必生，彌歷十月，脫出其胞……此謂之赤子，又曰嬰兒」。所謂嬰兒現形，就是指神炁凝成大丹，丹胎圓熟，修煉

第2719页

成聖。這就是「相士」說的「驤至下丹田，其時聖果圓」。所以尹真人在三家相見說中更明確說：「身、心、意，謂之三家。三家相見者，胎圓也；精、氣、神，謂之三元，三元合一者，丹成也；攝三歸一，在乎虛靜……身、心、意合，則三家相見，結嬰兒也」。由此看來，這個京中「相士」有極大可能就是尹真人，因為他經常化裝出遊，行踪詭秘不定，錢德洪不知實情，所以說得含混不明。當初這個相士對陽明說「後須憶吾言」，現在陽明已是「鬚拂領」的年紀（成年），所以到南都朝天宮來再向尹真人問道了。

性命圭旨無疑是尹真人的著作，雖然後來曾由他的弟子趙教常補充成完書（其實也是補充尹真人的思想與材料），但尹真人在世時已經大致寫成此書，而他的結胎果圓成聖的內丹修煉思想也早已形成。彭輅說陽明「走從尹遊，向他問道，是可以肯定的。尹真人只是認為陽明沒有修煉成仙的份，但學道學仙還是可以的，尹真人對他講的也都是實話。至於說陽明與尹真人「共寢處百餘日」，則是彭輅的誤解，這是因為陽明向尹真人學修煉百日的「真空煉形法」，彭輅便誤以為陽明在南都待了一百餘日。實際陽明在南都問得了靜入窈冥的真空煉形法後，即回餘姚進行修煉，並很快找到了陽明洞作為修煉的場所，他在南都待的時間並不

第2720页

長。尹真人認為，他的結胎果圓成聖的內丹修煉有六種心法，而以「真空煉形法」為最上承的法門。性命圭旨中有真空煉形圖，他在煉形中詳論這種真空煉形第一法說：

張紫瓊曰：「天人一氣本來同，為有形骸礙不通。煉到形神冥合處，方知色相即真空。」薛復命曰：「不知將謂氣，得後自然直。」董漢醇曰：「金用礦銷，形由氣煉。」煉形之法，總有六門：其一曰玉液煉形，其二曰金液煉形，其三曰太陰煉形，其四曰太陽煉形，其五曰內觀煉形；若此者，總非虛無大道，終不能與太虛同體，惟此一訣乃曰真空煉形，雖曰有作，其實無為；雖曰煉形，其實煉

第2721頁

神，是修外而兼修內也。依法煉之百日，則七魄亡形，三尸絕迹，六賊潛藏，而十魔遠遁矣。煉之千日，則四大一身，儼如水晶塔子，表裏玲瓏，內外洞徹，心華燦然，靈光顯現。靈光者，慧光也。故曰：靈光生處覺花開。蓋慧覺花開，非煉形入微，與道冥一者，不能有此。

（性命圭旨貞集煉形）

所謂真空煉形法，是說可煉到形神俱化，內外洞徹，心身皆空，通體光明，有如水晶塔子，與虛空同體。所以尹真人在煉形中解說「真空」與「煉形」的兩個方面說：

張全一曰：「太虛是我，先空其身。其身既空，天地亦空。天地既空，太空亦空。空無所空，乃是真空。」

清靜經曰：「內觀其心，心無其心；外觀其形，形無其形。」形無其形者，身空也；心無其心者，心空也。心空無礙，則神愈煉而愈靈；身空無礙，則形愈煉而愈清。直煉到形與神而相涵，身與心而為一，方才是形神俱妙，與道合真者也。

第2722頁

陽明就是向尹真人學了這種真空煉形第一法，以後在陽明洞中也是修煉這種真空煉形法。後來王畿親耳聽到陽明說他在陽明洞中是修煉這種真空煉形法說：

（陽明）乃始究心於老、佛之學，緣洞天精廬，日夕勤修，煉習伏藏，洞悉機要，其於彼家所謂「見性」、「抱一」之旨，非惟通其義，蓋已得其髓矣。自謂：「嘗於靜中（按：指靜入窈冥），內照形軀如水晶宮，忘己忘物，忘天忘地，與虛空同體，光輝神奇，恍惚變幻，以欲言而忘其所以言，乃真境象也。」

（王畿集卷二滁陽會語）

所謂「洞天精廬」就指陽明洞。陽明說的「靜中」，就指尹真人說的「靜入窈冥」；陽明說的「水晶宮」，就是尹真人說的「水晶塔子」；陽明說的「與虛空同體」，就是尹真人說的「與太虛同體」；陽明說的「內照形軀」，就是尹真人在內照圖中說的「指使五臟

六腑、二十四椎、任督兩脉，使内觀者知有下手處」；陽明說的「忘己忘物，忘天忘地」，就是尹真人說的「七魄忘形」，「天地亦空」，「形無其形，心無其心」；陽明說的「真境象」，就是尹真人說的「靈光顯現」，「神愈煉而愈靈，形愈煉而愈清」；陽明說的「恍惚變幻」，就是尹真人說的「窈窈冥冥生恍惚，恍恍惚惚結成團」（入窈冥）；陽明說的「學道百日」就是尹真人說的「煉百日」。這裏清楚可見陽明在陽明洞中「行導引術」原來就是在做真空煉形法的修煉。這一真相，除王畿外，就連後來耿定向也看出來了，他在新建侯文成王先生世家中說：「壬戌，秋，請告歸越，年三十二。究心二氏之學，築洞陽明麓，日夕勤修。習靜中，内照形軀如水晶宮，忘己忘物，忘天忘地，混與太虛同體，有欲言而不得者。」最令人注目的是，在性命圭旨的天人合發采藥歸壺中，著錄了一首陽明體驗「入窈冥」的口訣詩：

閑觀物態皆生意，靜悟天機入窈冥。
道在險夷隨地樂，心忘魚鳥自流行。

（性命圭旨利集天人合發采藥歸壺。按：陽明這首咏「入窈冥」的七絕詩，後來在正德五年增改為睡起寫懷的七律詩。本人早在王陽明全集補編中就指出：「詩見性命圭旨利集口訣。按：王陽明全集

第2723页

卷十九有睡起寫懷，中四句與此口訣同，可見乃是陽明自將早年之作口訣七絕改為睡起寫懷七律。」陽明好改自己作的詩文，本無足怪，茲舉數例：如他將邵珪作的墮馬歌少改一二字，變為己作墮馬行。將原在九華山作和九柏老仙詩改為梅澗，變為在嘉興所作詩。將原來在九華山作化城寺詩改為蓬萊方丈偶書，變為遊茅山詩。將王華所作矯亭說稍改一二句，變為己作。將原來「王門四句教」（一無三有教）增改為「王門八句教」（四無教與四有教）等等。就睡起寫懷一詩看，中間四句同其他四句所詠明顯不協調，其增改之迹一目了然。按尹真人在正德初因得罪閹瑾，以「妖言惑眾」被逮入獄，押發原籍禁錮鉗束，其說遂斥為「邪說」遭禁。明代皇帝多好道教外丹燒煉術，沉迷服食仙丹，不信道教内丹修煉，故也禁絕尹真人的内丹修煉之說，在劉瑾專權下，士夫都不敢談尹真人，避之唯恐不及。其時陽明或亦欲掩飾自己早年向尹真人學道之事，乃將口訣七絕增改為睡起寫懷七律，時在正德五年二月，蓋劉瑾尚在朝中擅權作惡未敗也。第二年，即正德六年陽明又把

第2724页

和九柏老仙詩改為梅澗，也是出於此意。）

原來，「靜入窈冥」正是尹真人的真空煉形法的根本修煉思想，是結胎果圓成聖的根本法門。他在首篇大道說中就開門見山揭示他的「入窈冥」法門說：

赫赫法乎地，肅肅出乎天。我為汝遂於大明之上矣，至彼至陽之原也；為汝入於窈冥之門矣，至彼至陰之原也。

接着他在天人合發采藥歸壺中反復論述他的「入窈冥」思想說：

天地以混混沌沌為太極，吾身以窈窈冥冥為太極……混沌乃天地之郛郭，窈冥亦是大藥之胞胎也。

心中無物為虛，念頭不起為靜……大道有陰陽，陰陽隨動靜。靜則入窈冥，動則恍惚應……身心方入定，曰動靜，曰窈冥，曰真土，皆是發明活子時口訣也。

凡人動極而靜，自然入於窈冥……何謂有此真意，真鉛方生？蓋動極而靜，真意一到，則入窈冥。

窈冥所生，真精方無走失，所謂采取工夫……純陽祖師云：「窈窈冥冥生恍惚，恍恍惚惚結成團。」正是此訣……人若知此天人合發之機，遂於中夜靜生，凝神聚氣，收視返聽，閉塞其兑，築固靈株，一念不生，萬緣頓息。

混混淪淪，如太極之未分；溟溟涬涬，如兩儀之未兆。

陽明詩云「靜悟天機入窈冥」，正精辟概括了尹真人的「靜入窈冥」的修煉思想，所以尹真人才把陽明這首詩作為「口訣」收入了天人合發采藥歸壺中，同尹真人自己作的悟入窈冥詩「欲達未達意方開，似悟未悟機正密。存存匪懈養靈根，一氣圓明自家覓」有異曲同工之妙。陽明這首「口訣」詩收入性命圭旨有兩種可能：一是陽明在南都聆受了尹真人的「靜入窈冥」的修煉之教，自己靜坐修煉體驗有得，作了這首咏「靜入窈冥」詩呈尹真人；二是陽明在聆受了尹真人的真空煉形法後，歸紹興在陽明洞中靜坐修煉，靜悟天機，作了這首咏「靜入窈冥」詩寄呈尹真人。陽明的這首詩就這樣被尹真人收進了性命圭旨中。按尹真人卒於正德元年，不及見陽明正德五年作的睡起寫懷，故他絕不可能去從睡起寫懷中取出中間四句為「口訣」放入性命圭旨中。其弟子趙教常在嘉靖中整理補充尹真人師的性命圭旨，其時正當嘉靖「學禁」，尹真人內丹修煉說與陽明心學皆禁為「邪說」，趙教常也斷不可能去從睡起寫懷中取出中間四句作為「口訣」放入性命圭旨中。總之，這首口訣七絕與睡起寫懷七律，是陽明向尹真人學道的最好證明。毫無疑問，陽明的「靜悟天機入窈冥」來自尹真人的「靜入窈冥」說。

其實從性命圭旨中可以看出，尹真人的真空煉形法的修煉（結胎果圓成聖的修煉）有三個特點，都對陽明的思想產生了直接的影響：

一是認為真空煉形法的修煉就是「煉心」、「修心」、「復心」，通過修煉以復歸心體。尹真人認為：「千聖一心，萬古一道。百千法門，同歸方寸；河沙妙德，盡在心源。」（性命圭旨亨集涵養本源圖）萬理歸於一心，故性命圭旨中有九鼎煉心圖，以心為本體，强調煉心、修心、復心說：「煉丹也者，煉去陰霾之物，以復其心之本體……故五帝三王君也，而以君道而日煉其心；伊、傅、周、召相也，而以相道而日煉其心；孔、曾、思、孟師也，而以師道而日煉其心。無時而不心在於道，無時而不以道而煉其心。此乃古先大聖大賢為學之要法，百煉煉心煉性之明訓也。」（性命圭旨元集九鼎煉心說）又說：「天下最親，莫過心也。百姓日用而不知心，如魚在海而不知水……一切境界，皆是心光，若人識得心，大地無寸土。」（性命圭旨亨集涵養本原救護命寶）尹真人這些話，後來陽明也都說過。

二是認為真空煉形法的修煉就是要靜坐，靜觀內照，「靜入窈冥」。性命圭旨中載有的修煉圖都是靜坐修煉圖，除內照圖外，尹真人在坐禪圖中說：「靜坐少思寡欲，冥心養氣

第2728页

存神，此是修真要訣，學者可書紳。「坐不跌跏，當如常坐。雖與常人同，而能持孔孟心法，則與常人異也。所謂孔孟心法者，只要存心在真去處是也。」（性命圭旨亨集坐禪圖）靜坐就是「悟入」，冥心就是「入窈冥」，如要能「靜入窈冥」，就須「中夜靜坐，凝神聚氣，收視返聽，閉塞其兌，築固靈株，一念不生，萬緣頓息」。陽明也是把靜坐內照同靜入窈冥聯係起來「靜悟天機」的。

三是認為真空煉形法的修煉是以知為心體，故可以前知、預知、先知，尹真人稱為「先知」、「先覺」、「真知」、「良知」、「他心通」。他以心為知，知即是心，知為心體，認為：「心地湛然，良知自在。」（性命圭旨亨集卧禪圖）在移神內院端拱冥心中他論這種良知先覺的「他心通」神通功能說：

禪源集云：「言心者是心之名，言知者是心之體。」荷澤云：「心體能知，知即是心。」……由空寂虛靈而知者，先知也；由空寂虛靈而覺者，先覺也；不慮而覺者，謂之正覺；不思而知者，謂之真知。神通變化，出入自如，洞鑒十方衆生，知他心內隱微之事。他雖意念未起，了了先知；他雖意念未萌，了了先覺。此是他心通也。

子思曰：「心之精神之謂聖。」故心定而能慧，心寂而能感

第2728页

，心靜而能知，心空而能靈，心誠而能明，心虛而能覺。四祖道信曰：「一切神通作用，皆是自心感現」。陽明後來也認為知即心，良知即心，良知即心體。尹真人堪稱是道門中的心學宗師，他的這三個心學思想，對陽明後來的思想發展都一直在起着有形無形的潛移默化的作用。如僅就先知的「他心通」來說，陽明就認為自己已修煉到了這種「他心通」的境界，承認是在陽明洞中「行導引術」修煉成了這種「先知」的神通工夫，他的弟子記録下了陽明兩次在陽明洞中「先知」的神通事迹，一次是在弘治十五年，錢德洪記録說：

遂告病歸越，築室陽明洞中，行導引術。久之，遂先知

第2729页

。一日坐洞中，友人王思輿等四人來訪，方出五雲門，先生即命僕迎之，且歷語其來迹。僕遇諸途，與語良合。衆驚異，以為得道。（陽明先生年譜。按：鄒守益王陽明先生圖譜則云：「久之，忽能預知。王思裕四人自五雲門來訪，先生命僕買果肴以候，歷語其過澗摘桃花踪迹，四人以為得道」。）

錢德洪說陽明在陽明洞中「行導引術」而先知得道，無異等於承認了陽明在陽明洞是在進行真空煉形法的修煉。另一次是在正德二年，董穀記録說：

習靜。正德初，先師陽明習靜於陽明洞。洞在南鎮深山中，先生門人朱白浦、蔡我齋等數輩，自城往訪焉。道遇先生家童，問以何往，對曰：「老爹知列位相公將至，故遣我歸取酒肴耳」。衆異之，既至，問曰：「先生何以知某等之將至也？」先生曰：「諸君在途，某人敲冰洗手，某人刻竹紀詩」。皆如目擊，衆益大駭。蓋無事則定，定則明，故能心通，豈他術哉！（董漢陽碧里後集．雜存）

第2730-1页

董穀把陽明的「先知」說成是「他心通」，認為「無事則定，定則明，故能心通」，這同尹真人說「心定而能慧，心寂而能感，心靜而能知，心空而能靈，心誠而能明，心虛而能覺」，「他雖意念未起，了了先知；他雖意念未萌，了了先覺。此是他心通也」，如出一轍，可見陽明的弟子其實都知道陽明在陽明洞修煉的是尹真人的靜入窈冥的真空煉形法。

探明尹真人的「靜入窈冥」的修煉法門，再拿當年長安街的「相士」對陽明說的話來比照，就可以發現「相士」說的話同性命圭旨一一對應，「相士」即尹真人由此水落石出矣：

「相士」所謂「鬚拂領，其時入聖境」，就是性命圭旨說的「靜入窈冥」的聖境，煉形煉神，形神冥合；

「相士」所謂「鬚至上丹台，其時結聖胎」，就是性命圭旨說的精、氣、神三元合一，結成聖胎；

「相」士」所謂「鬚至下丹田，其時聖果圓」，就是性命圭旨說的身、心、意三家相見相合，結成聖嬰果圓。

湛若水在談到陽明生平思想的演變時，一再說陽明「四溺於神仙之習」，「變化屢遷，逃仙逃禪」，實際主要就是指陽明早年向尹真人學仙學道，他只是沒有把尹真人的名字直接點出來。陽明就是在這時候開始了他的溺於神仙之習的「逃仙」的心路歷程。確實，陽明在南都聆受了尹真人的結胎果圓成聖的修煉之教後，對他來說，自然就是要回去趕緊去尋一方道家的洞天進行靜入窈冥的真空煉形法的實踐修煉。他回到餘姚後，果然在移家紹興中找到了會稽山中的「陽明洞」，開始以一個導引行氣、靜入窈冥的「陽明山人」在洞中進行真空煉形法的修煉。

第2730-2页

朱陸之學論戰與朱子晚年定論的誕生

——一樁五百年來「陸化朱學」理學公案的破解

王陽明作的朱子晚年定論，自來是一部有爭議的著作，五百年來人們圍繞此書展開了朱王之學是非得失異同的紛爭，餘波一直延續震蕩到近代、現代、當代，成為一樁難解的理學大公案。實際上，這場爭論的焦點在於：朱熹晚年究竟是不是轉向了陸學？朱熹思想的發展上有沒有一個轉向陸學的「晚年定論」？王陽明作朱子晚年定論的真意究竟是什麼？王陽明自己真的相信朱熹有一個轉向陸學的「晚年定論」嗎？對這些尖銳爭論的焦點，人們多避免作正面明確的回答，而好從側面作一些委曲回護、微言大義的解說。如日本陽明學專家高瀨武次郎認為：「王陽明先生編撰朱子晚年定論則是想要簡化朱子的學說，並取其『主心』的部分，並不是限定何時開始是其中年，何時開始是其晚年。所

第2731页

以按照年、月時段的考證來責難王陽明先生的人只是不了解他的用意罷了。在此没有必要一一辨明。」（高瀨武次郎：王陽明詳傳，北京時代華文書局，二〇一四年版，第一二一頁）現代有的學者還進一步提出了朱子晚年定論是旨在「會通朱陸」的著作，認為陽明的朱子晚年定論開和會朱、王先河。甚至認為「王陽明『朱子晚年定論』的文本和考證研究方法，為許多學者提供了榜樣……越來越多的學者也都以王陽明為榜樣而投身於儒家文本的考證實踐」。（徐公持：朱陸異同論的歷史形態考察，載江淮論壇二〇一六年第五期）本文認為，王陽明的朱子晚年定論實際是他同南北兩京

第2732页

程朱派進行朱陸之學異同論戰的產物，是在借用程敏政的「朱子晚年定論」之說的掩蓋下以陸學攻朱學，以陸化朱學消解朱學，最終達到是陸非朱、標舉自己王學（心學）的學派目的。要徹底解開王陽明「朱子晚年定論」說的這一陸化朱學、消解朱學的秘密，就必須把他的朱子晚年定論同他與兩京程朱派的朱陸之學論戰的大背景結合起來考察。

（一）陽明與南都程朱派的論戰：是陸非朱

正德九年五月，陽明在進南都前夕寫給王道的信，可以看作是他向南都程朱派發出的朱陸之學異同論戰的信號，他在信中尖銳批評了「朱學瑣碎支離」，「終非積本求原之學」，並批評王道「句句是，字字合，然而終不可入堯舜之道」。可以說這封給王道的信標志着陽明同南都程朱派展開朱陸之學異同論戰的開始。他一進入南都，正好同王道相居密邇，兩人立即開始了當面的朱陸之學論辯。他後來在給黃綰的信中說：「僕在留都，與純甫住密邇，或一月一見，或間月不一見，輒有所規切，皆發於誠愛懇惻，中心未嘗懷纖毫較計」。（王陽明全集卷四與黃宗賢書五）作為留都的南京是程朱派士人麇集的大本營，王道在應天府學任教授，他的主朱非陸的立場得到了南都程朱派同道中堅魏校、

第2733页

余祐、夏尚樸等人的支持，使最初陽明同王道的朱陸之學論辯擴大成了一場同兩京程朱派「攻之者環四面」的朱陸之學異同論戰。

關於這場聳動兩京士人耳目的朱陸之學異同論戰的起因，陽明自己解釋說：「留都時偶因饒舌，遂致多口，攻之者環四面。取朱子晚年悔悟之說，集為定論，聊借以解紛耳」。（王陽明全集卷四與安之）所謂「偶因饒舌」，就是指陽明多說了一些批評朱學的話，這些話其實早已載在傳習録中。他帶着傳習録與遊海詩走進南都，這本充滿了批評朱學話語的傳習録立即成了南都程朱派攻擊的目標。在傳習

録中，陽明引人注目地主要批評了朱熹這樣幾個思想：

批評朱熹的大學新本把「親民」改為「新民」，認為「親民猶孟子『親親仁民』之謂，親之即仁之也……又如孔子言『修己以安百姓』，『修己』便是『明明德』，『安百姓』便是『親民』。說『親民』便是兼教養意，說『新民』便覺偏了。」他主張恢復大學古本「親民」之說。

批評朱熹的「事事物物皆有定理」的說法，認為「於事事物物上求至善，却是義外也。心外無理，心外無物」，否定朱熹向外就事事物物求理的說法，認為求理「只在此心」，「至善只是此心純乎天理之極便是，更於事物上怎生求？」

批評朱熹的「先知後行」的說法，主張知行合一，「今人却就將知行分作兩件去做，以為必先知了然後能行，我如今且去講習討論做知的工夫，待知得真了方去做行的工夫，故遂終身不行，亦遂終身不知。」

批評朱熹的向外格物的說法，認為格物即是正心，「格物……是去心之不正，以全其本體之正」，格物是止至善之功，「朱子格物之訓，未免牽合附會，非其本旨」，「朱子錯訓『格物』，只為倒看了此意，以『盡心知性』為『物格知至』，要初學便去做生知安行事，如何做得？」

批評朱熹繁瑣的章句訓詁之學，認為「天下所以不治，只因文盛實衰，人出己見，新奇相高，以眩俗取譽。徒以亂天下之聰明，塗天下之耳目，使天下靡然爭務修飾文詞以求知於世，而不復知有敦本尚實、返樸還淳之行，是皆著述者有以啟之。」因此「使道明於天下，則六經不必述」。

批評朱熹的經學之說，認為六經既是經，也是史。在春秋學上，朱熹認為春秋是史不是經，所以他終生不給春秋作注。陽明認為「春秋亦經，五經亦史」，「以事言謂之史，以道言謂之經。事即道，道即事」。在詩經學上，朱熹認為詩經中的鄭風、衛風就是鄭衛淫聲，孔子存留詩經不刪，「可以懲創人之逸志」。陽明認為今傳詩經已非當初孔本原貌。孔子明說「放鄭聲」，「鄭聲淫」，「鄭、衛之音，亡國之音也」，早從詩經中刪去。今本詩經中仍有鄭風、衛風，陽明認為「此必秦火之後，世儒附會，以足三百篇之數」。

陽明這些對朱熹的尖銳批評已經涉及到朱學的根本思想，把朱學全盤推倒，這就必然會招來一場兩京程朱派的「攻之者環四面」的論戰。陽明對朱學的批判實際已清楚劃判了朱陸之學的異同。從陸澄與薛侃當時所記的語錄來看，陽明在南都也確是從這些方面同學子士人進行朱陸之學的論辯，他說的「饒舌論辯之語都被陸澄、薛侃記錄下來，陽明也正是從這些方面在南都同程朱派展開了朱陸之學異同的論戰，傳習録成為陽明同南都程朱派進行朱陸之學異同論戰的「聖經」。

陽明在南都，除了他的門人弟子與來學士子之外，他幾乎是以一個「孤家寡人」面對着南都衆多程朱派們的辯難。這時的南都，聚集了不少有名的程朱派中堅人物，他們主要有羅欽順（南京太常少卿）、呂柟（南京吏部考功司郎中）、魏校（南京刑部廣東司郎中）、余祐、夏尚樸（南京禮部主事）、王道（應天府學教授）、楊廉（南京吏部右侍郎）、寇天叙（南京大理寺副）、邵鋭（南京禮部員外郎）等。其他像南京禮部尚書喬宇、南京吏部左侍郎石珤、南京國子祭吴一鵬、南京國子司業汪偉、魯鐸等，也都是尊信程朱學的名家。此外還有一些程朱派的著名人物如許誥、胡世寧、李承勛、顧璘、胡鐸、汪循、程曈、秦金等雖然不在南京，却也密切關注南都的朱陸之學論戰，加上江右多陸學士子，安徽多朱學士子，浙中多王學士子，他們構成了「攻之者環四面」的外圍人物。朱陸之學異同論戰分二個階段展開：從正德九年五月到正德十年二月，主要是陽明同南都的程朱派進行論戰；從正德十年三月到十一月，主要是陽明同北都的程朱派論戰，最終以陽明作朱子晚年定論結束。

論戰從陽明同王道、魏校、余祐、夏尚樸的朱陸之學

論辯開始。太常寺卿魏公校傳上說：「正德元年丙寅，授南京刑部雲南司主事，遷陝西司員外郎，廣東司郎中……暇則與余公子積、夏公敦夫、王公純甫講明聖賢之學。正德九年，召為兵部職方司郎中。」（國朝獻徵録卷七十）這三個尊程朱學士子，余祐與陽明為同年，~~夏尚樸~~是敬齋胡居仁弟子，夏尚樸是一齋婁諒弟子，魏校在弘治十八年中進士，觀政武選，已與陽明相識。魏校是他們當中的領袖，但他在正德九年下半年赴京任職，所以陽明在南都主要同王道、夏尚樸、余祐展開論辯。嚴嵩吏部右侍郎王公道墓碑上說：

（王道）應天學二載，升南京儀部主事，召改吏部驗封……始也馳騁詞章，既而嘆曰：「此無益也！」乃遂研精於義理之學，取宋儒程朱讀之。既又取論語一部，反復潛玩，有悦於心，曰：「聖門平實簡易之學，固如是也。」公雖潛心理學，而見世之立門户相標榜者，則深耻之。嘗言：「漢以前，無名道學者。其人品如張文成、曹相國、黄叔度、管幼安，皆真道學之流。雖老釋二氏，亦各有所見，不可厚非。」（國朝獻徵録卷二十六）

這裏說的「世之立門户相標榜者」，就是隱指陽明。王道從一進南都任應天府教授，就同魏校、余祐、夏尚樸打成一片，在對朱陸之學認識上同陽明的矛盾公開暴露。由於論辯

主要采用見面進行討論交流的方式，相關論辯的資料多没有能保存下來，但在各人的文集與語錄中還是留下了明顯的痕迹。特别是夏東巖先生文集中的語錄，保存了較多的朱陸之學異同論戰的寶貴資料，這裏選録關鍵的幾條：

白沙云：「斯理也，宋儒言之備矣，吾嘗惡其太嚴也。」此與東坡要與伊川打破敬字意思一般。蓋東坡學佛，而白沙之學近禪，故云爾。然嘗觀之程子云：「會得底，活潑潑地；不會得底，只是弄精神。」又曰：「與其是內而非外，不若內外之兩忘。兩忘，則澄然無事矣。」又云：「必有事焉，而勿正，心勿忘，未嘗致纖毫之力。」此其存之之道也。朱子云：「才覺得間斷，便已接續了。」何嘗過於嚴乎？

朱子語類解敦厚以崇禮云：「人有敦厚而不崇禮者，亦有禮文周密而不敦厚者。故敦厚又要崇禮。」此解勝。集解由是推之：……蓋有尊德性而不道問學者，亦有道問學而不尊德性者，故尊德性又要道問學。如柳下惠，可謂致廣大矣，而精微或未盡，故致廣大又要盡精微；如伯夷，可謂極高明矣，稽之中庸或未合，故極高明又要道中庸。又集注以尊德性為存心，以極道體之大；道問學為致知，以極道體之細。恐亦未然。竊謂二者皆有大小，

第2738页

如涵養本原是大，謹於一言一行處是小；窮究道理大原大本處是大，一草一木亦必窮究是小。嘗以此質之魏子才，子才以為然。

張子云：「心統情性。」程子云：「性即理也。」又云：「心如穀種，仁則其生之性也。陽氣發處是情。」朱子云：「靈的是心，實的是性。性是理，心盛儲該載，敷施發用的。」又云：「心者，氣之精爽。」愚謂心無形體，是人身一點靈處，其中所具之理為性。佛氏之徒只指那靈妙處為性，以理為障，故為異端。後世儒者本學聖賢，只是源頭認得不真，故流入異學而不自知。如告子以知覺為性，象山之學以收拾精神為主。至門人楊慈湖論學，每云：「心之精神謂之性。」故朱子辟其為禪。近者諸公以良知為話頭，接引後學，恐不免此弊。

遺書云：「仁者渾然與物同體。義、禮、智、信，皆仁也，識得此理，以誠敬存之而已。」又云：「學者識得仁體，實有諸己，只要義理栽培。如求經義，皆栽培之意。」以誠敬存之，復涵泳經義，以栽培澆灌之，庶幾生意條達。自有不容已者。然必先識此理，譬之五穀不知，其種得不誤認稊稗為五穀耶？雖極力培壅，只成稊稗耳。近世儒者用盡平生之力，卒流入異學而不自知者，正坐未識

第2739页

其理耳。

象山之學，以收斂精神為主，曰：「精神一霍便散了。」楊慈湖論學，只是「心之精神謂之性」一句，更無他說，此其所以近禪。朱子云：「收斂得精神在此，方看得道理盡；看得道理不盡，直是不專一。」如此說，方無病。

堯之學以「欽為主」，以「執中為用」，此萬古心學之源也……曰欽、曰中、曰敬，皆本於堯而發之。且精一執中之外，又欲考古稽衆，視堯加詳焉。蓋必如此，然後道理浹洽，庶幾中可得以執矣。近世論學，直欲取足吾心之良知，而謂誦習講說為支離，率意徑行，指凡發於粗心浮

第2740页

氣者皆為良知之本然。其說蔓延已為天下害，揆厥所自，蓋由白沙之說倡之耳。

象山之學雖主於尊德性，然亦未嘗不道問學，但其所以尊德性、道問學與聖賢不同……象山之學謂能收斂精神在此，當惻隱自惻隱，當羞惡自羞惡，更無待於擴充。此與告子不知性之為理，而以所謂氣者當之，雖能堅持力制，至於不動心之速，適足以為心害也。朱子曰：「以天下之理處天下之事，以聖賢之心觀聖賢之書。」象山所引諸書，多是驅率聖賢之言，以就己意，多非聖賢立言之意。（夏東巖先生文集卷一語録）

夏尚樸這些語録雖是後來所輯，但也包含了他在南都進行朱陸之學論辨時的主要思想。他們大致圍繞心、性上的重要問題展開論辨，先是余祐在正德八年就寫出了專論「性」的文章性書，到正德九年初夏尚樸來南都任職後，余祐便把這篇性書拿出來同魏校、夏尚樸與陽明討論，成為他們朱陸之學異同論辨的開場爭論。夏尚樸後來在給余祐的信中詳細談到他們在「性」上的分歧爭論：

往歲（按：指正德八年），擬約與子才、純甫同出一拜，以領高論。偶以賤疾中止。繼聞先大父奄棄榮養，有失具疏吊慰，至今猶以為歉。開歲（按：指正德九年初）

第2741页

到此，得接乎教，與子才、純甫論性諸書，足見留心理學，且不以疏漏見外，感慰之至。敬齋之學篤信程朱，擯斥異教，有功於吾教甚大，非得執事裒集遺書而表章之，將遂泯滅而無聞矣。是執事有功於敬齋也為不淺。但性書之作兼理、氣論性，深辟性即理也之言，重恐得罪於程朱，得罪於敬齋，不敢以不復也。人得天地之氣以成形，氣之精爽以為心。心之為物，虛靈洞徹，有理存焉，是之為性。性字從心從生，乃心之生理也。故朱子謂：「靈底是心，實底是性。性是理，心是盛貯該載、敷施發用底。」渾然在中，雖是一理，然各有界分，不是

儱侗之物，故隨感而應，各有條理。程子謂：「沖漠無朕，萬象森然已具。未應不是先，已應不是後者，此也。」孟子言人性本善，而所以不善者，由人心陷溺於物欲而然，缺却氣質一邊，故啟荀、揚、韓子紛紛之論。至程、張、朱子，方發明一個氣質出來，此理無餘蘊矣。蓋言人性是理，本無不善；而所以有善不善者，氣質之偏耳，非專由陷溺之然也。其曰：「天地之性者，直就氣稟中指出本然之理而言，孟子之言是也；氣稟之性，乃是合理與氣而言，荀、揚、韓子之言是也。」程朱之言明白洞達，既不足以服執事之心，則子才、純甫之言宜其不見取於執事也，又況區區之言哉！嘗思之天下無性外之物，而性無不在日用之間，種種發見，莫非此心之用。今且莫問性是理是氣，是理與氣兼，但就發處認得是理即行，不是理處即止，務求克去氣質之偏，物欲之蔽。俟他日功深力到，豁然有見處，然後看是理耶，是氣耶，是理與氣兼耶，當不待辯而自明矣。（夏東巖先生文集卷四答余子積書。按：「北新」（北新關）在南京。魏校在正德九年下半年即召為兵部郎中離南都赴京師任職，故可肯定夏尚樸此書作於正德九年五、六月間。書中所言及余祐性書一文乃作於正德八年。後來余祐在正德十

一年被逮錦衣獄作性論三卷（十餘萬言），仍持舊說，或其中收入正德八年所作之性書一篇。）

夏尚樸是在這些程朱派中把朱熹的性論思想辨析得最清楚准確的人。朱熹認為性即理，人性即天理。因此在人性上，朱熹認為人有天命之性，有氣質之性：得自於「理」的性構成天命之性，故天命之性無不善；得自於「氣」的性構成氣質之性，故氣質之性有善有惡。因此說朱熹是兼理、氣言性也未嘗不可，但這同他說性即理並不矛盾，而是相輔相成。朱熹所以要在人性上兼理、氣說性，正是針對陸學在人性上說理不說氣的弊病。但是余祐却把性即理與兼理氣說性兩個命題對立起來，肯定朱熹的兼理、氣說性，而大辟他的性即理說，可以說是本末顛倒。余祐的說法遭到夏尚樸、王道的反對，却得到魏校的肯定。魏校後來作復余子積論性書談到他的這種思想轉變說：

竊觀尊兄前後論性，不啻數十萬言，然其大意，不過謂性合理氣而成，固不可指氣為性，亦不可專指理為性。氣雖分散萬殊，理常渾全。同是一個人物之性不同，正由理、氣合和為一，做成許多般來。在人在物，固有偏全，而人性亦自有善有惡……曩嘗妄謂尊兄論性雖非，論理氣却是。近始覺得尊兄論性之誤，正坐理氣處見猶

未真耳……嘗記曩在南都，交遊中二三同志，咸槩聞尊兄之風而向往焉。至出性書觀之，便掩卷嘆息，反度尊兄自主張太過，必不肯回。純甫面會尊兄，情不容已，故復其書論辨……（明儒學案卷三恭簡魏莊渠先生校）

魏校這封信是針對正德十一年余祐作的性論（三卷）而言，所謂「尊兄前後論性」，就指余祐從正德八年到十一年的論性之文。所謂「曩嘗妄謂」、「曩在南都」，就指魏校正德九年在南都與余祐的性說論辨。可見他最初肯定余祐兼理、氣論性，後來又否定余祐的性說，認為他「正坐理氣處見猶未真」。

第2744页

余祐仍堅持自己的看法，他到正德九年四月更寫出了文公先生經世大訓的大書，全面論述了朱熹的性學思想體系。這本書成了程朱派宣揚朱學的一面性理旗幟，立即引起了剛進南都的陽明的注意。他一開始對余祐的性論的批判態度就十分明確。在他看來，心即理，理即性，心即性，吾性自足，這種性論簡易直截精微，後人無須再多加一句支離苛細的繁瑣論述。故他反對朱熹論性的支離繁瑣，也否定了余祐的支離繁冗的性說。陽明在南都的這種論辨性說的立場，反映在他正德十二年寫給余祐的信中：

……性論一篇，尤見潛心之學，近來學者所未能道。詳味語意，大略致論於理、氣之間，以求合於夫子「相近」之說，其盛心也。其間敵意所未能信者，辭多不能具，輒以別幅寫呈，略下注脚求正，幸不吝往復，遂以蹇劣見棄也。夫析理愈精，則為言愈難；立論愈多，則為繆愈甚。孔子性善相近之說，自是相為發明，程朱之論詳矣。學者要在自得，自然循理盡心；有不容已，毫分縷析，此最窮理之事。言之未瑩，未免支離，支離判於道矣。是以有苦心極力之狀，而無寬裕溫和之氣，意屢偏而言之窒，雖橫渠有所不免。故僕亦願吾兄之完養思慮，涵泳養理，久之自當條暢也……學術不明，人心陷溺之餘，善類日寡，諸君幸勉力自愛，以圖有成也。嘗有論性一書，錄去一目。（新刊陽明先生文錄續編卷二答余子積）

第2745页

陽明這信也是針對余祐正德十一年作的性論（三卷）而言，所謂「性論一篇」就是指余祐面呈陽明的性論中的一篇，陽明對他的性論明確表示「未能信」，另作了「別幅」加以注脚評說（文已亡佚）。所謂「嘗有論性一書」，就是指陽明在南都時所作論辨性說的一篇文章，這篇論性文章雖然已亡佚，但他的看法卻在這篇答余子積中反映出來：他認為朱熹的性論「毫分屢析」、「未免支離」，余祐追隨其說也不免「苦心極慮」、「無寬裕溫和之氣」，「意屢偏而言之窒」。他勸告余祐論性「要在自得」，不必字字句句强求與古人合。顯然，陽明在性論上認同陸學的論性不論氣的易簡直截之說，而否定了朱熹的兼理、氣論性的支離繁瑣之說。

陽明與余祐、魏校、王道、夏尚樸在性論上的論辯最終未能調和，反而進一步暴露了他們在朱陸之學異同認識上的矛盾分歧。接踵而來他們的論辯由「論性」進到「論心」，展開對朱熹「主敬」、「格物」直至朱熹大學新本的論辯，分歧進一步擴大，最終把陽明推上了作朱子晚年定論以調和朱陸之學異同的境地。張岳在吏部右侍郎訒齋余公祐神道碑中透露這一事情的真相說：

公學務有用，不事空言，發端於敬齋，而推其本原，以為出於程朱。故於程朱之書尤究心焉，微言精義多所自得，其言曰：「程朱教人，拳拳以誠敬為入門，學者豈必多言？惟去其念慮之不誠不敬者，使心地光明篤實，邪僻詭譎之意勿留其間，不患不至於古人矣」。其時公卿間有指主敬存養為朱子晚年定論者，公摭朱子初年之說以折之，謂：「其入門工夫，非晚年乃定」。又輯朱子書之切至道者為經世大訓，其論及文章辭翰者為游藝録，見其學之備體用，兼大小，非近時所謂單傳妙訣者可擬也；

第2746页

……所交遊皆賢士大夫，而於莊渠魏公子才尤善。人有過不能忍，常面斥之，而退無後言。有以其過攻之者，欣然樂受。（國朝獻徵録卷二十六）

朱熹主張「主敬」與「格物」的工夫交相為用，這就是他提出的敬知雙修，是依據二程說的「涵養須用敬，進學則在致知」於乾道五年己丑之悟中建立的生平學問大旨，並不是朱熹晚年才提出來的「定論」。余祐、王道、夏尚樸同陽明討論到主敬存養、格物致知這些問題時，完全認同朱熹的敬知雙修和他的大學新本，而陽明堅決否定了朱熹的敬知雙修及其大學新本。他對蔡希淵批評朱熹說：「如（大學）新本先去窮格事物之理，即茫茫蕩蕩，都無着落處；須用添個『敬』，方才牽扯得向身心上來，然終是沒根源。若須用添個『敬』字，緣何孔門倒將一個最緊要的字落了，直待千餘後要人（按：指朱熹）來補出？正謂以誠意為主，即不須『敬』字，所以提出個誠意來說，正是學問的大頭腦處」。（傳習録卷上）這些話也顯然是說給余祐、王道、夏尚樸等程朱派聽的。陽明把朱熹理學的大旨「敬知雙修」連同他的文本依據大學新本都否定，而提出了自己一個「以誠意」為主的心學相抗衡。他在正德九年五月作的應天府重修儒學記中喊出了「聖賢之學，心學也」，在正德十年七月作的謹齋記中喊出了「君子之

第2747页

學，心學也」，就是向余祐、王道、夏尚樸這些程朱派宣告了自己以誠意為主的心學的誕生。余祐、王道、夏尚樸等同他的朱陸之學異同論戰已經難以進行下去。論戰的焦點集中在朱熹的「格物」說及其文本依據大學新本上，無法調和。正德十年二月，陽明正式公開了他定的大學古本與格物說。表面上是他獻給湛若水看的（見王陽明全集卷四答甘泉），實際却更是要出示給余祐、王道、夏尚樸們看的，是對這些程朱派們尊信朱熹大學新本及其格物說的最好回答。如果說陽明正式定的大學古本，是對他自龍場驛覺悟到朱熹大學新本之誤的大學思想的一個總結；那麽他正式寫

第 2748 页

的格物說，就是他自龍場驛覺悟到吾性自足、格物即正心的格致思想的一個總結。兩者相得益彰，破除了四百年來朱熹的補作「格物章」的大學思想體系：大學古本代替了朱熹的大學新本，格物說代替了朱熹的格物章。

（二）陽明與京師程朱派的論戰：調和朱陸

值得注意的是，陽明用新定的大學古本與「格物」新說宣告了他同南都的程朱派們的朱陸之學異同論戰的結束，同時也宣告了他同北都的程朱派們的朱陸之學異同論戰的開始。正是在陽明正式公開大學古本與格物說的同時，王道

改任吏部驗封赴京師。魏校在他之前已先入都，夏尚樸則在他之後不久也入都。他們三人在京又形成一個新的講論程朱理學的群體，在京的程朱派人物呂柟、楊廉、邵銳、董玘等同他們聲氣相應，一些不在京中的程朱派名士如李承勛（魏校師）、許誥、胡世寧、胡鐸、程曈、汪俊、汪循、張文淵等也都加入了與陽明的朱陸之學異同的論戰，形成更大的「攻之者環四面」的局面，陽明在南都更陷孤立。正德十年三月，陽明在給黃綰的信中談到自己在南都的處境說：

春初，姜翁自天臺來，得書，聞山間况味，懸企之極……

第 2749 页

……甘泉丁乃堂夫人憂，近有書來索銘，不久且還增城。道途渺絶，草亭席虛，相聚尚未有日。僕雖相去伊邇，家累所牽，遲遲未決，所舉遂成北山之移文矣。應原忠久不得音問，想數會聚。聞亦北上，果然否？此間往來極多，友道則實寥落。敦夫（夏尚樸）雖住近，不甚講學。純夫近改北驗封，且行。曰仁又公差未還。宗賢之思，靡日不切！承欲與原忠來訪，此誠千里命駕矣，喜慰至極！日切瞻望，然又自度鄙劣，不足以承此。曰仁入夏當道越中來此，其時得與共載，何樂如之！（王陽明全集卷四與黃宗賢書四）

陽明這封信流露了他企盼黃綰、應良與徐愛來南都以助朱陸之學論戰的急迫心情。因為王道一赴北都就公開唱起了是朱非陸的調子，態度急遽轉變，甚至拒絕同陽明論辨。到七月陽明在給黃綰的信中談到王道等人態度的變化說：

書來，及純甫事，懇懇不一而足，足知朋友忠愛之至。世衰俗降，友朋中雖平日最所愛敬者，亦多改頭換面，持兩端之說，以希俗取容……僕在留都，與純甫住密邇，或一月一見，或間月不一見，輒有所規切，皆發於誠愛懇惻，中心未嘗懷纖毫較計。純甫或有所疏外，此心直可質諸鬼神。其後純甫轉官北上（指改吏部驗封北上），始覺其有恝然者。尋亦痛自悔責，以為吾人相與，豈宜有如此芥蒂，却是墮入世間較計坑陷中，亦成何等胸次？當下冰消霧釋矣。其後人言屢屢而至，至有為我憤辭厲色者。僕皆惟以前言處之，實是未忍一日而忘純甫。蓋平日相愛之極，情之所鍾，自如此也。旬日間，復有相知自北京來，備傳純甫所論。僕竊疑有浮薄之徒，幸吾黨間隙，鼓弄交構，增飾其間，未必盡出於純甫之口……僕平日之厚純甫，本非私厚，縱純甫今日薄我，當亦非私薄。然則僕未嘗厚純甫，純甫亦未嘗薄僕也，亦何所用心於其間哉！……僕近時與朋友論學，惟說

第2750页

「立誠」二字。殺人須就咽喉上著刀，吾人為學當從心髓入微處用力，自然篤實光輝。雖私欲之萌，真是洪爐點雪，天下之大本立矣。若就標末妝綴比擬，凡平所謂學問思辯者，適足以為長傲遂非之資，自以為進於高明光大，而不知陷於狠戾險嫉，亦可哀也已！……（王陽明全集卷四與黃宗賢書五）

這封信表明陽明是用自己的以「誠意」為主的心學同兩京的程朱派展開朱陸之學異同的論戰的，也道出了王道最終同他在思想上決裂的根本原因。王道回避了同陽明的正面論辨，但是却在給徐愛的信中極力貶損陽明，幾乎表現了要「割席斷交」的決絕態度。陽明立即寫了一封回信：

屢得汪叔憲書，又兩得純甫書，備悉相念之厚，感愧多矣！近又與曰仁書，貶損益至，三復赧然！夫趨向同而論學或異，不害其為同也；論學同而趨向或異，不害其為異也。不能積誠反躬，而徒騰口說，此僕往年之罪，純甫何尤乎？因便布此區區，臨楮傾念無已。（王陽明全集卷四與王純甫書四）

這是陽明給王道的最後一封信，從此以後兩人再無往來。這時兩京的程朱派魏校、李承勛、邵鋭等人也都采取了像王道一樣的態度，主張「各尊所聞，各行所知」，朱陸之學異

第2751页

同的論戰已難以進行下去。陽明還想挽回同王道等人的關係，他請出了黃綰來同王道、魏校、李承勛、邵銳等人斡旋，實際是把黃綰拉進了朱陸之學異同的論戰中，代師參戰。黃綰一連寫了兩封信給王道。第一封信論辨朱陸之學說：

僕臥病山中，與世隔越，忽邵思逸寄到兄手書，有「各尊所聞，各行所知」，不知何以有此？即欲修書請問，度或無益，姑止未敢。昨再得書，知不終棄，喜慰何如！且令僕言以盡同異，尤知與善盛心。夫聖人事業，廣博極乎天地，其道雖大，其本只在一心。蓋一心之眇，君臨

百骸，道德仁義由此而備，禮樂刑政由此而出，六經、四子由此而作。累於私則蔽而昏，反其本則明而通。蔽而昏則無所不害，明而通則無所不用。用之則三極之道立，害之則三極之道廢。今欲學聖人，惟求之吾心而已。不知反之於心，求其累與害者去之，徒以博物洽聞為有事，旁尋遠覓為會通，是乃逐物而滋蔽也。故古聖傳授皆以克己去私為至要，私去則心無所蔽，其體清明而天下之本立矣。故曰「皇建其有極」也，非若釋、老專事生死，不恤其他。昔者朱、陸二先生皆欲明此言者也，但所造各有深淺、偏純之異，不可皆為己知，不思補救其

弊，以求自成自得之妙，從事紙墨為按圖索駿之誤，卒墮俗學之歸，以貽輪扁之笑。昨兄書云：「講於子才，參之論語集注，無有不合。」僕不敢易，但謂兄更能以我觀書，深求至當，以為先賢忠臣，豈不尤妙？僕嘗曰：「苟求之能變吾氣質而有益於得，雖百家眾說皆可取也；苟求之不能變吾氣質而無益於得，雖聖言不敢輕信。若朱有益於此，則求之於朱；陸有益於此，則求之於陸，何彼我之間朱、陸之得親疏哉？」今若不求其至，不求其是，要立門户以為異，自矜功能以誇耀，各離合以為黨，聖人之學絕不如此，吾人又可以此謂之學哉？（黃綰集

卷十八復王純甫書一）

黃綰論辨的口氣竟比陽明還激烈。表面上，他站在超越朱陸之學的立場，用夸飾的語言全盤肯定了陽明的王學，而認為朱、陸之學各有所偏，「朱、陸二先生皆欲明此言者也，但所造各有深淺、偏純之異」，所以對朱、陸不可皆為己知，不思補救其弊，以求自成自得之妙」。但實際上他是偏向陸學而否定朱學，只是畏於朱學定為官方統治之學，不敢公然全盤推倒，所以他表面上又發調和朱、陸之學的論調，認為朱、陸之學所造各有深淺，「若朱有益於此，則求之於朱；陸有益於此，則求之於陸，何彼我之間朱、陸之

得親疏哉」。黃綰的這種調和朱陸之說同陽明的「朱子晚年定論」的調和之說有異曲同工之妙，可以說黃綰的調和朱陸之說為陽明的「朱子晚年定論」的出場作了先行的鋪墊與暗示。

王道對黃綰的無論獨尊王學還是調和朱陸之說都不能接受，他拒絕回答。黃綰便給他寫了第二封信：

向日一箋，未蒙回示，深用企仰。吾兄嘗稱魏子才者，雖未識其人，向已聞其略矣。知子才愛玩易傳，僕於易亦嘗用心，但求下手之實，苟非心地精一，則不能立天下之大本；本既不立，則將何變易，隨時以從道哉？且易為潔淨精微之教，舍此不求，不知所謂潔淨者何有？況體用一源，顯微無間，未有體不立而用獨行，顯微而二致者。陽明向與吾輩所講，先此用力而已，自謂原無不同。子才以為不同，諒子才必自有說，吾兄必得自深矣。便中乞不惜詳教，使僕得究所以同不同之實，以佚「同人於野」，彼此之益，何如？（黃綰集卷十八復王純甫書二）

黃綰旁敲側擊地批評了魏校研究易傳的方式，認為要識宇宙的變易之道必須從心體上入手，而只就易傳中潛玩易說，這是心體未明，大本未立，有用無體，顯微二致。這是黃綰從易學上論辨朱陸之學的異同，是對王道、魏校的進

第2754页

一步批評。

因為王道、魏校仍拒不回答，黃綰把批評指向了魏校的老師李承勛，想託他從中調停。遜庵李承勛也是程朱派的中堅人物，同程朱派的胡世寧、魏校、余祐號稱「南都四君子」。這時李承勛任浙江按察使，實際在背後支持魏校、王道。黃綰給他寫了一封詳細的長信，却轉而唱起了不辨朱陸之學異同的調子：

近者京師朋友書來，頗論學術異同，乃以王伯安、魏子才為是非：是伯安者則以子才為謬，是子才者則以伯安為非。若是異物，不可以同。子才，舊於公處見其數書，其人可知。伯安，綰不敢阿所好，其學雖云高明，而實篤學，每以去心疚，變氣質為本，精密不雜，殊非世俗謗議所言者，但未有所試，而人或未信。向者公嘗語綰曰：「凡遇事，須將己身放開一邊，則當灑然自得其理。」綰每誦以為數字符。及讀易·艮卦云：「艮其背，不獲其身。行其庭，不見其人。」然後知公言之有自，實與伯安之旨無二。子才素講於公，學問根本宜無不同。蓋皆朋友用功未力，好起爭端，添篤為疑，以致有此，誠可慨也。昔者二程之學似不同於濂溪，伊川之言若有異於明道，邵、張之緒若不同於二程，但其大本之同，相觀

第2755页

相長，辛以同歸，而皆不失為善學。他如司馬、呂、文、韓、富諸公，雖功名道德各有其志，然皆為深文篤契，為國家共濟，豈如今日動輒分離也！至於晦翁、象山，始有異辯，然亦未嘗不相為重。至晦翁門人，專事簡册，舍己逐物，以爭門户，流傳至今，盡經纂輯為舉業之資，遂滿天下，三尺童子皆能誦習，騰諸頰舌。或及德性，即目為禪，乃以德性為外物，聖學為粗迹，道之晦蝕，一至此矣！殊不知古人所謂問學者，學此而已，學不由德性，其為何學？賢如子才，豈宜有此？綰知必不然矣。況為學之時，不啻曉天微星，並力共圖，猶患寥落磨泯，頹而不振，況志之未篤，工之未力，各相排擯，銷沮阻喪，實乃自壞。此事關系非細。區區朱陸之辨，姑置之可也。朱果有益於此，則求之於朱；陸果有益於此，則求之於陸，要皆自成其身而已。辱深愛，敢並及此。倘得一言子才，只以天地為度，各通其志，各盡其力，斯道之幸何如！（黃綰集卷十八復李遜庵書）

黃綰的態度與看法已經暗中有了轉變，更鮮明地表現在他同時給鄒銳的信中。他寫信給鄒銳說：

……吾人學問，惟求自得，以成其身。故曰：「誠者自成，而道自道也」。實無門户可立，名聲可炫，功能可矜，與朱陸之同異，有如俗學者也。苟求之能成吾身而有益於得，雖百家衆説，皆可取也，況朱陸哉！……蓋朱有益於此，則求之於朱；陸有益於此，則求之於陸，何彼我之間朱、陸之得親疏哉？且僕於朱書曾極力探討，幾己十年，雖只字之微，必咀嚼數四，至今批抹之本，編纂之册，皆可驗也。請兄於陸書姑讀之，久看所得，比之於朱何如？又比之濂溪、明道何如？則可知矣。世皆以陸學專德性而不及道學問，故疑之曰禪。凡其有言，概置之不考。有誦其言輒命之曰禪，不復與論。是以德性為外物，聖學有二道哉！殊不知象山每以善之未明、知之未至為心疚，何不道問學之有？又其言曰：「束書不觀，遊談無根」。何不教人讀書也？但其所明、所知與所讀有異於人者，學者類未之思耳……又聞魏君子才學行絕出，僕極傾仰，但與陽明時有門户之馳，淺陋念此，不堪憂悵，惟恨無由一訊其故。然求吾道於此時，真所謂不絕如綫。海内有志如吾徒，能有幾人？只此幾人而又分裂如此，不肯合並切磋，深求至當，往往自高自止，轉相譏刺如世俗，斯道一脉，豈不自吾徒壞也？陽明素知其心如白日，絕無此事。魏君雖未接，得自李遜庵，及見其數書，虛己平恕，可知亦必無此。竊意為其徒者，各持勝心，或私有所懷，巧添密劃，推附開合，如昔朱陸門人，以自快一時。却不知此道塞天地，亘古今，無物不該，無人不同，可獨為陽明、子才之私，象山、考亭之有也？吾兄明燭幾微，身居其間，何不據理一言，以使共學吾兄之賢，何如也？（黃綰集卷十八答邵思抑書）

黃綰的復李遜庵書與答邵思逸書，幾乎可以說是他代陽明向兩京程朱派發出的停止朱陸之學異同論戰的「免戰牌」。在這場論戰中，陽明從開始旗幟鮮明辨朱陸之學異同到最後走向調和朱陸之學與不辨朱陸之學異同，這是有不言自明的原因的：一方面，他的心學思想遭到兩京保守的程朱們的堅決抵制與反對，「攻之者環四面」，使他無從展開正常的朱陸之學的論辨；另一方面，他的心學思想在論戰中成了衆矢之的，謗訕詆毁朝他凶凶而來，攻詆他的心學為禪，指斥他誣毁儒家聖人朱熹，奉陸氏禪學為正統；再一方面，他對定於一尊的程朱理學的公然批判，也引起了官方的反感與不滿，把他的心學視為是同「欽定」的程朱理學相對抗的「異學」，這給陽明也造成了不小的心理壓力。在論戰中，就曾發生過兩個不祥的小插曲，使陽明陷入了進退兩

第2758页

難的困境。一是在正德十年四月，朝廷考察兩京官員，監察御史方鳳同時舉薦了陽明與呂柟、魏校為館閣之臣。結果朝廷起用呂柟、魏校為館閣之臣，而陽明却落選。這顯然是因為呂柟、魏校尊信官方程朱理學的「古學」，而陽明推崇陸氏心學的「異學」，深為朝廷所忌。（見方鳳改亭奏稿中為崇古學用正人以裨聖治事：「臣見南京鴻臚寺卿王守仁，性資沉毅，學識淵深，忠節不變於險夷，才猷可濟於紛亂。翰林院養病修撰呂柟，學行純明，出處高潔，養之深而有不可測之度，持之固而有不可易之守。兵部職方清吏司養病郎中魏校，禀賦既充，學力尤邃，修己有實踐之功，應物無虛餘之行。之三臣者，心慕古人，望隆當世；誠聖代之人瑞，士林之師式也。使隆以館閣之任，必能敬敷教化，而覃至之澤，其守經之仁，行權之智，必有異乎尋常者。臣近見王守仁議論英發，精力方強；及聞呂柟、魏校前疾愈可，而乃置之善地，託以病鄉，揆之事體，似非所宜。伏望皇上特勑吏部，將三臣越次起用。」）二是也在正德十年四月，御史楊琠（白沙弟子）舉薦陽明任南京國子祭酒。但南雍是國家傳授教習程朱理學的大本營，從教授到諸生都早對陽明的朱陸之學論戰怒目相視，拒斥尊崇陸學的陽明來任國子祭酒。朝廷最後選中尊信程朱理學的

第2759页

魯鐸任國子祭酒，陽明又一次落選。這兩件事表明陽明在南都進行的朱陸之學異同論戰已引起朝廷嚴重關注，他的朱陸之學異同論戰已觸犯官方程朱理學的禁網，這就是陽明最終從明辨朱陸之學異同走向調和朱陸之學異同、提出「朱子晚年定論」消泯朱陸之學異同的真正原因。他急於從這場變得扭曲與凶險的朱陸之學異同論戰的困境中掙脫出來，恰好這時加入「攻之者環四面」論戰的程朱派中堅程曈寫了閑辟録，並把它寄給了陽明，從反面觸發了陽明作朱子晚年定論以調和消泯朱陸之學異同的「靈感」。

（三）朱子晚年定論的誕生：陸化朱學

程曈的閑辟録寫成於正德十年四月。閑辟録前有程曈閑辟録序，署作「正德乙亥四月既望新安程曈序」。陽明作朱子晚年定論序云：「然且慨夫世之學者徒守朱子中年未定之說，而不復知求其晚歲既悟之論，竟相呶呶，以亂正學。」這裏說的「竟相呶呶」，首先就是指程曈，可見陽明在作朱子晚年定論之前已見到程曈的閑辟録。又陽明在與安之書中云：「近年篁墩諸公嘗有道一等編，見者先懷黨同伐異之念，故卒不能有入，反激而怒。」這裏說的「懷黨同伐異之念」、

「反激而怒的見者」，也指程曈。他作閑辟録本就是要大力排辟程敏政道一編中的「朱子晚年定論」之說。陽明深受程敏政道一編的影響，從貶謫龍場驛以來就形成了「朱子晚年定論」的思想。在朱陸之學異同論戰中，他也同門人弟子與程朱派談起自己的「朱子晚年定論」思想，其說也已經傳出，所以程曈把自己專攻程敏政「朱子晚年定論」之說的閑辟録寄給陽明，也顯然有旁攻陽明「朱子晚年定論」之說的深意。陽明當然不會接受程曈閑辟録的批判責難，恰相反，它倒及時「提醒」了陽明仿效程敏政的手法作朱子晚年定論來終結這場朱陸之學異同論戰的紛爭。正德十年十一月一日，陽明寫成朱子晚年定論，一方面是對程曈的閑辟録的回擊，另一方面徑自宣告了朱陸之學異同論戰的結束。

陽明明確說自己所以作朱子晚年定論是要停息朱陸之學異同論戰的紛爭，「取朱子晚年悔悟之說，集為定論，聊藉以解紛耳」。但是他卻有意隱去了他的「朱子晚年定論」之說襲用自程敏政道一編的事實，用朱子晚年定論掩蓋了他對朱陸之學異同的真實看法。他在朱子晚年定論序中說了一大段言不由衷的話：

……聖人之道坦如大路……獨於朱子之說有相牴牾，恒疚於心，切疑朱子之賢，而豈其於此尚有未察？及官留

都，復取朱子之書而檢求之，然後知其晚歲固已大悟舊說之非，痛悔極艾，至以為自誑誑人之罪，不可勝贖。世之所傳集注、或問之類，乃其中年未定之說，自咎以為是舊本之誤，思改正而未及，而其諸語類之屬，又其門人挾勝心以附己見，固與朱子平日之說猶有大相謬戾者，而世之學者局於見聞，不過持循講習於此。其於悟後之論，概乎其未有聞，則亦何怪乎予言之不信，而朱子之心無以自暴於後世也乎？予既自信其說之不謬於朱子，又喜朱子之先得我心之同然，且慨夫世之學者徒守朱子中年未定之說，而不復知求其晚歲既悟之論，競相呶呶，以亂正學，不自知其已入於異端，輒采錄而裒集之，私以示夫同志，庶幾無疑於吾說，而聖學之明可冀矣。

只要把陽明朱子晚年定論序中說的這番話與他同時由陸澄、薛侃記的傳習語錄（傳習錄卷上後半部分）相比較，就可以清楚看出朱子晚年定論序中的說法是完全不真實的。在陸澄、薛侃所記的傳習語錄中，充滿了大量激烈批判朱學話語，並把自己的心學同朱學劃清了不可調和的界限，他的反朱學的立場是毫不動搖的，終其一生他都堅持是陸反朱的批判立場不變，這才是陽明對朱學的真實看法與態

度。就在陽明寫朱子晚年定論的同時，他自定了大學古本，作了格物說，把它們獻給了湛若水，這個大學古本與格物說都是嚴辨朱陸之學，批判朱子的大學新本及其增補的格物章，這才是陽明的真實看法。所謂朱子晚年定論的調和之說，不過是對他一貫的是陸反朱的心學立場的一種掩飾與託詞，也是針對當時程朱派的攻詆與自己干犯官方程朱理學禁網的巧妙的自我保護與反諷。陽明提出朱子晚年定論的真實目的，不過是要將朱學陸化，以此消解朱學，尊崇陸學。他在序中說朱熹晚歲固已大悟舊說之非，痛悔極艾，至以為自誑誑人之罪，不可勝贖，實在是陸化朱學的一種子虛烏有的虛構，正像他在遊海詩中虛構了一個遊海遇仙的荒誕故事一樣。因此他的朱子晚年定論也同他的遊海詩一樣，不過是他的論戰自我保護與反諷程朱派世儒的詭辯遊戲文字，用陽明自己的話說，就是聊藉以解紛而已，本不能視為是一部嚴肅的學術著作。

程敏政是朱子晚年定論說的始作俑者（其說可上溯到元末趙汸的朱陸合並於暮歲說），陽明的朱子晚年定論完全承襲了程敏政的道一編而又加以極端的發展。程敏政早在弘治二年寫成的道一編中提出了朱子晚年定論說，認為朱陸二家的思想始異而終同。道一編無根據地分朱陸思想同

異為三個階段：始焉如冰炭之相反，中焉則疑信相參半，終焉若輔車之相依，晚年定論終同。於是他從朱熹集中捕風捉影地選取了十五篇書，以證其所謂朱子晚年定論之說。但他對這十五篇書的寫作年代没有考定，究竟每篇書作於何時，朱熹晚年悟到了什麽，同在哪裏，他自己都無法說清，所以他的朱陸思想始異終同說一眼可見是不能自圓其說的荒誕虛構。程瞳在閑辟録中考定了朱熹這十五篇書的寫作年代，指出程敏政故意顛倒書的寫作時間，或將早年之書當作晚年，或將晚年言論當作早年，揭露了他的虛構偽造，實際已推翻了程敏政的朱子晚年定論的偽說，

第2764頁

誤案已判。盡管如此，陽明却還是發現了程敏政的朱子晚年定論之說的特殊價值，對他當下用來回擊程朱派的攻詆與結束朱陸之學異同論戰有着說不出的用處，所以他仍然繞開了程瞳的批判，全盤襲用程敏政的朱子晚年定論之說，寫出了朱子晚年定論。陽明的晚年定論說法比程敏政走得更遠，他從朱熹集中選取了三十四篇書信，想以此來進一步證成己說。在這三十四篇書信中，有八篇同於程敏政的道一編，陽明襲用道一編之迹一目了然。因為程敏政的朱子晚年定論之說本來漏洞百出，不攻自破，所以陽明的朱子晚年定論在襲用程敏政的道一編的同時，也就承襲了

程敏政之說的兩個致命的錯誤：

一是同程敏政一樣，陽明對所選的三十四篇書信的寫作年代也没有考定，想當然地一概定為朱熹晚年的書信，實際其中不少都是朱熹的早年書信，反映的是他早年的思想，而不是晚年的思想。用早年的書信來論證晚年的定論，這在邏輯上是悖謬不通的。尤其是在朱熹的文集中，有成百上千的朱熹晚年寫的書信文章（還有著作、語録），可以清楚看出朱熹晚年的真實思想，根本不存在什麽朱熹晚年思想已轉向陸學的事，陽明不顧朱熹這些大量的晚年書信文章語録上反映的真實思想，只拈取幾篇書信似是而非

第2765頁

地從字面指認朱熹晚年思想已轉向陸學，這種只舉一點、不論其餘、罔顧事實、自我臆斷的手法，在邏輯上也是悖謬不通的。

二是同程敏政一樣，陽明只是羅列了三十四篇書信，不作分析論述，不指明每一篇書信究竟反映了朱熹什麽樣的定論，他究竟轉向了陸學什麽樣的思想。實際上，對朱熹晚年的定論究竟是什麽，朱熹晚年究竟大悟到了什麽，陽明從來不明說，含糊其詞，使人捉摸不透。本來，所謂朱陸思想早異晚同，自然是指朱熹晚年思想已轉向陸學，與陸學相同。所以陽明說的朱熹的晚年定論應該是指朱熹

晚年放棄了自己的朱學，轉以陸學為定論。但是陽明為此所引證的三十四篇書信，沒有一篇能够證明朱熹晚年晚年已轉向了陸學，沒有一篇能够證明朱熹晚年大悟到了陸學。因為朱熹信中說的「自覺其誤」、「自悔」、「自悟」，不過是說他對某一事物或某個問題認識上的變化提高，如對四書的注說，他的認識不斷變化，自覺前說之誤，不斷修改舊說，一直到死他都在他的四書集注，這那裏是說他大悟到了陸學，轉向了陸學呢？所以他引證的三十四篇書信，充其量只能證明朱熹對某一事物認識的前後變化提高，完全不能證明朱熹晚年已大悟陸學，轉向陸學，與陸學同。結果，這三十四篇書信適得其反地倒過來有力證明了陽明「朱子晚年定論」的錯誤。如陽明引了一篇朱熹答何叔京書：「向來妄論『持敬』之說……欽夫之學所以超脫自在，見得分明，不為言句所桎梏，只為合下入處親切。」朱熹這篇書信作在乾道中，分明是說他早年的主敬之悟的，他在張栻（張栻「持敬」）的影響下，大悟了二程的「涵養須用敬，進學則在致知」，確立了自己朱學的學問大旨（敬知雙修），這時陸九淵的陸學尚未形成，那裏是什麼大悟陸學、與陸學同呢？事實正相反，朱熹的主敬恰同陸九淵的主悟相對立，而陽明也最激烈反對批判朱熹的主敬思想（見傳習録中陸澄、薛侃所

第2766页

記語録），他在朱子晚年論裏引證朱熹這篇書信，却肯定了他的「主敬」之悟，這不是自攻己說，反叛己說了嗎？他引證的三十四篇朱熹書信類多如此。

正因朱子晚年定論承襲了程敏政道一編的兩個致命錯誤，所以他公開刊刻朱子晚年定論不僅沒有能停止朱陸之學異同的論戰，相反激起了程朱派更猛烈的攻擊。錢德洪在朱子晚年定論序中居然連起碼的事實都不顧地說：「朱子病目靜久，忽悟聖學之淵藪，乃大悔中年著述誤己誤人，遍告同志。師閱之，喜己學與晦翁同，手録一卷，門人刻行之。自是為朱子論異同者寡矣。師曰：『無意中得此一助！』」這種為師尊諱的誇飾虛言掩蓋了事情的真相。實際陽明的朱子晚年定論公開刊刻後，信之者寥寥無幾，攻之者凶凶而至。像程曈一連寫出了朱子晚年定論考、朱子早年定論、陽明傳習録考等，抨擊的矛頭從程敏政的道一編直接指向了陽明的朱子晚年定論與傳習録。余祐寫出了性論三卷，同陽明展開進一步論辯。明史上的余祐傳說：

祐之學，墨守師說……時王守仁作朱子晚年定論，謂其學終歸於存養。祐謂：「朱子論心學凡三變，存齋記所言，乃少時所見；及見延平，而悟其失；後聞五峰之學於南軒，而其言又一變；最後改定已發未發之論，然後體

第2767页

用不偏，動靜交致其力，此其終身定見也。安得執少年未定之見，而反謂之晚年哉？」其辨出，守仁之徒不能難也。

汪循寫出了閑辟辯，為程曈的閑辟録張大聲勢，推波助瀾。「姚江三應」之一的胡鐸寫出了異學辨，以陸學為異學，專攻陽明的朱子晚年定論。張文淵寫出了衛道一書，捍衛朱學不被「陸化」，完全否定了陽明的「朱子晚年定論」之說。夏尚樸也一針見血地指出了陽明「朱子晚年定論」說的錯誤，他在滁州省愆録中說：

朱陸同異之辯，前輩已有定論，細觀其書，當自見之。

第2768页

今就其中摘其一二稍稍同處，遂欲會而為一，非所謂不揣其本而齊其末，方寸可使高於岑樓者耶？近時諸公力扶象山之學，極詆朱子之學支離，蓋亦未能平心易氣細觀其書以致然耳。王欽佩嘗謂予云：「朱子所著諸書，或有初言未定之論，兼門人記録未能盡得其意者，亦或有之。吾輩觀之，但擇其好處。今王陽明專擇其不好處來說，豈不是偏耶？（夏東巖先生文集卷一）

對陽明朱子晚年定論批判最有力的是羅欽順。他本來在南都就加入了朱陸之學異同的論戰，對陽明的是陸反朱的真實立場十分清楚。當陽明把朱子晚年定論連同他定的大學古本（按：這兩本書的觀點是矛盾對立的）寄給羅欽順時，羅欽順寫了一封長信尖銳批判說：

……又詳朱子定論之編，蓋以其中歲以前所見未真，爰及晚年，始克有悟，乃於其論學書尺三數十卷之內，摘此三十餘條，其意皆主於向裏者，以為得於既悟之餘，而斷其為定論。斯其所擇宜亦精矣，第不知所謂晚年者，斷以何年為定？羸軀病暑，未暇詳考，偶考得何叔京氏卒於淳熙乙未，時朱子年方四十有六，而後二年丁酉，而論孟集注、或問始成。今有取於答何書者四通，以為晚年定論。至於集注、或問，則以為中年未定之說。

第2769页

竊恐考之欠詳，而立論之太果也。又所取答黃直卿一書，監本止云「此是向來差誤」，別無「定本」二字。今所編刻，增此二字，當別有所據。而序文中又變「定」字為「舊」字，却未詳本字同所指否？朱子有答呂東萊一書，嘗及定本之說，然非指集注、或問也。凡此，愚皆不能無疑，顧猶未足深論。

竊以執事天資絶出，而日新不已，向來恍若有悟之後，自以為證諸五經、四子，沛然若決江河而放諸海；又以為精明的確，洞然無復可疑，某固信其非虛語也。然又以為獨於朱子之說有相牴牾，揆之於理，容有是耶？他說姑未敢請，嘗讀朱子文集，其第三十二卷皆與張南軒答問書，內第四書，亦自以為其於實體似益精明，因復取凡聖賢之書，以及近世諸老先生之遺語，讀而驗之，則又無一不合。蓋平日所疑而未白者，今皆不待安排，往往自見灑落處。與執事之所以自序者，無一語不相似也。書中發其所見，不為不明，而卷末一書，提綱振領，尤為詳盡。竊以為千聖相傳之心學，殆無以出此矣，不知何故，獨不為執事所取，無亦偶然也耶？若以此書為然，則論語集注、學庸章句、或問不容別有一般道理，雖或其間小有出入，自不妨隨處明辨也。如其以為未合，則是執事精明之見，決與朱子異矣。凡此三十餘條者，不過姑取之以證成高論，而所謂先得我心之所同然者，安知不有毫釐之不同者為祟於其間，以成牴牾之大隙哉！恐不可不詳推其所以然也。

又執事於朱子之後，特推草廬吳氏，以為見之尤真，而取其一說，以附於三十餘條之後。竊以草廬晚年所見端的與否，良未易知。蓋吾儒昭昭之云，釋氏亦每言之，毫釐之差，正在於此。即草廬晚年所見果有合於吾之所謂昭昭者，安知非其四十年間鑽研文義之效，殆所謂真積力久而豁然貫通者也？蓋雖以明道先生之高明純粹

第2110页

，又早獲親炙於濂溪，以發其吟風弄月之趣，亦必反求諸六經而後得之。但其所稟，鄰於生知，聞一以知十，與他人極力於鑽研者不同耳。又安得以前日之鑽研文義為非，而以墮此科臼為悔？夫得魚忘筌，得兔忘蹄可也，矜魚兔之獲，而反追咎筌蹄以為多事，其可乎哉？然世之徒事鑽研，而不知反說約者，則不可不深有儆於斯言也。抑草廬既有見夫所謂昭昭者，又以不使有須臾之間斷，為庶幾乎尊之之道，其亦然矣。而下文乃云：余此有未能，則問於人，學於己，而必欲其至。夫其須臾之間間斷與否，豈他人之所能與？且既知所以尊之道在此，一有間斷則繼續之而已，又安得以為未能，而別有所謂學哉？是則見道固難，而體道尤難。……（困知記附錄與王陽明書一）

羅欽順對陽明的朱子晚年定論作了中肯的評說。到嘉靖中，隨着學禁的興起，更有陳建起來作學蔀通辨，對程敏政的道一編與陽明的朱子晚年定論作了全面的批判考辨，了結了這一樁朱陸之學異同紛爭中的奇案。因此可以說，陽明同兩京程朱派的朱陸之學異同的論戰，因他的朱子晚年定論這一部有爭議的書而最終失敗了，也為後來的嘉靖學禁的興起埋下了禍種。但是陽明卻更堅定不屈地走着自己

第2111页

第2772页

的心學之路，他對這場論戰挫折進行了自我反思，升華自己的批判朱學的心學思想，走上了「良知」說的覺悟新路，揚棄了「朱子晚年定論」舊說，到晚年他就像否棄了遊海詩一樣否棄了「朱子晚年定論」。不可思議的是，後來錢德洪在隆慶六年編定陽明全書時，又莫名其妙地撿起這本「朱子晚年定論」，不倫不類地編入傳習録中（附最末），反倒貶損了傳習録中陽明鮮明批判朱學的心學鋒芒，誤導了不明真相的後人對陽明「朱子晚年定論」舊說的認識。五百年來人們竟為陽明的「朱子晚年定論」這一樁早已了結的過時公案展開了紛爭論辯，就不能不說是一場喜劇性的歷史誤會了。（按：今人又有把陽明的「朱子晚年定論」說視為是一種會通「朱陸」、和會「朱陸」的思想，把它歸入元明以來興起的會通「朱陸」的思潮中，甚至認為陽明的朱子晚年論開了會通「朱、王」思想的先河，其說亦誤。陽明的「朱子晚年定論」說實質上是一種是陸反朱的思想，是在虛構所謂「朱子晚年定論」的掩蓋下以陸反朱，以「朱子攻朱子」，陽若取朱子而實抑朱子（陳建語）。陽明的心學就是一種反朱學的思想體系，他一生都持批判否定朱學的立場，從來沒有想要「和會朱陸」、「會通朱陸」。

自然，從批判僵化保守的官方程朱理學的積極意義上看，陽明同兩京程朱派的朱陸之學異同論戰還是產生了巨

第2773页

大的影響與效應。可以說這是正德以來新興崛起的心學派向禁錮士人頭腦的官方程朱理學統治思想發起的第一次公開的挑戰。他的「朱子晚年定論」，與其說是他在對朱陸之學的異同作嚴肅的經院式的學術討論，不如說是他在用調侃嘻嘲的筆法諷刺那些保守可笑的程朱派「世儒」，衝擊被官方定為神聖獨尊偶象的程朱理學的禁網。他用「朱子晚年定論」說的反諷武器對官方程朱理學的挑戰雖然失敗，却為他後來超越「朱子晚年定論」說而用「良知」說的批判武器對官方程朱理學的挑戰准備了條件。從這一意義上說，陽明的以陸化朱學消解朱學的「朱子晚年定論」，在實際上也仍起到了批判當時官方僵化的程朱理學與保守的程朱派的一定作用。

王陽明正德十四年的「良知之悟」

在王陽明良知心學思想的發展歷程上，王陽明什麼時候覺悟良知，提出了致良知的心學本體工夫論體系，這是研究王陽明心學思想的一個重要關鍵問題。對王陽明的良知之悟歷來有二說：一是認為良知之悟發生在正德四年陽明在貴州龍場驛時，二是認為良知之悟發生在正德十六年陽明在江西時。這二種說法都是由錢德洪提出，五百年來

為後人所信從。本文認為錢德洪的說法自相矛盾，也沒有任何資料依據。實際上，王陽明的「良知之悟」發生在正德十四年，是他進一步反思自己的「朱子晚年定論」說的思想升華，也是他在平宸濠叛亂的「百死千難」中發展形成的。嘉靖三年中秋，陽明向門人學子談到自己的思想發展說：「予自鴻臚以前，學者用功尚多拘局；自吾揭示良知頭腦，漸覺見得此意者多，可與裁矣。」（錢德洪：刻文錄叙說）王陽明任南京鴻臚寺卿在正德九年五月到十一年十二月，陽明在這裏明確地說到他的「良知之悟」與揭示「良知之教」發生在正德十二年以後，已經否定了錢德洪的正德四年說與正德十六年說。就是錢德洪本人論王陽明的學術思想三變也說：「先生之學凡三變，其為教也亦三變：……居貴陽時，首與學者為『知行合一』之說；自滁陽後，多教學者靜坐；江右以來，始單提『致良知』三字，直指本體。」（錢德洪：刻文錄叙說）所謂江右以來，就指正德十二年赴江西任以後，可見錢德洪自己也否定了正德四年說與正德十六年說。大量資料證明，王陽明的「自吾揭示良知頭腦」，是在正德十四年。在驚心動魄的平宸濠叛亂的征戰中，如果說陽明的平宸濠的神速成功導致了他在政治上的悲劇命運，那麼他的平宸濠亂歷經的磨難卻導致了他在心學思想上的新飛躍，開啟

第2774页

了他的心學的「良知之悟」與「致良知」的「正法眼藏」，超越了白沙與陸九淵的心學，從而完整建構起了自己更恢宏廣大的致良知的本體工夫論的王學思想體係。

陽明還在正德十二年九月從征橫水時，就已經思考起「破山中賊易，破心中賊難」的問題，這實際上已是一個「良知」的問題。所謂「心中賊」，就是指人心被私欲所戕害蠹蝕，人心墮落迷失，不能知善知惡，行善去惡，如何使知善知惡的心不被人欲賊害，又如何使被人欲賊害的心復歸於知善知惡。這種對破「心中賊」的思考引導陽明通向了對心的知善知惡的認識，把關注的目光集中到孟子所說的「良知良能」與大學所說的「致知」上。到正德十三年，陽明已經把心體體認同良知良能結合起來進一步思考，要弟子們「就自己心地良知良能上體認擴充」（傳習錄卷上）。這是陽明第一次明確提出了心即良知的思想，表明「良知」之悟已經在他心中萌動。到正德十四年春天，陽明與汪循圍繞朱子晚年定論展開的一場朱陸之學異同的論辯，可以看成是激發陽明的「良知之悟」的「前奏曲」。先是在正月，汪循寫成閑辟辯，為程瞳的閑辟錄張目，他把這本書寄給了陽明，同時在給陽明的信中論辯朱陸之學的異同說：

向以仁峰精舍求記一言者，非為炫文辭，希媚取寵而要

第2775页

聞譽也，誠以此學自宋儒程、朱諸子發明訓釋之後，學者類能言之，但使之舍舊說而自為言，則未免為捉風捕影，而所謂卓爾者，莫知所在也。若夫攻文辭，取青紫，習訓詁，資口耳以為學者，舉世皆是，不可救矣。有能因程朱諸子之言，以求孔子，即孔子之言以求堯、舜、禹、湯、文、武、周公，則舍誦法經訓、辨釋之外，何所致其力乎？六經，孔子所作也，不知三代以前，無經可誦，無義可釋，君臣父子之間穆穆夔夔，薰漸援引，以濟仁聖之域者，又何所學乎？昔程子講學伊洛之間，亦未聞以讀書為事也。謝顯道舉史不遺，以為玩物喪

第2776页

志；及送龜山，乃有道南之嘆，其學端有所在。豫章、延平蓋得於龜山者，以授吾子朱子，信不誣也。然羅、李二公無著書之富，無辭藻之功，其所學者何學，而所事者何事乎？而吾朱子所謂潛思力行，任重詣極者，亦將何所指而言乎？說者謂讀書雖有考索之富，而擴充變化之無術，雖有辨析之精，而持守堅定之無能，則夫隱微之際，私欲之萌潛暗長而不自知者，卒至於波流風靡，而吾之所得於天者，由之而褻矣。然則何貴乎讀書也？……夫學貴實行，而不事空談，真知道者之言也。但不知執事之意，真責某以力行乎？抑以為不屑教而姑託

辭以却之？責某以力行，固不敢不勉；以為不屑教，乃所以深教之，尤不敢不勉也……庸是再布區區，並近與學者辨論朱陸異同一編（按：指閑辟辯），上求印正，政令雷厲風行之暇，不惜統賜誨言，以慰渴想。（汪仁峰先生文集卷五復王都憲書一）

汪循主要同陽明論讀書講學，大致他還是肯定讀書力學的重要，認為六經是孔子所作，故可以從讀六經中探求堯、舜、禹、湯、文、武、周公、孔子之道。宋儒程、朱諸子發明訓釋六經，故可以從讀程朱之書中探求堯、舜、禹、湯、文、武、周公、孔子之道。二程講學伊洛，形成了一

第2777页

個從二程到謝顯道、楊龜山、羅豫章、李延平、朱子心心相傳的學統，可以從這一程朱學統探求儒家的道統。這還是接續了當年陽明與程朱派的朱陸之學異同論戰的話頭展開論辯，他寫的閑辟辯進一步表達了他的這一是朱非陸的立場。陽明立即回信說：

遠承教札，兼示閑辟辯，見執事信道之篤，趨道之正，喜幸何可言！自周、程後學厖道晦且四百餘年，逃空寂者，聞人足音跫然喜矣，況其親戚平生之歡乎？朱陸異同之辨，固守仁平日之所召尤速謗者，亦嘗欲為一書，以明陸學之非禪，見朱學亦有未定者；又恐世之學者先

懷黨同伐異之心，將觀其言而不入，反激怒焉，乃取朱子晚年悔悟之說，集為小冊，名曰朱子晚年定論，使巨眼者自擇焉。將二家之學，不待辯說而自明矣。近門人輩刻之雩都，士夫見之，往往亦有啟發者。今復得執事之博學雄辭，闡揚剖析，烏獲既為之先登，懦夫益可魚貫而前矣，喜幸何可言！辱以精舍記見委，久未奉命，此誠守仁之罪也，悚仄，悚仄！然在向時，雖已習聞執事之高明，知所景仰，而於學術趨向之間，尚有未能盡者。今既學問道合，同心之言，其容已乎？兵革紛擾中，筆札殊未暇，乞休疏已四上，期在必得。不久歸投山

林，當徐為之也。（又答汪進之書，見汪仁峰先生外集卷三）

陽明没有從正面作出詳辯，他實際用朱子晚年定論作了回答，仍堅持認為陸氏心學非禪，朱子晚年定論已與陸學同。汪循便在二月給陽明又寫了一封長信，把批評的鋒芒對準了朱子晚年定論序，更明確地批駁說：

向不揣僭以朱陸之說上質高明，伏蒙許可，自信一得之愚，有以上同於大賢君子，豈勝欣慰！且喻「亦欲嘗為一書，以明陸學之非禪，見朱學亦有未定者；又恐世之學者先懷黨同伐異之心，將觀其言而不入，反激怒焉，乃

取朱子晚年悔悟之說，集為一小冊，名曰朱子晚年定論。其中略不及陸學之說，使學者不以先入之見橫於胸中而自擇焉」。又以見大賢君子用意微婉，宅心忠厚，而孜孜焉善誘人也。但其序中自言其所造詣，述其先難之故，後得之由，而其微詞奧義，有非老昧淺陋之所及知者，不能無疑焉…………庸是謹以其所疑者，復叩質於高明，必得其同而後已。蓋道一不容有二也，惟高明其裁之。

序言：「洙泗之傳，至孟氏而息，千五百餘年，濂溪、明道始復尋其緒。」按程叔子作明道先生墓表，云「先生千四百之後」，蓋舉成數也。今執事云「千五百餘年」，雖或考據

之精，然非義理所關鍵，不若因之之不見自異於先儒，如何？此其不能無疑一也。

序云：「自後辨析日詳，然亦日就支離決裂，旋復湮晦。吾嘗深求其故，大抵皆世儒之多言有以亂之。」札云：「自周、程後學厖道晦且百餘年。」其餘以為辨析支離決裂之弊，則羅仲素、李延平以前，竊恐無之，多言亂道，此正學朱者之弊也。竊探執事之意，概掩朱子著述之功，此其不能無疑二也。

序曰「乃知從事正學，而苦於衆說之紛撓疲疢，茫無可入，因求諸老、釋，欣然有會於心，以為聖人之學在此矣」

云云，至「恍若有悟，證諸五經、四子，沛然若決江河，而放諸四海也」。某愚以為古之儒先從事性命根本之學者，多出入佛老，而後有得於心，蓋非實用其力體道於幾微之妙者，不能為此言也。然彌近理而大亂真者，毫釐之間耳，不可不慎也。執事既以陸氏之學為時流所忌而避去之，而復不晦於此，不又駭人耳目乎？此其不能無疑者三也。

序曰「雖每痛反深抑，務自搜剔斑瑕，而愈益精明的確，洞然無復可疑，獨於朱子之說有相牴牾」云云，至「世所傳集注、或問之類，乃其中年未定之論，自咎以為定本之

第2780页

誤，思改正而未及」。某愚以為朱子之說有牴牾者，正在於與陸子攻詆辨論之時，與夫學者群居議論訓釋之習爾，初不在於傳注之間也……某嘗僭謂朱子之訓釋經子，與孔子刪述六經同功，然孔子雖不刪述六經，而所以上承堯、舜、禹、湯、文、武之傳者，固在也。朱子集周、程而下諸儒之說，而成一家之言，其於經書毫分縷析，昭如日星，啟蒙後人，明道之功，豈可少哉！然其所以接周、程諸子之傳，則亦不在於是也。若夫集注、或問之類，反復訂，至精至密，若誠意章乃其絕筆，雖曰猶有不滿其意者，亦微矣。執事乃以此為中途未定之說，此其不能無疑者四也。……（汪仁峰先生文集卷五復王都憲書二）

汪循這封長信，可以說是對陽明的朱子晚年定論序所作的全面批評。實際他對陽明的「朱子晚年定論」說本身沒有作多少正面的批評，而是尖銳提出了陽明這本書存在的一個根本問題，那就是：你只是提出了朱熹思想晚年轉向了陸學，但是你卻還沒有能證明陸學不是禪學，所以所謂「朱子晚年定論」說還是一個沒有意義的命題，所謂由此將「二家之學，不待辨說而自明」也同樣不能成立。陽明自己也承認這本書「其中略不及陸學之說」，汪循正是抓住了朱子晚年定論的

第2781页

這個漏洞提出質疑，這對陽明也是一個啟發，他需要彌補這個漏洞，從正面補證充實「朱子晚年定論」之說，這就自然接上了陽明先前對「就自己心地良知良能上體認擴充」的思考，可以把陸學的「人心至靈」說上溯到孟學的「良知良能」說，陸學就可以歸本於孔孟之學，而不是禪學了。因為汪循在二月去世，陽明沒有來得及作書回答，但他後來往休寧訪汪循故居所作的書汪進之太極巖二首與題仁峰精舍詩，實際就是對汪循來信的回答，反映了陽明在接到汪循最後一封來信後對「良知」的新思考。詩中說「須知太極元無極，始信心非明淨臺」，「人人有個圓圈在，莫向蒲團坐死灰」，這個人人

有的「太極圖圖」就指良知。這就是陽明對汪循「陸學是否禪學」的回答。

「良知之悟」的真正到來是在四月。安福鄒守益來贛受學，向陽明問「格物致知」之說，頓時激發了陽明從大學「致知」的思路上向鄒守益大闡「致良知」之學。後來耿定向在東廓鄒先生傳中是這樣寫到陽明與鄒守益兩人的「良知之悟」說：

（守益）一日讀大學、中庸，訝曰：「子思受學曾子者，大學先格知，中庸首揭慎獨，何也？」積疑不釋。己卯，先生年二十九，就質王公於虔臺，王公曰：「致知者，致吾心之良知於事事物物也；致吾心之良知於事事物物，則事事物物皆得其理矣。獨，即所謂良知也；慎獨者，所以致其良知也；戒謹恐懼，所以慎其獨也。大學、中庸之旨，一也。」先生豁然悟，遂肅贄師事焉。逾月，再如虔臺。未幾，宸濠反。（耿天臺先生文集卷十四）

鄒德涵在文莊府君傳中所述稍異：

逾年，府君念易齋翁不置，亦請告歸。四方士即山房受學，府君曰：「前而黨知子思之學受於曾子乎？今朱氏解格物與慎獨異，何也？」諸生莫能解。己卯，謁陽明先生於虔，以其疑質之。王公大喜曰：「吾求友天下有年矣，未有是疑，何子之能疑也！」因告之曰：「致知者，致吾之良知也。格物者，不離倫物，應感以致其知也，與慎獨一也。」府君翻然悟曰：「道在是矣！」遂執弟子禮。歸而與諸生言曰：「吾夢二十九年矣，而今始醒。而黨其勿復蒙也夫！」（鄒聚所先生文集卷三。按：關於此事，諸家所敘各有詳略，然意思皆同。如徐階鄒公神道碑銘云：「公不自謂足，退而讀書山中。數有疑於格致、戒懼、慎獨之說，以質陽明先生。先生曰：『致知者，致吾心之良知於事事物物也；致吾心之良知者，致知也；事事物物皆得其理者，格物也。獨，即所謂良知也；慎獨者，所以致其良知也；戒謹恐懼，所以慎其獨也。故大學、中庸之旨，一也。』公大悟，北面師事焉，轉以其說告語門人弟子。」（世經堂集卷十九））

聶豹則明確把這次兩人的「講論格物致知」稱為「妙悟良知之秘」：

已聞陽明先生講學虔南，牽舟往從之。一見相契，妙悟良知之秘，渙然自信，曰：「道在是矣！」反顧胸中所蓄數萬卷書，糟粕也。於是四拜北面，奉以終身，如蓍龜焉。先生贈之曰：「君今一日真千里，我亦當年苦舊迷。」蓋亦恨相契之晚也。（聶豹集卷十二大司成東廓公七十壽序）聶豹說的「妙悟良知之秘」，既是說鄒守益，也是說陽明自己，這一「良知之悟」是在兩人講學論道的心靈共同交融貫通上激發的「妙悟」——由迷到悟（一如朱熹之於蔡元定）。陽明詩說「君今一日真千里」，是說鄒守益的「良知之悟」；「我亦當年苦舊迷」，是說陽明自己的良知之悟。正德十四年四月兩人這場講學論道就是他們由「舊迷」到「新覺」的共同的「良知之悟」。超越了陽明的乙丑之悟與龍場之悟，陽明的「良知之悟」，是對「良知」與「致良知」的心悟，包含了三方面的新覺：一是悟所謂「致知」，認為致知就是致吾心之良知於事事物物，致知即致良知；二是悟所謂「良知」，認為良知就是指吾心之「獨」（獨知），所以慎獨即致良知，戒謹恐懼即慎獨，亦即致良知；三是悟所謂「格物」，認為格物就是致吾心之良知於事事物物，事事物物皆得其理，因為心外無理，理不在物，是心通過致良知將心中之理推及於事事物物，從而事事物物皆得其理，這就叫「格物」。顯然，陽明是從鄒守益提出的「格物致知」與「慎獨戒懼」的思路上啟發悟入，把大學的「知」解釋為「良知」，把「致知」解釋為「致良知」；把中庸的「獨」解釋為「知」，把「慎獨」解釋為「致良知」，從而把大學的「致良知」與中庸的「慎獨戒懼」統一起來，建構起一個以良知為本體、以致良知為工夫的終極關

第2184页

懷的心學思想體係。這是陽明自己對「良知」與「致良知」的本體工夫論心學思想體係最初的經典詮說，鄒守益自也一再提到了這一兩人大悟「良知」與「致良知」的良知之悟說：

問：「戒慎工夫與誠意致知格物之旨同異，何以別？」曰：「戒慎恐懼，便是慎；不睹不聞，莫見莫顯，便是獨。自戒懼之靈明無障，便是致知；自戒懼之流貫而無虧，便是格物。故先師云：『子思子撮一部大學作中庸首章，聖學脈絡通一無二，淨洗後世支離異同之窟。正心是未發之中，修身是發而中節之和；天地位，萬物育，是齊家治國平天下。』……（鄒守益集卷十六浙遊聚講問答）

往者嘗疑大學、中庸一派授受，而判知行，析動靜，幾若分門立。及接溫聽厲，反復詰難，始信好惡之真，戒懼之嚴，不外慎獨一脈。獨也者，獨知也。獨知之良，無聲無臭，而乾坤方有基焉。知微之顯，其神矣乎！（鄒守益集卷七龍岡書院祭田記）

陽明與鄒守益的「妙悟良知之秘」，就是在這種「接溫聽厲，反復詰難」中「靈光乍顯」頓然開悟的。

「良知之悟」開啟了陽明自我心學思想的新的發展之路（王學），是向心學終極關懷境界的提升。良知即心體（真體），自此「良知」成為陽明心學思想體係無上的「大頭腦」，儒家聖

第2185页

門的「正法眼藏」，人人心中具有的「太極」，照耀世人的人心救贖之路的「明燈」。所以緊接着良知之悟而來的，便是陽明開始大倡「良知」之教。雖然因為突然爆發了宸濠叛亂，一時使他無暇對「良知」說展開全面深入的思考，但他仍然在平宸濠亂的征戰中同士子講論「良知」之學，用「良知」說來警醒世人，痛砭世道戰亂，開導教化人心。在六月宸濠發動叛亂時，鄒守益又來吉安問良知之學，適逢陽明在吉安倡義起兵，人們都笑陽明太愚蠢，甚至認為陽明有詐。鄒守益見人心凶凶，進軍營來問陽明，陽明回答說：「此義無所逃於天地之間，使天下盡從寧王，我一人決亦如此做。人人有個良知，豈無一人相應而起者？若夫成敗利鈍，非所計也。」（王畿集卷十三讀先師再報海日翁吉安起兵書序）這裏說的「人人有個良知」，就是他在書汪進之太極巖中說的「人人有個圓圈在」（太極），陽明相信人人心中有個良知，知善知惡，所以定會起來響應陽明平宸濠叛亂，按良知去做，懲惡揚善。心中良知澄明，便能臨事不動心，泰山崩於前而不動搖，可以行師用兵克敵制勝。這是一種實踐的「良知」（知行合一），是陽明在「良知之悟」後大揭「良知」之學的根本之教。薛侃記下了陽明論「良知臨事不動心」之教的一幕：

尚謙言：昔見有待於先生者，自稱可與行師。先生問之，對曰：「某能不動心。」曰：「不動心可易言耶？」對曰：「某得制動之方。」先生笑曰：「此心當對敵時且要制動，又誰與發謀出慮耶？」又問：「今人有不知學問者，盡能履險不懼，是亦可與行師否？」先生曰：「人之性氣剛者，亦能履險不懼，但其心必待强持而後能。即强持便是本體之蔽，便不能宰割庶事。孟施舍之所謂守氣者也。若人真肯在良知上用功，時時精明，不蔽於欲，自能臨事不動。不動真體，自能應變無言。此曾子之所謂守約，自反而縮，雖千萬人吾往者也。（錢德洪征宸濠反間遺事）

所謂「在良知上用功，時時精明，不蔽於欲」，就是指致良知的工夫，去私欲之蔽，無欲則剛。通過致良知的去蔽工夫，良知澄明，自能臨事不動；真體不動，自能應萬變，戰無不勝。這也是一種用兵之道，後來錢德洪也記錄了陽明這種「良知臨事不動心」的用兵之道：

德洪昔在師門，或問：「用兵有術否？」夫子曰：「用兵何術？但學問純篤，養得此心不動，乃術爾。凡人智能相去不甚遠，勝負之決不待卜諸臨陣，只在此心動與不動之間。昔與寧王逆戰於湖上時，南風轉急，面命某某為火攻之具。是時前軍正挫卻，某某對立矍視，三四申告，耳如弗聞。此輩皆有大名於時者，平時智術豈有不足，

臨事忙失若此，智術將安所施？（征宸濠反間遺事）

錢德洪還記録下了鄒守益所親見的陽明在平宸濠亂中「良知臨事不動心」的大智大勇：

先生在吉安，守益趨見曰：「聞濠誘葉芳兵夾攻吉安。」先生曰：「芳必不叛。諸賊舊以茅為屋，叛則焚之。我過其巢，許其伐鉅木創屋萬餘。今其黨各千餘，不肯焚矣。」益曰：「彼從濠，望封拜，可以尋常計乎？」先生默然良久曰：「天下盡反，吾輩固當如此做。」益惕然，一時胸中利害如洗。（陽明先生年譜）

又嘗聞謙之曰：「昔先生與寧王交戰時，與二三同志坐中軍講學。諜者走報前軍失利，坐中皆有怖色。先生出見諜者，退而就坐，復接緒言，神色自若。頃之，諜者走報賊兵大潰，坐中皆有喜色。先生出見諜者，退而就坐，復接緒言，神色亦自若。」（征宸濠反間遺事）

這裏說的「坐中軍講學」，就是指陽明在軍中講「良知」之學。人人心中有個良知真體，陽明就是用這種「良知臨事不動心」的用兵之道戰勝了宸濠。

到七月下旬陽明平定宸濠亂，進入省城南昌，南昌成了四方士子來問學朝拜的「聖地」。在南昌，陽明開始廣泛向四方來學士子大揭「良知」之教。親睹這一幕的鄒守益說：「先

第2789页

生開講於南昌。門人舒芬、魏良弼、王臣、饒得温、魏良政、良器等同舊遊畢集……嘗語學者曰：『吾黨知學問頭腦，不慮無下手處。只恐客氣為患，不肯實致其良知耳。』」（王陽明先生圖譜）四方學子都湧進南昌來問良知之學。首先是因諫武宗南巡削籍歸臨川的陳九川來南昌受良知之教，陽明向他詳論了自己的「良知」新說，陳九川都原原本本記録下來，收進了傳習録中：

己卯，歸自京師，再見先生於洪都。先生兵務倥傯，乘隙講授，首問：「近年用功如何？」九川曰：「近年體驗得『明明德』功夫只是『誠意』。自『明明德於天下』，步步推入根源，到『誠意』上，再去不得，如何以前又有格致工夫？後又體驗，覺得意之誠偽，必先知覺乃可，以顏子有『不善未嘗不知，知之未嘗復行』為證，豁然若無疑，卻又多了『格物』工夫。又思來吾心之靈，何有不知意之善惡，只是物欲蔽了，須格去物欲，始能如顏子未嘗不知耳。又自疑功夫顛倒，與誠意不成片段。後問希顏，希顏曰：『先生謂格物致知是誠意功夫，極好。』九川曰：『如何是誠意功夫？』希顏令再思體看，九川終不悟。請問。」先生曰：「惜哉！此可一言而悟。惟濬所舉顏子事便是了，知身心意知是一件。」九川疑曰：「物在外，如何與身心意知是一件

第2790页

?」先生曰：「耳目口鼻四肢，身也，非心安能視聽言動？心欲視聽言動，無耳目口鼻四肢亦不能，故無心則無身，無身則無心。但指其充實處言之謂之身，指其主宰處言之謂之心，指心之發動處謂之意，指意之靈明處謂之知，指意之涉着處謂之物，只是一件。意未有懸空的，必着事物，故欲誠意則隨意所在某事而格之，去其人欲而歸於天理，則良知之在此事者無蔽而得致矣。此便是誠意的工夫。」九川乃釋然，破數年之疑。

又問：「甘泉近亦信用大學古本，謂格物猶言造道。又謂窮理如窮其巢穴之窮，以身至之也。故格物亦只是隨處

體認天理，似與先生之說漸同。」先生曰：「甘泉用功，所以轉得來。當時與說『親民』字不須改，他亦不信，今論格物亦近，但不須換物字作理字，只還他一物字便是。」後有人問九川曰：「今何不疑『物』字？」曰：「中庸曰『不誠無物』，程子曰『物來順應』，又如『物各付物』、『胸中無物』之類，皆古人常用字也。」他日先生亦云然。

九川問：「近年因厭泛濫之學，每要靜坐，求屏息念慮，非惟不能，愈覺擾擾，如何？」先生曰：「念如何可息？只是要正。」曰：「當自有無念時否？」先生曰：「實無無念時。」曰：「如此却如何言靜？」曰：「靜未嘗不動，動未嘗不靜。

戒謹恐懼即是念，何分動靜？」曰：「周子何以言『定之以中正仁義而主靜』？」曰：「無欲故靜，是『靜亦定，動亦定』的『定』字，主其本體也。戒懼之念是活潑潑地，此是天機不息處，所謂『維天之命，於穆不已』，一息便是死。非本體之念，便是私念。」又問：「用功收心時，有聲有色在前，如常見聞，恐不是專一。」曰：「如何却不聞見？除是槁木死灰、耳聾目盲則可。只是雖聞見而不流去，便是。」曰：「昔有人靜坐，其子隔壁讀書，不知其勤惰，程子稱其甚敬。何如？」曰：「伊川恐是譏他。」又問：「靜坐用功，頗覺此心收斂，遇事又斷了。旋起個念頭，去事上省察；事過

又尋舊功，還覺有內外，打不作一片。」先生曰：「此格物之說未透。心何嘗有內外？即如惟濬，今在此講論，又豈有一心在內照管？這聽講說時專敬，即是那靜坐時心，功夫一貫，何須更起念頭？人須在事上磨煉做功夫，乃有益。若只好靜，遇事便亂，終無長進。那靜時功夫，亦差似收斂，而實放溺也。」（傳習録卷下）

陳九川也同鄒守益一樣從「格物致知」上發問悟入，陽明便從體認「良知」本體上建構立論，提出了一個完整的致良知的本體工夫論心學體係。他從三方面精要闡述了自己這一致良知的本體工夫論心學體係：

一是以良知為本體，以致良知為工夫，貫通了格物、致知與正心、誠意的工夫。陳九川告訴陽明說自己做明明德的工夫，步步推到「誠意」，再往上便無法推到「致知」、「格物」上去。陽明認為這是他沒有認識到「致知」即是「致良知」，「知」即是「良知」本體。明乎良知本體與致良知工夫，則自然可由「誠意」再上推至「致知」、「格物」，直達良知本原。「誠意」之前所以還有「格物」、「致知」的工夫，就是因為這裏說的「物」是「指理」，「知」是「指良知」，所以格物就是正心，格其不正以歸於正；致知就是致良知，推及良知於事事物物，使事事物物皆得其理。這樣，陽明就把「誠意」的工夫同「格物」、「致知」的工夫打通統一

第2793页

起來，所以陽明明確說：「欲誠意則隨意所在某事而格之，去其人欲而歸於天理，則良知之在此事者無蔽而得致矣。此便是誠意的功夫」。

二是以身、心、意、知、物為一體，構建了一個心—意—知—物的多重邏輯結構層次的心學思想體系。陽明强調身、心、意、知、物是一件事，尤特別强調物與身、心、意、知為一體，因為在他看來，心外無物，心外無理，比如意不可能懸空存在，它必須顯現在物中，落實到物處，所以物是意的着在、涉着。因為心含萬理，心包萬物，吾心便是宇宙，所以心無內外，身、心、意、知、物是一件，是一體，無分內外，他說：「（心）但指其充實處言之謂之身，指其主宰處言之謂之心，指心之發動處言之謂之意，指意之靈明處言之謂之知，指意之涉着處言之謂之物，只是一件。」顯然，這是以心為體（本體），以身、意、知、物為用（現象），體用一如，顯微無間。在這裏，已經包含了陽明後來的王門四句教的心學體係的雛形。

三是把大學的格物致知與中庸的戒慎恐懼結合起來，構建了一個默坐澄心與事上磨煉相統一的致良知的工夫論體係。陽明認為，動靜是統一的，靜中有動，動中有靜，默坐澄心（靜坐）的心「靜」是一種動靜合一的心定，是一種

第2794页

活潑潑的「主其本體」，不是「無念」而是「正念」，故它還須同事上磨煉結合起來，才能形成一種動靜一貫的致良知的工夫。「致良知」的工夫包含了兩個方面的致知工夫：一是「去蔽」，不斷致力於清除蒙蔽在良知上的私欲、塵污，使良知澄明靈覺，知善知惡（默坐澄心，正念頭）；二是「擴充」，不斷擴充良知，推致良知及於事事物物，使事事物物各具其理（事上磨煉）。所以陽明的「致良知」工夫一方面强調要作默坐澄心的體認工夫，「即是那靜坐時心，功夫一貫，何須更起念頭」，以去良知之蔽；另一方面又强調「人須在事上磨煉，乃有益」，以擴充良知之心。

無疑，從陽明這番向陳九川大揭「良知」的說教中，可以清楚看出他大致已經形成了完整的致良知的心學思想體係。在南昌，他就是向四方學子講論這種致良知的心學思想。稍後於陳九川，進賢舒芬、萬潮、南城夏良勝等學子來南昌問學，陽明都是向他們發良知之教，陳九川記下了他們講論良知的一席談話：

（陳九川）後在洪都，復與于中（夏良勝）、國裳（舒芬）論內外之說。渠皆云：「物自有內外，但要內外並著功夫，不可有間耳。」以質先生，曰：「功夫不離本體，本體原無內外。只為後來做功夫的分了內外，失其本體了。如今正要講明功夫要有內外，乃是本體功夫。」是日俱有省。又問：「陸子之學何如？」先生曰：「濂溪、明道之後，還是象山，只是粗些。」九川曰：「看他論學，篇篇說出骨髓，句句似鍼膏肓，却不見他粗。」先生曰：「然他心上用過功夫，與揣摹依仿，求之文義，自不同。但細看有粗處，用功久當見之。」（《傳習録》卷下）

這裏說的「功夫不離本體，本體原無內外」，就是指他的致良知的心學本體工夫論思想體係。所以到夏良勝受教別歸時，他在別詩中盡情吐露了對陽明的「良知」之教的崇仰之情：

奉和陽明別韵一首

孔孟已不作，障柱回波翻。
遺簡秘魯殿，捫筆窺文園。
老虛天竺寂，訓詁紛多門。
韓歐伎倆資，佔畢濂洛尊。
下學莫有擇，濟俗何由敦。
大哉孰嫡傳，小子無前聞。
愚頑亦稟性，天地匪喪文。
緣莚攀華巔，斷港窮河源。
汩沒二千載，刈葵傷乃根。
潰忘恍有覺，易簡思避繁。
陽明闡道教，心慕足已奔。
馬黃歷塊影，舟葉兼朝昏。
展拜皋比溫，直是洙泗原。
與人無棄瑕，衛道若守藩。
格物開衆妙，良知翕獨存。
大同異自息，魚躍鳶斯騫。
度內亦廖廓，眼底忘輕軒。
來暹莫自咎，去亟莫自云。
得師更得友，立德斯立言。
矢心循周行，蹐騶無僨轅。

第2797页

登舟順逆風，居行如共論。（東洲初稿卷十二）所謂「格物開衆妙，良知翕獨存」，就是聶豹說的「妙悟良知之秘」。夏良勝把陽明的良知心學上接洙泗孔孟的道統，尊為孔孟之道的「嫡傳」，孔孟道統汨沒二千載，終於有陽明乘時而起，接續道統，高擎易簡廣大的良知心學的「法燈」，成為新一代的道統聖人。夏良勝在九月回到南城後，又再一次寫信給陽明表示對陽明良知之教的敬仰說：「日者不自分量，謬有所陳，荷休休與善，不以為大不可，自吾邦吾得面命也。既而汝信（萬潮）儀部使至，惟濬（陳九川）太常使至，教亦云然。顧蹇劣莫似，何修至此？山谷云：『心親而千里晤語』。大幸大幸！」（東洲初稿卷十三再奉陽明先生書）而陽明在九月十一日偕撫州知府陳槐獻俘從南昌出發，一路上仍不忘講良知心學。舟過安仁，桂萼、桂華兄弟來訪論學，陽明同他們專論格物致知之學，不能相合。康熙饒州府志上有桂華傳記載這件事說：

桂華，字子樸，安仁人。正德癸酉科鄉薦。少穎敏，偕弟萼師事胡敬齋門人張正，敦行古道。慨宋儒蔡西山有衛道功，崇祀弗及，擬疏以請於督學邵公寶，寶以天下士奇之……都御史王守仁討逆濠過安仁，與少保萼論格致說不合，王請華，華曰：「華雖論道先生意，然終有不可同者。」遂剖析其大意，王不能難。（康熙饒州府志卷二十二桂華傳）

第2798页

桂華、桂萼都是正統的信奉程朱理學者，所謂「論格致說」，就是論「致良知」說，桂萼、桂華堅持程朱的格物致知之說，自然同陽明的致良知之說終不能合。這裏已經埋下了後來陽明與桂萼政治上與思想上矛盾糾葛的禍種。

陽明在十月到達錢塘後，因俘由張永領走，陽明留杭州養病待命。在西湖淨慈寺，他又經常向諸生學子們大闡良知之教。王畿在讀先師再報海日翁吉安起兵書序中詳細記述了一次陽明向來學諸生大揭良知心學說：

師既獻俘，閉門待命。一日，召諸生入講曰：「我自用兵以來，致知格物之功愈覺精透。」衆謂兵革浩穰，日給不暇，或以為迂。師曰：「致知在於格物，正是對境應感實用力處。平時執持怠緩，無甚查考；即其軍旅酬酢，呼吸存亡，宗社安危所繫，全體精神只從一念入微處自照自察，一些著不得防檢，一毫容不得放縱。勿助勿忘，觸機神應，是乃良知妙用，以順萬物之自然，而我無與焉。夫人心本神，本自變動周流，本自能開物成務，所以蔽累之者，只是利害毀譽兩端。世人利害不過一家得喪爾已，毀譽不過一身榮辱爾已。今之利害毀譽兩端，乃是滅三族，助逆謀反，繫天下安危。只如人疑我與寧王同謀，機少不密，若有一毫激作之心，此身已成齏粉，何待今日？動少不慎，若有一毫假借之心，萬事已成瓦裂，何有今日？此等苦心，只好自知。譬之真金之遇裂焰，愈鍛鍊愈發光輝。此處致得，方是真知；此處格得，方是真物。非見解意識所能及也。自經此大利害、大毀譽過來，一切得喪榮辱，真如飄風之過耳，奚足以動吾一念？今日雖成此事功，亦不過一時良知之應迹，過眼便為浮雲，已忘之矣！夫死天下事易，成天下事難；成天下事易，能不有其功難；不有其功易，能忘其功難。此千古聖學真血脈路。」吾師一生任道之苦心也。（王畿集卷十三）

經歷了平宸濠亂的生死考驗，陽明的良知學得到一重新的思想升華，所以他說：「我自用兵以來，致知格物之功愈覺精透。」在這裏，陽明把致知與格物貫通起來，認為致知的工夫也就是格物的工夫，它們都是由良知之體顯示良知妙用，故他說：「致知在於格物，正是對境應感實用力處。」格物與致知都是良知妙用的工夫，它們都包含了正念頭與事上磨煉的雙重致知工夫，這樣的致知（致良知）才是真知，這樣的格物才是真物。如一般人所執着的事功之類，都

不過是「一時良知之應迹」，虛幻不實，如過眼雲煙，所以「成天下事易，能不有其功難；不有其功易，能忘其功難」。唯有從致真知、格真物入手，才能真正顯現良知的真妙用，而不執着於良知的虛應迹，故陽明說：「此處致得，方是真知；此處格得，方是真物。」他的良知心學才真正是「千古聖學真血脈路」。

實際上，還在九月陽明出發獻俘以前，陽明就已用這種致知與格物相統一、致真知與格真物相統一的良知心學同士子學者講學論道。孫燧三子孫堪、孫墀、孫陞在八月來南昌，陽明就同他們講論良知心學，還把朱子晚年定論送給了他們。孫氏三子受得良知心學，至九月才歸餘姚。到陽明在十一月獻俘歸南昌後，孫堪便寫來一封長信，同陽明詳細討論了良知心學與朱子晚年定論的關係，他說：

承惠朱子晚年定論。先生拔本塞源，蓋欲人及知朱子之所以為朱子，則凡俗儒狃於習聞之舊，反之茫無所據，而亦附倡異議，曰吾朱子之言謂何謂何云者，將倀然不知自失所以爭，而初學得此，亦或有所能疑而思問者矣……堪熟讀詳味，亦恐祗可為資質近美、學力將至與夫及門諸友道此耳。若夫氣昏物蔽、鹵莽淺妄之流，或未以相示也……先生憫俗儒之支離役役，徒敝精神，而考

其實用歸宿，未有不病焉者也。故闡明心學，指而示之，欲其因源以通於派，培根以達其枝，庶操之易為力，擴之易為功，不煩馳騖外求，一舉足而入切要之門，由□□□而不已，擴充之無窮，以馴至乎反身而誠，□□不難矣。此孔門極本之論，思、孟救焚拯溺之心，固非先生今日之私訓，而何深晦頗忒可疑哉！且先生序定論之篇，則既念美惡利害之情，不可不備舉而詔之也……堪之謬見，若猶以為有所未盡焉者，吾恐此中之甘美正非俗儒之所嘗啖也；非其所嘗啖，徒有甘美，不及知也。強而詔之，不能信也。欲其跬頃中之故物，而欣然趨以相就，不亦難乎？而況於驟信以相就，非面命之，猶將味其所以，取而啖之乎哉？彼存心致知，君子所以修德凝道之兩事，世俗所及聞知者，而先生所為教固未嘗外此而別立新條，亦未嘗使人專於存心而致知之一義也。特因性分固有，而推類以盡其餘，視區區索之於外者，不能無少異矣。而有致二者，下手先後輕重之間，所爭才毫釐，毫釐決而千里定矣。先生盍不俯就其所及知，而惟毫釐之異者挈□言並示之，不徒攻其燕越迥絕之謬而已也。則道不改闢，器不改制，發軔之地，回南轅而北之人，皆可以想見其幾之近且易矣。幾近且易，道平且直，而又世俗所可想見，夫然後南方有志之士聞言而不駭，勇從而不憚，坦然由之，而果見其無荊棘坑塹之艱，自將欲罷不能，以求造乎其極，而中人以下亦不待及門而洞見生之心，如青天白日……（孫孝子文集卷十答王陽明先生書）

孫堪的意思，是認為陽明其實不必迂曲立說，作朱子晚年定論去旁敲側擊攻朱學，而應當正面直接闡述自己的良知心學，這樣闡明心學，指而示之，欲其因源以通於派，培根以達其枝，庶操之易為力，擴之易為功，不煩馳騖外求，一舉足而入切要之門。他說的「擴充之無窮，以馴至乎反身而誠」，「彼存心致知，君子所以修德凝道之兩事」，就是指陽明的這種致良知的心學，是超越了他的「朱子晚年定論」說（陸學）的「造乎其極」的「孔門極本之論」（王學）。孫堪的說法，既是針對陽明的朱子晚年定論而發，也是針對陽明的「良知之悟」而發，在這裏，他向陽明及時提出了一個令人深思的問題：在陽明覺悟並建構了自己的致良知的心學思想後，原先的「朱子晚年論」舊說已經沒有意義，得意忘言，它應當作為「言筌」加以揚棄，陽明也沒有必要再用它來掩飾自己反朱學的立場了。

事實上，陽明在南昌也是這樣向士子學者大闡「良知之教的，「朱子晚年定論」之說向來沒有成為他講學論道的重點，也向來沒有成為他的良知心學思想體係的核心觀點。對陽明正德十四年的「良知之悟」，其實費緯祹在聖宗集要中已作了最好的總結：

（陽明）誅宸濠後，居南昌，始揭「致良知之學」，曰：「聖人之學，心學也。宋儒以知識為知，故須博聞強記以為之；既知矣，乃行亦遂終身不行，亦遂終身不知。聖賢教人，即本心之明，即知；不欺本心之明，即行也。於是舉孟子所謂「良知」者，合之大學「致知」，曰致良知，以真知即是行，以心悟為格物，以天理為良知」。（聖宗集要卷六王守仁）

費緯祹所引的文字，估計就是陽明在「良知之悟」之後所寫的一篇自論良知心學的文章，他對自己悟得的良知心學作了最簡捷明快的概括與總結，不啻是他的良知心學誕生的宣言書」。

對自己正德十四年的「良知之悟」，陽明在正德十六年正月給鄒守益的信中總結說：

近來信得「致良知」三字，真聖門正法眼藏。往年尚疑未盡，今自多事以來，只此良知無不具足。譬之操舟得舵，平瀾淺瀨，無不如意，雖遇顛風逆浪，舵柄在手，可免

沒溺之患矣。（錢德洪：陽明先生年譜正德十六年正月條下。按錢德洪云先生聞前月十日武宗駕入宮……乃遺書守益曰，武宗進京入宮在正德十五年十二月，可見陽明此書作在正德十六年正月。此信陽明文集失載。）

所謂「近來」，就指正德十四年以來的覺悟良知心學。此前，他在正德十五年八月在贛州時就向陳九川說出了同樣的意思：

爾那一點良知，是爾自家底準則……我亦近年體貼出來如此分明，初猶疑只依他恐有不足，精細看無些小欠缺。（傳習錄卷下）

所謂「近年」，也是指正德十四年以來。後來陽明對陳九川更明確說：我此良知二字，實千古聖聖相傳一滴骨血也……某於此良知之說，從百死千難中得來，不得已一口說盡。（錢德洪：陽明先生年譜正德十六年正月條下）所謂「百死千難」，就指正德十四年來平宸濠亂所遭遇的危難。正德十四年的「良知之悟」與平定宸濠叛亂，一文一武之道相得益彰，把陽明生平的文治武功推上了巔峰。從陽明的心學思想發展歷程上看，如果說弘治十八年的「乙丑之悟」，是他踏上白沙心學的起點，使他超越朱學走向了白沙心學；正德三年的「龍場之悟」，又使他超越了白沙心學，走向了陸氏的心

學（陸學）；那麽正德十四年的「良知之悟」，就又使他超越了陸氏的心學，真正建立起了自己的良知心學的「王學」。可以説正德十四年的「良知之悟」，宣告了陽明的致良知的本體工夫論王學體係的誕生，從此他可以在超越白沙學、陸學的意義上大闡大揭自己的良知王學了。

陽明「王門八句教」的再考辨

（一）天泉之悟：「王門八句教」的「傳心秘藏」

嘉靖五年春間，就在陽明提出「王門四句教」的同時，他對「王門四句教」就已開始了新的反思。弟子楊文澄的第一個質疑恰好促使他重新審視自己的「王門四句教」之説。楊文澄提出的「意」如何知善知惡與「意」有無善惡兩個問題，陽明都没有正面作出明確的回答，而他所做的解釋卻反而同他先前的看法産生了矛盾，這主要表現在：

（1）關於「心」，陽明説「無善無惡者心也」，但他向來認為心是「至善」（如大學問），心就是大學中説的「止於至善」的至善，

心就是至善的本體，不是「無善惡」。陽明在給季本的信中説得更清楚：「其云『善者聖之體』，意固己好，善即良知……故區區近有『心之良知是為聖』之説。」（王陽明全集卷六答季明德）

（2）關於「意」，陽明説意是「心之發」，没有講「意之動」（意之發），一方面説「意有善有惡」，一方面又説「意者心之發，本自有善而無惡」，又是承認意有善無惡，説法有矛盾，也同他説的「有善有惡是意之動」有矛盾，這裏把「意」與「意之發」、「心之發（有善有惡）與「意之發」（有善有惡）兩個問題混同起來。

（3）關於「知」，陽明説「知善知惡者良知也」，以良知為知善知惡的本體，但他向來認為知是昭明靈覺的無知本體，是「寂然不動之體」，良知無知，如他説：「無知無不知，本體原是如此。譬如日未嘗有心照物，而自無物不照。無照無不照，原是日的本體。良知本無知，今卻要有知；本無不知，今卻疑有不知，只是信不及耳。」（傳習録卷下）良知本體無知，知善知惡、知是知非只是良知本體的發用工夫。

楊文澄正是從這方面提出了質疑，後來王畿也是從這方面提出了質疑，被陽明所接受。這表明陽明初提出的「王門四句教」還不夠完善，陽明後來逐漸意識到這裏問題就出

在他把體與用、本體與工夫混淆起來。本來，陽明對體與用、本體與工夫的關係有着清醒理性的認識，他早在答陸原靜的長篇論學書中就提出了體用一原、心物一體、善惡一件、知行合一、動靜無端、陰陽無始的心學思辨哲學模式，認為從體上看，心、良知、性、理、物無善無惡；從用上看，心、良知、性、理、物有善有惡；從本體上看，心、意、知、物無善無惡；從工夫上看，正心、誠意、致知、格物有善有惡。但在他初提出的「王門四句教」中並沒有完美體現出這種體用一原、本體工夫一統、心物一體的心學精神。所以在一提出「王門四句教」以後，陽明就沿着這一問題不斷深入思考，整個嘉靖五年，他的講學論道都是圍繞着如何認識「王門四句教」展開的。

先在三月，監察御史聶豹渡錢塘江來見陽明，兩人講論旬日，重點討論了良知與致良知的問題，陽明在給聶豹的信中作了總結。信中陽明明確認為天地萬物與吾心一體，良知之心不慮而知，不學而能：

夫人者，天地之心。天地萬物，本吾一體者也。生民之困苦荼毒，孰非疾痛之切於吾身者乎？不知吾身之疾痛，無是非之心者也。是非之心，不慮而知，不學而能，所謂良知也。良知之在人心，無間於聖愚，天下古今之

所同也。世之君子惟務致良知，則自能公是非，同好惡，視人猶己，視國猶家，而以天地萬物為一體。（傳習錄卷中答聶文蔚）

這就是說，良知心體無知，無善無惡，無是無非；但致良知（工夫）則能知善知惡，知是知非。這是對「王門四句教」中的「知善知惡者良知也」第三句的補充修正。所以陽明更昂奮地宣稱良知心學是一個救贖病狂喪心的復心思想體係：

天下之人心皆吾之心也，天下之人猶有病狂者矣，吾安得而非病狂乎？猶有喪心者矣，吾安得而非喪心乎？……今誠得豪傑同志之士扶持匡翼，共明良知之學於天下，使天下之人皆知自致其良知，以相安相養，去其自私自利之蔽，一洗讒妒勝忿之習，以濟於大同，則僕之狂病固將脫然以愈，而終免於喪心之患矣。（傳習錄卷中答聶文蔚）

接着在四月，歐陽德也來書問學，兩人圍繞「王門四句教」展開了論辨，陽明重闡述了同「知善知惡者心也」第三句相關的四個問題：

一是分析了德性之知與聞見之知的關係，認為良知就是德性之知，德性良知是本體「大頭腦」，聞見之知是良知本體之用，多聞多見是致良知之功。因此良知不滯於見聞，

而又不離於見聞。但致良知是學問的大頭腦，是聖學的第一義；如專求之於見聞之外，便失掉了大頭腦，落在第二義。」所以他强調說：「蓋日用之間，見聞酬酢，雖千頭萬緒，莫非良知之發用流行，除卻見聞酬酢，亦無良知可致矣。」（傳習録卷中答歐陽崇一）這裏他把體與用、本體與工夫的不即不離、不二不一的關係作了精辟論述。

二是分析了知與思的關係，認為知是體，思是用；良知即理，思是良知的發用；良知寂然無知，思則知善知惡，知是知非。這裏以思為「心之發」，思知善知惡，糾正了「王門四句教」中的意是「心之發」的說法。所以陽明强調說：「思是良知之發用。若是良知發用之思，則所思莫非天理矣。良知發用之思自然明白簡易，良知亦自然能知得。」

三是分析了良知與集義的關係，認為義者即心的得其宜，人若能致良知，則心得其宜（義），這就叫「集義」。所以集義就是致良知，陽明認為：「凡勞其筋骨，餓其體膚，空乏其身，行拂亂其所為，動心忍性以增益其所不能者，皆所以致其良知也。」陽明把致良知、集義同誠意聯係起來，認為誠意就是致良知、集義，意有誠偽，但意無善惡。他强調說：「凡學問之功，一則誠，二則偽，凡此皆是致良知之意欠誠一真切之故。」在這裏，他糾正了「有善有惡者意也」第二句的說法。

四是分析了良知心體無知與良知之發知善知惡的關係，認為良知本然昭明靈覺，「良知常覺常照」，不慮而知，不學而能；良知心之發用（致良知）則知善知惡，知是知非。所以他强調說：「良知常覺常照。常覺常照，則如明鏡之懸，而物之來者自不能遁其妍媸矣。」「至誠則無知而無不至，不必言可以前知矣。」蓋良知之在人心，亘萬古，塞宇宙，而無不同，不慮而知，恒易以知險；不學而能，恒簡以知阻，先天而天不違，天且不違，而況於人乎？況於鬼神乎？這裏對「知善知惡者良知也」第三句作了補正。

同聶豹、歐陽德的講學論辨，是陽明這時同士子學者講論「王門四句教」的最主要的方面，深化了他自己對「王門四句教」的認識。這使他更清醒意識到，對他致良知的心學要從心上體悟，從事上踐履實行，而不能拘泥於斤斤從字句上理解他的「王門四句教」，把「王門四句教」當作永恒不變的心訣（按：所謂「王門四句教」，是後來陽明弟子總結出來的說法，陽明自己沒有說過「王門四句教」的話）。他在一次同門人學子的講學中特別談到了這個問題：

一友問功夫不切。先生曰：「學問功夫，我曾一語道盡，如何今日轉說轉遠，都不著根？」對曰：「致良知蓋聞教矣，然亦須明講」。先生曰：「既知致良知，又何可講明？良知本是明白，實落用功便是。不肯用功，只在語言上轉說轉糊塗。」曰：「正求講明致知之功。」先生曰：「此亦須你自家求，我亦無別法可道。昔有禪師，人來問法，只把麈尾提起。一日，其徒將麈尾藏過，視他如何設法。禪尋麈尾不見，又直空手提起。我這個良知就是設法的麈尾。舍了這個，有何可提得？」少間，又一友請問功夫切要。先生旁顧曰：「我麈尾安在？」一時在坐者皆躍然。（一傳習錄卷下）

陽明用禪師「麈尾」為喻，說明他的「王門四句教」的良知心學重在心悟與踐行，不要被語言文字所束縛，墮入言筌。所以他在同士子學者講論「王門四句教」的良知心學的同時，卻更注重對良知心體與致良知的當下直接的闡釋，他一連作了多首生動直觀的良知詩，要諸生學子去體悟踐行：

示諸生三首

爾身各各自天真，不用求人更問人。
但致良知成德業，謾從故紙費精神。
乾坤是易原非畫，心性何形得有塵？
莫道先生學禪語，此言端的為君陳。

第2811页

人人有路透長安，坦坦平平一直看。
盡道聖賢須有秘，翻嫌易簡卻求難。
只從孝弟為堯舜，莫把辭章學柳韓。
不信自家原具足，請君隨事反身觀。

長安有路極分明，何事幽人曠不行？
遂使蓁茅成間塞，盡教麋鹿自縱橫。
徒聞絕境勞懸想，指與迷途卻浪驚。
冒險甘投蛇虺窟，顛崖墮壑竟忘生。

答人問良知二首

良知即是獨知時，此知之外更無知。
誰人不有良知在，知得良知卻是誰？

知得良知卻是誰？自家痛癢自家知。
若將痛癢從人問，痛癢何須更問為？

答人問道

饑來吃飯倦來眠，只此修行玄更玄。
說與世人渾不信，卻從身外覓神仙。

第2812页

（王陽明全集卷二十）

贈岑東隱先生

聖學工夫在致知，良知知處即吾師。
勿忘勿助能無間，春到園林鳥自啼。

（陽明先生文録卷四贈岑東隱先生之二）

陽明作這些通俗直白的咏良知的哲理詩，是要引導士子學人去體悟他的「王門四句教」良知心學的内在精神，同時也顯示了他自己在講論中對「王門四句教」的良知心學認識的超越提升。這些詩表明他已認識到了自己良知心學的根本心學精神就在於「體認心體」（體認良知），致良知的心學修行要從「體認心體」的本體上入手，而不是從「體認分殊」的工夫上入手。還在五月，他就把自己這一認識寫信告訴瑶湖王臣說：「凡認賊作子者，緣不知在良知上用功，是以有此。若只在良知上體認，所謂『雖不中，不遠矣』。」（王陽明全集卷六與王公弼書一）在心學上，他終於用「體認心體」同湛若水的「體認分殊」（隨處體認天理）劃清了界綫。到十二月，古庵毛憲來書問學，肯定了湛若水的「隨處體認」說：「歸休來，承甘泉先生示以隨處體認天理，更覺親切，循是用功，頗有效驗。五十以前，此心尚雜；今則義利分明。」（古庵毛先生文集卷二奉王陽明書一）陽明在回信中却用自己的「體認心體」否定了湛若水的「隨處體認天理」，他比較兩者的異同說：

凡鄙人所謂「致良知」之說，與今之所謂「體認天理」之說，本亦無大相遠，但微有直截迂曲之差耳。譬之種植，「致良知」者，是培其根本之生意，而達之枝葉者也；「體認天理」者，是茂其枝葉之生意，而求以復之根本者也。然培其根本之生意，固自有以達之枝葉矣；欲茂其枝葉之生意，亦安能舍根本而別有生意可以茂之枝葉之間乎？吾兄忠信進道之資，既自出於儕輩之上，近見胡正人，備談吾兄平日工夫又皆篤實肯切，非若世之循名遠迹而徒以支離於其外者。只如此用力不已，自當循循有至，所謂殊途而同歸者也。亦奚必改途易業，而別求所謂為學之方乎？（王陽明全集卷六與毛古庵憲）

陽明不滿於弟子毛憲在學術上改換門庭。他把自己的王學同湛學作了比較，認為自己的「致良知」是從「體認心體」的根本入手，先培其根本，可以由根本而達枝葉；湛若水的「隨處體認天理」却是從「體認分殊」的枝葉入手，先茂其枝葉，只能舍根本而敗枝葉。這就是說，陽明的「致良知」是由本體入手到工夫，而湛若水的「隨處體認」是由工夫入手而離本體。陽明就是用「體認心體」（致良知）與「體認分殊」（隨處體認）最終劃判了他與湛若水的心學的根本分歧，也成了他與湛若水二十餘年來講論共倡聖學（心學）的最後結論。可以說，陽明這封與毛古庵憲書，標志着他與湛若水一生講學論道的結束。

在這以後，陽明同士子學者的講學論道都突顯了他這種「體認心體」、「體認良知」的思想。嘉靖六年二月，朱得之歸靖江，陽明同他着重談論「體認心體」、「體認良知」，朱得之記録下了這一席談話：

嘉靖丁亥，得之將告歸，請益。師曰：「四方學者來此相從，吾無所畀益也，特與指點良知而已。良知者，是非之心，吾之神明也。人皆有之，但終身由之而不知者衆耳。各人須是信得及，盡著自己力量，真切用功，日當有見……近來學者與人論學，不肯虛心易氣，商量個是當否，只是求伸其說，不知此已失却為學之本，雖論何益？……」（朱得之編：稽山承語）

這裏說的「失却為學之本」的「近來學者」，就是指湛若水。到三月，魏良政携魏良弼書來紹興問學，陽明在給魏良弼的信中更明確談到體認良知，並重點論說了「意」與「知」的關係：

所云「任情任意，認作良知；及作意為之，不依本來良知，而自謂良知者，既已察識其病矣」，意與良知當分別明白。凡應物起念處，皆謂之意。意則有是有非，能知得意之是與非者，則謂之良知。依得良知，即無有不是矣。所疑拘於體面，格於事勢等患，皆是致良知之心未能誠切專一。若能誠切專一，自無此也。凡坐事不能謀始與有輕忽苟且之弊者，亦皆致知之心未能誠一，亦是見得良知未透徹。若見得透徹，即體面事勢中，莫非良知之妙用。除却體面事勢之外，亦别無良知矣。豈得又為體面所局，事勢所格？即已動於私意，非復良知之本然矣。（王陽明全集卷六答魏師說）

這裏說的「拘於體面，格於事勢等患」，就是暗指湛若水的「隨處體認天理」之弊。陽明把「意」解釋為「起念」，「凡應物起念處，皆謂之意」，「意」有是有非，有公有私；又把「知」解釋為「能知得意之是與非者」，良知昭明靈覺，故凡依得良知為是，凡不依得良知為非。這是對他的「王門四句教」的補充修正。

到四月，莆田馬明衡又書來問學，陽明在回信中更詳細闡述了他的「體認心體」（體認良知）與以良知求知、以致良知求理的思想，說：

良知之說，往時亦嘗備講，不審邇來蓋瑩徹否？明道云：「吾學雖有所受，然『天理』二字，却是自家體認出來。」良知即是天理。體認者，實有諸己之謂耳，非若世之想像講說之為也。近世同志，莫不以良知為說，然亦未見有能實體認之者，是以尚未免於疑惑。蓋有謂良知不足以盡天下之理，而必假於窮索以增益之者；又以為徒致良知未必能合於天理，須以良知講求其所謂天理者，而執之以為一定之則，然後可以率由而無弊。是其為說，非實加體認之功而真有以見夫知者，則亦莫能辨其言之似是而非也……良知之外，更無知；致知之外，更無學。外良知以求知者，邪妄之知矣；外致知以為學者，異端之學矣。道喪千載，良知之學久為贅疣，今之友朋知以此事日相講求者，殆空谷之足音歟？（王陽明全集卷六與馬子莘）

陽明這篇與馬子莘書開頭論根本盛而枝葉茂，與與毛古庵書論根本枝葉意同，二書並列在一起，故可肯定與馬子莘書中所批評的必假於窮索以增益之者也是暗指湛若水及其弟子之說。陽明認為心學就是求諸己心之學，因此體認良知就是體認心理。從本體上說，良知之外更無知；從工夫上說，致知之外更無理。在良知之外以求知，是邪妄之知；在致知之外以求理，是異端之理。這是對他的王門四句教的新闡釋。

陽明同這些士子學者的講論良知心學，清楚表明他對先前提出的王門四句教一直在作不斷的反思，有了新的認識，需要進一步修正詮釋他原初的王門四句教之說了。嘉靖六年三月，陽明先向弟子學者公開提出了他對王門四句教的修正之說，黃直詳記下了他的修正之說：

先儒解格物為格天下之物，天下之物如何格得？且謂一草一木亦皆有理，今如何去格？縱格得草木來，如何反來誠得自家意？我解格作正字義，物作事字義。大學之所謂身，即耳目口鼻四肢是也。欲修身，便是要目非禮勿視，耳非禮勿聽，口非禮勿言，四肢非禮勿動。要修這個身，身上如何用得工夫？心者，身之主宰，目雖視，而所以視者心也；耳雖聽，而所以聽者心也；口與四肢雖言、動，而所以言、動者心也。故欲修身，在於體當自家心體，常令廓然大公，無有些子不正處。主宰一正，則發竅於目，自無非禮之視；發竅於耳，自無非禮之聽；發竅於口與四肢，自無非禮之言、動。此便是修身在正其心。然至善者，心之本體也。心之本體，那有不善？如今要正心，本體上何處用得功？必就心之發動處才可著力也。心之發動不能無不善，故須就此處著力，便是在誠意。如一念發在好善上，便實實落落去好善；一念發在惡惡上，便實實落落去惡惡。意之所發，既無不誠，則其本體如何有不正的？故欲正其心在誠意。

工夫到誠意，始有着落處。然誠意之本，又在於致知也。所謂「人雖不知，而己所獨知」者，此正是吾心良知處。然知得善，却不依這個良知便做去；知得不善，却不依這個良知便不去做，則這個良知便遮蔽了，是不能致知也。吾心良知既不能擴充到底，則善雖知好，不能著實好了；惡雖知惡，不能著實惡了，如何得誠意？故致知者，意誠之本也。然亦不是懸空的致知，致知在實事上格。如意在於為善，便就這件事上去為；意在於去惡，便於這件事上去不為。去惡固是格不正以歸於正，為善則不善正了，亦是格不正以歸於正也。如此，則吾心良知無私欲蔽了，得以致其極，而己之所發，好善去惡，無有不誠矣！誠意工夫，實下手處在格物也。若如此格物，人人便做得，「人皆可以為堯、舜」，正在此也。（《傳習錄》卷下）

陽明在這裏提出的看法，已同他的原初「王門四句教」的說法有差異。如認為心體是至善，「至善者，心之本體也。心之本體，那有不善」。但心之發用則有善有惡，「心之發動不能無不善」。認為修身就是體認心體，「故欲修身，在於體當自家心體，常令廓然大公，無有些子不正處」。認為意無善惡，但意之發動（發用）有善有惡，好善去惡，「意之所發，

既無不誠，則其本體如何有不正的」。認為致知是誠意之本，誠意所以能識別善惡，是因為良知能知善知惡。認為誠意是在事上誠意，格物也是在事上格物，所以誠意實下手處在格物等。這些看法都是在他士子學者講論「王門四句教」的良知心學中得到的新認識，需要修正他原來的「王門四句教」的表述了。所以大約就在這次談話以後不久，陽明提出了修正本的「王門四句教」：

大学四目	心学四重逻辑范畴	初本四句教	修正本四句教
正心	心	无善无恶者心也	无善无恶是心之体
诚意	意	有善有恶者意也	有善有恶是意之动
致知	知	知善知恶者良知也	知善知恶是良知
格物	物	为善去恶者格物也	为善去恶是格物[1]

（按：此修正本四句教，見《傳習錄》卷下“丁亥年九月，先生起征思、田”條中。）

顯然，陽明是在力圖用他的體用一源、本體夫一貫的思想修正他的「王門四句教」。按照這種體用一源、本體工夫一貫說，他認為從「體」（本體）上說，心、意、知、物無善無惡

浙江大学古籍研究所

；從「用」（工夫）上說，心、意、知、物有善有惡。他就是用這種思想修正四句教，注意區分對體與用、本體與工夫的不同表述。如第一句他區分了體與用，說明心體無善無惡，但心體之發用則有善有惡。第二句他也區分了體與用，說明意無善無惡，但意之發用則有善惡。然而陽明的這一體用一源的思想在用以修正四句教的表述時沒有能貫徹到底，如第三句「知善知惡是良知」，就沒有把良知之體無善無惡與知之發用知善知惡區分開來。第四句「為善去惡是格物」，也沒有把物之體無善無惡與格物之發用有善有惡明確區分開來。所以陽明修正的「王門四句教」向弟子學者公開以後

，反而在弟子學者中產生了更大的分歧爭議。當時黄省曾記下了錢德洪與王畿兩人對「王門四句」的爭議說：

丁亥年九月，先生起征思、田。將命行時，德洪與汝中論學。汝中舉先生教言曰：「無善無惡是心之體，有善有惡是意之動，知善知惡是良知，為善去惡是格物。」德洪曰：「此意如何？」汝中曰：「此恐未是究竟話頭。若說心體是無善無惡，意亦是無善無惡的意，知亦是無善無惡的知，物是無善無惡的物矣。若說意有善惡，畢竟心體還有善惡在。」德洪曰：「心體是天命之性，原是無善無惡的。但人有習心，意念上見有善惡在，格致誠正，修此正是復那性體功夫。若原無善惡，功夫亦不消說矣。（《傳習錄》卷下）

錢德洪自己在《陽明先生年譜》中則是這樣敘述兩人的爭論的：

九月壬午，發越中。是月初八，德洪與畿訪張元冲舟中，因論為學宗旨。畿曰：「先生說知善知惡是良知，為善去惡是格物，此恐未是究竟話頭。」德洪曰：「何如？」畿曰：「心體既是無善無惡，意亦是無善無惡，知亦是無善無惡，物亦是無善無惡。若說意有善有惡，畢竟心亦未始無善無惡。」德洪曰：「心體原來無惡，今習染既久，覺心體上

見有善惡在，為善去惡，正是復那本體功夫。若見得本體如此，只說無功夫可用，恐只是見耳。」畿曰：「明日先生啟行，晚可同進請問。」

王畿看到了「王門四句教」四句之間的矛盾，認為「恐未是究竟話頭」。如陽明認為良知就是心本體，第一句說「無善無惡是心之體」，是以心體為無善無惡；但第三句說「知善知惡是良知」，又是以良知為有善有惡，兩句話是矛盾的。又如第二句說「有善有惡是意之動」，是認為意之發用（意之動）有善有惡，實際無異於已承認了意無善惡。所以王畿認為「心體既是無善無惡，意亦是無善無惡，知亦是無善無惡，物亦

是無善無惡」是對的，這同陽明認為從體上看心、意、知、物無善無惡，從用上看心、意、知、物有善有惡的思想是一致的，故陽明後來認同並接受了王畿的看法。可以說，正是王畿提出的質疑話頭激發了陽明的「天泉之悟」——由「王門四句教」向「王門八句教」（四有教與四無教）的思想飛躍。

嘉靖六年九月八日晚上，錢德洪與王畿侍陽明坐於天泉橋上受教，這是陽明赴兩廣征思田前夕的最後一次講學論道，後人稱為「天泉證道會」。師弟子的講學悟道從討論修正本的「王門四句教」上開始，先是錢德洪與王畿各自提出了不同的看法請問。陽明當下受到王畿看法的激發頓然自悟，提出了四無教與四有教（「王門八句教」），代替了「王門四句教」，這就是他的最後的心學之悟——「天泉之悟」。其實這場天泉論道本來也很簡單明了，但因為錢德洪與王畿兩人的記載大有出入，造成了後人理解極大的歧異。錢德洪認為「天泉證道會上陽明提出了「王門四句教」，要人守定「王門四句教」的宗旨；王畿認為「天泉證道會上陽明提出了「四無教與四有教（「王門八句教」），取代了「王門四句教」，要人運行四無教與四有教。二說截然對立，使人莫知所從，「天泉證道」成為一大迷案。其實兩人所敘誰對誰錯，本是可以了然分別清楚的。先看錢德洪的記敘說：

是日夜分，客始散，先生將入內，聞洪與畿候立庭下，先生復出，使移席天泉橋上。德洪舉與畿論辯請問。先生喜曰：「正要二君有此一問。我今將行，朋友中更無有論證及此者，二君之見正好相取，不可相病。汝中須用德洪功夫，德洪須透汝中本體。二君相取為益，吾學更無遺念矣。」德洪請問。先生曰：「有只是你自有，良知本體原來無有，本體只是太虛。太虛之中，日月星辰，風雨露雷，陰霾饐氣，何物不有？而又何一物得為太虛之障？人心本體亦復是。太虛無形，一過而化，亦何費纖毫氣力？德洪功夫須要如此，便是合得本體功夫。」畿請問。先生曰：「汝中見得此意，只好默默自修，不可執以接人。上根之人，世亦難遇。一悟本體，即見功夫，物我內外，一齊盡透，此顏子、明道不敢承當，豈可輕易望人？二君以後與學者言，務要依我四句宗旨：無善無惡是心之體，有善有惡是意之動，知善知惡是良知，為善去惡是格物。以此自修，直躋聖位；以此接人，更無差失。」畿曰：「本體透後，於此四句宗旨何如？」先生曰：「此是徹上徹下語，自初學以至聖人，只此功夫。初學用此，循循有入，雖至聖人，窮究無盡。堯、舜精一之功，亦只如此。」先生又重囑咐曰：「二君以後再不可更此四句宗旨。此四句中人上下無不接着。我年來立教，亦更幾番，今始立此四句。人心自有知識以來，已為習俗所染，今不教他在良知上實用為善去惡功夫，只去懸空想個本體，一切事為，俱不著實。此病痛不是小小，不可不早說破。」是日洪、畿俱有省。（錢德洪：陽明先生年譜）

錢德洪的記叙含混不明，前後矛盾。前面說「汝中須用德洪功夫，德洪須透汝中本體」，實際就是指陽明在發四無教與四有教，錢德洪都含糊帶過，使人不知所云。前面陽明一直分明在談四有教與四無教，到最後卻忽然筆鋒一轉，大

談起「王門四句教」，說「二君以後與學者言，務要依我四句宗旨」，「二君以後再不可更此四句宗旨」，明顯前言不搭後語，牛頭不對馬嘴，叫人看了莫名其妙，末段有錢德洪遂己意私加的嫌疑，記叙不足據信。

與錢德洪不同，黃省曾的記叙顯得比較清楚明白：

是夕，侍坐天泉橋，各舉請正。先生曰：「我今將行，正要你們來講破此意。二君之見，正好相資為用，不可各執一邊。我這裏接人原有此二種：利根之人直從本原上悟入，人心本體原是明瑩無滯的，原是個未發之中，利根之人一悟本體，即是工夫，人己內外，一齊俱透了；其次（按：指中根以下之人）不免有習心在，本體受蔽，故且教在意念上實落為善去惡，功夫熟後，渣滓去的盡時，本體亦明淨了。汝中之見，是我這裏接利根人的；德洪之見，是我這裏為其次立法的。二君相取為用，則中人上下皆可以引入於道。若各執一邊，眼前便有失人，便於道體各有未盡。」既而曰：「已後與朋講學，切不可失了我的宗旨：無善無惡是心之體，有善有惡是意之動，知善知惡是良知，為善去惡是格物。只以我這話頭隨人指點，自沒病痛。此原是徹上徹下功夫。利根之人，世亦難遇，本體功夫，一悟盡透。此顏子、明道所不

敢承當，豈可輕易望人？人有習心，不教他在良知上實用為善去惡功夫，只去懸空想個本體，一切事為俱不着實，不過養成一個虛寂。此個病痛不是小小，不可不早說破。」是日德洪、汝中俱有省。（傳習錄卷下）

黃省曾記叙最真實清楚的地方，就是他把錢德洪所極力掩飾回護的陽明說的四無教與四有教直白講了出來：所謂「我這裏接人原有此二種」，就是指四無教與四有教；四無教為利根之人所設，四有教是為中根以下之人所設；四無教是從本體上入手，四有教是從工夫上入手。僅此已足以充分證明陽明在天泉證道會上是發「四無教與四有教」的宗旨，而

不是發「王門四句教」的宗旨。錢德洪把這一真相含混掩飾起來，黃省曾大致還原了這一天泉證道的真相。只可惜黃省曾當時並不在場，估計是他在天泉談話後去向王畿與錢德洪探問記錄下來的〔按：黃省曾編有會稽問道錄〕，而後來錢德洪把他的記錄編進了傳習錄時，很可能也是錢德洪在末後另加上了「既而曰」一段話，造成陽明在天泉證道會上似乎是發「王門四句教」宗旨的假相，這反而進一步造成了前後說法與記叙的明顯矛盾。

弄清黃省曾與錢德洪兩人說法的不同，再來比照考量王畿的記叙，就可以發現王畿的記叙完全真實可信。王畿在天泉證道記中，詳細記叙了天泉證道的講論始末，揭開了陽明在天泉證道會上發「四無教與四有教」宗旨的真秘：

陽明夫子之學，以良知為宗，每與門人論學，提四句為教法：「無善無惡心之體，有善有惡意之動，知善知惡是良知，為善去惡是格物。」學者循此用功，各有所得。緒山錢子謂：「此是師門教人定本，一毫不可更易。」先生謂：「夫子立教隨時，謂之權法，未可執定。體用顯微只是一機，心意知物只是一件事，若悟得心是無善無惡之心，意即是無善無惡之意，知即是無善無惡之知，物即是無惡之物。蓋無心之心，則藏密；無意之意，則應圓；

無知之知，則體寂；無物之物，則用神。天命之性，粹然至善，神感神應，其機自不容已，無善可名，惡固本無，善亦不可得而有也，是謂無善無惡。若有善有惡，則意動於物，非自然之流行，著於有矣。自行流行者，動而無動；著於有者，動而動也。意是心之所發，若是有善有惡之意，則知與物一時皆有，心亦不可謂之無矣。」緒山子謂：「若是，是壞師門教法，非善學也。」先生謂：「學須自證自悟，不從人脚根轉。若執着師門權法，以為定本，未免滯於言詮，亦非善學也。」時夫子將有兩廣之行，錢子謂曰：「吾二人所見不同，何以同人？盍相與就正夫子？」晚坐天泉橋上，因各以所見請質。夫子曰：「正要二子有此一問。吾教法原有此兩種：四無之說，為上根人立教；四有之說，為中根以下人立教。上根之人，悟得無善無惡心體，便從無處立根基，意與知、物，皆從無生，一了百當，即本體便是工夫，易簡直截，更無剩欠，頓悟之學也；中根以下之人，未嘗悟得本體，未免在有善有惡上立根基，心與知、物，皆從有生，須用為善去惡工夫，隨時對治，使之漸漸入悟，從有以歸於無，復還本體，及其成功一也。世間上根之人不易得，只得就中根以下人立教，通此一路。汝中所見，是接上根人教法；德洪所見，是接中根以下人教法。汝中所見，我久欲發，恐人信不及，徒增躐等之病，故含蓄到今。此是傳心秘藏，顏子、明道所不敢言者。今既已說破，亦是天機該發泄時，豈容復秘？然此中不可執著。若執四無之見，不通得衆人之意，只好接上根人，中根以下人無從接授；若執四有之見，認定意是有善有惡的，只好接中根以下人，上根人亦無從接授。但吾人凡心未了，雖已得悟，不妨隨時用漸修工夫。不如此，不足以超凡入聖，所謂上乘兼修中下也。汝中此意，正好保任，不宜輕以示人，概而言之，反成漏泄。德洪却須進此

一格，始為玄通。德洪資性沈毅，汝中資性明朗，故其所得，亦各因其所進。若能互相取益，使吾教法上下皆通，始為善學耳。」自此海內相傳天泉證悟之論，道脉始歸於一云。（王畿集卷一）

王畿記叙思路清晰，記録准確，理解無誤，舉凡錢德洪所有意掩飾與略去的陽明話語都原本地記録下來，無可辨駁地證明陽明在天泉證悟會上是發四有教與四無教，而不是發「王門四句教」。同這篇天泉證道記相印證的，還有他寫的答程方峰書與致知議辨等。答程方峰中說：

天泉證道大意，原是先師立教本旨，隨人根器上下，有悟有修。良知是徹上徹下真種子，智雖頓悟，行則漸修。譬如善才在文殊會下得根本知，所謂頓也；在普賢行門參德雲五十三善知識，盡差別智，以表所悟之實際，所謂漸也。此學全在悟，悟門不開，無以徵學。然悟不以言思期必而得。悟有頓漸，修亦有頓漸。著一漸字，固是放寬；著一頓字，亦是期必。放寬便近於忘，期必又近於助。要之，皆認識神作用，有作有止，有任有滅，為離生死窠臼。若真信良知，從一念入微承當，不落揀擇商量，一念萬年，方是變識為智，方是師門真血脉路。（王畿集卷十二）

致知議辨中說：

先師教人嘗曰：「至善無惡是心之體，有善有惡是意之動，知善知惡是良知，為善去惡是格物。」蓋緣學者根器不同，故用功有難易。有從心體上立基者，有從意根上立基者。從心體上立基，心便是個至善無惡的心，意便是個至善無惡的意，便是致了至善無惡的知，格了至善無惡的物；從意根上立基，意是個有善有惡的意，知便是有善有惡的知，物便是有善有惡的物，而心亦不能無不善之雜矣。故須格其心之不正以歸於正，雖其用功有難易之殊，而要之復其至善之體，則一而已。（王畿集附

錄三致知議辨第十一段）

以後王畿作緒山錢君行狀，趙錦作龍溪王先生墓志銘，耿定向作新建侯文成王先生世家，徐階作龍溪王先生傳等，都是采用了「天泉證道記」中的說法。就陽明本人來說，他在天泉證道會上發四有教與四無教以後，在赴兩廣一路上都同門人學者發四無教與四有教的宗旨，無可懷疑地證明錢德洪認為陽明在天泉證道會上發「王門四句教」、要人守定「王門四句教」宗旨的說法是完全錯誤的。如錢德洪、王畿送陽明到富陽，陽明就又闡「四無教與四有教」，鄒守益在青原贈處中記敘並解釋說：

第2831页

錢、王二子送於富陽。夫子曰：「予別矣，盍各言所學？」德洪對曰：「至善無惡者心，有善有惡者意，知善知惡是良知，為善去惡是格物。」畿對曰：「心無善而無惡，意無善而無惡，知無善而無惡，物無善而無惡。」夫子笑曰：「洪甫須識汝中本體，汝中須識洪甫工夫。二子打並為一，不失吾傳矣！」……良知之旨，其天命之性乎！是性也，不睹不聞，無聲無臭，而莫見莫顯，體物不遺。不睹不聞，真體常寂，命之曰誠；莫見莫顯，妙用常感，命之曰神；常寂常感，常虛常靈，有無之間，不可致詰，命之曰幾。性焉安焉，知幾其神，以止至善，天運川流，不舍晝夜；復焉執焉，見幾而作，遷善改過，雷厲風飛，不俟終日。有所忿懥好了則不寂，不寂則撓其體；親愛賤惡而辟則感不通，不通則窒其用。慎哉，其惟獨乎！獨也者，幾也。于焉戒懼，于焉恐懼，日瑟僩，日赫咺，日精微，日廣大。禮儀威儀，無適非仁；發育峻極，無適非天。是為誠立神通，全生全歸之學。世之擬議言動，繩趨矩步，而貞純未融，其蔽也支；獨抱玄機與造化遊，而人倫庶物脫略未貫，其蔽也虛，皆師門所弗與也。（鄒守益集卷三）

錢德洪、王畿追送陽明至嚴灘，陽明又發「有心無心，實相幻相」之說，再揭「王門八句教」（四無教與四有教）的「吾宗」。黃直記錄下了他親見的一幕：

第2832页

先生起行征思、田，德洪與汝中追送嚴灘，汝中舉佛家實相幻相之說。先生曰：「有心俱是實，無心俱是幻；無心俱是實，有心俱是幻。」汝中曰：「有心俱是實，無心俱是幻，是本體上說工夫；無心俱是實，有心俱是幻，是工夫上說本體。」先生然其言。（傳習錄卷下）

王畿自己記敘更清楚：

夫子赴兩廣，予與君送至嚴灘。夫子復申前說，二人正好互相為用，弗失吾宗。因舉「有心是實相，無心是幻相；有心是幻想，無心是實相」為問，君擬議未及答，予曰：「前所舉是即本體證工夫，後所舉是用工夫合本體。有無之問，不可以致詰。」夫子莞爾笑曰：「可哉！此是究極之説，汝輩既已見得，正好更相切劘，默默保任，弗輕漏泄也。」二人唯唯而別。（王畿集卷二緒山錢君行狀）

追憶嚴陵別時，申誨之言有曰：「我拈出良知兩字，是是非非自有天則，乃千聖秘藏。雖昏蔽至極，一念自反，即得本心，可以立躋聖地。只緣人看得太易，反成玩忽，如人不見眼睫毫，以其太近也。然中間尚有機巧，良知知是知非，其實無是無非。無者，萬有之基，冥權密

運，與天同遊，人知神之神，不知不神之神也。若是非分別太過，純白受傷，非所以蓄德也。」（王畿集卷十六書先師過釣臺遺墨）

徐階在龍溪王先生傳中，更是獨具慧眼地對陽明如何立「四無教與四有教」作了前後條理通貫的明晰揭示，一目了然：

文成論學曰：「無善無惡心之體，有善有惡意之動，知善知惡是良知，為善去惡是格物。」公獨曰：「心、意、知、物，本是一機，若悟得心無善無惡，則意、知與物，亦皆如是。夫無心之心，其機密；無意之意，其應圓；無知之知，其體寂；無物之物，其用神。如前所云，特夫子隨人立教權法耳，未可為定本也。」丁亥秋，文成將赴兩廣，公與錢公乘夜進謁天泉橋上，各陳所見。文成喟然曰：「人之根器不同，故吾之立教亦不得不因之以異。萬物化生於無，而顯於有。上根之人，從無處立基，謂之頓教；中根以下之人，從有處立基，謂之漸教。及其成功，一也。上根之人，世所罕有，汝中所見，吾久欲言之，恐終信不及，故含蓄至今。此明道、顏子所未易言者，今汝中可謂能發吾蘊矣。汝中天性明朗，德洪天性沈毅。故所悟入，亦各不同，正好相資為用。然人有習心，未易銷化，苟非實用為善去惡之功，而徒懸想本

體，未有不流於空虛者。汝中此意，正好保任，未易輕示人也。」……既而有叩玄理於文成者，文成以有心無心，實相幻相詔之。公從旁語曰：「心非有非無，相非實非幻。才着有無實幻，便落斷常二見。譬之弄丸，不著一處，不離一處，是為玄機。」文成亟俞之。文成至洪都，鄒司成東廓及水洲、南野諸君，率同志百餘人出謁，文成曰：「吾有向上一機，久未敢發，近被王汝中拈出，亦是天機該發泄時。吾方有兵事，無暇與諸君言，但質之汝中，當有證也。」（王畿集附録四傳銘祭文）

就是錢德洪本人，最後也不得不承認了陽明在天泉證道會上

發「四無教與四有教」的事實：

前年秋，夫子將有廣行，寬、畿各以所見未一，懼遠離之無正也，因夜侍天泉橋而請質焉。夫子兩是之，且進之以相益之義。冬初，追送於嚴灘請益，夫子又為究極之說。由是退與四方同志更相切磨，一年之別，頗得所省……（錢德洪：訃告同門，見王陽明全集卷三十八世德紀）

這裏說的夫子又為究極之說，「頗得所省」，就是指陽明發四無教與四有教的究極之說，錢德洪也承認了後來對四無教與四有教也頗有省悟。錢德洪這些話適足自我暴露他也放棄了原來認為陽明在天泉證道會上是發王門四句教的錯說法。無怪當陽明接着到達南昌南浦驛時，鄒守益、歐陽德、劉邦采、黃弘綱、何廷仁、魏良器、魏良弼、陳九川等三百餘名門人弟子湧來南浦問學，陽明又一次大闡向上一機的王門八句教（四無教與四有教），竟提出要江右弟子與浙中弟子共聚紹興陽明洞討論講究他的王門八句教。王畿在緒山錢君行狀中記載說：

過江右，東廓、南野、獅泉、洛村、善山、藥湖諸同志二三百人候於南浦請益。夫子云：軍旅怱怱，從何處說起？我此意蓄之已久，不欲輕言，以待諸君自悟。今被汝

中拈出，亦是天機該發泄時。吾雖出山，德洪、汝中與四方同志相守洞中，究竟此件事。請君只裹糧往浙，相與聚處，當自有得。待予歸，未晚也。

趙錦在龍溪王先生墓志銘中也記載說：

無何，陽明過江右，鄒東廓、歐陽南野率同志百餘人出謁，陽明謂之曰：「吾有向上一機，久未敢發，今被汝中拈出，亦是天機該發泄時。吾方有兵事未暇，請君質之汝中，當必有證也。」其善發陽明之蘊，而為其所重如此。（王畿集附錄四傳銘祭文。另見徐階龍溪王先生傳）

所謂「吾有向上一機」，就是指陽明從本體上發四無教之說。陽明在南昌大闡四無教與四有教意義重大，原來他在南昌已把自己同浙中江右門人聚會於陽明洞中講論探究王門八句教（四無教與四有教）立為展示總結他生平學問最後飛躍進展的最大遺愿，後來浙中與江右的門人弟子果然實現了陽明師的這一遺愿。所以他接着到達吉安時，仍向江右學者大闡「四無教與四有教」。這時有彭簪、王釗、劉陽、歐陽瑜、劉瓊治等三百餘名弟子諸生來聚會於螺川驛，聆受陽明的「王門八句教」。錢德洪在陽明先生年譜中記載說：

至吉安，大會士友螺川。諸生彭簪、王釗、劉陽、歐陽

瑜等皆舊遊三百餘，迎入螺川驛。先生立談不倦，曰：「堯、舜生知安行的聖人，猶兢兢業業，用困勉的工夫；吾儕以困勉的資質，而悠悠蕩蕩，坐享生知安行的成功，豈不誤己誤人？」有曰：「良知之妙，真是周流六虛，變通不居。若假以文過飾非，為害大矣。」臨別，囑曰：「工夫只是簡易真切，愈真切，愈簡易，愈真切。」

錢德洪仍記叙含糊簡略，掩飾真相。實際所謂「堯、舜生知安行的聖人」，就相當於指「上根之人」，用從本體入手的「四無教」；所謂「吾儕以困勉的資質」，就相當於指「中根以下人」，用從工夫入手的「四有教」。所謂「良知之妙，真是周流六虛，變通不居」，「工夫只是簡易真切，愈真切，愈簡易；愈簡易，愈真切」，就是從本體上與從工夫上論四無教與四有教，本體體認要真切，工夫踐行要簡易。這同陽明在同時寄給安福惜陰會同志的信中所說的話完全相同：

諸友始為惜陰之會，當時惟恐只成虛語。邇來乃聞遠近豪傑聞風而至者以百數，此可以見良知同然，而斯道大明之幾，於此亦可以卜之矣，喜慰可勝言耶？得虞卿及諸同志寄來書，所見比舊又加親切，足驗工夫之進，可喜可喜！只如此用功去，當不能有他歧之惑矣。明道有云：「寧學聖人而不至，不以一善而成名。」此為有志聖人而未能真得聖人之學者，則可如此說。若今日所講良知之說，乃真是聖學之的傳，但從此學聖人，却無有不至者。惟恐吾儕尚有一善成名之意，未肯專心致志於此耳。在會諸同志，雖未及一一面見，固已神交於千里之外。相見時，幸出此共勉之。王子茂寄問數條，亦皆明切。中間所疑，在子茂亦是更須誠切用功。到融化時，並其所疑亦皆釋然沛然，不復有相阻礙，然後為真得也。凡工夫只是要簡易真切，愈真切，愈簡易；愈簡易，愈真切。（王陽明全集卷六寄安福諸同志）

陽明這封信，是由剛在南昌受「王門八句教」的安福士子彭簪等人帶回安福的，所以陽明這封信也有要安福惜陰會弟子同志討論講究他的「王門八句教」的用意，「工夫只是要簡易真切，愈真切，愈簡易；愈簡易，愈真切」，成為浙中弟子與江右弟子共同討論講究「王門八句教」的指導准則：所謂「愈真切，愈簡易」，即從真切體認本體入手達到致良知的簡易工夫，復歸心體（四無教）；所謂「愈簡易，愈真切」，即從致良知的簡易工夫入手達到真切的本體體認，覺悟心體（四有教）。

顯然，陽明是從良知心學的踐履實行上提出了真切簡易的「王門八句教」（四無教與四有教），這是一個人由凡成聖的本體工夫論的修行體係，在這種致良知、復心體的心學體係之中，鮮明貫穿了兩個踐履實行的根本原則：

一是體用一源、心一分殊、知行合一的思想。陽明早就認識到中國傳統哲學中的體用一源、形上形下合一的思想，認為心為體，物為用，心一為體，分殊為用，形上本體至善永恒，形下發用則顯善顯惡。因此從體（形上未發）上說，心、意、知、物的自體本然無善無惡；但從用（形下已發）上說，心、意、知、物的發用有善有惡。這一思想在「王門四句教」中還沒有得到充分貫徹，混同了體與用、本體與工夫的范疇的表述；而在「王門八句教」中得到了徹底的貫徹與明晰的表述，區分了體與用、本體與工夫的范疇及其修行教法的方法與進路。

二是依據人的「知」的不同根基因人設教的思想。陽明也早認識到人在知上根基的不同，他根據《中庸》說的「或生而知之，或學而知之，或困而知之」，把人的知分為三等：生知安行，是為聖人；學知利行，是為賢人；困知勉行，是為學者。與《中庸》相對應，在良知心學的修行上，他把人的修行的根器也分為三等：下根之人，中根之人，上根之人。根基不同，立教有別，修行方法、進路及其達到的境界也不同，針對不同根基人等，須因材設教，不能躐等。在立

「王門四句教」以後，因人根基設教的問題便已成了陽明復心成聖的良知修行思考的重點，他反復對弟子說：

「心之良知是謂聖。聖人之學，惟是致此良知而已。自然而致之者，聖人也；勉然而致之者，賢人也；自蔽自昧而不肯致之者，愚不肖者也。愚不肖者，雖其蔽昧之極，良知又未嘗不存也，苟能致之，即與聖人無異矣。此良知所以為聖愚之同具，而人皆可以為堯舜者，以此也。（《王陽明全集》卷八《書魏師孟卷》）

「知行二字即是工夫，但有深淺難易之殊耳。良知原是精精明明的。如欲孝親，生知安行的，只是依此良知，實落盡孝而已；學知利行者，只是時時省覺，務要依此良知盡孝而；至於困知勉行者，蔽錮已深，雖要依此良知孝，又為私欲所阻，是以不能，必須加人一己百、人十己千之功，方能依此良知以盡其孝。聖人雖是生知安行，然其心不敢自是，肯坐困知勉行的功夫；困知勉行的，却要思量做生知安行的事，怎生成得！

問：「中人以下不可以語上，愚的人與之語上尚且不進，況不與之語，可乎？」先生曰：「不是聖人終不與語。聖人的心，憂不得人人都做聖人。只是人的資質不同，施教不可躐等。中人以下的人，便與他說性說命，他也不省

得，也須慢慢琢磨他起來。」諸君功夫最不可助長。上智絕少，學者無超入聖人之理。一起一伏，一進一退，自是功夫節次。不可以我前日用得功夫去了，今却不濟，便要矯强，做出一個沒破綻的模樣，這便是助長。（傳習録卷下）

這些話都說在陽明立「王門八句教」之前，像第二條是黄省曾記在嘉靖二年，可見陽明早在思考因人根基設教的問題，因人根基設教的「王門八句教」已在他頭腦中醞釀。只是這一因人根基設教的修行思想在「王門四句教」中没有得到體現，而在「王門八句教」中成為立教修行的根本原則：四有教為中根以下人（未悟得心體）所設教，為漸教；四無教為上根人（悟得心體）所設教，為頓教。

顯然，所謂「王門八句教」，就是一個因人根基所立的修行教法體係，所謂「四無教」與「四有教」，就是從「體」與「用」上劃判修行入手進路、為根基不同的人所立的兩個修行教法：所謂「四無」，是指心、意、知、物的自體皆無善惡，「四無教」是對悟得心體的上根之人所說教，是從本體（體）入手，故為頓教；所謂「四有」，是指心、意、知、物的發用皆有善有惡，「四有教」是對未悟得心體的中根以下人所說教，是從工夫（用）入手，故為漸教。可見陽明提出的「王門八句教」，實際就是一個由迷入悟、由凡成聖的修行教法：四有教是由凡入悟，從工夫上用力，通過致良知覺悟心體；四無教是由凡入聖，從本體上用力，通過致良知超凡成聖。兩個教法的修行都是指向同一的致良知—復心體—由凡成聖的覺悟之路。四無教與四有教，展現了兩個不同根基等級（上根人與中下根人）與不同修行進路（從本體入手與從工夫入手）的修行教法，但兩個修行教法又互補共進，交相為用。

陽明所以要用「王門八句教」（四有教與四無教）的教法代替「王門四句教」（一無三有教）的教法，實際是他看到了「王門四句教」的教法的偏頗與不切實用。因為現實中的人（世人）都是異化無根基的人，一個在不同程度上人心沉淪、良知迷失、本拔源塞的世人，要這樣的人去直接體認心體、致良知以復心體是不可能的，也就是說，要他們按照「王門四句教」第一句所說的「無善無惡是心之體」從心體入手修行入悟是行不通的。所以他提出了一個「四有教」加以補救，把第一句改為「心有善有惡」，要心有善有惡的現實的人（世人）都要從工夫入手踏踏實實循序修行，不能超階躐等。

陽明的本體無善無惡、本體的發用有善有惡的思想與因人根基設教的思想的提出，充分表明陽明清醒認識到現實人（世人）的存在都是一個本拔源塞的異化人，已不是一個心體至善、良知靈明的本真存在的人，因此要照「王門四句教」所說的那樣從「無善無惡心之體」的本體上入手修行悟入是困難的；而只有照「王門八句教」所說的那樣從「心有善惡的工夫上入手修行悟入，才能真正達到致良知、復心體的境界，本歸源通，由凡成聖。因此，陽明的「王門八句教」（四無教與四有教）相對於「王門四句教」（一無三有教），實現了一次良知心學的終極提升，它把良知心學從形而上學本體論的玄思外殼中解放出來，成為真正切實可行的道德踐履的實踐工夫論哲學。它擯棄了傳統那種把人設定為一個先天存在抽象完善的本我的人文視角，而以現實中的有血有肉、本拔源塞、有不同根基的異化的自我作為審視的中

第2843页

心，考量着異化的人心（喪心）與生存世界的價值貧乏與人的歸宿問題，它是對人心、生命與存在的憂思與叩問，一句話，陽明的良知心學只是一種充滿實踐理性張力的道德修養論，是一個旨在解決人「心」問題的人本思想體係，它以墮落異化的人心復歸為指歸，就是說，陽明的心學只是教人如何通過致良知以復心體（良知復明），做一個真正有價值意義的「本真人」，除此之外，別無目的。因此，陽明的良知心學不是經天緯地的事功學，也不是神通廣大張揚主體心力的宗教學，更不是神機妙算、可以包醫百病、無往不勝的神學，它只是解決「人」的存在問題的人文學。它超越了傳統儒家士大夫狹隘的憂國憂君憂民的思想境界，上升到了「憂人」（憂心憂道）的終極人文關懷。陽明無畏地揭起了「拔本塞源」的「復心」旗幟，他的良知心學的哲學口號是：

復心！

使人成為人！

從這個意義上可以說，「王門八句教」（四無教與四有教）是陽明對自己的淨化提升人「心」的良知心學的最後的總結，它揚棄了「王門四句教」而又包含了「王門四句教」，是陽明的良知心學發展的終極境界。「王門八句教」成為陽明良知心學的傳心秘藏，心學修行的終極「教法」。在這樣一個良知思想的大

第2844页

飛躍以後，接踵而來的就是他宣稱要同浙中與江右的門人弟子們展開共同討論講究並努力踐履實行他的王門八句教了。

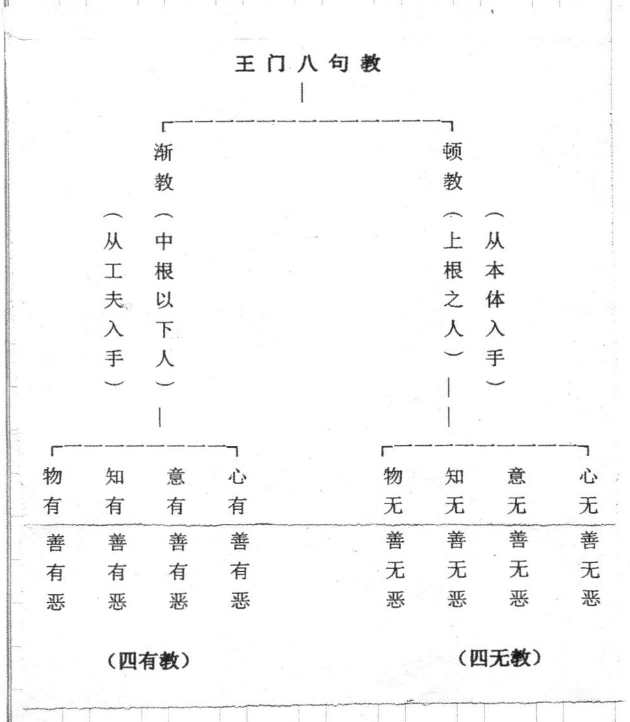

第2845页

（二）最後的弘道「遺囑」：講究「王門八句教」

陽明在廣西緊張的平叛中，仍始終不忘講學論道，抓緊同浙中、江右與兩廣的學子講論研討良知心學，留下他的生命歷程最後探索良知心學的閃光足迹。當時有人稱頌陽明說：「古之名世或以文章，或以政事，或以氣節，或以勳烈，而公克兼之，獨除却講學一節，便是全人。」陽明却回答說：「某願從事講學一節，盡除却四者，亦是全人。」（鄒守益集卷二陽明先生文録序）他在給黃綰信中說的「一生未了心事」，就是指他的講論研討良知心學，特別是指他的講論研討「王門八句教」。他在「天泉之悟」之後向王畿、錢德洪等浙中學者說：「我此意畜之已久，不欲輕言，以待諸君自悟。今被汝中拈出，亦是天意該發泄時。吾雖出山，德洪、汝中與四方同志相守洞中，究竟此件事，就是要求浙中學者在陽明洞中探討究竟他的「王門八句教」的心學。後來他到達南昌又向江西學者說「諸君只裹糧往浙，相與聚處，當自有得。待予歸，未晚也」，也是要求江西學者往紹興同浙中學者一起探討究竟他的「王門八句教」的心學，而他自己也准備在平叛歸來後與弟子們一起探討講究「王門八句教」之說，這就是他對黃綰說的「一生未了心事」。沒想到這些話成了他

第2846页

最後的弘道「遺囑」，而浙中與江西的門人弟子也確實遵照他的「遺囑」展開討論究竟「王門八句教」的宗旨，根據各自的理解，從不同的方面詮釋並發展了「王門八句教」的思想，建立了王門後學各派不同的本體工夫論心學體係。

為了深入究竟因人根基設教的「王門八句教之說」，陽明自己首先開始了對「王門八句教」的探討講論。就在經過吉安時，他一面在螺川驛同三百餘名江西學者聚會，大揭「良知之教」；一面又寫信給泰和的羅欽順，討論「良知」之學。這封信雖然已經亡佚，但後來羅欽順在答書中引了陽明信中的不少原話：「物者，意之用也。格者，正也，正其不正以歸

於正也。」格物者，格其心之物也，格其意之物也，格其知物也；正心者，正其物之心也；誠意者，誠其物之意也；致知者，致其物之知也。」「意在於事親，即事親是一物；意在於事君，即事君是一物。」「吾心之良知，即所謂天理也。致吾心良知之天理於事事物物，則事事物物皆得其理矣。致吾心之良知者，致知也；事事物物各得其理者，格物也。」「精察此心之天理，以致其本然之良知；正惟致其良知，以精察此心之天理。」（羅欽順：又與王陽明書（戊子冬），見困知記附錄）可見陽明是在討論「王門八句教」中的思想。在他看來，心學從根本上說不過就是一個使迷失心的人如何復「心」的思想體係，具體地說，就是一個通過致良知工夫以復歸心體的思想體係。但因為人的「知」的根基不同（實即指人的「心」迷失的程度不同），「心」迷的程度有別，故必須因人設教，通過頓教或漸教的修行各各復歸心體，良知復明，由迷入悟，由凡入聖。因此，同樣是心學本體工夫論的修行之教，四有教是為中根以下人所設教，是從工夫入手，故注重「致良知」的工夫修行，即從「致良知」上入手下工夫，悟得心體；四無教是為上根之人所設教，是從本體入手，注重「體認心體」的本體修行，即從「體認心體」上入手下工夫，復歸心體。陽明說的「正惟致其良知，以精察此心之天理」，

第2847页

就是指從致良知工夫入手的四有教；陽明說的「精察此心之天理，以致其本然之良知」，就是指從體認心體入手的四無教。「體認心體」的本體論與「致良知」的工夫論，構成了「王門八句教」心學的兩個最根本的內在精神，也是由凡成聖修行的兩個入手的根本法門。陽明並不把他的「王門八句教」當作玄妙空虛的秘訣來「心傳」，在廣西，他就是從「致良知」的工夫論與「體認心體」的本體論這兩個方面同士子學者展開了對「王門八句教」的實實在在的討論講究。

陽明一到肇慶，他就寫信給錢德洪、王畿，問及他們講究「王門八句教」的情況說：「紹興書院中同志，不審近來意向如何？德洪、汝中既任其責，當能振作接引，有所興起。會講之約但得不廢，其間縱有一二懈弛，亦可因此夾持，不致遂有傾倒。餘姚又得應元諸友作興鼓舞，想益日異而月不同。老夫雖出山林，亦每以自慰。諸賢皆一日千里之足，豈俟區區有所警策？聊亦以示鞭影耳。」（王陽明全集卷六與錢德洪王汝中）這裏已道出了錢德洪、王畿等浙中學者相聚討論究竟「王門八句教」的大致情形。接着陽明一到梧州，正逢梧山書院落成，他親自到梧山書院開講，大闡「誠意、致知」與「知行合一」，說：「誠意為聖門第一義，今反落為第二義，而其知行合一之說，於博文多識若有不屑，

第2848页

學者疑焉」。在座的黃芳解說陽明的誠意為聖門第一義說：知以利行，行以踐知，此學者之常談，不假言也。先生之說，啟扃鑰而發以救流弊，探本之論也。夫學也者，非以進德修業乎？乾之九三言「進德」，曰「忠信」，「居業」，曰「修辭立誠」，是固主於行矣。其曰「知至至之」，決其幾也，故曰「可與言幾」；「知終終之」，堅其守也，故曰可以存義。然皆忠信為主焉，而學聚問辨，程子亦以為進德之事，非行與知合，奚乎？聖門四教，學文為主，如非忠信，則馳騖泛濫而無所益。中庸知為達德，而誠以行之，口有明訓，故君子之學未嘗不博，其博也乃在於人倫日用之實，而益致夫精擇固守之功。蓋存誠者，大本之所以立；精義者，達道之所以行也。率是而進之，夫然後學者有定本，而日躋乎美大聖神之域。若如後世之所謂學，忘其本真，而務雜情以廣知，非惟不足以望游、夏；而沉溺文藝，無所發明，其所之者，固有君子之所不必知，適以濟夫驕吝之私，長其浮誕之習而已，亦將何所成乎？故言誠，則知在其中；言知，則誠猶有間。執德不一，學將焉用？此君子所以遺其本也。愚以是質諸先生，先生然之。（黃芳：梧山書院記，見嘉靖廣西通志卷二十六）

第2849頁

陽明是從「誠意與致知」（致良知）的統一上論誠意為聖門第一義，「言誠，則知在其中」，這同他在給羅欽順信中說的「誠意者，誠其物之意也；致知者，致其物之知也」是一致的。所謂「誠意」，就是體認心中大本達道的本體，因此誠意就是「體認心體」；所謂「致知」，就是知行合一的工夫，「知至至之」，因此致知就是致良知。陽明正是從「體認心體」的本體論與從「致良知」的工夫論的統一上闡他的「王門八句教」的本體工夫論體係。

稍後陽明在赴南寧的路上，又寫給王正憲一信，着重強調致良知說：

德洪、汝中及諸直諒高明，凡肯勉汝以德義，規汝以過失者，汝宜時時親就。汝若能如魚之於水，不能須臾而離，則不及人不為憂矣。吾平生講學，只是「致良知」三字。仁，人心也；良知之誠愛惻怛處，便是仁，無誠愛惻怛之心，亦無良知可致矣。汝於此處，宜加猛省……德洪、汝中輩須時時親近，請教求益。（王守仁：寄正憲男書五，見顧麟士過雲樓續書畫記卷二寄正憲男手墨二卷）

陽明認為四無教是為上根之人所設，但世上生知安行的上根之人是少之又少，絕大多數人都應修四有教，從「致良知」

第2850頁

的工夫入手，不能躐等。這是他對王畿、錢德洪一班弟子與學人提出的要求，子王正憲也不能例外，所以他對王正憲更強調「致良知」的工夫，也是說給王畿、錢德洪一班弟子聽的。他把王正憲託給了錢德洪、王畿，信中強調「致良知」的工夫，對王畿、錢德洪也是一種警示啟發。故他一到南寧以後，就又寫信給王畿、錢德洪，再次問及他們在紹興聚講探討「王門八句教」的情況說：「近來不審同志叙會如何？得無法堂前今已草深一丈否？想卧龍之會，雖不能大有收益，亦不宜遂而荒落，且存餼羊，後或興起，亦未可知。餘姚得應元諸友，相與為益不小。今有人自家中來，聞龍山之講至今不廢，亦殊可喜。書到，望為寄聲，益與勉之。」（王守仁：與德洪汝中書，見壯陶閣書畫録卷十明王陽明手札册）其實這種遠處兩地的通問往來，也正是陽明督促、推動與指導紹興學子們講究「王門八句教」的一種方式。

在南寧，陽明通過振興學校教育大力推廣宣播他的良知心學。敷文書院成了他同學子諸生講論良知心學的名教樂地，吸引了兩廣的士子學者來問學，他為敷文書院作的對聯——「欲求明峻德，惟在致良知」，高度概括了他的「王門八句教」的本體工夫論思想體係。季本在建敷文書修德息兵記中也詳密闡述了他的「王門八句教」的本體工夫論思想體係，

第2851頁

認為「天下之道，良知盡之矣」，稱頌陽明「惟以其良知之學益致之於日用之間，細微曲折，罔有或遺，故不事他求，而學已入於聖域矣」。因為陽明在南昌時向江西的學子首揭「王門八句教」的思想，並要求他們裹糧往紹興與浙中士子一起商討講究「王門八句教」，這些江西學子果然首先來向陽明問「王門八句教之說」了。先在嘉靖七年正月，江西永豐的聶豹差任巡按福建，同臨川的陳九川有一見，陳九川告訴了他在南昌聽到的「王門八句教」之說，於是聶豹便從福建投書給陽明問良知心學。聶豹的信實際就是從「王門八句教」上發問，提出了四個良知心學的大問題質疑請問：

一是問良知（知）與孝弟之念（意）的關係。聶豹認為陽明提出良知之學是為了「援天下之溺者」，救贖天下之人心，故「學本良知，良知為學，吾道足矣」。但因人的資質與根基不同，致良知的工夫也不同，「但致知之功，竊意其入頭下手，亦自不同，當隨其資之近者而致力焉」。良知知是知非，知善知惡，但世人往往不識孝弟，不辨善惡，「不知一念非天，一事非理，一物失所，皆非孝也，而良知之功用，於是乎淺矣」。這裏就有一個如何從事親孝弟之間求良知之學的問題。

二是問覺與誠的關係。聶豹認為良知心學就是復良知

第2852頁

本體之學，本體之知，就是一種先覺，「本體之知，實知實見，常覺常照，然其所以覺知者，一惟聚理之有無為覺耳」。因此覺又須主之以誠，不誠不明，「誠則旁行曲防，皆良知之用也」。「誠與不誠之間，億逆、先覺之由分也」，但如必欲以逆億為戒，守空悟覺，而一任坐待先覺的到來，「恐亦不得謂覺也」。

三是問理與事、體與用的關係。聶豹認為理事合一，理外無事，事外無理，「岐理與事而二之者，必非事」。他稱自己「自聞夫生知、學知、困知之教，而百年支離破碎之說，至是始渙然釋，怡然順」。由此他認識到心、性、天、命之體為一，盡、知、存、養、修身之功為一，體用合一，「窮理盡性以至命也，一也」。

四是問尊德性與道問學的關係。聶豹認為尊德性而道問學是「萬古聖學之原也」，德性即良知（本體），道學問是致知之功（工夫），尊德性與道問學是統一的，「外德性而道問學者，必非學；外問學而尊德性者，奚以尊？」尊德性與道問學的關係就是本體與工夫的關係，「廣大也，精微也，高明也，中庸也，故也，新也，厚也，禮也，皆吾之德性也；致也，盡也，極也，道也，溫而知也，敦而崇也，道問學之功也」。（聶豹集卷八啟陽明先生）

第2853页

陽明收到聶豹這封論學書後非常興奮，認為他的看法「超絕邁往」，對他的「王門八句教」之學「已得其大者」，「近時海內同志到此地位者曾未多見」。七月，陽明也寫了一封長篇論學答書給聶豹，從四個方面更詳密地論述了他的「王門八句教」思想：

一是在集義與致良知的關係上，陽明批判了近時學者專在「勿忘勿助」上用功、終日懸空死守「勿忘勿助」的錯誤做法，認為應當首先在「必有事焉」上下工夫，「其工夫全在「必有事焉」上用，「勿忘勿助」只就其間提撕警覺而已」。必有事焉，就是在事上磨煉，如果不在「必有事焉」上下磨煉工夫，則「勿忘無助」就「只做得個沉寂空守，學成一個癡騃漢，才遇些子事來，即便牽滯紛擾，不復能經綸宰制」。所謂「必有事焉」，就是指集義，而集義也就是致良知，「夫必有事焉，只是集義；集義只是致良知」。陽明認為集義與致良知是一回事，不同的是「說集義則一時未見頭腦，說致良知即當下便有實地步可用工」。從大學的格致誠正上看，致良知貫通了格物、誠意、正心，所以他說：「區區專說致良知，隨時就事上致其良知，便是格物；着實去致良知，便是誠意；著實致其良知而無一毫意必固我，便是正心……故說格致誠正則不必更說個忘助」。因此所謂集義，應當從心上集義，在必有

第2854页

事焉上用功，才能使良知復明，心體靈明覺知，「若時時刻刻就自心上集義，則良知之體洞然明白，自然是是非非纖毫莫遁」。天地間心、性、理、良知只是一件事，由此陽明批判了把致良知與集義隔裂為二、把致良知與勿忘勿助割裂為二的作法，認為：「今時有謂集義之功必須兼搭個致良知而後備者，則是集義之功尚未了徹也，集義之功尚未了徹，適足以為致良知之累而已；謂致良知之功必須兼搭一個勿忘勿助而後明者，則是致良知之功尚未了徹也，致良知之功尚未了徹，適足以為勿忘勿助之累而已矣。」（傳習錄卷中答聶文蔚書二）這是陽明對「王門八句教」中的「致良知」

的工夫論的經典解說。

二是在致良知與體認心體的關係上，陽明認為體認心體與致良知是統一的，良知是體（心體），致良知是用（工夫發用），體用一源，本體工夫合一，故他說：「蓋良知只是一個天理，自然明覺發見處，只是一個真誠惻怛，便是他本體。」由此他從「心一分殊」上精辟論述體認心體與致良知的關係說：

良知只是一個，隨他發見流行處當下具足，更無去求，不須假借；然其發見流行處卻自有輕重厚薄，毫髮不容增減者，所謂天然自有之中也。雖則輕重厚薄毫髮不容增減，而厚又只是一個；雖則只是一個，而其間輕重厚薄有毫髮不容增減，若可得增減，若須假借，即已非其真誠惻怛之本體矣。此良知之妙用，所以無方體，無窮盡，語大天下不能載，語小天下莫能破者也。

體認得良知心體其大無外，其小無內，心、理、物、宇宙合一，由此致良知，自然無不是道。所以他說：「孟氏「堯、舜之道，孝弟而已」者，是就人之良知發見得最真切篤厚、不容蔽昧處提省人，使人於事君處友仁民愛物，與凡動靜語默間，皆只是致他那一念事親從兄真誠惻怛的良知，即自然無不是道。」這是陽明對「王門八句教」中的「體認心體」以致

良知的本體論的經典解說。

三是在盡心、知性、知天的關係上，陽明從因人品根基設教上提出了「盡心知天」、「存心事天」、「修身以俟」的三個階級的修行教法，實際上這就是指他在因人根基設教的「王門八句教」中提出的「四有教」與「四無教」。陽明詳密闡釋說：

區區曾有生知、學知、困知之說（按：即指他的因人根基設教及其四有教與四無之說），頗已明白，無可疑者。蓋盡心、知性、知天者，不必說存心、養性、事天，不必說殀壽不貳、修身以俟，而存心養性與修身以俟之功已在其中矣。存心養性事天者，雖未到得盡心知天的地

位，然已是在那裏做個求到盡心知天的工夫，更不必說殀壽不貳、修身以俟，而殀壽不貳、修身以俟之功已在其中矣。譬之行路：盡心知天者，如年方壯健之人，既能奔走往來於數千里之間者也；存心事天者，如童穉之年，使之學習步趨於庭除之間者也；殀壽不貳修身以俟者，如襁抱之孩，方使之扶墻傍壁而漸學起立移步者也。既已能奔走往來於數千里之間者，則不必更使之於庭除之間而學步趨，而步趨於庭除之間自無弗能矣；既已能步趨於庭除之間，則不必更使之扶墻傍壁而學起立移步，而起立移步自無弗能矣。然學起立移步，便是學

步趨庭除之始；學步趨庭除，便是學奔走往來於數千里之基，固非有二事。但其工夫之難易，則相去懸絕矣。心也，性也，天也，一也，故及其知之成功則一；然而三者人品力量自有階級，不可躐等而能也……吾儕用工，卻須專心致志在殀壽不貳、修身以俟上做，只此便是做盡心知天功夫之始。正如學起立移步，便是學奔走千里之始。吾方自慮其不能起立移步，而豈遽慮其不能奔走千里，又況為奔走千里者而慮其或遺忘於起立移步之習哉！」

陽明立的「盡心知天」、「存心事天」、「修身以俟」三個人品等級，是同他在「王門八句教」中立的「生知安行」、「學知利行」、「困知勉行」及「上根之人」、「中根之人」、「下根之人」的三個人品等級完全一致的。他强調三個階級的修行不能躐等，「吾儕用工，卻須專心致志在殀壽不貳、修身以俟上做，只此便是做盡心知天功夫之始」，這就是强調要從「致良知」的工夫上入手，修「四有教」，為修向上一機的「盡心知天」的「四無教」打基礎。這是陽明對「王門八句教」的因人根基設教思想的經典解說。

四是在尊德性與道問學的關係上，陽明完全認同了聶豹的觀點，認為德性即心的本體，道問學是致良知的工夫；尊德性就是要體認心體，道問學就是要致良知，

生知安行——→尽心知天（尽心）
}→ 上根之人 ——→修四无教（从本体入手）
学知利行——→存心事天（养性）

困知勉行——→修身以俟（修身）——→中根以下人——→修四有教（从工夫入手）

尊德性與道問學的統一，這就是「王門八句教」的本體工夫論心學體係，「至當歸一，更無可疑」。

陽明這封答聶文蔚書，是他在卒前寫的一篇最長的論學書，是對他在「天泉之悟」上提出的「王門八句教」（四無教與四有教）的最詳密的補充闡釋，因此也可以說，這篇〈答聶文蔚書〉是陽明對「王門八句教」（四無教與四有教）本體工夫論心學體係的易簡廣大的最後概括總結，為開啟了解他的「王門八句教」的「天泉

之「悟」提供了一把最好的鑰匙。他說的「吾儕用工，却須專心致志在殀壽不貳，修身以俟上做」，也給士子學者如何修行「王門八句教」指明了實踐躬行的方向。顯然，陽明寫這篇答文蔚書是有要用以指導江西與浙中學者討論講究他的「王門八句教」的意思，所以他這篇答聶文蔚書又同時寄給了陳九川、鄒守益、歐陽德等人，同他們展開了討論。

陽明着重同陳九川討論了「王門八句教」中從「致良知」的工夫入手的問題。陽明有信給陳九川說：

江西之會（按：指在南昌之會）極草草，尚意得同舟旬日，從容一談，不謂既入省城，人事紛沓。及登舟時，

第2859页

惟濬已行矣……近得聶文蔚書，知已入漳。患難困苦之餘，所以動心忍性，增益其所不能者，宜必日有所進。養之以福，正在此時，不得空放過也。聖賢論學，無不可用之功，只是「致良知」三字，尤簡易明白，有實下手處，更無走失。近時同志亦已無不知有致良知之說，然能於此實用功者絕少，皆緣見得良知未真，又將「致」字看得太易了，是以多未有得力處。雖比往時支離之說稍有頭緒，然亦只是五十步百步之間耳。就中亦有肯精心體究者，不覺又轉入舊時窠臼中，反為文義所牽滯，工夫不得灑脫精一，此君子之道所以鮮也。此事必須得師友時時講習切劘，自然意思日新……文蔚書中所論，迥然大進，真有一日千里之勢，可喜可喜！頗有所詢，病中草草答大略。見時可取視之，亦有所發也。（王陽明全集卷六與陳惟濬）

所謂「病中草草得大略」，就指這篇答聶文蔚書。針對士子學者好玄談、不實做的普遍的玄虛弊病，陽明在信中着重論「致良知」的實下手工夫，要他們在致良知上「實用功」，實際就是要他們從「致良知」的工夫入手修四有教，這同他在答聶文蔚書中說的「吾儕用工，却須專心致志在殀壽不貳、修身以俟上做」是一個意思，都是告誡他們對他說的「四無教」與「四有

第2860页

浙江大学古籍研究所

教」的修行，絕不能好高騖遠，超階躐等，談玄說虛，而應立足於「致良知」的工夫實地上着實用功，躬行踐履。從良知心學的本體工夫論體係上看，「四無教」主要體現了心學的形上本體論的玄學精神（從本體入手），「四有教」主要體現了心學的踐行工夫論的實學精神（從工夫入手）。因此陽明強調要在良知上實用為善去惡的工夫，而不能懸空去玄想太虛的本體，「不教他在良知上實用為善去惡功夫，只去懸空想個本體，一切事為，俱不着實」。應當把從根基入手的「四有教」同向上一機的「四無教」結合起來修行，不可各執一偏，「然此中不可執着。若執四無之見，不通得衆人之意，只好接

上根人，中根以下人無從接授；若執四有之見，認定意是有善有惡的，只好接中根以下人，上根人亦無從接授」。陽明已預感到他的門人弟子與士子學者會各執一偏地從各自方面去理解與接受「四無教」與「四有教」，有導致王學分化的危險，所以他的答聶文蔚與陳惟濬二書都具有及時引導江西與浙中士子學者講究與修行「王門八句教」的意義。事實上，江西與浙中學者士子也是根據答聶文蔚與陳惟濬二書展開了對「王門八句教」的長期研討講論，基於對「四無教」與「四有教」的不同理解，各自提出了不同的良知說體係，直接導致了王學與王門後學的學派分化。

首先是陳九川，他准確把握到了陽明說的物、知、意、身、心為一事，格、致、誠、正、修為一功的思想，認為：「近時學者，不知心、意、知、物是一件，格、致、誠、正是一功，以心應物，即心物為二矣。心者意之體，意者心之動也；知者意之靈，物者意之實也。知意為心，而不知物之為知，則致知之功，即無下落」。由此他提出了寂感說，認為：「夫寂即未發之中，即良知，即是至善。先儒謂『未發』二字，費多少分疏竟不明白……惟周子洞見心體，直曰中也者，和也。中節也，天下之達道也』。「心無定體，感無停機，凡可致思著力者，俱謂之感……故欲於感前求寂，是謂畫蛇添足；欲於感中求寂，是謂騎驢覓驢」。寂與感是合一的，寂在感中，即感的本體；感在寂中，即寂的妙用。體用一源，寂感一體，本體工夫一貫，這是他對陽明的「王門八句教」本體工夫論思想體係的另一種語言表述，是他在同江西與浙中學子討論講究「王門八句教」中得到的新認識。他後來談到自己在不斷深化認識「王門八句教」思想的三變歷程說：

自服先師致知之訓，中間凡三起意見，三易工夫，而莫得其宗。始從念慮上長善消惡（指意有善惡），以視求之於事物者要矣，久之自謂瀹注支流，輪回善惡。復從無善無惡處認取本心（指心無善惡），以為不落念慮，直悟本體矣。既已復覺其空倚見悟，未化渣滓，復就中恒致廓清之功（指致良知），使善惡俱化，無一毫將迎意必之翳，若見全體，炯然炳於幾先，千思百慮，皆從此出，即意無不誠，發無不中，才是無善無惡實功（指意無善惡）。從大本上致知，乃是知研幾之學，自謂此是聖門絕四正派，應悟入先師致知宗旨矣。及後入越，就正龍溪，始覺見悟成象，怳然自失。歸而求之，畢見差謬，却將誠意看作效驗，與格物分作兩截，反若欲誠其意者在先正其心，與師訓聖經矛盾倒亂，應酬知解，兩不湊泊始自愧心汗背，盡掃平日一種精思妙解之見，從獨知幾微處嚴謹緝熙，工夫才得實落於應感處（指寂感說）。若得個真幾，即遷善改過，俱入精微，方見得良知體物而不可遺。格物是致知之實，日用之間，都是此體，充實貫通，無有間礙。致字工夫，盡無窮盡，即無善無惡非虛也，遷善改過非虛也。始信「致知」二字，即此立本，即此達用，即此川流，即此敦化，即此成務，即此入神，更無本末精粗內外先後之間。證之古本序中，句句吻合，而今而後，庶幾可以弗畔矣。（明水陳先生文集卷一答聶雙江）

第2863页

經過對「王門八句教」思想反復深入的講論探討，陳九川又回到了陽明對他說的「致良知」工夫上來，認識到要從「四有教的致良知」的工夫入手修行。

同陳九川進行寂感論辯的聶豹，走上了「歸寂」之路。他抓住了陽明說的良知之虛，便是天之太虛」、「良知是未發之中，廓然大公的本體」與「四無教說的「心體無善無惡，意無善惡，知無善惡，物無善惡」，提出了主靜歸寂說，認為良知心體即無善無惡、無是無非的虛寂本體，復心體即復歸寂體—歸寂。在他看來，心體寂然不動，「良知本寂，感於物而後有知」，因此學者求道，自其主乎內之寂然者求之，使之寂而常定」。這種歸寂說是他在同陳九川、王畿等人討論「王門八句教」中形成的，他的氣勢宏遠的答戴伯常（幽居答述）、答王龍溪諸書，實際都是在深入討論探究「四無教與四有教」中的重要思想問題。黃宗羲論述他的主靜歸寂說的形成經過說：

先生之學，獄中閑久靜極，忽見此心真體，光明瑩徹，萬物皆備。乃喜曰：「此未發之中也，守是不失，天下之中皆從此出矣」。及出，與來學立靜坐法，使之歸寂以通感，執體以應用。是時同門為良知之學者，以為未發即在已發之中，蓋發而未嘗發，故未發之功卻在發上用，先天之功卻在後天上用……王龍溪、黃洛村、陳明水、鄒東廓、劉兩峰各致難端，先生一一申之。唯羅念庵深相契合，謂雙江所言，真是霹靂手段，許多英雄瞞昧，被他一口道着，如康莊大道，更無可疑」。兩峰晚乃信之……夫心體流行不息，靜而動，動而靜。未發，靜也；已發，動也。發上用功，固為徇動；未發用功，亦為徇靜，皆陷於一偏。而中庸以大本歸之未發者，蓋心體即天體也。（明儒學案卷十七貞襄聶雙江先生豹）

陽明的體認心體，是把心看作是靈明覺知的至善本體，於未發之中體認大本達道，通過致良知復歸心體。聶豹的主

第2864页

靜歸寂，是把心看作是無善無惡、無是無非的虛寂本體，通過主靜復歸寂體。這是對陽明的「王門八句教」思想的誤解。他的歸寂說陳九川的寂感說也有別。陳九川的寂感認為寂感合一，寂為本體，感為妙用。聶豹的歸寂說卻割裂了寂體與感用的關係，立主靜法歸寂，不講致良知的工夫，他的歸寂說是有寂無感，有體無用，有內無外，有本體無工夫（致良知）。所以羅洪先指出聶豹重於說「主靜歸寂」，忽視說「通感應物」，認為「絕感之寂，寂非真寂矣……離寂之感，感非正感矣」。（羅洪先集卷三甲寅夏遊記）

大致上，江西學者在講論探究「王門八句教」上，多有好

說本體、輕談工夫的弊病，糾纏在心、意、知、物上進行形上玄虛之思的爭論，遺棄了躬行踐履的致良知的著實工夫，正如羅洪先所說：「終日談本體，不說工夫，才拈工夫，便指為外道，此等處，恐使陽明先生復生，亦當攢眉也。」（羅洪先集卷六寄王龍溪（丙辰））除聶豹以外，他們的主要代表還有兩峰劉文敏、師泉劉邦采、洛村黃弘綱、善山何廷仁等人。劉邦采究心於「四無教」，以玄虛說心體，羅洪先說「師泉素持玄虛」，聶豹也說「師泉力大而說辨，排闥之嚴，四坐咸屈，人皆避席而讓舍，莫敢攖其鋒」。劉邦采認為：「心之本體也虛，其為用也實……虛以通天下之志，

實以成天下之務，虛實相生，則德不孤。是故常無我以觀其體，心普萬物而無心也；常無欲以觀其用，情順萬事而無情也。」（劉邦采：易蘊，明儒學案卷十九同知劉師泉先生邦采）所以他主張性命雙修，對心、意、知、物作了新的解釋，認為：「心不失無體之心，則心矣；意不失無欲之意，則意誠矣；物不失無住之物，則物格矣；知不失無動之知，則知致矣。身、心、意、知、物者，工夫所用之條理；格、致、誠、正、修者，條理所用之工夫。」由此他把陽明的「四無教」與「四有教」合併為一，理解為「心有善無惡，意有善無惡，知有善無惡，物有善無惡」。這同鄒守益把「四無

教」首句改為「至善無惡者心」一樣。黃宗羲論述劉邦采對「王門八句教」的認識說：

先生之言心、意、知、物，較「四有」、「四無」之說，最為諦當。謂「有感無動，無感無靜，心也；常感而通，常應而順，意也；常往而來，常化而生，物也；常定而明，常運而照，知也。見聞之知，其糟粕也；象着之物，其凝滯也；念慮之意，其流漸也；動靜之心，其游塵也。心不失無體之心，則心正矣；意不失無欲之意，則意誠矣；物不失無住之物，則物格矣；知不失無動之知，則知致矣。」夫心無體，意無欲，知無動，物無住，則皆是有

善無惡矣。劉念臺夫子欲於龍溪之四無易一字：心是有善無惡之心，意亦是有善無惡之意，知亦是有善無惡之知，物亦是有善無惡之物。何其相符合也！（明儒學案卷十九同知劉師泉先生邦采）

與劉邦采相似，黄弘綱對「四無教」與「四有教」都持批評態度，認為「四無教」與「四有教」都不是陽明的定本之說。他批評了以意念之善者為良知的說法，認為意念即誠，意念莫非良知，故不能說意有善惡或意之發動有善惡。意是如此，心、知、物皆如此。所以他否定了「四有教」的意有善惡與「四無教」的意無善惡的說法，主張反求吾心：

第2867页

吾心至德，吾心至道，吾心無私，吾心無為……苟有志於希古者，反而求之吾心，將無往而非古者矣。

黄宗羲論述黄弘綱的這一思想說：

陽明之良知，原即周子誠一無僞之本體，然其與學者言，多在發用上，要人從知是知非處轉個路頭，此方便法門也。而及門之承其說者，遂以意念之善者為良知。先生曰：「以意念之善為良知，終非天然自有之良。知為有意之知，覺為有意之覺，胎骨未盡，卒成凡體。於是而知陽明有善有惡之意，知善知惡之知，皆非定本。意既有善有惡，則知不得不逐於善惡，只在念起念滅上工夫，一世合不上本體矣。四句教法，先生所不用也。（明儒學案卷十九主事黄洛村先生弘綱）

黄弘綱從反求吾心最終走向了陳九川的寂感說，他批評聶豹的歸寂說道：

寂與感不可一例觀也，有得其本體者，有失其本體者。自得其本體之寂者言之，雖存之彌久，涵之極深，而淵微之精未嘗無也；自得其本體之感者言之，雖紛然而至，沓然而來，而應用之妙未嘗有也。未嘗有，則感也寂在其中矣；未嘗無，則寂也感在其中矣。不睹不聞，其體也；戒慎恐懼，其功也，皆合寂感而言之也。（明儒學案卷十九主事黄洛村先生弘綱）

第2868页

黄宗羲把他的寂感說同聶豹的歸寂說作比較分析說：

按雙江之寂，即先生所謂本體也。知主靜非動靜之靜，則歸寂非寂感之寂矣。然其間正自有說，自來儒者以未發為性，已發為情，其實性情二字，無處可容分析。性之於情，猶理之於氣，非情亦何從見性？故喜怒哀樂，情也；中和，性也。於未發言喜怒哀樂，是明言未發有情矣，奈何分析性情？則求性者必求之未發，此歸寂之宗所由立也。一時同門與雙江辨者，皆從已發見未發，亦仍是析情於已發，析性於未發，其情性不能歸一同

也。（明儒學案卷十九主事黃洛村先生弘綱）

與黃弘綱不同，在「王門八句教」上，何廷仁卻否定「四無教」而肯定「四有教」。他對「良知」作了平實的解說，認為：「知過，即是良知；改過，即是本體。」「良知在人為易曉，誠不在於過求也。」所以他更强調致良知的踐行工夫，「君子亦惟致其良知而已矣」。他認識到了心本體與致良知的體用關係，從萬物一體的觀點論述致良知的工夫說：

天地萬物，與吾原同一體。知吾與天地萬物既同一體，則知人情物理要皆良知之用也，故除卻人情物理，則良知無從可致矣。是知人情物理，雖曰常感，要之感而順應者，皆為應迹，實則感而無感；良知無欲，雖曰常寂，要之原無聲無臭者，恒神應無方，實則寂而無寂。此致知所以在於格物，而格物乃所以實致其良知也。（明儒學案卷十九善山語録）

何廷仁的致良知說，實際就是肯定了從為善去惡的「致良知」工夫入手的「四有教」。他帶着這種致良知說赴南都，同士子學者論辯陽明的「王門八句教」，當時南都士子都普遍執定陽明的「四無教」而貶低「四有教」，認為工夫只應在「心」上用，才一涉「意」，便已落第二義，故「為善去惡工夫，非師門最上層之教也」。何廷仁反駁說：「師稱無善無惡者，指心之應感無迹，過而不留，天然至善之體也。心之應感謂之意，有善有惡，物而不化，著於有矣，故曰意之動。若以心為無，以意為有，是分心意為二見，離用以求體，非合內外之道矣。」（明儒學案卷十四主事何善山先生廷仁）於是他特作格物說發揮他對「王門八句教」的認識，主張「為善去惡，實地用功，斯謂之致良知也」。黃宗羲評論何廷仁這種為善去惡的致良知說道：

細詳先生之言，蓋難「四無」而申「四有」也。謂無善無惡，是應感無迹，則心體非無善無惡明矣。謂著於有，為意之動，則有善有惡是意之病也。若心既無善惡，此意、知、物之善惡從何而來？不相貫通。意既雜於善惡，雖極力為善去惡，源頭終不清楚。故龍溪得以「四無」之說勝之。心、意、知、物，俱無感應，第心上用功，一切俱了，為善去惡，無所事事矣，佛家之立躋聖位是也。由先生言之，心既至善，意本澄然無動，意之靈即是知，意之照即是物，為善去惡，固是意上工夫也。然則陽明之「四有」，豈為下根人說教哉！（明儒學案卷十九主事何善山先生廷仁）

由此可見，江西學者在討論講究「王門八句教」（四無教與四有教）上存在較大分歧，多執一偏之說。這也正是浙中學者討論講究「王門八句教」的通病。江西學者的討論講究「王門八句教」是同浙中學者的討論講究「王門八句教」聲氣相通，文相往來聚講論辨的，討論爭辨的問題也多相通關連，浙中學者同樣普遍有好高騖玄、各執一偏的弊病。浙中學者以王畿與錢德洪為代表，為了完成陽明要他們聚會講究「王門八句教」（四無教與四有教）的「遺囑」，浙中學者與江西學者經常舉行大小規模的講會。王畿提到嘉靖八年在都下的一次期會說：「己丑，（王璣）舉進士。時都下同志大倡良知之學，若中離薛君、南野歐陽君及同年念庵羅君、松溪程君、雙華柯君及陳君輩，晨夕聚會，究明師旨。」（王畿集卷二十中憲大夫都察院右僉都御史在庵王公墓表）所謂「究明師旨」，就是探明講究「王門八句教」（四無教與四有教）的宗旨。王畿又提到嘉靖十一年在京師的一次期會說：

壬辰，余與緒山錢君赴就廷試，諸君相處益密，且衆至六七十人。每會輿馬塞途，至不能行。乃分處為四會，而江右同志居多。每期會，余未嘗不與，衆謬信謂余得師門晚年宗說（按：指「四無教與四有教」），凡有疑義，必歸重於余，若為折中者。舊會仍以翰林、科道、部屬官資為序，余請曰：「會以明學，官資非所行於同志，盍齒叙為宜」？君（王璣）倡言以為然，至今守以為例。衆中

有舉致良知與體認天理同異為問者，君謂：「心，一也。以其自然明覺而言，謂之良知；以其天然條理而言，謂之天理。認得天理，即是良知；致得良知，即為天理，一也。」余曰：「是則然矣。致與體認，終當有辨。謂之體認，猶涉商量；致則簡易直截，更無藏躲處。毫釐之間，存乎默識，非可以意解測也。」（王畿集卷二十中憲大夫都察院右僉都御史在庵王公墓表）

所謂「師門晚年宗說」，也是指陽明晚年所立「四無教與四有教」。王畿又特別提到了嘉靖十二年在山東濟南與在江西南昌的期會說：

癸巳，（王璣）補山東按察司僉事，兵備武定等處。政務之暇，即進諸生論學。齊魯之士，彬彬向風，一時同官若蓮峰葉君、石雲沈君、遵巖王君，時相討論宗要，以政為學。繼遷江西布政司參議，與藩臬為會同仁祠。若今少師存齋徐公，時為督學，契厚尤深。省下水洲魏君、瑶湖王君、魯江裘君輩，咸在會中，而東廓鄒君、師泉劉君、念庵羅君輩，往來聚處。虔、吉、饒、信之間，多士雲集，師門之學，益若有所發明。（王畿集卷二十中憲大夫都察院右僉都御史在庵王公墓表）

這些浙中士子與江西士子到處舉行的大大小小的講會，都

是圍繞「王門八句教」（四無教與四有教）的宗旨展開講論探究的，在雷厲風行的禁錮「王學」的嘉靖「學禁」下蔚成了「王學」頑強傳播發展、反抗程朱官學的奇觀。他們聚焦於「王門八句教」中的本體與工夫上的重要問題，展開論辯，各有闡釋，互相發明，孕育了王門後學的學派演進與分化。對浙中與江西學子討論講究「王門八句教」（四無教與四有教）情況，王畿最初在嘉靖三十六年寫的滁陽會語中作了總結。他先論述了陽明生平學術思想發展的五變，認為「先師之學，凡三變而始入於悟，再變而所得始化而純」。其中講到陽明思想的最後一變說：「晚年造履益就融釋，即一為萬，即萬為

第2873页

一，無一無萬，而一亦忘矣」。這就是從「心一分殊」、「體一用殊」上論述「王門八句教」的本體工夫論體係：所謂「即一為萬」，就是由本體（心一）入手到工夫（用萬）的「四無教」；所謂「即萬為一」，就是由工夫（用萬）入手到本體（心一）的「四有教」。由此他總結了浙中與江西學者討論講究「王門八句教」的各家之說，分為四派：

慨自哲人既遠，大義漸乖，而微言日湮，吾人得於所見所聞，未免各以性之所近為學，又無先師許大爐冶陶鑄銷熔以歸於一，雖於良知宗旨不敢有違，而擬議卜度，攙和補湊，不免紛成異說。有謂「良知落空，必須聞見以助發之，良知必用天理，則非空知」，此沿襲之說也；有謂「良知不學而知，不須更用致知，良知當下圓成無病，不須更用銷欲工夫」，此凌躐之論也；有謂「良知主於虛寂，而以明覺為緣境」，是自窒於用也；有謂「良知主於明覺，而以虛寂為沉空」，是自汩其體也。蓋良知原是無中生有，無知而無不知；致良知工夫原為未悟者設，為有欲者設；虛寂原是良知之體，明覺原是良知之用，體用一原，原無先後之分。學者不循其本，不探其源，而惟臆見言說之騰，祇益其紛紛耳。而其最近似者，不知良知本來易簡，徒泥其所誨之迹，而未究其所悟之真，哄然

浙江大学古籍研究所

第2874页

指以為禪。同異毫釐之間，自有真血脈路，明者當自得之，非可以口舌爭也。（王畿集卷二滁陽會語）

所謂「致良知工夫原為未悟者設，為有欲者設」，就是指為中根以下人所設「四有教」；所謂「良知原是無中生有，無知而無不知」，就是指為上根之人所設「四無教」；所謂「虛寂原是良知之體，明覺原是良知之用，體用一原」，就是指「即一為萬，即萬為一」的「王門八句教」。可見王畿是從陽明的「王門八句教」（四無教與四有教）上評述了各派的良知之說，總的精神是反對在良知修行上的超階躐等的「凌躐」之論。

後來王畿在嘉靖四十一年作的撫州擬峴臺會語中，又

更詳細談到江西浙中學子在討論講究「王門八句教」（四無教與四有教）宗旨中的思想交鋒與分化，把各家之說分為六派：

先師首揭良知之教，以覺天下，學者靡然宗之，此道似大明於世。凡在同門，得於見聞之所及者，雖良知宗說不敢有違，未免各以其性之所近，擬議攙和，紛成異見。有謂良知非覺照，須本於歸寂而始得，如鏡之照物，明體寂然，而妍媸自辨，滯於照，則明反眩矣；有謂良知無現成，由於修證而始全，如金之在礦，非火符鍛煉，則金不可得而成也；有謂良知是從已發立教，非未發無知之本旨；有謂良知本來無欲，直心以動，無不是道，不待復加銷欲之功；有謂學有主宰，有流行，主宰所以立性，流行所以立命，而以良知分體用；有謂學貴循序，求之有本末，得之無內外，而以致知別始終。此皆論學問同異之見，差若毫釐，而其謬乃千里，不容以不辨者也。寂者，心之本體，寂以照為用。守其空知而遺照，是乖其用也。見入井之孺子而惻隱，見呼蹴之食而羞惡，仁義之心，本來完具，感觸神應，不學而能也。若謂良知由修而後全，撓其體也。良知原是未發之中，無知而無不知，若良知之前復求未發，即為沉空之見矣

第2875页

。古人立教，原為有欲設，銷欲正所以復還無欲之體，非有所加也。主宰即流行之體，流行即主宰之用，體用一原，不可得而分，分則離矣；所求即得之之因，所得即求之之證，始終一貫，不可得而別，別則支矣。吾人服膺良知之訓，幸相默證，以解學者惑，務求不失其宗，庶為善學也已。（王畿集卷一撫州擬峴臺會語）

王畿在這裏提到了六家之說（歸寂說、修證說、已發說、無欲說、主宰流行說、致知說），如果再加上王畿的主心說（心一分殊，心體體認）與錢德洪的主事說（事上磨煉，致良知工夫），就一共有八派。王畿綜合了各家之說，他也是站在「王門八句教」（四無教與四有教）的立場評論了六家之說的異同得失。所謂「古人立教，原為有欲設，銷欲正所以復還無欲之體」，就指「四有教」。所謂「主宰即流行之體，流行即主宰之用，體用一原，不可得而分，分則離矣；所求即得之之因，所得即求之之證，始終一貫，不可得而別，別則支矣」，就是指「四無教」與「四有教」——陽明的體用一原、本體工夫一貫、一即為萬、萬即為一的「王門八句教」。在整個同江西浙中學子講論探究「王門八句教」宗旨的過程中，王畿都是守定陽明的「四無教」與「四有教」，一方面強調因人根基設教，不能超階躐等；一方面又強調「四無教」與「四有教」的統

第2876页

一，四有四無雙修，不可偏廢。他明確說：「自先師提出本體工夫，人人皆能談本體，說工夫，其實本體工夫須有辨。自聖人分上說，只此知便是本體，便是工夫，便是致；自學者分上說，須用致知的工夫，以復其本體，博學、審問、慎思、明辨、篤行五者，廢其一，非致也。世之議者或以致良知為落空，其亦未之思耳。」（龍溪會語卷一沖元會記，見王畿集附録二）所謂「自聖人分上說」，就指為上根之人所設「四無教」；所謂「自學者分上說」，就指為中根以下人所設「四有教」。所謂「世之議者或以致良知為落空，其亦未之思耳」，就是批評那些輕視從致良知工夫入手的「四有教」的人

，這同他說「今日與會諸友共宜實致其良知……不能實致其良知，徒以虛見相高，偽行相飾，所挾持、所理會者何事？」（龍溪王畿會籍記，王畿集附録三）是一致的，都肯定了從工夫入手的「四有教」的重要性。王畿把「四無教」看成為「頓教」，把「四有教」看成為「漸教」，強調頓修漸修的交相修行說：「或者又問昔賢有頓漸之別……予曰：頓漸之說，亦概言耳……理乘頓悟，事屬漸修。悟以啟修，修以證悟。根有利鈍，故法有頓漸。要之，頓亦由漸而入，所謂上智兼修中下也。真修之人，乃有真悟，用功不密而遽云頓悟者，皆墮情識，非真修也。」（王畿集卷十七漸庵說）可見他尤強

調「四無教」與「四有教」的兼修並用。這一思想後來他在致知議辨中作了總結，他綜合了「四無教」與「四有教」闡釋四無四有的兼修說：

蓋緣學者根器不同，故用功有難易。有從心體上立基者，有從意根上立基者。從心體上立基者，心便是個至善無惡的心，意便是至善無惡的意，便是致了至善無惡的知，格了至善無惡的物；從意根上立基，意是個有善有惡的意，知便是有善有惡的知，物便是有善有惡的物，而心亦不能無不善之雜矣。故須格其心之不正，以歸於正，雖其用功有難易之殊，而要之復其至善之體，則

一而已。（致知議辨，見王畿集附録三致知議辨佚文）可見王畿並不是一個只說「四無」而不說「四有」的人，他是一個最忠於陽明「王門八句教」的弟子，同其他的江西與浙中的學者相比，畢竟還是他講清楚了「王門八句教」中的陽明致良知復心體的本體工夫論心學體係。故他這些話也可看成是他對江西浙中學者遵陽明遺囑討論講究「王門八句教」宗旨的一個歷史總結。

至於同王畿相對立的緒山錢德洪，在江西浙中學者的討論講究「王門八句教」中，却始終守定陽明的「王門四句教」的宗旨，不承認「王門八句教」——「四無教」與「四有教」。他在與張

浮峰中直言說：「龍溪學日平實，每於毀譽紛冗中，益見奮揚。弟向與意見不同，雖承老師遺命，相取為益，終與入處異路，未見能渾接一體。歸來屢經多故，不肖始能純信本心，龍溪亦於事上肯自磨滌，自此正相當，能不出露頭面，以道自任，而毀譽之言，亦從此入。」（明儒學案卷十一員外錢緒山先生德洪·論學者）這裏說的承老師遺命，就是指承陽明遺命同浙中江西學者展開討論講究「王門八句教的宗旨。所謂「相取為益」，就是陽明說的二君相取為用，則中人上下皆可引入於道，「二君之見正好相取，不可相病。汝中須用德洪工夫，德洪須透汝中本體。二君相取為益，吾學更無遺念矣」，這顯然也就是要他們兩人相取於他的四無教與四有教：四無教是從本體入手，四有教是從工夫入手，這就是錢德洪說的「入處異路」。王畿後來遵行陽明的「王門八句教」，主張四無四有雙修，統一了四無教與四有教，做到了用工夫與透本體的相取為益，「渾接一體」。但是錢德洪卻沒有能遵行陽明相取為益的師教，始終只在王門四句教上轉圈子，最後走上了主事說（工夫論）。羅洪先論述錢德洪在同浙中江西學者討論講究「王門八句教」中的思想變化說：

緒山之學數變。其始也，有見於為善去惡者，以為致良知也；已而曰：「良知者，無善無惡者也，吾安得執以為有而為之，而又去之？」已又曰：「吾惡夫言之者之淆也？無善無惡者見也，非良知也。吾惟即吾所知以為善者而行之，以為惡者而去之，此吾可能為者也。其不出於此者，非無所得為也。」又曰：「向吾之言猶二也，非一也。夫子嘗有言矣，曰「至善者心之本體，動而後有不善也」。吾不能必其無不善，吾無動焉而已。彼所謂意者，動也，非是之謂動也。吾所謂動，動於動焉者也。吾惟無動，則在吾者常一矣。」（明儒學案卷十一員外錢緒山先生德洪）

錢德洪思想的三變，都只是圍繞着「王門四句教」裏的四句話的善惡有無問題生成展開的，變來變去，都沒有能超越「王門四句教」的認識視野與框架，重工夫論而輕本體論，認為「致知格物功夫，只須於事上識取，本心乃見」。所以黃宗羲比較王畿與錢德洪的思想異同說：「龍溪從見在悟其變動不居之體，先生只於事物上實心磨煉」。錢德洪對陽明要他們討論講究的不少重要的良知心學思想，或則回避不談，或則作了錯誤的解讀。如陽明的將人知的根基分三等與因人根基設教的思想，錢德洪就絕口不談。陽明的體認心體、復歸心體的思想，錢德洪也不涉及。對陽明的從心、意、知、物的自體上說無善無惡與從心、意、知、物的發用上說有善有惡的思想，錢德洪也混同了二者，作了錯誤的解釋，他說：

心之本體，純粹無雜，至善也。良知者，至善之著察也，良知即至善也。心無體，以知為體，無知即無心也。知無體，以感應之是非為體，無是非即無知也。意也者，以言乎其感應也。物也者，以言乎其感應之事也，而知則主宰乎事物是非之則也。意有動靜，此知之體不因意之動靜有明暗也；物有去來，此知之體不因物之去來為有無也。（明儒學案卷十一員外錢緒山先生德洪·會語）

這種對心、意、知、物的認識，即使從「王門四句教」上看也是不符合陽明的思想的。

無疑，王畿是在陽明卒後這場浙中學者與江西學者討論講究「王門八句教」（四無教與四有教）的「講學運動」中的領軍人物，後來黃宗羲總結評價王畿對「王門八句教」的詮釋的是非得失說：

先生之論，大抵歸於「四無」。以正心為先天之學，誠意為後天之學。從心上立根，無善無惡之心即是無善無惡之意，是先天通後天；從意上立根，不免有善惡兩端之抉擇，而心亦不能無雜，是後天復先天。此先生論學大節目，傳之海內而學者不能無疑。以「四有」論之，唯善是心所固有，故意、知、物之善從中而發，惡從外而來。若心體既無善惡，則意、知、物之惡固妄也，善亦妄也。工夫既妄，安得謂之復還本體？斯言也，於陽明平日之言無所考見，獨先生言之耳。然先生他日答吴悟齋云：「至善無惡者心之體也，有善有惡者意之動也，知善知惡者良知也，為善去惡者格物也。」此其說已不能歸一矣。以「四無」論之，大學正心之功從誠意入手，今日從心上立根，是可以無事乎意矣。而意上立根者為中下人而設

，將學有此兩樣工夫歟？亦祇為中下人立教乎？先生謂：「良知原是無中生有，即是未發之中。此知之前，更無未發，即是中節之和。此知之後，更無已發，自能收斂，不須更主於收斂；自能發散，不須更期於發散，當下現成，不加功夫修正而後得。致良知原為未悟者設，信得良知過時，獨往獨來，如珠之走盤，不待拘管，而自不過其則也」。以篤信謹守，一切矜名飾行之事，皆是犯手做作……夫良既為知覺之流行，不落方所，不可典要，一著功夫，則未免有礙虛無之體，是不得不近於禪。流行即是主宰，懸崖撒手，茫無把柄，以心息相依為權

法，是不得不近於老。雖云真性流行，自見天則，而於儒者之矩矱，未免有出入矣。然先生親承陽明末命，其微言往往而在。象山之後不能無慈湖，文成之後不能無龍溪。以為學術之盛衰因之，慈湖決象山之瀾，而先生疏河導源，於文成之學，固多所發明也。（明儒學案卷十二郎中王龍溪先生畿）

其實，陽明對心意知物的善惡問題及通過致良知的工夫以復歸心體的思想，有很多論述，並不是於陽明平日之言無所考見，獨先生言之耳。又關於王畿在答吳悟齋中引王門四句教的四句話的問題，王畿在致知議辨中已作了修正；

第2883页

況且王畿是從四有教上引這四句話，也並沒有錯。從總體上看，黃宗羲還是肯定了王畿對陽明王門八句教本體工夫論心學體係的闡釋與發明之功。因此可以說，黃宗羲的這些話，也可看成是對浙中江西學者討論講究陽明王門八句教的一個歷史總結。

這場廣泛持久的浙中學者與江西學者對陽明王門八句教（四無教與四有教）展開的討論講究，實際是一場別開生面的共倡宣播王學的宏大講學運動。他們雖然在認識上沒有達到完全的一致，但是卻深化了對良知王學的認識，規範了在陽明卒後王學發展的趨勢與走向，它促成了王學的交融，又直接推動了王門後學乃至晚明思想的多元學派分化與多元思想發展。從這一意義上說，浙中與江西學者完成了陽明的遺囑。

良知心學體係的建構——陽明生平第二次學問思想的總結

第2884页

陽明對自己生平學問思想的兩次總結，正如他自己所說的，是把他任南京鴻臚寺卿作為界綫，前期是對正德十三年以前的學問思想的總結，後期是對正德十三年以後的學問思想的總結，前後期學問思想的不同，就在對良知心學的認識上：正德十三年以前，他還沒有提出良知說；正德十四年，他才有了良知之悟。所以陽明後期的學問思想的總結實際就是對他的良知心學思想的總結，這就是他自清楚說的：「予自鴻臚以前，學者用功尚多拘局；自吾揭示良知頭腦，漸覺見得此意者多，可與裁矣」。（錢德洪：刻文錄叙說）

陽明開始想要對自己的良知心學作總結，是在嘉靖三年八月。他在中秋月夜的天泉樓講話中說：「孔子在陳思歸以裁之，使入於道也」。又說：「自吾揭示良知頭腦，漸覺見得此意者多，可與裁矣」。意思就是說他要學着孔子對自己歸越以來的學問思想作裁定總結了。正是在八月中秋以後，這個天泉樓的「心泉綆翁」便從四個方面展開了對自己學問思想的總結：

(一)新編刻傳習録（稱為新録）。選取八篇文章，定為「傳習録續編」（下卷），由南大吉、南逢吉合前傳習録（三卷）刻於紹興，分為上下二冊。

這個新本傳習録編刻在嘉靖三年十月，歷來有兩個問題沒有搞清楚：一是選取了哪八篇文章，二是誰選定了這八篇文章。錢德洪在傳習録卷中序中說下冊摘録先師手書，凡八篇」，認為這八篇文章是南大吉選定的，這八篇文章就是：

答徐成之二書

答周道通書

答陸清伯書二書

答歐陽崇一書

答羅整庵書

答聶文蔚第一書

這個說法顯然是錯誤的，因為答歐陽崇一書作在嘉靖五年，答聶文蔚第一書也作在嘉靖五年，怎麽可能會收進嘉靖三年編刻的傳習録中？其實根據今存傳習録本子，可以清楚看出這八篇文章應是：

答徐成之二書

啟問道通書

答陸原靜二書

答羅整庵少宰書

訓蒙大意示教讀劉伯頌等

教約

因為其他幾篇書都作在嘉靖四年以後，不可能收入嘉靖三年編的傳習録中。到嘉靖二十九王畿刊刻傳習録於紹興，裏面又增加了答人論學書、答歐陽崇一書、答聶文蔚第一書、示弟立志說四篇書，已失嘉靖三年刻本原貌。（按：今存有王畿嘉靖二十九年刻本傳習録，藏國家圖書館，其中新增四篇書：答人論學書（即答顧東橋書）、答歐陽崇一書、答聶文蔚第一書、示弟立志說，除示弟立志說外，都作在嘉靖四年以後。今人鄧艾民作傳習録注疏，於卷中加進示弟立志說，未作說明與注疏，不知有何版本依據。）

到嘉靖三十三年錢德洪刊刻傳習錄於水西精舍，才剔除示弟立志說與答徐成之二書，增加答聶文蔚第二書，並附上朱子晚年定論，變成今傳的傳習錄本子面目。

至於這八篇文章的選定者，是陽明自己，而不是南大吉。南大吉在傳習錄序中說：「吉也從遊宮墻之下，其於是錄也，朝觀而夕玩，口誦而心求……故命逢吉校錄而重刻之，以傳諸天下。」可見南大吉在續刻此新錄以前，就已得到陽明手定的八篇新錄朝觀夕玩。陽明在與周道通書中也說：「新錄一冊，寄覽。六月朔日。」（與周道通書三，見王陽明先生小像附尺牘，真迹藏日本天理圖書館。）此新錄

一冊即指陽明手定的八篇文章，表明陽明最遲在六月以前已手定此八篇文章作為「新錄」。又據南逢吉答徐成之書跋說：「吉嘗以此書請問先生……」（見王畿嘉靖二十九年刻本傳習錄卷下答徐成之二書後附）如果此八書是南大吉、南逢吉所編，怎麽還要去問陽明？他們不了解情況又怎麽能選定此八篇書？作為弟子他們敢隨便選定八篇書入傳習錄嗎？這只能說明這八書是陽明自己所定。

陽明選定這八篇文章入錄是有深意的。這八篇文章以答陸原靜書為核心，構建了一個易簡廣大的良知心學體係。原來的傳習錄（三卷）並沒有良知心學的內容，現在補上新錄，新錄同舊錄溝通，完整展現了陽明良知心學發展的思想歷程。所以正如南大吉在傳習錄序中點明陽明編新錄以總結良知心學的用心說：

道之不明於天下，治之所以不能追復前古者，其所由來遠矣。是錄也，門弟子錄陽明先生問答之辭，討論之書，而刻以示諸天下者也。吉也從遊宮墻之下，其於是錄也，朝觀而夕玩，口誦而心求，蓋亦自信之篤，而竊見夫所謂者者，置之而塞乎天地，溥之而橫乎四海，施諸後世，無朝夕人心之所同然者也。故命逢吉弟校續而重刻之，以傳諸天下。天下之於是錄也，但勿以聞見梏之

，而平心以觀其意；勿以門户隔之，而易氣以玩其辭。勿以錄求錄也，而以我求錄也，則吾心之本體自見，而凡斯之言，皆其心之所固有，而無復可疑者矣。則夫大道明於天下，而天下之所以平者，將亦可以竢矣。嘉靖三年冬十月十有八日，賜進士出身、中順大夫、紹興府知府、門人渭北南大吉謹序。（傳習錄欄外書）

這八篇文章，明晰記錄下了陽明的良知心學思想體係的形成發展過程的始終。答徐成之二書作於正德六年（按：王陽明全集中此二書注作於「壬午」（嘉靖元年），乃誤），是陽明生平論辯朱陸之學異同的重頭文章，也是他後來同兩京程

朱派展開朱陸之學論戰的「前奏曲」，表明他的心學思想正在新變突進中。陽明將這兩篇書收入傳習録的用意，南逢吉在答徐成之書後作跋做了重要說明：

吉嘗以此書請問先生，曰：「此書於格致誠正及尊德性而道問學處說得尚支離。蓋當時亦就二君所見者，將就調停說過，細詳文義，然猶未免分為兩事也。」嘗見一友問云：「朱子以存心、致知為二事，今以道問學為尊德性之功，作一事如何？」先生云：「天命於我之謂性，我得此性之謂德。今要尊我之德性，須是道問學。如要尊孝之德性，便須學問個孝；尊弟之德性，便須學問個弟。學問個孝，便是尊孝之德性；學問個弟，便是尊弟之德性。不是尊德性之外，別有道問學之功；道問學之外，別有尊德性之事也。心之明覺處謂之知，知之存主處謂之心，原非有二物；存心便是致知，致知便是存心，亦非有二事。」曰：「存心恐是靜中存養，意與道問學不同。」曰：「就是靜中存養，還謂之學否？若亦謂之學，亦即是道問學矣。」觀者宜以此意求之。（見王畿嘉靖二十九刻本傳習録卷下答徐成之二書後附）

可見陽明認為答徐成之二書是他的心學思想發展上的承上啟下的二篇重要文章，雖然其中在論述格致誠正與尊德性道問學上尚有支離二分之病，但已經朦朧認識把握到存心與致知、尊德性與道問學的統一，再向前走就達到尊德性與道問學體用合一、存心與致知工夫貫通的境界，邁入良知心學的新天地了。陽明正是從自己良知心學的生成發展的意義上把答徐成之二書選入了新録。錢德洪後來把此二書剔除出傳習録顯然是錯誤的。

答羅整庵少宰書作於正德十五年，這是在正德十四年的「良知之悟」以後，陽明已經建立起了他的致良知的心學本體工夫論體係。故這篇答羅欽順書表面是在辨解他的「朱子晚年定論」說等問題，實際却是在闡述他的致良知的心學本體工夫論體係，他為自己的致良知心學體係作了這樣高度易簡的概括：

故格物者，格其心之物也，格其意之物也，格其知之物也；正心者，正其物之心也；誠意者，誠其物之意也；致知者，致其物之知也，此豈有內外彼此之分哉！理一而已……故就物而言謂之格；就知而言謂之致；就意而言謂之誠；就心而言謂之正。

陽明的心學是以心為本體，心物合一，心理合一，主體客體已無「內外彼此之分」，所以格心即格物，正心即正物；反過來也一樣。可見陽明的心學消泯了主客的二元對立，也消泯了「唯心」與「唯物」的對立。陽明這些話，已包含了他後來提出的「王門四句教」乃至「王門八句教」的合理內核。

答陸原靜二書作於正德十六年（按：陽明先生文録注此書作於甲申（嘉靖三年），乃誤），是在答羅整庵少宰書的基礎上對自己的良知心學本體工夫論思想體係的一個廣大精微的總結與提升。在答陸原靜書中，陽明提出了一個體用一如、顯微無間的哲學思辨邏輯模式，用以建構了他的宏大玄思的形上良知心學本體工夫論思想體係。因此可以說答陸原靜二書是對他的良知心學本體工夫論思想體係最經典的解說，新録八書就是以答陸原靜二書為綱整合組織

起來的。

啟問道通書作於嘉靖元年（按：陽明先生文録注此書作於甲申，亦誤），是對答陸原靜二書提出的良知心學本體工夫論體係的進一步演繹展開，深度詮釋了他的良知本體工夫論體係的五大心學命題：一是認為良知知善知惡，知是知非，故「何思何慮」不是說無思無慮，而是一心要思慮天理，體認心體，復歸心體；二是認為良知是心學的「大頭腦」，故心學不是先去體認「聖人氣象」，而是要真切體認自家的良知心體；三是認為「事上磨煉」就是致良知的工夫，即盡吾心之良知以應事接物，須終日終身都在事上磨煉；四是認為格物與致知是統一的，格物是致知的工夫，格物致知一體為用；五是認為性氣合一，性氣不分，故性氣不能支離為二，說性說氣都不能落於一邊。

訓蒙大意示教讀劉伯頌等與教約作於正德十五年（按：錢德洪陽明先生年譜將此二文定在正德十三年作，乃誤），是他在贛大興社學的產物。陽明尤重視這兩篇文章，是因為這兩篇文章是為社學書院的人本主義的良知教育而作，把他的良知心學思想貫徹到了社學書院的教育制度與教育方法中。陽明在訓蒙大意中開門見山說：「古之教者，教以人倫……惟當以孝弟忠信禮義廉恥為專務。」這種以孝弟

忠信禮義廉恥為本的人倫教育，就是一種人本主義的良知教育，它的涵養培育的方法，就是從「存心」、「修德」入手，以歌詩、習禮、讀書為人倫教育的三大功課，「宜誘之歌詩以發其志意，導之習禮以肅其威儀，諷之讀書以開其知覺」。他在教約中也說：「每日工夫，先考德，次背書誦書，次習禮，或作課仿，次復誦書講書，次歌詩。凡習禮歌詩之類，皆所以常存童子之心。」陽明自己在陽明書院與稽山書院就實行了這種良知的人倫教育。可以說這兩篇文章是着重論述陽明的良知教育思想的，在他的整個良知心學思想體係中不可或缺，故陽明把這兩篇文章慎重選入了新録。

顯然，新録八篇的組合構成了一個陽明完整的良知心學的本體工夫論思想體係，從這一意義上說，陽明選編新録，與舊録合集刊刻，鮮明具有總結自己正德十四年良知之悟以來形成的良知心學的用意，是他的第二次生平學問思想總結的「第一要義」，自此他的傳習録才真正作為一部論述良知心學的哲學著作呈現在士子學者面前。

(二)撰成大學問，總結致良知的大學思想體係，作為「教典」用於書院的教育與講會中。

陽明的大學問(又作大學或問)，是對他的大學古本傍釋的升華與超越。關於這本著作的宗旨與寫作經過，錢德洪在大學問跋中作了重要說明：

大學問者，師門之教典也。學者初及門，必先以此意授，使人聞言之下，即得此心之知無出於民彝物則之中；致知之功，不外乎修齊治平之内。學者果能實地用功，一番聽受，一番親切。師常曰：「吾此意思有能直下承當，只此修為，直造聖域，參之經典，無不吻合，不必求之多識多聞之中也。」門人有請録成書者，曰：「此須諸君口口相傳，若筆之於書，使人作一文字看過，無益矣。」嘉靖丁亥八月，師起征思、田，將發，門人復請，師許之。録既就，以書貽洪曰：「大學或問數條，非不願共學之士盡聞斯義，顧恐藉寇兵而賫盜糧，是以未欲輕出。」蓋當時尚有持異說以混正學者，師故云然。(王陽明全集卷二十六大學問後)

他在大學問序中也說：「吾師接初見之士，必借學、庸首章指示聖學之全功，使知從入之路。師征思、田，將發，先授大學問，德洪受而録之。」(王陽明全集卷二十六大學問首)可見這部大學問雖然是到嘉靖八月起征思、田前夕才著録成書，但實際早已寫成，是作為「教典」(類似於講稿或講義)向陽明書院與稽山書院的學子諸生大闡大學之道所用，故錢德洪說「大學問者，師門之教典也。學者初及門，必先以此意授」。陽明最早想作大學問是在嘉靖三年，也有要總結自己的致良知的大學思想體係的用意，是出於黃省曾之請。據陽明在給黃省曾的信中說：「勉之別去後，……人事紛沓未論也。用是大學古本曾無下筆處，有辜勤勤之意。然此亦可徐徐圖之，但古本白文之在吾心者，未能時時發明，却有可憂耳。」(王陽明全集卷五與黃勉之書二)陽明這封信作在嘉靖三年十一月前後，所謂「用是大學古本曾無下筆處」，就指寫大學問。有辜勤勤之意」，就指黃省曾請陽明作大學問。可見陽明最初在嘉靖三年冬間起意作大學問，到嘉靖四年徐徐從容寫成，即用於陽明書院與稽山書院的講學教育中，成為引導學子諸生進入王門心學的教典。因為「學禁」日嚴，謗議日熾，陽明不願書錄刊刻大學問給程朱官學提供攻擊的口實，只在門人同志中口相授受。弟子多次請求刊刻大學問，他都不同意。甚至到嘉靖六年五月，鄒守益升南京主客郎中，途經紹興來見陽明，商議大學問著錄刊刻事，陽明仍不同意。他在給錢德洪的信中說明了原委：

大學或問數條，非不願共學之士盡聞斯義，顧恐藉寇兵而賫盜糧，是以未欲輕出。且願諸公與海內同志口相授受，俟其有風機之動，然後刻之非晚也。此意嘗與謙之面論，當能相悉也。江、廣兩途，須至杭城始決。若從西道，又得與謙之一話於京、焦之間。冗甚，不及寫書，幸轉致其略。（王陽明全集卷二十七與德洪）

到了嘉靖六年八月陽明赴兩廣前夕，鄒守益再請刻大學問，陽明終於同意，由鄒守益將大學問附刻於大學古本中。鄒守益作了一跋闡發大學問的宗旨說：

聖明之學，其在大學乎！聖學之不明，其在大學乎！古者自小子至於成人，初無二教，故曰「蒙以養正，聖功也」；自天子至於庶人，初無二學，故曰「壹是皆以修身為本」……求諸吾身而足者，執規矩以出方圓也；求諸萬物而

愈不足者，揣方圓以測規矩也。絜矩以平天下，天下之大道也……嗚呼！修己以敬，可以安百姓；戒慎恐懼，可以位育；擴充四端，可以保四海。夫非守約施博之要乎？聖學之偏，要在一者無欲，無欲則靜虛動直；定性之教，以大公順應學天地聖人之常，其於大學之功，同邪異邪？陽明先師恐大學之失其傳也，既述古本以息群疑，復為問答以闡古本之蘊。讀者虛心以求之，泝濂洛以達孔孟，其為同為異，必有能辨之者。（鄒守益集卷十七跋古本大學）

陽明作大學問的宗旨，陽明自己已說得很清楚：「吾此意思有能直下承當，只此修為，直造聖域。參之經典，無不吻合，不必求之多聞多識之中也。」錢德洪也明確說：「大學問者，師門之教典也……使人聞言之下，即得此心之知，無出於民彝物則之中；致知之功，不外乎修齊治平之內。」這就是說，大學問是借用大學之道來詮釋自己的良知心學，從對「良知」的本體論與「致良知」的工夫論二方面的詮釋上，構建了一個當下直截的致良知的心學本體工夫論思想體係，以此修為，可以「直造聖域」。如果說，大學古本傍釋是對他「良知之悟」以前的心學的大學思想的總結（致良知是後來所加）；那麽大學問就是對他「良知之悟」以後的良知心學的大學

思想的總結。大學問的論述實際分兩個部分：前一部分論述大學的「三綱」，是詮釋「良知」的心本論；後一部分論述「八目」中的「格致誠正」四目，是詮釋「致良知」的工夫論。

在論述「三綱」本體上，陽明認為大學即人學，即大人之學，即人與萬物一體之學。他用萬物一體之學解釋大學說：「大人者，以天地萬物為一體者也……大人之能以天地萬物為一體也，非意之也，其心之仁本若是，其與天地萬物而為一也。」人所以與天地萬物渾然為一體，是因為人心為仁，這是一種親親仁民、泛愛眾物的「一體之仁」。陽明就用這種「一體之仁」解說「明明德」一綱，認為「一體之仁」人皆有之，明明德就是明這種「一體之仁」，復這種「一體之仁」的心體，說：「故夫為大人之學者，亦惟去其私欲之蔽，以自明其明德，復其天地萬物一體之本然而已耳；非能於本體之外而有所增益之也。」顯然，這裏說的「明德」、「一體之仁」、「本體」，就是他說的良知本體。於是他又用這種「一體之仁」解釋「親民」一綱，認為「明明德」是「一體之仁」之「體」，「親民」是「一體之仁」之「用」，說：「明明德者，立其天地萬物一體之體也；親民者，達其天地萬物一體之用也。」明明德表現在親民上，親民是為了明明德，體用合一。明明德就是要親天下萬民萬物，這就是親民親物的「一體之仁」，故他強調說：「君臣也，夫婦也，朋

第2897页

友也，以至於山川鬼神鳥獸草木也，莫不實有以親之，以達吾一體之仁，然後吾之明德始無不明，而真能以天地萬物為一體矣。」於是他又用這種「一體之仁」解釋「止至善」一綱，認為「至善」就是指「良知」心體，因此至善是達到明德、親民的「極則」與終極目標，「是乃民彝物則之極」。他明確說：「至善者，明德、親民之極則也。天命之性，粹然至善，其昭靈不昧者，此其至善之發見，是乃明德之本體，而即所謂良知也。」這種至善的良知知善知惡，知是知非，所以是明明德與親民所遵循的「規則」，說：「止至善之於明德、親民也，猶之規矩之於方圓也，尺度之於長短也，權衡之於輕重也。」這種至善的良知在吾心，應當向吾心致知內求，而不能向外格物求理。所以陽明強調指出：「人惟不知至善之在吾心，而求之於其外，以為事事物物皆有定理也；而求至善於事事物物之中，是以支離決裂，錯雜紛紜，而莫知有一定之向。」這種求至善與吾心的工夫，就是致良知。於是陽明進而重點論述了大學「格致誠正」四目，揭櫫起他的致良知的心學工夫論。

在論述「格致誠正」工夫四目上，陽明首先從總體上揭示了格致誠正四目的關係，尤有重要意義。他說：「蓋身、心、意、知、物者，是其功夫所用之條理，雖亦

第2898页

各有其所，而其實只是一物；格、知、誠、正、修者，是其條理所用之工夫，雖亦皆有其名，而其實只是一事。何謂身心之形體？運用之謂也；何謂心身之靈明？主宰之謂也；何謂修身？為善而去惡之謂也。吾身自能為善去惡乎？必其靈明主宰者欲為善而去惡，然後其形體運用者始能為善而去惡也。故欲修其身者，必在於先正其心也。然心之本體則性也，性無不善，則心之本體本無不正也，何從而用其正之功乎？蓋心之本體本無不正，自其意念發動，而後有不正。故欲正其心者，必就其意念之所發而正之，凡其發一念之善也，好之如好好色；發一念而惡也，惡之真如惡惡臭，則意無不誠，而心可正矣。

陽明在這裏對「格致誠正」四目的論述，已經包含了他的「王門四句教」的思想體係，表明他的「王門四句教」原來是從「大學」的「格致誠正」四目發展而來，只是這時他的論述還不十分明晰簡約，沒有能提煉出「四句教」的格言警句來作為「王門的心傳訣」。

陽明更注重對「致知」與「格物」二目的論述。在「致知」上，他把「致知」解釋為「致良知」，說：

致者，至也，如云喪致乎哀之致。《易》言「知至，至之」，知

第2899页

至者，知也；「至之」者，致也。「致知」云者，非若後儒所謂充廣其知識之謂也，致吾心之良知焉耳。良知者，「孟子」所謂「是非之心，人皆有之」者也。是非之心，不待慮而知，不待學而能，是故謂之良知。是乃天命之性，吾心之本體，自然靈昭明覺者也。凡意念之發，吾心之良知無有不自知者。其善歟，惟吾心之良知自知之；其不善歟，亦惟吾心之良知自知之，是皆無所與他人者也……今欲別善惡以誠其意，惟在致其良知之所知焉爾。何則？意念之所發，吾心之良知既知其為善矣，使其不能誠有以好之，而復背而去之，則是以善為惡，而自昧其知善之良知矣；意念之所發，吾之良知既知其為不善矣，使其不能誠有以惡之，而復蹈而為之，則是以惡為善，而自昧其知惡之良知矣。

陽明把「大學」說的「致知」同「易」說的「知至，至之」與「孟子」說的「良知良能」貫通起來，認為「知」就是指「良知心體」，「致知」就是指「致良知」。由此他統一了「致知」與「誠意」，認為意念所發有善有惡，但良知本體知善知惡，所以誠意須識別意念的善惡，而唯有致良知能明善去惡。所謂「致知」不是去充實聞見之知識，而是要致吾心之良知，復歸靈昭明覺的良知本體。

在「格物」上，陽明把「格物」與「致知」統一起來，認為致知在

第2900页

格物，物格而後知至，説：

故致知必在於格物。物者，事也，凡意之所發必有其事，意所在之事謂之物。格者，正也，正其不正以歸於正之謂也。正其不正者，去惡之謂也；歸於正者，為善之謂也。夫是之為格。書言「格於上下」，「格於文祖」，「格其非心」，格物之格實兼其意也。良知所知之善，雖誠欲好之矣，苟不即其意之所在之物而實有以為之，則是物有未格，而好之之意猶為未誠也；良知所知之惡，雖誠欲惡之矣，苟不即其意之所在之物而實有以去之，則是物有未格，而惡之之意猶為未誠也。今焉於其良知所知之善者，即其意之所在之物而實為之，無有乎不盡；於其良知之惡者，即其意之所在之物而實去之，無有乎不盡。然後物無不格，而吾良知之所知者無有虧缺障蔽，而得以極其至矣。

陽明把格物解為正心，但他用「致知」（致良知）來解説「格物」，他説的「格」就具有「致」的意義，「格物」一目也具有了「致良知」工夫的意義，所以説「物無不格，而吾良知之所知者無有虧缺障蔽，而得以極其至矣」。在「格物」上，陽明特别强調這個「物」不是指外物，而是指心中之事，「物者，事也」，「意所在之事謂之物」（如孝之事、悌之事、忠之事、信之事等，均指心中之事）。物是意的着在、顯現，意念的發動有善惡，故物也有善惡，這樣陽明説的「格物」也就具有了「為善去惡」的意義，他的「王門四句教」説的「為善去惡是格物」一教就從此出。

無疑，大學問作為「王門的教典」，是對陽明的大學思想體係的一個總結，也就是對他的致良知的本體工夫論心學思想體係的一個總結，成為陽明立「王門四句教」的文本依據。它超越了朱子晚年定論，也超越了大學古本傍釋，同新編本傳習録珠聯璧合，相互發明，成為兩部闡釋致良知的本體工夫論心學思想體係的經典著作。

(三)編集刊刻居夷集、陽明先生文録，全面展現陽明的心學思想歷程。

陽明很重視自己詩文的編集，他早就把反映自己早年思想所作的詩文編為上國遊，大約有總結與告别早年思想與創作的意義，所以不出以示人。在正德十四年「良知之悟」以後，他的思想有了新變飛躍，所以歸越以後，在門人弟子的推動下，他便有了整理編刻自己詩文集的打算，也有總結自己思想發展的心路歷程的用意。

最早在嘉靖二年，徐珊在南宫春試中棄卷不對而出，陽明作書徐汝佩卷稱贊了他的高尚壯舉，徐珊感慨説：「昨承夫子不言之教，珊傾耳而聽，若震驚百里，粗心浮氣，一時俱喪矣」。他正是受到陽明這篇書徐汝佩卷的激賞與「學禁」的刺激才提出編刻居夷集，以明陽明之學不是「異學」，也用以自明虔從陽明良知心學的決心。當時正逢「學禁」雷厲風行，陽明的書被目為「叛道不經之書」，不准私自傳刻，徐珊這時編刻陽明的居夷集，是公然反「學禁」之道而行之。羅洪先說：「君（徐珊）事先生最久，自謫所有片言，皆謹錄而傳之。」（羅洪先集卷四辰州虎溪精舍記）實際徐珊編居夷集肯定是得到了陽明的同意，並向他提供了相關的詩文資料，所以居夷集才能很快編成。徐珊在居夷集跋中說：「集凡二卷，附集一卷，則夫子逮獄時及諸在途之作并刻之，

第2903页

亦以見無入不自得焉耳。門人徐珊頓首拜書。」（居夷集末附。按：今存居夷集藏上海圖書館。）到嘉靖三年四月，陽明的弟子丘養浩來任餘姚知縣，便刊刻了徐珊編校的居夷集。丘養浩在敘居夷集中說：

居夷集者，陽明先生被逮責貴陽時所著也。溫陵後學丘養浩刻以傳諸同志……養浩生也後，學不知本，政不足以□化，先生□合而教之。歲月如□，典型在望，愧無能為新薄之可教，而又無能為无城之錄也。引以同校集者，韓子柱廷佐，徐子珊汝佩，皆先生門人。嘉靖甲申夏孟朔丘養浩以義書。（居夷集首）

韓柱在居夷集跋中也說：「夫文以載道也。陽明夫子之文，由道心而達也……門人韓柱百拜識。」可見居夷集是征得陽明的允准，由陽明的三名弟子徐珊、丘養浩、韓柱所編集刊刻。所謂「道心」，就是指陽明的心學，表達了他們編刻居夷集是要展現陽明的心路發展歷程的用意。

但居夷集只是編錄了陽明謫居龍場驛前後所寫的詩文，而門人弟子與諸生學子卻更渴望能將陽明「自良知之悟」以來的詩文編錄成集，作為最好的「教典」供他們認識領悟接受陽明的良知心學之用。所以在編刻居夷集以後，門人弟子又有編集刊刻陽明文錄之請，但陽明一直不同意，弟子中

第2904页

間也有不同看法。其實陽明早就有編集自己文稿的打算，錢德洪在刻文錄敘說中說：「或問：『先生所答示門人書稿，刪取歸併，作數篇訓語以示將來，如何？』先生曰：『有此意。但今學問自覺所見未止，且終日應酬無暇。他日結廬山中，得如賢者有筆力者，聚會一處商議，將聖人至緊要之語發揮作一書，然後取零碎文字都燒了，免致累人。』」但門人弟子對編集陽明文稿也有不同意見，錢德洪在刻文錄敘說中提到門人弟子的不同議論說：

裒刊文錄，諸同門聚議不同久矣。有曰：「先生之道無精粗，隨所發言，莫非至教，故集文不必擇其可否，概

以年月體類為次，使觀者隨其所取而獲焉。」此久庵諸公之言也。又以「先生言雖無間於精粗，而終身命意，惟以提揭人心為要，故凡不切講學明道者，不可錄也。」此東廓諸公之言也。二說相持，罔知裁定。

到嘉靖五年七月，任廣德州判官的鄒守益建立復初書院，感到教師與教材缺乏，他自作了論語講章、諭俗禮要等，寄給陽明審閱，並請陽明給復初書院擇師往教。鄒守益談到了講章教材的編寫問題，陽明有回信說：「後世大患，全是士夫以虛文相誑……今欲救之，惟有返樸還淳是對症之劑。故吾儕今日用工，務在鞭辟近裏，刪削繁文始得。然

第2905頁

鞭辟近裏，刪削繁文，亦非草率可能，必須講明良知之學。」（王陽明全集卷六寄鄒謙之書三）這裏說「鞭辟近裏，刪削繁文」，「必須講明良知之學」，已涉及到陽明自己文錄的編集，成為他編集自己文錄的准則。所以大約就在這以後，鄒守益開始了陽明文錄的收集整理編定。到嘉靖六年春間，他已經收集齊陽明的文稿。四月，他便來書請陽明刊刻。陽明最後同意選取其中三分之一的近稿編為陽明先生文錄，命錢德洪重加編次，另又再選取數篇，作為附錄一卷，由鄒守益刻板於廣德。錢德洪在刻文錄叙說中詳細叙述了陽明先生文錄的編集刊刻的經過說：

嘉靖丁亥四月，時鄒謙之謫廣德，以所錄先生文稿請刻。先生止曰：「不可。吾黨學問，幸得頭腦，須鞭辟近裏，務求實得，一切繁文靡好，傳之恐眩人耳目，不錄可也。」謙之復請不已。先生乃取近稿三之一，表揭年月，命德洪編次，復遺書曰：「所錄以年月為次，不復分別體類者，蓋專以講學明道為事，不在文辭體制之間也。」明日，德洪掇拾所遺，復請刻。先生曰：「此愛惜文辭之心也。昔者孔子刪述六經，若以文辭為心，如唐、虞、三代，自典、謨而下，豈止數篇？正惟一以明道為志，故所述可以垂教萬世。吾黨志在明道，復以愛惜文字為心

第2906頁

，便不可入堯、舜之道矣。」德洪復請不已。乃許數篇，次為附錄，以遺謙之，今之廣德板是也。先生讀文錄謂學者曰：「此編以年月為次，使後世學者，知吾所學前後進詣不同。」又曰：「某此意思賴諸賢信而不疑，須口口相傳，廣布同志，庶幾不墜。若筆之於書，乃是異日事，必不得已，然後為此耳。」又曰：「講學須得與人人面授，然後得其所疑，時其淺深而語之。纔涉紙筆，便十不能盡一二。」（王陽明全集卷四十一）

又在陽明先生年譜中更明確說：

四月，鄒守益刻文錄於廣德州。守益錄先生文字請刻。

浙江大学古籍研究所

第2907页

先生自標年月，命德洪類次，且遺書曰：所録以年月為次，不復分別體類，蓋專以講學明道為事，不在文辭體制間也。明日，德洪掇拾所遺請刻，先生曰：此便非孔子删述六經手段。三代之教不明，蓋因後世學者繁盛而意衰，故所學忘其本耳。比如孔子删詩，若以其辭，豈止三百篇？惟其一以明道為志，故所取止。此例六經皆然。若以愛惜文辭，便非孔子垂範後世之心矣。德洪曰：先生文字，雖一時應酬不同，亦莫不本於性情，況學者傳誦日久，恐後為好事者攙拾，反失今日裁定之意矣。先生許刻附録一卷，以遺守益，凡四册。

可見陽明是學着孔子删述六經删定自己的文稿，他選取了自己三分之一的近稿，親自標明每篇寫作年代，編次為文録四册，冀在「垂範後世」，「垂教萬世」。陽明入選文録的標准，就是選取自己那些明道論心、講明良知「大頭腦」的近作，這些文章都是「鞭辟近裏，務求實得」的實文，目的在於使後世學者，「知吾所學前後進詣不同」。顯然，陽明選編論述良知大頭腦的近稿文章為文録，是對他的良知心學發展進路歷程的總結，同他的新本傳習録與大學問構成了一個更精微廣大的良知心學思想體係。陽明手定選編的文録，成了後人編集的王文成公全書的核心部分。

第2908页

（四）作突兀稿評點，審訂陽明九聲四氣歌法，總結自己生平的詩學歌法思想。

陽明其實也是弘正嘉時期的一個詩風獨具的詩歌名家，形成了自己獨特的詩學思想與詩歌創作。心學的人本哲學思想，規範了他的重心重我、重情重理的詩學思想與詩歌創作；這種重心重我重情重理的詩學思想同他的明道修心的人本教育理念相結合，又形成了他的獨樹一幟的美育思想，這都是他要總結自己生平學問思想的重要方面。他在嘉靖元年編刻的突兀稿評點，是選取了著名詩人倪小野的詩歌名篇，給以評點評述，豐富生動地反映了他的詩學觀點，實際也有概括總結自己的詩學思想的。在這之前，陽明在正德十五年為社學書院作的訓蒙大意與教約，也已表現出了他對社學書院的詩歌美育與歌詩法的重視。在訓蒙大意中，他强調詩歌的美育作用，認為學校教育的一個重要方面是要「誘之歌詩以發其志意」，以情感人，「今教之童子，必使其趨向鼓舞，中心喜悅，則其進自不能已。譬之時雨春風，霑被卉木，莫不萌動發越，自然日長月化……故凡誘之歌詩者，非但發其志意而已，亦以泄其跳號呼嘯於詠歌，宣其幽抑結滯於音節也。」在教約中，陽明對抒發志意的歌詩作了這樣的規定：凡歌詩，須要整容定氣，清朗其聲音，均審其節調，毋躁而急，無蕩而囂，無餒而懾，久則精神宣暢，心氣和平矣」。這裏其實已包含了他發明的「九聲四氣歌法」的雛形，並已用於社學書院教育中，親見這一幕歌詩習禮盛況的鄒守益說：「予嘗受學於陽明先生，獲見虔州之教，聚童子數百，而習以詩、禮，洋洋乎雅頌威儀之隆也」！（鄒守益集卷二諭俗禮要序）所以在嘉靖三年陽明選取八篇文章新編傳習錄時，特把訓蒙大意與教約二篇選編入傳習錄中，足見陽明非常看重這兩篇文章，這兩篇文章編入傳習錄，是陽明要總結自己的詩學思想與歌詩法的先聲。

陽明在歸越以後，更注重對歌詩歌法的研究。因為歌詩歌法涉及到樂律樂學，陽明同弟子學者經常談論起歌詩樂律的問題。黃省曾記下了他同弟子的一次論樂律歌詩的重要談話：

先生曰：「古樂不作久矣。今之戲子，尚與古樂意思相近。」未達，請問。先生曰：「韶之九成，便是舜的一本戲子。聖人一生實事，俱播在樂中。所以有德者聞之，便知他盡善盡美，與盡美未盡善處。若後世作樂，只是做些詞調，於民俗風化絕無關涉，何以化民善俗？今要民俗反樸還淳，取今之戲子，將妖淫詞調俱去了，只取忠

第2909页

臣孝子故事，使愚俗百姓人人易曉，無意中感激他良知起來，却於風化有益，然後古樂漸次可復矣。」曰：「洪要求古聲不可得。恐於古樂亦難復。」先生曰：「你說元聲在何處求？」對曰：「古人制管候氣，恐是求元聲之法。」先生曰：「若要去葭灰黍粒中求元聲，却如水底撈月，如何可得？元聲只在你心上求。」曰：「心如何求？」先生曰：「古人為治，先養得人心和平，然後作樂。比如在此歌詩，你的心氣和平，聽者自然悅懌興起。只此便是元聲之始。書云『詩言志』，志便是樂的本。『歌永言』，歌便是作樂的本。『聲依永，律和聲』，律只要和聲，和聲便是制律的本。何嘗求之於外？」曰：「古人制候氣法，是意何求？」先生曰：「古人具中和之體以作樂。我的中和，原與天地之氣相應，候天地之氣，協鳳凰之音，不過去驗我的氣果和否？此是成律以後事，非必待此以成律也。今要候灰管，先須定至日。然至日子時恐又不准，又何處取得准來？」

（傳習錄卷下）

這條語錄記在嘉靖四年，陽明審定「九聲四氣歌法」前夕。在這一年的春間，王襞隨父王艮也來紹興受學，焦竑王東崖先生襞墓誌銘中說：「（王襞）隨父至陽明公所。士夫會者千人，公命童子歌，多囁嚅不能應，先生意氣恬如，歌聲

第2910页

若金石。公召視之，知為心齋子，詑曰：「吾固知越中無此兒也。」輒奇而授之學。是時龍溪、緒山、玉芝皆在公左右，先生以公命悉師事之。」（國朝獻徵錄卷一百十四）大約陽明正是從這些童子身上看到他們不善歌詩，所以就在這次歌詩談話以後，陽明正式審訂了自己的陽明九聲四氣歌法，把它用到陽明書院與稽山書院的教育與講會中。正是這場論樂律歌詩的談話，揭開了陽明的九聲四氣歌法的古歌法淵源的秘密。

陽明的「九聲四氣歌法」實際是一種詩歌的誦唱法，或者說，是把誦詩與歌詩結合起來的一種歌詩法，它把音樂音階上的「五聲」（宮、商、角、徵、羽）同字音聲調上的「四調（平、上、去、入）結合起來，形成了一種誦、歌相結合的獨特的歌詩法。陽明的「九聲四氣歌法」的樂學思想特點，是認為樂為心聲，人的中和之氣與天地之氣相和，人的中和之樂與天地之音相應，因此詩歌的節奏抑揚強弱也與四時之序相合，可以用四時之氣來調節其音調，清朗其聲音，抑揚其旋律。這就是陽明的「九聲四氣歌法」的用聲用氣的原理。與黃省曾同時來紹興問學的近齋朱得之，在稽山承語中記載了一條語錄，道出了陽明的「九聲四氣歌法」的這一特點：

歌詩之法，直而溫，寬而栗，剛而無虐，簡而無傲。歌永言，聲依永而已。其節奏抑揚，自然與四時之敘相合。

王畿在華陽明倫堂會語中更清楚地說：

宋子命諸生歌詩，因請問古人歌詩本意。先生曰：……「禮記所載『如抗如墜，如槁木貫珠』，即古歌法。後世不知所養，故歌法不傳。王陽明先師，始發其秘，以春夏秋冬、生長收藏四義，開發收閉為按歌之節，傳諸海內，學者始知古人命歌之意。先師嘗云：『學者悟得此意，直歌到堯、舜、羲皇，只此便是學脈，無待於外求也。』」（王畿集卷七）

王畿指出了「九聲四氣」的歌法特點是「以春夏秋冬、生長收藏四義，開發收閉為按歌之節」。實際上，在樂歌的唱法上本存在着如何發音、發氣與按節拍的問題，「九聲四氣」的歌法就是從三個方面來調控「按歌之節」的：

以「金玉鐘鼓」控制歌詩節奏的快慢，節拍的強弱；

以「四氣」控制歌詩發音的高低、強弱、長短；

以「九聲」控制歌詩發氣的輕重緩疾、悠揚柔和，聲調的平上抑揚。

陽明論「四氣」法說：

「個」春之春，口略開。「個」春之夏，口開。「人」春之秋，聲在喉。「心」春之冬，聲歸丹田。「有仲尼」亦分作春夏秋冬，而俱有春聲。「自」夏之春，口略開。「將」夏之夏，口開。「聞」夏之秋，聲在喉。「見」夏之冬，聲歸丹田。「苦遮迷」亦分作春夏秋冬，而俱有夏聲。「而今指與真頭面」，首二字稍續前句，末三字平分，無疾遲輕重，但要有蕭條之意。聲在喉，秋也，亦宜春、宜夏、宜冬。「只」冬之春，聲歸丹田，口略開。「是」冬之夏，聲歸丹田，口開。「良」冬之秋，聲在喉。「知」冬之冬，聲歸丹田，口略開。「更莫疑」上四字，至冬之冬時，物閉藏剝落殆盡。此三字，一陽初動，剝

而既復。故第五字聲要高，以振起坤中不絕之微陽。六字、七字稍低者，陽氣雖動，而發端於下，則甚微也。要得冬時不失冬聲，聲歸丹田，冬也，亦宜春、宜夏、宜秋。天有四時，而一不用，故冬聲歸於丹田，而口無閉焉。（張鼐虞山書院志卷四陽明九聲四氣歌法）

先秦時代古人就已以氣說聲，候氣制律（十二律），音樂上的五聲（宮商角徵羽）運用到字音的聲調上，就有「四聲」（平上去入）之說，也是用春夏秋冬四氣來解說四聲調，如沈約在答甄公論中說：「四聲者，正以春為陽中，德澤不偏，即平聲之象；夏草木茂盛，炎熾如火，即上聲之象；秋霜凝木落，去根離本，即去聲之象；冬天閉藏，萬物盡收，即入聲之象。」後來邵雍在皇極經世中提出了四氣的「韻法」：「韻法：開閉者律天，清濁者呂地。先閉後開者，春也；純開者，夏也；先開後閉者，秋也；冬則閉而無聲。」張行成詳細解說這種「韻法」說：

聲色臭味皆物之精英，發乎外者也。聲為陽，色為陰。臭為陽，味為陰。而各具四時之四變，則十六之數也。物有聲而不通變，惟人之靈則通之。康節以聲音各十六等推萬物之數，元會運世者，氣之數，故以推天地；律呂者，聲之數，故以推萬物。二者一理而已。聲音律呂，其別何也？單出為聲，一之倡也，故為律而屬天，雜比為音，二之和也，故為呂而屬地。聲以字為主，字有平上去入四聲，有輕有重，則清濁也；音以響為主，響有開發守閉四音，有抑有揚，則闢翕也。聲者體也，音者用也。天統乎體，地分乎用。以律唱呂，因平上去入之聲而見闢翕之音者，因體生用者也，故闢翕為律天；以呂和律，因開發收閉之音而見清濁之聲者，因用生體者也，故清濁為呂地也。東為春聲，陽為夏聲，銜凡為冬聲，則揫收者秋聲也。（張行成皇極經世觀物外篇衍義卷八觀物外篇）

由此可見陽明的「四氣」法是從先秦的「候氣制律」、沈約的「四聲論」、邵雍的「韻法」發展而來，所以他特醒目地把邵雍的一首自述詩作為歌詩典範選入了「九聲全篇」中。

陽明又論「九聲」法說：

九聲：曰「平」，曰「舒」，曰「折」，曰「悠」，曰「發」，曰「揚」，曰「串」，曰「嘆」，曰「振」。「平」者，機主於出聲，在舌之上齒之內，非大非小，無起無落，優柔涵蓄，氣不迫促。「舒」者，即聲在舌齒，而洋洋蕩蕩，流動軒豁，氣度廣遠。「折」者，機主於入，而聲延於喉，漸漸吸納，亦非有大小起落，其氣順利活潑。「悠」者，聲由喉以歸於丹田，和柔涓涓，其氣深長，幾至於盡，而復有餘韵反還。「發」者，聲之豪邁，其氣直遂而磊磊落落。「揚」者，聲之昌大，其氣敷張而襟懷暢達。「串」者，上句一字聯下句二字，聲僅成聽，其氣纍纍如貫珠然。「嘆」者，其聲淺短，氣若微妙剥落。「振」者，聲之平而稍寓精鋭，有消索振起之意。凡聲主於和順，妙在慷慨，發舒得盡，以開釋其鬱結；涵泳得到，以蕩滌其邪穢。

古人候氣制律，以三分損益法定十二律，在音樂上提出了五聲、七聲、九聲等。音樂的「九聲」指五聲（宮、商、角、徵、羽）四清（宮清、商清、角清、徵清）。把音樂上的五聲、九聲運用到字音的聲調上，也有五聲、九聲的聲調說。值得注意的是，像廣東話就具有九聲調（陰平聲、陰上聲、陰下聲、陽平聲、陽上聲、陽去聲、陰入聲、中入聲、陽入聲）。陳白沙是廣東新會人，自然熟悉廣東話的九聲調。在張鼐的虞山書院志中，就醒目著録了陳白沙的「古詩歌法」：

白沙古詩歌法

(歌)(歌)(歌)(合)(合)(合)于平折以平悠○釆舒蘩折悠(由)○(合)于发沼扬○于折悠○沚串于串(由)(合)以串○用平折○之叹(由)○(合)公平侯折○之平事悠(由)○(合)公平侯折○之平事悠(由)(由)(由)

(歌)(歌)(歌)(合)(合)(合)于平折以平悠○釆舒蘩折悠(由)○(合)于发涧扬○之折悠○中串(由)(合)于串以串○用平折○之叹(由)○(合)公平侯折○之平宫悠(由)○(合)公平侯折○之平宫悠(由)(由)(由)

(歌)(歌)(歌)(合)(合)(合)被平折之平悠○僮舒僮折悠(由)○(合)夙发夜扬○在折悠○公串(由)(合)被串之串○祁平折○祁叹(由)○(合)薄平言折○还平归悠(由)○(合)薄平言折○还平归悠(由)(由)(由)①

（《虞山書院志》卷四《射詩》）

陳白沙的「古詩歌法」用「八聲」（按：陳白沙是引詩經中的四言古詩解說，所以少用了「振」一聲），陽明的「九聲四氣歌法」用「九聲」，由此可見，陽明的「九聲四氣歌法」是直接受了陳白沙的「古詩歌法」的啟示與影響，是陽明在天泉樓汲取白沙「心泉」的一個重要方面（詩教），也是為他總結自己的良知心學所用，「九聲四氣歌法」成為體認涵泳良知心體的一種詩教「心法」。所以他慎重其事對弟子朱得之說：「且如歌詩一事，一歌之間直到聖人地位。若不解良知上用功，縱歌得盡如法度，亦只是歌工之悅人耳。若是良知在此歌，真是瞬息之間邪穢滌蕩，渣滓消融，真與太虛同體。」（朱得之編稽山承語）又說：「學者悟得此意，直歌到堯、舜、羲皇，只此便是學脉，無待於外求也。」（王畿集卷七華陽明倫堂會語）

陽明的第二次生平學問思想的總結，是立足於他的良知心學思想之上的總結，比他的第一次生平學問思想的總結更廣大精微，廣泛涉及到了他的心學思想、經學思想、教育思想、詩學思想、音樂思想等各方面。借着這次學問思想總結的動力，他的良知心學新的飛躍又起步了。

後跋

詩曰：

讀穿萬卷故書堆，霧裏尋芳千百回。
漫說姚江遊海事，世間真偽有誰知？

近代以降，陽明學成為顯學，日本陽明學研究一時頭角崢嶸，遂有「王陽明在中國，陽明學在日本」之說起，至今仍不絕於耳。二十世紀六十年代，余以一介窮學生在南京大學讀書，已有感於此。一日去逛夫子廟，意外用壹元伍角購得一部民國版陽明全書歸，自此經常翻閱，可謂余有心研究陽明學之「懷胎期」。七十年代末在復旦大學讀研究生，同窗學友陳尚君先生告余，朱東潤先生解放前嘗作有王陽明大傳，惜書稿亡失，遺恨後學。余時已暗有不自量力欲為陽明作年譜、大傳之心。至九十年代研究朱子學告一段落，即轉入陽明學研究，全面查找資料，考證史實，探賾索隱，十易寒暑，先寫成王陽明佚文輯考編年，繼寫成陽明年譜草稿。二〇一三年申報為國家社科基金重點項目，復三易寒暑，終成是編。噫，史事渾莽總無迹，人間是非微難求。二十一世紀陽明學走向世界，何去何從？余十餘載上下求索，不憚煩難為陽明作年譜，無他，蓋妄冀為二十一世紀之陽明學研究樹一里程碑與風向標，掃除五百年來誤說迷案空白，為陽明學研究提供全新研究資料，全新史實考定，開拓陽明學研究新空間，突破陽明學研究之傳統進路與習慣思維。二十一世紀陽明學走向世界，獲得新生，開出前所未有之新境界、新生面，蓋在此歟？上海古籍出版社查明昊等先生為本書之寫作與出版提出許多寶貴修改意見，特致衷心謝忱。丙申夏六月景南跋於浙江大學宋學研究中心。

第2919页

浙江大学古籍研究所

圖書在版編目（CIP）數據

陽明年譜定本手稿 / 束景南著. -- 杭州 : 浙江大學出版社, 2024.6
ISBN 978-7-308-25049-8

Ⅰ. ①陽… Ⅱ. ①束… Ⅲ. ①王守仁（1472-1528）－年譜 Ⅳ. ①B248.2

中國國家版本館CIP數據核字(2024)第107547號

陽明年譜定本手稿
束景南　著

策　　劃　袁亞春　宋旭華
責任編輯　吴　慶
責任校對　吴心怡
裝幀設計　項夢怡
出版發行　浙江大學出版社
（杭州天目山路148號　郵政編碼：310007）
（網址：http://www.zjupress.com）
排　　版　杭州林智廣告有限公司
印　　刷　浙江海虹彩色印務有限公司
開　　本　889mm×1194mm　1/8
印　　張　188
插　　頁　18
印　　數　001-200
版 印 次　2024年6月第1版　2024年6月第1次印刷
書　　號　ISBN 978-7-308-25049-8
定　　價　2200.00元（全三册）
